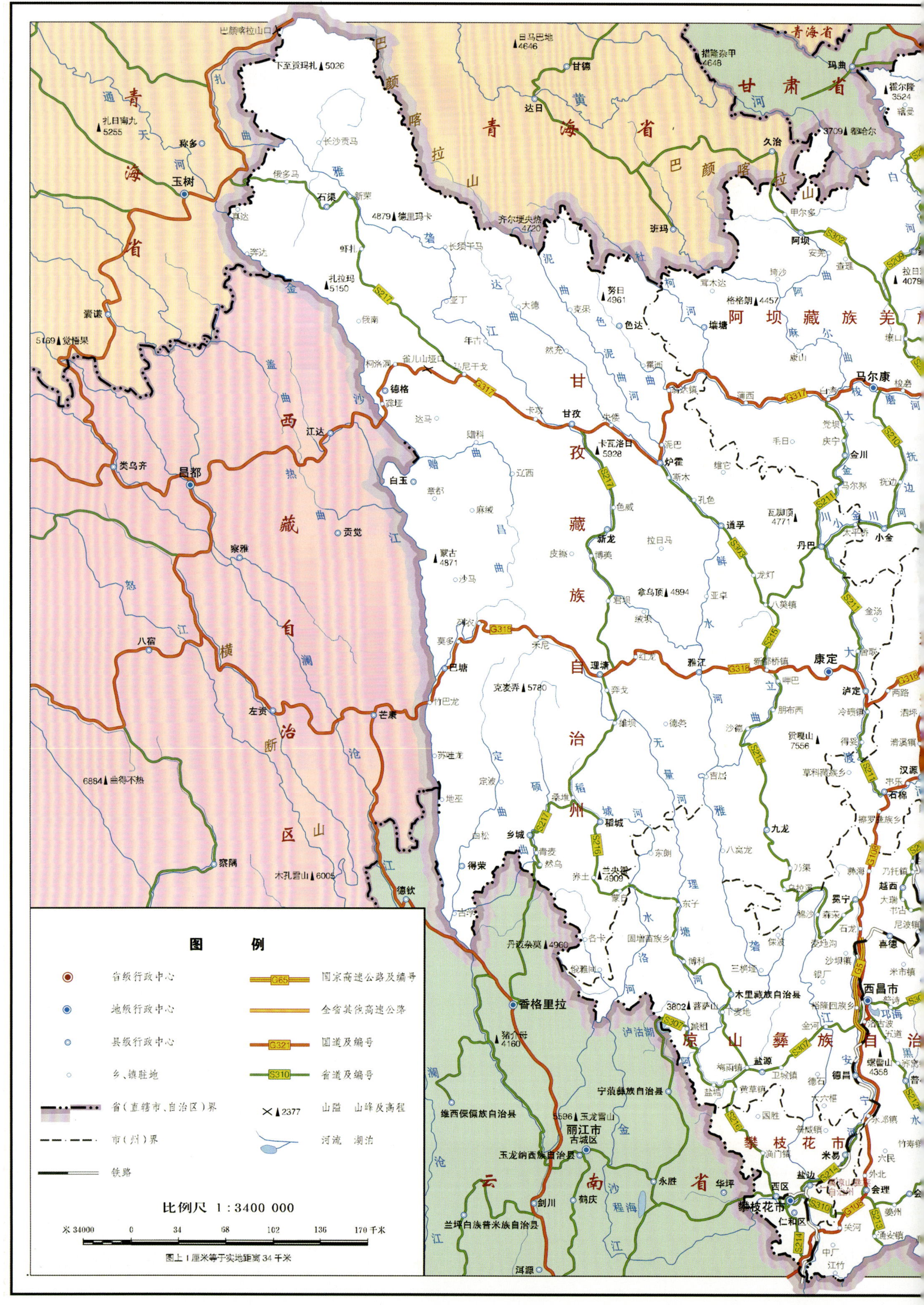

图　例
省级行政中心
地级行政中心
县级行政中心
乡、镇驻地
省（直辖市、自治区）界
市（州）界
铁路
G65 国家高速公路及编号
全省其他高速公路
G321 国道及编号
S310 省道及编号
2377 山隘　山峰及高程
河流　湖泊
比例尺 1：3400 000
米 34000 0 34 68 102 136 170 千米
图上1厘米等于实地距离34千米
青海省
甘肃省
西藏自治区
云南省
甘孜藏族自治州
阿坝藏族羌族
凉山彝族自治
攀枝花市
巴颜喀拉山
横断山
玉树
称多
囊谦
昌都
类乌齐
江达
贡觉
察雅
八宿
左贡
芒康
察隅
德钦
香格里拉
维西傈僳族自治县
丽江市
古城区
玉龙纳西族自治县
宁蒗彝族自治县
永胜
华坪
鹤庆
剑川
洱源
兰坪白族普米族自治县
甘德
达日
久治
班玛
玛曲
阿坝
石渠
德格
白玉
甘孜
炉霍
色达
新龙
道孚
理塘
巴塘
雅江
康定
泸定
乡城
稻城
得荣
九龙
马尔康
金川
小金
丹巴
石棉
汉源
冕宁
西昌市
喜德
越西
德昌
盐源
木里藏族自治县
米易
会理
仁和区
西区
攀枝花市
盐边
金沙江
雅砻江
大渡河
澜沧江
怒江
泸沽湖
程海
贡嘎山 7556
玉龙雪山 5596
梅里雪山
卡瓦洛日 5928
雀儿山垭口

四川省公路交通图

甘肃省
陕西省
湖北省
重庆市
湖南省
贵州省
云南省
广西壮族自治区
成都市
绵阳市
德阳市
广元市
巴中市
达州市
南充市
广安市
遂宁市
资阳市
内江市
自贡市
宜宾市
泸州市
乐山市
眉山市
重庆市
汉中市
安康市
陇南市
万州区
遵义市
贵阳市
毕节市
六盘水市
安顺市
凯里市
都匀市
昭通市
九寨沟
阆中市
江油市
都江堰市
彭州市
简阳市
邛崃市
峨眉山市
仁怀市
赤水市
黔江区
涪陵区
长寿区
合川区
永川区
江津区
綦江
利川市
城口
开县
云阳
忠县
丰都
武隆
南川区
石柱土家族自治县
彭水苗族土家族自治县
酉阳土家族苗族自治县
秀山土家族苗族自治县
道真仡佬族苗族自治县
务川仡佬族苗族自治县
沿河土家族自治县
印江土家族苗族自治县
玉屏侗族自治县
威宁彝族回族苗族自治县
北川羌族自治县
峨边彝族自治县
宣威市
佛顶山 1869

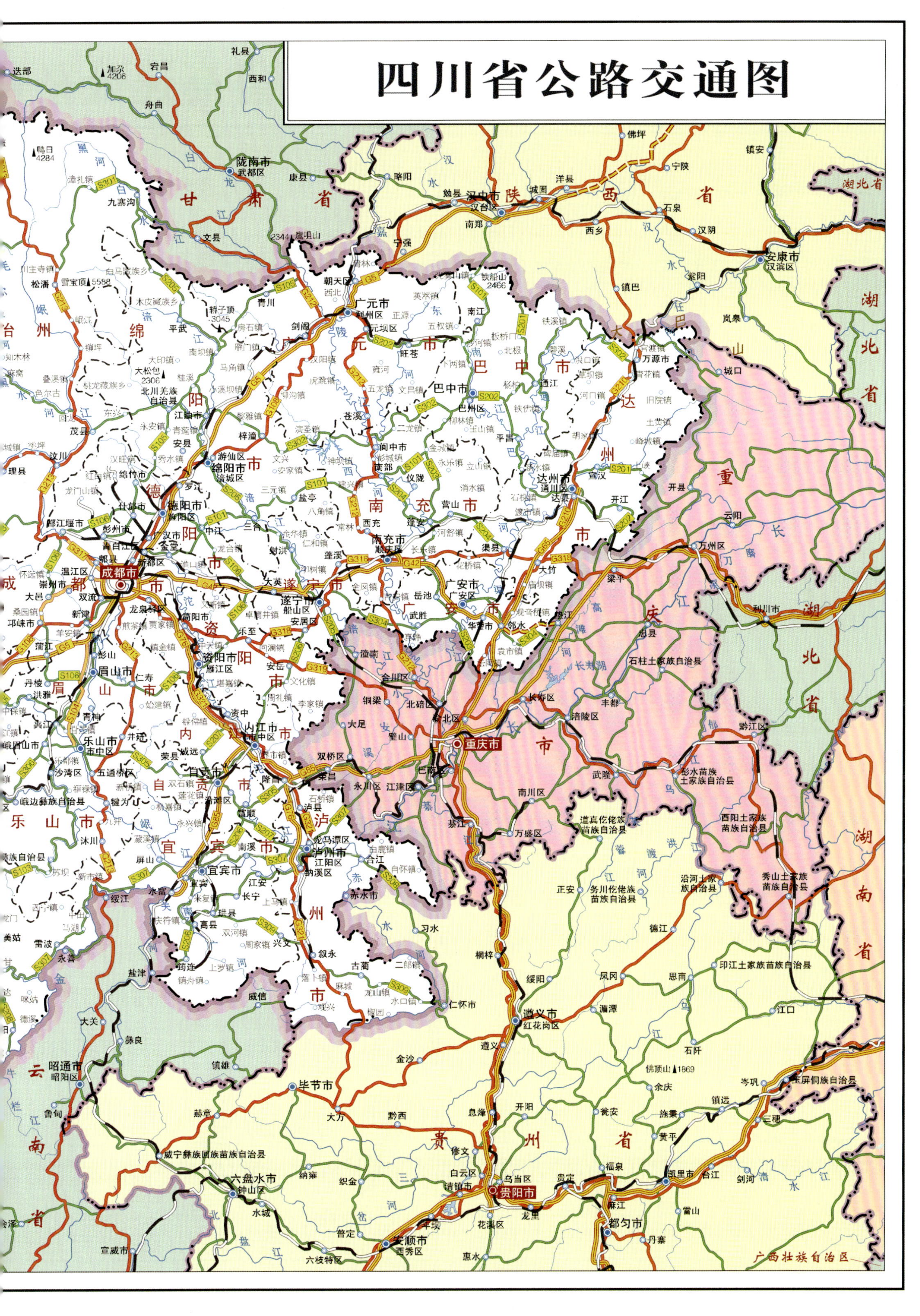

四川省高速公路网

新疆伊尔克什坦
成都至伊尔克什坦口岸：4215Km
西宁
兰州
郎木寺
久治
青海省
甘肃省
西藏自治区
昌都
马尔康
拉萨
芒康
成都至樟木口岸：3039Km
西藏樟木
康定
雅安
成都
德阳
绵阳
陇南
眉山
资阳
乐山
内江
自贡
宜宾
泸州
水富
彝良
威信
昭通
毕节
六盘水
西昌
攀枝花
香格里拉
云南省
丽江
大理
昆明
成都至瑞丽口岸：1423Km
云南瑞丽
成都至磨憨口岸：1579Km
云南磨憨
图例及说明
规划总里程（至2030年）：13 050公里
（含规划展望线）
已建成：5 159公里
（粗线：国高4201公里 细线：省高958公里）
在建：1 654公里
（粗线：国高670公里 细线：省高984公里）
规划待建：3 600公里
（粗线：国高1 130公里 细线：省高2 470公里）
规划展望线：2 650公里
（粗线：国高2 000公里 细线：省高650公里）

暨出川通道规划布局图

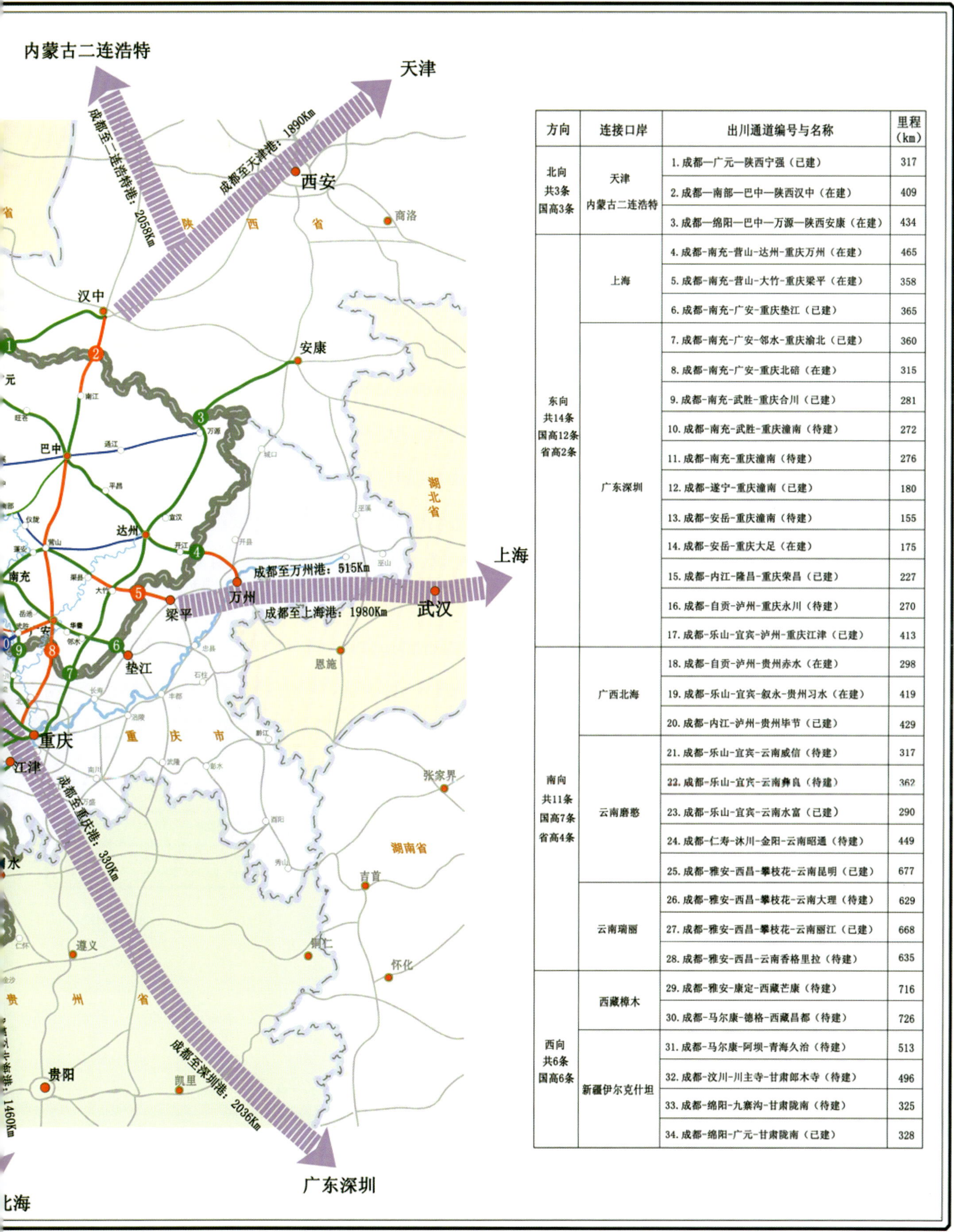

方向	连接口岸	出川通道编号与名称	里程(km)
北向 共3条 国高3条	天津 内蒙古二连浩特	1. 成都—广元—陕西宁强（已建）	317
		2. 成都—南部—巴中—陕西汉中（在建）	409
		3. 成都—绵阳—巴中—万源—陕西安康（在建）	434
东向 共14条 国高12条 省高2条	上海	4. 成都-南充-营山-达州-重庆万州（在建）	465
		5. 成都-南充-营山-大竹-重庆梁平（在建）	358
		6. 成都-南充-广安-重庆垫江（已建）	365
	广东深圳	7. 成都-南充-广安-邻水-重庆渝北（已建）	360
		8. 成都-南充-广安-重庆北碚（在建）	315
		9. 成都-南充-武胜-重庆合川（已建）	281
		10. 成都-南充-武胜-重庆潼南（待建）	272
		11. 成都-南充-重庆潼南（待建）	276
		12. 成都-遂宁-重庆潼南（已建）	180
		13. 成都-安岳-重庆潼南（待建）	155
		14. 成都-安岳-重庆大足（在建）	175
		15. 成都-内江-隆昌-重庆荣昌（已建）	227
		16. 成都-自贡-泸州-重庆永川（待建）	270
		17. 成都-乐山-宜宾-泸州-重庆江津（已建）	413
南向 共11条 国高7条 省高4条	广西北海	18. 成都-自贡-泸州-贵州赤水（在建）	298
		19. 成都-乐山-宜宾-叙永-贵州习水（在建）	419
		20. 成都-内江-泸州-贵州毕节（已建）	429
	云南磨憨	21. 成都-乐山-宜宾-云南威信（待建）	317
		22. 成都-乐山-宜宾-云南彝良（待建）	362
		23. 成都-乐山-宜宾-云南水富（已建）	290
		24. 成都-仁寿-沐川-金阳-云南昭通（待建）	449
		25. 成都-雅安-西昌-攀枝花-云南昆明（已建）	677
	云南瑞丽	26. 成都-雅安-西昌-攀枝花-云南大理（待建）	629
		27. 成都-雅安-西昌-攀枝花-云南丽江（已建）	668
		28. 成都-雅安-西昌-云南香格里拉（待建）	635
西向 共6条 国高6条	西藏樟木	29. 成都-雅安-康定-西藏芒康（待建）	716
		30. 成都-马尔康-德格-西藏昌都（待建）	726
	新疆伊尔克什坦	31. 成都-马尔康-阿坝-青海久治（待建）	513
		32. 成都-汶川-川主寺-甘肃郎木寺（待建）	496
		33. 成都-绵阳-九寨沟-甘肃陇南（待建）	325
		34. 成都-绵阳-广元-甘肃陇南（已建）	328

四川省交通运输厅　2014年1月

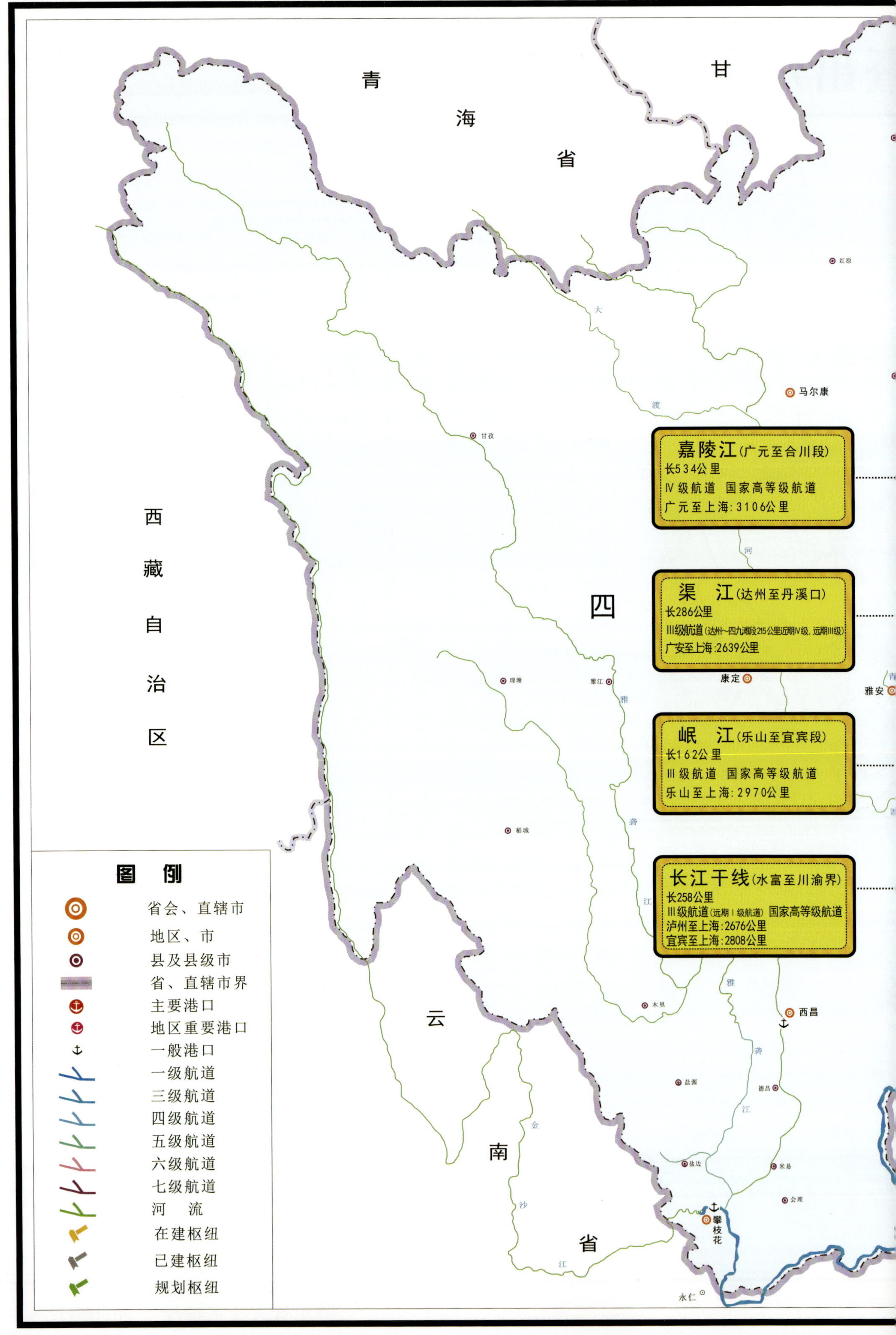
青
海
省
甘
西
藏
自
治
区
四
云
南
省
红原
马尔康
甘孜
大
渡
河
嘉陵江(广元至合川段)
长534公里
Ⅳ级航道 国家高等级航道
广元至上海:3106公里
渠 江(达州至丹溪口)
长286公里
Ⅲ级航道(达州~四九滩段215公里近期Ⅳ级,远期Ⅲ级)
广安至上海:2639公里
康定
雅安
理塘
雅江
雅
砻
江
岷 江(乐山至宜宾段)
长162公里
Ⅲ级航道 国家高等级航道
乐山至上海:2970公里
稻城
长江干线(水富至川渝界)
长258公里
Ⅲ级航道(远期Ⅰ级航道) 国家高等级航道
泸州至上海:2676公里
宜宾至上海:2808公里
木里
西昌
盐源
德昌
金
沙
江
盐边
米易
会理
攀枝花
永仁
图 例
省会、直辖市
地区、市
县及县级市
省、直辖市界
主要港口
地区重要港口
一般港口
一级航道
三级航道
四级航道
五级航道
六级航道
七级航道
河 流
在建枢纽
已建枢纽
规划枢纽

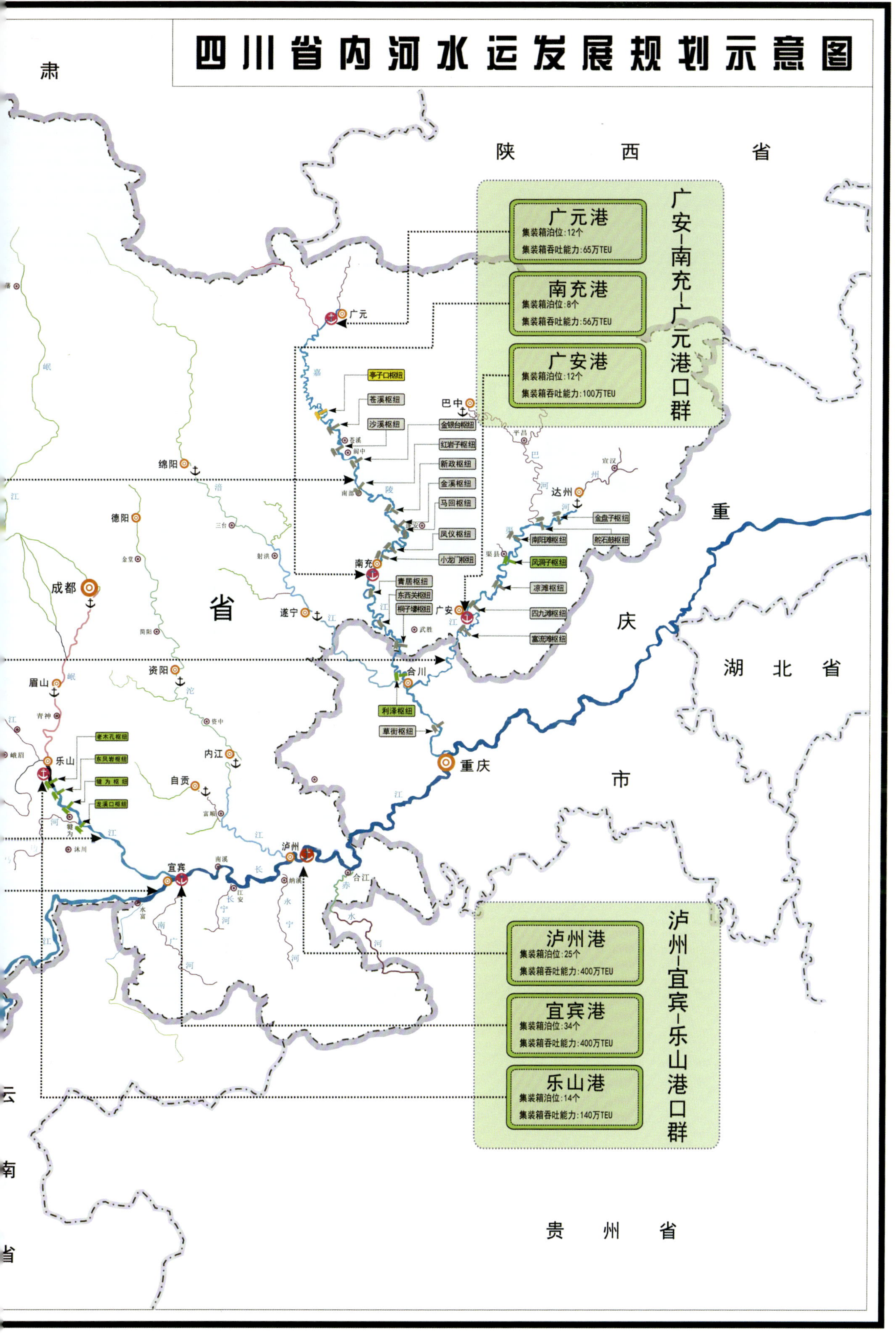
四川省内河水运发展规划示意图
广安-南充-广元港口群
广元港
集装箱泊位:12个
集装箱吞吐能力:65万TEU
南充港
集装箱泊位:8个
集装箱吞吐能力:56万TEU
广安港
集装箱泊位:12个
集装箱吞吐能力:100万TEU
泸州-宜宾-乐山港口群
泸州港
集装箱泊位:25个
集装箱吞吐能力:400万TEU
宜宾港
集装箱泊位:34个
集装箱吞吐能力:400万TEU
乐山港
集装箱泊位:14个
集装箱吞吐能力:140万TEU
亭子口枢纽
苍溪枢纽
沙溪枢纽
金银台枢纽
红岩子枢纽
新政枢纽
金溪枢纽
马回枢纽
凤仪枢纽
小龙门枢纽
青居枢纽
东西关枢纽
桐子壕枢纽
利泽枢纽
草街枢纽
金盘子枢纽
舵石鼓枢纽
南阳滩枢纽
风洞子枢纽
凉滩枢纽
四九滩枢纽
富流滩枢纽
老木孔枢纽
东风岩枢纽
犍为枢纽
龙溪口枢纽
陕西省
重庆市
湖北省
贵州省
云南省
省
广元
巴中
达州
绵阳
德阳
成都
遂宁
南充
广安
合川
资阳
眉山
乐山
内江
自贡
宜宾
泸州
重庆
合江
长江
嘉陵江
渠江
涪江
沱江
岷江
赤水河

四川交通年鉴
2014
SICHUAN
TRANSPORT YEARBOOK

四川交通年鉴

SICHUAN 2014 TRANSPORT YEARBOOK

四川省交通运输厅交通史志总编室 编

四川科学技术出版社

图书在版编目(CIP)数据

四川交通年鉴. 2014 / 四川省交通运输厅交通史志总编室编. -成都:四川科学技术出版社, 2014.10
ISBN 978-7-5364-7981-4

Ⅰ. ①四… Ⅱ. ①四… Ⅲ. ①交通运输业-四川省-2014-年鉴 Ⅳ. ①F512.771-54

中国版本图书馆 CIP 数据核字(2014)第 239094 号

四川交通年鉴 2014

出品人 钱丹凝
编　者 四川省交通运输厅交通史志总编室
组稿编辑 康利华
责任编辑 戴　林
封面设计 益　人
责任出版 欧晓春
出版发行 四川科学技术出版社
成都市三洞桥路 12 号　邮政编码 610031
官方微博:http://e.weibo.com/sckjcbs
官方微信公众号:sckjcbs
传真:028-87734039
成品尺寸 210mm×285mm
印张 34　字数 1080 千
印　刷 深圳市佳信达印务有限公司
版　次 2014 年 10 月成都第一版
印　次 2014 年 10 月深圳第一次印刷
定　价 280.00 元
ISBN 978-7-5364-7981-4

《四川交通年鉴》编委会

《四川交通年鉴》编辑部

《四川交通年鉴·2014》分部主任、特约撰稿人

分部主任

蒲宜仙　厅公路局

王宗荣　厅航务局

刘　剑　厅运管局

张　钧　厅高管局（厅高速公路交通执法总队）

特约撰稿人

周　芳　厅办公室

伍美欢　厅文明办

潘玉华　厅法规处

黄静兰　厅规划处

赵　伟　厅财务处

李天洲　厅人事处

翟艺阳　厅建管处

宋薇平　厅运输处

刘宏林　厅城客处

刘翔宇　厅安全处

丁　敏　厅审计处

谢富刚　厅科教处

邹齐佳　厅外经外事处

张冰姿　厅纪检组（厅监察室）

张元龙　厅公安处

单　贝　厅离退休处

李向东　厅直机关党委

凌　晋　省交战办

翁邦柱　厅公路局

郝苑苑　厅公路局

朱　江　厅航务局（省地方海事局、省船舶检验局）

周志彬　厅航务局（省地方海事局、省船舶检验局）

杨钱梅　厅航务局（省地方海事局、省船舶检验局）

唐　科　厅运管局

蒋智力　厅运管局

熊代强　厅高管局（厅高速公路交通执法总队）

李济杉　厅高管局（厅高速公路交通执法总队）

敬川平　省交通运输工会

徐燕林　四川交职院

匡成刚　厅公路设计院

郑超宇　厅交通设计院

陈　苹　厅结算中心

刘孝明　厅质监局

李文刚　厅质监局

钱育锋　厅造价站

谭孝辉　厅造价站

李　薇　监理处

黄小元　大件处

刘涛声　交通宣传中心

文　静　厅信息中心

王　峣　川高公司
孙　淳　成渝公司
杨　宇　成渝公司
高晓娜　省港航公司
刘晓蕾　省港航公司
吴　凯　川西片区公司
余培蓓　川西片区公司
吕　宁　川西片区公司
徐国梅　川中片区公司
杨　越　川中片区公司
周大川　川北片区公司
李亚伶　川东片区公司
黄　陶　川东片区公司
蒋春燕　川东片区公司
杨家驹　川南片区公司
商祥平　攀西公司
周星凌　成渝公司成雅分公司
魏　明　成乐公司
何　勇　都汶公司
曹邢懿　都汶公司
付晓君　雅眉乐公司
肖　锋　广巴公司
吴　明　广巴公司
石　峰　成绵公司
周　芳　成德南公司
王定全　成都机场公司
沈晓梅　成都城北公司
马取贵　成都市交通运输委员会
肖　茂　自贡市交通运输局
晏　政　自贡市交通运输局
胡　芳　攀枝花市交通运输局
李　智　泸州市交通运输局
岳　娉　泸州市交通运输局
陈昌群　泸州市交通运输局
李　霞　德阳市交通运输局
林小龙　德阳市交通运输局
张　霜　绵阳市交通运输局
吴文斌　广元市交通运输局
赵仕仁　广元市交通运输局
黄火平　遂宁市交通运输局
彭高华　内江市交通运输局
罗明刚　乐山市交通运输委员会
申安荣　南充市交通运输局
刘永红　南充市交通运输局
谢胜东　南充市交通运输局
隆兴银　宜宾市交通运输局
李自东　达州市交通运输局
李胜勇　广安市交通运输局
江　杨　广安市交通运输局
郭　亮　巴中市交通运输局
李艳梅　巴中市交通运输局
崔炳龙　雅安市交通运输局
魏　平　眉山市交通运输局
刘书全　眉山市交通运输局
吴培琦　资阳市交通运输局
刘世文　阿坝州交通运输局
陈晓敏　甘孜州交通运输局
邹国胜　凉山州交通运输局

SICHUAN
TRANSPORT YEARBOOK
2014 四川交通年鉴

编辑说明

一、《四川交通年鉴》是反映四川交通各方面发展情况的大型专业年鉴，是逐年编纂连续出版的资料性工具书。2014卷是继1987年创刊以来的第28部。全书80余万字、1000多幅图片，反映2013年四川交通的基本面貌、发展状况和取得的新成就、新经验以及出现的新问题。它由四川科学技术出版社出版，国内外公开发行。

二、本年鉴框架结构一般分三个层次：类目、分目、条目。全书设《特载》《概况》《大事记》《交通基础设施建设》《交通运输》《交通管理》《交通行政机关》《交通科技教育文化》《市州交通》《政策法规选编》《荣誉榜》《统计资料》《附录》13个类目。由于内容特点，《特载》《大事记》《政策法规选编》只设两个层次。为了突出年度特色，本年鉴在内文部分新设立《交通行政机关》类目，下设《四川省交通运输厅》《纪检监察》《党的群众路线教育实践活动》《机关党建》《工会工作》分目；删去《党群工作》类目，并将该类目下的《党团建设》《纪检监察》《工会工作》分目并入《交通行政机关》类目，将该类目下的《交通文明行业创建》分目并入《交通科技教育文化》类目，并将其中《党团建设》分目更名为《机关党建》；将《先进集体 先进人物》类目更名为《荣誉榜》，并在该类目下设《先进名录》《人物选介》分目；在《交通管理》类目下新设立《公路管理》《航务管理》《道路运输管理》《质量监督》《造价管理》《工程监理》分目，删去该类目下的《路政管理》《收费公路管理》《船舶检验》分目并将相关内容并入新设立分目 ，将该类目下的《工程建设管理》和《规划 统计》分目更名为《建设管理》《交通规划》。在彩插部分特设《2013交通成就》《数字交通》《四川交通要闻》《“4·20”芦山强烈地震四川交通运输抗震救灾暨灾后重建》《抗击“7·9”特大暴雨洪涝灾害》《推进甘孜藏区公路建设》《推进凉山彝区交通建设》《深入开展党的群众路线教育实践活动》专栏。条目为全书的主要表现形式。

三、本年鉴基本内容分为综合情况、动态信息和辅助资料三部分。主要记述上一年度信息资料，特殊资料、背景资料等适当上溯下延。全书注重体现专业特点、年度特色和时代特征，力求在充分反映成绩和经验的同时，如实反映存在的问题和不足。

四、本年鉴注重收录图片资料，分彩插和内文配图两种形式编录，力求全书图文并茂。彩插以专题化、系列化的形式，重点反映四川交通运输大事、要事和主要建设成就；内文配图以文系图，形象直观地补充反映相关内容。

五、本年鉴稿件和资料由四川省交通运输厅机关各处（室）、厅直有关单位和各市（州）交通运输局（委）及四川省交通投资集团有限公司所属有关单位提供，并经各单位（部门）领导审核和保密审查。主要统计数据以省交通运输厅业务主管部门提供的统计资料为准。

六、本年鉴注重提高实用性，刊载有四川省公路交通图、四川省高速公路网暨出川通道规划布局图和四川省内河水运发展规划示意图。

七、为行文简洁，在目录前特制《有关机构（单位）全称简称对照表》和《四川省已成高速公路全称简称对照表》，在《附录》类目《参考资料》分目刊载《常用缩略语注释》。

八、本年鉴具有双重检索功能，书前列有内文中英文目录和彩插目录，书后配有索引。

有关机构（单位）全称简称对照表

全 称	简 称	全 称	简 称
中华人民共和国交通运输部	交通运输部	四川省国防动员委员会交通战备办公室	省交战办
中华全国总工会	全国总工会	四川省交通运输厅公路局	厅公路局
中华人民共和国住房和城乡建设部	住建部	四川省交通运输厅航务管理局	厅航务局
发展和改革委员会	发展改革委	四川省交通运输厅道路运输管理局	厅运管局
经济委员会	经委	四川省交通运输厅高速公路管理局 四川省交通厅高速公路交通执法总队	厅高管局 厅高速公路交通执法总队
纪律检查委员会	纪委	四川交通职业技术学院	四川交职院
国有资产监督管理委员会	国资委	四川省交通运输厅工程质量监督局	厅质监局
精神文明建设指导委员会	文明委	四川省交通运输厅公路规划勘察设计研究院	厅公路设计院
中国共产党四川省委员会	中共四川省委	四川省交通运输厅交通勘察设计研究院	厅交通设计院
四川省人民政府	省政府	四川省交通运输厅高速公路监控结算中心	厅结算中心
四川省人民代表大会常务委员会	省人大常委会	四川省交通运输厅交通建设工程造价管理站	厅造价站
中国人民政治协商会议四川省委员会	政协四川省委	四川省重点公路工程监理处 四川公路工程咨询监理公司	监理处 监理公司
中共四川省委直属机关工作委员会	省直机关工委	四川省大件公路管理处	大件处
四川省安全生产监督管理局	省安监局	四川省交通宣传中心	交通宣传中心
四川省质量技术监督局	省质监局	四川省交通运输厅信息中心	厅信息中心
四川省交通投资集团有限责任公司	省交投集团	四川省交通运输厅交通史志总编室	厅史志总编室
亚洲开发银行	亚行	四川省交通投资集团公司	省交投集团
招商银行股份有限公司	招商银行	四川高速公路建设开发总公司	川高公司
国家开发银行	开行	四川成渝高速公路股份有限公司	成渝公司
中国工商银行	工行	四川省港航开发有限责任公司	省港航公司
四川省交通运输厅	省交通运输厅	四川成南高速公路有限责任公司（川中片区）	川中片区公司
四川省人力资源和社会保障厅	省人力资源 社会保障厅	四川省川北高速公路股份有限公司（川北片区）	川北片区公司
四川省国土资源厅	省国土资源厅	四川省川南高等级公路开发股份有限公司（川南片区）	川南片区公司
四川省交通运输厅办公室	厅办公室	四川川东高速公路有限责任公司（川东片区）	川东片区公司
四川省交通运输厅精神文明办公室	厅文明办	四川成都绕城（东段）高速公路有限责任公司 （川西片区）	川西片区公司
四川省交通运输厅政策法规处	厅法规处	四川攀西高速公路开发股份有限公司	攀西公司
四川省交通运输厅综合规划处	厅规划处	四川雅西高速公路有限责任公司	雅西公司
四川省交通运输厅财务处	厅财务处	四川都汶公路有限责任公司	都汶公司
四川省交通运输厅人事劳动处	厅人事处	四川高速公路建设开发总公司雅安管理分公司	川高公司雅安分公司
四川省交通运输厅建设管理处	厅建管处	四川雅眉乐高速公路有限责任公司	雅眉乐公司
四川省交通运输厅运输管理处	厅运输处	四川成乐高速公路有限责任公司	成乐公司
四川省交通运输厅城市公共客运指导处	厅城客处	四川成绵高速公路有限公司	成绵公司
四川省交通运输厅安全监督管理处	厅安全处	泸州东南高速公路发展有限公司	泸州东南公司
四川省交通运输厅科技教育处	厅科教处	四川遂资高速公路有限公司	遂资公司
四川省交通运输厅外经外事处	厅外经外事处	广东龙光（集团）有限公司	龙光公司

全　称	简　称
四川省交通运输厅审计处	厅审计处
四川省纪委驻厅纪检组 监察厅驻厅监察室	厅纪检组 （监察室）
四川省交通运输厅离退休人员工作处	厅离退休处
四川省交通运输厅公安处	厅公安处
中共四川省交通运输厅直属机关委员会	厅直机关党委
四川达万高速公路有限责任公司	达万公司
四川成渝高速公路股份有限公司成雅分公司	成渝公司 成雅分公司
四川嘉陵江桐子壕航电开发有限公司	桐子壕公司
四川嘉陵江新政航电开发有限公司	新政公司
四川嘉陵江金沙江航电开发有限公司	金溪公司
四川嘉陵江小龙门航电开发有限公司	小龙门公司
四川嘉陵江凤仪航电开发有限公司	凤仪公司
四川嘉陵江苍溪航电开发有限公司	苍溪公司
四川省交通运输厅战备办公室	厅战备办
四川省交通运输工会委员会	省交通运输工会
四川成德南高速公路有限责任公司	成德南公司
四川巴南高速公路有限责任公司	巴南公司
四川乐宜高速公路有限公司	乐宜公司
四川港航嘉陵江金沙航电开发有限公司金银台分公司	金银台分公司
四川港航嘉陵江金沙航电开发有限公司沙溪分公司	沙溪分公司
四川渠江金盘子航电开发有限公司	金盘子公司
四川广安承平港务有限公司	承平公司
四川南充都京港务有限公司	都京公司
四川岷江港航电开发有限责任公司	岷江公司
成都市交通运输委员会	成都市交委
乐山市交通运输委员会	乐山市交委
阿坝藏族羌族自治州交通运输局	阿坝州交通运输局
甘孜藏族自治州交通运输局	甘孜州交通运输局
凉山彝族自治州交通运输局	凉山州交通运输局
四川长通港口有限公司	长通公司
四川长江水运有限责任公司	长运公司

四川省已成高速公路全称简称对照表

全　称	简　称
成都至重庆高速公路	成渝高速公路
成都至绵阳高速公路	成绵高速公路
成都城北出口高速公路	成都城北高速公路
成都至双流机场高速公路	成都机场高速公路
内江至宜宾高速公路	内宜高速公路
成都至乐山高速公路	成乐高速公路
成都至都江堰高速公路	成灌高速公路
隆昌至纳溪高速公路	隆纳高速公路
成都至雅安高速公路	成雅高速公路
达州至重庆高速公路	达渝高速公路
遂宁至回马高速公路	遂回高速公路
成都至南充高速公路	成南高速公路
广安至邻水高速公路	广邻高速公路
南充至广安高速公路	南广高速公路
绵阳至广元高速公路	绵广高速公路
成都至温江至邛崃高速公路	成温邛高速公路
成都至彭州高速公路	成彭高速公路
宜宾至水富高速公路	宜水高速公路
西昌至攀枝花高速公路	西攀高速公路
遂宁至重庆高速公路	遂渝高速公路
攀枝花至田房高速公路	攀田高速公路
南充至重庆高速公路	南渝高速公路
邻水至垫江高速公路	邻垫高速公路
都江堰至映秀高速公路	都映高速公路
泸沽至黄联关高速公路	泸黄高速公路
成都绕城高速公路	成都绕城高速公路
南充绕城高速公路	南充绕城高速公路
广元至巴中高速公路	广巴高速公路
邛崃至名山高速公路	邛名高速公路
乐山至宜宾高速公路	乐宜高速公路
绵阳至遂宁高速公路	绵遂高速公路
雅安至西昌高速公路	雅西高速公路
广元至陕西高速公路	广陕高速公路
达州至陕西高速公路	达陕高速公路
广元至南充高速公路	广南高速公路
纳溪至贵州高速公路	纳黔高速公路
映秀至汶川高速公路	映汶高速公路
巴中至陕西高速公路	巴陕高速公路
成都至德阳至南部高速公路	成德南高速公路
乐山至雅安高速公路	乐雅高速公路
宜宾至泸州高速公路	宜泸高速公路
广元至甘肃高速公路	广甘高速公路
达州至万州高速公路	达万高速公路
成都至自贡至泸州至赤水高速公路	成自泸赤高速公路
内江至遂宁高速公路	内遂高速公路
成都至绵阳复线高速公路	成绵复线高速公路
巴中至南充高速公路	巴南高速公路
巴中至达州高速公路	巴达高速公路
乐山至自贡高速公路	乐自高速公路
泸州至重庆高速公路	泸渝高速公路
遂宁至资阳高速公路	遂资高速公路
南充至大竹至梁平高速公路（南充至渠县段）	南大梁高速公路

Contents 目 录

国省干线重点公路建设

农村公路建设

汽车站场建设

公路养护

航道建设

港口建设

公路水路勘察设计

交通运输

道路运输

水路运输

交通管理

交通规划

建设管理

运输管理

安全管理

高速公路管理暨交通执法

公路管理

航务管理

人事劳动管理

城市公共客运管理

外经外事

交通审计

交通公安

交通战备

交通行政机关

四川省交通运输厅

纪检监察

党的群众路线教育实践活动

机关党建

工会工作

交通科技教育文化

交通科技

交通教育

文明行业创建

交通信息化建设

交通宣传

交通史志年鉴

市州交通

成都交通

自贡市交通

攀枝花市交通

泸州市交通

德阳市交通

绵阳市交通

广元市交通

遂宁市交通

内江市交通

乐山市交通

南充市交通

宜宾市交通

达州市交通

广安市交通

巴中市交通

雅安市交通

眉山市交通

资阳市交通

阿坝藏族羌族自治州交通

甘孜藏族自治州交通

凉山彝族自治州交通

政策法规选编

荣誉榜

先进名录

人物选介

统计资料

公路水路运输综合统计

公路交通统计

内河航运统计

固定资产投资统计

交通事故统计

附录

参考资料

机构及领导名录

Main Contents

Contents
彩插目录

2013交通成就

2013年，在中共四川省委、省政府的坚强领导下，全省交通运输系统夺取了交通抗灾救灾、灾后恢复重建和加快建设发展、提升管理服务的全面胜利，继续保持高位加快发展态势。

1 西部综合交通枢纽加快形成

交通投资高基数上实现高增速。全省公路水路交通建设完成投资1 276亿元，比上年增长16.5%。高速公路建设取得新突破。新建成成都至南部、巴中至南部、泸州至重庆（川境段）、遂宁至资阳、乐山至雅安、成自泸赤自贡至仰天窝段、乐山至自贡、巴中至达州、南大梁南充至渠县段等9个项目（路段）712公里，全省高速公路通车总里程达5 046公里，骨架路网基本形成。国省干线建设协调推进。完成新改建国省干线公路1 958公里，新开工建设1 368公里。全省国省干线二级（三州三级）及以上公路总里程达1.8万公里，占比81.6%。推进干线公路联网畅通工程，普通干线公路在建项目30个1 265公里。农村公路建设持续发展。完成新改建农村公路2.4万公里，建成农村公路桥梁108座。金川县创造全省民族地区农村公路“建、管、养、运、安、业、美”七位一体发展新模式。内河水运建设加快推进。广安港新东门作业区、南充港都京作业区一期工程投入试运营，全省港口集装箱年吞吐能力达193万标箱。嘉陵江苍溪航电枢纽工程全面建成。客货站场建设取得新进展。建成客运枢纽项目10个，开工客运枢纽项目4个。

2 交通抢险救灾和灾后重建统筹推进

芦山地震发生后，省交通运输部门第一时间投入抗震救灾，组织抢险队伍19支2 800多人、机具设备1 300多台（套），震后50小时抢通灾区道路。迅速集结调用客货车6 400余辆，及时保障抗震救灾应急运输，全力保障灾区生命线畅通。有力应对“7·9”特大山洪泥石流灾害，及时抢通映汶、成绵等高速公路。编制完成芦山地震灾后恢复重建交通基础设施专项规划。实施芦山地震和暴雨洪涝灾区灾后交通恢复重建项目建设全程“绿灯”服务。

3 交通运输保障能力不断增强

全省客运车辆达5.2万辆，城市公交车、出租汽车发展到2.69万辆和4.29万辆。发展省际市际客运班线118条，新开通32条高速直达客运班线。通公路的乡镇、行政村客车通达率分别达95%和77%，较上年分别提高2.5%和1%。全省营运货车58.5万辆，总吨位262万吨、比上年增长4.7%。集装箱车辆达1 535辆，比上年增长5.2%。全省公路客、货运量分别完成27.69亿人次和17.33亿吨，比上年分别增长4%和9.4%；水路货运量完成7 247万吨，比上年增长1.2%；港口集装箱吞吐量突破26万标箱，比上年增长63%。安全运输大型设备178批次352件（套），圆满完成春运、十一“黄金周”运输保障任务。

4 行业管理服务水平不断提升

完成40处服务区建设改造和11处收费站改造，完成“12122”服务系统升级改造，强化路网运行监测，高速公路管理服务质量和水平明显提升。撤除政府还贷二级公路收费站213个。严格规范招投标监督管理，有关投诉比上年下降54%。加强从业单位信用管理，完善交通建设项目从业单位和人员信用评价记录体系。启动开展“富民路·连心桥”以评促建活动，群众满意度测评提质升位。加强政风行风建设，行业形象进一步明显改善。

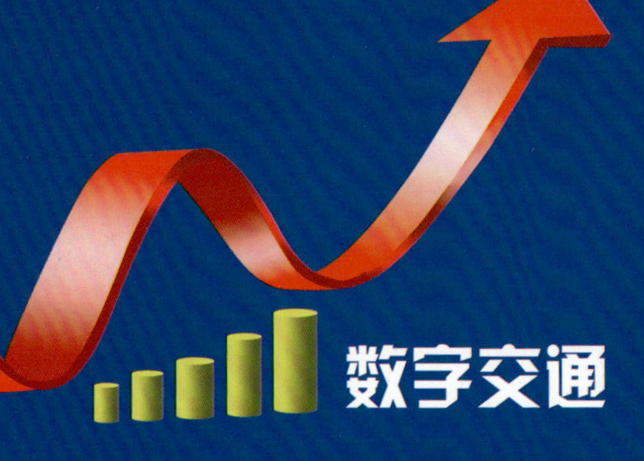

数字交通

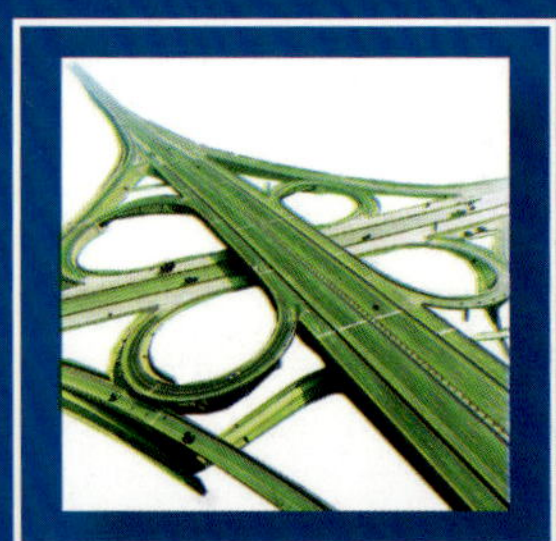

2013年四川内河航运建设情况

水运和港口建设完成投资：50亿元

航道总里程：11 726公里

2013年四川高速公路建设情况

高速公路建设完成投资：516亿元

通车总里程：5 046.3公里（居全国第六位、西部第一位）

高速公路ＢＯＴ引进社会资金：754亿元（居全国第一位）

2013年四川公路里程年底达到数（公里）

公路总里程：301 816（居全国第一位）

国道：8 753　　省道：12 903　　县道：40 686

乡道：52 158　　村道：182 225　　专用公路：5 091

四川交通建设完成投资（亿元）

1 276（居全国第一位）

2013年四川客货站场建设情况

客货站场建设完成投资：21亿元

客运站总数：2 119个　货运站总数：12个　简易站及招呼站总数：6 391个

2013年四川水路客货运输量

旅客运输量：3 228万人次　旅客周转量：26 940万人公里

货物运输量：7 247万吨　货物周转量：1 242 733万吨公里

2013年四川公路客货运输量

旅客运输量：276 873万人次　旅客周转量：10 677 917 万人公里

货物运输量：173 327万吨　货物周转量：14 847 756万吨公里

2013年四川农村公路建设情况

新改建农村公路2.4万公里（居全国第一位）

建设完成投资：361亿元

通车总里程：280 160万公里

2013年1月9日，中共四川省委常委会议听取交通运输工作专题汇报。中共四川省委书记、省人大常委会主任王东明对近年来全省交通运输发展取得的成绩给予充分肯定，希望继续保持良好发展势头，实现从“蜀道难”到“蜀道通”和“蜀道畅”的历史性跨越。

2013年1月9日，中共四川省委书记、省人大常委会主任王东明（前左三）在雅安调研时听取省交通运输厅厅长高烽（前左二）关于藏区高速公路规划和建设情况的介绍，要求进一步加快规划建设，发挥雅安市交通优势，建设川西交通枢纽，带动辐射攀西地区经济社会发展，在全省加快发展大格局中争创新优势

2013年4月20日，雅安市芦山县发生7.0级地震，省交通运输厅当即启动应急预案，组织抢险救灾人员和机具赶赴灾区开展道路抢通保通工作；开通高速公路抗震救灾专用通道，实行全省高速公路网抗震救灾车辆免费通行。5月1日，中共四川省委书记、省人大常委会主任、省抗震救灾指挥部指挥长王东明（前右二），中共四川省委副书记、省长、省抗震救灾指挥部副指挥长魏宏（右一），副省长王宁（前右三）等领导莅临省交通运输抗震救灾前线指挥部视察交通抗震救灾工作。图为省领导听取省交通运输厅厅长彭琳（前左一）汇报抢通保通工作

映汶高速公路在“5·12”汶川特大地震中破解“五个难题”，即破解在强余震不断的情况下，穿越活动断裂带进行高瓦斯隧道施工的难题；破解庙子坪大桥主墩水下60米裂缝修补的难题；破解在大跨径T梁整体复位的难题；破解桥梁墩柱矫正修复的难题；破解用最短时间完成都映高速公路恢复重建的难题。该路是“5·12”汶川特大地震灾后恢复重建的一项重大交通基础设施项目，项目全长48.27公里，概算总投资49.91亿元。该路是世界首条特大地震发生后，在高山峡谷的地震高烈度区域和余震及地质、山洪灾害频发的极重灾区，用最快时间建成的高速公路项目。图为2012年灾后重建通车的映汶高速公路

高　烽　摄

2012年4月建成通车的雅西高速公路，是国家高速公路网北京至昆明高速公路（G5）和八条西部大通道之一——甘肃兰州至云南磨憨公路在四川境内的重要组成部分，路线全长240公里。该项目在全国乃至世界范围内都具有特殊性和典型性，是国内外公认的自然环境最恶劣、工程难度最大、科技含量最高的山区高速公路之一，被交通运输部确定为“勘察设计典型示范”和“科技示范”项目，并创下“五个奇迹”，即世界最长钢管混凝土桁架梁公路桥，世界首次将双螺旋隧道设计运用于高速公路越岭线，世界第一高墩省料又抗震，创新深埋特长山区隧道会“呼吸”，世界最为壮观的大型库区桥梁群。图为雅西高速公路干海子钢管混凝土桁架连续桥，是世界首座主梁、桥墩全部采用钢管混凝土桁式结构体系的桥梁，全长1 811米

国道317线俄岗路改建工程是甘孜州“两路一隧”交通重点建设项目之一，另两个项目分别是国道318线东（俄洛）海（子山）路和雀儿山隧道工程。图为国道317线俄岗路

巴中平昌县灵山农村公路。在农村公路建设中，平昌县抢抓国家加大集中连片特困地区交通扶贫力度的重大机遇，着力推进农村公路建管养运协调发展新路，坚持“五个统筹”，推行“五化”模式（统筹城乡规划，推进公路建设标准化；统筹城乡力量，推进质量管理精细化；统筹城乡布局，推进公路管养规范化；统筹城乡市场，推进城乡客运一体化；统筹城乡资源，推进发展投入多元化）

丽攀高速公路是《四川省高速公路网规划（2008—2030年）》中的第五条南北纵线（宜宾至攀枝花）525公里中的末段，也是大香格里拉旅游环线川滇两省的公共通道，是建设国家西部综合交通次级枢纽、打造全省南向开放桥头堡的重要交通基础设施项目，是构建攀西城市群中心地位和促进区域经济协调可持续发展的关键性项目。图为2013年2月3日建成的丽攀高速公路C12标段倮果特大桥，为西南地区在建同类桥型最大跨度项目之一

泸州港地处长江、沱江、赤水河等干、支流交汇处，川滇黔渝结合部、四川盆地南部城市泸州市。泸州港区位优势突出，不仅是四川与泛珠三角地区及与东南亚地区联系的城市门户，也是四川公路、水路出川、出海的南大门，同时也是联系成渝经济区和南桂昆经济区的主要通道之一，是四川第一大港。图为泸州港国际集装箱码头

纳黔高速公路是国家高速公路“7918”网布局的横线夏蓉高速公路（G76）在四川境内的最后一段在建路段，也是四川省规划的24个出川高速公路通道之一。图为纳黔高速公路冷水河大桥

高 烽 摄

2013年5月29日，全省交通运输工作暨交通重点项目建设推进工作电视电话会议在成都召开。中共四川省委副书记、省长魏宏出席会议并作重要讲话，副省长王宁主持会议。省交通运输厅党组书记、厅长彭琳作《奋勇当先 追赶跨越 加快构建畅通高效的现代综合交通运输体系》工作报告。

1 2013年5月29日，省政府召开全省交通运输工作暨交通重点工程建设推进工作电视电话会议
2 四川省省长魏宏作重要讲话
3 四川省副省长王宁主持会议
4 省交通运输厅厅长彭琳作工作报告
5 会议主会场

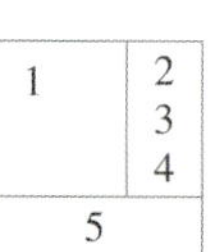

2013年6月20日，《国家公路网规划（2013—2030年）》公布，全省新增高速公路规划里程4 731公里，新增普通国道规划里程1.2万公里，两项指标均居全国第一位。省交通运输厅制订干线公路联网畅通工程、甘孜州公路建设推进工程、凉山州交通建设推进工程、农村公路改善工程、普通国省道大中修工程、汽车客运站提升改造工程、公路安保工程、渡改桥工程等八大专项工程方案并全面启动实施。

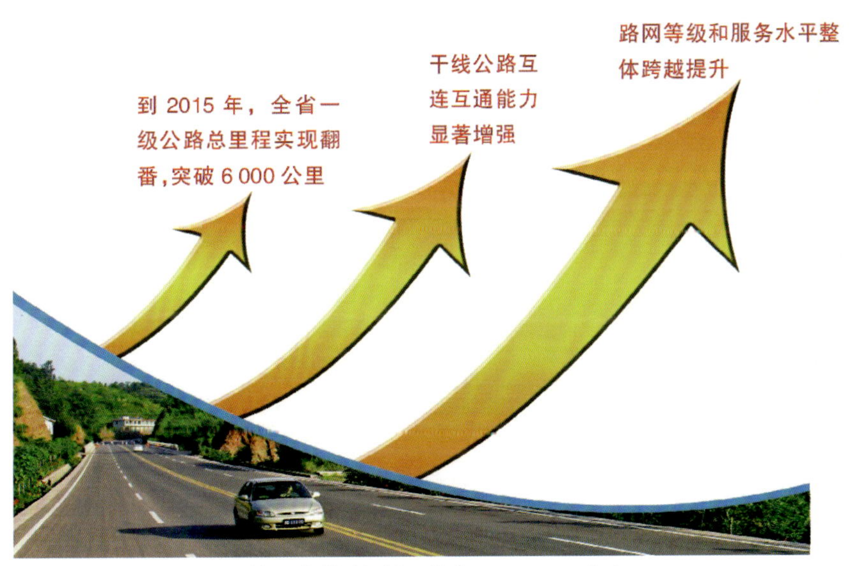

干线公路联网畅通工程（2013—2015年）

——甘孜州交通推进工程（2013—2015年）

国省干线三级及以上比重

100%
80%
60%
40%
20%
0
34%
89%
2012年
2015年

98.1%

乡镇通油路

98.3%

建制村通公路

——凉山州交通推进工程（2013—2015年）

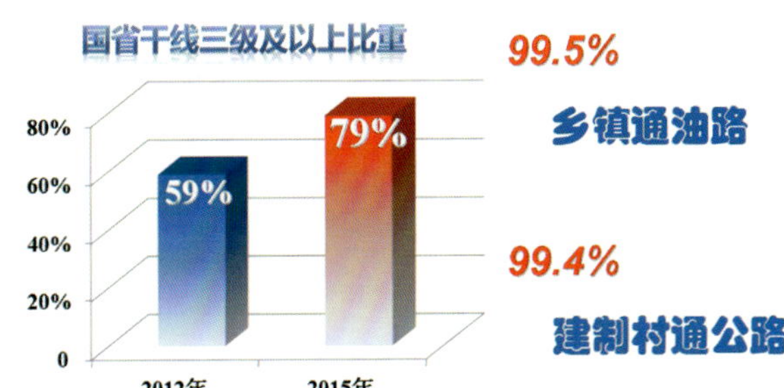

1	3		
2	4	5	6

1 金川县农村公路

2 改造后的国道317线环保景观大道

3 成都东客站

4 国道108线剑门关景区路段颇具特色的缆索护栏与道路、自然绿化风景协调统一，形成优美的风景线

5 国道108线规范设置的减速带

6 2013年4月建成的南充市营山县渡改人行桥

2013年，全省公路水路交通建设完成投资1 276亿元，比上年增长16.5%，居全国第一位。

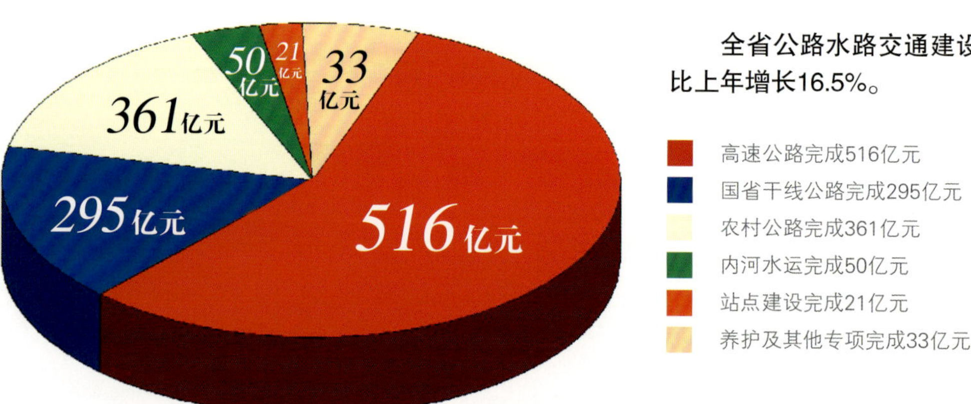

全省公路水路交通建设完成投资1 276亿元，比上年增长16.5%。

- 高速公路完成516亿元
- 国省干线公路完成295亿元
- 农村公路完成361亿元
- 内河水运完成50亿元
- 站点建设完成21亿元
- 养护及其他专项完成33亿元

2013年，新建成成都至南部、巴中至南部、泸州至重庆（川境段）、遂宁至资阳、乐山至雅安、成自泸赤自贡至仰天窝段、乐山至自贡、巴中至达州、南大梁南充至渠县段等9个项目（路段）712公里，全省高速公路通车总里程达5 046公里，居全国第六位、西部第一位，骨架路网基本形成。

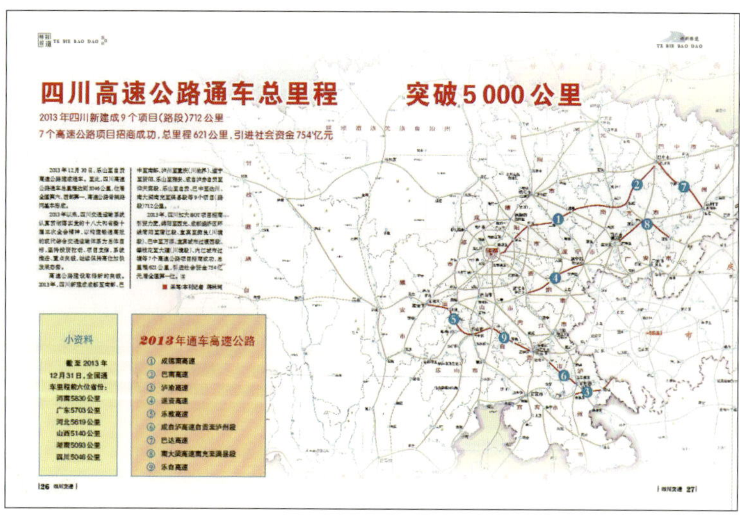

至2013年底，四川高速公路通车总里程突破5 000公里

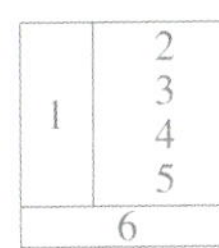

1 成德南高速公路

2 书法之乡金堂文化墙

3 浓缩版的锦官城

4 憨态可掬的熊猫景观展现四川文化

5 川西民居风格的挡墙

6 巴南高速公路

泸渝高速公路康博大桥

成自泸赤高速公路

乐自高速公路

2013年，绵阳至西充、成都经济区环线蒲江至简阳段、宜宾至彝良（川境段）、巴中至万源、宜宾城市过境、攀枝花至大理（川境段）、内江城市过境等7个高速公路BOT项目招商成功，总里程621公里，引进社会资金754亿元，居全国第一位。

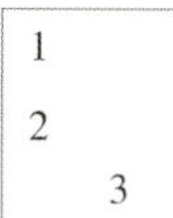

1 2013年4月15日举行的四川省高速公路BOT项目招商会

2 2013年4月15日，省交通运输厅厅长彭琳向投资人介绍全省高速公路BOT项目招商情况

3 成都经济区环线高速公路简阳至蒲江段高速公路BOT项目线路图

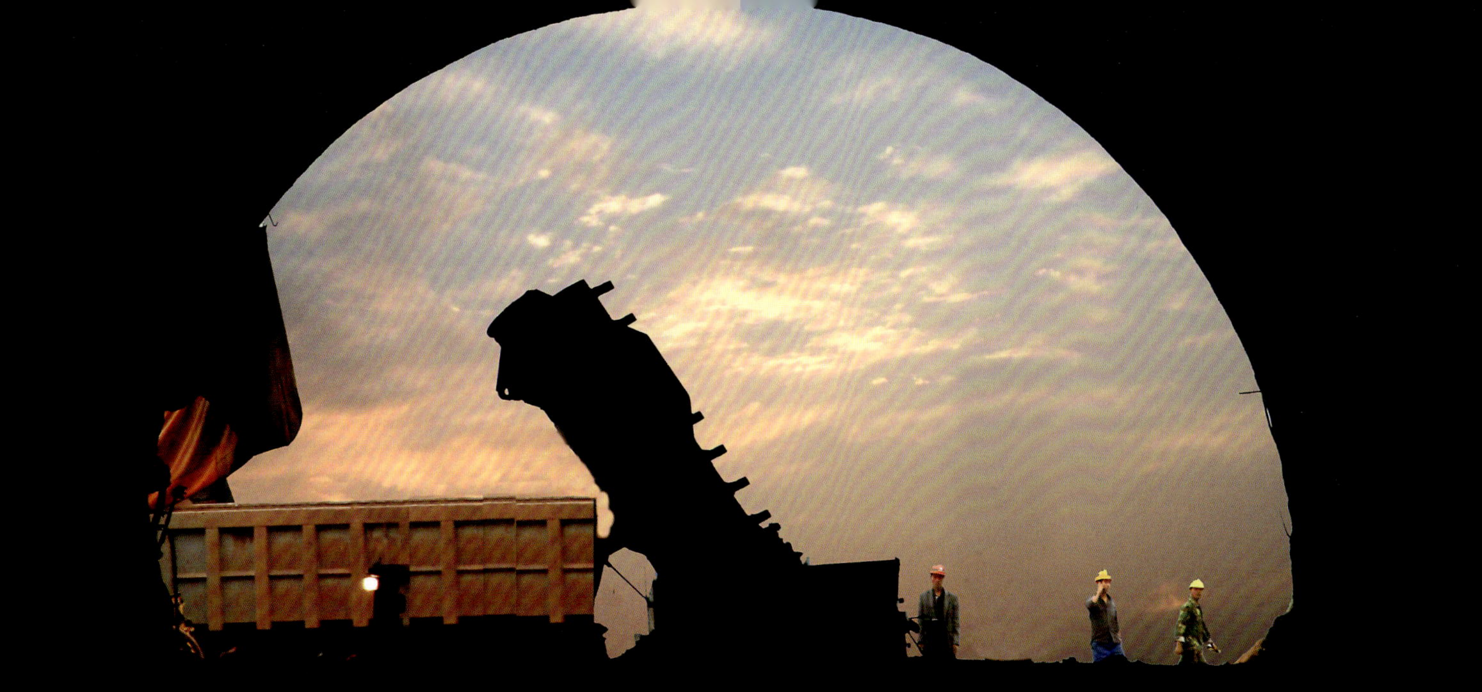

施工中的成简快速路2号隧洞

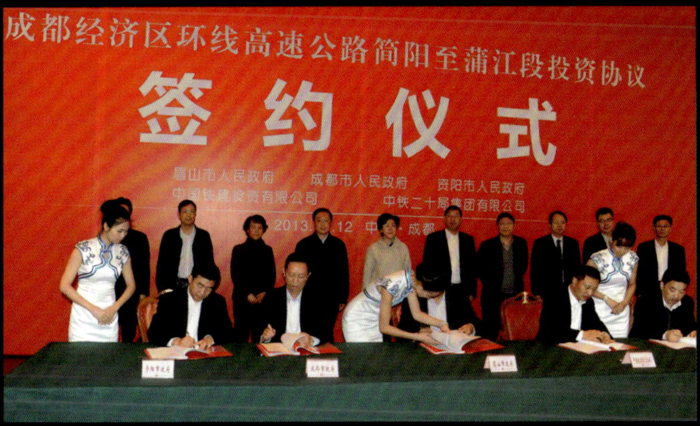

2013年11月12日，成都经济区环线高速公路简阳至蒲江段投资协议签约仪式在成都举行。省交通运输厅党组书记、厅长彭琳（二排左四），副厅长张晓燕（二排左三），副巡视员黄兴棣（二排右四）及成都市、眉山市、资阳市领导，中国铁建投资有限公司负责人等出席签约仪式

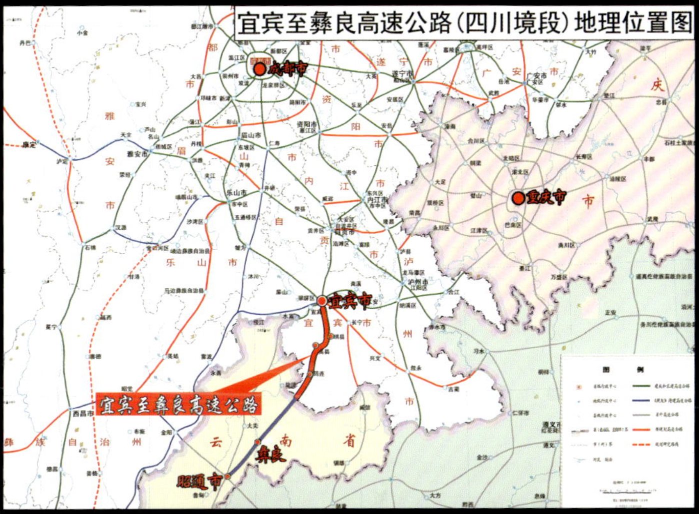

宜宾至彝良高速公路BOT项目地理位置图

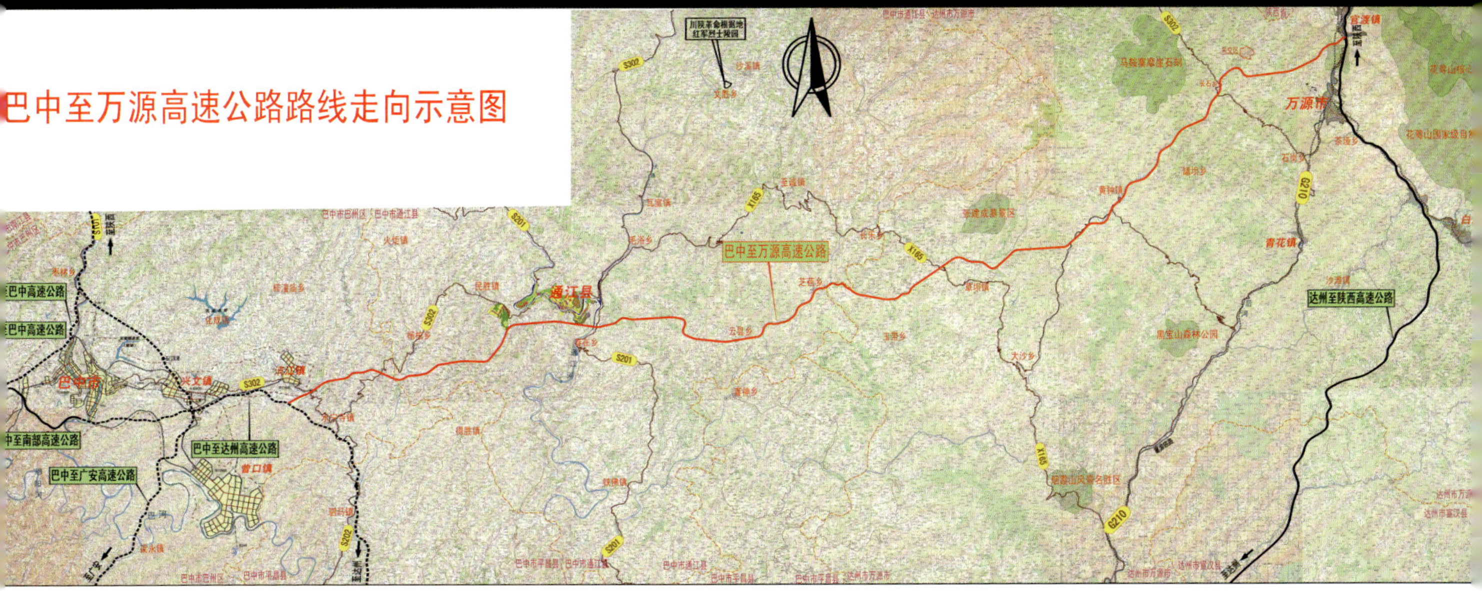

巴中至万源高速公路BOT项目线路图

2013年，全省公路总里程突破30万公里，居全国第一位。完成新（改）建国省干线公路1 958公里，新开工建设1 368公里。全省国省干线二级（三州三级）及以上公路总里程达1.8万公里，占比81.6%。完成新（改）建农村公路2.4万公里，居全国第一位。

1	3
	4
2	5
6	

1 省道205线绵（阳）江（油）路建设场景

2 自雅路（省道305线）隆雅路富顺至荣县段

3 省道205线绵（阳）江（油）路

4 建成通车的自雅路（省道305线）隆雅路富顺至荣县段

5 金川县二普鲁村入户通畅公路

6 通村通畅公路切实改变群众出行难问题

2013年，四川交通运输部门加快推进客货运枢纽及集疏运体系建设，建成客运枢纽项目10个，开工客运枢纽项目4个。

1 成都传化物流基地全景图

2 成都传化物流基地

3 泸州客运中心站售票大厅

4 泸州市客运中心站

2013年，广安港新东门作业区、南充港都京作业区一期工程投入试运营，全省港口集装箱年吞吐能力达193万标箱。

1 2013年1月15日，渠江广安航运建设工程广安港新东门作业区一期工程开港试运行。图为吊装作业现场

2 2013年12月25日，南充港都京作业区一期工程投入试运营

2013年，交通抢险救灾和灾后重建统筹推进。第一时间投入“4·20”芦山地震抗震救灾，组织抢险队伍19支2 800多人、机具设备1 300多台（套），震后50小时抢通灾区道路。集结调用客货车6 400余辆，及时保障应急运输。芦山地震灾区3个国道项目和2个经济干线公路项目开工建设。有力应对“7·9”特大山洪泥石流灾害，及时抢通映汶、成绵等高速公路。

1 2013年6月1日，交通运输部部长杨传堂（前右二）到川指导“4·20”芦山强烈地震灾区交通恢复重建工作。图为杨传堂在四川省副省长王宁（前右三），省交通运输厅厅长彭琳（前右一）陪同下看望一线保通人员

2 2013年5月1日，中共四川省委书记、省人大常委会主任、省抗震救灾指挥部指挥长王东明（二排右三），中共四川省委副书记、省长、省抗震救灾指挥部副指挥长魏宏（二排左二），中共四川省委常委、秘书长陈光志（二排右一），副省长王宁（二排右二）等领导莅临省交通运输厅抗震救灾前线指挥部，视察交通抗震救灾工作，亲切慰问奋战在一线的交通运输行业干部职工。王东明发表重要讲话，并对四川交通抢通保通工作作了高度评价

4·20芦山强烈地震

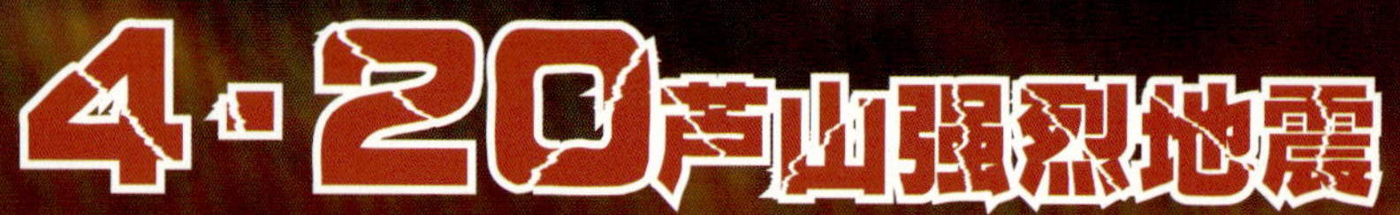

四川交通运输抗震救灾暨灾后重建

在中共四川省委、省政府的领导下，四川交通迅速启动应急响应，组织力量科学抢险，全力以赴抢通保通保畅交通运输“生命线”，涌现出许多可歌可泣的英雄事迹，为抗震救灾工作作出重大贡献，充分体现了交通运输干部职工勇挑重担、奋勇当先、不怕牺牲、无私奉献的精神风貌。

——摘自交通运输部慰问信

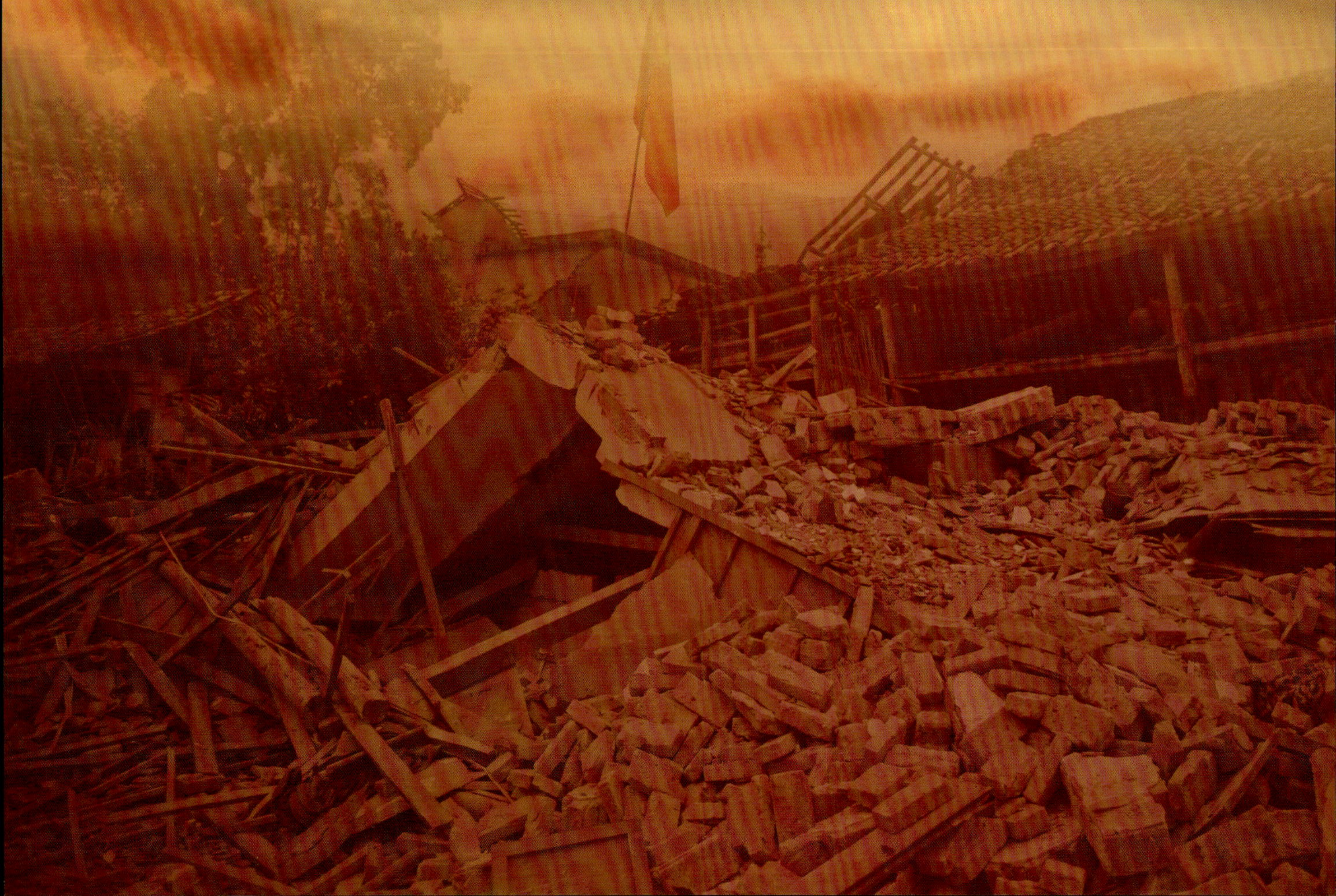

2013年4月20日8：02分

北纬30.3，东经103.0

雅安市芦山县

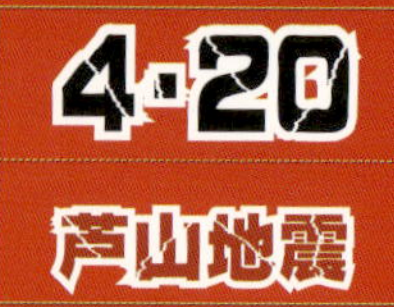

北京时间2013年4月20日8：02分，四川省雅安市芦山县（北纬30.3，东经103.0）发生7.0级地震，震源深度13公里。

芦山地震灾害及其引发的崩塌、滚石、山体滑坡等次生灾害，使雅安、成都、甘孜等6个市（州）21个县的交通基础设施不同程度受损。据统计，全省受损公路6 800公里，其中高速公路及国省干线公路1 600公里、县乡村公路5 200余公里，受损桥梁511座，受损水运设施码头80处，受损汽车场站27处。特别是雅安市的交通基础设施受损严重，损毁公路2 986公里，国道318线、省道210线等国省干线公路和震中芦山、宝兴县的干线公路及18个乡镇的公路交通全面瘫痪。

芦山、宝兴灾区公路塌方总量达200余万方，148座桥梁不同程度的受损，12座危桥急需抢修。

四川芦山“4·20”7.0级强烈地震烈度图

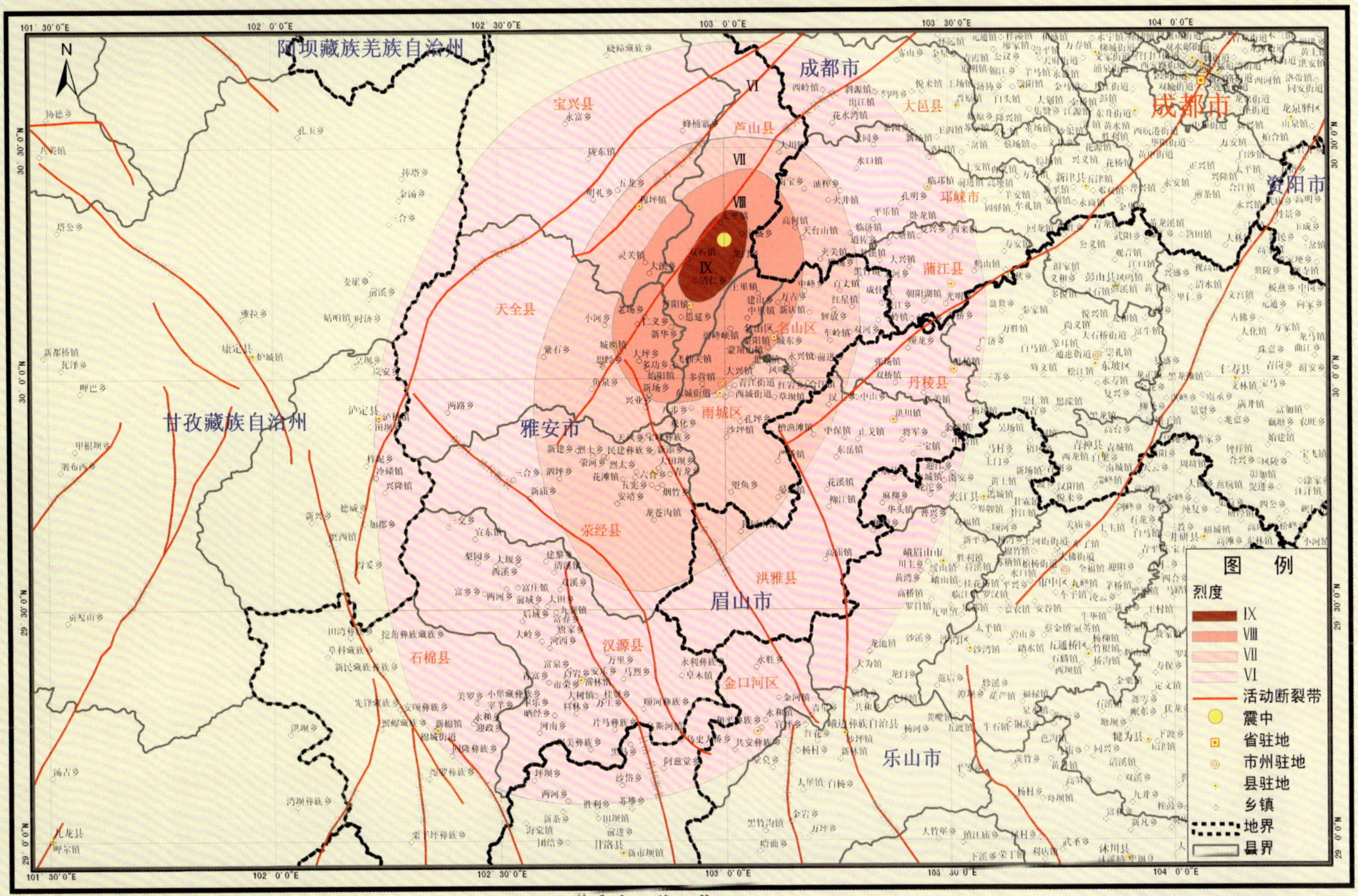

图 例

烈度

Ⅸ

Ⅷ

Ⅶ

Ⅵ

活动断裂带

震中

省驻地

市州驻地

县驻地

乡镇

地界

县界

中国地震局

比例尺 10 5 0 10 20 千米

出图时间：2013年4月25日

受损的省道105线　　受损的省道210线

道路受损情况

2013年4月20日8：02分

北纬30.3，东经103.0

雅安市芦山县

2013年6月1日，交通运输部部长杨传堂（前右二）在国道318线风吹岭垮塌现场了解处治工程情况

2013年5月1日，中共四川省委书记王东明（前中）等省领导慰问交通前线职工

1	4
2	5
3	6

1 2013年4月20日晚，部、省、厅领导在灾区连夜会商抢通方案

2 2013年4月21日，四川省副省长王宁（前左二）、省交通运输厅厅长彭琳（前左一）在省道210线抢通现场

3 2013年4月21日，四川省副省长王宁（前右一）、省交通运输厅厅长彭琳（左一）在省道210线现场指挥抢险

4 2013年4月25日晚，王宁、范波、彭琳、张晓燕、张琪、侯钫、陈乐生、胡大昌、陈双全等领导在灾区与抢通保通单位商讨防止次生灾害措施

5 2013年4月22日，省交通运输厅党组书记、厅长、厅抗震救灾指挥部指挥长彭琳（前右四）等在宝盛大桥指挥抢险

6 2013年5月5日，省交通运输厅党组副书记、副厅长、厅抗震救灾指挥部副指挥长周道平（左三）深入芦山、宝兴灾区指导道路保通和重点应急处治工程并慰问坚守奋战在交通抗震救灾一线的干部职工

第一时间启动应急预案

芦山地震发生后，交通运输部门迅速反应，紧急行动，第一时间启动应急预案。4月20日8时30分，省交通运输厅抗震救灾会议召开，按照中共四川省委、省政府的部署，芦山7.0级强烈地震交通保障组前线指挥部成立，四川省副省长王宁任指挥长，省交通运输厅党组书记、厅长彭琳任副指挥长。

第一时间投入抗震救灾

2013年4月20日9时，省交通运输厅厅长彭琳与副厅长鲜雄、黄英权、张琪一起，带领省交通运输厅第一批抗震抢险人员奔赴芦山震中，展开道路抢险。同时，彭琳电话部署，要求通往雅安市灾区的7条高速公路对所有车辆实行全部免费，四川省境内的所有高速公路对救援车辆实行免费。

在后方，专门成立了后方保障组，负责救援的后勤保障、物资供应和设备人员调动

1
2
3

1 2013年4月27日，省交通运输厅副厅长白理成（前右一）前往灾区察看灾情并慰问一线交通职工

2 2013年4月21日，省交通运输厅副厅长鲜雄（前左二）在灾区现场指挥抢险

3 2013年4月21日，省交通运输厅副厅长张晓燕（前右一）在邛崃指挥抢险

	1
2	
	3

1 2013年4月22日，省交通运输厅副厅长黄英权（正面左二）在宝兴中学与厅公路设计院技术人员商讨抢通方案

2 2013年4月21日，省交通运输厅副厅长张琪（右二）在芦山灾区指挥抢通

3 2013年4月26日，省纪委驻厅纪检组组长李传林（左二）在灾损路段调查

1	2
	3
4	5

1 2013年4月24日，省交通运输厅厅长彭琳（左一）在交通抗震救灾前线指挥部接受新华社国内部中央新闻采编中心经济采访室主任赵承（前右一）专访

2 2013年4月23日，央视著名主持人张泉灵采访省交通运输厅厅长彭琳（左一）。当晚，中央电视台《焦点访谈》栏目播出“严防震区次生灾害”交通专题节目

3 2013年4月23日，省交通运输厅副厅长白理成（左一）在芦山地震第六场新闻发布会后答记者问

4 2013年4月21日，省交通运输厅副厅长冯文生（正面右二）参加芦山地震第三场新闻发布会并介绍交通救灾情况

5 2013年4月26日，省交通运输厅直属机关党委书记侯钫（左一）通过四川交通广播电视台交通频道，介绍四川交通抗震救灾相关情况

1
2
3

1 2013年4月25日，省交通运输厅厅长彭琳在抗震救灾前线指挥部向灾区捐款

2 2013年4月25日，省交通运输厅副厅长周道平（前左一）、白理成（前左二）等厅领导为灾区捐款

3 2013年4月25日，省交通运输厅直属单位踊跃为地震灾区捐款

“4·20”芦山地震灾区交通抢通图

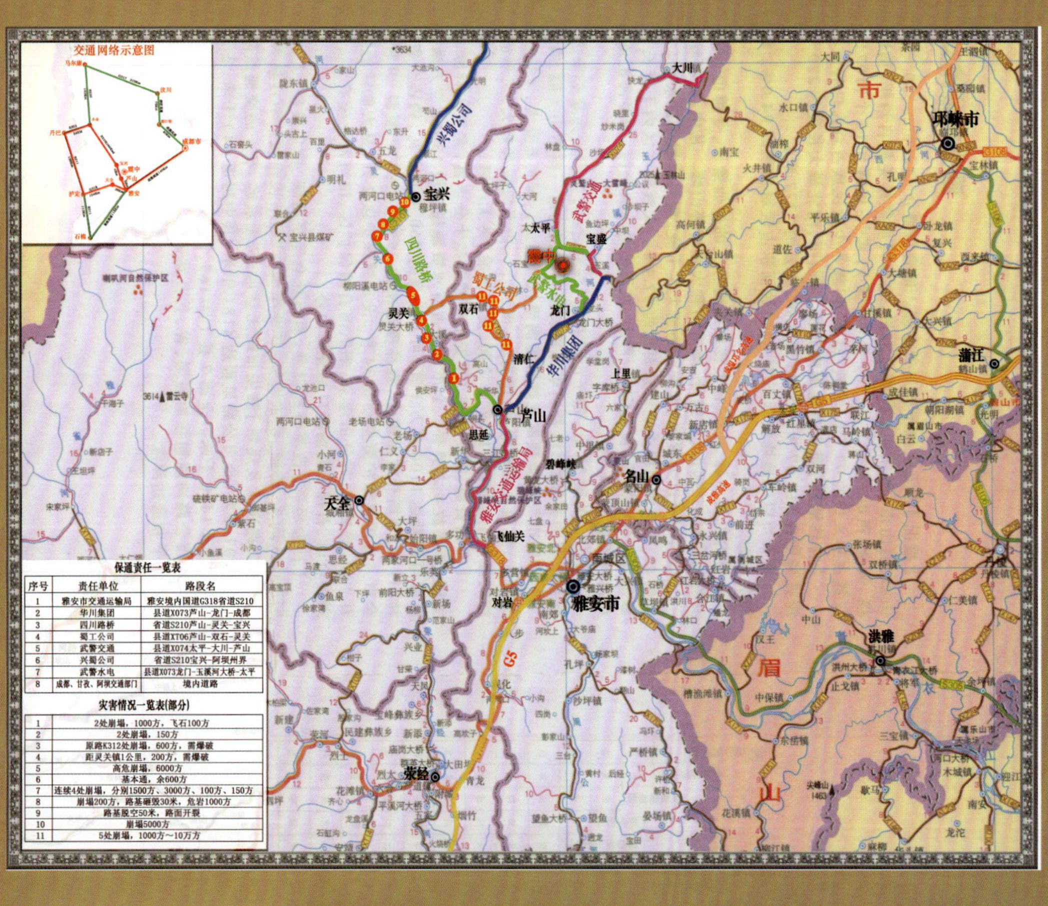

保通责任一览表

序号	责任单位	路段名
1	雅安市交通运输局	雅安境内国道G318省道S210
2	华川集团	县道X073芦山-龙门-成都
3	四川路桥	省道S210芦山-灵关-宝兴
4	蜀工公司	县道XT06芦山-双石-灵关
5	武警交通	县道X074太平-大川-芦山
6	兴蜀公司	省道S210宝兴-阿坝州界
7	武警水电	县道X073龙门-玉溪河大桥-太平
8	成都、甘孜、阿坝交通部门	境内道路

灾害情况一览表(部分)

1	2处崩塌，1000方，飞石100方
2	2处崩塌，150方
3	原路K312处崩塌，600方，需爆破
4	距灵关镇1公里，200方，需爆破
5	高危崩塌，6000方
6	基本通，余600方
7	连续4处崩塌，分别1500方、3000方、100方、150方
8	崩塌200方，路基砸毁30米，危岩1000方
9	路基脱空50米，路面开裂
10	崩塌5000方
11	5处崩塌，1000方～10万方

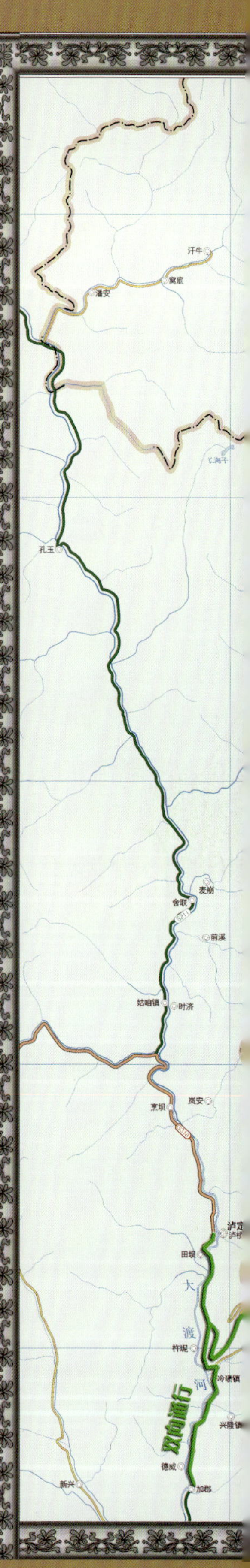

“4·20”芦山地震重灾区公路抢通示意图

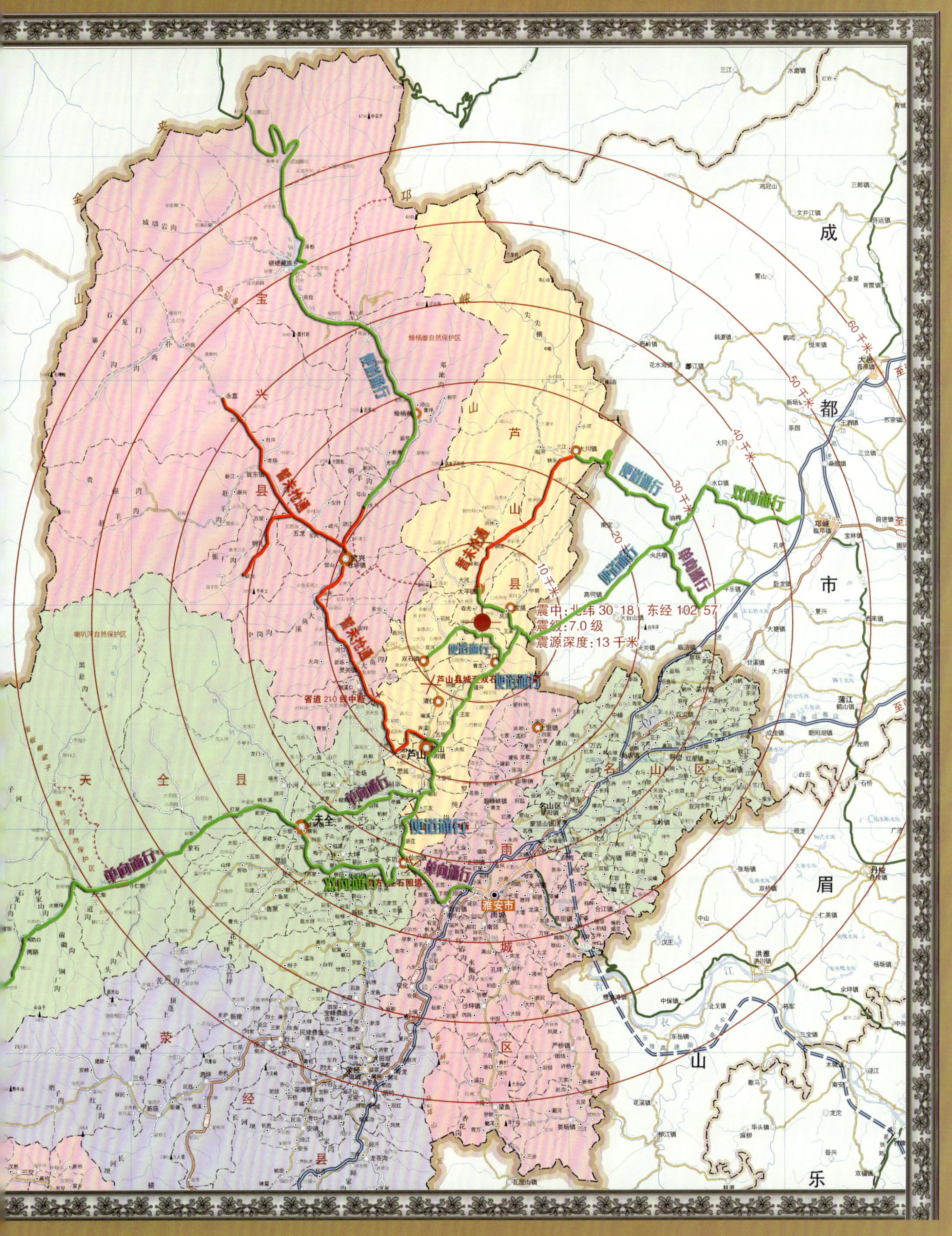

震后4小时，打通国道318线和雅安到芦山的公路

震后16小时，打通芦山县所有乡镇可绕行到达的“生命通道”

震后30小时，打通省道210线芦山至宝兴的公路

震后50小时，全部抢通芦山、宝兴县所有乡镇道路，形成两个以上“生命通道”的环行线路

震后不到4天，基本恢复重灾区交通

据统计，交通运输部门共组织19支抢险队伍2 800多人、机具设备1 300多台（套），冒着生命危险，顽强奋战，抢通生命线；集结调用客货车6 400余辆，保障抗震救灾应急运输

保通保运

1	
2	3 4 5

1 公路畅通，救灾物资源源不断运往灾区

2 “钢铁隧道”护佑过往车辆安全

3 观察通行提示牌

4 受损道路刚抢通又塌方

5 川西片区公司强化措施服务抗震救灾车辆

SICHUAN SHENG JIAOTONG YUNSHUTING GONGLUJU

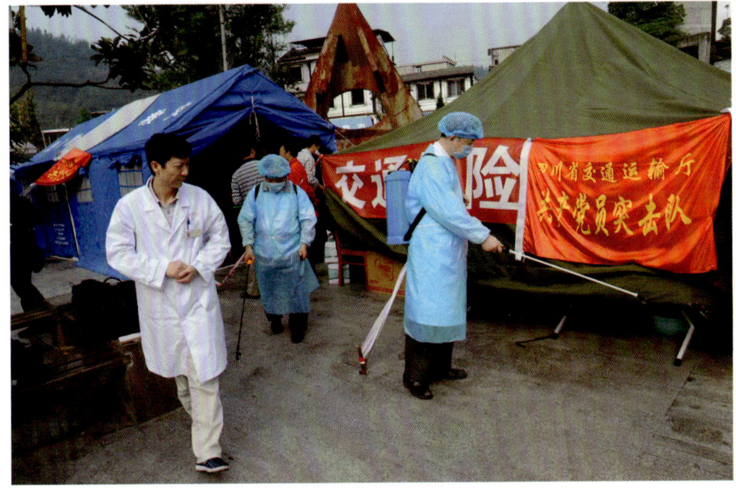

1 2013年4月23日，厅公路局局长朱学雷（前左二）在抢通保通现场指导抢险救灾工作

2 2013年4月24日，省交通运输厅副厅长鲜雄（右一）、厅直属机关党委书记侯钫（左一）等看望慰问聂平（右二）的受灾家人。聂平，芦山县芦阳镇人，地震发生时家有89岁老母亲和身患重病的岳母。震后聂平奔赴在抗震救灾抢通保通前线，直至灾区道路基本抢通后才第一次看到简易救灾帐篷里的母亲与岳父岳母

3 厅公路局所属公路医院医生正在交通抗震救灾前方指挥部消毒除菌

四川省交通运输厅高速公路管理局

SICHUAN SHENG JIAOTONG YUNSHUTING GAOSU GONGLU GUANLIJU

1 2013年4月，省交通运输厅副厅长、厅高管局局长（总队长）张琪（左二）检查高速公路应急保障情况

2 成雅高速公路成都站在“4·20”芦山地震当天上午即开通应急通道

3 厅高速公路监控结算中心“12122”服务热线应急服务

4·20 芦山地震

成渝蜀工公司

CHENGYU SHUGONG GONGSI

2013年4月20日，成渝公司董事长周黎明（前左二）深夜察看通往双石的受损道路

抢险救灾现场

四川省交通运输厅道路运输管理局

SICHUAN SHENG JIAOTONG YUNSHUTING DAOLU YUNSHU GUANLIJU

1 2013年4月27日，厅运管局局长邱小发（左一）在芦山客运站指导抗震救灾

2 集结灾区客运车辆

3 紧急集结抗震救灾应急车辆

四川省交通运输厅航务管理局

SICHUAN SHENG JIAOTONG YUNSHUTING HANGWU GUANLIJU

1 2013年4月28日，厅航务局局长许东明（右）看望慰问宝兴县海事处干部职工

2 厅航务局运送海事冲锋舟前往芦山地震灾区

3 厅航务局青年突击队应急小分队奔赴芦山灾区

4·20 芦山地震

四川省交通运输厅工程质量监督局

SICHUAN SHENG JIAOTONG YUNSHUTING GONGCHENG ZHILIANG JIANDUJU

2013年4月22日，厅质监局局长刘孝明（左二）向抢通保通队伍进行技术指导

厅质监局工程技术人员徒步踏勘灾情

四川省交通运输厅公路规划勘察设计研究院

SICHUAN SHENG JIAOTONG YUNSHUTING GONGLU GUIHUA KANCHA SHEJI YANJIUYUAN

1 2
3 4
5 6

1 2013年4月25日，厅公路设计院院长唐永建（右三）与工程师讨论抢通技术方案

2 厅公路设计院副院长、总工程师庄卫林（前中）在震中现场踏勘

3 厅公路设计院踏勘小分队突入震中

4 厅公路设计院技术人员在灾损现场踏勘

5 技术踏勘人员现场察看道路受损情况

6 厅公路设计院桥梁专家组在宝盛桥现场指挥加固维修

四川省交通运输厅交通勘察设计研究院

SICHUAN SHENG JIAOTONG YUNSHUTING JIAOTONG KANCHA SHEJI YANJIUYUAN

1 厅交通设计院院长王玮（左一）与设计人员研讨技术方案

2 厅交通设计院踏勘小分队现场统计受损道路情况

3 厅交通设计院工程师现场制订抢通保通技术方案

四川兴蜀公路建设发展有限责任公司

SICHUAN XINGSHU GONGLU JIANSHE FAZHAN YOUXIAN ZEREN GONGSI

1 兴蜀公司董事长曾宇（左一）在现场指挥抢通保通

2 抢险队员搭建帐篷

3 抢通省道210线民治村段

四川公路桥梁建设集团有限公司

SICHUAN GONGLU QIAOLIANG JIANSHE JITUAN YOUXIAN GONGSI

1	2	
	3	
4	5	6

1 交通抗震救灾抢险作业场景

2 2013年4月26日，四川路桥集团董事长孙云（前中）现场指挥四川路桥抢险作业

3 交通抗震救灾抢险作业场景

4 张磊，1988年出生于四川省西充县多扶镇，2006年7月开始，先后在四川路桥路航公司康定巴郎沟水电站和丹巴县关州水电站担任项目装载机操作手。2013年4月20日，在芦山抗震救灾中连人带车被坍塌的山体巨石砸下悬崖，英勇牺牲。图为张磊生活照

5 2013年4月24日，受省交通运输厅厅长彭琳委托，副厅长周道平（右二）代表省交通运输厅党组，看望慰问张磊家属

6 英雄张磊所在的“铁军”——四川路桥在保通第一线

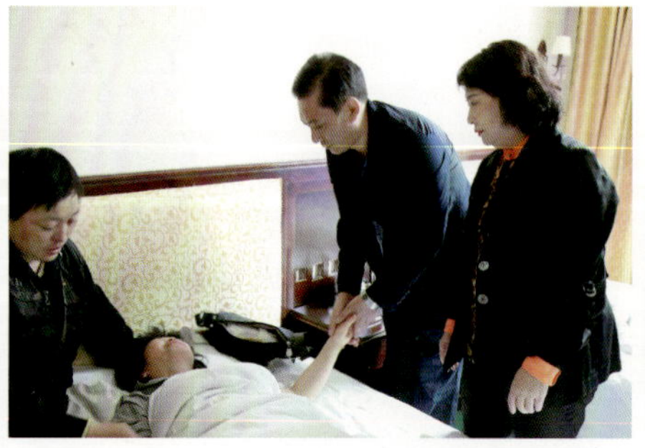

雅安交通运输局

YAAN JIAOTONG YUNSHUJU

1 2
3

1 雅安市交通运输局局长张桥（前左二）在一线组织交通抢通保通

2 全力抢通省道210线“生命线”

3 抢通省道210线289公里加50米处

宝兴交通运输局

BAOXING JIAOTONG YUNSHUJU

1 2
3

1 宝兴县地方海事处处长刘维剑，余震飞石中徒步进入灵关镇，于2013年4月20日14时到达应急指挥部，是震后徒步进入“孤岛”的海事第一人。图为刘维剑（右）在灵关镇指挥抢通工作

2 3 抢险作业场景

芦山交通运输局

LUSHAN JIAOTONG YUNSHUJU

1	2
	3
	4

1 抢险作业场景

2 2013年4月20日，芦山县交通运输局局长舒亚宁（正面左三）穿着睡衣冲进抗震救灾前线指挥部，为部、省、厅领导提供芦山交通情况

3 共商抢通措施

4 抢险人员与部队官兵一起步行查看道路险情

2013年4月20日8：02分

北纬30.3，东经103.0

雅安市芦山县

灾后重建

BUILD

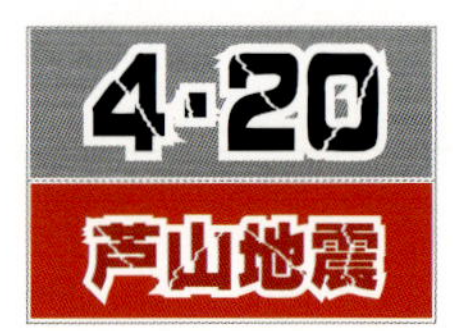

根据《芦山地震灾后恢复重建总体规划》和《芦山地震灾后恢复重建基础设施建设专项规划》，灾后恢复重建分为恢复重建和发展提高两类，包括高速公路、干线公路、农村公路、客货运站场、水运设施等。恢复重建类项目主要包括**8**个干线公路项目**748**公里，农村公路**1 440**公里，**26**个公路运输站场和**30**个水运码头、设施；发展提高类项目主要包括**6**个高速公路项目约**762**公里，**8**个干线公路项目**322.4**公里。

芦山地震灾后重建“1+8”交通重点项目

“1”指雅康高速公路建设。

“8”指3条国道（国道108线雅安至荥经界段、国道318线雅安至二郎山隧道段、国道351线乐英至夹金山垭口段），5条重要经济干线（天全至芦山、邛崃经高何至庐山、灵关经双石至龙门、雅安经望鱼至瓦屋山、宝兴经永富至康定河口大桥）。8个重灾区干线公路重建项目680公里，投资57.7亿元。

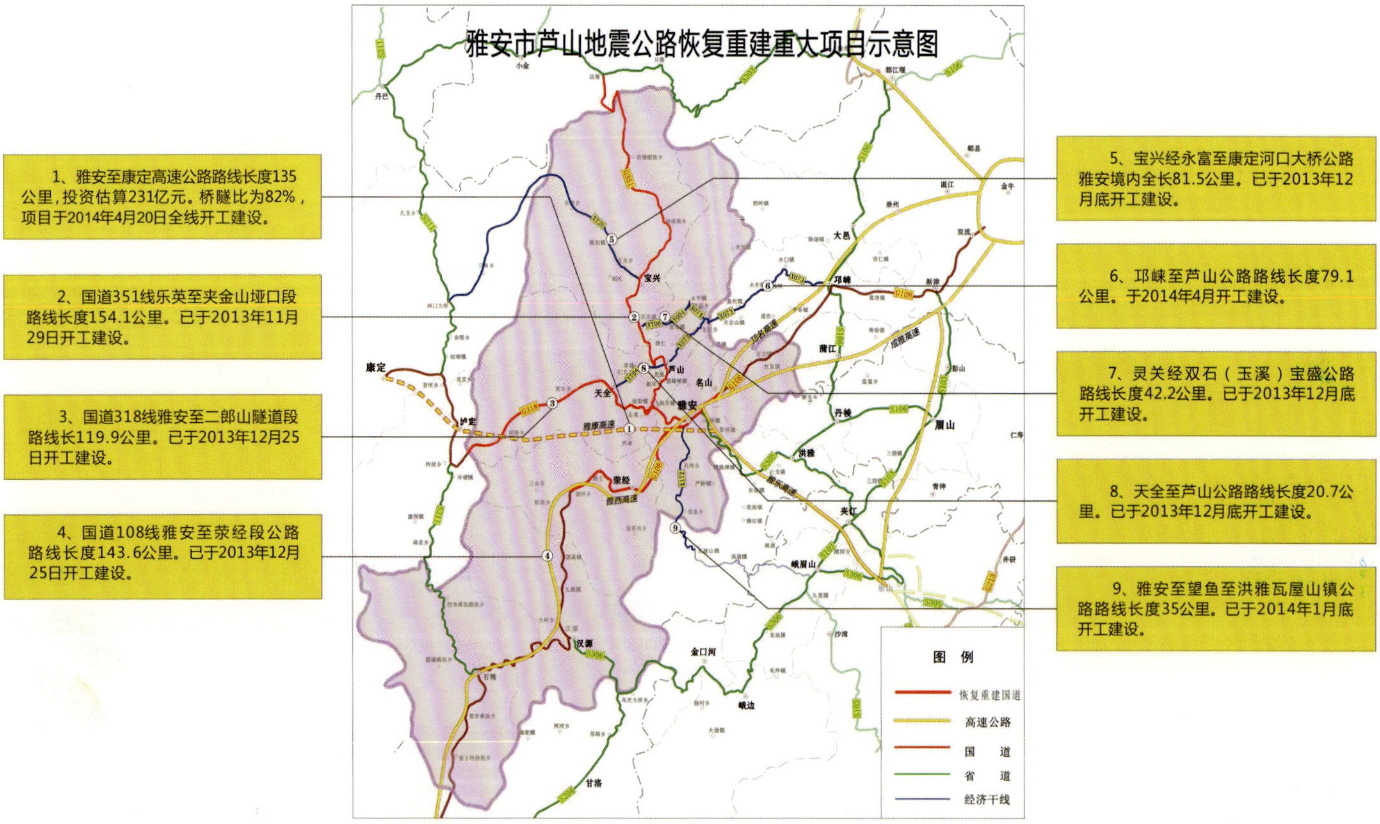
雅安市芦山地震公路恢复重建重大项目示意图
1、雅安至康定高速公路路线长度135公里，投资估算231亿元。桥隧比为82%，项目于2014年4月20日全线开工建设。
2、国道351线乐英至夹金山垭口段路线长度154.1公里。已于2013年11月29日开工建设。
3、国道318线雅安至二郎山隧道段路线长119.9公里。已于2013年12月25日开工建设。
4、国道108线雅安至荥经段公路路线长度143.6公里。已于2013年12月25日开工建设。
5、宝兴经永富至康定河口大桥公路雅安境内全长81.5公里。已于2013年12月底开工建设。
6、邛崃至芦山公路路线长度79.1公里。于2014年4月开工建设。
7、灵关经双石（玉溪）宝盛公路路线长度42.2公里。已于2013年12月底开工建设。
8、天全至芦山公路路线长度20.7公里。已于2013年12月底开工建设。
9、雅安至望鱼至洪雅瓦屋山镇公路路线长度35公里。已于2014年1月底开工建设。
康定
泸定
天全
芦山
宝兴
名山
雅安
荥经
汉源
石棉
金口河
峨边
甘洛
邛崃
大邑
蒲江
丹棱
洪雅
夹江
峨眉山
眉山
新津
雅康高速
雅西高速
成雅高速
图 例
恢复重建国道
高速公路
国 道
省 道
经济干线

1 2
3 4
5

1 2013年6月1日，交通运输部部长杨传堂（前左三）在四川省副省长王宁（前右二）和省交通运输厅厅长彭琳（前右一）陪同下，检查指导“4·20”芦山地震灾后恢复重建工作

2 2013年4月28日，交通运输部专家组指导省道210线恢复重建规划编制

3 4 2013年11月19日，省交通运输厅与雅安市共商加快推进交通灾后恢复重建工作

5 雅安至康定高速公路路线平面图

雅康高速公路项目概况

雅安至康定高速公路是国家高速公路网雅安至叶城（新疆喀什）高速公路的重要组成部分，是成都平原经济区、川南经济区和攀西经济区链接甘孜藏区进而通往西藏的重要通道，也是国家“十二五”藏区社会发展规划、芦山地震灾后恢复重建总体规划中的重要项目。项目开工建设，将结束甘孜境内无高速公路的历史，对完善国家和四川省高速公路路网，改善民族地区和芦山地震灾区交通条件，支持藏区经济社会跨越发展和长治久安，加快推进灾后恢复重建、建设幸福美丽新家园等具有重要意义。

雅康高速公路起于雅安市雨城区草坝镇，接乐雅高速公路，西经天全县、泸定县，止于康定城东，路线全长约135公里，设计时速80公里，四车道，路基宽24.5米，桥隧比82%（桥梁129座36 176米，隧道44座73 182米）。项目概算总投资约231亿元，平均每公里造价1.718亿元，批复工期5年。项目控制性工程二郎山超长隧道（13 400米，居全国第三位）已于2012年底先期开工建设。

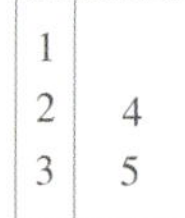

1 雅安至康定高速公路二郎山隧道效果图

2 雅康高速公路泸定立交桥效果图

3 4 灾后重建重点项目——雅康高速公路二郎山隧道建设场景

5 2014年4月20日，雅安至康定高速公路开工仪式

1 2
3
4 5

1 示范工程国道108线荥经段改造现场

2 灾后恢复重建国道108线荥经段水毁恢复工程

3 灾后恢复重建工程国道318线多营至雨城段效果图

4 灾后重建工程国道351线姚家坝大桥建设场景

5 灾后重建项目国道351线建设现场

抗击7·9特大暴雨洪涝灾害

2013年7月9日晚，汶川地震带和芦山地震带遭遇暴雨袭击……

灾情 Disaster

2013年7月9日晚，汶川地震带和芦山地震带遭遇暴雨袭击。此轮降雨雨量大、持续时间长、波及范围广，全省10多个市（州）受灾。至7月19日，全省24条国省干线公路、100多条农村公路因灾断道，累计冲毁路基9 207公里、2 990万立方米，冲毁路面7 693公里、3 346万平方米，受损桥梁837座、43 802米（国省干线全毁9座，农村公路全毁146座，桥梁结构严重受损195座，一般性受损487座），损毁涵洞9 499道，损坏防护工程16 235处、443万立方米。初步统计，此次洪灾造成全省公路设施损失93.4亿元。高速公路基础设施损失6.03亿元，其中都汶高速公路灾情损失5亿元，成绵高速公路灾情损失0.1亿元，成绵复线高速公路灾情损失0.8亿元，成温邛、成彭、绵遂、宜泸、邛名等高速公路灾情损失0.13亿元。

强降雨导致映秀至汶川高速公路沿线发生大规模山洪泥石流灾害，部分路基、桥梁、隧道损毁严重。在映汶高速公路10段主要灾害点中，有7处损害严重至断道：东界脑2号大桥汶川岸段、连山村特大桥段、福堂隧道出口段、桃关2号隧道出口至大邑坪2号大桥岷江壅塞段、羊店大桥段、簇头沟中桥段、七盘沟中桥段。

7·9 抗击特大暴雨洪涝灾害

道路受损情况

SANY

2013年7月16日，中共四川省委书记王东明（右二）在都汶高速公路听取省交通运输厅厅长彭琳（右一）汇报抢通保通工作

2013年7月16日，中共四川省委书记王东明（前右二）、四川省副省长侍俊（左一）在都汶高速公路听取省交通运输厅厅长彭琳（前右三）汇报抢通保通工作

2013年7月15日，四川省省长魏宏（前左三）在都汶高速公路福堂隧道附近听取省交通运输厅副厅长白理成（前右二）汇报抢通工作

2013年7月11日，四川省副省长王宁（中）在都汶高速公路抢险现场指导抢险

“7·9”特大暴雨洪涝灾害发生后，省交通运输厅党组迅速启动应急预案，紧急部署抢险救灾。厅党组书记、厅长彭琳多次奔赴一线，多位厅领导驻守一线，指挥交通抢险，抗击洪涝灾害。

7月14日凌晨2时，映汶高速公路初步抢通，形成应急通道。

7月27日23时，抢通福堂隧道左线出口，极大改善了通行条件，抢险救灾取得决定性胜利。

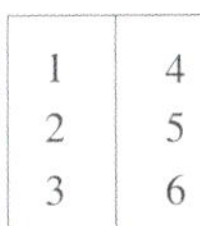

1 2013年7月15日，四川省副省长王宁（前左二）在映汶高速公路指导抢通工作

2 2013年7月11日，彭琳、白理成、张晓燕在都汶高速公路抢通现场会商抢险工作

3 2013年7月11日，省交通运输厅厅长彭琳（右）现场指挥兴蜀公司抢险

4 2013年7月12日，省交通运输厅副厅长白理成（左三）、张晓燕（左二）徒步穿过受损的都汶高速公路福堂隧道出口，在地质灾害点察看隧道及桥梁受损情况并指导交通抢险

5 省交通运输厅副厅长鲜雄（右）在成绵复线石亭江大桥抢险现场

6 2013年6月10日，省交通运输厅副厅长冯文生（前右一）在青川凉前路检查防汛抢险工作

1	
	2
3	

1 2013年7月16日，省交通运输厅副厅长黄英权（左二）在德阳指导抢通保通

2 2013年7月12日，省交通运输厅副厅长张琪（前右二）、总工程师陈乐生（前左一）指导成绵高速公路鸭子河大桥抢通保通

3 2013年7月16日，省交通运输厅安全总监胡大昌（前右一）在剑阁县指导抢险

VOLVO

四川路桥

7·9 抗击特大暴雨洪涝灾害

抢通作业

阿坝公路抢险

推进甘孜藏区公路建设

TuiJin Ganzi Zangqu Gonglu Jianshe

根据《四川省甘孜藏族自治州2013—2015年公路建设推进方案》，2013—2015年，甘孜州力争完成新（改）建公路6 839.1公里，完成投资335亿元，形成以国道317线、318线，省道211线、215线和217线为主骨架的干线公路网。到2015年，甘孜州国省干线三级及以上公路的比重由34%提升到89%，甘孜州府到各县城所在地、重要旅游景区基本实现三级及以上公路连接，形成环贡嘎山旅游环线和以康定机场为中心的两小时交通圈，实现98.1%的乡镇通油路和98.3%的建制村通公路。

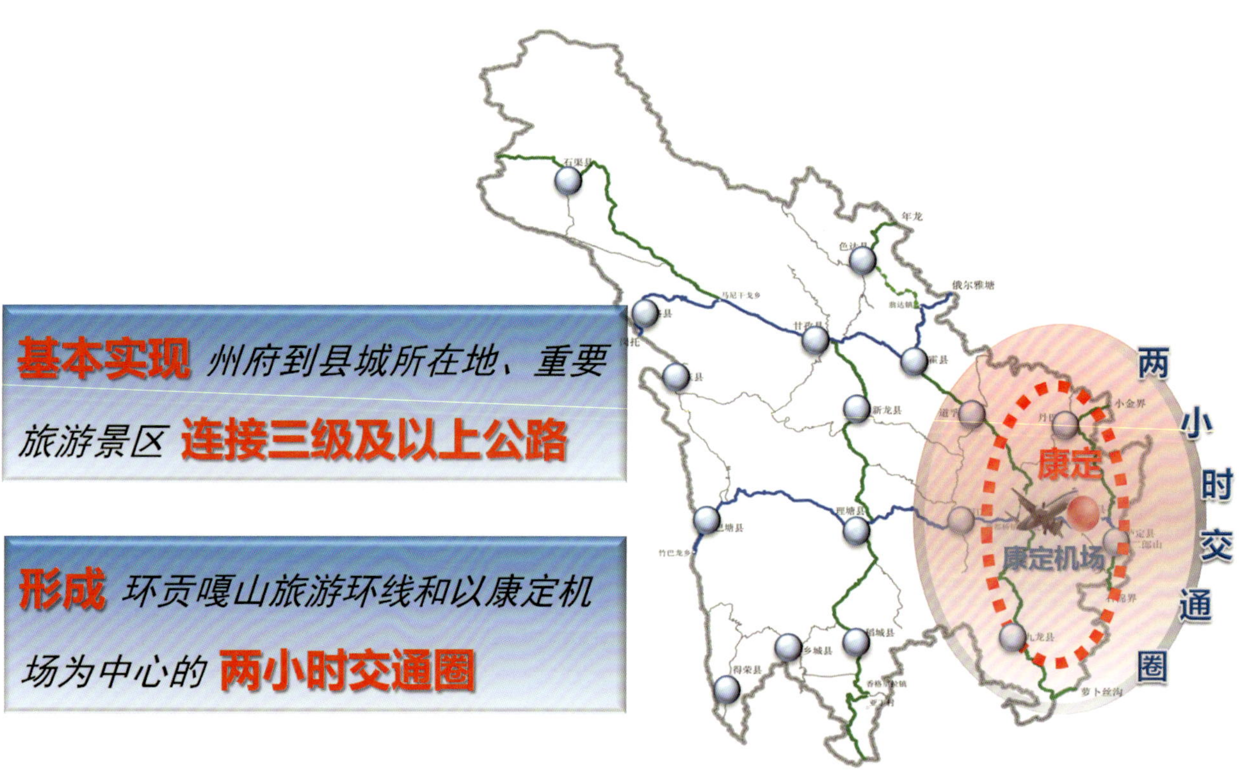

相关链接

《四川省甘孜藏族自治州2013—2015年公路建设推进方案》是在认真总结《四川省甘孜藏族自治州2009—2012年公路建设推进方案》实施经验的基础上，根据中央和省相关政策，结合国家发展改革委《“十二五”支持新疆自治区、新疆生产建设兵团和四川云南甘肃青海四省藏区经济社会发展规划建设项目方案》和甘孜州公路发展实际，由省交通运输厅和省发展改革委、省财政厅统筹编制并联合印发实施。《四川省甘孜藏族自治州2013—2015年公路建设推进方案》以积极争取国家支持为基础，以提高干线公路技术等级和路网服务水平为重点，以创新机制、加大投入为保障，按照“科学规划、突出重点；量力而行、分步推进；争取支持、多方筹资”的基本原则，继续加快甘孜州公路交通基础设施建设。

2013年3月，中共四川省委常委、省委农工委主任李昌平（前左二）在省交通运输厅副厅长周道平（右一）陪同下调研省道216线、217线理亚路

2013年10月30日，甘孜州2013—2015年交通重点建设项目集中开工仪式现场

集中开工的7个建设项目为省道211线泸石路和省道215线九江路、猫磨路、榆磨路、洞东路、色色路和亚亚路，规划总投资36.46亿元，建设总里程426.99公里。

泸石路

项目起于国道318线泸定县康巴大桥处，止于甘孜雅安界湾东省道211线大岗山电站复建段，全长47.16公里。由甘孜州发展改革委2012年批复立项，估算投资8.02亿元，采用三级公路技术标准建设，沥青混凝土路面。业主为甘孜州交投公司，负责项目建设管理。

九江路

项目起于省道215线瓦九路九龙县城段止点，止于省道215线萝卜丝沟至马尿河段起点，全长99.1公里。2013年由省发展改革委批复立项，估算投资8.36亿元，采用三级公路技术标准建设，沥青混凝土路面。业主为甘孜州交投公司，川高公司负责建设管理。

猫磨路

项目起于猫子坪大渡河大桥西桥头，止于磨西镇接榆林至磨西公路，全长8.71公里。2013年由省发展改革委批复立项，估算投资2.02亿元，采用三级公路技术标准建设，沥青混凝土路面。甘孜州交投公司负责项目建设管理。

榆磨路

项目起于国道318线康定城南4公里两岔路口，止于磨西镇，与磨西镇的规划道路相接，全长79.06公里。2012年由甘孜州发展改革委批复立项，估算投资6.38亿元，采用三级公路技术标准建设，沥青混凝土路面。业主为甘孜州交投公司，负责项目建设管理。

洞东路

项目起于省道217线乡城黑达桥，止于得荣县古学大桥南岔口，接得荣至云南香格里拉公路，全长36.6公里。2010年由省发展改革委批复立项，估算投资2.06亿元，按三级公路技术标准建设，沥青混凝土路面。业主为乡城县、得荣县公路段，负责项目建设管理。

亚亚路

亚亚路后改称为亚赤路（见内文），项目起于乡城县青麦乡亚金村，止于稻城县木拉乡赤土村，接省道216线，全长71.86公里，拟按三级公路技术标准建设，沥青混凝土路面，估算总投资5.02亿元。2013年工程可行性研究所需要件已获批复，年内施工单位招投标工作展开。业主为甘孜州交投公司，兴蜀公司负责建设管理。

色色路

项目起于色达县城西，止于翁达镇（色尔坝），与国道317线相接，全长84.5公里。2013年由省发展改革委批复立项，估算投资4.6亿元，按三级公路技术标准建设，沥青混凝土路面。业主为甘孜州交投公司，甘孜州公路局负责建设管理。

甘孜藏区公路建设场景

1	4
2	
3	5

1 国道317线甘孜改（扩）建炉霍至马尼干戈段新路面

2 国道318线东海路施工现场

3 已建成的东海路LM4段

4 省道216线、217线理亚路外置花带效果图

5 甘孜公路

2

推进凉山彝区交通建设

TuiJin Liangshan Yiqu Jiaotong Jianshe

2013—2015年，凉山州将加快国省干线公路、高速公路、农村公路、运输站场、内河水运等5类项目建设，重点推进“34+3”（34个国省干线公路项目和泸沽至黄联关段扩容工程、西昌至泸沽湖、西昌至昭通等3个高速公路项目）干线公路项目建设。力争用3年时间，新（改）建公路9 000公里，建成县级客运站3个、农村客运站95个，建设凉山港作业区2个，整治航道58公里，改造农村渡口50个，完成投资197亿元。至2015年底，凉山州高速公路通车里程预计达762公里，国省道三级以上公路比重将由2012年的59%提高到79%，实现99.5%的乡镇通油路、99.4%的建制村通公路。初步构建“二横三纵”公路主骨架，畅通13个出州通道，干线公路网技术等级、通行能力和服务水平大幅提升，农村公路通达深度、通行保障条件和运输服务能力明显提高，金沙江航道通行水平得到提升。

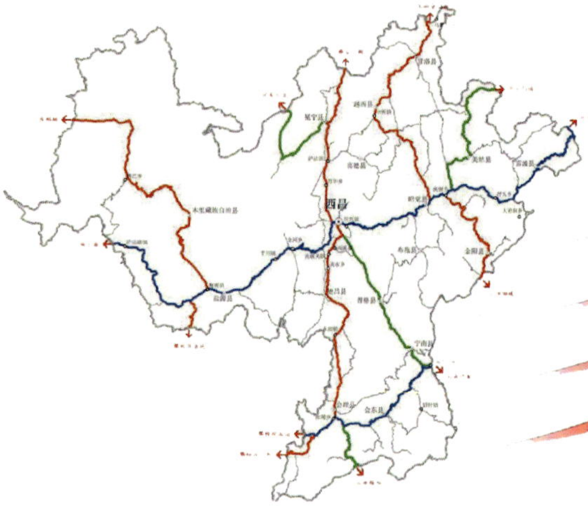

力争用3年时间

新改建公路 9 000 公里

建成县级客运站 3 个、农村客运站 95 个

建设凉山港作业区 2 个

整治航道 58 公里

改造农村渡口 50 个

完成投资 **197** 亿元

西昌

实现州府到县城所在地均有

三级及以上公路连接

2013年8月30日，四川省省长魏宏（前左二）、副省长王宁（前右二）、中共凉山州州委书记翟占一（前右一）听取凉山州州长罗凉清（前左一）汇报凉山交通情况

2013年8月30日，凉山州2013—2015公路水路交通建设方案推进大会现场

1	4 5
2	6
3	7 8

1 2013年6月13日，省交通运输厅与凉山州政府在成都举行座谈会，携手推动《凉山彝族自治州2013—2015年公路水路交通建设推进方案》实施

2 2013年10月21日，省交通运输厅厅长彭琳（前右一）代表省交通运输厅与凉山州人民政府签订《交通运输发展战略合作协议》

3 2013年8月23日，凉山州省道216线桃巴至梅雨段改建工程委托建设管理签约仪式

4 铺筑油面

5 预制板桥施工中

6 正在建设中的金沙江鱼鲊大桥

7 凉山州农村公路建设。图为现浇混凝土场景

8 盐源县盐左通村公路

中铁三局集团公司

深入开展党的群众路线教育实践活动

1	4
2	
3	5

1 2013年7月10日，省交通运输厅党组书记、厅长彭琳（左二）主持召开深入开展党的群众路线教育实践活动动员大会

2 2013年8月9日，省交通运输厅召开党的群众路线教育实践活动征求意见座谈会，副厅长周道平（中排左四）、厅纪检组组长李传林（中排左五）、厅直机关党委书记侯钫（中排左三）出席会议

3 2013年8月20日，中共四川省委第21督导组组长高仁全（中排左四）到省交通运输厅指导党的群众路线教育实践活动

4 2013年8月28日，中共四川省委常委、组织部长范锐平（前左二）一行到省交通运输厅调研党的群众路线教育实践活动

5 2013年9月5日，四川省副省长王宁（前左二）到省交通运输厅调研党的群众路线教育实践活动

深入开展党的群众路线教育实践活动

1
2
3

1 2013年9月27日—29日，省交通运输厅召开专题民主生活会，副省长王宁（前右二）亲临指导

2 2013年10月9日，省交通运输厅召开党组会议，党组书记、厅长彭琳（前左三）在会上要求继续认真做好党的群众路线教育实践活动相关工作

3 2013年10月15日，省交通运输厅召开领导班子专题民主生活会情况通报会

特载

TE ZAI

2014

四川交通年鉴

部、省领导关怀交通运输

2013年6月1日，交通运输部党组书记、部长杨传堂到省交通运输厅芦山地震抗震救灾前线指挥部看望慰问广大职工，并发表重要讲话。传堂部长指出：芦山“4·20”7.0级强烈地震距现在已经42天了，我们交通战线和武警交通部队的同志们，认真贯彻落实党中央、国务院以及省委、省政府的决策部署，迅速启动应急响应，组织力量科学抢险，全力以赴抢通保通保畅交通运输生命线，涌现出许多可歌可泣的英雄事迹，取得了抢通保通、抢运保运的阶段性重大胜利，为抢险救灾和过渡安置提供了坚强保障，作出了重大贡献。在这次战斗以及在2008年“5·12”汶川特大地震抗震救灾当中，都充分展现了交通运输干部职工和武警交通部队指战员勇挑重担、奋勇争先、不怕牺牲、无私奉献的精神风貌。在此，我代表交通运输部和部党组，向四川省交通运输战线的广大干部职工，向参加抗震救灾的干部职工和武警官兵，向支持抗震救灾工作的广大干部群众，表示慰问和感谢！

2014年1月11日，中共四川省委书记王东明专题调研长江航道建设并听取了交通运输工作和水运建设发展及“四江六港”、高速公路出川通道、综合交通运输体系规划建设等情况汇报。王东明书记对交通运输工作给予了高度肯定，并作出重要指示：要抓住国家依托长江建设中国经济新支撑带的重大历史性发展机遇，进一步加快水运等交通基础设施建设。要借势发展，加强四川港口与上海港的对接合作，更好地实现通江达海。要改革创新，多渠道调动多个积极性，拓展资金来源，进一步优化交通建设筹融资体制机制。要统筹协调，加快沿江综合交通运输体系建设，特别是要大力加强航道治理，尽快提升航道等级和通航能力，实现水路与公路、铁路、航空等综合交通运输方式的无缝衔接，降低综合物流成本，提升区域经济发展核心竞争力。

2014年1月9日，四川省省长魏宏对交通运输工作作出重要批示：

省委、省政府充分肯定去年交通系统所作的工作和取得的成效。面对复杂的经济形势，以及地震灾害、洪涝灾害造成的损失，全省交通系统始终按照省委、省政府的决策部署，围绕中心、服务大局、突出重点、努力工作，全面的、富有成效的完成了各项任务，向同志们表示敬意！

在经济社会的建设中，交通始终要先行，这不仅是发展问题，也是重大的民生问题。希望在新的一年里，按照省委、省政府的部署，继续加大力度，创新方式，推进交通基础设施建设，提高交通运输管理能力，加强交通的公共管理服务，为四川的经济社会发展做出新的贡献！

2014年1月6日，中共四川省委常委、纪委书记王怀臣在《关于交通运输系统正风肃纪工作有关情况的报告》上批示：

交通厅党组高度重视党风廉政建设，系统工作成效明显。加强和改进党风政风建设是一项长期的任务，希望厅党组针对行业特点，制定工作措施，形成长效机制。

2014年1月10日，四川省政府副省长王宁在《交通运输工作汇报》上批示：

2013年，全省交通运输系统认真贯彻省委、省政府决策部署，攻坚克难，务实推进，全省交通建设再创佳绩，多项指标位居全国前列，特别是在芦山地震和“7·9”洪灾抢险救灾和灾后重建中充分展示了四川交通人的责任和担当，特向大家表示慰问和感谢！新的一年，望深入贯彻落实省委经济工作会议精神，按照“提质、增效、转方式”的要求，改革创新，提升服务，扎实工作，破解难题，全面推进“四个交通”建设，着力实施八大专项工程，努力促进交通运输事业可持续发展，加快构建畅通安全高效的现代综合交通运输体系，为推动全省科学发展、加快发展作出新的更大贡献！

（本栏目供稿单位：厅办公室）

深化改革 开拓创新
奋力推进交通运输科学发展加快发展

◎ 四川省交通运输厅党组书记、厅长 彭 琳

召开2013年全省交通运输工作会议，主要是贯彻落实中共党的十八大、十八届二中和三中全会、中共四川省委十届四次全会精神，按照中共四川省委经济工作会议、全国交通运输工作会议和全省市（州）长工作会议部署，分析面临的形势和任务，部署2014年交通运输工作。

2013年交通运输工作情况

2013年，全省公路水路交通建设完成投资1 276亿元，居全国第一位。公路总里程突破30万公里，居全国第一位；高速公路新增通车里程712公里，总里程突破5 000公里，居全国第六位、西部第一位；完成新改建农村公路2.4万公里，居全国第一位。高速公路BOT新招商成功7个项目621公里，引进社会资金754亿元，居全国第一位。

（一）规划引领作用发挥更加充分

按照中共四川省委十届三次全会部署，认真总结交通运输发展现状，深化省情认识，对标全面小康，研究提出全省交通运输创新追赶、先行跨越的思路和奋斗目标，提出到2017年底，初步形成布局合理、功能完善、互连互通、无缝对接、各种运输方式安全高效衔接的现代综合交通运输体系，实现由“蜀道难”变“蜀道通”和“蜀道畅”的历史性跨越。扎实开展构建畅通安全高效的现代综合交通运输体系战略研究和规划编制工作，形成“1+1+4”成果，即：1个战略研究报告、1个总体规划和公路、铁路、航空、水运等4个专项规划。积极争取落实项目，在《国家公路网规划（2013—2030年）》中，全省新增高速公路规划里程4 731公里，新增普通国道规划里程1.2万公里，两项指标均居全国第一位。按照中共四川省委、省政府领导指示精神，会同省发展改革委、省财政厅和有关市（州）政府研究制定了干线公路联网畅通工程、甘孜州公路建设推进工程、凉山州交通建设推进工程、农村公路改善工程、普通国省道大中修工程、汽车客运站提升改造工程、公路安保工程、渡改桥工程等八大专项工程方案并全面启动实施。

（二）西部综合交通枢纽加快形成。交通投资高基数上实现高增速

全省公路水路交通建设完成投资1 276亿元，比上年增长16.5%。其中，高速公路完成516亿元，国省干线公路完成295亿元，农村公路完成361亿元，内河水运完成50亿元，站点建设完成21亿元，养护及其他专项完成33亿元。高速公路建设取得新突破。新建成成都至南部、巴中至南部、泸州至重庆（川境段）、遂宁至资阳、乐山至雅安、成自泸赤自贡至仰天窝段、乐山至自贡、巴中至达州、南大梁南充至渠县段等9个项目（路段）712

公里，全省高速公路通车总里程达到5 046公里，骨架路网基本形成。绵阳至西充、成都经济区环线蒲江至简阳段、宜宾至彝良（川境段）、巴中至万源、宜宾城市过境、攀枝花至大理（川境段）、内江城市过境等7个高速公路BOT项目招商成功，总里程621公里，引进社会资金754亿元，高速公路融资工作成效显著。国省干线建设协调推进。完成新改建国省干线公路1 958公里，新开工建设1 368公里。全省国省干线二级（三州三级）及以上公路总里程达到1.8万公里，占比81.6%。推进干线公路联网畅通工程，普通干线公路在建项目30个1 265公里。继续推进甘孜藏区公路建设，加快"两路一隧"骨干路网改造，在建项目14个2 034公里，建成730公里。推进凉山彝区交通建设，加快"二横三纵"干线路网主骨架建设，建成项目4个226公里，在建项目12个530公里。安排实施国省干线公路大中修工程1 044公里，公路养护管理不断加强。建成公路安保工程（路侧护栏）4 300公里。国道108线改造示范工程通过交通运输部验收。农村公路建设持续发展。完成新（改）建农村公路2.4万公里。超额完成中共四川省委、省政府下达的1.5万公里农村公路"民生工程"建设目标任务。实施农村公路桥梁新（改）建工程，建成农村公路桥梁108座。金川县创造全省民族地区农村公路"建、管、养、运、安、业、美"七位一体发展新模式。内河水运建设加快推进。广安港新东门作业区、南充港都京作业区一期工程投入试运营，全省港口集装箱年吞吐能力达到193万标箱。嘉陵江苍溪航电枢纽工程全面建成。岷江港航电综合开发前期工作积极推进。渠江广安段航道整治工程加快推进。客货站场建设取得新进展。实施客运站提升改造工程，加快推进客货运枢纽及集疏运体系建设，建成客运枢纽项目10个，开工客运枢纽项目4个。

（三）交通抢险救灾和灾后重建统筹推进

芦山地震发生后，交通运输部门第一时间投入抗震救灾，组织19支抢险队伍2 800多人、机具设备1 300多台（套），冒着生命危险，不怕牺牲，顽强奋战，震后50小时抢通灾区道路。迅速集结调用客货车6 400余辆，及时保障抗震救灾应急运输。坚持把保通贯穿于救灾和重建的全过程，严密防范公路沿线次生地质灾害，全力保障灾区生命线畅通。有力应对"7·9"特大山洪泥石流灾害，及时抢通映汶、成绵等高速公路。编制完成芦山地震灾后恢复重建交通基础设施专项规划。实施芦山地震和暴雨洪涝灾区灾后交通恢复重建项目建设全程"绿灯"服务。芦山地震灾区"1+8"交通重点项目推进工作进展顺利，国道351线乐英至宝兴段、国道318线雅安至二郎山段、国道108线雅安至荥经段等3个国道项目和灵关至龙门、宝兴至河口大桥等2个经济干线公路项目开工建设。"7·9"洪灾汶川交通"1+3"重点项目恢复重建有序推进，映汶高速公路应急处治工程完成，实现双向通行，其余3个项目正在抓紧开展前期工作。

（四）交通运输保障能力不断增强

发展现代交通运输业，推进城乡客运一体化，加快形成和完善高速客运网络，落实城市公共交通优先发展战略，开展运输管理服务提升年活动，道路运输服务保障能力不断提升。全省客运车辆达到5.2万辆，城市公交车、出租汽车发展到2.69万辆和4.29万辆。发展省际市际客运班线118条，新开通32条高速直达客运班线。通公路的乡镇、建制村客车通达率分别达到95%和77%，较上年分别提高2.5%和1%。全省营运货车58.5万辆，总吨位262万吨、比上年增长4.7%。集装箱车辆达到1 535辆，比上年增长5.2%。全省公路客、货运量分别完成27.69亿人次和17.33亿吨，比上年增长4%和9.4%；水路货运量完成7 247万吨，比上年增长1.2%；港口集装箱吞吐量突破26万标箱，比上年增长63%。安全运输大型设备178批次352件（套），圆满完成春运、十一"黄金周"运输保障任务。

（五）行业管理服务水平不断提升

高速公路管理行业标准建设取得重大成果，完成40处服务区建设改造和11处收费站改造，完成"12122"服务系统升级改造，开展标志标牌、综合环境、排堵保畅等专项整治活动，强化路网运行监测，高速公路管理服务质量和水平明显提升。撤除政府还贷二级公路收费站213个，妥善安置人员，锁定剩余债务。安全监管和应急保障能力不断提高，连续5年水上交通安全事故死亡人数控制在个位数，交通运输安全生产形势总体稳定。高速公路货车超限超载整治力度空前。严格规范招投标监督管理，有关投诉比上年下降54%。加强从业单位信用管理，深化项目信息公开和诚信体系建设，完善交通建设项目从业单位和人员信用评价记录体系。开展"施工标准化"、创建"优质工程"等专项活动，加强施工标准化规范化管理。《四川省渡口管理办法》颁布实施，《四川省道路运输条例（修订）》提请省人大常委会审议。狠抓高速公路交通执法队伍建设和规范化管理，推进交通运输行政执法"四统一"（详见《附录》）建设，深化行政审批制度改革，行政权力依法公开规范运行工作取得明显进展。在全国交通运输系统行政执法评议考核中，综合排名进入前10名。启动开展"富民路·连心桥"以评促建活动，群众满意度测评提质升位。公路水路交通应急指挥及抢险救助保障系统一期工程投入试运行。四川交通公众出行服务系统升级并上线运行。交通科技创新取得一批重要成果。交通职教人才培养和培训服务为行业发展提供了人才保障和智力支持。

（六）党建和干部队伍建设扎实推进

努力建设学习型、服务型、创新型机关和党组织，不断提高党建工作的科学化水平。认真开展"实现伟大中国梦、建设美丽繁荣和谐四川"主题教育活动，凝聚正能量，提振精气神。围绕“为民务实清廉”主题，扎实开展党的群众路线教育实践活动，达到“照镜子、正衣冠、洗洗澡、治治病”的总要求，实打实硬碰硬整治“四风”，收到实实在在的成效。认真落实习近平总书记“信念坚定、为民服务、勤政务实、敢于担当、清正廉洁”好干部标准，完善干部选拔任用工作机制，建立有效管用、简便易行、有利于优秀人才脱颖而出的选人用人机制。强化正风肃纪，严格管理干部，确保风清气正。完善反腐倡廉制度机制，惩防体系、廉政风险防控机制、内控体系“三位一体”格局基本形成。启动推进全省交通运输系统争创反腐倡廉建设先进典范工作。加强政风行风建设、精神文明建设和宣传工作，行业形象进一步明显改善。内审监督、信访维稳、交通战备、交通工会、史志年鉴、离退休、后勤服务等工作也都取得新的成效，为交通运输事业发展提供了有力保障。

交通运输发展面临的形势及着力重点

实现中共四川省委十届三次全会确定的目标任务、推进交通运输科学发展、加快发展，必须认清大势、坚定方向、紧盯目标，把握着力重点，牢牢掌握发展的主动权。

（一）保持发展定力

交通运输需求持续旺盛的趋势没有变，国家和省上加强交通基础设施建设的方向和力度没有变，交通运输稳步发展的基本面没有变。从国家层面看：党的十八届三中全会作出全面深化改革重大决策，明确了改革路径，释放改革红利，为交通破除体制机制桎梏、加快结构调整和产业升级注入新的发展动力。中央坚持稳中求进、改革创新的工作总基调，继续实施积极的财政政策和稳健的货币政策，国家宏观政策为交通建设提供了稳定的发展环境。国家在继续实施西部大开发战略的基础上，突出支持跨区域、次区域发展，实施内陆沿边开放战略，规划建设长江经济带和丝绸之路经济带，推进新型城镇化重大战略，为交通建设带来重要的发展契机。从全省发展要求看：中共四川省委十届三次全会确立与全国同步全面建成小康社会、奋力推进四川“两个跨越”的目标，全面实施“三大发展战略”，要求把提升基础设施保障能力摆在重要位置大力支持，明确提出要加快构建畅通安全高效的现代综合交通运输体系。中共四川省委经济工作会议强调，要突出抓好投资的稳步增长，优化投向、趋利避害，继续加大交通等基础设施建设投入力度。交通作为政府性投资的支持重点，需要继续保持高位运行，充分发挥好投资拉动增长的关键作用。从交通行业自身看：作为公共服务体系的重要组成，人民群众在交通出行的量和质上都有新需求和新期待，努力提供均等化、多样化、高品质的综合运输服务，需要交通大有作为。全国交通运输工作会议确定要深化改革、务实创新，加快推进综合交通、智慧交通、绿色交通、平安交通发展，在更大平台上提供了发展潜力。要加强宏观研究，增强敏锐性，抢抓机遇，努力拓展交通运输发展的更大空间。从交通建设环境看：各地党委政府高度重视交通建设，优先发展交通，强化要素和环境保障，对全省交通运输加快发展起到了关键作用。遂宁、广安等市制定区域综合交通发展规划，将交通工作摆在突出位置。泸州、宜宾、巴中、眉山、南充、甘孜、阿坝、凉山等市州，充分发挥政府主体作用，加大高速公路建设和BOT项目招商引资、国省干线公路改造、农村公路建设、公路安保工程建设等工作力度，取得良好效果。省、市、县发展改革、财政、国土、环保等相关部门鼎力支持，形成了加快交通运输发展的工作合力。要切实把思想和行动统一到中央和中共四川省委、省政府的总体要求上来，坚持既定的发展战略和奋斗目标不动摇，抢抓机遇，因势而谋，顺势而为，继续保持加快发展的好势头，奋力实现交通运输跨越发展再上新台阶。

（二）正视困难挑战

随着改革开放的加快推进，加之受经济增长换挡期、结构调整阵痛期和前期刺激政策消化期叠加影响，交通运输发展的内在要求和外部环境正发生着深刻变化，加快发展面临诸多严峻挑战。一是发展中的问题亟待破解。全省交通基础设施总量不足、发展不均、衔接不畅的问题仍然突出，交通运输的有效供给还存在许多短板，交通建设发展任务依然十分繁重。交通运输行业管理服务相对滞后的问题仍然突出，公共服务水平和行业管理能力有待全面提升。二是发展条件呈现复杂变化。长期以来，支撑交通运输快速发展的要素条件和外部环境正在发生深刻变化，客观上要求在发展思路上要“换脑”，在增速上要“换挡”不失速。受宏观经济形势及项目开工储备不足、民间投资意愿不强等影响，全省交通建设投资继续保持现有的投资规模和势头，面临较大压力。尤其是发展难度和外部约束进一步加大，资金、土地、环境等要素条件约束日益严格，债务负担较重，市县配套难以落实，建设资金筹集难与还债压力大的问题更为突出。三是交通深化改革、转型发展面临攻坚。交通运输粗放式发展、结构性不平衡尚未得到根本改观，提质增效、转型升级的任务还很艰巨。一些制约发展的体制机制障碍依然存在，随着改革、转型的不断推进和深化，长期积聚的深层次矛盾和潜在风险逐渐显现，改革的复杂性、艰巨性前所未有，行业安全维稳形势面临新的考验。

（三）把握着力重点

综合分析形势，立足交通运输发展的阶段性特征，按照转方式调结构、提质增效升级的要求，坚持一手抓建设发展、一手抓管理服务，稳中求进、改革创新，努力实现由“蜀道难”变“蜀道通”和“蜀道畅”的历史性跨越。重点把握好5个方面的问题：

一是改革创新问题。交通运输既是大行业，也是老行业、老系统，改革创新是加快发展的必由之路。要进一步强化改革创新意识，充分认识和正确把握改革的精神实质，在不断地改革创新中拓展新的发展空间，增强新的发展活力。今后一个时期，要以涉及交通运输发展全局的重大问题和群众反映强烈的突出问题为导向，抓住改革的关键点，搞好顶层设计，围绕深化行政管理体制改革、交通投融资体制改革、公路管理体制改革、交通公共服务改革、市场监管体制改革等方面，着力破除体制机制障碍，扎实推进行业全面深化改革。具体工作推进中，尤其要注意处理好政府和市场的关系，使市场在资源配置中起决定性作用，更好发挥政府作用。当前，要认真研究解决在处理与市场关系上存在的一些“越位、错位、缺位”问题。比如：普通公路养护公共财力保障不足、效率低下，道路运输行业市场体系不够健全、扰乱市场秩序的违法行为时有发生等问题。要主动转变政府职能，进一步理顺与市场的关系。同时，也要注意处理好改革、发展、稳定的关系。坚持正确的思想方法和工作方法，谋定而后动。既要敢闯敢改，又要稳扎稳打，积小胜为大胜，积极稳妥、统筹推进各项改革。

二是提升服务问题。交通基础设施总量发展到一定的程度后，推进交通运输转型发展，实现提质增效，提升运输服务显得更加迫切。一要遵循交通运输发展规律，充分考虑经济社会发展和人民群众的实际需求，将改进提升服务贯穿到规划、建设、养护、运输、管理等各个环节，着力提高交通运输管理能力，着实加强交通运输公共管理服务，不断提升服务水平和保障能力。二要突出转型发展这条主线，促进交通运输由单纯的规模扩张、粗放发展向提质增效、集约发展转变，更加注重服务效率、质量效益、运营效能，不断提升交通运输服务的均等化、规范化、便捷化、安全化水平。三要紧贴为民服务的根本宗旨，以解决关系民生的突出问题为着力重点，抓住提升服务的关键环节，攻克运输服务、营运管理等薄弱环节，通过补齐短板、兜住底线，努力为群众提供更加优质便捷的交通运输公共服务。

三是优化投向问题。坚持适度超前原则，正确把握发展速度、规模与资金、资源、环境承载力的关系，把工作重点放在提高发展质量和效益上，统筹当前和长远，转变发展方式，优化投资结构，系统推进八大专项工程建设，集中力量、突出重点，把有限的政府投资用在刀刃上。一要着力服务深入实施多点多极支撑和新型城镇化发展战略，推进重点区域干线公路联网畅通，促进城市群、经济区之间互连贯通，助推各地竞相跨越发展。二要着力服务重大产业培育、构建长江经济支撑带，重点推进南向、东向出川高速公路大通道和长江“黄金水道”建设。三要着力服务民生保障和改善，加大农村公路改善工程、公路安保工程、农村公路桥梁工程、危（病）桥整治等建设投入力度，保障人民群众安全便捷出行。四要着力对标全面小康目标，集中加快推进藏区、彝区和乌蒙山区、秦巴山区交通建设，打好交通扶贫攻坚战。五要着力服务灾区振兴发展，强化资金保障和监督检查，加快灾后交通恢复重建。

四是资金保障问题。通过创新投融资体制机制，交通建设完成投资连续3年突破1 000亿元，持续保持高位增长。但交通资金的总量、来源都比较固定，实际可用额度极其有限，加之一些地方交通政府性债务负担较重，继续通过举债的方式发展交通难以为继，保持交通建设投资持续高位运行更加困难。为此，一要继续坚持“政府主导、统一规划、市场运作”的建设体制，坚持以“多个积极性、多元主体、多种方式”推进交通加快发展。二要紧跟宏观政策动向，强化规划引领和项目支撑，进“笼子”、挤“盘子”，稳定既有的资金渠道，积极争取国家更多的项目和资金支持。三要强化省、市、县政府的引导作用，按照事权和支出责任相适应的原则，积极争取政府财政支持，发挥财政资金“四两拨千斤”的作用。四要充分调动各方面的积极性，支持市（州）、县（市、区）政府和各类市场主体通过BOT、BT、股份合作、市企共建等多种方式，吸引社会资本参与交通建设。五要学习借鉴成都等市的先进经验，市（州）、县（市、区）要抓紧建立和完善交通投融资平台，通过注入优质资产、完善公司治理结构，充分发挥好各级交通投融资平台资源配置作用，积极探索完善多元化建设的投融资长效机制。六要注重整合资源，包括人权、财权、物权、事权等各个方面，做到五指合力，攥紧拳头，既发挥好投资拉动的关键作用，又有效防范债务风险。

五是信息化带动问题。信息化智能化水平是衡量交通运输现代化发展水平的重要标志。加快交通信息化建设是推进交通运输管理创新的重要抓手，是提升交通运输服务水平的有效途径，也是推动交通运输转型发展的重要支撑。一要坚持以信息化、智能化为牵引，加快发展智慧交通，推动现代信息技术与交通运输管理和服务全面融合，引领交通运输持续创新发展。二要健全行业开放协同创新机制，坚持规划、标准、建设、管理“四个统一”，系统整合资源，以全国一流标准，加快建设信息化综合管理系统，不断提升交通运输管理效能。三要实施创新驱动战略，注重科技创新，促进现代信息技术在行业监管、运行管理和服务领域的深度应用，实现管理精细化、规范化、标准化、效能化，以管理现代化促进交通运输现代化。

——摘自2014年2月13日省交通运输厅厅长彭琳在全省交通运输工作会议上的讲话

概况
GAI KUANG

四川概况

SICHUAN GAIKUANG

区　位　**地理区位**：四川简称“川”或“蜀”，地处中国西南部长江上游，位于东经97°21′～108°31′和北纬26°03′～34°19′，东西长1 075公里，南北宽921公里，东邻重庆，南连贵州、云南，西靠西藏，北接陕西、青海、甘肃。辖区面积48.5万平方公里，占全国总面积的5.05%，仅次于新疆、西藏、青海、内蒙古，居全国第五位。四川以其独特的地理环境、丰富的自然资源以及开发较早的农耕经济而享有“天府之国”的美誉。

经济区位：四川四面环山，气候良好，资源和物产富足，历来是中国西部地区具有重要经济地位的省份。就区位状况而言，四川虽然存在不沿边、不靠海的先天不足，但亦有其独特条件和巨大潜力：从地理位置来看，作为西部大开发10个省(直辖市、自治区)之一，四川与除新疆、宁夏外的其他7个省(直辖市、自治区)接壤，因而是中国西部地区人流、物流、信息流的重要通衢，是云、贵、藏、青、甘等省（自治区）经济发展的重要依托，是西南、西北和中部地区的重要结合部；从市场联动来看，四川是西部特别是西南地区各种要素和商品的重要集散地；从交通连接来看，四川是承接华南、华中，连接西南、西北，沟通中亚、东南亚的重要交汇点和交通走廊。这些区位特点构成了四川特有的区位优势，也进一步带动和发挥着其他方面的优势，使四川有条件成为辐射西部、面向全国、融入中国—东盟自由贸易区和世界的西部经济高地。省会成都是中国著名的历史文化名城和内陆特大开放城市之一，被国务院规划为西部地区重要的商贸、金融、科技中心和交通、通信枢纽，也是中国最佳旅游城市、国家卫生城市和国家“双拥”模范城市，并以其城市建设和生态环境保护方面的成就获联合国颁发的“人居奖”和“改善居住环境最佳范例奖”等多项殊荣。

地貌特征　四川地跨青藏高原、云贵高原、横断山脉、秦巴山地和四川盆地五大地貌单元，地势高低起伏悬殊。以龙门山、邛崃山和大凉山主脊线为界，四川地貌可分为东低西高截然不同的两大地理区域：东部是四周山地环绕、中间是低陷的盆地；西部是大幅隆起、地域辽阔的高原和山地。东部盆地周边山地海拔多在1 000～3 000米之间，盆底海拔在200～75米之间，属中国地势划分的第二阶梯上相对凹陷部分；西部山地海拔多在4 000米以上，属中国地势划分的第一阶梯。四川山脉连绵，江河纵横。其东南缘的合江、长江两岸海拔在250米左右，而西部的贡嘎山海拔为7 556米，为四川第一高峰，其东西高差超过7 300米，为全国罕见。四川水土流失的重要地理成因就是这种东西高差所形成的重力梯度和水力梯度。

地貌类型复杂多样是四川地貌的另一大特征。除海洋外，平原、丘陵、山地和高原4种地貌类型齐全。平原分布于盆地西部及河流两岸，丘陵分布于盆地中部及盆东平行岭谷底部，山地主要分布于凉山州、甘孜州、阿坝州的东南部，高原分布于川西北的甘孜州和阿坝州境内。

气候特征　四川地处亚热带地区，由于面积辽阔，东、西部地貌差异显著，因而气候复杂多样，尤以气候垂直分带为多，系中国气候带最多的省区之一。如川西高山峡谷地区以亚热带为基带，从下至上依次呈现暖温带、温带、寒温带和永冻带气候特征。这种复杂多样的气候为四川立体农业的发展提供了得天独厚的优越条件。

四川气温差异显著，根据热量、降水、日照的差异，大致可分为东部盆地、川西高原和川西南山地三大区域。东部盆地年平均气温在14℃～19℃之间，春季气温回暖早，夏季长但少酷热，秋季低温来得早，冬季温暖而少霜雪;川西高原地区年平均气温低于8℃，气候垂直变化明显，气温低，多霜雪，雨量小，日照丰富；川西南山地谷地年平均气温在15℃～20℃之间，山地年平均气温在5℃～15℃之间，冬暖夏凉，四季不分明。

资　源　**土地资源**：四川总面积48.5万平方公里，按地貌可分为平原（坝子）、台地、丘陵、低山、中山、高山、高原和水面。全省陆地总面积4 840.6万公顷，其中耕地面积397.61万公顷。

四川土壤类型丰富，垂直分布明显。平原、丘陵主要为水稻土、冲击土、紫色土等，是农作物的主要产区。高原、山地依海拔高度分别分布不同土壤，其中多数有利于不同作物的生长。占比重较大的紫色土富含钾、磷、钙、镁、铁、锰等元素，土质风化度低、土壤发育浅、肥力高，极利于农业生产。四川湿地资源极其丰富，主要类型有河流湿地、湖泊湿地、沼泽和沼泽化草甸湿地及库塘四大类。此外，九寨沟高山湖泊群湿地、若尔盖高原泥炭地、黄龙钙化湿地群、泸沽湖湿地等湿地景观也闻名全球。

水资源：四川大部分地区位于温润季风气候区，雨量充沛，河流水系发育良好。地表水、地下水和重复水储量巨大，其中以河川径流量最为丰富，境内流域面积50平方公里及以上河流共有2 816条，号称“千河之省”；水资源总量约2 616亿立方米（其中地下水资源量616亿立方米），为长江径流三大补给区之一。其中，岷江年径流量900立方米，为长江各大支流之冠。四川充足的水资源所蕴藏的水能，占全国的四分之一。

世界自然遗产——九寨沟（芦苇海） 陈瑾柯 摄

生物资源：复杂的地形结构、气候类型和充裕的雨水为多种生物的生长繁衍提供了良好的自然条件，使四川集华中、西南和青藏高原三大动植物区为一体，古今动植物同存，数量种类繁多，素有“中国植物缩影”和“物种富乡”之誉，为全球25个生物多样性热点地区之一。全省仅高级植物就有1万余种，占中国植物总类的三分之一，居全国第二位，其中国家重点保护植物达63种。同时，四川还是药用植物的主要产地和油料植物的生产基地，经济林木的栽培历史悠久。四川境内的野生动物种类占全国的46.4%，居全国第二位。其中有脊椎动物近1 300余种，占全国的45%以上。全省有国家一级保护动物32种、二级保护动物113种，分别占全国的34.3%和40.1%，举世闻名、被誉为“国宝”的大熊猫就主要生活在四川。同时，四川的毛皮用动物和药用动物种类繁多。全省雉类资源亦极为丰富，雉科鸟类达20种，占全国雉科总数的40%，其中有许多珍稀濒危雉类，如雉鹑、四川山鹧鸪、绿尾虹雉等。近年来，四川省境内新纪录鸟类19种。

矿产资源：四川地质构造复杂，地层发育完整，岩浆活动频繁，成矿条件有利，是中国矿藏资源极为丰富的少数省份之一。全省矿产种类齐全，储量丰富，具有查明资源储量的矿种和矿区101种和1 906处，其中有43种矿产的保有资源储量位居全国前5位。全省矿产资源分布相对集中，区域特征明显，地域组合较好，伴生矿种多，易于开采冶炼，成为西部乃至全国的矿物原材料生产和加工大省。

旅游资源：四川拥有秀美的山川和独特的人文景观，是中国旅游资源种类繁多、门类齐全的省（直辖市、自治区）之一。全省有世界遗产5处，其中：自然遗产3处（九寨沟、黄龙、四川大熊猫栖息地），自然和文化双重遗产1处（峨眉山—乐山大佛），文化遗产1处（青城山—都江堰）。列入联合国《世界生物圈保护区》的有4处（九寨沟、卧龙、黄龙、稻城亚丁）。拥有国家级风景名胜区14处，省级风景名胜区80处。青城山—都江堰、峨眉山、九寨沟成为首批国家5A级旅游景区。四川省共有A级旅游景区255个，中国优秀旅游城市21座。共有国家级自然保护区27个，省级自然保护区70个；卧龙、蜂桶寨、喇叭河、草坡、鞍子河、黑水河6个大熊猫自然保护区作为大熊猫世界自然遗产地最精华区域进入世界自然遗产名录。全省有国家级森林公园32处，省级森林公园54处。四川地质构造复杂、地质地貌景观丰富，已发现地质遗迹220余处，有兴文和自贡2处世界级地质公园，国家级地质公园14处，其数量居全国前列。全省有国家级历史文化名城8个，有全国重点文物保护单位128处，省级文物保护单位1 062处。

世界自然遗产——黄龙　　张　云　摄

人口民族宗教　四川是中国人口大省，据2013年人口变动抽样调查资料测算，全年出生人口80.1万人，人口出生率9.9‰；死亡人口55.8万人，人口死亡率6.9‰；人口自然增长率3.0‰。年末常住人口8 107万人，比上年末增加30.8万人。其中，城镇人口3 640万人，乡村人口4 467万人，城镇化率44.9%，比上年提高1.37个百分点。由于地域和行政区划原因，人口分布不平衡。

四川民族众多，除汉族外，还有55个少数民族，其中世居少数民族有彝、藏、羌、苗、回、土家、纳西等14个。四川拥有中国第二大藏区、最大的彝族聚居区和唯一的羌族聚居区，为全国第五大少数民族省份。各民族大杂居、小聚居，交错分布，形成相互学习、团结互助、共同发展的和谐民族关系。

中国佛教四大名山之一——四川峨眉山　　喻　磊　摄

四川有佛教、道教、伊斯兰教、天主教、基督教5种宗教，在彝、土家、羌、僳僳、纳西等民族中还保存着一些原始宗教信仰。汉族地区佛教、道教分布较广；川西高原上的甘孜、阿坝和凉山州木里县是藏族聚居地，多数居民信仰藏传佛教；信仰伊斯兰教的回族群众主要分布在川西北和川西南的阿坝、凉山等地区；天主教、基督教的信众则多分布在长江沿线的大中城市及农村。

历史沿革　四川是中国古人类文化发源地之一，也是中国经济开发较早的地区之一。距今几万年前，最早原始人类之一的资阳人就生活在四川，并使用旧石器从事生产。古史传说的“蚕丛时代”即指四川古人类以养蚕著称的时代，“蜀”之得名也与之有关。从新石器时代晚期到青铜器时代，两个较大的奴隶制国家——巴国和蜀国的人民就已在今四川盆地东部和西部辛勤垦殖，创造了灿烂的“巴蜀文化”。20世纪80年代后期，广汉三星堆、新津宝墩、都江堰芒城、郫县古城、温江鱼凫城、成都金沙等一系列考古发掘证实，早在距今4 800～4 000年左右的成都平原，已逐渐形成分布密集、规模庞大的古城群。

公元前316年，秦灭巴蜀，分置巴郡和蜀郡。从此，今四川地区进入中央王朝直接统治之下。战国秦昭王时，蜀守李冰兴建都江堰，灌溉成都平原，使其农业迅速发展，四川至今仍受其惠。秦末，刘邦以巴蜀为战略后方，出兵关中，建立汉朝。至汉武帝元封五年(公元前106年)，以今四川地域为中心，置益州，故四川又有“益州”之称。两汉时，四川经济进一步发展，文翁兴学，开创西汉一代官学制度;牛耕、铁农具普遍使用，蜀酒已有特色;工矿业、手工业、商业相当发达。成都与洛阳、邯郸、临淄、宛城同为五都之一，世称“西都”。221年，刘备建立蜀汉政权，定都成都。263年，蜀汉为魏所灭。此后，四川先后成为两晋南北朝的统治区。在此期间，四川因多次卷入战祸，经济曾一度衰落，但其所受灾难较北方和三关地区为轻，加之其间先后出现过几个较为安定的时期，故时有“天下多乱，惟蜀得免”之说，不断有人入蜀避乱，并带来技术和资财，为四川经济的再次发展提供了有利条件。隋炀帝大业三年（607年），废州置郡，实行郡县二级制，设蜀、巴等24郡。唐代实行道、州(府)、县三级制，今四川地区属剑南东、西两道和山南西道，致有“剑南三州”之称。其时四川经济进入再次发展的高潮，成都平原成为全国最发达的地区之一，时称“扬一益二”。907年，王建建立前蜀；934年，孟知祥建立后蜀。965年，北宋灭蜀。真宗成平四年（1001年），分今四川地区为益州路（后改成都府路）、梓州路（后改为潼川府路）、利州路和夔州路，总称“川峡四路”，简称“四川路”，“四川”之名即由此而得。宋代是四川经济文化又一个大发展时期，确立都江堰岁修制度并沿袭至今，设置“茶马司”以茶易马，其蜀锦、麻纸、印刷和刻书均居当时先进行列，深井钻凿技术更是领先世界，交通运输和商业也较发达，世界上最早的纸币——交子始现成都，成都地位仅次于汴京和临安，被誉为“名都乐园”。元朝在各地置行中书省。至元二十三年（1286年），合并川峡四路置“四川等处行中书省”，简称“四川行省”，此为四川建省之始。1362年，红巾军将领明玉珍在川称帝，国号大夏。1371年，明军灭大夏，统一四川。明末农民起义军首领张献忠由湖广溯江而上，第五次入川，在成都建立大西政权。1659年，清军夺取四川后，四川归于清王朝版图。“康乾盛世”时期，清王朝对四川采取一系列休生养民政策，使四川经济得以迅速恢复并发展，其中“湖广填四川”和“改土归流”政策影响尤为深远。其时红苕、玉米等新型粮食作物普遍种植，烟叶、蚕丝业继续发展，糖、酒业逐步兴盛，特别是以自贡为中心的盐场具有相当规模，资本主义萌芽悄然产生。1840年，中英鸦片战争爆发后，四川成为帝国主义国家倾销商品、掠夺原料的场所以及侵略西藏和西南其他各省的基地。外国资本的入侵，使原有封建经济逐步解体，买办资本开始发展，民族工商业陷入困境。

辛亥革命后，四川成立军政府，并出现长达近20年的军阀混战局面。第二次国内革命战争期间，中共四川省委先后组织领导20次武装起义。1932年，红四方面军主力入川，建立川陕革命根据地。抗日战争时期，四川成为抗日大后方和中国抗日的兵源、财源、粮食和物资基地。这一时期四川的经济文化得到发展。1949年12月，四川解放。1950年，四川划分为川西、川东、川北、川南4个行署和重庆市、西康省。1952年，四川恢复省制，重庆由直辖市改为省辖市。1955年，西康省撤销，金沙江以东各县并入四川。1997年，重庆又改设为直辖市。至2010年，四川省有地级行政区划21个，其中副省级市1个、地级市17个、民族自治州3个;有县级行政区划181个，其中市辖区44个、县级市14个、县119个、民族自治县4个。

经济建设 四川经济开发较早，历史上就以畜牧农耕、凿井煮盐、养蚕织锦著称。近年来，四川遭受了“5·12”汶川特大地震、“4·20”芦山强烈地震以及特大山洪泥石流等重大自然灾害，又经历了国际金融危机等严峻考验，然而全省干部群众迎难而上、拼搏实干、共同奋斗，对内提振士气，对外展现四川依然美丽、安全、充满活力的良好形象。面对严峻复杂形势和特殊困难，中共四川省委、省政府带领全省人民认真贯彻中央决策部署，坚持以党的十八大精神统揽全省工作，沉着应对多重困难挑战，保持专注发展定力，努力实施“三大发展战略”，奋力推进“两个跨越”，统筹稳增长、调结构、促改革、惠民生等各方面工作，全省经济社会发展稳中有进、稳中向好。2013年，全省实现地区生产总值2.6万亿元，比上年增长10%；全年地方公共财政收入2 784.1亿元，比上年增长15.0%，其中税收收入2 103.5亿元，增长15.1%。公共财政支出6 194.3亿元，增长13.6%。完成全社会固定资产投资2.1万亿元，比上年增长16.7%；社会消费品零售总额1.04万亿元，增长13.9%；实现进出口总额645.9亿美元，增长9.2%；粮食产量达3 387.1万吨，实现“七连增”;城镇居民人均可支配收入22 368元，增长10.1%；农民人均纯收入7 895元，增长12.8%，增速连续4年高于城镇居民人均可支配收入；居民消费价格上涨2.8%；人口自然增长率3‰。

四川工业门类齐全，发电量、天然气等产品产量均居西部各省（直辖市、自治区）第一位，机械、电子等行业在全国占有重要地位。近年来，结构调整和产业发展取得重要进展，投资消费持续扩大。2013年，全省全部工业增加值11 578.5亿元，比上年增长11.0%，对经济增长的贡献率为51.7%。年末规模以上工业企业13 163户。全年规模以上工业增加值增长11.1%。在规模以上工业中，轻工业增加值比上年增长11.0%，重工业增加值增长11.2%，轻重工业的比为33.9：66.1。七大优势产业增加值占规模以上工业的75.9%，增长11.0%。全年规模以上工业企业实现出口交货值2 687.1亿元，增长30.7%。规模以上工业41个行业大类中有35个行业增加值增长。其中，计算机、通信和其他电子设备制造业增长20.1%，汽车制造业增长30.0%，黑色金属矿采选业增长14.4%，开采辅助活动增长11.7%，酒、饮料和精制茶制造业增长13.4%，纺织业增长8.6%，有色金属矿采选业增长20.0%，化学纤维制造业增长17.7%，家具制造业增长9.5%，石油加工、炼焦和核燃料加工业增长10.0%，金属制品业增长10.3%。全年规模以上工业企业实现主营业务收入35 251.8亿元，增长13.1%。实现利税总额3 988.7亿元，增长2.3%。盈亏相抵后实现净利润2 168.4亿元，增长1.0%。其中，国有控股工业企业实现净利润543.6亿元，下降2.5%；股份制企业1 414.0亿元，下降3.2%；外商及港澳台投资企业394.2亿元，增长28.3%。

四川现代农牧业发展显现成效。2013年，粮食作物播种面积与上年持平；油料作物播种面积126.5万公顷，增长1.4%；中草药材播种面积10.4万公顷，增长2.2%；蔬菜播种面积127.6万公顷，增长2.4%。全年粮食总产量3 387.1万吨，比上年增长2.2%，其中小春粮食减产2.1%；大春粮食增产3.1%。经济作物中，油料产量290.4万吨，增产1.4%；烟叶产量25.1万吨，减产8.7%；蔬菜产量3 910.7万吨，增产3.9%；茶叶产量22.0万吨，增产4.9%；园林水果产量718.7万吨，增产4.9%；中草药材产量40.4万吨，减产2.3%。全年生猪出栏7 314.1万头，比上年增长2.0%；牛出栏264.7万头，增长4.2%；羊出栏1 583.6万只，增长1.3%；家禽出栏增长2.9%；兔出栏增长3.4%。禽蛋、牛奶产量分别下降0.8%和1.5%。全年完成荒山荒（沙）地造林20万公顷。其中，完成天然林资源保护工程5.2万公顷，完成退耕还林工程1.9万公顷；年末实有森林管护面积17 710千公顷。年末全省共有湿地公园27个，其中省级湿地公园13个（2013年新批建5个），国家湿地公园14个（2013年新批建4个）。年末森林覆盖率35.5%，比上年提高0.2个百分点。全年水产养殖面积19.7万公顷，比上年增长2.6%；水产品产量126.1万吨，增长6.0%。全年新增农田有效灌溉面积8万公顷，年末有效灌溉面积264.7万公顷。全年新增综合治理水土流失面积2 460平方公里，累计77 230平方公里。新解决饮水困难人口292.6万人。新增农业机械总动力243.2万千瓦，年末农业机械总动力3 937.2万千瓦，增长6.6%。全年农村用电量163.5亿千瓦小时，增长4.8%。

四川是西部最大的市场和物资集散中心，商业机构门类齐、网点覆盖面广，为全国贸易大省。2013年，全省限额以上企业（单位）实现消费品零售额5 474.0亿元，比上年增长14.7%，其中商品零售额5 023.9亿元，增长15.9%。在限额以上企业（单位）商品零售额中，粮油、食品、饮料、烟酒类增长24.2%，服装、鞋帽、针纺织品类增长13.4%，日用品类增长18.9%，化妆品类增长17.6%，金银珠宝类增长15.5%，家用电器和音像器材类增长21.0%，家具类增长23.4%，建筑及装潢材料类增长7.4%，汽车类增长17.1%，石油及制品类增长10.2%。

四川招商引资和经贸合作取得重大成果，承接产业转移规模与质量明显提升，电子信息、汽车制造、油气化工等产业快速崛起。全省全年实际利用外资105.7亿美元，比上年增长0.2%。新批外商直接投资企业288家，累计批准10 192家。外商投资实际到位资金103.6亿美元，增长5.0%。落户四川的境外世界500强企业200家。年末驻川外国领事机构10家。全年对外承包工程和劳务合作新签合同金额36.1亿美元，完成营业额63.4亿美元，比上年增长11.5%。境外投资企业累计387家。全年履约的国内省外投资项目9 410个，实际到位国内省外资金8 697.5亿元，比上年增长11.6%。全年进出口总额645.9亿美元，比上年增长9.2%。其中，出口额419.5亿美元，增长9.1%；进口额226.4亿美元，增长9.5%。全年以加工贸易方式进出口271.6亿美元，比上年下降5.4%，占全省进出口总额的42.1%；以一般贸易方式进出口272.4亿美元，增长14.3%，占全省进出口总额的42.2%。高新技术产品进出口328.7亿美元，增长10.3%，占全省进出口总额的50.9%。

西部大开发以来，四川立足省情，积极推进旅游产业由资源优势向经济优势的转变，并将其作为支柱产业之一予以重点培育，提出发展大旅游、建设旅游经济强省的目标，制订一系列促进旅游业加快发展的政策措施，推动旅游业较快发展。2013年接待国内旅游者4.9亿人次，比上年增长12.1%；国内旅游收入3 830.0亿元，增长18.6%。接待入境旅游者209.6万人次，下降7.8%；实现旅游外汇收入7.6亿美元，下降4.3%。全省累计出境游客总人数为74.2万人，增长10.4%。全年实现旅游总收入3 877.4亿元，增长18.2%。

西部综合交通枢纽主体骨架正在形成，从“蜀道难”到“蜀道通”“蜀道畅”逐步成为现实。2013年，四川大力推进出川通道和交通枢纽建设。公路方面，高速公路通车里程达到5 046公里，公路总里程突破30万公里；水运方面，推进“四江六港”水运通道和港口建设，广安港、南充港开港运营；铁路方面，成兰铁路等16个在建项目进展顺利，西成客专、成贵铁路等项目开工建设；机场方面，稻城亚丁机场正式通航，成都新机

金川县观音桥通村路　　金川县交通运输局 供稿

场建设、南充机场扩建等项目正抓紧准备或实施。全年公路、铁路、航空和水路等运输方式完成货物周转量2 437.5亿吨公里，比上年增长8.1%；完成旅客周转量1 923.6亿人公里，增长10.6%。铁路营运里程3 518公里；高速公路通车里程5 046公里；内河港口年集装箱吞吐能力26.2万标箱。

四川通讯事业形成以微波、光纤、卫星、程控电话、无线寻呼、图文传真等组成的现代通信体系，实现县以上城市电话自动化，市(州)以上城市交换程控化，省到市(州)通讯传输数字化。2013年四川邮电业务总量770.2亿元，比上年增长11.1%。其中，邮政业务总量83.3亿元，增长15.1%；电信业务总量686.9亿元，增长10.8%。年末拥有局用交换机容量（含接入网）1 407万门；移动电话交换机容量14 821万户。年末固定电话用户1 314万户，比上年减少33万户；移动电话用户6 283万户，增加785万户。电话普及率94.4%，其中固定电话普及率16.3%，移动电话普及率78.1%。固定互联网用户835万户，移动互联网用户数4 333万户，光缆线路长度107.2万公里。

科技文化教育 新中国成立后，四川的科技、文化和教育迅速发展。2013年，在川国家级重点实验室12个、省部级重点实验室158个，国家级工程技术研究中心16个、省级工程技术研究中心120个。全省有中国科学院院士26人、中国工程院院士33人。全年共申请专利82 453件，专利授权46 171件，其中新增专利实施项目8 406项；行政机关立案处理专利案件533件，审理结案509件。全年认定高新技术企业1 800家；国家级农业科技园区4个；国家创新型（试点）企业26家，其中创新型企业14家，创新型试点企业12家。认定省级创新型企业1 154家；重点产业技术创新联盟30个，其中国家试点联盟2个，国家重点培育联盟1个；国家备案联盟7个。全年共登记技术合同12 799项，成交金额172.0亿元。完成省级科技成果登记2 018项。

悠久的历史赋予四川兼容并蓄、追求和谐的文化传统，光灿夺目的古蜀文明为四川社会主义先进文化建设积淀了丰厚底蕴，其中以茂县营盘山、新津宝墩、广汉三星堆和成都金沙等地遗址为典型代表。2005年8月，国家文物局正式公布采用2001年出土于四川成都金沙遗址的“太阳神鸟”金饰图案作为“中国文化遗产标志”。全省除以三星堆遗址、金沙遗址为代表的古蜀文化景观外，还有以武侯祠、剑门关为代表的三国文化景观以及被列入世界文化遗产的道教文化圣地青城山、人类水利工程创举都江堰、佛教文化圣地峨眉山、乐山大佛等景观；除成都、泸州、自贡、宜宾、乐山、都江堰和阆中7座城市被列入中国历史文化名城之外，还有66个全国重点文物保护单位和300多个省级重点文物保护单位，是全国文化遗产遗址最多的省份之一。年末全省文化系统内艺术表演团体57个，艺术表演场所48个，文化馆207个，文化站4 595个，公共图书馆194个。国家级文化产业示范基地13个，省级文化产业示范基地33个。年末共有博物馆153个，文物保护管理机构170个，全国重点文物保护单位230处，省级文物保护单位1 062处，市、县级文物保护单位3 035处。全省博物馆纪念馆免费开放工作进入常态，全年接待观众3 454万人次。国家级非物质文化遗产名录120项，省级非物质文化遗产名录460项。年末无线广播电台1座，电视台1座，广播电视台165座，中短波发射台和转播台36座。广播综合覆盖率97.0%，比上年提高0.2个百分点；电视综合覆盖率97.9%，比上年提高0.1个百分点。有线电视用户1 419.9万户。全年出版地方报纸137种，出版量17.7亿份；出版期刊366种，出版量9 077万册；出版图书8 733种，出版量28 952万册；出版音像制品98种，电子出版物456种。档案馆239个，其中国家综合档案馆203个。国家综合档案馆全年向社会开放各类档案557.1万卷。

四川省广汉市三星堆博物馆　　余茂智 摄

文翁兴学是巴蜀地区教育与文化事业的壮举，其创办的“文翁石室”是中国历史上第一所官办学校，四川著名学者郭沫若、王光祈、李一氓、李劼人、蒙文通、魏世珍等皆出自该校。两千多年在同一地址办学不断，这在全世界也仅此一例。四川已形成初等教育、中等教育、高等教育相互衔接，普通教育、职业教育、成人教育协调发展的教育体系。年末共有各级各类学校2.5万所，在校生（学历教育）1 516.6万人，教职工97.7万人，其中专任教师81.2万人。年末共有小学7 257所，招生95.0万人，在校生526.0万人，小学学龄儿童入学率99.4%；初中3 895所，招生87.9万人，在校生271.7万人；特殊教育119所，招生8 230人，在校生4.4万人；普通高中735所，招生51.2万人，在校生151.6万人；中等职业教育595所，招生53.1万人，在校生130.2万人。职业技术培训机构5 261个，职业技术培训注册学员252.6万人次。年末有普通高校103所。普通本（专）科招生37.7万人，下降1.2%；在校生127.1万人，增长3.8%；毕业生31.8万人，增长11.2%。研究生培养单位42个，招生2.8万人，在校生8.8万人，毕业生2.4万人。成人高等学校17所，成人本（专）科在校生36.9万人；成人中学42所，在校生2.2万人；参加学历教育自学考试80.3万人次。

此外，色彩艳丽的蜀绣蜀锦，“一菜一格、百菜百味”的川菜，形式活泼、曲调多样、语言诙谐且独具变脸、旋舞、喷火等特技的川剧，清幽闲适的茶文化，无不展示出巴蜀文化的多姿多彩，享誉世界。

人　物　四川人才荟萃，英才辈出。中国最早的历算学家、著名天文学家落下闳(阆中人)，西汉辞赋家司马相如(成都人)及西汉辞赋家、文学家、哲学家、语言学家扬雄（郫县人），西晋著名史学家、《三国志》作者陈寿（南充人），唐代诗歌革新的先驱陈子昂（射洪人）、诗仙李白（江油人）及女诗人薛涛（成都人），号称文坛“三苏” 的宋代苏洵、苏轼、苏辙（眉山人），明代文学家杨慎(新都人)，清代文学家、戏剧理论家、“蜀中才子”李元调（罗江人）等如灿烂群星，辉耀蜀中大地。“戊戌变法六君子”中的刘光第（富顺人）、杨锐（绵竹人），辛亥革命志士喻培伦（内江人），抗日英雄赵一曼（宜宾人），全心全意为人民服务的忠诚战士张思德（仪陇人），巾帼英雄丁佑君（乐山人），志愿军英雄黄继光（中江人），少年英雄赖宁（石棉人）等川人楷模，皆流芳中华史册。中国改革开放的总设计师邓小平（广安人），老一辈无产阶级革命家朱德（仪陇人）、陈毅（乐至人）、罗瑞卿（南充人），共和国开国上将张爱萍（达县人）和陈伯钧（达县人）等为新中国的诞生和发展立下汗马功劳，永垂青史。无产阶级革命家、杰出的语言文字学家和教育家、新中国教育事业的开拓者吴玉章（荣县人），伟大的爱国主义者、民主革命家、教育家、社会活动家、建国初期国家领导人之一的张澜（西充人），著名的平民教育家、被国际学术界列为“世界上为社会贡献最大、影响最广的十大名人”之一的晏阳初（巴中人），显示出四川人“以天下为已任”的豪情壮志。当代杰出作家、诗人和戏剧家、马克思主义历史学家和古文字学家郭沫若（乐山人），一代文学巨匠巴金（成都人），国画大师张大千（内江人），著名文学家、翻译学家李劼人（成都人）等艺馨天下，蜚声国内外。美丽富饶的四川大地，孕育出一代又一代的蜀中英才。

发展方向　科学认识经济增长态势，是遵循规律推动发展的前提。当前国际国内形势和发展条件正在发生重大而深刻的变化，尽管经济形势具有复杂性，和平、发展、合作仍然是时代潮流。随着四川新型工业化、新型城镇化和农业现代化加快推进，要素聚集和扩散能力、产业吸纳和承载能力显著增强，成为国家新的开发开放前沿和重要增长极。四川应坚持把发展作为第一要务、把经济建设作为兴省之要，坚持全面贯彻党的十八大精神、与全国同步全面建成小康社会工作主题不动摇，坚持中共四川省委十届三次全会确定的工作指导思想、发展战略不动摇；敏锐把握国家深入实施西部大开发战略和内陆沿边开放战略、规划建设长江经济带和丝绸之路经济带、布局建设成渝经济区、加快自贸区建设等重大决策带来的机遇，立足实际合理确定经济预期增长目标。

四川面临做大总量和提升质量的双重任务，加快转方式调结构，调存量扩增量并举，坚持把工作着力点放在提高质量和效益上。对传统产业，要加大改造力度，提升技术装备水平和产品科技含量，巩固和发展现有优势。对落后产能，要以壮士断腕的决心有序地进行淘汰。对新布局产业项目，不搞低水平重复建设，重点要引进和发展高端产业、战略性新兴产业、现代服务业、现代农业等，严格控制高耗能、高排放、高污染行业的投资。转变发展观念，正确认识全面小康、经济增速和发展政绩的丰富内涵，克服只顾眼前、急功近利的短期行为，实现民生改善、就业充分、活力增强、结构调整有成效的增长，实现提高质量和效益又不留后遗症的发展。

在科学发展观的指导下，全省人民立足新的历史起点，科学把握发展阶段性特征，统筹当前和长远利益，不断强化机遇意识、进取意识、责任意识，团结一心、拼搏实干，加倍努力，继续推进四川“三大发展战略”，不断夺取四川“两个跨越”新胜利。

（本栏目撰稿人：交　鉴　蒋君兰）

相关链接

“三大发展战略”

指多点多极支撑发展战略，“两化”互动、城乡统筹发展战略，创新驱动发展战略；“两大跨越”指由经济大省向经济强省跨越、由总体小康向全面小康跨越。

（本栏目资料和数据主要参考《2014四川省政府工作报告》《四川统计年鉴·2014》《四川年鉴·2014》和2013年12月21日“省委经济工作暨城镇化工作会议”相关资料及相关部门官方网站）

四川交通历史与现状

SICHUAN JIAOTONG LISHI YU XIANZHUANG

古道交通 四川交通历史悠久，早在新石器以及商周时期，四川古道交通就有所开拓。“武王伐纣，蜀亦从行”（《华阳国志·序志》），“武王伐纣，实得巴蜀之师”（《华阳国志·巴志》）。在广汉三星堆和成都金沙，出土过与中原地区玉器形制完全相同的玉璧、玉璋、玉琮等。这些都证明早在殷周之际，四川盆地与外界已有密切的联系。在《蜀王本纪》和《华阳国志·蜀志》中保存的五丁开山、石牛开道、武都担土、山分五岭等神话传说，正是巴蜀先民开辟山道的有力说明。

金牛古道 厅史志总编室 供稿

古代四川与陕西的联系要翻越秦岭和大巴山，故交通道路的开辟多选择在河谷，并修栈道以克服艰险。穿越秦岭通道有4条：陈仓道、褒斜道、傥骆道、子午道，穿越大巴山有3条通道：剑阁道、米仓道、洋巴道。四川与甘肃之间的交通道路，是从渭水上游翻越秦岭西段和岷山，沿白龙江河谷而下，这就是历史上有名的仇池道和阴平道。

秦汉三国时期，是古代巴蜀交通大发展并形成基本格局的时期。陆路交通最大的变化是，相当一部分道路，由过去只能供行人、畜行走的窄道，转为可通马车的大道。两汉时期，蜀中较为重视修治道路。官府或征调民力大规模治路，或私人捐款修路建桥，并勒碑石记其事，一时蔚为风气。

巴蜀地区的交通，在前代奠定的基础上，经过南北朝和隋唐时期的发展，有了较大改善。州县之间，道路相通，往来便捷，北经关中，可以直入长安，达于中原。

宋代，成都到长安的川陕干道，仍是四川主要的陆路交通干线。该路经汉州（今四川广汉）、绵州（今四川绵阳）、剑州（今四川剑阁）、过剑门关而达利州（今四川广元），再经金牛道而达兴元府（今陕西汉中）。此外，由阆州、巴州而到汉中的米仓道，是四川通往陕西的另一条重要陆路干线。

元朝十分重视交通建设，在全国广阔的领域建立“站赤”制度，首次在西南边疆省区设置站赤。“元制站赤者，驿传之译名也。”（《元史·兵志》）。陆站以成都辐射全川，有的达于外省，历史形成的几条主要交通干线基本沿用，个别有所调整。明代四川陆路交通在元代基础上进一步改善和发展，特别是藏族地区的交通发展，从此改变历史上由甘肃、青海入藏为主要通道的格局。

清代四川驿站，沿袭明制。驿站分东南西北四路，驿站管理以驿丞专司和地方州县管理两种形式进行。清代四川交通的一项突出成就，是康熙四十五年（1706年）建成川藏交通的大渡河上第一桥——泸定铁索桥。

在陆路交通方面，巴蜀先民最突出的创造，就是在高山峡谷发明栈道。栈道有石栈和木栈两种，《四川通志》载“考此特殊工程，有木栈与石栈之分。木栈施于森林茂盛山地，系斩伐原始森林，铺木为路，或杂以土石。石栈则施于悬崖绝壁，无径可通之处，或缘岩凿孔，插木为桥”。蜀人在交通方面的另一贡献就是发明索桥，用在河流绝壁无以渡越之处。由于川西山区河流湍急、峡谷深陷，建桥相当困难，当地人民因地制宜发明了索桥，其制虽艰，但往来迅速，行旅方便。由于四川古代造索桥系用竹索，所以也称笮桥，其后演进，有溜筒等形制。

泸定铁索桥　　厅史志总编室 供稿

综上所述，四川古道交通的嬗变与演进，绵延3 000余年，直至以引进欧美汽车和筑路新技术为标志的公路交通的出现，始以质的变化而告终。古代道路交通与近代公路交通，是历史发展过程中的2个不同阶段，四川古道交通，对促进区域内外经济和文化交流，社会发展作出了巨大贡献，也为近现代四川公路、铁路交通建设，提供了有益的借鉴。

公路交通　四川公路交通始于1913年，川督兼民政长胡景伊倡修成都至灌县（今都江堰市）马路，至1925年冬建成，长55公里，次年开行汽车。1925—1949年，为四川公路交通初创阶段。20余年间，经过军阀割据和抗日战争时期两次“修路热”，至1949年底，川、康两省建成公路8 742公里，但不少公路晴通雨阻。全省仅有汽车4 000余辆，由于公路和汽车数量少，全省陆路交通大部分地区仍依靠人力和畜力运输。

中华人民共和国成立后，四川公路建设进入有计划发展的新时期。20世纪50年代，四川重点修建成阿、沐石、宜西、东巴、川藏等干线公路，使少数民族地区交通大为改观。1958—1965年，为加快农村、山区和偏远地区的公路建设，国家对公路建设实行“依靠地方、依靠群众、普及为主”的方针，四川出现全民修路的热潮。各地新（改）建一批国防、经济干线，修通一批支农和调运“死角粮”的公路，新（改）建一批支援“三线”建设的重点公路和林业专用公路，使公路数量大幅度增长。全省新建公路17 900公里，是“一五”时期总和的三倍还多；新增通汽车的县城40个；新建大中型桥梁34座，改渡为桥28处，基本形成以国、省干线公路为骨架，以县乡公路、机耕道、架车路、驮运路为纵横经络的道路网。

1966—1976年，四川除白玉、得荣两县外，各县均通汽车，通车的人民公社达全省人民公社总数的75.5%；全省新建各种大桥295座44 072米，并建成第一座混凝土斜拉桥和主孔跨径116米的九溪沟石拱桥。

中国共产党十一届三中全会以后，中共四川省委、省政府提出要像抓农业那样抓交通，并要求“全省动员、各方出力、艰苦奋斗，支援交通建设”。由眉山倡导并推广到全省的公路加宽改造，拉开公路技术改造的序幕，四川公路建设开始从“数量型”到“质量型”的转变。这一时期，四川公路建设的特点是既重视公路建设的数量，又强调公路的质量，尤其重视高等级公路的发展。通过多渠道筹集建设资金，在加宽干线公路，改造大中城市进出口公路，兴建高等级公路，修建大型公路桥梁，加快老、边、少地区的公路建设，加强已成公路的养护，建设“标美路”等方面做出显著成绩，为加快四川经济发展奠定了基础。1988年，全省实现县县通公路。

“七五”期间，中共四川省委、省政府出台一系列促进交通发展的优惠政策。至1990年底，全省公路总里程达9.7万公里，居全国第一位，其中建成二级以上高等级公路717公里。5年新建和改造山区公路1万公里，新建桥梁1 820座6.9万米。重点整治干线油路700公里，建成标美路1 700公里、整形路4 100公里，公路好路率由1985年的37%提高到56.8%。公路运输站点进一步向农村延伸，全省1万多个公路运输站点的85%均分布在县城和县以下广大农村。

“八五”期间，通过采取“以工代赈”“公路建设大包干”和开展“交通发展年”等活动，全省新（改）

建公路10 458公里，公路总里程达100 724公里。其中，等级路59 707公里、二级以上高等级公路2 876公里。公路好路率从“七五”期末的56.8%提高到74.2%。全省新（改）建县级以上汽车站111个。“八五”期间四川公路建设最突出的成果，是1995年9月建成通车的全长340.2公里的成渝高速公路。该路的建成结束四川没有高速公路的历史，对四川及整个西南地区经济社会的发展具有重大意义。内宜高速公路、二郎山隧道、万县长江大桥、涪陵长江大桥等重点建设项目的相继开工，成绵高速公路的部分通车，都是“八五”期间公路建设取得的重大成就。

“九五”期间，四川交通抓住国家实施西部大开发战略的契机，以空前的建设规模和超常规的发展速度，取得以下成就：全省以高速公路为主骨架的三级路网建设取得突破性进展，除建成成绵、成都城北出口、成都机场、内宜、成乐、成灌、国道108线西昌泸沽至黄联关段、隆纳、成雅、达渝罗江至大竹段、广邻等11条高速公路外，还有在建高速公路500公里。至2000年底，行政区划调整后的四川，公路总里程达108 529公里，居全国第二位，其中高速公路通车里程1 000公里，居西部第一位、全国第六位；二级以上公路9 000公里,比1995年净增6 617公里；高级、次高级路面铺装率33%，比1995年提高14%。全省99%的乡和86%的村通公路，基本形成以成都为中心、以国省干线公路为骨架，连接城乡、沟通山区、贯通相邻省（直辖市、自治区）的公路交通网络。

“十五”期间，四川交通发展任务重，投资规模大，增长速度快，建设质量好。主要表现为：全省交通基础设施建设完成投资751.6亿元，比“九五”期间增长59%，超过新中国成立至“九五”期末完成投资的总和；建成成南、绵广、南广、达渝、成都绕城、成彭、成温邛等759公里高速公路，高速公路通达17个市（州）；全面完成47个项目、4 276公里三州通县油路建设任务，使三州州府所在地与各县城间全部以油路相连，行车时速平均提高1倍以上，实现三州交通事业一步跨越20年。至2005年底，全省公路总里程达11.5万公里，比“九五”期末增加2.4万公里。其中，高速公路通车里程1 759公里，新增759公里；二级以上公路1.3万公里，新增4 000公里；公路密度为每百平方公里23.5公里，增加5公里；高级、次高级路面铺装率42%，提高7.6个百分点。

“十一五”期以来，按照中共四川省委九届四次全会确定的建设西部经济发展高地的战略定位和构建西部综合交通枢纽的战略部署，四川交通发展的主要任务是构建枢纽、打开通道、完善路网、支撑高地，变“蜀道难”为“蜀道通”。其具体目标：一是确保到2012年全省高速公路通车里达到3 500公里，力争超过3 800公里；建成12条出川高速公路通道，初步形成贯通南北、连接东西、通江达海的西部公路交通枢纽，实现成都与周边多数省市中心城市朝发夕至，形成北抵环渤海、东达长三角、南至珠三角和北部湾等经济区及出海港口的22小时公路交通圈。二是到2012年基本完成7个干线公路出川通道和九寨、川东北、川南、川中、川西5条经济环线的改建任务，并改造国省干线公路8 348公里，力争实现全省国省干线公路中二级以上公路达到1.6万公里，占国省干线公路总里程的80%。三是加快实施“十一五”农村公路规划内剩余5万公里的农村公路建设任务，并到2011年改建农村断头公路17 355.8公里，使内江、眉山、攀枝花、遂宁、资阳、自贡、宜宾、广安等8个市提前实现 “油路到乡、公路到村”，眉山、自贡、遂宁、内江等平原微丘地区实现60%的村通水泥（油）路。四是加快实施国家公路运输枢纽总体规划和市县公路运输站场布局规划，力争超额完成建成1 700个农村客运站的“十一五”规划目标。

2009年，四川交通建设完成投资553亿元，比上年增长64.7%，高于全国交通建设投资增幅35.8个百分点。加快实施《四川省高速公路网规划（2008—2030年）》，全年新开工建设映汶、成自泸赤、达万、巴南、成安渝、成德南、巴达、巴陕、丽攀、乐雅、遂资等11条高速公路1 383公里，总投资规模1 086亿元；加快雅西等14条高速公路建设进度，都映高速公路26公里建成通车，广巴高速公路初步形成通车能力，全省高速公路通车里程达到2 240公里。

2010年，四川交通建设完成投资775.7亿元，比上年增长40.2%，高于全国交通建设投资增幅25.7个百分点，完成投资规模位居全国各省（直辖市、自治区）第2位。高速公路建设实现新突破，成都第二绕城、乐自、南大梁等6个高速公路项目630公里集中开工建设，全省在建高速公路项目达到34个3 590公里，为2007年底的5倍多，在全国各省（直辖市、自治区）的排位由2007年底的第11位提升到第1位，总投资规模2 700亿元；建成和在建高速公路总里程达5 893公里，在全国各省（直辖市、自治区）的排位由2007年底的第12位提升到第2位。其中，中共四川省委九届四次全会以来，全省新开工高速公路项目30个，占“十一五”高速公路开工项目总数的88%，总里程3 137公里，总投资规模2 433亿元。广巴、邛名、乐宜、绵遂路遂宁段、雅西路雅安至荥经和冕宁至西昌段高速公路建成通车，新增高速公路通车里程441公里，全省高速公路通车总里程达2 681公里，在全国各省（直辖市、自治区）中的排位比上年提升1位。

2011年，全省公路水路交通建设完成投资1 002亿元，比上年增长29.2%，高于全国交通建设投资增幅22个百分点，完成投资规模跃居全国各省（直辖市、自治区）

第1位，地处西部的四川成为全国首个年度交通建设完成投资达千亿元的省。全省高速公路建设取得新进展。全年完成投资680.5亿元。广陕路、绵遂路绵阳段、纳黔路纳溪至叙永段、广南路南充至阆中段、达陕路达州至普光段326公里高速公路建成通车。全省高速公路通车总里程突破3 000公里。巴中经广安至川渝界、叙永经古蔺至川黔界等10个高速公路项目开工建设，总里程644公里，总投资规模590亿元。特别是甘孜、阿坝藏区对外连接主通道的雅康、汶马高速公路主要控制性工程开工建设，标志着四川高速公路建设向地处青藏高原的藏区腹地延伸取得重大突破，将连通全省最后2个没有高速公路的市（州）政府所在地。

2012年，交通建设投资继续保持高位增长，全年完成投资1 195亿元，比上年增长19.3%。高速公路网加速形成，新建成雅西、映汶等16个项目1 327公里，新建成出川通道4个，宜宾至叙永高速公路开工建设。新（改）建国省干线公路2 074公里，藏区彝区干线公路建设加快推进，国省干线公路等级明显提升。新（改）建农村公路2.24万公里、农村公路桥梁137座，新建成农村渡改桥236座，涌现出平昌县等一批农村公路建设的先进典型。

2013年，全省公路水路交通建设完成投资1 276亿元，比上年增长16.5%。其中：高速公路完成516亿元，国省干线公路完成295亿元，农村公路完成361亿元，内河水运完成50亿元，站点建设完成21亿元，养护及其他专项完成33亿元。高速公路建设取得新突破。新建成都至南部、巴中至南部、泸州至重庆（川境段）、遂宁至资阳、乐山至雅安、成自泸赤自贡至仰天窝段、乐山至自贡、巴中至达州、南大梁南充至渠县段等9个项目（路段）712公里，全省高速公路通车总里程达到5 046公里，骨架路网基本形成。绵阳至西充、成都经济区环线蒲江至简阳段、宜宾至彝良（川境段）、巴中至万源、宜宾城市过境、攀枝花至大理（川境段）、内江城市过境等7个高速公路BOT项目招商成功，总里程621公里，引进社会资金754亿元，高速公路融资工作成效显著。国省干线建设协调推进。完成新改建国省干线公路1 958公里，新开工建设1 368公里。全省国省干线二级（三州三级）及以上公路总里程达到1.8万公里，占比81.6%。推进干线公路联网畅通工程，普通干线公路在建项目30个1 265公里。继续推进甘孜藏区公路建设，加快“两路一隧”骨干路网改造，在建项目14个2 034公里，建成730公里。推进凉山彝区交通建设，加快“二横三纵”干线路网主骨架建设，建成项目4个226公里，在建项目12个530公里。安排实施国省干线公路大中修工程1 044公里，公路养护管理不断加强。建成公路安保工程（路侧护栏）4 300公里。国道108线改造示范工程通过交通运输部验收。农村公路建设持续发展。完成新（改）建农村公路2.4万公里。超额完成中共四川省委、省政府下达的1.5万公里农村公路“民生工程”建设目标任务。实施农村公路桥梁新（改）建工程，建成农村公路桥梁108座。金川县创造全省民族地区农村公路“建、管、养、运、安、业、美”七位一体发展新模式。

新中国成立初期，四川公路运输发展缓慢，全省60%的县不通汽车，大部分地区依靠人力和畜力运输。全省仅有4 000余辆汽车，且大多是拼凑起来的“万国牌”，车辆性能差，运效低。

20世纪50年代后期，党和国家十分重视公路运输事业，制定一系列方针、政策，公路客货运输迅速发展。到1960年，全省民用汽车拥有量达1.52万辆，完成社会客、货运量分别为1 503万人次和1 644万吨，比1949年分别增长2.1倍、77.3倍和42.8倍。

20世纪60—70年代，全省公路运输业有了更快的发展。1970年，全省民用机动车已达2.65万辆。其中，汽车2.59万辆，完成社会客、货运量2 283万人次和2 466万吨。到1978年，民用机动车发展到12.8万辆，其中汽车拥有量6.05万辆，比1949年分别增长25倍和11.3倍，社会客、货运量分别为7 185万人次和4 824万吨。

改革开放给四川公路运输带来蓬勃的生机和活力，全省道路运输业面貌焕然一新。截至1997年初，重庆成立直辖市划出四川，全省民用机动车拥有量122.1万辆，其中汽车54.2万辆，比1978年分别增长8.5倍和8倍；完

国道108线明月峡老虎嘴　　李建勇 摄

成社会客货运量11.83亿人次和4.3亿吨，比1978年分别增长15.4倍和8倍；全行业拥有经营业户31.3万户，从业人员达88.2万人。公路运输在全省综合运输体系中居主导地位，客运、货运、维修、搬运装卸、运输服务五大市场突飞猛进地发展，1996年驾驶员培训纳入交通行业管理。

成都昭觉寺汽车站 厅运管局 供稿

“八五”期间，四川实施“一长一短一点”（超长客运、出租汽车客运、汽车站点建设）发展战略，取得显著成效。“九五”期间，为进一步培育、发展、规范客运市场，又提出并实施“三大系统”（跨省超长客运系统、直达快速客运系统、农村客运系统）发展战略。“南下、北上、东进、西出”，建立以民工疏运为主的跨省超长客运系统。1993—1997年，跨省超长客运创营业收入10亿余元，其中，企业纯利润1亿元以上。截至1998年底，全省开通20个省（直辖市、自治区）的跨省客运班车，省际客运班线发展到297条、1 584班，最长的班线成都—伊宁单程达3 445公里，全省民工年疏运量近200万人次。1998年以后发展以高速公路为龙头的直达快速客运系统。直达快速客运以成都—重庆、成都—绵阳、内江—自贡高速公路为载体，实行高速公路客运经营权有偿使用和客运线路专营，并将一流的车辆，一流的服务，一流的管理以及“航空式”优质文明服务引入公路运输。拓展以县城为中心，乡镇为结点，站场为依托，干支相连，乡村相通的农村客运系统。

2000年以来，四川道路运输能力明显增长，全省道路客运量增长逾20倍，旅客周转量增长近22倍，道路货运量增长逾15倍，货物周转量增长逾36倍。道路运输在四川综合运输体系中独占鳌头，承担社会新增客、货运量中的95%和55%。

2005年以来，迎来道路运输业发展的新时期，客运市场的内涵不断丰富，以高速公路为依托的全省快速客运网络辐射到18个市（州）；以旅游包车为主、旅游班车为辅的旅游客运网络形成，旅游客运车辆发展到2 563辆；跨省超长客运线路延伸到全国24个省（直辖市、自治区）；出租汽车发展到21个市（州）政府所在地和142个县级城市，车辆达3.18万辆；农村客运车辆发展到2.62万辆，乡村客车通达率分别达99%和88%。

2013年，全省客运车辆达5.2万辆，城市公交车、出租汽车发展到2.69万辆和4.29万辆。发展省际市际客运班线118条，新开通32条高速直达客运班线。通公路的乡镇、建制村客车通达率分别达到95%和77%，较上年分别提高2.5%和1%。全省营运货车58.5万辆，总吨位262万吨、比上年增长4.7%。集装箱车辆达到1 535辆，比上年增长5.2%。全省公路客、货运量分别完成27.69亿人次和17.33亿吨，比上年分别增长4%和9.4%；水路货运量完成7 247万吨，比上年增长1.2%；港口集装箱吞吐量达26万标箱，比上年增长63%。安全运输大型设备178批次352件（套），完成春运、十一“黄金周”运输保障任务。

内河航运 四川内河航运历史悠久。据《尚书·禹贡》记载，蜀国运往夏王朝的贡品，即沿嘉陵江转汉水、渭水、黄河而达夏都。战国时期，长江逐步发展成为进出川的重要交通路线。《史记·张仪列传》记载，“秦西有巴蜀，方船积粟，起于汶山，浮江已下至楚三千余里。”西汉以来，巴蜀造船技术发展迅速。唐宋时期，商品运输繁盛，万斛之舟来往于成都、维扬（今扬州）之间。元明时期，由于政治经济形势变化的影响，航运时盛时衰。清代，四川航运又有发展。鸦片战争以后，西方列强入侵，一方面以川江作为掠夺大西南富饶资源的重要通道；一方面带来轮船和治河技术，刺激了四川内河航运的变革和轮船运输业的发展。抗日战争时期，国民政府迁都重庆，四川成为抗战的大后方，四川内河航运曾出现空前繁荣的局面。但几千年来，四川内河航运大多依赖自然河道通航，利用天然港口靠船，航道缺乏整治，港口疏于建设，船舶修造工业薄弱，整个四川内河航运的面貌仍十分落后。

新中国的成立，揭开四川内河航运发展的新篇章。1950年，四川初建重庆港九龙坡码头。从1953年起，交通部和各级政府先后组织对长江干流和运输任务重的中小河流进行重点建设。由交通部投资整治长江“日航困难，夜航危险”的航段，配置“锁链”式航标，使重庆至宜昌的轮船实现分段夜航，适应了每年100多万吨粮食外调和大批工业品进川运输的需要；由省投资将金沙江屏山至新市镇、乌江涪陵至彭水、岷江乐山至宜宾开辟为轮船航道，同时大力开辟和整治小河支流，使其与干流衔接。从1952年至1957年，全省开辟与整治26条小河1 385公里。

泸州港船舶作业　　　　厅航务局 供稿

“大跃进”期间，长江航务局和四川省交通厅先后对长江干流航道进行大规模整治，并增加绞滩、航标、信号台等助航设施，同时还分别整治嘉陵江南充至重庆航段及渠江航道、乌江航道，并试点开辟金沙江航道，使重庆至宜宾段航标实现电气化、乌江绞滩实现机械化。1961年，四川航道里程达17 181公里，比1957年净增5 073公里。为扩大港口通过能力，改变港口的落后面貌，四川还加快长江宜宾港、重庆港、涪陵港和万县港四大港口建设。扩大港口规模，增设泊位和锚地，增加缆车、浮吊、岸吊等设备，使其码头装卸条件大大改善，基本能适应运输需要。

1966—1976年，广大航运职工排除干扰，坚持生产和工作，对长江大渡口至江津蓝家沱航道进行全面整治，将嘉陵江南充至广元木船航道开辟为轮船航道。长江航务局在重庆蓝家沱、猫儿沱新建两个大型装卸作业区，省则投资建成乐山王浩儿大件码头、四川维尼纶厂黄磏中转站码头、泸州天然气化工厂尿素码头。同时，各地集体航运企业自力更生发展机动船舶，使全省70%的木船实现运输机械化，并由此带来水运工业的迅速发展。到20世纪80年代，四川逐步建成由60多家大、中、小企业组成的协作配套的水运工业体系，实现船舶的自造自修。

中国共产党十一届三中全会以来，随着改革开放的深入，四川内河航运发展迅速。至1996年，四川内河航运的发展变化主要表现为：①轮船通航里程大幅度增加。1950年全省仅有长江干流和嘉陵江等约10%的航道能通行轮船。通过不断整治和渠化航道，到1996年全省轮船通航里程达4 724公里，比1950年增长近3倍。特别是长江航道经过综合治理后，不仅1 500吨～3 000吨级的大型船队可由上海直达重庆，而且长江川境段还全面实现夜航。②不少港口装卸实现机械化。许多港口修建机械化的装卸码头，并分别与铁路、公路相衔接，实行水陆联运，货物装卸也实现机械化和半机械化。③运输实现机动化。中华人民共和国成立初期，全省地方航运部门仅有小轮船6艘（172吨、853客座、4 865千瓦），水路运输主要靠木船。通过1956年开始的木船机动化改造，至1996年，全省地方航运部门共有各种机动船1 127艘（24 515吨、109 654客座、221 035千瓦），运输驳船2 102艘（546 962吨），其运输能力大幅度提高，当年完成的客运量和旅客周转量分别比1950年增长31.58倍和669倍，货运量和货物周转量分别比1950年增长14.72倍和33.07倍。④客货轮不断更新换代。中华人民共和国成立后，老旧轮船逐步被船型新、机型新、设施和技术性能较好的轮船取代。改革开放以来，轮船的更新换代更为迅速。客轮船型愈加美观，机型愈发先进，设施日趋齐全，运货的拖轮全部使用大功率内燃机作动力，船型也进行改造，其拖带能力成倍提高。川江船舶动力装置实现内燃机化，机型实现系列化，船体实现钢质化，蒸气机、杂牌柴油机和木质轮船被淘汰，高速气垫船、水翼船发展迅速。⑤水上旅游运输兴起。20世纪70年代末，长江水上旅游运输逐步兴起。其后大宁河、岷江、嘉陵江和乌江水上旅游运输发展迅速。至20世纪90年代中期，全省仅进出川旅游客运企业就发展到27家，旅游客船发展到122艘、5.24万客座。1996年，全省水上客运量达5 310万人次、旅客周转量达35.9亿人公里。⑥水运工业长足发展。全省有大中小型造船厂60多个，既能建造适合行驶中小河流的拖轮、客轮、驳船，又能建造行驶长江等大河的大型客货轮、高档豪华旅游船舶和高速气垫船舶，不仅实现船舶建造不出省，而且造船技术不断提高，省内船厂所采用的“双尾”和“平头涡尾”船型，使船舶时速由27公里提高到32公里，达到国内先进水平。

1997年，重庆市划归中央直辖后，四川及时调整水运发展规划，一方面实施“以陆补水”政策，一方面加快水运基础设施建设，并积极探索水资源综合利用，走出一条以电养航、滚动开发和水陆并举、以副补航的新路子。

“九五”期间，全省建成航电枢纽工程2个，渠化航道108公里，整治航道491公里、险滩73个，使全省三至七级航道达2 383公里，占航道总里程6 089公里的39.14%。2000年6月竣工的乐山大件码头，码头岸线长115米，设计750吨泊位1个。其直立式桥吊跨度39米、高28.5米，起重最大单件550吨，是当时国内内河起重和跨度最大的桥吊，被誉为“岷江大力神”。

“十五”期间，四川内河航运基础设施建设的重点是嘉陵江航道梯级开发，渠江渠化，二滩库区港口、南充港和宜宾菜园沱码头建设，并充分借用长江“黄金大通道”建成与高速公路衔接的水运主通道，以形成港航配套、干支相通、通江达海的水陆联运网络。至2005年底，嘉陵江渠化开发初见成效，规划建设的13个航电枢纽已建成4个、在建7个，渠化四级航道112公里；建成渠江金盘子航电枢纽；完成岷江大件航道续建工程和岷江成都至乐山段航道整治工程，整治航道348公里；建成泸州集装箱码头、二滩库区港口、广安港、南充港一期工程等重点项目，新增港口泊位19个，全年港口新增吞吐能力318万吨、200万人次、集装箱2.5万标箱。建成农村渡口1 307个。

2008年，泸州港多用途码头二期工程进展顺利，泸州港二期续建工程及进港铁路、宜宾港志城作业区一期工程实现开工。长江干线宜宾以下全线实现千吨级船舶昼夜通航。嘉陵江航道渠化整治工程进展顺利，渠化四级航道216公里，建成新政等航电枢纽。

2009年，根据《泸州—宜宾—乐山港口群布局规划》《宜宾港总体规划》《乐山港总体规划》等规划，加快推进泸州港二期续建工程和宜宾港志城作业区一期工程建设，泸州港多用途码头二期工程形成生产能力，全省港口集装箱吞吐能力从2007年的5万标箱提升到50万标箱；长江宜宾至泸州段整治工程完工，宜宾以下实现千吨级船舶昼夜通航；嘉陵江川境段13级航电枢纽已建成8级、在建5级；《岷江（乐山—宜宾段）航电开发规划》经省政府批准实施，岷江航电综合开发和作为成都经济区水运口岸的乐山港项目前期工作全面启动。

2010年，水运港口建设迈上新台阶。宜宾港用两年时间建成并开港试运营，全省港口集装箱吞吐能力由3年前的5万标箱提升到100万标箱。广安港及渠江广安段航运工程实现当年制订规划和提出项目、当年开工建设，提前两年实现全省港口集装箱吞吐能力建成和在建规模达到200万标箱的目标。岷江航电和港口综合开发确定建设、养护、运营一体化模式和业主组建原则，前期工作加快推进。嘉陵江沙溪、凤仪场枢纽实现设计蓄水，嘉陵江川境段规划的13级航电枢纽累计建成11级，在建2级。

2011年，“四江六港”（详见《附录》）水运主通道和重要港口建设加快推进。全年完成投资25亿元。岷江港航电综合开发前期工作全面加快。宜宾港后方陆域及港区配套设施工程完工。泸州港进港铁路建成投运。泸州港二期续建工程、广安港一期工程加快建设。南充港、广元港开工建设，全省港口集装箱吞吐能力建成和在建规模达到233万标箱。嘉陵江渠化工程和渠江广安段航运工程等水运主通道加快建设。积极推进长江川境段航道等级提升工程，水富至宜宾段三级航道整治工程完成工程可行性研究编制。组织开展岷江（成都—乐山段）、渠江（达州—广安段）、沱江、涪江、金沙江等5条重要河流水运资源调查。

2012年，省政府出台《关于加快长江等内河水运发展的实施意见》，泸州港建成全省首个百万标箱大港，嘉陵江渠化工程、渠江广安段航运工程、南充港、广元港等水运重点项目加快推进，岷江港航电综合开发前期工作取得实质性进展。

2013年，广安港新东门作业区、南充港都京作业区一期工程投入试运营，全省港口集装箱年吞吐能力达193万标箱。嘉陵江苍溪航电枢纽工程全面建成。岷江港航电综合开发前期工作积极推进。渠江广安段航道整治工程加快推进。

铁路运输 四川修建铁路酝酿于清光绪二十九年（公元1903年）。时任四川总督的锡良奏准由四川自行集资修建成都经重庆至宜昌达汉口的川汉铁路，并于1904年1月在成都设立川汉铁路公司。此后清政府以“铁路国有”为名，侵吞筑路股金，将川汉铁路筑路权出卖给西方列强，激起四川人民的义愤。清宣统三年（公元1911年），四川掀起著名的争路权、反卖国的“保路运动”，是辛亥革命的导火线。辛亥革命导致清王朝的终结，川汉铁路随之胎死腹中。民国初年，虽曾多次提出修建铁路，但由于军阀混战，国弱民贫，仅对拟建的铁路干线进行过勘测，并未动工。抗日战争时期，成渝铁路曾动工修建，但因财力物力困难未能铺设轨道。至1949年底，四川仅有一条全长67公里的准轨铁路——綦江铁路，专门为重庆钢铁厂运输煤焦和铁矿石，附带承担少量旅客和其他民用物资运输业务。

中华人民共和国的成立，开辟四川铁路发展新纪元。1952年7月，新中国第一条铁路——成渝铁路全线建成通车，实现四川人民40年的愿望。1958年11月，第一条出川铁路——宝成铁路建成通车，掀起四川铁路建设的第一次高潮。1959年11月，内昆铁路内江至安边段建成通车。1964年，中共中央制订加快西南“大三线”（战略后方基地）建设的重大决策，国务院把成昆、川黔、贵昆和襄渝铁路作为西南“大三线”建设的重点工程，国务院总理周恩来亲自部署组成西南铁路建设指挥

广陕高速公路与宝成铁路隔江相望 周光全 摄

6月，达成铁路开工建设；1992年12月，宝成铁路（四川境内）复线开工建设；1993年，成昆铁路（四川境内）电气化改造开工；1997年，达万铁路（四川境内72公里）开工建设；1998年，内昆铁路新建水富至梅花山段（川境内25公里）开工建设；1999年，内宜铁路电气化建设开工。

“十五”期间，四川铁路建设持续发展。至2001年底，达成铁路和成昆铁路电气化改造工程、宝成铁路复线工程、成都铁路枢纽工程相继竣工投入营运，内昆铁路、达万铁路、筠连铁路和泸叙铁路正加紧建设，全省铁路营运里程达4 000多公里。2002年，四川境内的宝成、成渝、内昆、襄渝等干线铁路全部实现电气化；总投资5亿元，历时近8年的成都铁路西环线通过验收投入试营运，使成都成为中国率先拥有中心城市铁路环线的省会城市。渝怀、遂渝、万宜3条新线的开工，形成“十五”期间西南铁路建设大会战的新高潮。

部，调集铁道兵和铁路职工31万人参建，掀起四川铁路建设的第二次高潮。1965年7月，川黔铁路建成通车；1970年7月，成昆铁路建成通车；1973年10月，经陕西通往湖北的襄渝铁路全线通车。同时，还配套建成一批铁路支线和专用线。

1975—1990年，四川没有新的建设项目开工，铁路建设的重点放在对主要干线的电气化改造上。继1975年7月中国第一条电气化铁路——宝成铁路实现全线电气化后，襄渝铁路（达县以北）和成渝铁路也先后完成电气化改造。至1990年，四川准轨铁路营运里程达2 795公里，比中华人民共和国成立初期增长40倍，初步构成全省的铁路骨架，其中有4条干线出川，从东、南、北3个方向与全国铁路网连通。省内各类型牵引机车由新中国成立之初的5辆增至597辆，其中内燃、电力机车比重达73%，宝成、成渝、成昆、川黔线（四川境内段）的牵引动力全部实现电气化或内燃化。在成都铁路局所属的川铁路线中，50千克以上的重型钢轨占正线的90.4%；各类旅客列车由新中国成立之初的4辆（简易车厢）增加到1 349辆，且品类齐全，乘坐舒适，部分卧车还装有空调设备；四川已开行直达北京、上海、广州、合肥、浦口、西安、太原、郑州、武汉、兰州、乌鲁木齐、贵阳、昆明等大城市和省内沿线市县之间的特快、直快或其他旅客列车。1990年与1953年相比，客运量由359万人次增加到4 094万人次，增长10.4倍；货运量由240.7万吨增加到6 022万吨，增长24倍。1990年，铁路运输所承担的客、货周转量分别占四川综合运输体系客、货周转量的31.9%和75.2%。

20世纪90年代以来，四川铁路建设进入第三次高潮。1991年12月，川黔铁路实现全线电气化；1992年

2012年，四川铁路客运量、旅客周转量分别为7 997万人次、303亿人公里，货运量、货物周转量分别为8 867万吨、818亿吨公里。

2013年，加快成绵乐城际铁路、兰渝铁路等在建铁路项目，同时推进重大铁路项目前期工作。其中，西成客专于3月实现开工建设；成蒲铁路于8月底完成招标实现开工建设；成兰铁路取得环保部变更环评批复，于9月份恢复施工，全面开工建设；成贵铁路、成昆铁路扩能改造成峨段和米攀段3个项目于12月底实现开工建设。川藏铁路成都（朝阳湖）至雅安段可行性研究报告审批前置要件齐备，初步设计完成审查；川藏铁路雅安至康定（新都桥）段及成都枢纽接轨方案的可行性研究报告完成初审，国土、环保等要件编制工作加快推进；成昆铁路扩能改造峨眉至米易段项目建设书获批复。

民用航空 四川航空活动最早出现于1915年，北洋政府参谋部次长陈宧到川督理军务，以2架飞机组成航空队来蓉，飞机停在成都凤凰山。1929年，国民革命军第21军军长刘湘从法国购回2架飞机，开启四川有飞机的历史。

1931年8月，四川最早的民用航空机构——中国航

空公司重庆办事处成立。同年，10月21日，入川最早的民用航空定期航线——沪蓉航线汉口至重庆航段通航；1933年6月4日，重庆至成都航段通航，使全长1 981公里的沪蓉航线贯通。1935年，中国航空公司先后开辟重庆至贵阳、重庆至昆明航线，欧亚航空公司开辟西安至成都航线。同时，中国航空公司在重庆珊瑚坝建设机场，四川也按国民政府军事委员会的要求在成都、南充、内江等地修建简易机场。抗日战争时期，四川民航陆续开辟一些新航线，至1938年10月，其航线由战前的8条增至17条。抗战胜利后，四川民航开通飞往香港、越南河内、缅甸仰光等地的地区和国际航线；机场建设速度也相应加快，至1946年7月，四川有简易机场28个。解放战争时期，四川民航萎缩，几个通航城市的机场设施均破烂陈旧，民用航空业落后。

中华人民共和国建立后，四川民用航空事业主要经历以下几个发展时期：

1949—1954年，恢复发展时期。1949年底，中国人民革命军事委员会民航局驻渝办事处在重庆成立，成为西南地区最早的民航管理机构。1950年8月1日，民航局开通省外至四川和西南地区的第一条正式航线——由天津经北京、汉口到重庆的航线，接着又开通重庆至成都、昆明、贵阳等地的航线。至1954年，四川民航先后开通12条国内航线，分别以重庆或成都为起点，通达北京、天津、上海等12个大中城市。机场最初只使用成都凤凰山机场和重庆白市驿机场，后增加南充、达县、西昌、泸州等机场。这一时期的四川民航，由于航线开辟较少，航班密度不大，飞机载量小，客运量和货运量也少。

1955—1978年，稳步发展时期。1956年，民航重庆管理处迁至成都；1957年1月，更名为民航成都管理处。至1978年，四川民航共拥有各型飞机31架。同时，四川民航从1955年开始组建飞行队伍，到1978年共有各类空勤人员469名。1959年和1966年，成都双流机场和重庆白市驿机场先后改（扩）建，“三线”建设时期又新建西昌青山机场，经过多次改（扩）建的四川民用机场设施日臻完善，为四川民航提供了较大的生产能力。从1955—1978年，四川民航开辟新航线72条，分别通往省外各主要大中城市和省内的成都、重庆、西昌、南充、达县、泸州等；共飞行86 242个班次，完成运输总周转量20 399.11万吨公里、旅客运输量198.1万人次、货邮运输量111 785.6吨。1956年5月29日，四川使用CV-240型飞机飞越世界屋脊，并试航北京经成都至拉萨航线成功；1965年3月1日，四川使用伊尔-18型飞机正式开航。成都双流国际机场是四川乃至西南地区各航站发运旅客最多的一个航站，1978年发运旅客第一次超过10万大关达112 655人次。

1979—1998年，快速发展时期。改革开放促使民航管理体制由军队领导为主的政企合一管理逐步走上企业化道路。1986年9月19日，四川省航空公司（1992年更名为四川航空公司）成立。1987年10月15日，民航西南管理局、中国西南航空公司、成都双流机场宣布正式成立。此后，四川民航飞机数量增多、型号更新迅速，进入涡轮风扇型喷气式飞机时代。至1998年，四川民航拥有波音、图-154、运-7、空客A321等各型运输和通用航空飞机59架。空勤人员总数增多，人员结构发生变化，飞行领航员、机械员、通信员较1978年前大为减少。1998年与1978年相比，空勤人员总数增加3.3倍，其中驾驶员增加2.6倍、乘务员增加15.2倍。同时，为提高机场承用能力，还新建和改（扩）建一大批机场。成都双流国际机场改（扩）建后，3 600米的主跑道可供波音747-400型飞机起降；西昌青山机场改造后，成为可适应各类大型飞机起降的国家一级机场。此外，南充都尉坝、达川、宜宾、泸州等机场均进行了扩建；绵阳、广元和阆中等机场新建工程进展顺利。四川民航共开辟新航线323条，其中国内干线303条、地方航线13条、国际和地区航线7条，还开通成都至新加坡、泰国曼谷、香港等国际和地区的航线以及成都至日本广岛、马来西亚

美丽的高原空港——九寨黄龙机场 九黄公司 供稿

吉隆坡等国际客货包机航线。至1998年，四川民航经营飞行的航线达200余条，通达国内外70余个大中城市，仅成都飞往各地的航线就有53条。

1999—2012年,持续快速发展时期。1999年，泰国安琪尔航空公司开通曼谷至成都定期航线，开创成都双流国际机场接纳外航定期航班的历史。2000年，中国西南航空公司引进波音737-800客机2架，新开辟成都—武汉—温州、成都—泰国普吉等国内、国际航线8条，至年底，该公司已拥有以波音、空中客车为主体的飞机40架，拥有国际、地区和国内航线190多条，拥有通航城市60余个，其航线总里程达21万公里，实现安全飞行10余万小时，并创造成都—拉萨航线安全飞行35年的纪录。2000年，四川航空公司在国内率先引进5架国产“新舟60”和5架巴西EMB145飞机，投入以中国西部地区为重点的支线民航运输，至此，该公司已拥有国内航线130多条，形成以成都、重庆为基地，辐射全国各主要城市的纵跨南北、横贯东西的干支线航空运输网络。此期间，四川机场建设取得突破性进展，新建的广元机场、绵阳机场、攀枝花机场、九寨黄龙机场、南充机场等正式通航；成都双流国际机场扩建工程完工投入使用并成为中国五大航空港之一。2007年，四川民用航空完成的全社会客运量、货运量分别达1 713万人次、32万吨。2008年，18个国内航空公司和7个港、澳和外国的航空公司开通四川地区的航线，基本形成以成都双流机场为枢纽、涵盖省内和西藏的轮辐式航线网络。2009年，四川民用航空完成全社会客运量、货运量分别达1 947万人次、32万吨。2010年6月30日，四川与中国民用航空局在成都签署《关于加快推进四川民航发展的会谈纪要》。民航局与四川省政府将在四川省民用机场体系的完善、成都双流国际机场航空枢纽建设、支线机场建设和运营、基地航空公司发展、通用航空业务发展等方面，加大政策、资金的支持力度，并明确具体的支持措施和保障手段，还将建立民航发展协商工作机制，共同协调解决四川民航建设、改革与发展等重大问题，积极推进四川省民航重大项目建设与发展。2012年，四川民用航空完成全社会客运量、货运量分别为2 645万人次、37万吨。

2013年，民航方面围绕建设“一个枢纽，三个网络”的工作目标，进一步巩固和强化现有双流机场区域性枢纽机场优势地位，积极推进成都国家级国际航空枢纽和西部地区门户枢纽建设，加快成都新机场前期工作，推进支线机场项目建设。

南充机场扩建工程、阿坝红原机场、稻城亚丁机场建设推进顺利，其中稻城亚丁机场9月16日正式通航，阿坝红原机场于9月进行校飞，南充机场扩建工程民航部分已完工，军航部分全力推进。开展成都新机场前期工作，项目选址报告已获国家民航局批复，项目预可行性研究报告、立项申报相关要件专题报告已编制完成，并经过中咨公司预评审，立项请示于12月底报国务院、中央军委审批。巴中机场、乐山机场、甘孜机场、达州机场迁建选址报告已获国家民航局选址批复，并已编制完成预可行性研究报告，其中巴中、甘孜机场预可行性研究报告已报国务院、中央军委。

（本栏目撰稿人：岑　松）

成都机场高速公路空港段　　王定全 摄

大事记

DA SHI JI

2014

四川交通年鉴

2013年四川交通运输大事记

1日 全省一次性整体取消政府还贷二级公路收费，包括全省政府还贷二级公路12 563公里、独立桥隧41 285米，255个收费项目、213个收费站点（含地震后和收费公路专项清理停止收费的里程和站点）。

5—6日 2013年全国道路春运工作座谈会在成都召开，交通运输部安全总监宋家慧就道路运输安全保障问题作讲话，省交通运输厅厅长高烽到会并致辞，表示要认真贯彻落实会议部署要求，科学组织好2013年春运工作。

6日 全国交通运输“十二五”期信息化建设重点项目——四川省交通运输统计分析监测和投资计划管理信息系统试点工程启动。

9日 中共四川省委书记、省人大常委会主任王东明在雅安调研时听取四川省藏区公路主通道规划建设情况汇报，要求进一步加快规划建设，发挥雅安市交通优势，建设川西交通枢纽，带动辐射攀西地区经济社会发展，在全省加快发展大格局中争创新优势。

15—18日 省交通运输厅上线四川省广播电视台《阳光政务》政风行风热线节目。

24日 副省长刘捷在成都调研春运准备工作时对全省道路运输工作提出要求：完善春运安全应急预案，科学制定运力调度方案，严格落实安全生产责任制，做好春运协调组织工作。

15日 省交通运输厅与遂宁市政府签订共建次级综合交通枢纽战略合作协议，力争用5年时间将遂宁市基本建成对西部综合交通枢纽功能补充性强、支撑作用明显的四川次级综合交通枢纽。

△ 渠江广安航运建设工程新东门作业区一期工程开港试运行，一期工程建设1 000吨级泊位6个，总投资12.6亿元，全部建成后集装箱年吞吐能力将达40万标箱。

20日 成德南高速公路全线通车，项目全长178.3公里，概算总投资111.2亿元。

21日 省交通运输厅与阿坝州政府签订交通运输发展战略合作协议，双方议定：在“十二五”期间，围绕加快阿坝州交通运输发展，着眼提升辐射能力和优化网络，加快交通基础设施建设，强化各种运输方式和各级交通网络的衔接配套，逐步实现交通基础设施的现代化。

26日 2013年春运工作开始，至3月6日结束，为期40天。

29日 副省长王宁对全省交通运输工作作出批示：2012年，全省交通运输战线认真落实中共四川省委、省政府决策部署，攻坚克难，全省公路水路建设又迈上新的台阶。2013年，望认真落实中共四川省委经济工作会议安排部署，紧紧围绕“构建现代综合交通运输体系，建设更加畅通的交通网络”总体目标，继续推进规划内交通重点项目建设，完善省内综合交通网络，为推动全省科学发展、加快发展提供更加有力的支持。

31日 省第十二届人大常委会第一次会议任命彭琳为省交通运输厅厅长。

1日 省交通运输厅参加腾讯微博2013年四川春运系列微访谈活动。

△ 汶川至都江堰高速直达班车正式开通，每日双向共计发送32班。

6日 省政府发布《四川省渡口管理办法》，于2013年4月1日起正式施行。

△ “5·12”汶川特大地震灾后重建项目省道302线北川任禹路试通车，道路全长16公里，总投资9.49亿元。

7日 国家公路运输客运枢纽宜宾临港客运站正式投入运营，占地6.49公顷，投资2.3亿元，设计规模为年平均日发送旅客29 274人次。

10日 全省首个城乡公交一体化试点在郫县开展，所有公交线路取消阶梯票制，全部实行“一票制”。

17日 《四川省高速公路养护管理暂行办法》发布实施。

18日 “宜宾—上海”集装箱班轮正式起航。

1日 省交通运输厅在全省统一启用《四川省机动车驾驶员培训合同（示范文本）》，并将该合同纳入四川省机动车驾驶培训学时计时管理系统，维护驾校和学员双方合法权益，规范全省驾培市场秩序。

△ 省交通运输厅召开2013年全省交通运输安全工作电视电话会议暨厅安委会成员会议。

6日 为期40天的2013年全省道路水路春运工作圆满结束，全省道路运输、水路运输累计完成客运量1.45亿人次、726.53万人次，同比增长2.88%、21.10%。

12日 四川省交通移动应急通信指挥平台建成。

20日 省交通运输厅在全省交通运输系统组织开展“平安交通”创建活动。

△ 宜宾港正式启运首批运往越南的石油化工设备，标志着宜宾港具备在长江航道枯水期能顺利实施重

大件吊装运输作业，实现重大件公路运输通过宜宾港与长江航运无缝对接。

29日 四川省交通运输厅被交通运输部表彰为“2012年交通运输部政府网站共建工作先进单位”，厅网站被表彰为“2012年交通运输行业优秀政府网站”。

31日 巴南高速公路全线建成通车。项目全长115.99公里，概算总投资80.04亿元。

1日 “四川省水路运政管理信息系统”正式启用。

7日 四川省公路水路交通应急指挥及抢险救助保障系统（一期）工程信息工程建设项目全面启动。

8日 成渝公司跨境银团贷款签约仪式在香港举行，与香港上海汇丰、永隆、东亚银行等9家金融机构签约贷款总额为人民币10亿元，是四川省属企业完成的首笔跨境人民币借款。

9日 中共四川四川省委常委会议听取省交通运输厅交通运输工作专题汇报。中共四川省委书记、省人大常委会主任王东明要求：一要高度重视路网互连互通工程建设，突破“最后一公里”瓶颈制约，提高路网效率，达到事半功倍效果；二要按照全面建成小康社会的要求，进一步加大交通发展滞后地区特别是甘孜藏区、凉山彝区交通建设力度，实施好甘孜州公路推进工程和凉山州交通推进工程；三要加快农村公路建设，实施好农村公路改善工程；四要加快客运站场枢纽建设，注重多种运输方式统筹协调发展和有效衔接；五是各级政府要持续加大交通投入力度，确保资金落实到位；六要高度重视工程质量安全和廉政建设，建设优质工程、廉政工程。

15日 2013年四川省高速公路项目招商推介会在成都举行，共推介成都经济区环线、营山至达州、西昌至香格里拉等16个高速公路项目，总里程约1 672公里，总投资约2 077亿元。

20日 省交通运输厅组织开展全省道路旅游运输市场专项整治工作。

△ 雅安市芦山县发生7.0级地震，省交通运输厅当即启动应急预案，组织抢险救灾人员和机具赶赴灾区开展道路抢通保通工作；开通高速公路抗震救灾专用通道，实行全省高速公路网抗震救灾车辆免费通行。国务院总理李克强，交通运输部副部长翁孟勇赶赴灾区。交通运输部党组书记、部长杨传堂对“4·20”芦山7.0级地震交通抗震救灾工作作出指示。副省长王宁在芦山县龙门乡召开紧急会议，成立交通保障组前线指挥部，王宁任指挥长，省交通运输厅党组书记、厅长彭琳任副指挥长，靠前部署公路抢通保通工作。

△ 震后4小时，打通国道318线和雅安到芦山的公路。

22日 建行四川省分行紧急向总行争取灾后信贷规模，率先向省交通运输厅发放国省干线改造项目贷款5.95亿元，用于雅安、甘孜等地区国省干线公路改造、“4·20”芦山地震抗震救灾及灾后恢复重建。

△ 省交通运输厅召开“4·20”芦山地震交通基础设施灾情核查和恢复重建规划编制工作会议，要求尽快启动灾后恢复重建规划编制工作，并做好与交通运输部沟通衔接，开展有关政策研究。

△ 中共四川省委书记、省人大常委会主任王东明在灵关镇了解灾情，充分肯定交通抢通保通工作，要求公安交管和交通部门要下死命令确保道路通畅，保证运送伤员、救灾物资车辆以及通信、电力等应急抢险车辆顺利通行。

△ 重灾区宝兴县境内国省干线公路和县、乡公路全部抢通，芦山县境内国省干线公路全部抢通，已抢通的国省干线公路和县、乡公路通行正常。

23日 四川卫视、新闻综合频道等并机直播“‘4·20’芦山7.0级地震四川交通部门抢通保通”专题访谈节目，四川广播电视台交通频率对该节目进行音频录播。同时，省交通运输厅在四川广播电视台交通频率适时播出交通抗震救灾信息。

24日 重灾区芦山县境内国省干线和县、乡公路全部抢通，芦山县境内所有乡镇均可实现两个通道以上的循环通行。

27日 交通运输部副部长翁孟勇在四川省交通运输厅报送的《四川省“4·20”芦山7.0级地震交通抗震救灾工作情况》上作出重要批示：“彭琳厅长：4·20芦山7.0级强烈地震发生后，在四川省委、省政府的领导下，四川交通部门反应迅速，第一时间投入了抗震救灾，现已取得抢通保通阶段性成果。实践再次证明，四川交通干部职工是一支英勇顽强、能打硬仗的队伍。向同志们学习，并表示崇高的敬意。望继续发扬不怕疲劳、连续作战精神，夺取保通、保运抗震救灾的新胜利。”

29日 中共四川省委副书记、省长魏宏在省交通运输厅报送的《四川省“4·20”芦山7.0级强烈地震交通抗震救灾工作情况》上作出重要批示：“彭琳同志，这次应急救援和应急抢险交通的抢通保通上功不可没，应好好总结；下一阶段的任务还很重，要继续抓好。”

30日 中共四川省委书记、省人大常委会主任王东明，中共四川省委副书记、省长魏宏先后作出批示，要求广泛宣传在道路抢通工作中牺牲的四川路桥集团职工张磊同志及抗震救灾斗争中涌现出的其他英雄事迹，弘扬抗震救灾精神。5月1日，四川省总工会作出决定，追授张磊同志“四川省五一劳动奖章”荣誉称号。

△ 中共四川省委常委、常务副省长钟勉在省交通运输厅报送的《公路沿线地质灾害及路基病害调查简表》上作出重要批示：“彭琳同志：此‘简表’说明了你们工作的扎实和高效。望按照东明书记的要求和今天中午

会议的精神，在此基础上，针对对车辆行人危害，增加各项应急治理完成时间等内容，转化为工作方案。”

8日 省交通运输厅印发《关于认真做好汛期交通运输安全工作的通知》，对全省交通运输系统抓好汛期相关工作进行安排部署，并于当日召开全省汛期水上交通安全工作电视电话会议。

10日 省交通运输厅召开“实现伟大中国梦，建设美丽繁荣和谐四川”主题教育活动动员大会。

△ 省交通运输厅召开全省高速公路建设工作座谈会。

11日 中共四川省委书记、省人大常委会主任王东明在省“4・20”芦山7.0级强烈抗震救灾指挥部交通保障组上报的《四川省“4・20”芦山7.0级强烈地震交通抗震救灾工作情况》上批示：“交通部门在这次抗震救灾中，行动迅速，指挥有力，为抢通保通救援道路，夺取抗震救灾胜利做出突出贡献，望再接再厉，为过渡安置和灾后恢复重建做出新贡献。”

13日 国道213线映秀至汶川二级公路项目恢复重建工程项目正式从川高公司移交阿坝州管理。

14日 省交通运输厅党组决定在全省交通运输行业开展向交通抗震救灾烈士张磊同志学习活动。

13—14日 中共四川省委十届三次全会在成都召开，对交通运输工作提出新的要求：要构建畅通高效的现代综合交通运输体系，加快推进出川高速公路、铁路、城际快线建设，实施干线公路联网畅通工程，推动出川主通道和省内干线互联互通，促进铁路干线、城市地铁、重要交通中心的无缝连接，加快建设成都第二机场，推进“四江六港”（详见《附录》）水运通道和港口建设，加快形成西部综合交通枢纽。

15日 省政府副秘书长范波主持会议研究构建现代综合交通运输体系工作，要求认真贯彻落实中共四川省委、省政府的总体部署，尤其是中共四川省委十届三次全会精神，加强规划、工作任务和分工衔接，确保规划项目落实，尽快以省政府名义印发工作方案。

△ 绵（阳）西（充）高速公路投资协议签字仪式在成都举行，标志着该项目招商圆满成功。

19日 成都公交集团正式发布二环路快速公交运营方案。5月31日起对外试运营服务。

23日 泸州与云南昭通两市人民政府在昭通市签订《叙永至威信高速公路项目建设框架协议书》，将共同组建项目建设协调工作机构，同步推进叙威高速公路规划建设有关工作。

28日 总投资3.1亿元的成都绕城高速公路规模最大、功能最齐、设施最完善的全互通立交——成新蒲快速路江安互通立交工程全面完工。

△ 广南高速公路广元连接线工程开工建设。广元连接线工程是广元连接广南高速的一条快速通道，全长11.3公里，估算总投资4.2亿元，

29日 全省交通运输工作暨交通重点项目建设推进工作电视电话会议在成都召开。中共四川省委副书记、省长魏宏出席会议并作重要讲话，副省长王宁主持会议。省交通运输厅党组书记、厅长彭琳作《奋勇当先 追赶跨越 加快构建畅通高效的现代综合交通运输体系》工作报告。

28—29日 交通运输部专家委员会四川省藏区高速公路建设专家组雅康高速公路泸定大渡河特大桥专题会议在成都召开。

31日 中共四川省委书记、省人大常委会主任王东明，中共四川省委副书记、省长魏宏会见交通运输部部长杨传堂一行。杨部长转达中央政治局常委、国务院副总理张高丽对芦山地震灾区交通恢复重建指示精神，高度评价四川交通抗震救灾各项工作，并表示交通运输部将全力以赴、一如既往地支持四川交通工作。

1日 省交通运输厅启动“安全生产月”活动。

1—2日 交通运输部部长杨传堂在副省长王宁等陪同下，赴芦山地震灾区实地考察保通及交通恢复重建和雅康高速建设工作，并赴成都市调研成都东客站和二环路快速公交系统试运行情况。

3日 泸渝高速公路建成通车，标志宜泸渝高速公路全线建成。泸渝高速公路全长74公里，概算总投资51.24亿元。

4日 成都市地铁2号线西延线试运行。

△ “4・20”芦山地震干线公路95个应急处治项目验收工作接近尾声，至此，公路抗震救灾工作重点由抢通保通转入日常养护保通。

5日 遂资眉高速公路遂宁至资阳段建成通车，项目全长110公里，概算总投资74.85亿元。

9日 省交通运输厅组织开展为期四个月的全省交通运输安全大检查。

20日 《国家公路网规划（2013年—2030年）》公布，四川省新增纳入国家公路网规划里程总规模居全国首位。其中，全省新增高速公路里程4 731公里，占全国新增里程的9.3%，全省高速公路骨架路网、主要路线全部纳入国家路网；新增普通国道1.2万公里，占全国新增里程的7.5%，实现普通国道网对全省21个市（州）183个县的覆盖。

21日 省交通运输厅发布实施《大件运输协调工作方案》。

23日 省交通运输厅组织开展全省在建高速公路和重

点水运工程“防坍塌、防坠落、反三违”专项整治活动。

7月

2日 省交通运输厅印发《四川省普通国省干线公路大中修工程项目管理办法（暂行）》。

7日 全省多地遭遇集中持续强降雨，部分地区出现严重暴雨洪涝灾害，交通基础设施遭受重大损失。省交通运输厅第一时间启动应急预案，动员组织全系统投入交通抢险工作。

10日 泸州—上海商品汽车滚装班轮首航仪式在泸州港集装箱码头举行，标志着泸州港集装箱码头通过能力达每年30万辆的商品车滚装泊位正式建成投运。

13日、16日 中共四川省委书记、省人大常委会主任王东明先后到成绵高速公路鸭子河大桥、都汶高速公路抢修现场查看水毁灾情，并对抢通保通工作提出要求。

16日 省交通运输厅启动为期三年的“富民路·连心桥”以评促建活动，开展“畅行天府”养护管理、“路况早知”信息服务、“亲民和谐”文明执法、“感受温馨”窗口服务、“真诚沟通”行业宣传、“爱我交通”行业教育六个专项活动。

21日 交通运输部与四川省签署部省会谈纪要，决定共同推进芦山地震灾后交通恢复重建工作，用三年左右时间，按照“5·12”汶川特大地震补助标准，恢复重建和新建打通748公里灾区公路。纪要同时明确，将重点支持藏区通州府高速公路项目建设。

△ 省政府出台《芦山地震灾后恢复重建基础设施建设专项规划》，在交通方面，到2015年，综合交通网络进一步完善，重灾县形成两个及以上方向的抗灾能力较高的对外通道，交通基础设施安全通行和综合服务能力大大增强。

29日 省交通运输厅开展为期一个月集中连片特困地区交通教育培训扶贫调研工作。

△ 成都市龙泉驿区援助甘孜县公交车正式开通投运，甘孜州康北地区结束无公交车历史。

8月

1日 “4·20”芦山地震灾区公路保通工作由省交通运输厅移交雅安市和芦山县、宝兴县负责。

3日 嘉陵江跨区内河航运停航26年后首次复航试航。试航成功后，500吨级货轮均可由四川广元经南充东下重庆。

6日 省市重点工程大峨眉国际旅游西环线（洪雅至峨眉山公路）开工建设，项目总投资41.3亿元、全长64.2公里。

11日 交通运输部长江航务管理局与宜宾市政府在武汉召开工作座谈会，议定双方深化完善宜宾长江水运发展战略合作协议，定期召开工作协调会，共同推进长江宜宾段黄金水道建设。

23日 成都、达州两地跨区域物流信息交易平台正式投入运营，使进物流港空车配货时间从平均2天缩减到6小时，为企业降低物流成本约30%。

27日 千吨级货轮“长运川集28轮”，运载南充经开区大件设备抵达嘉陵区河西乡经开区大件码头，完成从江苏南京到四川南充约2 670公里的内河航程。

30日 为期3年、规划投资197亿元的《四川省凉山彝族自治州2013—2015年公路水路交通建设推进方案》正式启动。中共四川省委副书记、省长魏宏出席并宣布方案正式启动。副省长王宁讲话。

9月

12日 乐雅高速符溪至雅安水碾坝立交85.7公里主线通车，标志着全长112.2公里、总投资79.39亿元的乐雅高速全线通车，全长1 200公里的成渝环线高速实现全线合龙。

14日 长江水运发展协调领导小组第四次会议在武汉召开。交通运输部与四川等9省（直辖市）共同签署《长江水运发展若干重点工作合力推进协议》，确保到2020年实现长江干线货运船舶平均吨位超过2 000吨，水系超过1 200吨。副省长王宁出席会议并作发言。

17日 全新改版的“四川交通公众出行服务系统”上线试运行。

△ 省交通运输厅与省发展改革委、省财政厅联合制定《四川省干线公路联网畅通工程推进方案》《四川省2013—2015年农村公路改善工程实施方案》《四川省2013—2015年公路安保工程（路侧护栏）建设实施方案》《四川省2013—2015年汽车客运站提升改造工程实施方案》《四川省2013—2017年农村渡口渡改桥建设方案》《四川省凉山彝族自治州2013—2015年公路水路交通建设推荐方案》《四川省甘孜藏族自治州2013—2015年公路建设推进方案》《四川省普通国省干线公路大中修专项工程》“八大专项工程”方案正式印发实施。

22日 省政府办公厅发布《关于加强公路桥梁安全管理的通知》。

28日 四川省副省长王宁出席省交通运输厅党组党的群众路线教育实践活动专题民主生活会。

29日 泸汉台集装箱近洋快班正式启航。

10月

17日 全省民族地区农村公路工作现场会在阿坝州金川县召开。

21日 巴中至万源高速公路BOT项目投资协议正式签订，路线全长约122公里，总投资估算约为163亿元。

△ 省交通运输厅、省公安厅联合开展为期两个月的货运车辆违法超载超限集中治理行动。

22日 中共四川省委副书记、省长魏宏与云南省省长李纪恒在成都签署深化经济合作框架协议，其中交通方面，明确共同加快推进公路、铁路、水路等全方位省际通道建设，共同向国家争取交通基础设施项目，尤其是滇川陆路通道主骨架网络建设方面的资金扶持，改善和提升两省间交通运输通达条件。同时，两省交通运输厅共同签署《加强交通建设与运输合作协议书》。

10—22日 省交通运输厅牵头组织陕西、河北、黑龙江等12省市交通运输部门，完成国家重点科研项目“地壳一号”钻机设备跨12省市3 500公里超限运输联合审批和交通保障工作。

24日 泸汉台集装箱近洋快班航线推荐会在台湾台北举行，向近100家台湾知名企业“中国酒城·最美泸州”和天府航运首港——泸州港。

30日 甘孜州举行2013—2015年交通重点项目建设集中开工仪式，集中开工省道211线泸石路、省道215线九江路、猫磨路、榆磨路、洞东路、色色路、亚亚路七个项目，规划总投资36.46亿元，建设总里程426.99公里。

5日 仁寿经沐川至屏山新市高速公路仁寿至井研试验段开工建设，项目全长50.655公里，估算投资45.52亿元。

6日 “泸州港—昆明”首趟铁水联运集装箱班列从泸州港站出发，标志着泸州与昆明之间的铁路快速货运通道正式开通。

11日 四川、甘肃两省交通运输厅在成都举行交通建设发展座谈会，签署《关于川甘两省省际高速公路规划建设协议书》《关于国道8513平凉至绵阳高速公路武都经九寨沟至绵阳段川甘两省接线方案协议书》，共同推进3条高速公路、5条普通国道、2条省道连接工作。

12日 成都经济区环线高速公路简阳至蒲江段投资协议正式签署，项目全长约127公里，估算投资约157亿元。

19日 省交通运输厅与雅安市就交通灾后恢复重建工作进行座谈和深度对接，全力推进雅安交通“1+8”重大项目灾后恢复重建工作。

26日 中共四川省委副书记、省长魏宏主持召开专题会议，明确2014年在全省范围集中开展道路交通安全综合整治年活动，力争在降事故保安全上收到立竿见影的效果。

28日 全省高速公路养护管理系统省级平台投入试运行。

29日 省交通运输厅印发《四川省重点公路建设从业单位信用管理办法》。

△ 全长近200公里的国道317线甘孜段改扩建炉霍至马尼干戈段基本建成。

30日 甘孜州交通建设完成投资102亿元，完成年度投资计划129.9%，提前完成交通建设集中攻坚大会战2013年工作任务。

6日 省交通运输厅印发《四川省出租汽车服务质量信誉考核办法》。

12日、18日 省公安厅、省交通运输厅先后发布《关于加强道路交通安全管理的公告》和《关于加强道路交通安全管理的公告（二）》，规定自12月21日起，全省高速公路208个收费站准许货车驶入，149个收费站禁止货车进入，货运车辆进入高速公路须从收费站设置专用通道驶入，以进一步加强道路交通安全管理。

16日 省交通运输厅印发《四川省交通运输工程建设领域农民工工资支付与管理工作暂行规定》。

18日 四川省道路交通安全综合整治领导小组正式运行，由省政府主要领导任组长，公安、交通运输、安监、农业等部门联合开展超限超载货车治理行动。

19日 厅运管局决定从2014年1月1日起在全省开展为期一年的道路营运客车车容车况专项整治活动。

23日 省政府印发《关于开展道路交通安全综合整治攻坚年行动的通知》，将2014年作为全省“道路交通安全综合整治攻坚年”，着力解决道路交通安全工作存在的薄弱环节和突出问题。

25日 南充港都京作业区一期工程开港试运行。该项工程建成4个500吨级（中远期兼顾1 000吨级）泊位，集装箱年吞吐能力达28万标箱。至此，全省港口集装箱年吞吐能力突破193万标箱。

△ 雅安市灾后重建项目国道318线雅安至二郎山隧道段、国道108线雅安至荥经界段开工建设。国道318线雅安至二郎山隧道段全长约120公里，实际实施灾后恢复建设工程85公里，估算投资12.95亿元，建设工期3年；国道108线雅安至荥经界段全长143.5公里，估算投资3.35亿元，建设工期2年。

28日 巴达、南大梁南充至渠县段两条高速公路建成通车。巴达高速公路项目全长110公里，南大梁高速公路南充至渠县段全长96公里。

30日 全长113.2公里、概算总投资69.8亿元的乐自高速公路建成通车。至此，全省全年新建成高速公路通车总里程712公里，高速公路总里程突破5 000公里，达5 046公里，位居全国第六位、西部第一位。

（本栏目供稿单位：厅办公室）

交通基础设施建设

JIAOTONG JICHU SHESHI JIANSHE

2014

四川交通年鉴

综　述　2013年，全省公路水路交通建设完成投资1 276亿元，比上年增长16.5%。其中：高速公路完成516亿元，国省干线公路完成295亿元，农村公路完成361亿元，内河水运完成50亿元，站点建设完成21亿元，养护及其他专项完成33亿元。

高速公路建设取得新突破　新建成成都至南部、巴中至南部、泸州至重庆（川境段）、遂宁至资阳、乐山至雅安、成自泸赤自贡至仰天窝段、乐山至自贡、巴中至达州、南大梁南充至渠县段等9个项目（路段）712公里，全省高速公路通车总里程达到5 046公里，骨架路网基本形成。绵阳至西充、成都经济区环线蒲江至简阳段、宜宾至彝良（川境段）、巴中至万源、宜宾城市过境、攀枝花至大理（川境段）、内江城市过境等7个高速公路BOT项目招商成功，总里程621公里，引进社会资金754亿元，高速公路融资工作成效显著。

国省干线建设协调推进　完成新改建国省干线公路1 958公里，新开工建设1 368公里。全省国省干线二级（三州三级）及以上公路总里程达到1.8万公里，占比81.6%。推进干线公路联网畅通工程，普通干线公路在建项目30个1 265公里。继续推进甘孜藏区公路建设，加快“两路一隧”骨干路网改造，在建项目14个2 034公里，建成730公里。推进凉山彝区交通建设，加快“二横三纵”干线路网主骨架建设，建成项目4个226公里，在建项目12个530公里。安排实施国省干线公路大中修工程1 044公里，公路养护管理不断加强。建成公路安保工程（路侧护栏）4 300公里。国道108线改造示范工程通过交通运输部验收。

农村公路建设持续发展　完成新（改）建农村公路2.4万公里。超额完成中共四川省委、省政府下达的1.5万公里农村公路“民生工程”建设目标任务。实施农村公路桥梁新改建工程，建成农村公路桥梁108座。金川县创造全省民族地区农村公路“建、管、养、运、安、业、美”七位一体发展新模式。

内河水运建设加快推进　广安港新东门作业区、南充港都京作业区一期工程投入试运营，全省港口集装箱年吞吐能力达193万标箱。嘉陵江苍溪航电枢纽工程全面建成。岷江港航电综合开发前期工作积极推进。渠江广安段航道整治工程加快推进。

客货站场建设取得新进展　实施客运站提升改造工程，加快推进客货运枢纽及集疏运体系建设，建成客运枢纽项目10个，开工客运枢纽项目4个。

（厅史志总编室）

高速公路建设
GAOSU GONGLU JIANSHE

成德南高速公路通车　继2012年12月30日成德南高速公路成都至三台东互通及李桥互通至西充北107公里提前建成通车后，2013年1月20日，成都至德阳至南部高速公路三台东枢纽互通至西充71公里建成通车。成德南高速公路全线178公里建成通车。

成德南高速公路涪江特大桥　　成德南公司 供稿

成德南高速公路是《四川省高速公路网规划》的第2条成都放射线——成都至巴中至川陕界高速公路出川通道中的一段，起于成都绕城高速公路螺狮坝立交，与成南高速公路共线16公里，经成都市青白江区、金堂县，德阳市中江县，遂宁市射洪县，绵阳市三台县、盐亭县，南充市西充县，止于广南、巴南高速公路李桥枢纽互通立交。路线全长178.3公里，采用双向四车道高速公路标准建设，设计时速80公里，路基宽24.5米，沥青混凝土路面，概算总投资111.2亿元。全线有高瓦斯特长隧道1

座，高瓦斯中隧道1座，中短隧道4座，特大桥3座，大中小桥240座，桥隧总长34 356米，桥隧比20%，枢纽互通3座，互通式立交12座，服务区4处和停车区1处。

成德南高速公路全线建成通车，成为一条连通川西、川中、川东北三大区域的高速公路大动脉，对进一步完善四川省高速公路网，加快西部综合交通枢纽建设，促进沿线资源整合开发和地方经济社会可持续发展，提高沿线地区城市化水平，加强成德绵经济拓展区、川东北经济区与成都城市群的经济社会联系具有十分重要的意义。

（成德南公司）

巴南高速公路通车 继2012年12月31日巴南高速公路东兴场至柳林段22公里、仪陇日兴至西充李桥段68公里共计90公里提前建成通车，2013年1月20日仪陇日兴至巴中观音庵（下八庙）14公里提前建成通车后，2013年3月31日，巴中柳林至观音庵12公里建成通车。巴中至南充高速公路全线建成通车。

巴南高速公路　　巴南公司 供稿

巴南高速公路是四川省高速公路网规划中成都引入线成都经南江至陕西高速公路的重要北向出川通道。路线起于巴中市巴州区东兴场，接广巴高速公路和在建的巴陕高速公路，经仪陇县、南部县，止于西充县李桥镇，设李桥枢纽互通接广南、成德南高速公路。全长116公里，设有互通式立交11处，其中枢纽互通立交2处。主线桥梁、隧道占路线总长的23%，其中桥梁100座21 583米，中短隧道10座4 889米。

巴南高速公路建成后，对进一步完善四川省高速公路骨架网络，畅通全省北上出川通道，提升南充区域性次级交通枢纽地位，增强巴中交通节点城市对外通达能力，构建西部综合交通枢纽，加快川东北革命老区扶贫开发，具有重大意义。

（巴南公司）

泸渝高速公路通车 2013年6月3日，泸州至重庆高速公路建成通车。路线呈东西走向，东起于合江县白鹿镇（渝川交界处），西行经雨台，跨长江，经白米，二跨长江，过合江、沙坝、分水岭、棉花坡，跨永宁河，跨隆叙铁路，西止于纳溪区新乐镇白鹤林。路线全长74公里，采用双向四车道高速公路标准建设，设计时速80公里，路基宽24.5米，概算总投资51.24亿元。全线有榕山、白米、合江、佛荫和泸州南5座互通式立交、2座长江特大桥。

泸渝高速公路是国家高速公路网成渝地区环线的重要组成路段，地处长江上游经济带和川渝经济区的核心位置，是四川与重庆之间及川渝两地与东南亚地区沟通交往的重要通道。

（泸州东南公司）

遂资高速公路通车 2013年6月5日，遂资眉高速公路遂宁至资阳段建成通车。路线起于遂宁市区西宁乡附近，与在建的遂渝高速公路相接，经遂宁市安居区横山、白马、中兴、保石，资阳市乐至县龙门、天池、童家与在建的成安渝高速公路相接，经高寺、中天，雁江区中和、宝台、南津、丰裕、迎接与成渝高速公路相接，止于资阳界的老棚湾。全长110公里，采用双向四车道高速公路标准建设，设计时速80公里，路基宽24.5米。全线设遂宁船山区西宁（枢纽）、安居区横山、白马、保石、乐至县三星、乐至北、童家（枢纽）、中天、雁江区中和、宝台、迎接（枢纽）等互通式立交11座，主线500米以上大桥3座，分别为文家沟大桥668米，童家沟大桥640米，沱江大桥536米。

遂资高速公路东连成渝高速公路，西接渝遂高速公路，项目的建成构建起遂宁、资阳两市交通次枢纽级骨架，是两地深度融入成渝经济区，加强两市与川东、川南、成都和重庆的交流合作，加快区域经济的保障，对处于“环渝腹地经济区块”的遂宁、资阳两市形成承接重庆都市圈辐射的配套产业集群，打造川渝经济合作的桥头堡，具有重大意义。

（遂资公司）

乐雅高速公路通车 继2012年12月28日乐雅高速公路乐山至峨眉山至符溪段26.50公里提前建成通车后，2013

年9月12日，乐山至雅安高速公路符溪至雅安水碾坝立交85.70公里主线全面建成通车。

乐雅高速公路是国家高速公路网成渝地区环线的重要一段，也是四川省高速公路网中重要的东西横线——雅安至合江高速公路的重要组成部分。路线起于乐山市市中区肖坝大件公路，途经峨眉山市、夹江县，眉山市洪雅县，雅安市雨城区，止于名山县水碾坝成雅高速公路。全长112公里，采用双向四车道高速公路标准建设，设计时速80公里，路基宽24.5米，沥青混凝土路面，概算投资79.39亿元。全线有涵洞412道，桥梁230座，桥隧比例占27.4%，设互通式立交12座，服务区2处，停车区2处。

乐雅高速公路甘盘山隧道　　雅眉乐公司 供稿

乐雅高速公路连通川西经济区南部小区域中心的城市——乐山市和川西门户城市——雅安市，对完善四川省高速公路网布局，支撑西部综合交通枢纽建设，带动沿线的物流、资源开发、招商引资、产业结构调整、横向经济联合，以及提高沿线地区城市化水平和促进地方经济社会可持续发展，加强川西南经济区与成都城市群的经济社会联系具有重要意义。

（雅眉乐公司）

成自泸赤高速公路自贡至泸州段通车　2013年8月30日，成都至自贡至泸州至赤水高速公路自贡至泸州段建成通车。路线起于自贡与泸州交界的龙贯山隧道，止于连接隆纳高速公路的仰天窝互通立交。全长15.666公里，总投资11.5亿元。成自泸赤高速公路泸州段建成通车后，使泸州至成都的车程从3小时缩短为2.5小时，成为有效沟通成都、眉山、泸州、自贡的快速运输通道，对进一步实施多点多极支撑发展战略、促进沿线经济社会发展，提高公路运输能力，降低运输成本，提升泸州区域性次级交通枢纽地位具有重要作用。

（龙光公司）

巴达高速公路通车　2013年12月28日，巴中至达州高速公路建成通车。

巴达高速公路是四川省高速公路网规划中5条东西横线之一的兰州—广元—巴中—达州—万州东西横向高速公路的重要组成部分路段。路线起于巴中市穆家坝，经巴中市、通江县、平昌县、通川区，止于达州市通川区魏兴镇。全长110公里，采用双向四车道高速公路标准建设，设计时速80公里，整体式路基宽24.5米、分离式路基宽12.25米，沥青混凝土路面，概算总投资102亿元。全线设置桥梁132座，桥梁总长30 522.75米；特长隧道2座，长隧道8座，中隧道4座，短隧道6座，隧道总长24 527.47米；设巴中南、巴中兴文、巴中水宁寺、平昌驷马、平昌、平昌东、平昌青凤、通川碑庙、通川安云、通川东岳、魏兴互通式立交11处，其中魏兴属大型枢纽立交，服务区2处，停车区2处。

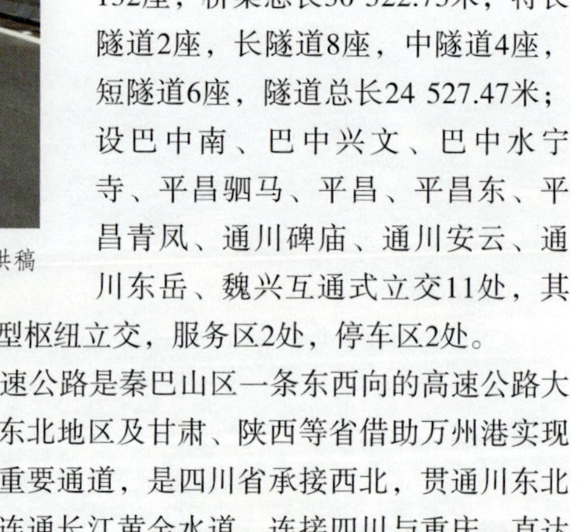

巴达高速公路是秦巴山区一条东西向的高速公路大通道，是川东北地区及甘肃、陕西等省借助万州港实现通江达海的重要通道，是四川省承接西北，贯通川东北革命老区、连通长江黄金水道，连接四川与重庆，直达华中华东，实现“通江达海”的一条重要东向出川高速

巴达高速公路　　川高公司 供稿

大通道。巴达高速公路的建成通车，将大力提升达州、巴中两地区域性次级交通枢纽地位，对进一步完善四川高速公路网络，畅通全省北上和东向入海出川通道，增强巴中、达州两市的交通节点的对外通达能力，促进沿线市、县、区乃至整个川东北地区的物流经济和区域交通一体化，加快实施集中连片扶贫攻坚，促进项目沿线资源开发、招商引资、产业结构调整、新型城镇化建设和区域经济社会协调快速发展，均具有十分重要的战略意义。

（达万公司）

南大梁高速公路南充至渠县段通车　2013年12月28日，南充至大竹至梁平高速公路南充至渠县段通车。南大梁高速公路是国家高速公路网张家界至南充高速公路的一段。路线起于南充市高坪区谭家沟，接南充至广安高速公路，经蓬安县、营山县、达州渠县，与达渝高速公路十字交叉后，止于大竹县石桥铺镇川渝界，与重庆规划的梁平至忠县高速公路相接。南充至渠县段长96公里，采用双向四车道高速公路标准建设，设计时速80公里，路基宽24.5米，沥青混凝土路面。桥梁66座11.02公里，隧道8座3.85公里，设置匝道收费站8个，服务区2处、停车区2处。

南大梁高速公路是四川重要的东向出川通道，经大竹往东可联系万州、武汉，经大竹往北可联系达州、安康，经梁平往南可联系黔江、张家界，项目的建设对构建西部综合交通枢纽，完善全省高速公路路网具有重要意义。

（南大梁公司）

南大梁高速公路南充至渠县段　　川高公司 供稿

乐自高速公路通车　2013年12月30日，乐山至自贡高速公路建成通车。

乐自高速公路是四川省高速公路网规划中汉源—乐山—自贡横线高速公路的重要组成部分。路线起于乐山市乐宜高速公路，途经乐山市中区、乐山井研、自贡荣县、自贡贡井区等地，止于自贡市内宜高速公路。全长113.2公里，采用双向四车道高速公路标准建设，设计时速80公里，概算投资69.8亿元。全线有岷江特大桥1座（长3 269.8米），长山特长隧道1座（长5 012米），大中桥72座。设置安谷、杜家场、九峰、茅桥、永安等互通式立交13处（含两处预留）；分离式立交（下穿）43处；天桥和渡槽67处、涵洞及通道466道；服务区2处，停车区3处。

乐自高速公路　　乐山市交委 供稿

乐自高速公路连接乐山、自贡两市，在川南经济区、川西北经济区形成一条新的高速公路大通道，对于进一步完善四川省高速公路网络，促进区域交通一体化，提升路网间交通运输能力具有重要意义。往返乐山、自贡两市的时间由以前的3小时缩短为1小时。乐自高速公路与乐宜高速公路、内宜高速公路、仁沐高速公路相联，形成川南地区干线通道网络；与乐雅高速公路、成自泸赤高速公路联通，形成贯穿四川省东西向的骨干高速公路，并与雅西高速公路相接，打通攀西地区通往重庆市和贵州省的运输通道；同时，通过乐雅高速公路还将与雅康高速公路相连，是川南城市群连接藏区的重要运输通道。

（乐宜公司）

国省干线重点公路建设

GUOSHENG GANXIAN ZHONGDIAN GONGLU JIANSHE

抢通地震灾区“生命通道” 2013年4月20日，雅安市芦山县发生7.0级强烈地震，公路交通全面瘫痪。厅公路局迅速反应，启动应急预案。一是成立公路抗震抢险应急领导小组。二是紧急组织人力物力赴灾区调查道路受损情况。三是迅速组织工程抢险机具、人员赶赴现场。四是及时组建三支工程技术专家小分队赶赴道路灾损现场。五是实行24小时值班和领导带班制度。六是迅速协调相关部门开通通往灾区应急通道。据不完全统计，全省公路系统从各地组织和调动专业救灾人员3 200余人，各类工程机械400多台，抗震救灾物质5 000余吨到达灾区。创造了震后仅仅4小时就抢通国道318线和省道210线雅安到震中芦山“生命通道”；震后16小时打通可绕行到达芦山县所有乡镇的“生命通道”；震后30小时打通省道210线芦山至宝兴至小金的“生命通道”；震后77小时打通芦山、宝兴所有乡镇“生命通道”。

干线路网畅通工程 2013年，厅公路局正式启动全省干线公路联网畅通工程，联网畅通工程规划项目96个5 079.5公里，总投资2 978.9亿元。其中，加快推进高速公路项目6个724公里，投资801亿元。加快建设普通干线公路项目21个868.6公里，投资444.5亿元。截至2013年底，21个干线公路项目全部开工建设，已建成181公里，已完成投资182.9亿元。抓紧开工普通干线公路项目25个1 185.9公里，投资626.3亿元，至年底，开工项目11个460公里，累计完成投资24.7亿元。储备普通干线公路项目44个、2 301公里、投资1 107.1亿元。

凉山彝区交通建设推进方案 2013年，省交通运输厅出台《凉山彝族自治州2013—2015年公路水路交通建设推进方案》。方案规划到2015年底，力争完成新（改）建公路9 091公里，其中，国省干线公路1 591公里，农村公路7 500公里，使凉山州公路总里程达到26 032公里；建成县级客运站3个，农村客运站95个。该方案于2013年12月正式启动。

甘孜藏区交通建设推进方案 2013年，省交通运输厅制订出台《甘孜州2013—2015年公路建设推进方案》。方案规划期内力争完成新（改）建公路6 839.1公里，完成投资335亿元。截至2013年12月底，甘孜州藏区交通推进项目开工20个2 474.6公里，完成投资146亿元，占总投资的37.4%。

2013年，全省公路联网畅通工程路基摊铺现场　　厅公路局 供稿

公路建设管理 2013年，为进一步提升全省地方公路建设行业管理水平，加强公路管理部门考核理念，厅公路局开展一系列工作：一是完善地方公路重点项目督导制度，明确具体负责人和联系人，跟踪了解项目推进过程情况，全面掌握质量、资金、进度、安全、廉政

五大环节。同时加大对项目建设技术咨询和指导力度，及时研究解决和报告影响项目推进的问题，强力按计划目标推进项目进程。二是全面实行综合考核制度，改变单一投资目标考核机制，实行对项目质量、安全、工期、投资和实施效果的综合考核机制，将绩效考核与计划、补助资金挂钩。三是以项目管理为抓手，以国省干线公路市州责任主体为载体，加强项目建设巡查力度，将实施效果差，质量、进度控制不力的项目纳入地方交通主管部门重点督查范围，以形成省、市联动的有效督导机制，确保地方公路建设面和点的工作环节可控。四是多管齐下，积极探索在地方公路建设中试行“代建制、BT、BOT”等多种形式融资和建设管理模式，推进全省地方公路大规模建设。

2013年，全省公路联网畅通工程路面碾压现场　　厅公路局 供稿

金沙江通阳大桥通过竣工验收　金沙江通阳大桥新建工程位于川滇两省交界的茅坪子，是跨越金沙江连接四川省凉山州金阳县与云南省昭通市昭阳区省际公路的特大桥，全长507.82米，桥面宽10米，为预应力钢筋混凝土空心板梁桥，设计荷载汽车-超20级，挂-120，设计洪水频率1/300，震烈度7度（按7.2度设防）。该项目工程于2004年7月开工，2008年12月建成通车。2013年12月12日，云南省交通运输厅与四川省交通运输厅共同组织竣工验收，评定该项目工程质量为合格。

国道108线示范工程通过交通运输部检查验收　2013年，四川交通运输管理部门按照交通运输部要求，科学制订《四川省国道108线改造示范工程实施方案》，与中公高科养护科技股份有限公司合作编写《四川省国道108改造示范工程技术指南》。公路管理部门克服改造里程长、时间紧、任务重等困难，加强组织协调，按时保质完成改建工程。11月，该工程顺利通过交通运输部检查组的验收。检查组充分肯定四川省在国道108线改建工程中所取得的成绩，认为国道108线四川段里程最长、条件最复杂、难度最大，四川省改建任务最重，投入最大，改建成效最显著。

（本栏目供稿单位：厅公路局）

简政放权　2013年，厅公路局创新举措，提升机关效能。一是跨行业和部门的全省地方公路工程基本建设的行政审批程序，由原来各自为政变为多部门联动，同一项目行政审批实施一次收文、交叉作业、同步推进、联合审查、一次审结。二是把原由省本级审批的工程建设项目施工许可向市级行政辖区管理基层放权。三是行政审批的项目采取公开办事流程、公布办结时限、公示办事人员。四是正确处理简政放权与加强监管之间的关系。积极探索从规范主体活动资格为主向规范主体活动和评估活动结果为主的转变，变重审批轻监管为宽准入严监管，形成以制度管人、流程管事的机制。

国道108线广元城区过境段设置规范的指路标志　　厅公路局 供稿

农村公路建设

NONGCUN GONGLU JIANSHE

概　况　2013年，全省农村公路建设完成投资200亿元，新（改）建农村公路20 000公里，为年度目标的100%；新增通油（水泥）路乡镇26个，乡镇通畅率达93%，新增通油（水泥）路建制村2 805个，建制村通畅率达72%、通达率达98%；实施安保工程2 223公里，完成投资3.6亿元；建成农村公路渡改桥134座16 554米，完成投资7.4亿元；实施危桥改造99座8 786米，完成投资4亿元。

农村公路养护　2013年，全省183个县全部落实县级管养机构，全省4 510个乡镇已建立4 050个交管站，43 745个建制村落实48 682个管理人员；县乡村三级有113 799人从事农村公路管理养护工作。全年到位管养资金28.5亿元。全省农村公路列养里程达242 905公里，列养率达90%；全省县道、乡道、村道经常性养护率分别达到100%、81%、56%；全省县道、乡道、村道绿化率分别达到75%、74%、53%。2013年，全省创建县级农村公路管养示范乡镇360个，文明路360条；创建市级农村公路管养示范乡镇147个和文明路150条；创建省级农村公路管养示范乡镇45个乡镇和49条路。

农村公路专项工程　2013年，省交通运输厅、省发展改革委、省财政厅联合制订印发《四川省甘孜藏族自治州2013—2015年公路建设推进方案》和《四川省凉山彝族自治州2013—2015年公路水路交通建设方案》，在方案实施的3年期间，将投入69.6亿元，新（改）建两州农村公路12 300公里。同时启动实施《四川省2013—2015年公路安保工程（路侧护栏）建设实施方案》《四川省2013—2017年农村渡口改公路桥建设规划》和《四川省2013—2015年农村公路改善工程实施方案》，实施包括农村公路在内的路侧护栏（波形梁护栏、钢筋混凝土护栏和缆索护栏）17 600公里，农村渡改公路桥531座155 757米，农村渡改人行桥239座39 620米，实施内地农村公路改善工程1万公里。

（本栏目供稿单位：厅公路局）

甘孜州色达县农村公路上的小桥　　厅公路局 供稿

金川县快捷方便的农村客运　　厅公路局 供稿

汽车站场建设

QICHE ZHANCHANG JIANSHE

概　况　2013年，全省全省道路运输站场完成投资26亿元，比上年增长4%，建成10个县级以上客货运站。加快推进达州客运北站、成都公水联运物流基地、成都青白江公路货运集散中心建设；新开工建设乐山客运中心城北枢纽站、眉山客运中心、攀枝花综合客运站、攀枝花格里坪物流园区。全面启动汽车客运站提升改造工程，编制《四川省2013—2015年度汽车客运站提升改造工程实施方案》，配套制订客运站建设标准、客运站提升改造工程项目管理办法、目标考核办法、初步设计方案编制审查等标准和制度。在部颁标准基础上全面提升全省客运站建设标准，并相应提高省级补助标准。3年内对全省262个县级以上客运站的整体形象、枢纽功能、服务设施、信息化水平等进行全面提升改造，全年安排项目79个。编制道路运输站场各项规划，抓住交通运输部“十二五”综合客运枢纽和公路货运枢纽（物流园区）建设规划中期调整契机，积极争取将全省7个综合客运枢纽和8个货运公路枢纽（物流园区）重点项目纳入规划。完成《“4·20”芦山强烈地震汽车客运站恢复重建规划项目》编制工作，将雅安、成都等地26个汽车客运站灾后恢复重建纳入总体规划。

川主寺旅游客运中心　该项目位于川主寺镇樟腊村，于2012年6月13日开工，2013年8月20日竣工。该客运中心建设总投资2 300万元，占地16 676平方米，其中站房建筑面积5 600平方米，停车场面积9 000平方米。项目建设单位为阿坝州岷江运业有限责任公司，施工单位是四川钰源建设工程有限公司，设计单位是四川华诚辉宇建筑设计有限公司，监理单位是重庆佳兴建设工程监理公司。

凉山州海湾车站工程　该车站位于雷波县城区，项目地址为坡地北低南高，场地做了推平护坡处理。地势高差较大用地紧张，坡度较陡，平均海拔1 500米，为7度抗震设防地区。项目占地19 010平方米，站房建筑面积2 221平方米，预计总投资3 000余万元。建成后是凉山州县级规模最大的汽车客运站。该项目站房结构形式采用框架结构：共包含两层候车大厅、五层车站旅馆、三层车站办公楼，工程设计使用年限为50年。施工方面，挡土墙护坡工程从2009年11月开工，年内竣工；站房工程于2012年11月动工，年内主体工程建设完成，进行站内装饰装修工程，预计2014年10月全面完工。

蓬安客运站　该站是根据蓬安县人民政府的统一规划，在2010年经省交通运输厅批准，由南运集团投资建设的一级汽车客运站。车站位于蓬安县相如镇安汉大道，紧邻火车站。占地面积44 667平方米，总投资8 000万元，工程建设分两期完成。一期工程于2011年8月16日正式启动，主要建设项目有：主站房5 900平方米，站前广场3 500平方米，发车位25个，停车场1.3万平方米及车辆安检等配套设施，于2013年12月13日通过工程竣工验收，12月26日正式投入使用。车站现有进站参营车辆153台，营运线路31条，日平均发送260班次、运送旅客3 500人次。

剑阁县普安汽车客运站　该项目地处剑阁县普安镇城市中心交通路，为加快普安镇城市建设，彻底解决普安镇城市拥堵与市内交通管理难的状况，2009年5月，中共剑阁县县委、县政府决定将该站从城市中心地段交通路，迁至三江口原通用机械厂内。剑阁县普安汽车客运站搬迁建设项目概算总投资7 427.12万元，剑阁县政府投入2 000多万元灾后重建资金用于拆迁补偿，其余由企业贷款或自筹用于缴纳土地出让金及建设资金。该站按国家二级客运站标准设计建设，建设总投资7 427万元，占地25 074平方米，主要工程分为主站房、河堤堡坎、车场、地下车库、出站天桥及车站附属设施，于2012年12月动工建设，2013年底，完成主站房、一道堡坎项目，预计2014年9月全面竣工。

仁寿县城市客运站　该项目于2011年10月破土动工，2013年10月正式投入使用。项目建设总投资3 000余万元，占地16 667平方米，建筑面积6 400平方米，可同时停放120辆公交车，包括调度中心、办公管理区、停车场及其他附属设施。该站承担城区多条公交线路首发和部分周边乡镇短途客运的责任，逐步形成城区线路、城郊线路、短线客运线路、旅游线路四位一体的层次分明、功能清晰、结构合理的公交客运线网体系，成为安全、舒适、便捷的城市客运枢纽中心。

自贡市舒坪汽车货运站 该站场是川南英祥钢材物流市场总体规划中的子项目。2010年3月，四川英祥实业集团按项目规划组织实施舒坪汽车货运站功能板块建设。该项目估算总投资8 500万元（一期投资5 000万元、二期3 500万元），规划占地面积5万平方米，站务用房建筑面积1.5万平方米，设计吞吐能力每年60万吨。

自贡舒平汽车货运站停车场　　厅运管局 供稿

一期主体工程完成投资5 500万元，建筑面积36 322平方米，包括1、2号停车场建设，站场内公路主次通道建设，仓储区货场建设，经营服务区综合楼等4个功能板块，年内完工并投入使用。截至2013年底，已开通自贡至成都、重庆、南京、上海、北京、天津、大连、太原、西安等城市的货运专线班车。二期工程计划投入资金500万元，于2013年10月开始建设，预计2014年5月完工。主要功能板块有公共仓库9 630平方米仓储管理建设，2号公共停车场4 400平方米建设及公共物流信息平台建设。

达州公路物流港 该项目由四川运输（集团）有限公司投资建设，坐落于达州化工产业区（现达州经济开发区），地处成渝经济圈，周边辐射川陕鄂渝等地，交通便利，区位优势明显。总面积16.08万平方米，计划总投资5亿元。该工程分为两期，一期工程于2011年竣工；二期工程包括1号、2号产品展示中心，2号、5号标准仓库，停车场，汽车展场等，于2012年9月开始建设，2013年11月竣工验收投入使用。

通江城南汽车站 该项目隶属于四川省巴中运输（集团）有限公司，始建于2011年11月。该站位于通江县城南大道，用地面积2.5万平方米，属二级汽车站，总建筑面积7 463.95平方米，地上2层，地下1层。设计使用年限50年，主体结构为框架结构，顶部为钢结构，结构安全等级为二级，防火等级为二级。主要功能为县域旅客出行，换乘方式为城乡客运。设计日均发送旅客5 000人次、400班次。总体预计2014年2月竣工。

新都区客运枢纽站 该项目为国家一级客运站，于2012年6月开工。选址地处新都区绕城高速路东南侧，站区附近有地铁三号线，成绵乐城际客运专线及成绵高速公路，既是市内交通，过境交通和对外交通的汇集地，也是新都区向东向北发展的前沿和重要基地。该站集公交始发站，客运枢纽站及快铁站为一体，并配以成规模的城市综合体建筑群。建设成为全方位，多层次的公共交通节点，其中包括一栋建筑面积1.1万平方米的客运站房和一栋建筑面积为1.4万平方米的停车楼及建筑面积约2 000平方米的检测站（快铁站不在本次设计范围内）。在用地北侧设置建筑面积4.7万平方米的城市综合体，包括商业用房，写字楼，酒店等一系列功能。设置可供650余辆机动车停放的地下车库以供社会车辆停放。地下建筑面积达2.5万平方米。

巴中兴文客运中心站 该项目隶属于四川省巴中运输（集团）有限公司，始建于2012年6月，于2013年12月竣工。该站位于巴中经济技术开发区石笋塘，用地面积40 003.8平方米，项目总用地面积46 470.6平方米，主站房4 142.2平方米，建筑占地4 159.3平方米，站前广场4 543平方米，大客车停车场18 315平方米，大客车发车位14个、小客车发车位64个，社会车辆停车场面积288.9平方米，出租车停车场面积461.11平方米，建筑密度10.4%，容积率0.19，绿化率22.39%。分地上2层地下

2013年，建设中的巴中兴文汽车客运中心站　　厅运管局 供稿

1层，建筑总高度16.4米。设计使用年限50年，主体结构为框架结构，进站厅为钢结构，结构安全等级为二级，防火等级为二级。

该站属于集散型客运站，站级为一级客运站，主要功能为市域旅客出行，换乘方式为城市客运。设计日均发送旅客1万人次、800班次。

荥经县客运站 该站位于荥经县严道镇新南街五组，于2013年1月开工，2013年12月31日完工。项目总投资1 410万元，占地面积2万平方米，其中站前广场3 600平方米、主站楼4 500平方米、停车场1万平方米。预计日均发送旅客3 000人次、200班次，是集公交车、长途客运、区间客运、农村短途客运于一体的二级车站。

（本栏目供稿单位：厅运管局）

公路养护

GONGLU YANGHU

公路大中修工程 经省政府同意，从2013年起，从中央返还四川省的燃油税分成资金增量中划拨20亿元，专门用于干线公路大中修工程。厅公路局根据公路路况水平、路网功能、民生工程考核结论及地方财政配套能力进行优选，初步形成省补助2013年普通国省干线公路大中修工程建议计划。

经省交通运输厅与省财政厅、省发展改革委审定，该项补助资金于2012年以一般预算方式下达12.368亿元，2013年可用资金8.2亿元。省交通运输厅下达公路大中修工程项目82个，总里程1 043.6公里。其中，大修工程项目57个771.9公里，中修工程项目25个271.7公里。

2013年4月18日，厅公路局召开大中修专项工作布置会

厅公路局 供稿

“4·20”芦山强烈地震公路应急处治 2013年，“4·20”芦山地震发生后，厅公路局迅即启动应急预案，成立应急抢险指挥部，全面开展抗震救灾应急抢险工作。在打通通往重灾区的各条生命通道后，及时组织人员对重灾区主要生命通道进行全面隐患排查，根据灾区公路受损情况和面临的次生灾害威胁，以省道210线为重点，及时采取修复挡墙、增设涵洞、设置钢棚架、安装防护网、主动排危等多种综合应急处治措施，共实施应急处治工程96个，基本恢复灾区公路的通行能力。根据灾后公路实际情况和保通需要，厅公路局委托厅公路设计院制订《“4·20”芦山强烈地震重灾区公路保通方案》，并成立地震灾区公路抢险保通巡查组，每天上路巡查，及时发现并处治问题，确保灾区公路安全畅通。8月1日，又成立芦山地震灾区公路保通工作指导组，对灾区重要公路保通工作进行业务指导，提供技术支持。

公路水毁及处治 2013年汛期，四川省多次出现暴雨天气过程，公路水毁灾情频发。据统计，暴雨泥石流共造成四川省国道108线、国道212线、国道213线、国道317线等7条国道和省道105线、省道205线、省道307线等15条省道及100余条农村公路断道阻车，累计发生坍方2 610万立方米，水毁路基9 686公里、3 146万立方米，水毁路面8 094公里、3 520万平方米，不同程度水毁桥梁871座45 080米、水毁涵洞9 993道，损坏防护工程17 080处466万立方米；直接经济损失达98.2亿元。

厅公路局加强水毁路段整治，切实做好防汛保通工作。省交通运输厅筹集资金7 000万元，全省各地筹集1.7亿元用于公路水毁处治抢修。

（本栏目供稿单位：厅公路局）

航道建设
HANGDAO JIANSHE

重点航道建设 2013年，全省重点航道建设高速推进，重点航道建设项目有嘉陵江苍溪航电枢纽、渠江丹溪口至四九滩航道整治工程、亭子口枢纽工程及向家坝枢纽通航建筑物建设，全年共完成航道建设投资34.13亿元。

嘉陵江苍溪航电工程计划总投资13.39亿元，由于翻板闸门优化设计等节约投资上亿元，实际完成总投资12.12亿元，2013年计划完成投资2 500万元，实际完成投资3 626万元，为年计划的145%。嘉陵江亭子口枢纽总投资168.52亿元，累计完成投资65.27亿元，2013年计划完成投资25.77亿元，实际完成投资26.92亿元，为年计划的104%。

渠江富流滩船闸改扩建工程总投资8.12亿元，累计完成投资2.68亿元，2013年计划完成投资2亿元，实际完成投资1.65亿元，为年计划的83%。

渠江四九滩至丹溪口航道整治工程总投资2.42亿元，累计完成投资1.37亿元，2013年计划完成投资0.8亿元，实际完成投资0.85亿元，为年计划的106%，工程进度正常。

岷江港航电综合开发建设工程包括老木孔、东风岩、犍为、龙溪口、4级航电枢纽、乐山港老江坝作业区一期工程和龙溪口至合江门81公里航道整治工程。截至2013年底，工程完成两个试验段工程建设施工。

向家坝枢纽通航建筑物包括升船机建设及其附属工程，总投资26亿元，累计完成6亿元，2013年计划完成投资6亿元，实际完成6亿元，为年计划的100%。

（厅航务局）

嘉陵江利泽航运枢纽建设 2013年7月26日，嘉陵江利泽枢纽项目推进工作会在重庆召开，标志着利泽航运枢纽建设工作的全面启动。嘉陵江利泽航运枢纽是嘉陵江从四川进入重庆境内后的第一级枢纽，也是嘉陵江渠化建设15级梯级中的唯一未建设的枢纽。项目预计2014年10月开工，2018年完工。

（厅航务局）

航电枢纽建设概况 2013年，省港航公司累计完成投资13.9亿元。重点水运基础设施项目前期工作取得重大进展。岷江港航电综合开发项目4级航电枢纽8大类41个专题中的38个完成审批或已审待批，其中犍为枢纽项目环评专题已通过环保部审查公示即将批复，新增的社会稳定性风险评估专题稳步推进。4级航电枢纽作为一个国家高等级航道整体渠化建设项目获国家发展改革委立项批复，开国内水电项目立项审批的先例。嘉陵江航运配套工程作为四川实现嘉陵江全面复航的重点项目，工程可行性研究报告审批所需的14个专题报告的编制、审查全部完成，工程可行性研究报告已上报省发展改革委审批。生产运营管理水平不断提升。控股9级航电枢纽全年完成上网电量31.56千瓦时，实现产值8.61亿元（含税，下同）。其中，苍溪航电枢纽完成上网电量1.94亿千瓦时，实现产值0.54亿元；沙溪航电枢纽完成上网电量3.01亿千瓦时，实现产值0.84亿元；金银台航电枢纽完成上网电量4.81亿千瓦时，实现产值1.33亿元；新政航电枢纽完成上网电量4.38亿千瓦时，实现产值1.08亿元；金溪航电枢纽完成上网电量6.19亿千瓦时，实现产值1.59亿元；凤仪航电枢纽完成上网电量3.50亿千瓦时，实现产值0.95亿元；小龙门航电枢纽完成上网电量1.98亿千瓦时，实现产值0.56亿元；桐子壕航电枢纽完成上网电量4.62亿千瓦时，实现产值1.44亿元；金盘子航电枢纽完成上网电量1.13亿千瓦时，实现产值0.30亿元。筹融资工作取得新成效。主动积极争取国家和省支持，到位专项资金5.57亿元，其中中央资金4.782亿元、省级资金0.786亿元；新增中央对岷江犍为枢纽和港口补助计划资金12.424亿元。成功发行7亿元企业债券，发行利率为当期省内同等级债券最低利率之一，同时按不高于当期基准利率的贷款利率落实银行贷款8.05亿元。

（省港航公司）

魏宏主持召开岷江港航电综合开发专题会议 2013

年11月6日，四川省省长魏宏在省政府主持召开专题会议上，研究岷江港航电综合开发相关工作。副省长王宁，省政府秘书长叶壮、副秘书长范波出席会议。

在听取省交通运输厅、乐山市政府情况汇报后，魏宏对下阶段工作提出三点要求：一是省发展改革委牵头，进一步综合评估岷江港航电综合开发的社会公益性、经济可行性；二是省扶贫和移民局进一步研究岷江港航电项目征地移民安置政策，并从全省角度进行项目移民政策的整体影响评估；三是乐山市政府从岷江流域角度，提出岷江项目的社会稳定性风险评估意见。

副省长王宁指出，岷江港航电综合开发以航为主，是四川打造重大装备出川大通道的重要战略部署。项目前期工作成效显著，这是省级有关部门、省交投集团和乐山市付出大量艰苦努力的结果。省发展改革委、省交通运输厅要进一步对岷江项目进行研究、优化，并提出省级层面项目支持政策；乐山市人民政府要尽快提出具备可操作性的市级支持政策；省扶贫和移民局、乐山市政府要整体统筹研究项目移民政策；有关各方要在确保社会稳定的前提下，依法、稳步做好开工准备工作。

（岷江公司）

彭琳主持召开省政府岷江港航电综合开发推进工作组第七次工作例会 2013年6月24日，省交通运输厅厅长彭琳在成都主持召开省政府岷江港航电综合开发推进工作组第七次工作例会。会议检查了岷江港航电综合开发前期工作推进情况，分析存在的主要问题，并部署下一步工作。

彭琳指出，岷江港航电综合开发是四川打造重大装备水路运输大通道的重大战略部署，也是服务全省实施多点多极支撑发展战略的重大举措，在犍为枢纽开工条件即将具备的关键时刻，各方要全力推进各项开工准备工作，力争尽早实现项目合法开工建设。省交投集团、乐山市政府要主动作为，尽快签订市企合作协议。乐山市政府要加紧出台切实可行的岷江项目市级支持政策，并启动“先移民后建设”工作。省级各部门要继续大力支持，优先考虑岷江项目，加快相关专题审批进度。省发展改革委牵头进一步梳理、出台岷江项目有关支持政策，为项目核准创造条件。项目业主组织设计单位尽快完成犍为枢纽项目环评报告修改，省环保厅及时带队向环保部汇报，争取尽早取得项目环评批文。

省港航公司董事长贺晓春表示，省交投集团及省港航公司、岷江公司将在省级有关部门的支持下，协调、快速推进岷江项目前期工作；进一步加强市企合作，尽快签署合作协议，为项目建设落地创造条件；积极配合省、市有关部门争取环保部支持，努力推进老木孔枢纽环评工作，并在不影响岷江综合开发进程、兼顾乐山市城市建设需要的前提下，与乐山市共同探索老木孔、东风岩枢纽设计优化的可行性，以利争取环保部的最大支持，加快老木孔枢纽和乐山港前期工作。

（岷江公司）

新政航电枢纽和金银台航电枢纽工程开展竣工决算审计 2013年7月16日—18日，省审计厅副厅长唐萍、省交通运输厅监察专员李传林、省交投集团总经济师王栓铭等一行，到新政航电枢纽、金银台航电枢纽检查指导工程竣工决算审计工作。

2013年7月16日—18日，省审计厅副厅长唐萍（正面右三）等到新政公司检查指导工程竣工决算审计工作　　省港航公司 供稿

新政航电枢纽、金银台枢纽负责人分别汇报枢纽建设情况和生产经营情况。省港航公司总经理赖忠泉就建设工期调整、征地移民政策对建设的影响、项目优化亮点及项目建成后的各项管理、项目的经济效益和社会效益情况进行补充说明，并提请省审计厅和省交通运输厅对即将于2014年竣工的金溪枢纽、凤仪枢纽、苍溪枢纽和沙溪枢纽开展竣工决算审计。

唐萍要求各单位一要高度重视，积极配合，为审计人员提供良好的工作环境；二要加强沟通协调，切实完成好竣工审计工作；三要坚持工作原则，处理好依法审计和实事求是的关系，合法、合理和有效的关系，监督与被监督的关系；四要及时形成高质量的审计材料，在规定时间内向国家审计署汇报，充分突出公司在企业管理、建设管理、生产经营、节约投资情况等方面取得的优秀成绩。

李传林指出，省交通运输厅将在审计工作中提供全方位的配合和支持，审计人员将在把握法规政策的基础上，出具真实、完整、全面、系统的审计资料，为审计工作的圆满完成创造有利条件。

会后，检查组实地考察新政航电枢纽生产厂房和生活区域，并对公司优美的环境和省港航公司在推动嘉陵江渠化和流域经济发展中起到的重要作用予以高度评价。

（新政公司 金银台公司）

郑勇调研岷江港航电综合开发项目 2013年6月25日，省交投集团总经理、副董事长、党委副书记郑勇到

2013年6月25日，省交投集团总经理、副董事长、党委副书记郑勇（右二）到乐山调研、督导岷江公司项目前期工作
省港航公司 供稿

乐山调研和督导岷江公司项目前期工作。

郑勇一行现场查看犍为枢纽坝址及临时管理用房建设情况，并到岷江公司看望慰问一线干部职工。同时对下一步工作提出三点要求：一是要统一思想、坚定信心、扎实工作，继续奋力推进岷江港航电综合开发；二是加强学习、培训，增强安全意识，做好汛期安全工作；三是认真抓好落实地质灾害防治工作，建立健全灾害防治综合配套措施。调研期间，郑勇还同乐山市市长张彤就加快岷江港航电综合开发工作进行专题座谈，乐山市副市长黄正富、省交投集团副总经理曾崇勇参加座谈会。

（岷江公司）

贺晓春到金溪公司新政公司检查指导工作 2013年6月28日，省交投集团董事、省港航公司董事长贺晓春到金溪公司、新政公司检查指导工作。在金溪公司，

2013年6月28日，省交投集团董事、港航公司董事长贺晓春（右二）到新政公司检查指导工作 省港航公司 供稿

贺晓春现场察看了生产厂房和办公生活园区，并听取工作汇报。贺晓春强调，公司要继续做好安全生产工作，确保汛期安全稳定运行；要加强与地方政府的沟通与协调，争取地方政府最大的支持力度；要进一步改善工作和生活环境，为职工营造积极向上的企业氛围。在新政公司，贺晓春到厂房了解机组设备的运行工况、年度检修和防洪度汛情况，并实地查看大坝外观改造工程和管理房在建工程施工情况。他指出，要加大设备技术改造力度，进一步提高设备的稳定性；要抓好汛期的安全生产工作，确保安全度汛；要加强工程安全和质量的管理，防止工程施工的二次污染，注重工程的细节验收，保证施工质量。

（新政公司 金溪公司）

《岷江航电犍为枢纽工程建设规划专题论证报告》获批复 2013年4月9日，水利部长江水利委员会批复基本同意《岷江航电犍为枢纽工程建设规划专题论证报告（修订稿）》（以下简称《报告》）论证意见，并签署《水工程建设规划同意书》。

2011年10月28日，长江水利委员会在武汉组织专家对《报告》进行审查。会后，岷江公司督促协调编制单位根据会议审查意见对《报告》进行修改和完善，并于2013年3月完成修改稿。《报告》通过审批，将加快《四川岷江航电犍为枢纽工程水土保持方案报告书》的批复进程。同时，也将对推动犍为枢纽项目核准进程起到至关重要的作用。

（岷江公司）

交通运输部印发《关于岷江犍为航电枢纽工程可行性研究报告的意见》 2013年9月29日，交通运输部正式印发《关于岷江航电犍为枢纽工程可行性研究报告的意见》（以下简称《意见》）。《意见》原则同意犍为枢纽航电工程可行性报告提出的建设内容和建设规模，并明确表示交通运输部将专门安排资金用于犍为航电枢纽基础设施建设。

根据《长江流域综合规划》和《岷江（乐山—宜宾段）航电规划报告》，岷江（乐山至宜宾段）规划实施老木孔、东风岩、犍为、龙溪口4级梯级开发方案，并对龙溪口至宜宾段81公里实施航道整治，最终达到规划的三级航道标准。犍为航电枢纽作为省政府确定的首个开工建设的项目，建成后可渠化三级航道20.2公里。

（岷江公司）

《岷江犍为航电枢纽工程环境影响报告书》技术评估会在成都召开 2013年9月28日—30日，环保部在成都主持召开《岷江犍为航电枢纽工程环境影响报告书》技术评估会。环保部环评司、环评中心，省推进办，省环保厅，省水产局，省交通运输厅、厅航务局等单位领导出席会议。

会议期间，与会专家踏勘犍为枢纽工程现场，认真听取项目业主关于项目概况和编制单位关于报告书编制情况的详细汇报。经过深入讨论和评议，会议认为报告书编制依据充分，评价等级、评价因子选择恰当，分析

2013年9月28日—30日，国家环保部在成都主持召开岷江犍为航电枢纽工程环境影响报告书技术评估会　　省港航公司 供稿

评价结论基本符合实际，待进一步深化项目环境影响与减缓不利环境影响的措施等方面的论证后予以出具正式审查意见。

《报告书》于9月6日报送环保部，9月底完成技术评估。

（岷江公司）

“水力自控、液压双控翻板坝在嘉陵江航电枢纽中的应用研究”通过鉴定　2013年4月25日，省科技厅在成都组织召开四川省交通科技项目成果鉴定会，对由省港航公司牵头开展的“水力自控、液压双控翻板坝在嘉陵江航电枢纽中的应用研究”进行鉴定验收。

2013年4月25日，由省港航公司牵头开展的四川省交通科技项目“水力自控、液压双控翻板坝在嘉陵江航电枢纽中的应用研究”通过省科技厅鉴定验收　　省港航公司 供稿

会上，由交通运输部鉴定委员会、中国水运建设行业协会等单位的7名专家组成的专家组，认真听取项目组汇报，审阅鉴定文件，并询问项目应用情况，全面探讨该项目的经济效益及应用前景。专家组指出该研究不仅为沙溪、苍溪航电枢纽工程的设计和运营提供科学依据，而且开创在大江大河及国家高等级航道上成功使用翻板坝的先例，丰富大型航电枢纽中泄水建筑物的型式，为高等级航道上航电枢纽建设提供一种新的思路和技术，推广应用前景可观。专家组一致认为，项目研究成果总体上达到国际领先水平，项目通过验收鉴定。

（省港航公司）

岷江港航电综合开发综合效益评估会召开　根据省政府研究岷江港航电综合开发工作专题会议要求，受省发展改革委委托，省工程咨询研究院于2013年12月26日在成都主持召开岷江港航电综合开发项目综合效益评估会。

会议期间，与会专家认真听取项目业主关于项目概况、财务效益测算结果和省扶贫和移民局、乐山市政府有关项目移民及社会稳定风险评估的详细汇报。经过深入讨论和评议，会议一致认为岷江港航电综合开发项目具有重大的社会效益和综合效益，在新背景、新形势下项目建设十分必要。项目社会公益性强、投资金额大、财务经济指标差，省市各级政府必须采取专项措施并落实具有可操作性的支持政策，以确保工程建设的可行性、持续性。建议组织第三方专业机构编制项目社会稳定风险分析报告，客观分析项目建设存在的社会稳定风险。

（岷江公司）

嘉陵江川境段航运配套工程可行性研究报告评估会在成都召开　2013年5月17日，省发展改革委在成都主持召开《嘉陵江川境段航运配套工程可行性研究报告》（以下简称《报告》）评估会。省交通运输厅、省工程咨询研究院、沿江地方交通部门及省港航公司相关人员参加会议。会议审定嘉陵江川境段航运配套工程的建设标准、投资估算等，认为《报告》资料完整，分析论证充分，内容和深度基本符合相关规定的要求，一致同意通过评审。《报告》通过审查，标志着嘉陵江川境段航运配套工程前期工作取得实质性进展，为尽快建成嘉陵江高等级航道，提高航道通过能力和服务水平，充分发挥嘉陵江的航运功能及效益奠定坚实基础。

（省港航公司）

苍溪沙溪凤仪航电枢纽通过二级安全生产标准化评审　2013年12月20日，凤仪、沙溪、苍溪航电枢纽以88.43分的平均分顺利通过安全生产标准化二级企业现场查评。至年底，省港航公司控股的9个航电枢纽均通过安全生产标准化二级企业评审，成为省内电力行业中首个控股电站全部达标企业。

在省港航公司控股航电枢纽安全生产标准化工作总结会上，国家能源局四川监管办副专员马军杰高度肯定省港航公司安全生产标准化达标工作，希望公司各航电枢纽以安全生产“新形势、新任务、新方法”三个“新”为要求，继续扎实深入开展安全生产工作，不断提高企业安全管理水平。

（省港航公司　苍溪公司　沙溪公司　凤仪公司）

港口建设

GANGKOU JIANSHE

重点港口建设 2013年，全省港口工程完成投资15.99亿元，比上年增长32.76%。

泸州港多用途码头二期续建工程总投资13.85亿元，累计完成4.32亿元，2013年计划完成投资700万元，实际完成1 040万元，为年计划的149%。

南充港都京作业区一期工程总投资13.32亿元，累计完成6.07亿元，2013年计划完成投资4亿元，实际完成投资4.05亿元，为年计划的101%，12月28日实现开港试运营。

广安新东门作业区一期工程总投资12.59亿元，累计完成7.76亿元，2013年计划完成投资2亿元，实际完成投资1.8亿元，为年计划的90%。

宜宾港长宁香炉滩码头工程总投资7 108万元，累计完成7 385万元，2013年计划完成投资7 385万元，实际完成投资7 385万元，为年计划的100%，土建、机电设备及附属工程建设全部完成，于2013年底完成工程竣工验收并正式投入运营。

公益性渡口建设 2013年，全省安排部省补助资金0.73亿元，下达建设计划码头300座、候船设施360个、更新改造渡船184艘。同时重点加快推进2010—2012年全省公益性渡口建设计划任务的建设进度，至年底，全省完成公益性渡口码头530座、候船亭625个、船舶更新517艘、船舶改造108艘。

（厅航务局）

达州市开江县宝石水库二码头　　厅航务局 供稿

南充港首台门机大梁吊装　　厅航务局 供稿

陈晓光到广安港调研 2013年10月22日，全国政协副主席陈晓光、民盟中央副主席徐辉在省政协副主席赵振铣等的陪同下到广安港检查指导渠江航运工程建设工作。

在港口现场，陈晓光在认真听取承平公司负责人关于四川省“四江六港”（详见《附录》）水运发展规划、广安港总体规划、渠江通航能力和广安港航运建设进度等情况的汇报后，对中共广安市委市政府、省港航公司为建设好小平家乡作出的努力和取得的成绩给予充分肯定，同时高度认可广安港通过发展低成本、高便捷的水路运输带动广安物流产业全面发展的思路，要求公司在保证建设质量安全的基础上，加快工程进度，尽早完成渠江航运工程建设，为推动成渝经济区一体化发展及承接产业转移发挥相应功能，实现港口经济社会综合效益。

（承平公司）

2013年10月22日，全国政协副主席陈晓光（前排右二）调研广安港　　省港航公司 供稿

翁孟勇调研泸州港　2013年10月11日，交通运输部党组副书记、副部长翁孟勇到泸州港调研。

翁孟勇一行实地察看泸州港码头前沿、集装箱堆场以及联检大楼海关、检验检疫等口岸服务窗口，认真听取关于泸州港经济腹地、辐射范围、区位优势、集疏运网络、进港铁路、岸线资源、航道条件、通关条件、建成规模、主要客户、班轮航线、对外合作、经营现状以及泸州临港产业物流园区规划建设等情况介绍。翁孟勇还详细询问了泸州港进港铁路专用线里程，铁路距离成都、昆明里程，国家铁路与地方铁路运价、铁路货运站以及铁水联运运行现状等情况。

交通运输部与国家发改委联合调研泸州港旨在贯彻落实国务院领导重要指示精神，深入推进“依托长江，建设中国经济新支撑带”指导意见的研究起草工作，为推动泸州港加快发展，支撑腹地经济建设将起到重要作用。

（泸州港务公司）

王宁调研泸州港　2013年8月22日，副省长王宁调研泸州港国际集装箱码头。

泸州港作为四川第一大港，既有先天优势，也存在劣势。王宁要求，中共泸州市委、市政府和泸州港务公司一是要思考如何不断提高港口服务水平，将泸州港打造成为西部水上运输的重要口岸；二是要量化、分析泸州港陆运成本、水运成本、时间成本、管理水平等各项指标，突出泸州港的竞争优势；三是要抓住临港产业物流园区建设、泸州经济开发区扩区、铁路进港等机遇，提升港口与临港产业物流园区的交通组织水平，充分发挥港口辐射功能，加快建成功能完善的区域性港口。

王宁强调，泸州港已于7月10日实现泸州—上海商品汽车滚装班轮首航，要继续加强与成都经济开发区的沟通协调，不断完善服务内容。同时王宁要求省交通运输厅要加强向交通运输部汇报和协调，加快推进长江航道泸州段的航道升级工作。

（泸州港务公司）

广安港新东门作业区正式开港试运行　2013年1月15日，渠江广安航运建设工程新东门作业区一期工程正式开港试运行。

广安航运建设工程包括港口、航道、船闸和200公顷港口综合配套服务区项目，总投资约50亿元。广安港新东门作业区一期工程总投资12.59亿元，建设1 000吨级泊位6个，全部建成后集装箱吞吐能力将达40万标箱。广安港新东门作业区一期工程正式开港投运标志着

2013年1月15日，省交通运输厅厅长高烽（前排左三）等领导检查渠江广安港新东门作业区一期工程开港工作　　省港航公司 供稿

川东北地区第一个现代化港口投入运营，广安将成为川东北地区交通最便捷、综合交通成本最低的次级综合交通枢纽，为广安承接产业转移、提升区域竞争力、打造美丽港口城市提供有力支撑。

（承平公司）

南充港都京作业区开港试运营 2013年12月28日，南充港都京作业区开港试运营。省政协副主席、秘书长高烽，中共南充市委书记刘宏建，南充市政协主席马道蓉以及省、市有关领导到施工现场慰问参建各方。

高烽对南充港都京作业区按期开港试运营给予高度肯定，对南充市和港航公司表示祝贺。他认为，南充港都京作业区一期工程是"省市共建、市企合作、综合开发、市场运作"的典范。希望参建单位要"一手抓建设，一手抓营运"，同时做好港口宣传工作，大力开拓市场，保证开港后有货可运。高烽强调，要加快港口配套服务区的建设工作，尽快启动南充港进港大道的建设，充分发挥港口效益，让市企合作模式发挥出新内容。

南充港都京作业区是嘉陵江沿线第一个投入营运的集装箱码头，也是嘉陵江上最大的现代化枢纽港。作为四川"四江六港"（详见《附录》）发展战略和西部综合交通次级枢纽的重要组成部分，整个南充港都京作业区占地2.4平方公里，规划建设16个泊位，集装箱吞吐能力每年120万吨。一期工程已建成4个可停靠千吨级轮船的多用途泊位。南充港都京作业区的开港将促进南充加快构建全省重要的次级交通枢纽和川东北水运物流中心，助推南充产业结构调整、经济发展方式转变，真正成为新型现代化内陆港口城市。

（都京公司）

彭琳调研南充港都京作业区一期工程建设情况 2013年4月10日，省交通运输厅党组书记、厅长彭琳一行到南充港都京作业区一期工程调研。

在工程现场，彭琳认真听取都京公司负责人对工程建设情况的详细汇报。他指出，要紧抓国家高度重视内河水运发展的重大机遇，加大研究力度，推动四川水运事业的快速发展；省港航公司要立足地方，加大在航道、港口、旅游、客运等方面的投入力度，助推南充城市社会经济的跨越发展。

（都京公司）

川渝沪区域大通关合作第六次联席会议在成都召开 2013年11月8日，川渝沪区域大通关合作第六次联席会在成都召开，国家口岸办处长孙晓波、省政府副秘书长吴显奎出席会议。上海、重庆、四川口岸、海关、检验检疫及长通公司等有直接业务联系的口岸业主企业负责人参加会议。

会议总结2013年区域大通关合作工作，商议2014年度重点合作内容，研讨如何深化区域大通关合作；加强口岸、港口之间项目合作和水水中转、铁水联运等口岸物流合作；进一步简化通关手续、降低物流费用，创建更加方便快捷的通关环境。会议期间，与会代表实地参观考察了泸州港，详细了解泸州港的区位优势、集疏能力、码头运行规模和发展前景。

川渝沪大通关合作是探索内陆与沿海跨省市口岸大联动，以口岸推进区域开放型经济发展的重要举措。会议的召开，不仅有利于长通公司加强对外宣传和交流合作，而且为改善泸州港通关环境创造有利条件。

（泸州港务公司）

2013年11月8日，川渝沪区域大通关合作第六次联席会与会领导及代表实地考察泸州　　省港航公司 供稿

公路水路勘察设计

GONGLU SHUILU KANCHA SHEJI

厅公路设计院工作概况 2013年，省交通运输厅公路设计院主要开展以下工作：

市场营销 全年参与西（昌）香（格里拉）路、巴（中）万（源）路、阆（中）达（州）路等16个省内高速公路项目勘察设计招标，中标初步设计1 081公里、施工图设计570公里标段，市场占有率约三分之二；全年中标83个标段，签订合同368份；取得四川省交通工程检测设备计量检定站、市政工程试验检测等新业务；超额完成各项生产任务，年产值继续保持历史高位，其中市政工程专业进一步发展，产值比例占全院总产值的38%。

重点项目前期工作 配合省交通运输厅完成交通建设规划及项目储备，完成“4·20”地震灾后重建规划、攀西试验区交通发展规划、“十二五”规划中期评估；完成汶（川）马（尔康）、宜（宾）彝（良）、西（昌）昭（通）、绵（阳）九（寨沟）、第二机场高速等重点项目工程预可行性研究报告、工程可行性研究报告等前期工作；围绕“9+3+12”建设目标开展勘察设计工作，完成成都经济区环线蒲江至简阳段、绵阳至西充、宜宾至叙永、乐山至汉源、仁寿至沐川等12个项目1 574公里高速公路初步设计及雅（安）康（定）、汶（川）马（尔康）、绵（阳）西（充）、巴（中）万（源）、成都第三绕城高速公路简阳至蒲江段等6个项目共计394公里的施工图设计。

抢险救灾 “4·20”芦山地震后，派出技术人员59批261人次深入重灾区，行程7 400多公里，完成灾区道路踏勘调查739公里；第一时间探明国道318线雅安至天全段、省道210线芦山至宝兴段、县道荥经—天全—双石—灵关等路段，率先探明芦山至“生命孤岛”宝兴县城沿线道路路况；完成灾区道路检测调查718公里，完成边坡地质灾害调查228处；完成重灾区148座桥梁检测、安全评估及2 000余公里道路灾情核查；完成成雅、雅西2条高速公路检测调查。“7·9”洪灾泥石流发生后，派出多批专业技术小分队对水毁路段进行踏勘和抢通保通技术支持，完成国道347线茂县至北川、国道213线映秀至汶川等公路灾后恢复建设工程可行性研究报告、初步设计、施工图设计工作及广甘高速、鸭子河大桥等项目的应急抢险与恢复处治设计。

后期服务 派驻常驻设计代表68人，为巴达、巴陕、乐雅、成都第二绕城、国道318线东海路、国道317线等20多个省重点项目及大量在建的地方项目、市政项目提供优质后期服务，确保达万、乐雅、丽攀及成都二环路高架桥等项目顺利建成通车。配合项目业主对在建工程进行全方位安全及质量督导检查；对设计和施工中容易出现的问题进行专项复查；对特大桥梁、隧道施工的关键工点及关键工序的施工质量进行现场指导，消除隐患，确保质量安全。

科研成果 获部省级科技奖5项、国家授权专利4项、软件著作权1项、“四优”工程项目14项；签订科研合同30项，金额达3 400余万元；28个课题通过鉴定验收，研究成果分别达国际领先、国际先进、国内领先水平。被省住建厅评为2012年度全省勘察设计“四优”单位。

管理工作 推进机构改革和人才队伍建设。院属9个生产处室统一更名为分院，成立勘察设计五分院；单独设立审计处，组建四川省交通工程检测设备计量检定站，获批设立博士后创新实践基地，撤销轨道交通设计所，撤销后勤服务部。推荐各类专家70人次，招聘引进26名新员工，举办500余人次参加的各类培训。加强生产管理，有序推进各项生产任务，做到安全生产无事故。强化技术质量管理，将原有ISO9001质量体系升级为质量管理、环境管理、职业健康安全管理的“三体系”，顺利取得三体系认证证书，通过内部审核，保持体系有效运行，产品合格率达100%。

2013年1月，厅公路设计院被住建部授予“全国先进工程勘察设计企业”称号，全国交通行业中仅4家勘察设计单位获该称号。《西部开发省际公路通道重庆绕城高速公路南段》获2012年度重庆市交通路港杯优秀勘察、优秀设计一等奖，《重庆万州至开县高速公路》获路港杯优秀设计一等奖。

（匡成刚）

王怀臣调研厅公路设计院 2013年4月5日，中共四川省委常委、省纪委书记王怀臣，省监察厅厅长黄昌明，中共成都市委副书记、市纪委书记邓修明，在省交通运输厅厅长彭琳、副厅长鲜雄等陪同下，到厅公路设计院温江办公区调研。王怀臣书记重点观摩二环路改造工程高架桥结构极限承载能力试验研究，现场听取院长唐永建关于《以科研试验打造行业核心竞争力》的工作汇报，对该院高瞻远瞩的发展思路和国内领先的科技实力给予肯定，并要求积极推广应用雅西高速公路和成都市二环路改造工程的科研成果，探索低碳环保、节能高效的交通建设之路。

（匡成刚）

泸定大渡河特大桥专题会议召开 2013年5月28日—29日，交通运输部专家委员会组织、省交通运输厅主办的雅康高速泸定大渡河特大桥专题会议在成都召开，厅公路设计院作为设计单位在桥位选择及桥面标高论证、桥跨方案、主梁方案、主塔方案等方面进行详细汇报。会议肯定厅公路设计院的研究工作，认为千米悬索桥方案和钢桁梁及架设方案是合适的，建议重视冰水堆积层对主塔和锚锭的影响及桥位失稳等地震次生灾害的防治，提高基础和桥梁的安全可靠性。

（匡成刚）

获批设立博士后创新实践基地 2013年10月，厅公路设计院被人力资源和社会保障厅确定为博士后创新实践基地，成为四川交通系统最高层次的科技人才基地，对推进科研创新能力、促进科技成果的转化、加强对高层次人才的吸引和培养等具有重要作用。

（匡成刚）

《大吨位空间六自由度结构实验加载系统》通过评审 2013年7月25日，厅公路设计院主持召开陆地交通地质灾害防治技术国家工程实验室建设配套工程——桥梁减隔震装置温江试验研发中心《大吨位空间六自由度结构实验协调加载系统》设计文件评审会，参加评审会的单位有厅科教处、西南交通大学、清华大学土木工程系、北京三强同维科技有限公司等。与会专家审查项目承担单位提交的设计文件，听取相关技术汇报，一致认为该系统属国内外首创，立意新颖、技术先进，对于研究桥梁减隔震技术和构件在复杂受力条件下的本构关系，以及开发新型减隔震装置具有重要意义。

（匡成刚）

“四川省完善沿江综合交通运输体系研究”课题简介 2013年，厅公路设计院开展“四川省完善沿江综合交通运输体系研究”（以下简称“研究”）。“研究”针对交通发展存在的主要问题和薄弱环节，结合区域城镇空间结构、产业布局、资源禀赋及发展定位，考虑各种运输方式的比较优势，提出完善沿江综合交通运输体系研究的总体思路、重点任务和具体措施，为四川省推进国家依托长江打造中国经济升级版支撑带的总体思路构想和战略目标提供交通保障。

“研究”提出了六大发展思路：一是以长江“黄金水道”建设为核心，充分发挥水运的巨大优势；二是以沿江综合运输大通道建设为重点，优化综合交通网络布局；三是以集疏运路网、过江通道建设为抓手，完善集疏运体系；四是以东向、西向为突破，形成全方位对外开放的新格局；五是以综合运输枢纽建设为主体，强化各种运输方式的有效衔接和有机协调；六是以交通运输信息化建设为平台，全面提升综合交通运输系统服务水平。“研究”提出发展目标：依托长江“黄金水道”，以沿江综合运输大通道建设为重点，构建“互连贯通、功能完备、无缝对接、安全

四川省完善沿江综合交通运输体系研究重点建设项目示意图　　　　厅公路设计院 供稿

能完备、无缝对接、安全

高效”的现代综合交通运输体系，建成西部综合交通枢纽，基本适应构建“横贯东西、通江达海、经济高效、生态良好”的长江经济带、打造中国经济升级版支撑带的发展需要。

“研究”还提出形成由7条沿江通道、7条集疏运通道、2条西向开放通道和成渝城市群通道形成的四川沿江综合运输通道“7721”布局格局，以及包含港口、机场、铁路物流中心、公路客货运场站等在内的综合运输枢纽布局。同时，明确重点加快推进“16761”项目建设，打造1个长江源头航运中心，改造升级6条内河航道，加快推进7条高速公路、6条铁路和成都新机场建设。

（厅公路设计院交通发展战略研究所）

芦山地震灾后重建交通基础设施专项规划项目简介 2013年，厅公路设计院编制《四川芦山地震灾后恢复重建公路水路交通基础设施专项规划》（以下简称《规划》）。《规划》依据《芦山地震灾后恢复重建总体规划》《中共四川省委关于推进芦山地震灾区科学重建跨越发展加快建设幸福美丽新家园的决定》和《芦山地震灾后恢复重建基础设施建设专项规划》精神，划分地震极重灾区、重灾区和一般灾区，规划雅安、成都、眉山、乐山、甘孜5市（州）的21个县（市、区），共254个乡镇，提出用3年左右的时间，全面恢复重建灾区交通基础设施，全面提升交通运输的抗灾能力和服务水平，为灾区群众出行和经济社会恢复发展提供保障。完善区域干线公路网络，力争重灾区每个县拥有两个及以上抗灾能力较高的对外通道；启动建设重要高速公路，与周边区域实现快速连接；提高重要国省干线公路的抗灾能力和交通保障能力；恢复农村公路损毁路段，提高抗灾能力；恢复县乡客运站和水运设施的服务功能。

《规划》提出两大主要任务：一是优先考虑纳入《芦山地震灾后恢复重建总体规划》的国省干线公路、农村公路、客运站场及水运设施等恢复重建类项目，主要包括：优先恢复重建国道351线雅安（乐英）至达维段（原省道210线）、国道318线雅安至二郎山隧道段、国道108线雅安至荥经界、天全至芦山、邛崃至芦山、灵关至双石至宝盛至龙门、雅安至望鱼至瓦屋山、宝兴至永富至康定河口大桥公路等8条干线公路共748公里，恢复重建1 440公里农村公路、26个公路运输站场和30处水运设施。二是适当安排国家规划之外的发展提高类项目，主要包括：雅安至康定、乐山至汉源、成都经济区环线简阳至蒲江段和蒲江至都江堰段、仁寿至沐川至马边、蒲江至井研等6条（段）共762公里高速公路前期工作，适时开工建设；瓦屋山至峨眉山、邛崃至平乐至上里至碧峰峡至雅安、火井至道佐、大川至油榨、蒲江至丹棱至名山、洪雅至峨眉山、邛崃回龙至火井、汉源新县城至九襄等8条共322.4公里干线公路建设，研究芦山至名山公路。

完成《规划》建设任务，共需资金1 122.13亿元，其中恢复重建类项目55.13亿元，发展提高类1 067亿元。

（厅公路设计院综合交通规划分院）

构建现代综合交通运输体系发展战略研究和发展规划项目简介 2013年，由交通运输部规划研究院牵头负责，厅公路设计院与厅交通设计院参与编制《四川省构建现代综合交通运输体系发展战略研究》（以下简称《战略研究》）和《四川省构建现代综合交通运输体系发展规划》（以下简称《发展规划》）。

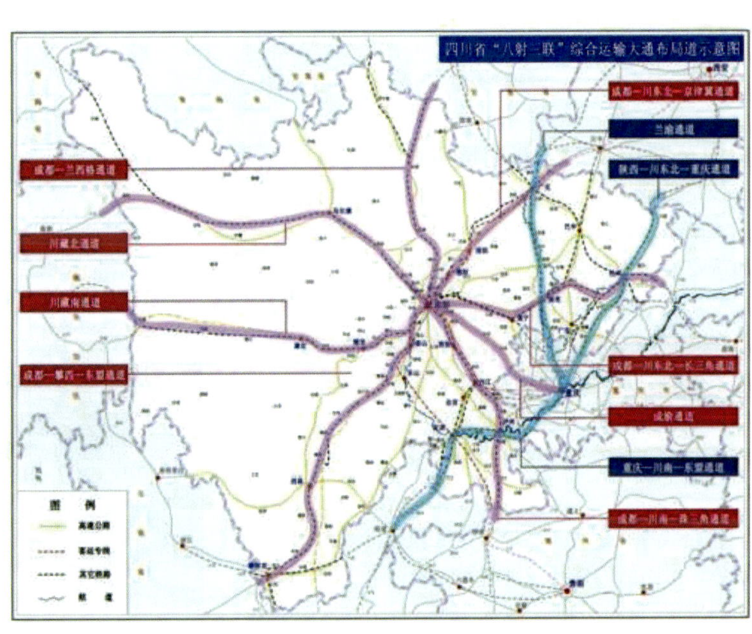

综合运输大通道规划布局示意图 厅公路设计院 供稿

《战略研究》从国家宏观经济发展环境入手，结合四川省区位条件，分析经济社会发展特征及综合交通运输发展现状，提出构建现代综合交通运输体系的内涵与特征，确立发展目标、发展路径和发展任务，提出保障措施与对策建议，在“开放化、网络化、协调化、一体化、智能化”发展路径指引下，依据“优化网络、突出枢纽、提升服务、强化保障”的基本思路，完成扩大网络覆盖、提升通道能力、加强枢纽衔接、提升运输服务、提高信息化水平、增强安保能力、发展生态交通七大发展任务。

《发展规划》依据四川省新型工业化、信息化、城镇化、农业现代化发展等相关规划，统筹考虑铁路、公路、水路、民航等专项规划。总体目标是：到2030年，形成互连贯通、功能完备、无缝对接、安全高效的现代综合交通运输体系，基础设施网络结构合理、功能完善，运输服务高效、优质，系统运行安全、可靠，西部综合交通枢纽全面建成，实现出行无忧、运输无阻、人便于行、货畅其流，全面适应四川省经济社会现代化发展需要。围绕总体目标，提出到2013—2017年大力实施出川通道畅通工程、枢纽城市联网工程、运输转换衔接工程、内河水运振兴工程、交通扶贫开发工程、智能交通覆盖工程、平安交通放心工程、一体化运输便捷工程、制度改革创新工程九大重点工程。

至2030年，构建四川省现代综合交通运输体系各种运输方式基础设施建设预计投入资金2.9万亿元，其中，铁路建设资金6 600亿元，公路建设资金2万亿元，水运建设资金1 500亿元，民航建设资金600亿元，支持保障平台建设资金50亿元。

（厅公路设计院综合交通规划分院）

仁沐高速公路三江枢纽效果图　　厅公路设计院 供稿

阆中至营山高速公路勘察简介　拟建阆中至营山高速公路是规划阆中至达州高速公路中的一段，起于阆中市江南镇，经双龙镇跨越嘉陵江，经过南部县、仪陇县和蓬安县，止于营山县新店镇，路线全长82公里。

测区位于四川盆地中北部边坡地段，地形简单，以丘陵、低山为主，最高海拔不到700米，大多数位于500米以下，以浅丘为主。项目岩性和构造简单，分布面积大的地层为侏罗系地层（J），第四系松散沉积物大面积分布于山坡、沟谷和山前地带。

路线穿越区无不良地质，工程地质和水文地质简单，对路线的选择及走向无影响。路线最长隧道为熊家梁，仅1公里。穿越的地层为侏罗系遂宁组泥岩，埋深不超过150米，无构造发育，工程地质和水文地质简单。

路线重点控制性工程为嘉陵江大桥，岩性以第四系粘土、卵石和侏罗系蓬莱镇的砂泥岩为主，场地覆盖层厚度大，最大厚度可达30米。由于临江，地下水极为发育，厅公路设计院根据线路特点，对不同线路工点采用大面积地质调绘、测量、工程地质钻探、坑槽探、物探，以及工程地质专项工作等手段，2013年10月中旬完成全线工程勘察工作。

（厅公路设计院岩土勘察设计分院）

仁寿至沐川高速公路勘察简介　拟建仁寿经沐川至屏山新市镇及马边支线高速公路走廊路线起于仁寿，经井研、犍为跨岷江后经沐川，止于宜宾市屏山县新市镇，全线长158.3公里。

测区位于四川盆地西南边陲向云贵高原过渡地带，地形复杂，地势总体南高、北低，五指山主峰老君山为最高山峰。区内植被茂密，沟谷纵横、深切，地形陡峻，峰峦起伏。项目岩性多变，构造复杂，褶皱断裂发育，分布面积大的地层主要为中生界白垩系地层（K）、侏罗系地层（J）、三迭系（T）及古生界二迭系（P）地层，第四系松散沉积物大面积分布于山坡、沟谷和山前地带，对线路选择带来极大影响。

线路穿越区不良地质种类众多，主要包括崩塌、落石、滑坡、岩溶以及煤层和瓦斯等，其中大面积的崩塌堆积体，以及大型滑坡的勘察是线路勘察的难点和重点，通过勘察初步查明堆积体及滑坡的范围、成因、厚度、稳定性以及对工程的影响，为线路选择提供依据。

仁沐高速公路岷江桥斜拉方案鸟瞰效果图　　厅公路设计院 供稿

线路穿越的五指山隧道长度达9公里，碳酸盐岩范围广泛，主要为二叠系、三叠系的灰岩和白云岩，岩溶发育。厅公路设计院针对不同线路采用多种手段，历时3个多月，于2013年7月初完成全线勘察工作。

（厅公路设计院岩土勘察设计分院）

西昌至香格里拉（四川境）高速公路初步勘察简介　西昌至香格里拉高速公路全长318.5公里，其中

西昌至香格里拉（四川境）高速公路交通位置示意图　　厅公路设计院 供稿

四川境里程166.13公里。全线按四车道高速公路标准设计，路基宽24.5米，设计时速80公里，桥隧比为61.9%。厅公路设计院承担的四川境工程段主要分布于西昌市及盐源县境内。项目具有三大特点和难点：一是地形起伏大，构造物规模大，可分为磨盘山—雅砻江中山区，小高山高山区，盐源平坝区，牦牛山—卧罗河高山区4个地貌区，并形成5个大型构造物，依次为磨盘山特长隧道—雅砻江特大桥—小高山特长隧道—卧罗河特大桥—牦牛山特长隧道，地质勘探工作量大及技术难度大。二是地表通行条件困难。项目位于滇西北横断高山峡谷与云贵高原接壤地带，地形条件、地质条件复杂。线路走

西香高速公路（四川境）牦牛山隧道出口地质测绘现场
厅公路设计院 供稿

廊内多高山深谷，陡峻斜坡，人烟稀少，植被茂密。地表通行困难，高差达200~1 000米。三是地层、构造复杂，不良地质发育。项目地处松潘甘孜褶皱系和扬子准地台衔接部位，地质构造及地层岩性复杂，断裂构造密度大，危岩崩塌发育，部分地段岩溶强烈发育，部分地段有昔格达易滑地层分布。

厅公路设计院针对项目工程地质条件复杂，大型构造物多，勘察工期紧张的特点，先期开展全线1：10 000专项地质调绘，把握主体构造、岩性和主要不良地质分布。综合采用物探、地质调绘、钻探、试验测试等方法，开展工程地质勘察工作。布设桥梁路基工点125个，隧道59座；布置钻孔399个（大于100米的深孔16个）；布置物探测线总长度约72公里。2013年初步完成勘察工作，初步查明全线工程区的地质构造、地层及主要岩性，基本查清主要不良地质问题，基本查明各主要工程构造物的工程地质及水文地质条件。

（厅公路设计院岩土勘察设计分院）

宜宾至彝良高速公路初步勘察简介 宜宾至彝良高速公路是四川到云南的主要通道之一，起于宜宾市高县双河乡，止于宜宾市筠连县蒿坝乡，与云南省彝良县接壤，在宜宾县双河镇，经来复，至高县，经文江、罗场，绕行惠泽水库至蕉村、巡司，全长99.7公里。

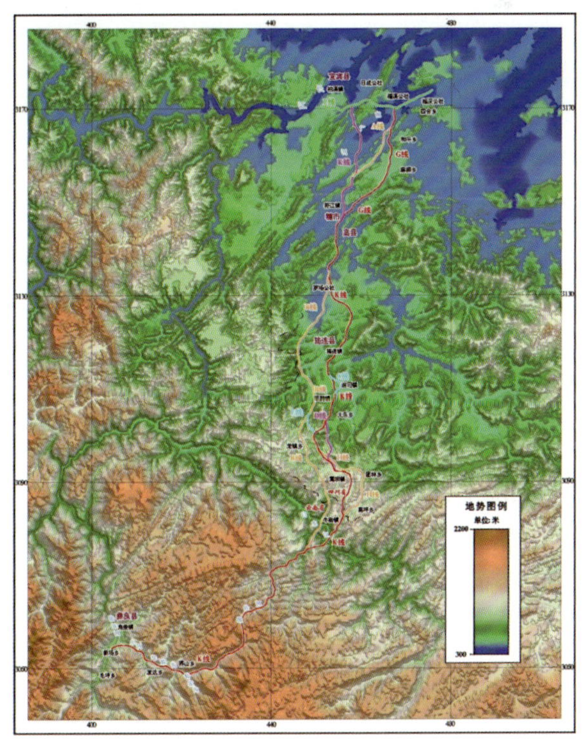

宜宾至彝良高速公路沿线地势图　　厅公路设计院 供稿

测区位于四川盆地西南边陲向云贵高原过渡地带，区内地形复杂，河谷水系发育，植被茂密，峰峦起伏，山脊线与构造线方向一致呈北西向；地形地貌变化大，从丘陵、谷地到低山、中山及高原前缘；项目区构造复杂，褶皱断裂发育，穿越地层众多，岩性复杂，线路勘察难度大。厅公路设计院克服岩溶、地下水、煤层采空

区等不良地质困难，于2013年9月底完成勘察。

（厅公路设计院岩土勘察设计分院）

巴中至万源高速公路设计简介 2013年，厅公路设计院完成巴中至万源高速公路项目设计。项目是《四川省高速公路网规划》的重要组成部分，路线起于巴中市巴州区清江镇以南约2公里处，与巴中至达州高速公路相接，由西向东布线，经通江县跨越大通江河，止于万源市以北的官渡区附近，与达州至陕西（川陕界）高速公路T形相接，工程可行性研究报告批复路线长约118公里。全线采用四车道高速公路标准建设，设计时速80公里，路基宽度24.5米，项目总投资186亿元。

（厅公路设计院勘察设计一分院）

巴中至万源高速公路效果图 厅公路设计院 供稿

成都新机场高速公路设计简介 2013年，厅公路设计院完成成都新机场高速公路项目设计。项目是全省标准最高的高速公路项目，起点至新机场（约49公里）按双向八车道高速公路标准设计，设计时速120公里；新机场至止点（约39公里）按双向六车道高速公路标准设计，设计时速100公里。推荐方案主线起于成都绕城高速公路(成龙互通与成自泸互通之间)，止于资阳市保和镇北侧遂资眉高速公路，主线（K线）长88.28公里，起点设置连接线（2.71公里）接三环，并同步实施连接天府新区的天府支线（A线，长12.08公里）、直连新机场的机场连接线（3.87公里），路线总长106.935公里。全线占用土地0.08万公顷，设置特大桥3座31 716米、特长隧道1座4 915米，桥隧比48.6%，设互通式立体交叉14座(枢纽立交8座)，总投资估算216.28亿元，平均每公里造价2.02亿元。

（厅公路设计院综合交通规划分院）

阆中至达州高速公路设计简介 2013年，厅公路设计院完成阆中至达州高速公路项目设计。项目全长225.473公里（含复兴连接线），互通式立交26座（枢纽立交7座），桥梁218座47.5公里，隧道17座22.4公里，桥隧比30.86%。

项目主要由阆中—仪陇—营山段、营山—达州段组成。阆中—仪陇—营山段路线近西北—东南走向，路线起点设连山寺枢纽立交与广南高速公路T型交叉，止于蓬安县相如镇，设白玉枢纽立交与南大梁高速相接，该路段全长83.78公里。营山—达州段路线起于蓬安县徐家镇，设徐家枢纽互通与阆营段相接，止于达万高速公路的盘石立交，路线全长135.99公里。设复兴连接线接达州市绕城公路，连接线路线全长5.70公里，按一级公路标准设计。

项目路线与6条高速公路连接，与5条铁路6次交叉，跨越嘉陵江、消水河、巴河、州河、铜钵河和明月江等多条大型江河，铁山特长隧道、白家梁隧道均处于煤层采空区及瓦斯地段。沿线乡镇多、场地狭窄，土地资源宝贵，接线关系复杂，受控因素多，工程规模和投资较大。

（厅公路设计院重庆分院）

蒲江至井研高速公路设计简介 2013年，厅公路设计院完成蒲江经丹棱至井研高速公路项目设计。项目是《四川省高速公路网布局规划（2011年调整方案）》新增十条联络线之一的“德阳—都江堰—蒲江—青神—井研”高速公路的重要组成部分，连接成都经济区环线高速公路简阳至蒲江段、成雅高速、成乐高速、遂资眉高速、仁沐高速、乐自泸高速等多条省内高速公路。

项目路线大体呈南北走向，起点位于眉山市东坡区境内月星寺附近，接拟建的成都经济环线高速公路简阳至蒲江段，经东坡区盘鳌、万胜、广济、三苏、思蒙，青神县西龙、中岩寺、天池，乐山市童家镇，止于井研以北农新场附近接拟建的仁沐高速。

项目全线按四车道高速公路标准设计，设计时速80公里，路基宽24.5米，沥青混凝土路面。初步设计路线全长86.93公里，主线设桥梁26座7 057米，其中特大桥1座1 547米，大中桥25座5 510米，桥梁占路线总长8.11%；设主线下穿分离式立交桥10座930米，渡槽兼人行天桥41座2 550米，涵洞320道15 014米（包括通道），隧道3座3 591米（双洞长）；设互通式立交11座，其中枢纽互通4处，一般互通7处；永久占地629.87公顷，临时性占地144.52公顷；路基土石方数量1 539.58万立方米；路基排水防护工程数量458.4千立方米；总投资估算为74.47亿元，平均每公里造价8 615.77万元。

（厅公路设计院勘察设计二分院）

成都经济区环线高速公路德阳至简阳段设计简介 2013年，厅公路设计院完成成都经济区环线高速公路德阳至简阳段项目设计。项目是《四川省高速公路路网布局规划》成都平原城市群的城际交通网络“蒲江—彭山—简阳—中江”“德阳—都江堰—丹棱—青神—井研”组成的环线高速公路的一段，位于整个环线高速的东段，与拟建成都经济区环线高速公路简阳至蒲江段、蒲江至都江堰段、都江堰至德阳段共同构成成都经济区环线高速公路。项目起于成绵高速公路，自北往南先后经德阳、中江、简阳，止于成安渝高速公路，分别与已建或在建成绵、成巴、成南、成安渝等高速公路相衔接。

项目初步设计推荐线全长105.89公里，起于德阳北，与成绵高速公路相交，并与成都经济区环线高速公路北段都江堰—德阳段顺接，经双东、新中、富兴、会棚、南山，在中江县中兴镇附近上跨成巴高速公路，后经玉兴、龙台、太平、双龙、永兴、金堂、广兴、云和、三合，止于禾丰镇在建的成安渝高速公路，与成都经济区环线高速公路简阳—蒲江段起点顺接。按双向六车道高速公路标准设计，设计时速100公里，路基宽33.5米，设置枢纽互通4座、下地互通8座，桥梁131座23 183.45米，隧道4座3 083米、服务区2处、停车区2处，桥隧比例24.80%，投资概算132.6亿元。

（厅公路设计院勘察设计二分院）

汶川至马尔康高速公路设计简介 2013年，厅公路设计院完成汶川至马尔康高速公路项目设计。项目是国务院批准的《国家公路网规划（2013—2030年）》中“上海—成都”高速公路成都—昌都联络线中的重要路段，是交通运输部《深入实施西部大开发战略公路水路交通运输发展规划纲要(2011—2020年)》“八纵八横”西部开发骨架公路网纵八线(阿勒泰—广州)和横五线(上海—喀什)的共用路段，是《四川省高速公路网规划》中“成都—德格—西藏”线和“成都—阿坝—青海”线的共用路段，是《四川汶川地震灾后恢复重建总体规划》通往重灾区的高质量“生命线”。路线起于汶川县城以南凤坪坝，接映汶高速公路止点，设汶川枢纽互通连接汶马高速和汶九高速，沿杂谷脑河上行与国道317线平行布线，经克枯、木卡、薛城、甘堡、理县、朴头、古尔沟、夹壁、米亚罗、尽头寨，穿越鹧鸪山，经梭磨、止于卓克基，路线长度174.37公里。

（厅公路设计院勘察设计二分院）

广元至平武高速公路初步设计简介 2013年，厅公路设计院完成广元至平武高速公路项目设计。项目位于四川省广元市、绵阳市境内，地处四川盆地北部山区，嘉陵江上游、川陕甘三省结合部。项目所处青川和平武境内地形地质条件复杂，地震烈度高，结构物所占比例较高，工程规模较大，互通式立交布设困难。

项目按双向四车道高速公路标准设计，设计时速80公里、路基宽24.5米。初步设计路线推荐线全长91.52公里，桥隧比约67%，全线设置骑马枢纽互通（接广甘路）、青川互通、乐安寺互通、桥楼互通、青溪互通、高村互通、平武古城互通、平武枢纽互通（接绵九路）8处。

项目建成后可与已通车的绵广、川甘高速公路，规划的绵九高速公路形成便捷的交通流，增强省内、省外联系。

（厅公路设计院勘察设计四分院）

宜宾市过境高速公路西段设计简介 2013年，厅公路设计院完成宜宾市过境高速公路西段项目设计。项目位于宜宾市境内，川、滇、黔三省结合部，长江零公里处。项目是《四川省高速公路网规划（2011年调整方案）》中15个地级市过境高速公路之一。路线起于乐宜高速中峰寺附近，设置Y型枢纽与乐宜高速公路转换，经金城场、高笋田、观音滩、双岔口、骑马坡、板栗湾、沙帽石等，在柏溪镇大田坎接宜水高速公路，全长24.17公里。

全线按双向四车道高速公路标准设计，设计时速80公里，路基宽24.5米。主线共计土石方360.68万立方米，排水与防护工程15.45万立方米，设互通式立交4座（枢纽互通2座），桥梁31座5 506米，特大桥1座，主桥采用104+258+104双塔斜拉桥，桥面宽31米，引桥采用6-30米预制混凝土T梁，桥面宽28米，桥梁全长666米，永久占地面积171.23公顷。

（厅公路设计院重庆分院）

宜宾至彝良高速公路设计简介 2013年，厅公路设计院完成宜宾至彝良高速公路项目设计。项目是《四川省高速公路路网布局规划（2011年调整方案）》规划中新增的8条南北纵线之一，项目线路走向与区域内国道85线渝昆高速走向一致，是国道85线渝昆高速在区域内的重要辅助通道。

项目区地处四川盆地南部边缘与云贵高原的过渡地带，主要为丘陵和低山、中山地貌，发育有溶蚀地貌，沿线煤矿、采空区及岩溶发育，工程地质条件复杂。区

宜宾至彝良高速公路岩脚特大桥效果图　　厅公路设计院 供稿

内植被茂密，局部起伏较大，深沟峡谷发育，地表通行困难。

项目路线总体走向由北向南，起于宜宾市翠屏区赵场镇，设枢纽互通与宜宾环线高速公路和规划城镇道路连接，经高县、筠连县，止于蒿坝镇尖山子川滇界，前行与云南境内路线相接。推荐路线全长99.69公里，设特大桥3座，中、长隧道22座，桥隧比为56.43%，并设枢纽兼落地互通式立交1座，一般互通式立交8座，服务区2处，主线收费站2处。

（厅公路设计院勘察设计三分院）

天府新区货运通道设计简介 2013年5月23日，成都市规委会审定通过天府新区货运通道方案，要求2013年上半年全线开工天府新区货运通道(大件路外绕线)项目，力争2014年11月完成主体工程 。

项目位于天府新区，起接成都市龙泉区车城大道，下穿成渝客专，经孔雀村、柏杨村至太平镇，穿越天府新区与在建红星路南延线、天府大道南延线互通，止于天府新区与双流县交界，路线全长37.26公里，总投资43.65亿元。按一级公路技术标准设计，城市建设区规划60米横断面，布置为三块板，主车道为双向六车道，辅道为双向六车道，配置完善的市政管网。生态隔离区规划40米横断面，布置为一块板，主车道为双向八车道，不包含市政配套。

（厅公路设计院市政设计分院）

生态区40米标准横断面布置效果图 厅公路设计院 供稿

城建区60米标准横断面布置效果图 厅公路设计院 供稿

官盛渠江特大桥设计简介 2013年，厅公路设计院完成官盛渠江特大桥项目设计。项目是广安环城出路东南端跨渠江的一座特大型桥梁。全桥长793米，跨径组合为11×30米（引桥）+25×12.8米（主桥）+4×30米（引桥）。预算建安费1.36亿元。主桥为320米钢筋混凝土中承式拱桥一跨过江，拱轴线为悬链线，拱肋为双肋单箱单室梯形截面平行拱，桥面系为“工”型格子梁和钢、混凝土组合桥面板，引桥上部结构为30米预应力混凝土简支T梁，下部结构为花瓶式桥墩和桩基础。

该桥在设计中首次采用倒梯形截面拱肋，并在拱肋设计中应用强劲骨架理论，降低了造价；首次在钢筋混凝土拱桥中采用钢混组合桥面板，减轻桥面系重量；采用钢筋混凝土中承式拱桥型式在国内同类桥型中排名第一。

（厅公路设计院桥梁勘察设计分院）

官盛渠江特大桥效果图 厅公路设计院 供稿

省交通工程检测设备计量检定站简介 2013年12月，四川省交通工程检测设备计量检定站取得省质量技术监督局颁发的法定计量检定机构计量授权证书，成为西部首家取得计量授权的交通行业专业计量检定机构，负责全省和西部地区交通行业试验检测设备的检定、校准工作。

检定站设于厅公路设计院温江办公区，建筑面积500平方米，技术人员持有计量检定员证。该站取得逆反射测量仪、通信管道静摩擦系数测量仪、乳化沥青稀浆混合料湿轮磨耗仪、乳化沥青稀浆混合料负荷轮试验仪、贝克曼梁路面弯沉仪、反光膜耐冲击性能测定仪、反光膜附着性能测试仪、钢结构镀锌层附着性能测定仪、水泥胶砂及混凝土耐磨试验机等9项计量标准考核证书，可开展11种检测设备的检定、校准服务。

（厅公路设计院道桥试验研究所）

厅交通设计院工作概况 2013年，四川省交通运输厅交通设计院主要开展以下工作：

生产任务 一是完成《构建现代综合交通运输体系战略发展研究》工作。二是完成渠江达州至广安段航运配套工程等5个项目的预可行性研究报告，完成嘉陵江川境段航运配套工程的可行性研究报告，完成南充港河西作业区化学工业园区专用码头工程等3个项目的初步设计工作，完成嘉陵江上石盘航电枢纽船闸工程等3个项目的施工图设计工作。三是做好长江荆江段航道整治工程等项目施工监理工作。四是完成摩梭家园建设暨摩梭文化保护交通专项规划、四川芦山地震灾后恢复重建公路水路交通基础设施专项规划等4个规划项目，完成大邑至西岭雪山高速公路的工程预可行性研究报告及雅安至康定等9条高速公路的工程可行性研究报告，完成宜宾绕城南段等4条高速公路的初步设计。五是承担遂宁至西充、叙永至古蔺等15条高速公路项目的勘察设计审查工作及洪雅至峨眉山一级公路等15个项目工程预可行性研究报告、工程可行性研究报告的代厅审查工作。六是全力做好“4·20”芦山地震抗震救灾及灾后恢复重建工作，全力推进国道108线成都至雅安至石棉段、芦山至天全等5个重要灾后恢复重建项目的前期工作，确保国道318线雅安至二郎山隧道段年底开工建设的需要。七是开展达万高速公路、丽攀高速公路、雪山梁隧道等9个项目的施工技术咨询工作。八是做好遂资眉高速公路眉山段等项目的施工监理工作。九是抓好全院52个在建水运公路项目后期服务工作，确保项目顺利建设。

市场竞争 新增勘察设计合同产值6.5亿元，完成产值近3亿元（含上年度结转项目）。取得住建部颁发的公路行业特大桥梁甲级和交通工程乙级资质，取得市政设计乙级资质和市政工程监理乙级资质证书。继省工程咨询研究院后，成为省发展改革委授权指定的第二家技术评估机构；其他专业稳步发展，以水运和公路设计项目为依托，水运监理，公路监理，试验检测专业均良性发展；加强业务延伸，拓展公路建设管理市场，新承担3个“凉推”项目的建设管理，代建管理项目共4个，总里程636.8公里，项目总投资55.6亿元。

质量管理和科技工作 严格按照QES（质量、环境、安全）三体系文件进行管理和组织生产，实行全过程、全因素控制。通过定期召开生产例会，检查项目进度及产品质量情况，协调解决生产过程中存在的问题，有效地提高工作效率和产品质量，确保全年出院产品合格率100%。9项成果获部省级奖。其中，岷江江道图测量项目获得国家测绘地理信息局银奖，《宜宾港志诚作业区一期工程可行性研究报告》《宜宾至叙永高速公路可行性研究报告》获省优秀咨询成果一等奖，《渠江广安（四九滩—丹溪口）航运建设工程预可行性研究报告》等4个项目获省优秀咨询成果二、三等奖，“长江干线宜宾合江门至泸州纳溪航道建设工程”监理项目获中国水运建设行业协会“水运交通优质工程金奖”及中国施工企业管理协会“国家优质工程银奖”。作为副主编单位完成部标准规范《航运工程施工图文件编制规定》编制，交通运输部正式发布实施；组织完成《内河航道与港口水文规范》全国培训教材编写和测试题命题工作，并上报交通运输部；完成岷江航运工程建设关键技术研究工作（一期）并通过验收，其大部分成果已在岷江航运建设工程设计中得以应用。

内部管理 完成《工程项目技术质量评定办法》等近10项内部管理办法。完成院14个生产部门36名中层干部行政岗位的竞聘工作。推进党建和党风廉政工作。持续推进企业文化建设，有序推进“全国交通运输行业文化建设示范单位”创建工作，提炼出厅交通设计院“设计达人”特色文化，被省勘察设计协会评为企业文化建设先进单位。

抗震救灾 “4·20”芦山地震发生后，厅交通设计院立即组织应急抢险小分队，于4月20日9时奔赴灾区，投入抗震救灾抢通保通工作中。

小分队从北线沿省道210线向震中芦山线进发，调查沿线道路损毁情况并指导道路抢险，为抢通保通提供技术支撑。4月20日，技术专家小分队经阿坝州映秀、卧龙，翻越巴朗山、夹金山，抵达距宝兴县城约11公里处的道路严重损毁现场，沿途实地勘察道路受损情况。21日，小分队冒着余震频发、飞石不断的危险，徒步挺进宝兴县城，沿途踏勘道路受损、地质灾害26处，抢通省道210线夹金山至宝兴段。随后，向省道210线宝兴至芦山段最后一处断道损毁点灵关镇进发，迅速投入灵关镇抢保通的技术保障工作中，沿途踏勘道路受损、地质灾害31处。根据沿途踏勘调查所掌握的第一手资料，连夜绘制《省道210线宝兴至蜂桶寨乡段地震地质病害调查示意图》和《省道210线灵关至宝兴段地震地质病害调查示意图》。在核灾、保通阶段、受损路段的设计复查工作中，厅交通设计院发挥抗震救灾抢通保通工程经验和试验检测专业优势，开展荥经、汉源、石棉等境内国、县道沿线构筑物的检测、评估工作，共投入专业试验检测技术人员300余人次，车辆22辆次，检测桥梁共70余座，隧道7 000余米，为灾后恢复重建规划提供了翔实的资料。同时全力推进国道108线成都至雅安至石棉段、芦山至天全等5个重要灾后恢复重建项目的前期工作。确保国道318线雅安至二郎山隧道段年底开工建设。

（厅交通设计院）

“国家高等级航道网通航枢纽与船闸水力学创新研究及实践”项目获国家科技进步二等奖 2013年1月18日，2012年度国家科学技术进步奖在北京颁奖。厅交通设计院副院长曾林参与的科研项目“国家高等级航道网通航枢纽与船闸水力学创新研究及实践”被评为2012年国家科学技术进步二等奖。该奖是厅交通设计院建院以来获得的首个国家科学技术进步奖，也是获得的国家最高奖项。

厅交通设计院作为主研单位完成的《国家高等级航道网通航枢纽与船闸水力学创新研究及实践》由10 余家单位耗时15 年联合攻关，攻克制约国家内河通航枢纽和船闸发展的技术难题，得到世界水运界权威组织——国际航运协会（PIANC）高度评价。项目在船闸精细化设计理论和方法、枢纽通航安全评估新方法、船闸高效输水系统、高水头单级船闸阀门空化、船舶过闸吃水控制新标准等五个方面取得重要创新。

项目成果在全国高等级航道网通航枢纽及船闸建设和运行中得到全面成功应用，不仅在节省工程投资和运行维护费及增大船闸年货运量等方面取得直接经济效益，而且提高船闸运行安全可靠性，减少停航检修时间，间接经济效益巨大。

（厅交通设计院）

雅安至荥经界段芦山恢复重建工程设计简介 国道108线雅安至荥经界段芦山地震灾后恢复重建工程位于雅安市，路线起于国道108线成都、雅安界，经名山县、雨城区、荥经县，止于国道108线荥经、汉源界，路线全长143.57公里。项目是国务院《芦山地震灾后恢复重建总体规划》、交通运输部《四川芦山地震灾后恢复重建公路水路交通基础设施专项规划》、四川省《芦山地震灾后恢复重建基础设施建设专项规划》中的重点项目之一。

国道108线雅安段是雅安地区的南北大通道，先后与国道318线、省道305线、省道210线、省道211线、雅西高速公路相连，是雅安市名山县、雨城区、荥经县、汉源县、石棉县对外交通的主要通道，也是川、滇两地和攀、西地区与川内腹地物资交流的大动脉，是通往凉山州的重要通道。项目与雅西高速公路并行，是雅西高速公路的分流备用道路。

（厅交通设计院）

邛崃至高何至芦山重建公路设计简介 2013年，厅交通设计院完成邛崃至高何至芦山重建公路、天全至芦山重建公路项目设计。项目起于邛崃市郊国道318线处，经邛崃境的水口镇、油炸乡、火井镇、高何镇、穿镇西山垭口，再经雅安市芦山境内宝盛乡、龙门乡、清仁乡，止于雅安市天全县城境内，路线全长90.72公里，采用三级公路标准设计，设计时速30公里，路基宽7.5米，投资7.7 亿元。

（厅交通设计院）

仁寿至屏山新市高速公路仁寿至井研试验段设计简介 2013年，厅交通设计院完成仁寿经沐川至屏山新市（含马边支线）高速公路仁寿至井研试验段项目设计。项目作为四川省高速公路网的重要组成部分，与“遂宁—资阳—眉山”“乐山—自贡”“乐山—宜宾”及“宜宾—攀枝花”等高速公路形成“十”字型的高速公路为主骨架的现代化区域公路交通网络体系，对完善全省高速公路网及区域公路网，实现成都、攀西、川南三大经济区之间的便捷连接，促进区域社会经济快速发展意义重大。

项目位于眉山市仁寿县、乐山市井研县，总体走向由北向南，属四川盆地中部浅丘区。路线全长38.4公里，按双向四车道高速公路标准设计，设计时速80公里，路基宽24.5米。

（厅交通设计院）

仁寿经沐川至屏山新市高速公路仁寿至井研试验段项目线路示意图

厅交通设计院 供稿

宜宾城市过境高速公路南段初步设计简介 2013年，厅交通设计院完成宜宾城市过境高速公路南段（宜水高速至宜泸渝高速）项目设计。项目位于四川省宜宾市境内，川、滇、黔三省结合部，长江零公里处，是《四川省高速公路网规划（2011年调整方案）》中15个地级市过境高速公路之一。项目起点接宜水高速公路290公里加690米处，止点接宜叙高速公路，推荐线全长35.19公里，采用双向四车道高速公路标准设计，设计时速80公里，路基宽24.5米，投资34.43亿元。

（厅交通设计院）

西岭雪山高速公路设计简介 2013年，厅交通设计院完成西岭雪山高速公路项目设计。项目起于大邑县以南接成温邛高速，经出江镇、花水湾镇、至西岭镇，与西岭镇换乘站相接。项目是适应成都市整体旅游规划的重要旅游通道，对发展有四川特色的旅游资源具有重要意义。

项目推荐方案（K线）全长30.84公里，设桥31座7 989米，其中特大桥1座860米，大桥28座7 007米，中桥2座122米，隧道5座6 269米，桥遂比46.2%；设互通式立交3座，其中枢纽互通2座，一般互通1座；新增永久占地147.60公顷，临时性占地16.23公顷；路基土石方数量360.06万立方米；路基排水防护工程数量120.55千立方米；路面325.44千平方米；建安费总额26.59亿元，平均每公里建安费8 622.38万元，总投资估算为40.95亿元，平均每公里造价1.33亿元。

（厅交通设计院）

西岭雪山高速公路项目线路示意图　　厅交通设计院 供稿

马尔康至俄尔雅塘段公路改建工程简介　2013年，厅交通设计院完成国道317线马尔康至俄尔雅塘段项目设计。项目是国道317线在四川境内的一段，是西藏昌都地区8县1区及川西北广大地区与内地联系的必经之道，是西藏边防实施后勤保障最短、最安全的国防通道，也是四川主要干线公路之一。厅交通设计院承担项目中SJ2合同段初步设计及施工图设计。合同段起于马尔康，向西北经蒲西乡、上寨、石里乡、吾依乡止于俄尔雅塘（甘孜州界），路线全长64.90公里，全线采用三级公路标准设计，设计时速40公里，路基宽8.5米。

（厅交通设计院）

大岩洞至雷波县城段公路改建工程简介　2013年，厅交通设计院完成国道353线大岩洞至雷波县城段公路改建工程项目设计。项目位于凉山州雷波县，路线起于雷波县与屏山县县界，经中田乡、黄琅镇、马湖风景区、马湖乡、箐口山隧道、汶水镇，穿过雷波县城止于雷波县南田乡金沙口。

项目是凉山州骨架公路网的重要组成部分，也是雷波北达屏山、沐川、犍为，南往云南省永善县，西至美姑、金阳、昭觉的主干通道；是四川省拟新增的16条国道中，第5条“横线”（北京—永川—泸州—南溪—宜宾—雷波—昭觉—西昌—盐源—泸沽湖（川滇界）—宁蒗—宁洱）的一段，是《凉山彝族自治州交通跨越发展规划（2008—2020年）》干线路网的一段。

道路按三级公路标准设计，设计时速30公里，路基宽7.5米，沥青混凝土路面。推荐方案路线全长为91.8公里，建设里程69.6公里，总投资4.39亿元，每公里造价630.96万元。

（厅交通设计院）

乌斯河至甘洛县城段公路改建工程简介　2013年，厅交通设计院完成乌斯河至甘洛县城段公路改建工程项目设计。项目为国道245线的一段，是凉山州交通发展规划“次级路网”以及《四川省公路二级网络规划》的一段，是《四川省凉山彝族自治州2013—2015年公路水路交通建设推进方案》中的重要项目，也是甘洛县交通主通道与“生命线”。

项目起于乌斯河镇毛头码（接省道306线），经自勒村、埃岱村、毛尔代古村后止于甘洛县县城北两公里处水文站（接省道208线甘越段），除起点900米属汉源外，其余均在甘洛县境内。主要控制点包括乌斯河镇（毛头码）、瀑布沟大桥、阿兹觉乡、甘洛县城（水文站）。

项目区位于四川盆地缘向青藏高原地势过渡的高山峡谷地带，由于受横断山脉的褶皱、隆起与断裂，加上河流的急剧切割作用，境内山峦起伏、沟壑纵横，显现出典型的中山、高中山峡谷地貌特征，境内最高海拔4 288米，最低570米，相对高差3 718米，县城海拔1 070米。地震基本烈度为7度。区域构造稳定属次稳定区。项目区整体稳定性较差，受该区特有的地层岩性组合与活动构造的影响，路线走廊带内不良地质现象多，以崩塌、碎落、泥石流为主。

道路按三级公路标准设计，设计时速30公里，路基宽度7.5米，水泥混凝土路面。推荐方案路线全长为34.32公里，新建大桥1座212米，新建隧道1座263米，新建棚洞8座514米，新建明洞4座115米。项目总投资2.49亿元，平均每公里造价725.15万元。

（厅交通设计院）

宁华公路杨家湾子至会东县城段设计简介　2013年，厅交通设计院完成省道310线宁华公路杨家湾子至会东县城段项目设计。项目起于凉山州宁南县葫芦口杨家湾子，经宁南县西瑶乡、会东县新街乡、马龙乡、堵格乡，小岔河乡，止于会东县城省道310线会东至会理段公路起点，路线全长74.5公里。全线采用二级公路技术标准，设计时速40公里，路基宽8.5米，在保证行车安全的前提下，地形复杂、工程艰巨路段部分技术指标适当降低。项目总投资6.96亿元，平均每公里造价935万元。

（厅交通设计院）

越西中所至昭觉马家院改建公路工程设计简介　2013年，厅交通设计院完成省道208线越西中所至昭觉马家院（昭觉县境段）项目设计。项目起点在越西和昭觉两县界交界处，路线沿原省道208线向南布设，先后经过央摩租乡、比尔乡、库依乡、城北乡，与省道307线坪头至昭觉段改建公路相接，到达项目终点。推荐线全长40.22公里，按山岭重丘区三级公路标准设计，设计时速40公里，路基宽8.5米，投资3.26亿元。

（厅交通设计院）

嘉陵江川境段航运配套工程设计简介 2013年，厅交通设计院完成嘉陵江川境段项目设计。项目上起嘉陵江广元铁路桥，下至广安武胜至黄帽沱（川渝交界处），项目全长534公里。工程按内河四级航道等级标准建设，满足常年通行500吨级船舶，主要建设内容包括：嘉陵江川境段涉及15级枢纽的库区滩险整治工程、马回船闸的改建工程和全江支持保障系统建设工程。推荐方案估算总投资16.11亿元。

（厅交通设计院）

钢管混凝土连续桁架梁骨架空间分析

蒋建军　牟廷敏

摘　要： 钢管混凝土连续桁架梁由钢管混凝土下弦杆与上弦杆、钢管腹杆、横向连接角钢、端横梁、预应力混凝土桥面板等组成。施工阶段和运营阶段骨架的受力状况是设计的重点。采用钢管混凝土制成的下弦杆和上弦杆的应力计算是空间分析的难点。根据不同的阶段，在空间分析模型中需要对下弦杆和纵向上弦杆采用不同的材料特性和截面特性进行模拟。

关键词： 钢管混凝土；连续桁架梁；骨架；空间分析

钢管混凝土具有强度高、重量轻、塑性好、耐疲劳、耐冲击、便于施工、抗震性能好等特点，因此得到各行业的大力推广[1]。

钢管混凝土结构的基本原理有二：一是借助内填混凝土来增强钢管壁的稳定性；二是借助钢管对核心混凝土的套箍作用，使核心混凝土处于三向受压状态，从而使核心混凝土具有更高的抗压强度和抗变形能力[2]。

钢管混凝土结构多用作轴心受压构件和小偏心受压构件，当偏心较大时一般设计成格构式将弯矩转化成轴力。钢管混凝土在国内广泛应用在拱式结构体系上，1991年以来，将钢管混凝土先后应用于悬索桥主梁及索塔、斜拉桥主梁、连续刚构主梁等。如主跨245米盐边观音岩鳡鱼大桥（悬索桥）、主跨210米巫山大宁河泰昌大桥（悬索桥）、主跨140米广东南海紫洞大桥（斜拉桥）、主跨140米重庆万安大桥（斜拉桥）、主跨120米重庆万州大桥（连续刚构桥）[3]。

1　钢管混凝土连续桁架梁设计

钢管混凝土连续桁架梁由钢管混凝土下弦杆与上弦杆、钢管腹杆、横向连接角钢、端横梁、预应力混凝土桥面板等组成。见图1和图2。

以四川省雅安经石棉至泸沽高速公路拖乌河一号特大桥方案技术设计为例，介绍钢管混凝土连续桁架梁的构造。拖乌河一号特大桥采用多跨连续结构，孔跨布置含7跨一联和9跨一联，各两联。主梁标准跨径为46.75米，梁高4.4米，半幅桥宽为12.25米，整幅桥宽为24.5米；钢管混凝土主梁下弦钢管直径为720毫米，厚度为16~24毫米，灌注混凝土的强度等级为C60；腹杆为空钢管，直径为377毫米，厚度为8~18毫米；钢管混凝土纵向上弦杆直径为245毫米，厚度为14毫米，灌注混凝土的强度等级为C60；横向连接角钢为两根 75×75×8毫米，开口反向布置；端横梁下弦杆为空钢管，直径为377毫米，厚度为18毫米；端横梁腹杆和上弦杆为空钢管，直径为245毫米，厚度为14毫米。腹杆与主梁下弦杆、腹杆与纵向上弦杆、横梁与主梁下弦杆等均采用固结式节点连接，其中腹杆、纵向上弦杆与主梁桥面板采用PBL剪力键连接。

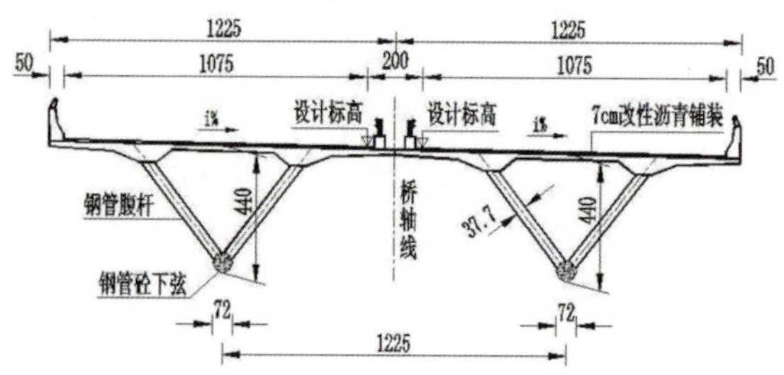

图1　钢管砼连续桁架梁的一般断面图

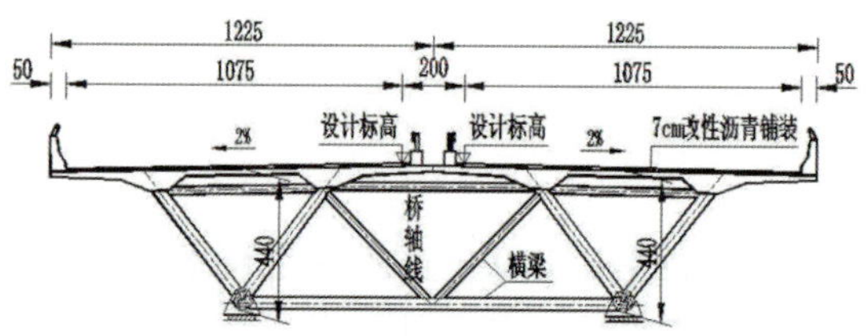

图2　钢管砼连续桁架梁端横梁处断面图

2　钢管混凝土结构分析理论

1985年原哈尔滨建筑工程学院的钟善桐教授首先提出了把钢管混凝土视为一种组合材料来研究其综合性能的新观点，这种观点产生了统一理论。《钢-混凝土组合结构设计规程》（DL/T 5085-1999）采用了这一理论，视钢管混凝土构件为统一体，采用组合性能指标和构件全截面的几何特性来确定构件的承载力[1]。福州大学彭桂瀚、周武等采用模型试验对钢管混凝土组合结构的管内混凝土本构关系进行了验证，并提出了钢管混凝土下弦杆接头的承载力计算公式[4]，适用于结构局部分析。

统一理论中，钢管混凝土组合材料指标的主要包含组合轴压强度设计值f_{sc}、组合抗剪强度设计值f_{scv}、组合轴压弹性模量E_{sc}、组合抗弯弹性模量E_{scm}、组合容重Y_{sc}[2]。计算公式分别为：

$$f_{sc}=(1.212+B\xi_0+C\xi_0^2)f_{cd} \tag{1}$$

其中，

$$B=0.1759\frac{f_y}{235}+0.974$$

$$C=-0.1038\frac{f_{ck}}{20}+0.0309$$

$$\xi_0=\alpha_s f/f_{cd}$$

$$f_{scv}=(0.385+0.25\alpha_s^{1.5})\xi_0^{0.125}f_{sc} \quad (2)$$

$$E_{sc}=f_{sc}^p/\varepsilon_{sc}^p=\left(1.22\times10^{-3}+\frac{0.728}{f_y}\right)E_s f_{sc}^p \quad (3)$$

$$E_{scm}=K_2E_{sc} \quad (4)$$

上述公式中：f_{cd}、fck分别为混凝土轴心抗压强度设计值和标准值；f_y为钢材的屈服强度；f为钢材的抗拉、抗压和抗弯强度设计值；α_s为构件截面含钢率；k_2为换算系数。

3 施工阶段骨架空间分析

钢管混凝土连续桁架梁的施工顺序为：

1）组焊钢管骨架、架设导梁、顶推就位；

2）绑扎桥面板钢筋（悬臂段除外）；

3）灌注上、下弦管内砼；

4）分段浇注已安装骨架孔跨桥面板（不包括悬臂段）、张拉纵向预应力束；

5）循环上述步骤；

6）浇注悬臂段桥面板，张拉纵向预应力钢束和横向预应力钢束。

在组焊钢管骨架阶段和灌注上、下弦管内砼阶段，上、下弦均按空钢管考虑，采用空钢管的材料特性和截面特性，其中灌注混凝土阶段将流态的混凝土当作荷载考虑。等灌注混凝土凝固并与钢管共同参与受力后，将上、下弦按组合材料考虑，根据统一理论计算其材料特性和截面特性。需要说明的是，主梁下弦为受弯构件，在空间模型中应该采用组合抗弯弹性模量而不是组合轴压弹性模量来模拟，这与承受轴压的钢管混凝土组合柱不同。组合抗弯弹性模量约为组合轴压弹性模量的1.156～1.514倍[5]。纵向上弦处于受压区，与桥面板结合共同承受压力和弯矩，考虑到上弦节点间距较小，上弦杆承受的弯矩较小，因此可以近似将纵向上弦当作轴压构件处理。浇注已安装骨架孔跨桥面板（不包括悬臂段）阶段，钢管混凝土作为组合结构参与受力，而桥面板混凝土处于流态不参与受力，将桥面板作为荷载施加在骨架上。等桥面板混凝土参与受力后，在空间模型中采用板单元对其进行模拟。

本文采用MIDAS Civil 2012有限元程序分别对边跨和中间跨（均为半幅）在5个关键的施工阶段进行了分析，组焊钢管骨架时的计算模型见图3，分析结果见表1和表2。边跨与中间跨的下弦钢管直径相同、厚度不同，腹杆直径相同、厚度不同。5个关键的施工阶段分别为：阶段①—组焊钢管骨架；阶段②—灌注钢管内砼；阶段③—管内砼参与受力；阶段④—浇注桥面板；阶段⑤—桥面板参与受力。

图3 组焊钢管骨架时的计算模型

在阶段③～阶段⑤，由于采用了统一理论，程序不能直接给出钢管混凝土下弦钢管的应力，因此表中下弦钢管拉应力是根据钢管混凝土拉弯构件的承载力验算公式计算得到的。根据《钢-混凝土组合结构设计规程》（DL/T 5085-1999），钢管混凝土拉弯构件钢管最大拉应力为：

$$\sigma_{max}=N/(1.1A_s)+Mf/(\gamma_m W_{sc}f_{sc}) \quad (5)$$

式中：A_S为钢管的净面积；γ_m为构件截面抗弯塑性发展系数；W_{SC}为A构件截面抵抗矩。

表1 边跨钢管混凝土桁架梁骨架各构件应力

结构部位	阶段①	阶段②	阶段③	阶段④	阶段⑤
下弦	20.4	43.4	37.0	167.9	168.4
腹杆	−10.4/9.3	−20.5/17.3	−20.5/18.0	−89.5/75.6	−94.2/88.9
上弦	−35.9	−75.9	−16.2	−69.6	−18.8
横向连接角钢	4.8	5.0	5.0	55.3	23.0

注：表中拉应力为正，压应力为负，单位为MPa，以下相同。

表2 中间跨钢管混凝土桁架梁骨架各构件应力

结构部位	阶段①	阶段②	阶段③	阶段④	阶段⑤
下弦	22.7	51.1	42.8	198.0	158.6
腹杆	−10.1/8.6	−19.7/16.9	−20.1/17.5	−87.0/74.2	−87.8/82.9
上弦	−33.1	−73.4	−15.7	−69.4	−14.2
横向连接角钢	4.7	4.9	5.0	55.1	22.7

上弦主要承受压力、剪力和弯矩，在阶段①～阶段②表中给出的是空钢管的最大应力；在阶段③～阶段⑤，表中给出的是组合材料的最大压应力。

从表1和表2可以看出：

1）对于主梁下弦杆，在施工阶段④和阶段⑤与在阶段③时相比，拉应力有明显增加，为控制性的施工阶段；在阶段③时主梁下弦杆的拉应力又比在阶段②稍小，说明钢管混凝土拉弯构件中有部分混凝土参与应力重分配，并且钢管混凝土骨架的中性轴下移能进一步减小下弦钢管的应力；中间跨下弦在阶段⑤时的拉应力有所降低，这说明桥面板参与受力后较大地增加了整个主梁的抗弯刚度。

2）对于腹杆，在阶段②和阶段③时的应力水平十分接近，说明钢管内混凝土是否参与受力对腹杆受力没有明显影响；在施工阶段④和阶段⑤腹杆的应力有明显增加，为腹杆的控制性阶段；在施工阶段⑤与在阶段④相比，腹杆应力有所增加，说明桥面板参与受力后中性轴与形心轴的距离加大。

3）对于上弦杆，在施工阶段①和阶段②时的压应力水平均不高，最大只有75.9兆帕；在施工阶段④与在阶段③时相比，钢管混凝土上弦的组合压应力有明显增大，而在阶段⑤有会明显减小，说明对于上弦杆而言，施工阶段④为其控制性阶段；在阶段⑤明显减小的原因是桥面板参与了应力重分配，很大程度地分担了上弦杆的应力。

4）对于横向连接角钢，在施工阶段①～阶段③时的压应力水平均不高，最大只有5.0兆帕；施工阶段④时应力有明显增大，在施工阶段⑤又明显下降，说明施工阶段④为其控制性阶段，桥面板参与了应力重分配，很大程度地分担了横向连接角钢的应力。

5）钢管混凝土连续桁架梁骨架的各个构件在上述5个关键阶段的应力均能满足规范要求。

4 运营阶段骨架空间分析

为了对钢管混凝土桁架梁骨架在承载能力极限状态下的强度进行验算，这里选取了构造形式上最不利的一联桥进行空间分析，本联桥跨径布置为7×46.75米，半径为530米，横坡超高值为5%。计算模型包含左右两幅，左幅和右幅在支点处采用横梁连接。横梁由横梁下弦、横梁腹杆、横梁上弦组成。采用MIDAS Civil 2012程序建立的空间计算模型见图4。模型中，下弦、腹杆、上弦、横向连接件均采用梁单元模拟，桥面板采用板单元模拟。

图4 一联桥空间计算模型

计算荷载考虑了结构自重、二期恒载、汽车荷载和汽车冲击力。汽车荷载采用公路—I，左、右幅最多各可布置3个车道。分析时分别考虑了汽车偏载布置与对称布置两种情况，取其中最不利与恒载进行组合。

钢管混凝土主梁下弦在跨中和支点处的受力状态不同，前者受拉力、剪力和正弯矩（验算下缘应力时，可以忽略剪力的贡献），后者受压力、剪力和负弯矩，因此需对这两个部位采用不同的公式进行强度验算。《钢-混凝土组合结构设计规程》（DL/T 5085-1999）给出了两种受力状况下钢管混凝土构件的强度承载力验算公式。

单肢钢管混凝土构件承受压、弯、剪及共同作用时，构件强度承载力应按下列公式计算：

当 $N/A_{sc} \geq 0.2\sqrt{1-[V/(\gamma_v A_{sc} f_{sv})]^2} f_{sc}$ 时，

$$[N/(A_{sc} f_{sc})+M/(1.071\gamma_m W_{sc} f_{sc})]^{1.4}+[V/(\gamma_v A_{sc} f_{sv})]^2 \leq 1$$

当 $N/A_{sc} < 0.2\sqrt{1-[V/(\gamma_v A_{sc} f_{sv})]^2} f_{sc}$ 时，

$$[N/(1.4A_{sc} f_{sc})+M/(\gamma_m W_{sc} f_{sc})]^{1.4}+[V/(\gamma_v A_{sc} f_{sv})]^2 \leq 1$$

式中，N_E—欧拉临界力，NE式中λ为换算长细比；W_{SC}—构件截面抵抗矩；γ_m—构件截面抗弯塑性发展系数，当$\xi \geq 0.85$时，γ_m=1.4，当$\xi < 0.85$时，γ_m=1.2。γ_v—构件截面抗剪塑性发展系数，当$\xi \geq 0.85$时，γ_v=0.85，当$\xi < 0.85$时，γ_v=1.0。

钢管混凝土拉弯构件的承载力验算公式为：

$$N/(1.1A_s)+Mf/(\gamma_m W_{sc} f_{sc}) \leq f \quad (6)$$

钢管混凝土上弦杆处在受压区，主要承受压力作用，因此近似采用钢管混凝土轴心受压构件强度承载力公式计算，即：

$$N \leq \varphi f_{sc} A_{sc} \quad (7)$$

式中，φ为轴心受压稳定系数，A_{SC}为钢管混凝土的截面面积。

钢管混凝土桁架梁骨架的各构件在承载能力极限状态下的强度验算结果见表3。

表3 承载能力极限状态下的强度验算结果

结构部位	单位	极限值	设计值
边跨下弦跨中	MPa	255.7	±295
边跨下弦支点	\	0.934	1
中跨下弦跨中	MPa	210.6	±310
中跨下弦支点	\	0.881	1
纵向上弦	kN	440	3219
腹杆	MPa	−296/170	±310
横向连接角钢	MPa	−0.9/1.9	±310
端横梁下弦	MPa	−74.1/93.6	±310
端横梁腹杆	MPa	−105.3/90.0	±310
端横梁上弦	MPa	−77.3/77.6	±310

注：表中数据压应力为负，拉应力为正。

从表3可以看出，钢管混凝土连续桁架梁骨架各构件的强度承载力均满足设计要求，除了主梁下弦和部分腹杆应力水平较高外，其余尚有较大富余。

5 结语

本文给出了钢管混凝土连续桁架梁骨架空间分析的方法，并结合四川省雅安经石棉至泸沽高速公路拖乌河一号特大桥方案技术设计，给出了空间分析结果，论证了钢管混凝土连续桁架梁骨架设计的合理性。通过对钢管混凝土连续桁架梁骨架在不同施工阶段和运营阶段的分析，得到以下结论：

1）钢管混凝土构件在不同施工阶段应根据灌注混凝土是否参与受力而采用不同的材料特性和截面特性进行模拟，在MIDAS Civil 2012有限元程序中通过施工阶段联合截面的调整系数进行处理；

2）对钢管混凝土构件的受力性质需要进行判断，合理选用不同的截面和截面特性，通过试算逐步调整一致，并且在强度承载力验算时采用不同的公式；

3）钢管混凝土拉弯构件中管内部分混凝土参与应力重分配，对提高钢管构件承载力有利；

4）桥面板参与受力后，结构刚度发生了变化，应力重分配的结果有利于降低主梁上弦杆和横向骨架应力，因此骨架与桥面板的连接应保证其受力整体性和传力可靠。

参考文献：

[1] 黄侨，周志祥.桥梁钢-混凝土组合结构设计原理[M].北京:人民交通出版社，1994.

[2] DL/T 5085-1999 钢-混凝土组合结构设计规程[S].

[3] 中等跨度钢管混凝土桁架桥成套技术研究报告[R].交通运输部科技项目，2012.

[4] 彭桂瀚，周武，范碧琨，等.钢管混凝土组合桁梁受力性能有限元分析[J].第二十届全国桥梁学术会议论文集，2012.

[5] 牟廷敏，庄卫林，梁健，等.公路钢管混凝土桥梁设计与施工指南[S].北京:人民交通出版社，2008.

交通运输

JIAOTONG YUNSHU

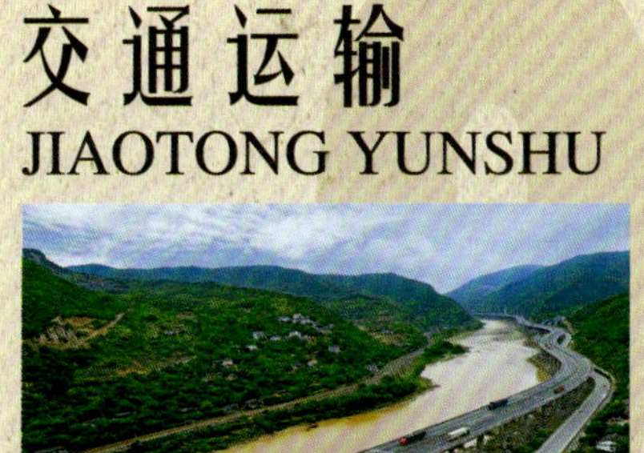

四川交通年鉴

综　述　2013年，四川道路运输客运量、旅客周转量、货运量、货物周转量、高速公路货运量分别完成27.69亿人次、1 067.79亿人公里、17.33亿吨、1 484.78亿吨公里、11.07亿吨，比上年分别增长4.0%、6.3%、9.4%、12.0%、18.2%。全省货物周转量、高速公路货运量增速高于全省GDP10%的增速，与经济发展保持协调。水路运输完成客运量、旅客周转量、货运量、货物周转量、港口货物吞吐量、集装箱吞吐量分别为3 227.57万人次、2.69亿人公里、7 247.06万吨、124.27亿吨公里、5 598万吨、26.09万标箱，比上年分别增长-1.5%、-1.3%和1.4%、20.1%、-27.3%、62.6%。

年内，四川交通运输呈现以下特点：一是基础设施建设成效显著。道路运输站场建设完成投资26亿元，同比增长4%，建成巴中兴文客运中心站1个市（州）级客运站，达州化工物流园区（二期）、自贡舒坪汽车货运站等2个市（州）级货运站和通江城南客运站、川主寺客运站、雷波县海湾汽车站、青神高铁配套站、新都区客运枢纽站、剑阁县普安客运站等6个县级客运站，昭觉公路货运站1个县级货运站，以及84个农村客运站；续建达州客运北站、成都公水联运物流基地（成都公路口岸）、成都青白江公路货运集散中心3个市（州）级客、货运站和蓬安汽车站、荥经县汽车客运站、普安客运站等5个县级客、货运站；新开工建设眉山客运中心、攀枝花综合客运站、攀枝花格里坪物流园区3个市（州）级客、货运站和梓潼县客运枢纽站、平昌县客运中心站等10个县级客、货运站。二是运输服务能力明显提高。道路客运网络进一步优化，新增高速公路客运线路289条，同比增加17%；新增农村客运线路404条，同比增加5.7%；乡镇客车通达率95%，建制村客车通达率77%，分别提高2.5%和1%；完成成都至汶川、仁寿、中江、三台、南部等客运班线改造工程。道路客运运力结构进一步优化，新增高级客车1 402辆，其占旅游客车总数百分比提高2%，达19%；新增出租汽车1 556辆、城市公交车3 476辆；成都市二环路高架快速公交系统（BRT）公交快速通道建成，投放新型公交车170辆，日均客运量20万人次以上；成都地铁1、2号线旅客疏运能力进一步提升，日均客运量达70余万人次。成都建成联网售票系统，并拓展网络至德阳、雅安、乐山、攀枝花、南充、绵阳等6市10个客运站，年内联网售票67.8万张。三是交通物流发展进一步加快。全省营运货车58.5万辆、同比减少5.2%，总吨位262万吨、同比增长4.7%；集装箱车辆达1 535辆，同比增长5.2%。全省运输船舶7 614艘、同比减少14.31%，总吨位109万吨、同比增长4.34%。甩挂运输试点工作深入推进，宜宾欣联物流有限公司甩挂运输项目列入交通运输部第三批甩挂运输试点项目，五粮液安吉物流甩挂运输项目列入国家发展改革委节能减排试点项目。除已成立物流办的市（州）直接推报外，交通运输系统向省政府物流办推报包括物流公共平台建设、园区建设和港口建设等方面重点物流项目4个。交通运输系统部分单位和企业应邀参加第二届中国（四川）国际物流博览会，并与相关单位共同主办“绿色货运与新能源采购大会”“货代对接大会”，参与承办“重点物流项目推介会”等。四是重大运输保障能力不断提升。圆满完成春运、十一“黄金周”运输任务等重大道路运输保障任务，其中春运疏运旅客达1.449亿人次，同比增长2.88%；道路旅客运输总量和单日客运量创历史新高。全年以公路水路联运方式运输进出川大型设备178批次，总重43 168吨，其中单体200吨以上68件（套），运输批次、总量、单体200吨以上件数较2012年分别增长39.1%、6.9%和41.7%。圆满完成雅安芦山“4·20”抗震救灾和“7·9”抗洪救灾应急运输保障工作，其中“4·20”地震累计抢运救援人员和转移灾区群众9万余人次、救灾物资2.8万吨。完成三峡北线船闸检修期通航保障工作，申报19艘重点急运物资船舶和77艘集装箱快班轮优先过闸，确保全省重大件、原油、汽车零配件和外贸物资等关系国计民生的重点急运物资的运输畅通和行业稳定。五是水路运输市场进一步发展。全省新开业省际水运企业3家，总量达85家，其中1万载重吨以上的企业25家。新投入营运1 000载重吨以上标准船舶20艘、6.03万载重吨，使这一标准的船舶总量达294艘、69.23万载重吨，平均吨位同比增长7%。长江干线船型标准化工作取得阶段性成效，已核准拆解船舶206艘、实际拆解完工153艘；省际过闸船舶270艘，标准化率达76.3%，同比增长13%。集装箱运输保持高位增长，泸州港完成20.13万标箱、同比增长48.9%，宜宾港完成6.04万标箱、同比增长138.7%。

（厅运输处）

道路运输

DAOLU YUNSHU

概　况　2013年，全省全年公路运输完成客运量27.69亿人次、旅客周转量1 067.79亿人公里，分别增长

3.95%、6.28%；货运量17.33亿吨、货物周转量1 484.78亿吨公里，分别增长9.43%、12.04%。

道路运输发展取得新成效。一是道路客运网络优化加密。快速客运网络进一步优化，完成成都至汶川、仁寿、中江、三台、南部等客运班线改造，全省高速公路客运线路新增289条，增幅17%；城乡客运一体化加快发展，农村客运线路新增404条，增幅5.7%，乡镇客车通达率达95%，建制村客车通达率达77%，分别提高2.5%和1%；运力结构进一步优化，新增高级客车1 402辆，达19%，增长2%；成都建成联网售票系统，互联网售票、408个代理点售票、智能手机售票、自助终端机售票、13个枢纽客运站互售、电话订票等“五售一订”的购票服务系统支持银联、支付宝、现金等多种支付需求，并把网络拓展到德阳、雅安、乐山、攀枝花、南充、绵阳6市10个客运站，全省全年联网售票67.8万张。二是城市客运快速发展。各地认真贯彻落实《国务院关于城市优先发展公共交通的指导意见》，继乐山、南充、绵阳之后，眉山、达州、泸州等市出台贯彻实施意见；认真组织开展城市客运交通线路及站点专项调查，为大力发展公共交通，编制公交线网规划及提高公交信息化水平提供数据支撑；全省全年新增城市公交车3 476辆，总量达2.7万辆；成都市二环路高架BRT公交快速通道建成，投放新型公交车170辆，日均客运量20万人次以上；成都地铁1、2号线旅客疏运能力进一步提升，日均客运量达70余万人次；做好全省出租汽车经营权新增和到期处置工作，出租汽车经营权重新配置1 424辆，延续经营8 285辆，新增1 556辆，达到43 016辆；建立出租汽车服务质量信誉考核体系，认真组织开展2012年度出租汽车服务质量信誉考核工作，对全省435家出租汽车企业进行考核；推进出租汽车和谐劳动关系创建活动，成都市蓉城出租汽车公司、广运集团出租汽车分公司“快乐驿站车队”被交通运输部评为全国出租汽车行业和谐劳动关系创建活动先进集体，“快乐驿站车队”被中华全国总工会授予“全国工人先锋号”称号。三是道路货运转型发展加快。运力结构调整加快，道路货运车辆首次出现数量下降、吨位上升情况。截至2013年底，全省营运货车58.4万辆，较上年减少5.2%，总吨位271万吨，较上年增加9.5%；大力发展集装箱运输，集装箱车辆达1 535辆，较上年增长3.3%；推进甩挂运输试点工作，宜宾欣联物流有限公司甩挂运输项目列入交通运输部第三批甩挂运输试点项目，五粮液安吉物流甩挂运输项目列入国家发展改革委节能减排试点项目；积极争取省政府物流办支持，完成四川省2014年甩挂运输试点项目和大件运输运力结构调整项目推荐工作，争取资金1 450万元；制订四川省大型物件运输企业质量信誉考核办法，建立大型物件运输企业质量信誉考核制度，完成9家四级大件运输企业考核工作；加快四川省现代物流公共信息平台道路运输子平台建设，新都传化物流基地、达州公路物流港通过信息交换实现信息共享、互联互通；成都传化物流基地新开6条城际货运专线，累计已开通国内130个城市、近260条专线。四是道路运输站场建设抢抓机遇。全年完成投资26亿元，增长4%，建成10个县级以上客货运站。加快推进达州客运北站、成都公路水路联运物流基地、成都青白江公路货运集散中心建设；新开工建设乐山客运中心城北枢纽站、眉山客运中心、攀枝花综合客运站、攀枝花格里坪物流园区。全面启动汽车客运站提升改造工程，编制《四川省2013—2015年度汽车客运站提升改造工程实施方案》，配套制订客运站建设标准、客运站提升改造工程项目管理办法、目标考核办法、初步设计方案编制审查等标准和制度。在部颁标准基础上全面提升全省客运站建设标准，并相应大幅度分类提高省级补助标准。3年内对全省262个县级以上客运站的整体形象、枢纽功能、服务设施、信息化水平等进行全面提升改造，2013年安排项目79个。精心编制道路运输站场各项规划，抓住交通运输部“十二五”综合客运枢纽和公路货运枢纽（物流园区）建设规划中期调整契机，积极争取将全省7个综合客运枢纽和8个货运公路枢纽（物流园区）重点项目纳入规划。完成《“4·20”芦山强烈地震汽车客运站恢复重建规划项目》编制工作，将雅安、成都等地26个汽车客运站灾后恢复重建纳入总体规划。五是驾培和维修行业管理不断创新。全省全年新增驾校23所，达465所，培训学员115万人次。从2013年3月1日起，全省统一启用省交通运输厅和省工商局联合制发的《机动车驾驶培训合同（示范文本）》。按照交通运输部计时培训系统技术规范，完成全省计时培训系统一、二、三级平台和计时终端的升级改造工作。认真贯彻落实交通运输部、公安部新的机动车驾驶培训教学与考试大纲，对全省运管机构管理人员、驾校负责人和驾校结业考核员等2 000余人开展培训，对全省8 000余名教练员开展新大纲集中轮训，指导驾校按新大纲对教练场地训练科目及教学设施设备进行完善和改进。开展预约培训试点工作，积极推广“预约培训计时收费”“先学车后付费”“网上理论教学”等创新服务，让学员自主选择培训时间、学时、教练员和教练车。完成2 135名二级教练员职业技能鉴定材料审核报部及组织鉴定评审工作。建成全省统一的道路运输驾驶员从业资格信息库，录入数据200余万条，正式启用道路运输驾驶员从业资格培训考试系统，实现从业资格信息系统与运政执法处理信息系统的数据共享。积极推广应用科技手段加强维修质量监管，内江、眉山、乐山等10个地区一、二类汽车维修企业应用汽车二级维护信息化管理系统。认真贯彻实施交通运输行业标准《机动车维修服务规范》，修订完善全省机动车维修企业质量信誉考核办法，对4 875家一、二类维修企业开展质量信誉考核。进一步完善汽车维修救援网络，统一救援电话、公众网站和调度服务平台，积极引导符合条件的汽车维修企业参加，有173家质量信誉考核AA级以上的企业加入汽车维修救援平台，汽车维修救援网络覆盖全省92%的县。六是道路运输应急保障能力再经考验。全省道路运输行业在雅安芦山“4·20”抗震救灾和“7·9”抗洪救灾应急运输保障工作中，圆满完成各项应急运输任务。“4·20”地震27天内，全省累计调用客车2 957辆，抢运救援人员和转移灾区群众9万余人次，调用货车3 485辆，抢运救灾物资2.8万吨。“7·9”特大洪灾发生当月，全省累计抽调应急运输客车332辆次，疏运受灾群众和救援人员1.2万人次；货车316辆，运送救灾物资1 545吨。认真执行山区客运班车、超长客运班线及行驶危险路段客车停运措施，高峰时全省停运1 010条客运班线、5 233辆客车，确保道路运输安全；针对都汶高速公路交通管制规定，迅速采取安全保障措施，开行应急客运班车335班，运送旅客5 641人次。精心组织开展应急运输演练，在绵阳、宜宾两市分别组织开展道路运输防汛抢险救灾应急保障演练和道路运输应急保障暨反恐防范演练，97辆客货运车辆及维修救援车、加油车参与演练。七是深入推进节能减排。深化道路运输车辆燃料消耗量核查工作，依托全省已有98家汽车综合性能检测站，把营运车辆燃油核查要求落到实处，全年核查新增和更新营运车3.1万辆。在城市公交、干线客运和较固定货运线路上LNG车辆应用取得新发展，截至2013年底，全省LNG营运车达1 329辆，较上年新增759辆。认真组织开展节能宣传周活动，大力宣传道路运输节能法规政策，积极倡导节能驾驶，积极推广节能示范新技术，发展绿色道路运输。八是安全监管更加深入。全省全年发生道路运输行车事故220起，同比增加24起、上升12.24%，其中，重大事故2起，同比增加1起，上升100%；较大事故16起，同比减少6起、下降27.27%；一般事故202起，同比增加29起，上升16.76%，事故共造成334人死亡，同比增加27人，上升8.79%。制订《四川省道路旅客运输企业安全生产标准（试行）》，并在7家客运企业开展试点。认真做好道路运输企业安全生产标准化达标考评工作和安全生产状况评估工作。督导各地完成121家道路运输企业安全生产动态考核工作。二级以上汽车客运站全面配备酒精检测仪，加强驾驶员酒精检测。深化“安全带—生命带”行动，把高速公路长途客车安全带配备和旅客佩戴分别作为车辆安全例检和出站登记检查的重要内容。认真贯彻交通运输部《汽车客运站营运客车安全例行检查工作规范》《营运客车安全例行检查技术规范（试行）》，制订贯彻实施意见，组织安全例检师资培训及从业人员培训，督导各地改造安全例检设施设备。积极推广应用卫星定位系统和3G视频监控系统，全省全年新增卫星定位装置8 227台，共计安装90 478台，其中3G视频装置5 504台。泸州市建成市、县、企业GPS和3G视频三级监控平台，客运班车和公交车全部安装GPS和3G视频监控系统。扎实开展安全生产专项活动，深入开展“道路客运安全年”“百日安全生产”“安全生产月”活动。自2013年10月1日起，全省开展为期3个月的道路运输货运、维修、客运市场安全生产“大整治”专项行

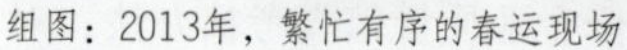
组图：2013年，繁忙有序的春运现场　　厅运管局 供稿

动。认真贯彻实施交通运输部《道路危险货物运输管理规定》，组织开展执法人员和企业管理人员宣贯培训和道路危险货物运输企业全面清理工作。九是市场秩序整治重点突出。全省认真贯彻落实省政府关于开展道路交通安全综合整治攻坚年行动的部署，各级运管部门成立机构，制订实施方案，明确严把企业车辆准入审验源头关、车辆改装源头关、货物装载源头关、路面管控关及加强货运市场监测和政策支持、规范使用运政信息管理系统、全面加强安全宣传教育等七项具体任务和责任，建立督查工作、信息报告和责任追究制度。年内，各地开展维修企业全面清查，与货运经营业户签订安全生产责任书和承诺书，南充、宜宾、甘孜等地已建立完善重点货运源头单位交通运输和公安部门联合驻点或巡查监管制度。联合公安、安监、旅游等部门，完善九环西线旅游客运市场整治等打非治违长效机制，组织开展全省道路运输行业打非治违、旅游客运市场整治等一系列专项行动。各地针对当地市场秩序突出问题，开展专项整治，加大宣传力度，及时向社会曝光，市场秩序明显好转。全省道路运输行业打非治违行动组织执法人员3.7万人次，检查车辆71万余辆次，查处各类违规经营车辆5万余辆次，其中查获非法经营“黑车”8 070辆次，处理率达84%。全省各级道路运输管理机构受理“96515”监督投诉电话9.7万次（其中受理投诉案件2.4万件次、咨询电话7.3万次），处理率达91.33%。十是以评促建专项活动全面推进。深入开展道路运输行业“富民路·连心桥”以评促建7项活动。全面启动运政执法形象“四统一”建设，全省运政执法人员进行轮训考试，换发交通运输部统一的执法证件和服装，统一全省运政执法软件，执法行为进一步规范；80条城市公交线路参与服务精品线创建示范活动；各地组建“爱心车队”“雷锋车队”等55个，积极开展公益活动，严厉查处2 200名拒载、绕道、宰客和用语不文明等损害乘客利益的出租汽车驾驶员；便捷购票、专用候车、温馨旅途、微博、常旅客优惠、旅客留言板和摄影比赛等“攀西阳光之旅”高速公路客运优质服务精品线创建活动顺利开展；全省150个一、二级客运站全面开展感受温馨“小红帽”便民服务活动；成都、南充等7市曝光47名“吃拿卡要”机动车驾驶培训教练员，其中24名影响恶劣的教练员列入“黑名单”；4 875家一、二类维修企业开展汽车维修行业“阳光维修”优质服务活动。

（蒋智力）

多种措施抓春运 2013年1月16日—2月24日春运期间，全省道路春运客流总体平衡有序，没有出现突发性客流大幅增长情况，累计完成道路客运量1.43亿人次，同比增长4.27%，呈现如下特点：一是春运前期（1月16日—1月30日），学生流、民工流与探亲流汇聚叠加，运输高峰期提前，全省以成都地区为重点形成春运道路旅客出行高峰；二是春运中期（1月31日—2月6日），客流保持平稳，未出现明显客流量波动；三是春运后期（2月7日—2月24日），由于全省外出务工、民工返岗时间推迟，巴中、南充、广元、泸州、达州、内江等劳务输出集中地出省民工客流高峰较往年明显滞后，节后民工疏运持续时间较长。针对以上情况，厅运管局按照“便民利民，平安春运”总体要求，认真准备、精心组织、全力投入。主要采取以下措施：一是组织领导到位。各地运管机构、运输企业和客运站在当地政府统一领导下，建立上下衔接、政令畅通、横向协作、反映灵敏的春运指挥体系，统一指挥、组织、协调当地春运工作。各运管机构、运输企业和客运站均成立春运工作领导小组，结合各地实际，专题研究部署，制订了信息共享、措施联动、预案对接的春运工作协调机制。春运期间，各地坚持24小时值班和领导带班制度，深入春运生产第一线做好协调、服务和督查工作。各运输企业、客运站管理人员坚持靠前指挥，及时解决各类问题，确保春运工作平稳有序开展。二是严格安全监管。严格“三把关一监督”（详见《附录》）源头安全监管，春运前全面开展企业资质、人员资格和车辆状况检查、检测，凡不符合要求的，不得参加春运。集中对驾驶员、站务人员开展专项春运安全教育培训，强化责任意识和安全意识，确保各项安全管理措施落实到基层一线操作手。加强车辆动态监控，充分发挥GPS和3G视频监控系统对车辆的动态监管作用，进一步加强车辆及驾驶员驾驶行为动态运行监管。严格执行“三不进站、五不出站”（详见《附录》）管理规定，做好车辆安全例检工作，防止烟花、爆竹等危险品进站上车，杜绝超载和带病车辆出站上路。严格超长客运安全管理，认真落实各项长途客运安全管理措施，严格落实凌晨2时至5时停车休息制度，保证车辆运行过程中驾驶员得到充分休息。做好农村客运安全管理工作，重点防范超载运输，确保农村客运安全。三是严密运输组织。根据旅客流量、流向、流时完善运输组织和运力保障方案。针对春节前后客流单向流动特点，组织跨区域运力调动，春节前重点保障以成都为中心的返乡民工相对集中地，春节后重点保障巴中、南充、广元、泸州、达州、内江等劳务输出集中地。延长车站发班和收班时间，加密发班班次，最大限度加大运力供给。做好城市公交和出租汽车的组织调度，重点组织好火车站、汽车站、地铁站、码头、机场等旅客集中地点的城市公交调度工作，通过增投运力、加密班次、延长运营时间等措施，方便旅客中转换乘。对已开通高速公路的地区，在客运高峰时期采取临时调整途经线路的方式，加快车辆周转速度，提高运输效率。四是强化应急工作。春运前，厅运管局主动与省公安、公路、气象等部门衔接，完善联勤联动工作机制，进一步健全春运应急预案，明确协同关系、责任。同时，督促各地运管机构与本级相关部门做好衔接协调工作，做到遇有情况，即时响应。1月28日，进出成都的成绵、成南、成渝、成自泸、成雅等高速公路因大雾封路，各级运管机构人员及时深入客运一线，协调公安交警部门，采取客车编组运行、客运站调整发班时间、积极做好宣传疏导等措施，有效组织旅客及时疏运，未发生大面积旅客滞留现象，确保成都地区春节高峰期旅客平安有序出行。五是提升服务品质。积极拓宽售票渠道，推广联网售票、电话订票、预售票、送票上门等多种方式，最大程度保障群众购票乘车。全省联网售票系统已覆盖成都、德阳、绵阳、乐山、雅安、攀枝花、南充7市23个汽车客运站，春运期间联网售票43万余张，日售票最高达2.4万张。加强运输信息发布，全省21个市（州）政府所在地城市的33个客运站开通了站长微博，第一时间发布班次和票务信息。会同四川广播电台交通频率（FM101.7）开办“道路客运信息快递”专栏，及时公布重点客运线路和旅游热线旅客发送情况、票源情况及出行建议，为旅客提供及时有效的出行信息服务，有效引导旅客错峰出行。创新便民服务形式，全省二级以上客运站开展“小红帽”便民服务活动，为旅客提供人性化服务的“小红帽”成为春运期间一道靓丽的风景。与铁路相衔接的客运站实行24小时开放候车室，提供免费开水，并加强食品、饮料等生活必需品储备，确保旅客在客运站不受冻、不挨饿。一些地区还开展为留守儿童、老人提供寄托乘车全程看护送达业务，为旅客赠送或组织当地书画协会会员现场书写春联、字画，组织民间彩龙队或公司职员为旅客表演节目等温馨服务，让旅客放心、开心出行。加强交通枢纽换乘衔接，重点强化道路客运、城市公共交通与铁路、航空的接驳换乘，高峰期间客运站安排“摆渡车”，全方位实现无缝衔接。开展“车容车貌”整治工作，将所有参加春运车辆的车容、车貌纳入日常检查，保持车辆清洁卫生，为旅客提供舒适的乘车环境。加强站内及车站周围治安管理，各地客运站及时与公安特、巡警和驻地武警部队联系，增派警力维护客运站乘车秩序，保护旅客人身和财产安全。成都市运管处联合成都商报开展“感谢你的坚守我们送你回家过年”、遂宁运管处联合遂宁日报开展“四川再大我们也要送你回家”免费赠票活动，协调当地客运企业为春节期间仍坚守在工作岗位的一线外地员工，免费赠送车票，取得良好的社会效益。积极开展农民工平安返乡（岗）安全优质服务劳动竞赛活动，根据民工出行需求组织开行民工包车，让民工享受到“门对门”“点到点”的直达运输服务。六是规范客运秩序。为进一步规范道路春运客运市场，各地运管机构联合公安交警部门，采取驻点值守、蹲守布控，流动巡查等方式，加大班线客运、客运包车、城市公交、出租车客运查纠和非法营运车辆等违法违规行为整治力度，并充分发挥“96515”运政监督投诉电话作用，做到“有报必查、查实必纠”，严厉打击各类违规违法行为，为道路旅客运输创造良好的出行环境，切实维护道路运输消费者和经营者的合法权益。据不完全统计，全省春运期间查处客运车辆违法违规经营3 900余起。

（赵明策）

2013年春节前夕，省汽车运输自贡集团客运总站邀请自贡市书法家协会成员到总站现场为旅客送春联

厅运管局 供稿

道路运输法制建设和行业管理改革 2013年，全省道路运输行业加强法制建设和行业管理改革，一是《四川省道路运输条例》修订于年内顺利完成立法起草、立法调研、立法听证等工作，进入省人大审议阶段。道路运输行政审批制度改革完成省本级行政许可和非行政许可事项清理，保留行政许可事项2项，取消行政许可事项1项；21项非许可审批事项拟保留11项。政务服务中心窗口服务优良，全年接件3 306件，按时办结率和群众评议满意率均达100 %。充分发挥行业协会作用，省道路运输协会认真开展道路安全生产状况评估工作，在取得道路运输企业安全生产标准化二级考评机构资质的基础上，开展7家危险品运输企业达标考评工作，针对营业税改增值税改革对道路运输行业的影响，积极开展调研，建言献策。二是深入推进道路运输行政审批制度改革，完成省本级行政许可和非行政许可审批事项清理。将厅运管局机关原21项非行政许可审批事项精简到11项，原3项行政许可事项精简到2项，并对保留

的行政许可事项进一步规范和优化，按照审批依据、提交资料、审批程序的区别，拆分为23个小独立项，重新制订办事指南、流程、审批标准、格式文本及示范文本，累计减少39项提交资料，精简42个审批环节，平均办理时限提速30%，较法定时限提速50%。三是依托优质教育培训资源，结合运管工作和道路运输转型发展实际，加强法制教育培训工作。12月16日—20日，厅运管局在北京大学组织开展全省道路运输管理机构领导干部依法行政培训。各市（州）运管处（局）分管法制工作副处（局）长、法制部门负责人、部分县级道路运输管理机构负责人及局机关有关人员共计80余人参加培训。刘福垣、孙立平、董晓宇等国内知名教授学者讲授“三中全会与中国改革”“中国政治体制改革与建设服务型政府”“依法行政”等课程，学员与老师互动交流、积极讨论，并撰写结业报告，取得良好的培训效果。

（厅运管局）

道路运输行业“富民路·连心桥”活动 2013年9月12日，厅运管局针对群众普遍关心的问题，启动开展为期3年的具有道路运输行业特色的“富民路·连心桥”以评促建七个专项活动，即运政执法行为规范活动、城市公交服务精品线创建示范活动、出租汽车优质服务活动、深化“攀西阳光之旅”高速公路客运优质服务精品线创建活动、汽车客运站感受温馨“小红帽”便民服务活动、汽车维修行业“阳光维修”优质服务活动和机动车驾驶培训教练员“吃拿卡要”行为专项整治活动。全省各级道路运输管理机构和道路运输企业积极行动，坚持边谋划、边安排、边落实，采取多种形式推进七个专项活动有序开展。一是抓活动启动。各级运管机构及时组织相关道路运输企业召开动员部署会，并对运政执法人员、行业从业人员开展全员培训，确保活动动员和培训教育“两个全覆盖”。二是抓典型塑造。自贡运管处打造出大站快车精品线、朱红女子精品线等公交服务品牌，眉山的哥江国甫获评第十届“全国十大见义勇为英雄司机”，武胜县蒲英俊带队的“安心车队”被广安市评为“公共文明引导学雷锋自愿服务先进集体”，绵阳圣水驾校等8所驾校获全国驾培行业“文明诚信、优质服务”荣誉称号。三是抓查处惩戒。年内，全省查处47名“吃拿卡要”机动车驾驶培训教练员，并对其中情节严重、社会影响恶劣的24名教练员给予严肃处理；查处出租汽车违规经营行为3 000余次，告诫谈话服务质量问题突出的出租汽车企业负责人40余次。四是抓工作督查。将以评促建作为政风行风建设“抓一贯”的具体行动，强化动态管理。从10月下旬开始，由厅运管局领导带队组成6个检查组，深入21个市（州），采取随机暗访、实地检查、查验材料、工作座谈等形式，对全省道路运输行业活动推进情况开展督查，确保活动扎实推进、取得实效。11月召开全省运管工作座谈会，6个市（州）围绕七个专项活动作专题经验交流，推进以评促建活动全面深化。五是抓长效机制。成都出租汽车管理处下发《出租汽车行业诚信服务公约》，达州运管处制订《机动车驾驶培训教练员十条禁令》，泸州公交公司建立公交精品线创建五级管理模式，广元汽车客运站推出“7182”“小红帽”便民服务工作法。六是抓氛围营造。厅运管局通过《交通手机报》《四川日报》《华西都市报》《以评促建简报》等及时报道活动动态，攀枝花、眉山、乐山、达州等地相继刊登专题报道，南充、德阳、宜宾等地印制近万份宣传手册，营造活动氛围。

全省全年有80条公交线参与精品线创建，150个一、二级汽车客运站开展“小红帽”温馨便民服务，4 875家一、二类维修企业开展“阳光维修”优质服务，组建55支出租汽车爱心车队。全省一批优质服务正面典型得到树立，一批损害群众利益的突出问题得到解决，道路运输行业形象有效提升，以评促建活动得到群众一致好评，并受到厅党组充分肯定。

（厅运管局）

2013年7月16日，省交通运输厅在全省交通运输系统启动为期3年的“富民路·连心桥”以评促建活动，着重解决人民群众普遍关心、事关行业形象的突出问题，推动政风行风建设及群众满意度测评取得良好效果

交通宣传中心 供稿

水路运输

SHUILU YUNSHU

水路旅客运输 2013年，全省水路旅客运输完成客运量3 228万人次、旅客周转量2.69亿人公里，比上年分别减少1.47%和1.26%。其中，春运期间，全省日均投放客渡船3 121艘9.8万客位，完成客运量726.53万人次，比上年减少21.04%；十一"黄金周"期间，全省日均投放客渡船3 045艘8.83万客位，完成客运量171.86万人次，比上年减少4.87%。通过精心组织、合理调配运力、强化现场监管，重大节假日期间未发生旅客滞留、投诉现象，水路客运秩序井然。

（厅航务局）

水路货物运输 2013年，全省完成水路运输货运量7 247万吨、货物周转量124.27亿吨公里，分别比上年增长1.2%和19.87%。主要货物运输量总体保持平稳增长，非金属矿石、化工原料及制品、煤炭及制品、金属矿石等运输量有所增长，水泥、化肥及农药、原油等运输量下降幅度较大，矿建材料运输量基本持平。大件运输完成173批次3.48万吨，比上年分别增长1.76%和减少13.84%。

（厅航务局）

港口货物吞吐量 2013年，全省完成港口货物吞吐量8 195万吨，比上年增长6.36%。其中，泸州港、宜宾港货物吞吐量分别完成2 707万吨、1 180万吨，分别比上年增长15.29%和减少3.99%。全省完成集装箱吞吐量26.17万标箱，比上年增长63.05%。其中，泸州港、宜宾港集装箱吞吐量分别完成20.13万标箱和6.04万标箱，分别比上年增长48.89%和138.74%。

（厅航务局）

水运企业及运力 2013年底，全省拥有水运企业159家。其中，省际水运企业85家，万吨船舶运力以上水运企业25家，新开业省际水运企业3家。全省运输船舶7 614艘，总运力达108.6万载重吨，其中新投入营运1 000载重吨以上标准船舶20艘，6.03万载重吨，全省有1 000载重吨以上标准船舶263艘，65.11万载重吨。全省通过三峡船闸船舶运力270艘、62.79万载重吨，过闸船舶标准化率达76.3%。

（厅航务局）

泸州至上海商品汽车滚装班轮首航 2013年7月9日，上海商品汽车滚装班轮首航仪式在泸州港国际集装

2013年7月9日，泸州至上海商品汽车滚装班轮首航　　厅航务局 供稿

箱码头举行。67辆商品车开上"民德号"轮船运往上海方向然后出口到约旦，首次实现商品车滚装上船运营模式，标志着该码头通过能力达每年30万辆的商品车滚装泊位正式投入运行。

（厅航务局）

嘉陵江跨区内河航运复航 2013年8月3日14时，长运公司的"四川31"轮拖船，完成嘉陵江重庆朝天门洪崖洞码头至四川南充河西特大件码头的航程，实现嘉陵江跨区内河航运停航26年后首次复航。

2013年8月3日14时，"四川31"轮拖船成功上演嘉陵江跨区内河航运停航26年后首次复航试航的"处女秀" 省港航公司 供稿

为持续改善嘉陵江通航能力和服务水平，省交通运输厅启动嘉陵江航运配套工程。省港航公司采用"市企合作、市场运作"的模式，加快建设南充港等沿江重要港口，发展现代物流、临港工业、沿江旅游业，为推动嘉陵江沿江经济带的发展提供有力支撑。嘉陵江川境段苍溪以下航道达四级航道标准，千吨级船队从广元直达上海，嘉陵江"黄金水道"作用更加凸显。

（长运公司）

长运公司完成嘉陵江最大规模设备运输 2013年8月—9月，长运公司承运的南充经济开发区大件设备全部抵达南充。公司承运大件设备42件，总重约5 300吨，其中单件最长的常压洗涤塔48.75米，单件最重的氧化反应器重606吨（包括设备基座），是嘉陵江上规模最大的一次水上设备运输。

该批货物经海运中转后开始内河运输，江轮从上海和江苏南京、如皋等地起运，沿长江而上，途经葛洲坝、三峡枢纽，在重庆朝天门码头转入嘉陵江，经过草街、桐子壕、东西关航电枢纽，通过重庆境内"土湾""桌子角""北鱼石"及武胜县"北门滩"等多个险滩。

运输过程中，长运公司调配操作技术优秀的驾引人员和20艘千吨级大件船舶承担水路运输任务。船舶驾驶人员积极协调沿途航电枢纽，保障货轮航行安全。长运公司承包大件设备的海运、江运任务和设备的陆运及码头吊装中转，标志着长运公司从单一水上运输企业发展成为综合物流企业的进程中迈出实质性一步。

（长运公司）

"泸汉台"集装箱近洋快班开航 2013年9月29日，"泸汉台"集装箱快班启航仪式暨服务推介会在武汉举行，标志着泸州—武汉—台湾基隆港集装箱近洋快班正式开航。

"泸汉台"集装箱快班采用江海三段式接驳方式进行运输，以四川泸州港、武汉阳逻港、上海外高桥、台湾基隆港4 个港口为运输节点，在泸州—武汉、武汉—上海、上海—台湾3个航段间实行接力式运输，每周两班服务。"泸汉台快航"的运行，使这条航线成为对台商贸延伸到中西部地区的一个出海口。四川的货物从泸州港出发，到武汉之后转上近洋轮船出发，到台湾全程只需16天。由于采用接驳方式运输，新航班将比以前缩短4~5 天的航行时间。泸州市将

2013年8月—9月，长运公司顺利完成嘉陵江有史以来规模最大、总重5 300余吨的南充化工园区大件设备综合运输任务 省港航公司 供稿

2013年9月29日，"泸汉台"集装箱快班启航仪式暨服务推介会在武汉举行
省港航公司 供稿

围绕港口形成以成自泸赤高速公路为代表的"一环六射"高速公路网和进港铁路专用线，与开通的泸州—武汉—台湾的"泸汉台快航"无缝对接，成为川滇黔等经济腹地到台湾最有竞争力的物流通道，经泸州港至台湾的集装箱量可望翻番。

（泸州港务公司）

泸州至昆明铁水联运集装箱班列开通 2013年11月6日11时16分，"泸昆"首趟铁水联运集装箱班列从泸州港站出发开往昆明站，标志着泸州与昆明之间的铁路快速货运通道正式开通，成为一条更安全、高效、快捷的川滇物流新通道。

该次班列装载40只来自上海的20英尺集装箱，经隆泸、成渝、内六、沪昆线抵达昆明东站，运行时间3.5天，比普通货运列车节约时间4天以上，全程物流成本较原来下降约5%。班列开通后，将加快西部内陆与长江中下游及沿海地区间的货物运输周转速度，对促进川滇两地经济发展有着深远意义。

（泸州港务公司）

2013年11月6日11时16分，"泸昆"首趟铁水联运集装箱班列开通　　省港航公司 供稿

交通管理

JIAOTONG GUANLI

2014

四川交通年鉴

交通规划

JIAOTONG GUIHUA

全省交通建设计划执行情况 2013年，全年公路水路交通建设完成投资1 276亿元，比上年增长16.5%，居全国首位。其中，高速公路完成投资516亿元，国省干线公路完成投资295亿元，农村公路完成投资361亿元，内河水运完成投资50亿元，站点建设完成投资21亿元，道路养护及其他专项完成投资33亿元。截至年底，全省公路总里程达30万公里，居全国第1位；高速公路新增通车里程712公里，总里程达5 000公里，居全国第6位、西部第1位；完成新（改）建农村公路2.4万公里，居全国第1位；7个高速公路BOT项目621公里，引进社会资金754亿元，居全国第1位。

交通项目建设计划编制与投资计划下达 2013年，省交通运输厅根据《四川省交通运输“十二五”发展规划》和年度交通工作目标任务，按照《全省重点交通建设三年集中攻坚活动方案》，结合全省交通建设实际，编制完成《2013年全省重点交通项目建设计划》，保障全省重点交通项目的顺利推进。做好2013年交通建设投资计划编制下达工作，全年下达部车购税计划23批，安排补助资金201.1亿元；下达省补助计划33批，安排补助资金106.1亿元。编制完成2014年交通固定资产投资建议计划，并及时上报交通运输部。

项目前期工作 2013年，省交通运输厅加快推进高速公路建设前期工作。截至年底，实现仁（寿）沐（川）新（市镇）高速公路仁寿至井研试验段和成都经济区环线简阳至蒲江段开工建设；其余项目（除绵阳至巴中段外）工程可行性研究报告基本编制完成，为项目招商引资和尽早开工奠定基础。加强行业指导和管理督促，加快推进“八大专项工程”、芦山地震灾区灾后恢复重建项目、“7·9”洪灾交通恢复重建项目、集中连片特困地区交通项目以及天府新区重点项目等普通公路项目前期工作。芦山地震灾区8个普通干线公路项目实现3个国道和2个经济干线公路开工建设；组织研讨映汶高速公路、国道213线映秀至汶川段和都江堰至映秀段等“7·9”洪灾“1+3”（“1”指的是映秀至汶川高速公路建设项目，“3”指的是国道213线映秀至汶川段和都江堰至映秀段、汶川至崇州公路恢复重建项目）重点交通项目恢复重建方案初步完成。推动内河水运项目前期工作。犍为枢纽项目审批38个专题完成37个，项目环评已报环保部待批。嘉陵江航运配套工程预可行性研究报告获省发展改革委批复，渠江达州—广安段航运建设、广元港张家坝作业区一期工程完成工程预可行性研究报告。

相关链接

四川省交通运输“八大专项工程”方案

1.《四川省干线公路联网畅通工程推进方案》

《四川省干线公路联网畅通工程推进方案》（以下简称《方案》），以“构建现代综合交通运输体系，建设更加畅通的交通网络”为总体目标，集中加快推进一批关键节点和“瓶颈”路段项目建设，有效强化路网互联互通，支撑全省新型城镇化和城市群发展。

按照“统筹兼顾、突出重点，政府主导、动态管理，因地制宜、科学发展，节约资源、保护生态”的原则，规划高速公路和普通干线公路两类项目。其中，包括成都经济区环线、成都新机场高速公路等在内的高速公路项目6个724公里，总投资801亿元；普通干线公路按“加快建设、抓紧开工和储备项目”三类，规划项目90个4 355.5公里，总投资2 177.9亿元。

《方案》充分发挥市场机制和市场主体作用，引导创新融资方式，支持通过BOT、BT、市企合作等多种方式组织项目实施。同时，加大政府财政投入和政策支持力度，四川省对《方案》内普通干线公路按一级公路每公里300万元、二级公路每公里280万元的标准给予资金补助，并鼓励符合条件的一级公路项目利用收费政策融资。另外，《方案》内项目将纳入省政府重点项目建设计划，强化要素和建设环境保障，并实行目标考核。

至2015年底，《方案》内普通干线公路项目基本实施完成，首位城市、区域中心城市过境干线公路基本达到一级公路标准，全省一级公路总里程超过6 000公里，城市群之间和市（州）之间基本实现互连互通、有效衔接，形成与经济社会发展相适应的干线路网体系。至2017年底，《方案》内项目实施完成，全省一级公路总里程超过7 000公里，实现出川通道和省内干线相互连通，干线公路联网畅通能力显著增强，初步构建互连互通、功能完备、无缝对接、安全高效的现代综合交通运输体系。

2.《四川省甘孜藏族自治州2013—2015年公路建设推进方案》

《四川省甘孜藏族自治州2013—2015年公路建设推进方案》（以下简称《方案》）是继实施《四川省甘孜藏族自治州2009—2012年公路建设推进方案》后，为进一步加快推进甘孜州交通发展，改善甘孜藏区交通出行条件，适应甘孜经济社会发展和国防交通运输需要，服务甘孜全面小康社会建设而专门制订的。

按照“科学规划、突出重点，量力而行、分步推进，争取支持、多方筹集”的原则，规划“1+22”个干线公路项目。其中，“1”为雅安至康定高速公路，力争年内实现全面开工建设；“22”为普通国省干线公路，规划期完成新（改）建2 039.1公里。同时，还规划新（改）建4 800公里的农村公路。2013—2015年，甘孜州交通建设完成投资达335亿元。

为确保顺利实施，将进一步创新建设管理机制，对建设条件特殊、技术要求高、管理难度大的项目，引进大型国有专业机构，采用代建制等项目管理模式，发挥专业机构技术管理优势，提高项目管理水平。同时，利用土地、旅游、矿产等政府性资源，搭建政府性公路建设投融资平台，并加大各级政府财政支持力度，增强项目资金筹措能力。另外，四川省将进一步加强技术指导和人才帮扶，并将公路建设纳入州县政府目标考核，省政府对重点项目进行专项督办。

《方案》实施后，甘孜州公路路网将进一步完善，通行能力和服务水平将大幅提升。全州将基本形成以国省道为主骨架的干线公路网络，州府到县城所在地基本实现三级及以上公路连接；通往重要旅游景区公路基本建成，形成环贡嘎山旅游环线和以康定机场为中心的两小时交通圈；农村公路通达深度和通行条件明显提高，农村公路网络基本完善。

3.《四川省凉山彝族自治州2013—2015年公路水路交通建设推进方案》

《四川省凉山彝族自治州2013—2015年公路水路交通建设推进方案》（以下简称《方案》）是为加快推进凉山州交通运输发展，推进大小凉山彝区综合扶贫攻坚，适应凉山经济社会发展需要，服务凉山全面小康社会建设而专门制订的。

按照“统筹兼顾、科学规划，突出重点、分步推进，争取支持、多方筹集，量力而行、协调发展，尊重自然、和谐发展”的原则，规划“3+34”个干线公路项目。其中，“3”为高速公路项目，分别为京昆高速公路泸沽至黄联关段扩容工程、西昌至泸沽湖高速公路、西昌至昭通高速公路（四川段）；“34”为普通国省干线公路项目，规划期完成新（改）建1 538公里，占全州普通国省道公路的78%。同时，还规划新（改）建7 500公里的农村公路以及运输站场、航道渡口等建设。

为确保顺利实施，将进一步创新建设管理机制，凉山州组建专业化项目管理公司，增强项目管理力量，并对建设条件特殊、技术要求高、管理难度大的项目，积极引进大型国有专业机构，采用代建制等项目管理模式，充分发挥专业机构技术管理优势，提高项目管理水平。同时，采用BT等方式引入国有大型施工企业带资建设，引导社会资金投入，并加大各级政府财政支持力度，增强项目资金筹措能力。另外，四川省将进一步加强技术指导和人才帮扶，并将公路建设纳入州县政府目标考核，省州政府对重点项目进行专项督办。

《方案》实施后，凉山彝区交通出行条件将得到明显改善，有效支撑凉山经济社会跨越发展。全州将基本实现州府到县城所在地均有三级及以上公路连接；实现99.5%乡镇通油路、99.4%建制村通公路，所有通公路的乡镇都有农村客运站；金沙江航道达到三级航道标准，农村渡运安全条件显著提升。

4.《四川省2013—2015年农村公路改善工程实施方案》

《四川省2013—2015年农村公路改善工程实施方案》（以下简称《方案》）主要集中解决全省农村公路县乡道老油路破损和通往被撤并乡镇县乡道改造的迫切问题，推动农村公路发展从量的扩张转变到提高标准、提升质量、落实管养、全面提升通行服务能力的方向，促进农村公路协调发展，适应社会主义新农村和全面小康社会建设需要。

受历史、地理、经济等多方面因素影响，全省早期建成的农村公路通行能力不足，特别是县乡道服务水平总体偏弱；同时，一大批通往早期已撤并乡镇的公路未能得到及时改造，通行条件极差，成为农村公路发展的薄弱环节。《方案》按照“突出重点、注重效益、提升能力、协调发展”的原则规划农村公路改善工程1万公里，总投资100亿元。其中，2013年计划实施4 000公里。

省政府将进一步加大财政投入，对规划内项目按照每公里40万元标准给予资金补助，3年计划补助资金40亿元。为确保实施效果，实行动态管理，适时开展中期评估，根据项目实施情况进行适当调整，并加强监督管理。

《方案》实施后，全省农村公路骨干网络基本完善，“瓶颈”制约基本消除，县乡公路通行能力和服务水平大幅提高；农村交通出行条件将得到明显改善，极大方便群众交流和货物集散，有利于城乡统筹和城乡一体化发展，服务社会主义新农村和全面小康社会建设。

5.普通国省干线大中修工程

为有效解决政府还贷二级公路取消收费后国省干线公路的养护问题，确保普通国省干线公路路况服务水平不下降，省政府印发《四川省普通国省干线公路大中修工程专项补助办法》，省交通运输厅印发实施《四川省普通国省干线公路大中修工程项目管理办法（暂行）》。

根据以上两个办法，四川省将在中央对全省成品油价格和税费改革转移支付增量资金中，每年集中适当规模专项资金，按照“定向使用、定额补助、专项安排、保障重点”的原则，专项用于普通国省干线公路大中修工程。按照内地大修每公里140万元、中修每公里40万元和三州地区大修每公里200万元、中修每公里60万元的补助标准实行定额补助。

普通国道大中修项目是在对上年度路况检测评定的基础上进行年度申报，当年安排的项目需当年完成。专项补助资金安排实行“奖优罚劣”的激励机制，项目计划安排与省“民生工程”年度目标普通国道干线公路路面使用性能指数和公路养护规范化管理考核挂钩。各级交通运输主管部门将加大资金投入，加强监管，确保工程质量。

国省道大中修专项补助政策为全省普通国省干线公路的养护投入建立稳定可靠的资金保障机制，对于稳步提升普通干线公路路网服务水平，加快构建畅通高效的现代综合交通运输体系具有重要的现实意义。

6.《四川省2013—2015年汽车客运站提升改造工程实施方案》

《四川省2013—2015年汽车客运站提升改造工程实施方案》（以下简称《方案》）以提升改造汽车客运站整体形象、完善功能、提高效率为重点，着力推进各种运输方式之间的合理布局和有效衔接，不断提升汽车客运站公共服务能力，满足旅客安全、快捷、舒适、便利的出行需要，推动全省道路运输业科学发展、协调发展、加快发展。

按照“以人为本、优质服务，规划先行、分步实施，政府引导、市场为主，突出公益、多方参与”的基本原则，《方案》规划用3年左右时间，以两种及以上运输方式相衔接的县级及以上枢纽客运站改造为重点，对全省262个汽车客运站实施提升改造，总投资109亿元。

为加快推进项目建设，四川省将按照分类分级原则对纳入《方案》项目进行资金补助，大幅提高补助标准，每站最高可达2 000万元。加强对民族地区的政策倾斜，三州地区除三级车站按照二级车站标准执行外，其余项目每站补助标准均比内地提高100万元。各地政府也将整合资源，落实建设资金，加快组织项目实施，确保各项任务按计划有效推进。

《方案》实施后，纳入规划的汽车客运站全面得到完善改造，站容站貌明显改善，管理规范化和服务标准化程度进一步提高，综合服务能力显著提升，将更好地服务于满足旅客出行需要。

7.《四川省2013—2015年公路安保工程（路侧护栏）建设实施方案》

《四川省2013—2015年公路安保工程（路侧护栏）建设实施方案》（以下简称《方案》）以设置公路路侧防撞护栏的工程技术措施为主要手段，进一步完善公路安保工程设施，实现消除公路基础设施安全隐患的目的。

《方案》规划建设防撞性能最强的安保工程设施，最大限度提高公路被动防护能力。3年规划建设波形梁护栏、钢筋混凝土护栏和缆索护栏等3类路侧护栏建设17 600公里，总投资45亿元。

为加快推进《方案》实施，四川省将按照“先完多补、后完少补”的原则，采取“以奖代补”对规划项目进行资金补助，规划安排省级补资金22亿元。同时，要求各地加大财政投入力度，强化建设管理和监督，加快推进路侧护栏建设，确保实施效果。

《方案》实施后，全省将全面消除已建成国、省、县、乡道的路侧安全隐患，公路安全防护水平和保障能力得到明显提升，安全畅通的公路交通网络进一步完善，适应经济社会加快发展和人民群众对公路通行安全的新要求。

8.《四川省2013—2017年农村渡口渡改桥建设方案》

《四川省2013—2017年农村渡口渡改桥建设方案》（以下简称《方案》）以消除农村渡运安全隐患为重点，着力推进渡改桥建设，改善广大沿河临水群众生产生活条件，促进交通运输基本公共服务均等化，服务全省全面小康社会建设。

按照“科学规划、统筹兼顾，突出重点、分步推进，争取支持、多方筹资，因地制宜、适度超前”的原则，规划渡改公路桥531座、15.6万米、总投资128.3亿元。其中，2013—2015年实施495座、12.5万米、总投资82.7亿元；同时，2013—2015年实施渡改人行桥239座、4万米、总投资5.1亿元。

为推动《方案》实施，省政府将进一步加大财政投入，按照渡改公路桥每平方米2 200元、渡改人行桥每米6 000元的标准给予资金补助，对位于高等级航道，确需采用刚构、斜拉等复杂结构的特大桥将提高主桥补助标准至每平方米4 400元。规划期内，省级补助资金将达30亿元。同时，各地也将加大财政资金投入，多渠道筹集资金，强化管理，加快推进项目建设。

据测算，《方案》实施完成以后，可撤销渡口1 806处，直接受益人口达700多万人，沿河临水群众的出行条件极大改善，路网整体效益显著提升，地区的渡运安全隐患将彻底消除。’

规划统计信息化建设 2013年，省交通运输厅完成全省交通统计主要指标月度参考资料、统计月报报送工作、统计季报报送和交通经济运行分析工作。组织落实“全国交通运输经济统计调查”和“城市客运专项调查”2个专项调查。按照交通运输部“十二五”交通运输信息化规划要求，推进“交通运输统计分析监测和投资计划管理信息系统”工程建设。作为首批省级试点单位，省交通运输厅开展项目调研、测试、试运行等相关工作，清理规范规划计划统计业务流程，基本实现省、市（州）、县三级计划、统计数据网络化、电子化处理，进一步提高数据的准确性、及时性和安全性。同时通过部省和省、市、县之间的数据资源交换共享，为科学利用基础数据资源，开展经济运行分析和行业管理决策服务提供有力支撑。

（本栏目供稿单位：厅规划处）

建设管理

JIANSHE GUANLI

高速公路建设管理 2013年，省交通运输厅组织制订《高速公路建设推进工作方案（2013—2017年）》，全面启动新一轮高速公路建设。围绕《方案》确定的总体目标和阶段任务，厅建管处健全完善项目建设工作体系和管理体系，落实监督责任，加强工程进度、质量、安全、造价和廉政管理，利用省政府交通建设联席会议办公室工作平台，调动地方政府工作主体积极性，落实项目业主实施主体责任，确保省级各部门、市（州）政府（市州交通局）、项目业主、参建单位四级工作体系、管理体系和责任体系有效运转。针对高压杆管线拆迁进度缓慢、新开工项目建设用地申请提交缓慢及银行贷款到位困难等制约工程进度的突出问题，多次与省国土资源厅、重点办、金融办、电力公司等省级部门进行工作对接，争取支持。与重点办协调召开成都第二绕城高速公路东段电力杆线拆迁，雅康、汶马高速公路加快推进建设等专题会；与省国土资源厅就新开工项目建设用地有关问题进行专题研究；组织各市（州）交通运输局（委）和国土资源局召开会议，研究解决建设用地组卷报批及提交滞后问题。实行项目进度计划管理，开展项目建设综合督查；强化统筹协调，锁定协调工作目标，保障工程建设正常推进；实行季度定期考评，加强对高速公路项目参建单位的信用管理；完善信息通报机制，建立与省国资委的信息沟通机制；超前开展勘察设计工作，深化项目前期工作。

招投标管理 2013年，省交通运输厅依据《招投标法》《招投标法实施条例》以及部、省招投标有关规定，印发《关于进一步规范高速公路项目工程招标投标工作程序的通知》，明确项目招标、开标、清标、评标程序和各方面职责，规范评标报告内容，在招标工作重点环节和关键节点，分类设置监管审查工作用表，统一规范监管程序和内容。规范招标文件备案和招标（合同）限价审查，完善招标文件核心条款制度和备案审查制度，严格限制合同专用条款的设置和新增工程量清单支付细目，统一规范相关条款设置。继续实行投标公示制度、承诺函制度、双信封资格后审制度、保证金基本账户转出制度和信用等级与招标投标活动挂勾制度。

从业单位信用管理 2013年，省交通运输厅完成2012年度从业单位信用评价。该次评价163个项目，涉及1 320个合同段、557家从业单位，评出AA级从业单位9家，A级32家，C级11家，D级2家。对运营高速公路三大系统运行情况进行排查，公布37家存在不良使用情况的机电设备供应商从业单位及不良使用信息。组织完成2012年度全省公路水运工程监理信用评价。发布2012年度重点公路建设从业单位投标失信行为处理结果，对9家从业单位在招投标活动中的失信行为进行信用处罚。完成《信用管理办法》修订，将机电设备供应商和合法分包单位纳入评价范围。在年度信用评价中增加扣分处理的信用处罚（包括限制投标、禁止投标和黑名单三类），对投标行为、履约行为、其他行为三部分内容进行评分，细化信用降级处罚期限及处罚期结束后信用等级确定方法。

市场准入管理 2013年，省交通运输厅组织完成212家施工企业新增资质审查和2 967位注册建造师资格审查，完成对42家监理企业的资质审批和上报；会同厅质监局将监理资质审查、审批等事项纳入厅政务中心，研究制订审查、审批工作流程，并通过政务中心窗口和厅门户网站向社会公开。

信息公开与诚信体系建设 2013年，省交通运输厅组织制订《项目信息公开工作方案》和《开展工程建设领域守信激励和失信惩戒制度建设试点工作方案》，建立覆盖公路、水运、运输场站等交通建设项目的勘察设计、施工、监理、检测、招标代理等所有从业单位和人员的信用评价或记录体系，建立全省统一的发布平台，进一步完善项目公开制度和公开细则。

（本栏目供稿单位：厅建管处）

运输管理

YUNSHU GUANLI

概　况　2013年，全省道路水路运输管理工作有序开展。研究制订《四川省道路水路春运工作考核评价办法（试行）》。按照国家有关部委《关于加强和改进城市配送管理工作的意见》，加强城市配送调研，推动成都市等开展城市配送试点。推进行业“营改增”（营业税改增值税）试点，开展系统内各行业企业抽样调查，分析了解“营改增”试点对企业税负及行业管理影响并做好试点工作宣传。完成燃油补贴和燃油消耗统计相关协调工作。研究制订《四川省交通运输厅贯彻落实<交通运输部关于改进提升交通运输服务的若干指导意见>任务分工方案》和《四川省交通运输厅关于改进提升交通运输服务工作2014年重点任务分工方案》。完成全省道路水路春运工作任务，全省道路水路客运量完成1.43亿人次，其中道路客运量完成1.376亿人次，比上年增长4.46%。组织制订《大件运输协调工作方案》，明确大件运输协调工作相关单位（部门）职责分工。按照省政府和省国防科学技术工业办公室要求，召集相关部门研究讨论重要设备交通运输保障工作方案及具体工作计划，并在重要设备运输任务完成后，获得国防科工办专函致谢。做好“4·20”芦山地震紧急物资运输保障。切实加强岷江上游特别是紫坪铺库区危化品运输安全管理。做好全省交通物流数据统计报送和季度分析，组织落实交通物流数据及信息平台对接，参与研究2013年重点项目推进方案及省物流工作要点，部署并指导行业物流专家和2014年重点项目申报，参与2013年重点物流项目中期评估。参与厅物流公共信息平台立项申报和公路水路运输行业信用信息平台前期立项。做好国家3个甩挂运输项目申报、中期检查和督导实施。完成第二届中国（四川）国际物流博览会参展、参会企业邀请及布展等，做好与相关单位共同主办“绿色货运与新能源采购大会”“货代对接大会”和参与承办“重点物流项目推介会”等及行业对口接待。贯彻落实交通运输部驾驶员培训工作会议精神，进一步加强驾培行业规范管理。会商省公安厅研究解决驾校教练车配备计时培训设备问题，提出处理意见。会同省发展改革委完成3个市（州）一级汽车客运站收费项目及费率标准的核定。根据有关法律法规和交通运输部批复，加强外商投资道路运输业立项审批。参与研究制订《四川省汽车客运站提升改造工程项目管理办法》，制订并推进落实《省交通运输厅对口联系宁南县重大传染病工作方案》。贯彻落实四川省服务业工作电视电话会议精神，推进道路水路运输业有关工作，完成交通运输服务业发展速度指标任务。贯彻省旅游强省工作会议和省政府相关文件要求，推进旅游运输规范有序发展。

完成春运等重点时段运输组织协调　2013年，全省交通运输系统以“平安春运”为主题，按照“以客为主、科学组织、协调配合、安全有序”的原则，顺利完成春运任务。一是道路客运量创新高，水路客运量较大幅度下降。全省道路客运量完成1.376亿人次，比上年增长4.46%；因全省路网的完善、“渡改桥”的推进，水路客运量完成726.53万人次，比上年下降21.10%。二是没有发生因运力不足而影响旅客和重点物资运输的情况。全省日均投入营运客车4.78万辆、客（渡）船3 121艘；道路运输准备应急车600辆，应急调用120辆、加班540班次。三是高速公路和国省干线公路保持通畅。公路预案充分，应急有力，没有发生长时间、大规模的车辆拥堵现象。四是安全形势基本稳定。高速公路和国省干线公路没有发生因养护原因造成的安全事故，水上交通没有发生安全生产事故。道路运输在古蔺县“2·1”重大事故发生后，认真汲取教训，进一步强化安全管理措施，春运安全形势稳定好转。五是春运优质服务水平明显提升。春运工作结束后，四川省副省长王宁在省交通运输厅上报省政府的春运工作总结上批示：“好好总结，形成机制。感谢大家的辛勤工作和无私奉献。”省春运工作协调办公室专门致函省交通运输厅，对行业春运工作予以肯定。为此，根据《四川省道路水路春运工作考核评价办法(试行)》，经省交通运输厅党组会研究决定，厅对成都市等10个市（州）交通运输局（委）、厅运管局等7个厅直单位和四川省成都长途汽车（集团）公司等41个道路水路春运工作成效显著单位进行通报表扬。

改进提升交通运输服务 2013年第四季度，省交通运输厅按照党的群众路线实践教育活动要求和交通运输部《关于改进提升交通运输服务的若干指导意见》，研究制订《四川省交通运输厅贯彻落实<交通运输部关于改进提升交通运输服务的若干指导意见>任务分工方案》和《四川省交通运输厅关于改进提升交通运输服务工作2014年重点任务分工方案》。根据方案内容，省交通运输厅将着力在以下6个方面持续改进提升交通运输服务工作：一是统筹城乡发展，提升交通运输基本公共服务均等化水平；二是加快标准建设，提升交通运输服务规范化服务水平；三是优化服务组织，提升交通运输服务便捷化水平；四是加强市场监管，提升交通运输服务安全化水平；五是推进创新发展，提升交通运输服务信息化水平；六是加快职能转变，提升便民利民政务公开化水平。《方案》还确定56项重点工作，明确分管领导、责任部门和推进工作机制，基本形成目标明确、事权清晰、责任分明、上下联动、督导有力的工作格局。

组织协调重点大型设备运输 2013年，省交通运输厅按照中共四川省委、省政府积极支持全省重大装备产业发展的工作要求，继续做好重点大型设备运输组织和保障工作。全省全年依托大件运输通道以公路水路联运方式安全运输进、出川大型设备178批次，总重43 168吨，其中，单体200吨以上68件（套）。主要开展了以下几个方面的工作：一是组织修订出台《大件运输协调工作方案》。明确大件运输管理的职责分工，规范大件运输审批程序，着力构建大件运输通道有关地方和部门分工明确、责任到位、运转协调、保障有力的工作体系，推进大件运输工作制度化、规范化、程序化。二是强化大件公路涉路施工监管和航道维护，注重工作衔接和协调，确保重点大件设备顺利运输。三是全力保障重点军工关键大件设备安全运输。按省国防科工办“特事特办，急事急办；后墙不倒，确保安全”原则，严密组织实施军工型号关键设备的运输保障工作，该项工作时间要求紧、运输保障难度大、协作协调面广，经过多次论证和多方共同努力，省交通运输厅圆满完成运输保障任务。为此，省国防科工办专函致省交通运输厅表示感谢。

推进交通运输物流发展 2013年，省交通运输厅贯彻实施交通运输部《关于交通运输推进物流业发展的指导意见》，立足“大交通”，发展“大物流”，促进交通运输与物流业的融合发展。一是加强公路货运枢纽（运输型物流园区）、港口的规划和建设。达州公路物流港、成都公水联运物流基地、攀枝花格里坪物流园区、遂宁公路物流港、广元上西物流中心、广安枣山物流中心等6个项目完成项目材料编制并报交通运输部。广安港、南充港开港试运行。二是推广“公路港”物流经验。会同省发展改革委等部门研究成都传化公路港物流经验，联合形成推广先进经验意见。三是推进公路甩挂运输试点。全省道路运输有4个项目分别纳入交通运输部、财政部、国家发展改革委的甩挂运输试点。分别是：成都长途汽车运输集团有限责任公司甩挂运输试点、达州达运物流有限责任公司甩挂运输试点、安吉物流公司甩挂运输试点、宜宾欣联物流公司甩挂运输试点。加强甩挂运输试点项目督导，按交通运输部的安排完成试点中期评估检查；协调省政府物流办，4个项目列入省重点物流项目，落实项目扶持资金750万元。四是会同省级相关部门研究并提出加强和改进城市配送管理工作的意见，推动成都市等开展城市配送试点。五是按照省政府工作安排，完成第二届中国（四川）国际物流博览会参展、参会企业邀请及布展等工作，做好与相关单位共同主办“绿色货运与新能源采购大会”“货代对接大会”和参与承办“重点物流项目推介会”等工作及行业对口接待。六是开展物流公共信息平台建设的调研和相关数据对接。

加强道路运输安全 2013年，省交通运输厅继续抓好道路运输安全工作。一是按照交通运输部等三部局《关于印发“道路客运安全年”活动方案的通知》要求开展以下工作：贯彻《道路旅客运输企业安全管理规范（试行）》，推动客运企业安全达标活动，提高企业安全管理水平；进一步强化客运车辆动态监管，因时因路合理设定分段限速值和驾驶时间；开展“安全带—生命带”活动宣传，将乘客佩戴安全带作为“六不出站”检查内容之一；改进旅游包车安全管理，开展包车客运安全集中专项整治；进一步推进长途客运接驳运输试点，加强接驳运输试点企业组织实施工作督导；进一步规范汽车客运站安全管理，推进《汽车客运站客车安全例行检查及出站检查工作规范》和安全告知制度。二是加强道路危险化学品运输安全监督管理。组织《道路危险货物运输管理规定》宣传贯彻，规范行政许可，做好许可企业（单位）的复查。专题研究紫坪铺库区危化品运输问题，进一步加强监控监管措施，防止因事故造成库区水体污染。三是加强春运等运输高峰期安全检查，组织专项安全督查组，主要采取暗访形式分片区开展安全检查。

（本栏目供稿单位：厅运输处）

安全管理

ANQUAN GUANLI

概　况　2013年，全省发生运输船舶安全事故4起、死亡8人，经济损失16万元，分别占年度控制指标的1.81%、6.78%和0.72%，比上年分别下降42.8%、11.1%和88.3%。道路旅客运输未发生源头安全事故，公路水运工程建设和养护施工安全生产形势总体可控，全省交通运输安全形势总体稳定。年内，省交通运输厅被省政府、省安委会评为“2013年度全省安全生产目标考核优秀单位”和“2013年度安全生产宣传教育工作先进单位”。

2013年，省交通运输厅副厅长冯文生（前中）检查水上交通安全　厅航务局 供稿

安全生产责任制　2013年，省交通运输厅就安全工作召开3次厅党组会、2次厅办公例会、5次电视电话会及专题会，坚持组织召开每季度1次厅安委会全体成员会议和每月1次安全例会，研究部署交通运输安全生产工作。厅党组书记、厅长彭琳高度重视安全生产工作，多次作出重要批示指示，国庆前发公开信慰问一线广大干部职工，部署安全生产工作；厅党组副书记、副厅长周道平靠前指挥，及时协调解决安全生产工作中的重大问题；其他厅领导积极落实“一岗双责”（详见《附录》）。按照省交通运输厅与各市（州）交通运输局（委）和厅安委会成员单位签订的安全生产工作目标责任书要求，各地、各单位认真履职尽责，形成主要领导负总责，分管领导抓落实的良好工作格局。

“平安交通”创建　2013年，省交通运输厅按照交通运输部统一部署，研究制订“平安交通”创建活动实施方案，细化分解创建工作任务、责任单位和完成时限。全省交通运输系统以“平安交通”创建活动为载体，深入开展“打非治违”和隐患排查整治等专项活动，有效防范安全生产事故发生。“打非治违”专项整治稽查检查车辆161万余辆次，查处各类违规经营车5余万辆次，查处偷逃通行费案140余起，追缴偷逃通行费118万余元。全年累计排查各类事故隐患256.55万起，整改率94.9%。省安委会公示的33处公路重大安全隐患项目，除广元苍溪县罗家渡大桥改造项目调整为新建项目，且完成时间调整为2014年外，其余均按期完成整治。

安全生产大检查　2013年，省交通运输厅在春运、汛期、国庆和“两会”期间，按照“全覆盖、零容忍、严执法、重实效”的总体要求，全省交通运输系统以道路客运、水上交通、桥梁隧道、城市公交和交通建设施工安全为重点，采取“四不两直”（即不发通知、不打招呼、不听汇报、不用陪同和接待，直奔基层、直插现场）等方式，开展安全大检查活动。全年累计开展系统安全大检查6次，派出各类检查组6万余个。其中，厅领导带队的7个综合督查组，对21个市（州）进行全覆盖督查。同时，省交通运输厅牵头的省政府第10督查组对眉山市安全生产工作进行综合督查和“回头看”，按要求完成省政府下达的督查任务。

安全生产基础工作 2013年，全省交通运输部门不断夯实安全生产基础。公路管理方面会同省级相关部门印发《四川省2013－2015年公路安保工程（路侧护栏）建设实施方案》，公路安保工程累计投资1.2亿元、完成4 300公里。水上交通方面组织编制《四川省“十二五”渡改桥和公益性渡口建设规划》和《2013—2017年农村公路固定渡口改造实施方案》，累计渡改公路桥177座、渡改人行桥100座；建成视频监控点1 365个，免费安装300套客渡船AIS（即船舶自动识别系统）终端设备，建成11个AIS岸台基站，完成出川货运船舶船载AIS终端设备安装任务。道路运输方面基本完成长途客车、旅游包车和危险品运输车辆具有行驶记录功能的卫星定位装置安装任务：三类以上班线客车15 772台、旅游包车2 758台、危险品运输车4 335台；高速公路管理完善127套移动视频监控系统，升级794套无线语音集群对讲及定位系统，新配12部卫星电话。

2013年12月24日，厅安全总监胡大昌（中）检查机场高速收费站安全工作
交通宣传中心 供稿

安全培训考评与宣传 2013年，全省加强队伍培训、企业考评和社会宣传工作。全年累计培训安全应急管理干部5 000余人次，培训道路水路运输企业安全生产标准化考评员579人；建成并试运行内河一类船员考试发证机构质量管理体系，13 000余名持证船员通过考试。认定2家考评机构，选择10家企业启动安全生产标准化试点考评工作；完成9家三级以上道路旅客运输企业、43家一级汽车客运站和21个项目水工工程的安全生产状况评估工作。编制2012年全省交通运输安全生产事故案例，组织开展“水上交通安全知识进校园活动”，在四川省交通广播电台开展安全应急咨询活动，营造良好的交通运输安全生产氛围。

安全应急保障 2013年，省交通运输厅与武警交通第一总队建立警地应急救援合作机制，与重庆、贵州、甘肃、陕西等相邻省（直辖市）构建应急协调和运力相互支持机制，与省级相关门和地方政府完善自然灾害预警和公路交通疏导协调机制，修订完善各类应急处置预案10余个，行业应急保障能力明显提升，完成“4·20”芦山强烈地震和“7·9”特大山洪泥石流的应急运输保障任务，成功保障《财富》全球论坛、世界华商大会、西部国际博览会和中国（绵阳）科技博览会会议期间的公路畅通。“4·20”芦山强烈地震期间，累计调用客货车6 456辆，抢运救援人员和转移灾区群众9万余人次、救灾物资3.1万吨。抗击“7·9”特大山洪泥石流期间，累计出动海事执法人员11 129人次，海巡艇817艘次，救助遇险船舶22余艘，转移受困群众100余人，排除险情70余处。

（本栏目供稿单位：厅安全处）

绵阳山区公路安保设施 交通宣传中心 供稿

国道108线攀枝花段安保工程 交通宣传中心 供稿

高速公路管理暨交通执法

GAOSU GONGLU GUANLI JI JIAOTONG ZHIFA

高速公路管理系列文件出台 2013年，省交通运输厅高速公路管理局（厅高速公路交通执法总队）加快推进《四川高速公路条例》立法进程，《条例》进入省法制办审查阶段；围绕养护、运行、收费、服务、执法管理等编制完成《通信系统建设规划》《治超站布局规划和应急资源配置规划》《养护管理办法及考核评比办法》《技术状况检测暂行规定》《桥梁养护管理工作制度》《重大安全隐患挂牌督办制度》《视频联网技术要求》《通车投运准备工作方案》《移动视频监控系统使用及联网收费通行卡管理办法》《路网总体应急预案》《服务区服务质量考核办法》《服务区、收费员星级评定管理办法》《客运签单及执法信息管理办法》和《涉路施工监督管理规定》等，管理制度框架基本建立。

（厅高管局）

高速公路“联勤联动” 2013年，省交通运输厅高速公路管理局（厅高速公路交通执法总队）积极探索适合四川高速公路特点的新模式，路网监督、应急和联动机制基本构建。省级层面建立厅高管局牵头，省公安厅交警总队、川高公司、成渝公司、四川路桥集团、成都市交投和高速公路沿线地方政府等参与的联席会议制度，及时研究解决山区高速公路安全管理、高速公路缓堵保畅、道路交通安全综合整治等重大问题；督促完善由营运公司牵头，高速交警、交通执法、沿线地方交通运输部门等参与的“联勤联动”机制；健全厅高管局监督检查、执法支队指导督办、执法大队日常巡查的服务区服务常态监管机制；建立高速公路路况及机电系统抽检、桥梁隧道抽检等工作机制，进一步理顺高速公路管理相关方关系。营运公司、直属单位结合实际，进一步健全完善营运管理、联网收费、交通执法等制度。

（厅高管局）

高速公路公共服务 2013年，省交通运输厅高速公路管理局（厅高速公路交通执法总队）明确强化并分步落实运行监测、道路养护、收费管理和健全公共服务标准体系等31项重点工作。加强服务区设计方案审查，完成41处服务区改造；以优化服务、改善功能、提升形象为目标，基本完成11处收费站改造；升级改造“12122”服务系统，加强四川交通在线网站维护管理，受理话务61.91万件，发布信息6 714条，提供查询6.09万次，公众手机接收适时路况信息38.68万人次；推进ETC系统建设，检测系统关键设备，完善测试流程、内容和标准；组织开展高速公路综合环境和交通拥堵排查整治专项活动及公共服务专项监督检查，督促整改服务区、收费站、清排障服务等问题；完成服务区及收费员星级评定试点工作，评定星级服务区6处、星级收费员730余名；建成并试运行高速公路出行服务网站。乐自高速公路全部服务设施与主体工程同步建成投用；川高、成渝公司针对服务区遗留问题，自主建成基本服务设施；成都市交投集团主动实施部分收费站改造。

（厅高管局）

全省高速公路网运行监测及信息服务中心　　厅高管局 供稿

高速公路养护监督 2013年，省交通运输厅高速公路管理局（厅高速公路交通执法总队）初步建立高速公路养护管理系统，系统具备基础数据及养护动态查询、养护业务管理、内部办公等功能；完成基于云计算的地理信息平台在高速公路养护管理中的应用研究；组织开展桥隧技术状况抽检，掌握全省高速公路36座重点桥梁和15座重点隧道管理现状，督促解决问题；落实桥梁重大安全隐患挂牌督办制度，督促整治南充绕城高速公路清泉寺嘉陵江特大桥病害；配合交通运输部开展长大桥隧抽检巡查，庙子坪大桥养护管理获交通运输部表扬；“4·20”芦山地震和汛期洪涝灾害发生后，及时组织高速公路灾损核查，指导映汶高速公路、成绵高速公路鸭子河大桥、成绵复线高速公路石亭江大桥等抢通保通工作，督促道路安全隐患整治，交通执法第二支队被中共四川省委组织部授予“抗洪救灾先进基层党组织”称号。营运公司合理制订养护计划，投入养护资金8亿余元，高速公路保持良好技术状态，总体技术状况指数（MQI）和路面平均使用性能指数（PQI）均超过90；成南高速公路路况指标居全省前列。

（厅高管局）

高速公路运行监测 2013年，省交通运输厅高速公路管理局（厅高速公路交通执法总队）完成全国高速公路通信系统联网工程（四川段）项目建设，启动全省高速公路通信系统干线网建设，推进高速公路视频联网系统改造，实现绕城、成绵、成渝、成南等28条高速公路视频实时监控；推广交通执法单兵系统、执法记录仪、行车记录仪等信息化设备应用，组织完成交通执法电子监控系统总体设计及15个试点项目建设；初步建立执法卫星电话应急通信系统；启动建设收费数据查询分析平台，升级改造联网收费软件；督促成德南、泸渝、遂资眉、巴南、乐雅、乐自、巴达、南大梁、丽攀9条高速公路712公里通车投运准备；“4·20”芦山地震和“7·9”洪灾高速公路网应急响应及时有效，“以战带练”应急交通保障演练顺利开展；完成春运、国庆长假和成都《财富》全球论坛、第12届世界华商大会、第14届中国西部国际博览会等高速公路保通保畅任务。

2013年，检查登记隔离栅完整性 厅高管局 供稿

（厅高管局）

高速公路交通执法 2013年，省交通运输厅高速公路管理局（厅高速公路交通执法总队）增设执法大队14个，增加行政执法类事业编制159名；加强涉路施工审批和监管，办理施工许可281件；加快推动执法标识标志、执法证件、执法服装和执法场所外观统一，规范42处执法场所、198台车辆外观形象标识及1 394名执法人员服装；强化客运签单及过程监督，查处不按站点停靠及非法上下客等行为；加强危化品运输车辆监管，严查驾驶及押运人员资质；启动道路交通安全综合整治攻坚年行动，督促完善收费站入口固定计重设备，管控整治超限运输车辆。

2013年，严查货运车辆驾驶人员从业资格证 厅高管局 供稿

全年出动执法人员17.97万人次，检查客运车辆100.45万辆次、货运车辆28.27万辆次，清理整治非交通标志标牌921块，追补通行费138.21万元，挽回路产损失6 066.53万元。

（厅高管局）

川高公司营运管理 2013年，川高公司完成营业收入101.65亿元，比上年增长47.1%；完成建设投资141亿元，为年计划的107%；建成通车高速公路415.7公里，年底营运高速公路通车里程3 255公里。年内，主要做了以下工作并取得新的成绩。

融资财务管理 全年融资230.29亿元，以新增贷款利率下浮、置换高成本信托等方式，节约财务费用2.4亿元。构建以全面预算管理为核心、资金调控为纽带、绩效考核为手段的财务管理框架，采取法人分级负责，有效控制成本费用，完成预算目标。

重点项目建设 一是年底通车项目如期建成。成德南、巴南、乐雅等高速公路剩余路段，以及巴达高速公路全线、巴陕高速公路巴中至南江段、丽攀高速公路攀枝花段金江至庄上互通段合计415.7公里建成通车，占全省新增通车里程的近50%。建成国道317线俄（尔雅塘）岗（托）路炉霍至马尼干戈段187公里，基本建成省道215线瓦（泽）九（龙）路158公里。二是新开工项目启动。仁沐新高速公路仁寿至井研试验段三江互通、泸黄高速公路加宽改造工程试验段开工。

营运服务管理 加快整车式计重设备等收费设施升级改造，开展绿色通道检测设备试点。建立收费管理和内外收费稽查等方面的长效机制，追缴通行费近4 000万元，较上年增长26%。提升公共服务质量，完成节假日期间小型客车免费通行保障工作，减免通行费4.35亿元，淮口服务区通过全省星级评定验收。加强道路日常管理与养护，保证营运道路技术状况优良。开展都汶高速公路“7·9”洪灾后的应急处治和恢复重建工作，为实现双向通行创造条件。

安全生产管理 开展冬季、汛期安全大检查，做好春运、“两会”期间高速公路安全保通保畅，未发生源头责任道路交通事故，安全形势总体稳定。组织开展“安全生产月”“打非治违”等专项活动，系统内11家单位全部通过省安监局组织的标准化二级达标验收。开展隐患排查治理，全年排查一般安全隐患3 266处，整改3 112处，整改率达95.29%，对无法立即整改的安全隐患制订整改方案或采取临时性防护措施。进一步理顺高速公路交通事故处置程序，加强路产维护管理工作，全年清排障、路产占用赔偿收入9 959万元。

企业管理体制机制 研究完善薪酬考核体系，增强经营业绩与企业负责人薪酬和职工工资总额的关联度，开展薪酬结构改革试点，使工资薪酬水平与劳动强度和责任风险挂钩。加强全面预算管理在增收减支、控制成本、提高效益方面的引导和约束作用，按照“权责匹配”的原则，减少过程干预，增强预算单位的自我约束能力。改革营运收费考核机制，科学制定评价指标，在全路网推行管理标准化作业。完善资金监管、财务收支、合同审查等管理程序。

路产资源整合开发 全面清理所辖服务区、加油站、广告业务，支持省交投集团实业公司提前介入服务区规划设计，按经营需要进行布局优化调整；就服务区加油站合作框架反复与中石油公司谈判沟通并签署战略合作协议。支持重组后的省交投集团建设公司，在工程养护、服务区和收费站改（扩）建等方面紧密合作，交投建设公司中标川高公司5年养护工程。

多元产业发展 加快推进建设移交（BT）及地方合作项目等短线投资，启动广邻高速公路邻水出入口迁建、巴中恩阳基础设施建设项目；就巴中市南环线、达州市环城路二期及大寨子土地前期开发项目与地方政府达成合作意向；推进邻水县西环线、雅西高速公路灵山服务区等9个投资项目。做好土地资产清理以及地产开发等中线投资，成都、泸州附近的部分闲置土地调规变性工作取得阶段性成果；通过拍卖取得峨眉山市13.34公顷乐雅高速公路配套出让土地，确定邻水互通迁建工程的保障地块；利用主业平台优势，深化与地方政府的合作，探索建立长期、有效的配套资源补偿机制，吸纳有价值的土地储备资源，在巴中恩阳、阆中、广安等地新征服务区或指挥中心用地41.35公顷。引导高路信息、高路建筑、高路绿化等非路产公司转变经营理念，增强市场意识，主动参与竞争，在做好内部项目的基础上，开拓系统外、省外市场，全年实现产值6.07亿元。

党风廉洁建设和行业建设 一是以党的群众路线教育实践活动为主线，以“三分类三升级”和“实现伟大中国梦，建设美丽繁荣和谐四川”主题教育为载体，加强组织建设、整改“四风”问题，发挥党组织的战斗堡垒作用，为推进中心工作提供坚强的政治保证。二是积极投身抢险救灾，树立国企良好形象。“4·20”芦山地震和“7·9”山洪泥石流灾害发生后，川高公司第一时间组织抢险突击队开展抢通保通工作。在最短时间内抢通芦山地震灾区“生命线”，迅速恢复因遭受“7·9”山洪严重损毁的映汶高速公路和成绵高速公路鸭子河大

巴南高速公路嘉陵江特大桥　　川高公司 供稿

桥的应急通行能力。同时，及时开通抢险救灾绿色通道，雅西、成都绕城和都汶等高速公路在“4·20”地震后全线对所有车辆实行免费通行，映汶高速公路抢通后全线实施免费通行，全年减收通行费累计3.3亿元。三是举办系统第一届青年文化节，围绕“我的中国梦——让青春在高速路上出彩”的主题，分别组织开展“中国梦 青春情”演讲、“我的中国梦”主题征文等比赛。组织人员分赴中铁二院、中国移动四川分公司等单位学习企业文化建设先进经验，结合高速公路建设营运管理实际，不断丰富企业文化建设。在为期3年的劳动竞赛活动中，川高系统获“四川省五一劳动奖杯”13个、“五一劳动奖章”22个、“工人先锋号”19个、重点工程劳动竞赛先进集体20个、优秀建设者30人。

（川高公司）

2013年2月8日，省交通运输厅厅长彭琳（左二）到川西片区公司检查春运安全并慰问全省交通运输系统文明示范窗口天府站

川西片区公司 供稿

成渝高速公路营运管理 2013年，成渝公司在成渝高速公路营运管理方面主要做了以下工作：

收费管理 加强与高速交警、交通执法大队联勤联动，完善打击偷逃通行费长效机制；加大收费稽查力度，成立收费稽查队，整合稽查力量，优化稽查方法；出台收费稽查奖励办法，编制收费稽查实用指南；加强培训，提高技能，开展百日收费业务劳动竞赛、微笑之星、文明服务大使、文明示范岗等评比活动，收费管理队伍整体素质、文明服务水平和整体服务形象明显提升。

养护管理 加大养护资金投入，继续实行周期性预防养护。不断改进施工工艺，实现道路养护成本控制和道路安全畅通双赢。成渝高速公路沱江大桥通过交通运输部全国特大桥梁专项检查，“成渝高速公路维修保养实时控制系统”得到交通运输部路网中心长大桥梁巡查工作组高度评价，认为该系统可以作为养护管理亮点在交通行业宣传推广。做好机电系统的维护保养，实时监控机电系统运行状况，提高维护人员工作技能，保障机电系统正常运行。完成内江、渔箭收费站改（扩）建工程的配套机电改造工作。

安全管理 坚持安全生产“一岗双责”制（详见《附录》），建立完善三级安全生产责任体系。加强对养护现场、主线道路、服务区、收费站、加油站安全隐患排查和安全生产督查。做好节假日、汛期和冬季雨雾冰雪重要路段的安全保畅工作。开展安全生产标准化建设和安全隐患排查治理体系建设，完成安全生产标准化二级达标验收。定期召开安全工作会议，组织开展“安全生产月”“百日安全生产”“安康杯”竞赛等活动，营造重视安全的良好氛围。

（成渝公司）

绕东绕西都汶高速公路营运管理 2013年，川西片区公司在绕东、绕西、都汶高速公路营运管理方面主要做了以下工作：

收费管理 一是严格对内稽查。公司组织稽查监控部和管理处稽查人员，联合川高公司稽查大队，重点对授权卡使用、未付处理及紧急车记录、异常车处理等情况进行突击稽查、交叉稽查和不定期稽查。全年公司开展日常稽查6 000余次，查处一般违纪违规人员430人，查处重大违规违纪16人，解除劳动合同14人。二是加强对外检查。公司在天府、货运大道、映秀站等货车较集中的收费站点，组织稽查、路产管护、川高稽查、驻站保安等几支队伍与交警六分局、地方公安、执法部门设立打击偷逃驻守点，安排专职人员对成新蒲、锦城湖、成龙、大件站等区域进行重点巡逻。同时，按照省交投集团《防范和打击偷逃收费公路车辆通行费违法犯罪经费补助和奖励暂行办法》的要求，落实兑现奖励举报制度，鼓励社会群众和内部职工积极举报各种偷逃通行费案件和人员。全年在各类行动中挡获逃费车7 407辆次，挽回通行费收入710.79万元，基本实现日均冲站车辆为零的目标。全年完成通行费收入8.04亿元，较上年增长20.28%。

养护管理 规范养护管理内业资料，完善养护管理制度，建立清晰的养护管理流程。完成府河桥整治、新房子大桥桥台加固、都汶高速公路隧道渗漏水处治工程，庙子坪大桥维修保养加快推进。配合成都市新建锦城湖、成新蒲收费站，完成成龙站临时缓堵工程。启动收费系统升级改造、计重设备改造、都映高速公路隧道光电标志及火灾手动报警改造等工程。

安全管理 完善“三快”（快达、快处、快撤）处置办法，确保交通事故及时高效处置。全年公司管辖路段发生交通事故6 755起，日均18起，均得到有效处置，未发生一起安全源头责任事故和二次事故。通过招标选取专业机构指导安全生产标准化二级达标相关工作，培训员工，排查辖区外业安全隐患，整理内业资料，制订应急演练方案。公司于11月4日接受评审组专家的内外业现场验收，成为安全生产标准化二级达标企业。推进“治超”工作，成立总经理刘宏任组长的高速公路收费站货车超限超载治理领导小组。在高速公路上设置货车专用车道，在每个收费站设置公告牌、货车准入禁入和货车专用道标牌、限高门架，完善计重设备，在收费站进行车道渠化。加快研究制订应急预案，加强事故处理力量，尤其是清排障车辆的点位部署。加强值班，领导班子现场值班，各部门包站值班。加大宣传，将超限超载的危害、治理的意义与目的、治理标准与措施等主要内容进行定点宣传和流动宣传。加强与交通执法、高速交警等相关部门联勤联动，做到信息互通、资源互补、人员互动。完成收费站永久“治超”点和“治超”岗亭的设置、固定计重设备的采购及安装、劝返车道和卸载点的设置等各项工作。

抗震救灾与抗击泥石流 “4·20”雅安芦山地震发生后，公司立即启动应急预案，迅速完成道路、桥梁等受损情况评估和紧急处置；主动协调高速交警、交通执法部门在震后10多分钟内，开始对绕城高速公路成雅立交实施交通疏导；同时在各收费站设置抗震救灾专用通道，保证抗震救灾“生命通道”的安全通畅。在绕城高速公路、都汶高速公路严格执行实行免费通行等政策；协助做好绕城高速公路成雅立交、成温邛立交社会车辆劝导分流工作，确保全省路网枢纽——绕城高速公路安全通畅。震后公司各级踊跃向灾区捐款捐物，在天府站、机场站、双流站、映秀站等设置抗震救灾应急服务站，设置标志标牌，为过往的受灾群众及救灾队伍提供矿泉水、食品及药品。“7·9”都映高速公路泥石流灾害发生后，公司紧急启动应急预案，在5分钟内迅速将灾害信息传递到上级单位和相关部门的同时，2小时内迅速完成第一批次抢险机械集结，投入抢险指挥保障车32辆，抢险人员140人，开展对受灾路段的抢通工作，并在灾情发生当天，独立抢通都映高速公路69公里、78公里2处单向交通，清除塌方体3.5万立方米。为得到准确可靠的第一手资料，总经理刘宏带领12名党员干部，在沿途泥石流仍在不断发生的情况下，冒着生命危险徒步翻越泥石流堆积体勘察灾情，带出大量珍贵的图片资料和灾情信息，为后期各级领导和相关单位对灾情研判和抗洪抢险工作提供准确及时的第一手资料。迅速转移受灾群众630余人，为滞留收费站临时安置点的灾民提供食宿，为参与全线抢险保通的各级干部职工、施工队伍、过往司乘人员6 400余人次免费提供就餐、饮水、休息、住宿等后勤保障服务。由于采取措施及时有力，公司抢险救灾工作受到中共四川省委、省交通运输厅、省交投集团和川高公司各级领导的充分肯定。

（川西片区公司）

成南南渝遂渝遂回高速公路营运管理 2013年，成南公司（川中片区）在成南、南渝、遂渝、遂回4条高速公路营运管理方面主要做了以下工作：

遂渝高速公路西眉互通立交　　厅史志总编室 供稿

收费管理 加强对原始收费数据的统计和分析，及时监控收费数据波动，实时关注邻边高速公路实收和清分数据变化，及时制订应对措施。分解收费任务到各处、各站及个人，公司领导带领分管部门负责人深入基层掌握收费进度并对收费工作进行督导。通过开展“服务明星”和“增收能手”评选，开展收费人员岗位技能知识培训，完善收费员、监控员考核奖励监督机制等方式，促进基层员工整体素质和服务水平的提升，全年评选服务明星和增收能手180名。通过监控设施实施远程稽查、加强特殊时段和薄弱环节的巡查以及突出对收费员异常操作的核查等方式，强化内部监管，从源头上堵住收费漏洞。通过定期召开公司内部稽查业务经验交流会、组织召开车道查验现场观摩会以及联合周边相邻公司建立区域“联勤联动”沟通协商机制等方式，构建多层次多角度全方位的打逃体系，提升对内对外稽查整体效果。同时，公司加强与高速交警、交通执法、地方公安等执法机构联勤联动，明确和细化工作职责，联合开展打击高速公路违法冲关逃费行动，公司联合执法单位开展对外稽查6 877次，查处各类逃费车辆17 980辆，补追缴通行费437万元，并向执法单位和公安机关移送、协查偷逃通行费作案嫌疑人474人次，配合公安机关打掉数个成建制的涉黑偷逃通行费违法团伙，取得明显震慑效果。落实机电系统检修制度，定期与不定期开展日常检修工作，确保收费机电系统运转正常；完成全线整体式计重秤台改造工程，减少收费纠纷，保证通行费应征不漏。

财务管理 坚持以完善企业财务预算管理体制为核心，严格成本费用控制，加强资金监管，制订并印发《关于规范财务报销管理办法》《现金管理制度》。配合省交投集团和川高公司完成银行账户专项清理等各项前期筹备工作。申请西部大开发所得税税收优惠政策并获批准，为公司节约企业所得税费用7 254万元，并配合上级单位完成各项审计工作。

养护管理 加大对道路重点路段、高边坡以及桥隧涵的巡查力度，发现隐患及时启动应急预案进行处置，保障道路安全畅通。针对成南高速公路、遂渝高速公路现状，制订道路养护整治方案，完善道路桥涵养护制度，完成成南高速公路淮口大桥、桂花湾大桥等桥梁病害处治加固及1 865公里处路基边坡、1 952公里处左侧边坡灾害抢险工程等。做好道路绿化和保洁工作，公司管辖的4条高速公路优良路率均为100%。年内，在川高公司组织的养护大检查中，公司取得名列前茅的好成绩。

安全生产 推进安全生产标准化建设，落实安全生产管理制度。公司通过“国家企业安全管理生产标准化”二级企业验收，初步建立起以公司机关部门、管理处科室、站队、班组分级管理为基础，以安全生产标准化管理为支撑，以自查自报自改为核心的隐患排查治理系统，是省交投集团系统内第一家完成安全生产隐患排查治理体系建设工作的营运公司。定期、定量组织开展安全生产检查工作，坚持安全周报制度，落实隐患整改责任人，督导整改落实，全年公司组织开展安全大检查11次，发现并治理安全隐患353处。加强安全生产培训教育和安全宣传工作，通过组织召开安全生产培训，观看安全生产教育培训片及邀请安全生产专家授课等方式，提高职工安全生产意识。完善应急预案，落实应急预案各级人员在应急突发事件救援中的岗位责任，提高应急预案的可执行力度和效率，提高应急快速反应和处置能力；加强与高速交警、交通执法及地方政府等相关部门联勤联动机制，全年联合执法单位及地方政府集中开展打击道路违法行为数次，辖区道路交通行车秩序得到较大改善。全年公司所辖路段未发生一起死亡3人以上（含3人）道路交通事故和安全生产责任事故，安全生产形势整体稳定可控。

服务区管理 加强对服务区商家的现场管理，形成合力共同提升服务区各项管理水平和服务质量，努力为过往司乘人员提供暖心、舒心、放心的高标准服务。淮口服务区被评为全省高速公路星级试点单位。

芦山抗震救灾 “4·20”芦山地震发生后，公司迅速反应，及时启动道路排查应急预案，保障道路的安全畅通；在主要收费站和沿线服务区设置服务点，派专员昼夜为抗震救灾队伍提供免费食品和路线咨询服务。公司员工向芦山灾区捐款57 435元。

（川中片区公司）

绵广广巴广陕高速公路营运管理 2013年，川北片区公司在绵广、广巴、广陕3条高速公路营运管理方面主要做了以下工作：

收费管理 加强收费工作的日常管理与考核，开展各类业务培训和岗位技能竞赛，开展全覆盖式收费业务集训。公司在棋盘关收费站率先安装整车式计重设备，完成广巴高速公路不停车电子收费系统（ETC）车道建设、绿色通道车辆检查设备招标与试点、剑门关收费站改造等专项工作。加强授权卡使用、免费车放行、鲜活车查验等管理。保障五一、国庆等节假日小型客车免费通行期间的道路畅通，确保“4·20”芦山地震救灾车辆和救援物资免费、安全、快速通行，未出现服务质量投诉事件。联合公安机关成功查处“5·20”偷逃通行费团伙案件，有效打击偷逃通行费行为。全年整治逃费车84 562辆，追缴通行费1 159.05万元。年内，绵广、广巴和广陕高速公路完成通行费收入15.23亿元，比上年增长10.31%。

养护管理 做好道路日常和专项养护工作，按期完成国道108线示范改造工程，全年日常养护费用3 529万元，专项养护费用1 081万元。开展新技术、新材料、新工艺在道路养护上的应用。加强绿化保养、服务区日常监管、收费站环境整治和路面垃圾清理工作，公司所辖道路结构安全、路容整洁、路况良好、舒适畅通。绵广高速公路养护质量指数（MQI）为93.24、广陕高速公路为96.62、广巴高速公路为96.25。

安全管理 加强危险路段和事故现场的管控工作，完善应急预案及联勤联动机制，提高交通事故现场排障救援速度和处置效率。加强道路施工现场安全管理，规范道路养护施工作业。推进安全生产管理长效机制建设，公司被评为安全生产标准化建设二级单位。开展春运、节假日及汛期的安全隐患排查与治理，建立健全地质灾害巡查工作机制，从预防预警、隐患排查、应急物资储备、应急队伍建设等方面提前做好汛期和冬季道路保畅工作，在全线道路、道路附属设施、服务区、加油站等场所开展汛前和冬季安全交叉检查，及时消除安全隐患。全年清排障作业1 322起，查处各类路产案件998起，立案率100%，结案967起，结案率96.9%。公司全年无重大安全责任事故发生。

服务区管理 加强服务区环境卫生和综合服务质量的检查及监督管理。落实专门管理机构会同执法部门对服务区和加油站的安全、环境卫生、物价、服务实行综合监督管理，提升监管工作实效；集中治理“垃圾乱扔、污水乱排、摊位乱摆、车辆乱停、工地乱象、厕所异味”现象，采取多种措施消除服务区广场的安全隐患；美化服务区入厕和购物环境，合理规划和整改旅客休息点，提供舒适美观的休息环境。完成广陕高速公路中子服务区的加油、停车、厕所、餐饮、超市的建设，推进剑门关服务区建设和改造。

财务管理 加强对重大经济活动、财务收支和经济效益的审计监督，增强企业风险管理意识，保证各项费用控制在预算内。严格控制会议费、招待费、车辆使用费支出，对道路养护、固定资产购置等生产性开支进行科学预测、精细化控制，减少资金沉淀，提高资金运行效率和企业效益。公司以服务区、广告和通讯管线、闲置土地租赁为依托，完成第三产业项目的租赁收入1 356.32万元。年内，公司实现利润19 442万元。

内部管理 按照“以岗定薪、按劳分配”的原则开展薪酬分配制度改革，建立以企业效益最大化、工作与服务质量为主要指标的绩效考核体系。开展横向涵盖收费、稽查、养护、路产维护、安全等为主要内容，纵向以公司、管理处、收费站（队）、服务区为基础的日常管理标准化管理体系建设，初步制订较为完善的高速公路营运标准化管理手册，指导日常工作。年内，启动营运管理的信息化管理系统建设。

（川北片区公司）

南广邻达渝邻垫高速公路营运管理 2013年，川东片区公司在南广邻、达渝、邻垫3条高速公路营运管理方面主要做了以下工作：

收费管理 层层分解收费目标，加强关键环节管控，组建专职稽查队伍打击偷逃通行费行为，整治假冒鲜活产品、假集装箱、假行驶证车辆。全年收取通行费105 079.33万元，较上年增长15%。

达渝高速公路州河大桥 厅史志总编室 供稿

财务管理 修订完善财务管理制度，加强全面预算管理，改进工作方法，规范工作流程，提高工作效率，提升管理水平，实现片区公司资金集中管理。通过分析解决预算执行中的偏差和异常情况，降低“三公”经费支出，全年节约公用经费预算56万元；利用西部大开发优惠政策，减免企业所得税1 702万元，全年实现盈利23 301万元，完成年度利润目标的137.73%，比上年增长90.31%。

养护管理 加强道路、服务区、各站点环境的维护，整治边沟、涵洞、下边坡等薄弱环节，将巡查与整治相结合，做到“查”“治”有序，完善路面专项工程质量缺陷修复，保证辖区行车环境安全舒适。

安全管理 新增安全管理制度40余项，安全操作规程18项，初步形成安全生产标准化管理模式；以开展安全教育培训，“百日安全”“安全生产月”“消除事故、收费保通、汛期保通、隧道抢险”等应急演练活动为载体，检验各项预案可行性，提升安全管理水平和员工安全意识；以开展全省道路交通安全专项整治为契机，严控重载货车入口关，整治行人上路、客车违规上下客等违法行为；开展安全隐患排查治理，全年排查安全隐患24项，完成整改24项，公司所辖路段无源头责任事故发生。

质量管理 坚持ISO9001标准，重点对65个基层一线的站（队）、所进行全过程和全要素的内部审核，及时发现经营管理中存在的12个典型问题，及时采取措施改进。同时，对管理评审提出的48项改进要求落实情况进行跟踪验证，促进公司经营管理绩效的提高，顺利通过年度质量管理体系监督审核。

（川东片区公司）

内宜隆纳高速公路营运管理 2013年，川南片区公司在内宜、隆纳高速公路营运管理方面主要做了以下工作：

收费管理 按照省交投集团部署于9月开展打击偷逃车辆通行费专项活动，切实维护公司正常收费秩序。完成收费系统、供配电系统更新改造和标志站建设等专项工程。年内，川南片区公司完成通行费收入64 732万元，比上年增长8.35%。

财务管理 做好预算执行情况审查、核对，坚持专项经费一事一报。成立专家技术鉴定小组，开展库存材料物资和固定资产清理工作，及时处置达到报废条件的资产。规范资产及材料物资的采购、库存、变动、调拨、盘存，确保资产有效配置和合理利用。

养护管理 坚持日常道路巡查，定期路面路况调查，制订科学的道路日常养护方案。内宜高速公路和隆纳高速公路完成路面大修竣工验收工作。加强桥梁、涵洞日常养护，及时组织维修存在安全隐患的桥梁伸缩缝、桥面、人行天桥防抛网等，确保所辖道路的安全畅通。通过竞争性询价方式选择施工单位，落实沿线设施设备的日常巡查和维修，消除安全隐患。

安全管理 开展各类安全检查，加强过程监管，着力消除安全隐患。加大安全宣传力度，增强职工、沿线村民和驾乘人员安全防范意识。积极开展安全生产标准化建设工作，顺利通过营运企业安全生产标准化二级达标验收。全年未发生一起源头责任交通事故，全面完成各项安全目标任务。

（川南片区公司）

西攀攀田泸黄高速公路营运管理 2013年，攀西公司在西攀、攀田、泸黄3条高速公路营运管理方面主要做了以下工作：

收费管理 修订《公司收费员奖惩条例》，及时兑现有关奖励，激发一线职工的堵漏增收积极性。全年公司打击偷逃通行费车47 555辆，挽回通行费损失约311万元。完成对收费主机、防冲关阻车器、费额显示器等收费系统升级改造，并分批次更换静态秤24台，减少因称重不准给公司带来的通行费流失。参与查出“8·17”偷逃案件。该案件涉嫌车200余辆，逃费600余车次，累计偷逃通行费达300余万元，追回260余万元，公安机关成功将涉案的9名犯罪嫌疑人全部抓获归案。案件的破获，对避免国有资产流失、维护正常的收费秩序意义重大。

攀田高速公路 攀西公司 供稿

养护管理 各管理处养护科与养护施工单位轮流每天至少进行一次全面巡查，公司养护部对重点部位进行不定期巡查，及时了解路况信息。加大对养护施工现场质量的管理和考核。成立日常养护工程验收领导小组，制订《日常养护维修质量考评办法》，每月定期对各养护施工单位进行量化考核。组织相关人员参加桥梁养护工程师培训、公路沥青路面实用养护技术培训等方面的培训学习，提高养护管理人员的业务综合素质。重点开展对泸黄高速公路路面严重病害集中处治和三、四类桥梁处置工程，消除了四类桥。全年公司投入养护资金1 897.26万元。公路养护质量指数（MQI）平均值为93.59，评定等级为优，优良率为95.08%。

安全管理 开展安全隐患大检查、大排查，加强对全线隧道、桥梁、涵洞、高边坡、防护工程等重点构造物的监控，出现险情及时上报，通过设置警示标志标牌、利用电子显示屏发布道路信息。加强对施工单位的施工作业现场监管，落实公司、管理处、路产管护队三级管理模式，对违反施工安全规定的行为发出安全整改通知，督促施工单位限期整改，整改合格率达100%。抓好建立机构、完善档案、编制预案、开展演练、有效救援5个环节，开展针对不同情况下的应急救援演练，加强事故的防范和应急救援处置能力。严格落实24小时巡逻制度和特殊气候条件下加强与执法支队和高速交警大队联勤巡逻等制度，公司路产管护队累计巡逻里程698 558公里，排除安全隐患23 538处，比上年减少7%，救助司乘人员1 435次。全年开展各项安全培训9次，近500人次。

（攀西公司）

成绵高速公路营运管理 2013年，成绵公司在成绵高速公路营运管理方面主要做了以下工作：

收费管理 规范车道开启标准，完善各种应急预案；组织收费班长、收费员进行预案演练，提高交通组织及快速反应能力；加强应急机管理，定期测试，车辆拥堵，立即启用，确保收费车道通畅；加强收费培训，规范操作，强化内部稽核，提高收费水平。

路产管理 加大巡逻密度，提高巡逻质量，尽早清除路面障碍，及时消除事故隐患。路产人员参与处理交通事故及路产案件3 918起，比上年增加14起；清排障4 261辆次，比上年减少102辆次；突发事件的平均响应时间2.6分钟，平均处置时间15.3分钟，分别比上年缩短21.4%和27.8%。

安全管理 成立安全生产标准化建设领导小组和工作小组，全面启动“安全生产标准化体系建设”工作。经省安监局组织专家评审组考评，正式批准成绵公司为四川省安全生产标准化二级达标企业。

养护管理 加强日常养护，及时处置隐患。全年巡查道路9万公里，修补路面861.74平方米，修补路肩696.59平方米，维修灌缝13 625米，维修伸缩缝688.92平方米，维修护栏62 06米，防眩板2 171片，维修缆索护栏44 950米，完成水毁抢险工程1处。各季度道路技术状况评定结果均为优。

成绵高速公路石亭江大桥 厅史志总编室 供稿

抗洪抢险 7月初，成绵高速公路沿线连降暴雨，导致成绵高速公路鸭子河大桥基础受洪水侵蚀严重，出现北岸桥台搭板基础逐渐淘空的险情。7月9日19时，鸭子河大桥北岸桥台搭板东、西两侧相继垮塌，导致成绵高速公路1 750公里加400米处主线交通中断。因灾情发生前及时协调高速交警和交通执法部门采取应急措施，遏制次生事故的发生。公司成立的应急抢险指挥部积极协调相关部门，统一指挥，全面跟进和落实应急抢险各项工作，并对整个抢险工程的安全、质量、进度、病害监测等进行全面监督管理。经过连续奋战，该路段于8月8日全面恢复正常交通。

（成绵公司）

成雅高速公路营运管理 2013年，成渝公司成雅分公司在成雅高速公路营运管理方面主要做了以下工作：

收费管理 细化《堵漏增收奖惩实施办法》，增收通行费300余万元，奖励50余万元，有效调动一线员工及联勤单位堵漏增收工作积极性；对外专项稽查处理各类偷逃费车辆4 000余辆，增收通行费35万余元；修订《收费人员星级考评管理办法》，建立多劳多得、鼓励先进的动态管理机制；在车流量较大的收费站实行“白班机动”制，提高高峰时段的排堵效率；协助高速交警、交通执法部门开展“双超”治理工作，设置货车专用通道，安装入口计重设备。

养护管理 及时养护道路，持续做好环境综合治理工作，成雅高速公路路况平均公路养护质量指数（MQI）值为95.4，道路技术状况评定等级为优，全线三类桥4座，无四、五类桥，保持了行车环境优美，道路标志标牌清晰、有效。芦山地震后，立即对全线路基、桥梁、边坡等重要路段现场踏勘，对1 935公里处边坡按照清方减载方案进行修复，消除挡墙及坡体失稳的安全隐患；对 1942公里处路段设置6点位观测，通过高挡墙墙背积水钻孔排水作业和拱涵维修加固施工确保其稳定。完成成都收费站形象改造工程、蒲江服务区B区新增场坪，及配套绿化、石象湖站房迁建工作。同时，注重季节性安全防护工作，完善并落实应急预案，全年未发生因汛期、冰雪原因造成的责任安全事故，全线桥涵、道路、边坡等构造物均在可控状态。

安全管理 以推进安全生产标准化建设为重点，通过多种途径强化职工的安全责任意识。加强季节性安全防护工作，细化汛期、冬季雨雾冰雪天气的各种应急预案，加大穿跨越工程的施工安全监管力度，全年开展全线安全生产大检查10次、专项检查39次，发现和督促整改隐患412处，整改率100%；加强“联勤联动”机制，与高速交警、交通执法部门开展防汛、消防及事故现场快速处置等联合演练，提高救援和道路清排障能力；妥善处理9月17日客车自燃事故，及时管制交通、安全转移乘客，避免重大交通事故的发生；公司以优异的内、外业成绩顺利通过安全生产标准化建设企业二级达标现场评审。

服务区管理 积极创建星级服务区，完成新津、蒲江2个服务区的监控系统安装工程、蒲江服务区加油站改造工程、B区高填方停车区工程及汽修房、垃圾房建设等硬件设施建设；细化《服务区食品卫生管理办法》等7项制度，管理员坚持每天4次22个项目的例行检查，发现问题及时整改，确保“软件”达标。芦山地震后期，中共中央总书记、国家主席习近平看望慰问地震受灾群众，途经蒲江服务区短暂停留时，称赞服务区环境很整洁，卫生做得很好。12月，蒲江服务区通过厅高管局组织的A类4星级服务区的检查评审。

抗震救灾 “4・20”雅安芦山地震发生后，成雅高速公路再次成为“生命通道”。公司与联勤单位立即启动应急预案，在各收费站口设置抗震救灾应急救援专用通道，在成都收费站、西康大桥收费站、新津及蒲江服务区设立昼夜抗震救灾应急服务站；全线对所有车辆免费放行35天，雅安段各收费站保留灾后重建专用通道，对重建物资运输车辆免费放行；为救援车辆及司乘人员提供免费咨询、食品、药品、饮用水、就餐及维修、拖车服务，承担包括省交通运输抗震救灾指挥部、蜀工公司抢险队计260人40余天的送餐任务。救灾期间，先后有300余名党团员志愿者参与服务，免费发放物资约37万元，免费为抢险队伍送餐折合人民币30余万元、免费施救救灾车辆150余辆，为灾区捐款42 165元。公司被四川省总工会授予芦山地震抗震救灾工人先锋号称号。

（成渝公司成雅分公司）

成乐高速公路营运管理 2013年，成乐公司在成乐高速公路营运管理方面主要做了以下工作：

收费管理 采取“5+2”“白+黑”超常工作模式，与成雅、乐宜公司共同开展“收费管理手挽手”行动。加大打击偷逃通行费力度，建立偷逃通行费车辆黑名单，继续坚持“车牌录入”纠错及对扣对奖制度等方式，加强收费管理。全年打击逃费车辆349辆，追缴通行费107余万元。年内，公司完成通行费收入4.19亿元。

养护管理 重点对路面、桥梁、涵洞、高边坡等进行经常性安全隐患排查，确保道路设施完好；开展路面预防性养护罩面等专项工程，有效防止路面病害的产生；配合眉山市推进眉山立交区改造以及遂资眉高速公路立交施工前期的准备工作；开展养护管理综合信息系统应用。

安全管理 明确安全生产职责，落实安全生产责任，加强安全生产培训和宣传教育。与高速交警、交通执法部门联勤联动，共同做好成乐高速公路安全管理工作。做好汛期安全管理工作。

内部管理 印发《内控手册》，完善操作规范和流程。通过各种形式的培训，进一步提高职工素质。关心职工利益，增强企业凝聚力。完善资产采购、管理、报废等制度，加强公司财产管理。档案工作规范化管理达省一级标准。

抗震救灾 “4·20”芦山地震发生后，公司迅速启动应急预案，成立抗震救灾领导小组，明确职责，落实任务。公司领导立即赶赴灾区察看灾情，慰问员工，及时传达上级关于抗震救灾工作部署并落实相关工作。抗震救灾期间，公司免收通行费2 000余万元。在眉山、夹江天福服务区设立抗震救灾服务点，不分昼夜地为过往抗震救灾车辆、人员提供热情、周到的服务，发放各类应急物资折款5万余元，提供咨询服务近千人次。

（成乐公司）

雅西高速公路营运管理 2013年，川高公司雅安分公司在雅西高速公路营运管理方面主要做了以下工作：

收费管理 开展增收堵漏工作，加强车辆放行监管力度，严格检查鲜活车辆和其他免费车辆，确保应征不漏、应免不收，全年处理偷逃通行费车辆10 592辆，追缴通行费207.06万元，实现通行费清分收入6.42亿元。严格贯彻落实“绿色通道”和“4·20”芦山地震期间免收通行费政策，全年减免各类免费车112.11万辆，免收通行费10 111.41万元。

安全生产管理 一是规范队伍建设，加强业务技能培训和廉洁从业教育。二是组织实施出勤巡查、清排障，协助实施应急救援、治理超限超载，全年出勤巡查车11 880辆次，巡查人员29 673人次，清排障1 227辆次；协同高速交警、交通执法承接交通护送17次。三是针对雅西高速沿线地势和气候状况复杂的特殊情况，制订并实施冬季冰雪雨雾路段除雪保通实施方案，救助车辆279台、158人次，有效保障冬季、春运安全运行。四是采用不间断监控巡查、重点部位加密排查、蹲点设伏等方式，严厉打击偷盗抢违法行为，全年抓获偷盗路产犯罪嫌疑人14人，其中4人被依法判处有期徒刑。

养护管理 一是贯彻执行预防养护，建立公司指导管理、管理处具体负责养护的两级养护管理架构，督促加强日常养护巡查和隐患排查，提前开展雨季汛期、冬季融雪除冰应急准备工作。二是不断健全养护制度、强化计划管理，最大限度保证道路安全、节约资金支出。公司制订《雅西高速公路隧道通风及照明设施运行指南（试行）》，根据路段天气、交通状况等因素，合理控制风机、照明等设施运行，节能降耗效果明显。三是积极推广应用新技术、新工艺、新材料。强化养护工程环保、低碳、方便、快捷的预防性养护理念，引进路面“创可贴”，即L-ZN自粘压缝带，提高路面开裂病害修复效率。使用国外先进技术生产的BJ200无缝桥梁伸缩缝系统，有效缩短养护时间，提高路面行车舒适度，明显降低噪音。

抗震救灾 芦山“4·20”地震发生后，导致国道318线多营至天全县飞仙关路段多处塌方断道，紧邻震区的雅西高速公路成为大量应急救援队伍、机械装备、救灾物资运入地震灾区的生命通道。在大队救援车辆来临前，公司快速清理因地震造成的滚石、拆除荥经安检站雅安端的安检隔离护栏，合理设立现场清排障救援点，提前建立安全畅通的行车环境；开放全部车道并设置救援车辆专用通道，保障救援车辆快速通过收费站口；加强安全巡查、稽查，提供有序安全通行环境，4月20日—26日，公司出动路安队员730人次、巡逻车196辆次，巡查里程17 000余公里；无偿抢修车辆18辆次，快速处理交通事故15起，免费清排障53次；出动机电维护人员84人次，检修、抢修机电设备故障49起；组织出动工程养护人员50多人次，全面排查公路隐患，并及时修补路面坑凼，确保行车安全平稳。据不完全统计，4月20日雅西高速公路抗震救灾主要通道——荥经收费站平均每分钟的出站车辆达30余辆、80%的车辆是抗震救灾车辆；4月20日—22日3天黄金救援期间，雅安段所属雅安南、荥经和龙苍沟3个收费站的日均车流量入口达平常的4.79倍、出口达平常的7.13倍，公司始终保持雅西高速公路主线和站口的通畅。公司上报“川高公司雅安管理分公司启动抗震救灾应急响应”信息是省交通运输厅网站播发的第一条抗震救灾文字信息。在沿线设立中共党员服务点和青年志愿者服务点7个，免费为救援人员提供饮用水、方便食品、药品和道路交通咨询服务，按照实际需求数量随时补充食品，4月20日—26日，各志愿者服务站点累计免费提供食品药品价值8万余元，服务对象近4 000人次。做好公司受灾员工的慰问、安抚工作，为灾区群众和受灾职工捐款计6万余元。雅安管理分公司领导班子被省总工会授予“芦山地震抗震救灾工人先锋号”荣誉称号。

（川高公司雅安分公司）

雅西高速公路腊八斤大桥　　厅公路设计院 供稿

公路管理

GONGLU GUANLI

路政巡查制度 2013年，四川省公路管理部门进一步规范全省路政执法管理行为。研究制订《四川省公路路政管理巡查制度》，要求各级公路路政部门根据有关法律法规，定期或不定期对所辖路段进行巡视检查，及时发现、制止和查处侵占损坏公路路产、公路附属设施以及影响公路安全畅通的行为。同时还要求公路路政管理机构自觉接受群众和新闻舆论的监督，公布举报电话，认真受理举报，及时查处执法人员违法违纪行为。全省路政执法标志、执法证件、执法服装、执法场所外观“四统一”工作按制度要求已全面完成。

交通路政执法 2013年，厅公路局规范路政执法用语、执法风纪、执法文书、执法自由裁量权，确保文明执法、公正执法；规范路政执法程序、调查取证、行政强制文书，提高执法办案能力；加强和细化建控区管理、超限运输治理；严格查处各种违法侵占、挖掘、损坏公路和打场晒粮等违法行为。全省普通国省干线公路路政案件查处率达95%以上。

治理公路超载超限 2013年9月—12月，全省统一开展全省的治理公路超载超限行动，依法查处违法超载超限运输车辆。各超限检测站点对超限超载运输的车辆，严格按照有关规定责令改正并监督违法行为人采取卸载、分装等改正措施，有效保护公路桥梁运输安全。全年全省检测货物运输车辆2 016万辆，出动路政人员63万人次，查处超限车辆90万辆，卸载超限车辆8.3万辆，卸载超限重量3.87亿吨，超限运输车辆控制在5%。

公路养护管理 2013年，四川省出台《四川省人民政府办公厅关于加强公路桥梁安全管理的通知》，修订《养护工程年终检查考核标准》。公路服务能力和管养水平进一步提高，公路养护指数（PQI）为79。同时，普通国省干线公路大中修工程启动，国道108线养护示范工程通过交通运输部验收。在养护管理中存在的问题主要有三个方面，一是部分市（州）养护管理责任落实不到位，二是部分市（州）养护投入不能得到有效保障，三是桥梁安全管理与地方经济发展的关系需要理顺。经考核评定，全省21市（州）养护工作情况为：优等空缺，良等有成都、乐山、德阳、广元、攀枝花市和阿坝州6个市（州），中等有资阳、绵阳、宜宾、泸州、内江、南充、广安、自贡市和甘孜州9个市（州），次等有达州、眉山、遂宁、雅安和巴中5个市，凉山州未完成“民生工程”指标，管养工作为差等。

取消二级公路收费 根据《四川省取消政府还贷二级公路收费实施方案的通知》要求，全省政府还贷二级公路12 563公里、独立桥隧41 285米、255个收费项目、213个收费站点从2013年1月1日零时起一次性整体取消收费。收费人员安置工作，由各市（州）、各县（市、区）人民政府负责，按照《劳动合同法》等法律法规规定，多渠道安置。至年底，全省完成大部分收费人员分流安置工作。提前完成任务的有乐山市、攀枝花市、凉山州、泸州市、内江市、资阳市、广安市、巴中市、广元市、眉山市、成都市、德阳市和省直管的二郎山、鹧鸪山、九环线3个管理处。与此同时，为争取国家对四川取消二级公路收费后债务补助的基础性工作，各市（州）积极配合省审计厅完成全省政府还贷二级公路2009年1月1日—2013年8月30日新增债务及里程审计核实。

清理一级收费公路 2013年，四川一级收费公路有8个项目505公里，按照交通运输部、财政部和国家发展改革委《关于加快推进收费公路专项清理整顿工作的函》要求，厅公路局对普通收费一级公路存在收费站间距不够50公里的问题进行整改。8月1日国道212线南充至阆中段、11月省道205线绵阳至射洪段、省道305线自贡荣县至富顺段的收费站点完成整改。至年底，全省全面完成一级收费公路专项清理整顿。

（本栏目供稿单位：厅公路局）

航务管理

HANGWU GUANLI

航道管理 2013年，厅航务局加强对各市（州）航道管理工作的业务指导。一是严格航道工程行政审批，对全省五级及以上航道跨拦临河建筑物通航安全影响论证，航运枢纽和航电枢纽通航建筑物、航道整治工程的初步设计和施工图设计等严格把关，确保航道项目建设全过程符合国家基本建设程序。二是主动开展年度航道管理与养护年报统计工作，全面掌握全省主要通航河流航道维护里程、维护技术尺度等主要指标及地方航道管理情况，及时对地方工作薄弱环节提出整改建议。三是严格按照交通运输部的要求开展全省范围内航道养护技术考核检查。对全省主要高等级航道岷江、嘉陵江、渠江、金沙江、沱江涉及市（州）航道管理机构开展定期检查工作。对各市（州）在航道综合管理等方面的工作进行考评，及时指出存在的问题，并要求限期整改。四是制订出台《四川省航道养护暂行管理办法》，确定航道养护“分级负责、分类维护、管养并重、保障畅通”的工作原则，为全省除长江干线航道以外的内河七级以上等级航道的养护管理工作确立工作依据。组织编制《四川省航道及航道设施维护费估算指标（试行）》，为费改税后全省航道养护工作费用纳入同级财政预算提供依据。

港口管理 2013年，厅航务局着力加强全省港口管理工作。推动港口集装箱运输快速发展。实施重点港航企业联系制度，加强对港口企业的业务指导，帮助企业解决实际困难。继续实施集装箱快班轮申报制度，全省申报集装箱快班轮723班。全省港口集装箱吞吐量达26.17万标箱，比上年增长63.05%。加强与铁路、港口、园区等相关部门和单位的协调，积极推动泸州港铁路水路联运发展，泸州至昆明铁路水路联运集装箱班列正式开行。加强港口危险货物安全监督管理，组织开展年度危险货物港口作业企业核查，核查全省13家危险货物港口作业企业经营资质保持情况、内部安全管理制度和责任制度执行情况、管理人员配备及持证情况。组织开展全省港口危险化学品储存设施清查活动，明确当地安全监督部门对长江沿线的储罐安全监管职责。

全省水上交通安全形势 2013年，全省发生考核范围内运输船舶水上交通安全事故4起、死亡8人、经济损失16万元，分别占年控指标的1.81%、6.78%和0.72%，

海事人员进行巡航安全检查 厅航务局 供稿

较上年分别下降42.8%、11.1%和88.3%，连续5年将死亡人数控制在个位数，连续7年未发生重特大水上交通安全事故。

宣传实施《四川省渡口管理办法》 2013年，厅航务局认真组织全行业抓好《四川省渡口管理办法》的宣传和实施工作，举办两期220多人参加的师资培训，并编印针对性强、主题突出的各类宣传培训资料，组织开展形式多样和深入持久的宣传教育活动。全行业共举办专题培训383期、培训15 285人次，发放宣传资料139 441

份、悬挂标语横幅1 794条、张贴宣传画12 669张。组织开展专项监督检查7 074次，排查渡口渡船安全隐患589起，查处渡运违法行为140起，并整合优化渡口设置，撤销渡口48个、撤减渡船12艘。

省市联动水上应急演习　2013年7月1日—2日，四川省地方海事局在雅安市大兴库区组织开展省市联动水上应急演习活动。省地方海事局和雅安、乐山、凉山州等市（州）地方海事局参加演练，完成救援船舶的集结拉动、水上队列演练、落水人员搜救和被困群众转移等科目。

“中国航海日”四川分会场活动　2013年7月11日，以“通江达海，兴水强省”为主题的“中国航海日”四川分会场活动在泸州港举行。厅航务局党委书记、局长许东明出席并讲话。活动现场船员、乡（镇）长、基层海事处有关人员分别进行安全承诺和表态性发言。

全省首次跨区海事巡航执法　2013年11月13日—16日，乐山、宜宾、泸州三市航务海事机构举行全省首次跨区海事巡航执法活动。活动历时4天，出动海巡艇22艘，一线执法人员100余人，检查沿江渡口码头10余处，各类船舶20余艘，完成岷江、金沙江下段及长江四川段共411公里的海事巡航，对巡航水域内的重要滩险、桥梁、采砂作业点等情况逐一进行资料的搜集。

“水上交通安全知识进校园”活动　2013年11月26日，省交通运输厅和省教育厅在内江市资中县龙江湖小学共同举办“水上交通安全知识进校园”主题讲座。海事人员现场示范救生衣、浮具的正确穿戴、使用方法，讲解渡运安全知识、乘船注意事项、水上交通事故逃生等安全常识，并向辖区主要学生渡口赠送学生救生衣500件，赠送水上交通安全知识手册1 000份。

2013年，学生穿上儿童专用救生衣　　厅航务局 供稿

业务技能大比武活动　2013年11月27日，全省航务海事系统业务技能大比武活动在宜宾举行。活动采取笔试和实际操作两种形式。20个市（州）航务海事系统挑选精兵强将组成代表队角逐法律法规、运输管理、安全监督、船舶检验等四个单项奖和一个团体奖。宜宾市航务管理局获得团体一等奖，达州、自贡市航务管理局获得团体二等奖，泸州、乐山、绵阳市航务管理局获得团体三等奖。资阳市航务管理局江治等18位参赛人员分获四个单项比赛的前三名。

2103年11月27日，四川航务海事系统业务技能大比武　　厅航务局 供稿

国务院安全督查组检查凉山州水上交通安全　2013年7月22日，国务院安全督查组检查凉山州水上交通安全工作。督查组一行实地察看邛海景区水上交通安全情况，详细检查邛海游船公司营业资质、从业人员档案、水上安全生产应急救护措施和船舶船员营运证件等资料，并听取公司及海事部门工作情况汇报，同时要求邛海游船公司不断加大硬件投入，抓好职工队伍建设，切实加强日常安全检查工作力度，把隐患消灭在萌芽状态。

国务院安委会检查组督查自贡水上交通安全　2013年7月24日，国务院安委会安全生产大检查第十一检查组在自贡检查水上安全管理工作及安全生产大检查开展情况。检查组一行高度评价自贡水上交通安全工作取得的成绩，并要求继续实施好“救生衣行动”，配齐救生衣、救生浮具，严格落实“两个100%”（配备救生浮具〈救生衣〉100%、上船必须穿戴救生衣100%）制度，确保乘船人员的生命安全。

冯文生检查指导水上交通安全　2013年7月2日，省交通运输厅副厅长冯文生在资阳、遂宁检查汛期水上交通安全工作。在简阳市养马和大石包渡口，冯文生听取资阳市水上交通安全工作汇报后，高度评价交通、航务海事部门加快推进县级水上交通安全生产管理规范化建设，加快省、市挂牌重点督办安全隐患整治工作所取得的成果。在遂宁市检查小河洲渡口、犀牛堤旅游码头以后，他对遂宁市航务海事机构积极应对“6・30”特大暴雨和汛期水上交通安全工作给予充分肯定，并要求各级航务海事机构要强化安全措施，严格落实各项安全制度，全面加强现场安全监管。

抗震救灾水上交通安全 2013年，“4・20”芦山地震发生后，厅航务局积极做好抗震救灾期间水上交通安全工作。一是细化安全措施，强化现场监督检查，主动配合政府和交通主管部门开展抗震救灾工作。二是加强现场监督检查和隐患排查工作，加强航道的测量、维护和管理；对危险装卸作业码头、客渡运码头、趸船和栈桥等设施开展安全检查。三是做好应急值班，及时上报和传递水上交通安全信息和抗震救灾指令。

督查水上汛期交通安全 2013年7月以来，厅航务局8个督查组深入一线开展汛期水上交通安全明察暗访，督查组共计检查市（州）航务海事机构32次、覆盖率145%，检查县（市、区）海事处、有船乡镇380个，企业193个，确保全省汛期水上交通安全形势持续稳定。

上海海事局捐赠应急抢险冲锋舟 2013年，“4・20”芦山地震发生后，上海海事局第一时间向四川灾区海事系统捐赠22艘应急抢险冲锋舟，帮助地震灾害多发市（州）提高抗震救灾和应急处置能力。5月9日，上海海事局捐赠的第一批10艘应急抢险冲锋舟运抵雅安。

持证船员集中安全教育培训 2013年5月20日—6月30日，厅航务局在全省范围内开展为期40天的持证船员集中安全教育培训专项活动，活动以“安全驾驶、平安航行”为主题，主要培训内容包括船员职业道德、相关法律法规和安全操作制度等。

海事系统船舶安检员培训 2013年10月29日—11月8日，川南、川北片区船舶安检员实际操作培训分别在内江、南充举行。全省21个市（州）的77名一线执法人员参加理论和实际操作培训。培训邀请船舶管理专家授课，并由长期从事船舶安检工作的一线海事执法人员带队对营运船舶实施安全检查，现场指导实施船舶安检的程序、检查要点、常见缺陷、缺陷描述、缺陷处理等，培训取得良好效果。

船舶登记机关专项督查 2013年，厅航务局对全省各船舶登记机关的制度建立及运行情况、登记工作流程执行情况、识别号授予情况、登记档案管理情况、各项台账建立和管理情况进行专项督查，检查全省19个船舶登记机关，查看船舶登记办证平台18个，各类登记台账83册，抽查档案457份，覆盖所有权、国籍、抵押权、变更、注销等登记主要业务。

水路交通执法形象“五统一”建设 2013年7月，厅航务局在射洪召开全省水路交通依法行政暨执法形象建设工作会议。启动海事执法车艇、执法证件、执法服装、标志标识和执法场所在内的执法形象建设“五统一”工作；落实全省海事执法车编制，统一海事执法证件、执法服装和标志标识。组织完成全省海事执法证审核申办，办理海事执法证1 521个，海事执法人员的持证率达90%，市县两级执法人员实现持证上岗。

重点港航企业联系制度 2013年，厅航务局深入实施《四川省交通运输厅航务管理局重点港航企业联系制度》，局领导和相关处（室）对口联系服务重点港航企业，定期走访了解企业生产经营状况，帮助企业解决实际困难，引导企业正确经营决策，初步建立起港航企业帮扶长效机制。

2013年，厅航务局局长许东明（右一）调研对口联系的四川长江水运公司 厅航务局 供稿

水运业核查 2013年1月—4月，厅航务局开展全省水路运输业及水路运输服务业核查工作，核查水路运输企业169家、水运服务企业12家、个体（联户）经营者4 948户、运输船舶8 450艘。加强对少数未通过核查的经营人和船舶的整改跟踪督查，确保运输经营资质和安全管理符合相关要求。完成全省跨省（市）水运企业和跨省个体（联户）水路运输许可证的统一换发工作。

港口危险货物安全监管 2013年1月—4月，厅航务局核查全省13家危险货物港口作业企业的遵纪守法情况、经营资质保持情况，内部安全管理制度和责任制度执行情况及相关作业、管理人员配备及持证情况。组织开展全省港口危险化学品储存设施清查活动，主要分布在长江沿线的泸州和宜宾两市8家单位、危险化学品码头8个、储罐45个、容积153 915立方米，并完成全省港口危险化学品储存设施安全监管职责交接工作。举办一期全省水路危险货物运输岸上人员培训，62人参加考试并取得上岗资格证书。

广元市菖溪河渡口新建的公益性渡船 厅航务局 供稿

水路春运考核评价 2013年，厅航务局制订实施《四川省交通运输厅航务管理局春运工作评价考核办法（试行）》，进一步健全完善全省水路春运工作考核评价体系，切实提升水路春运工作水平和服务质量。春运结束后，南充市航务管理局等9家单位被评为“2013年水路春运工作成效显著单位”。厅航务局、达州市渠县三汇客运公司等4家水运行业单位被省交通运输厅评为“2013年春运工作成效显著单位”。

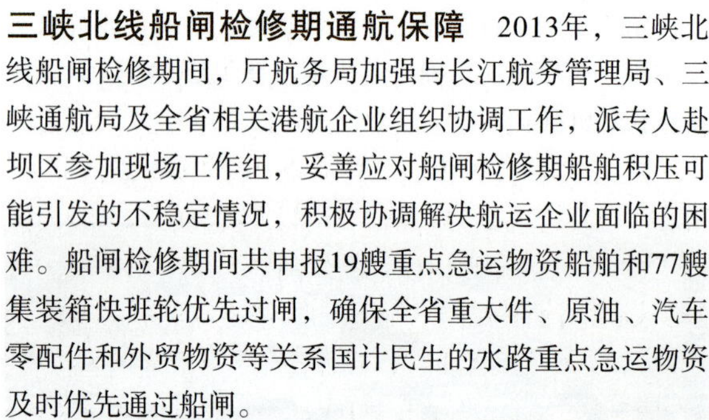

三峡北线船闸检修期通航保障 2013年，三峡北线船闸检修期间，厅航务局加强与长江航务管理局、三峡通航局及全省相关港航企业组织协调工作，派专人赴坝区参加现场工作组，妥善应对船闸检修期船舶积压可能引发的不稳定情况，积极协调解决航运企业面临的困难。船闸检修期间共申报19艘重点急运物资船舶和77艘集装箱快班轮优先过闸，确保全省重大件、原油、汽车零配件和外贸物资等关系国计民生的水路重点急运物资及时优先通过船闸。

水路运政管理信息化建设 2013年，厅航务局委托交通运输部水运科学研究院开发完成“四川省水路运政管理信息系统”，逐步完善水路运政管理信息系统和港口管理信息系统，推行网上行政许可、备案和证书管理，实现部省市互联互通和信息共享。

船舶检验基础业务 2013年，全年完成船舶检验13 863艘，1 440 608总吨，728 224千瓦，160 269客位，完成图纸审查142套。全省有三级四类以上船舶生产企业69家，船舶工业实现总产值3.2亿元。

全省船检机构设置 2013年，省编办发文统一规范全省船检机构名称，省、市、县船检机构名称明确为“局”“局”“处”。厅航务局为全省各级船检分支机构统一刻制300多枚船检业务印章，并督促各地与当地编办衔接完成更名工作，解决全省长期以来船检机构名称不规范问题。

公益性渡船船型 2013年，厅航务局在公布的8种公益性渡船船型的基础上，不断完善船型方案，对推出的船型进行评估完善，增加推出90客位、60客位、12客位非机动船三种公益性渡船船型，已进入评估论证阶段。

公益性渡船船型主要参数

类型	总长（米）	型宽（米）	型深（米）	吃水（米）	主机功率（千瓦）
60客位（标Ⅰ型）	16.1	3.4	0.9	0.4	16.2×2
30客位（标Ⅰ型）	17	3.2	1	0.5	17.64×2
30客位（标Ⅱ型）	14	2.8	1.05	0.5	14.7×2
30客位（标Ⅲ型）	14	2.8	1.05	0.6	23×1
20客位（标Ⅰ型）	11.8	2.8	0.9	0.5	16.2×2
20客位（标Ⅱ型）	11.8	2.8	0.9	0.5	16.2×1
20客位人力（标Ⅰ型）	10	2.2	0.75	0.4	
20客位人力（标Ⅱ型）	9.5	2.2	0.75	0.345	

岷江嘉陵江船型标准化工作 2013年，厅航务局就推进岷江、嘉陵江船型标准化工作进行调研，开展全省“货船示范船型”研发工作，推荐90米级货船为“长江干线干散货船示范先进船型”的母型船，推荐65米级自卸砂船为“砂石自卸船标准船型（Ⅰ型）”的母型船。

海事工作船系列船型 2013年，厅航务局推出29米、22米、16米、7.18米海巡艇图纸，使船型更加适合各地巡航救助。根据沿嘉陵江各地海事机构及专家的意见，组织开发嘉陵江流域抢险救助艇标准船型方案，各地可在厅航务局公布的抢险救助艇方案基础上进行具体设计。根据各地海事码头建设的需要，制订30米、35米（H、L两型）40米级系列海事趸船设计方案，统一全省海事形象。

（本栏目供稿单位：厅航务局）

16米海巡艇航行效果图 厅航务局 供稿

道路运输管理

DAOLU YUNSHU GUANLI

优化快速客运网络 2013年，厅运管局优化快速客运网络，稳妥推进干线客运调整，取得较好的社会经济效益。全省全年完成成都至汶川、中江、三台、南部、仁寿等客运班线改造调整工作，发展省际市际客运班线118条，其中新开通32条高速直达客运班线。全省省际市际客运线路新增和更新高级客车1 228辆，车型结构以大型客车为主，中小型客车为补充，运力结构得到进一步优化，满足多元化需求，适应大客流疏运和大密度发班的运输组织方式。

（赵明策）

贯彻《道路危险货物运输管理规定》 2013年，为贯彻落实新修订的《道路危险货物运输管理规定》，厅运管局重点采取以下措施：一是组织开展新《规定》培训。培训由交通运输部运输司调研员严季主讲，就《规定》修订的必要性和主要变化等作了讲解。各市（州）、县道路运输机构危险货物运输管理人员和危险货物运输企业负责人参加培训。二是严把行政许可关。厅运管局代厅起草《四川省交通运输厅关于做好〈道路危险货物运输管理规定〉贯彻实施工作的通知》。严格新增道路危险货物运输市场准入制，对已许可道路危险货物运输企业进行复查，严把市场准入关。三是认真开展质量信誉考核工作。通过考核，全省获AAA级运输业户76户、AA级235户（占总业户数79%），责令停业整顿1户。四是加强相关部门横向合作。厅运管局代省交通运输厅与省公安厅、省安监局联合下发《关于进一步加强危险货物道路运输安全监管的通知》。突出重点，落实企业安全生产主体责任；严格执法，强化安全监管各项措施；加强合作，形成道路危险货物运输安全监管合力。

截至年底，全省道路危险货物运输业户393户，比上年增加29户；全省危险货物运输车辆11 345辆，比上年增加859辆。全省全年未发生一起较大以上道路危险货物运输事故。

（姜艳梅）

道路货运运力结构调整 2013年，厅运管局采取以货运站建设为点，发展城际货运专线为线，大力推广甩挂运输、集装箱公路水路、公路铁路联运影响力为面的“点、线、面”结合方式，加快道路货运运力结构调整。一是进一步加强道路货物运输站场建设。加快成都公路水路联运物流基地、成都青白江公路货运集散中心建设推进工作，新开工建设攀枝花格里坪物流园区。编制道路运输站场各项规划，抓住交通运输部“十二五”综合客运枢纽和公路货运枢纽（物流园区）建设规划中期调整契机，积极争取将全省8个货运公路枢纽（物流园区）重点项目纳入规划。加快四川省现代物流公共信息平台道路运输子平台建设，新都传化物流基地、达州公路物流港通过信息交换实现信息共享、互联互通。二是进一步加快城际货运专线发展。年内，成都传化物流基地新开6条城际货运专线，累计开通国内130个城市、近260条专线，形成以点为中心向全国各地辐射的道路货物运输网络。三是进一步促进道路运输市场发展。推进甩挂运输试点工作，宜宾欣联物流有限公司甩挂运输项目被列入交通运输部第三批甩挂运输试点，五粮液安吉物流甩挂运输项目被列入国家发展改革委节能减排试点。积极争取省政府物流办支持，完成四川省2014年甩挂运输试点项目和大件运输运力结构调整项目推荐工作，争取资金1 450万元。充分利用进出集装箱结构调整优势，采取对集装箱运输高速公路通行费优惠政策，积极引导集装箱运输车辆的发展，促进公路水路、公路铁路集装箱联运。至年底，全省营运货车58.4万辆，较上年减少5.2%；总吨位271万吨，较上年增加9.5%；货运量17.33亿吨、货物周转量1 484.78亿吨公里，分别较上年增长9.43%、12.04%。

（姜艳梅）

驾驶员培训 2013年，厅运管局为贯彻落实《交通运输部公安部关于认真贯彻〈机动车驾驶培训教学与考试大纲〉的通知》和《交通运输部关于印发机动车驾驶

队列训练一丝不苟　　厅运管局 供稿

培训教练员素质提升工程实施方案的通知》精神，于6—10月，在成都市崇州77115部队营区举办19期95天的《机动车驾驶培训教学与考试大纲》宣传贯彻培训班，全省9 000余名机动车驾驶培训教练员按照部队军事管理化要求参加集中封闭式培训。

（黄立鸿）

道路运输行业节能减排　2013年，全省道路运输行业继续开展节能减排。一是做好运输结构调整，严格执行对客车实载率低于70%的线路不投放新运力的政策，严格实施营运车辆燃料消耗量准入核查。二是加速淘汰营运黄标车辆，严格执行老旧机动车强制报废制度，强化有效管理和监控。成都市淘汰班线客运“黄标车”1 148辆，其他市（州）淘汰营运“黄标车”工作稳步推进。三是继续在全省营运车辆中推广使用清洁能源汽车，重点推广应用LNG汽车，全省营运LNG客车、货车共计1 327辆。四是大力推进公交优先发展，推进出租汽车行业服务管理信息化建设，推动运输方式的有效衔接。五是推广绿色低碳技术，开展专题讲座，宣传节能驾驶理念，推广轻踩油门、少踩刹车、怠速熄火、少用空调、常检胎压、中速行驶等节能驾驶操作技巧，形成环保驾驶理念和节能驾驶习惯。六是6月15日—21日开展主题为“践行节能低碳 建设美丽家园”的系列活动，加强行业节能减排宣传工作。

（胡学英）

道路运输企业质量信誉考核　2013年，省道路运输管理部门完成对全省234家道路旅客运输企业2012年度质量信誉考核。其中，绵阳市通力汽车运输有限公司等168家被评定为质量信誉AAA级，四川东方龙运业有限公司等60家被评为AA级，四川省林海运业有限责任公司等6家被评为质量信誉A级。

相关链接

四川省道路旅客运输企业质量信誉考核AAA级名单(168家)

绵阳市通力汽车运输有限公司
四川富临运业集团有限公司
四川堂宏实业集团有限公司
四川富临运业集团江油运输有限公司
绵阳成绵快车有限责任公司
游仙区宇虹农村客运有限责任公司
绵阳市千佛旅游运业有限责任公司
盐亭县龙仙阁汽车运输有限公司
盐亭县文同道路运输中心
三台县新德平安客运汽车队
北川羌族自治县富临运业交通有限公司
成都成宇运业有限公司
成都锦湖长运运输有限公司
四川省成都长途汽车运输（集团）公司
四川省汽车运输成都公司
成都市汽车运输（集团）公司
成都灰狗运业（集团）有限公司
四川亚细亚运业有限公司
四川蜀捷运业有限公司
四川富临运业集团成都股份有限公司
四川省旅游汽车公司
四川逸安旅游汽车运输有限公司
成都友谊旅游汽车有限公司
四川省成兴运业有限公司
四川西南铁路国际旅行总社
成都佳驰旅游汽车有限公司
成都熊猫国际旅游汽车有限公司
四川省汽车运输自贡集团有限公司
荣县华益运业有限公司
荣县汽车运输（集团）有限公司
自贡市公交集团有限责任公司
自贡公交集团吉兴运业有限公司
四川富顺县华茂运输有限公司
自贡市富全运输有限公司
四川省汽车运输自贡集团翔龙运业有限公司
米易长和运业有限公司
攀枝花运业有限公司
汉风物流有限公司
攀枝花市盛劼劳务服务有限公司
盐边县昌达运业有限责任公司
米易县顺达出租车公司(农村客运部分)
攀枝花市牛金达运业有限公司

四川广运集团股份有限公司
四川广锦运业有限公司
四川广运集团剑阁有限公司
四川广元交通国际旅行社有限公司
四川广运集团青川有限公司
四川广运集团旺苍有限公司
四川广运集团苍溪有限公司
四川广运集团昭化有限公司
旺苍县米仓山客运有限公司
四川广运集团利州有限公司
四川省遂宁富临运业有限公司
四川富临运业集团射洪有限公司
四川富临运业集团蓬溪运输有限公司
大英县通达运业有限责任公司
四川省安岳中星运业有限公司
资阳平安运业有限责任公司
资阳恒达运业(集团)有限公司
简阳宏通公路运业有限责任公司
四川兴威运业有限公司
简阳市安吉迅客货运业有限责任公司
乐至县汽车运输有限公司
安岳县兴达运务有限责任公司
乐至县交通运输有限责任公司
乐至县汽车运输六十队
乐至县汽车联营车队
安岳县通达运业有限责任公司
安岳县巴仕达运务有限责任公司
安岳县安达尔运务有限公司
南充市汽车运输三公司
四川南充汽车运输（集团）有限公司
南充南渝高速客运有限公司
南充市蓝光高速公路客运有限公司
蓬安相如客运有限公司
四川南充当代运业（集团）有限公司
南充顺驰高速客运有限公司
南充当代运业阆中天乙有限公司
四川蜀通运业有限责任公司
雅安峡口自然生态旅游运业有限责任公司
雅安众程运业有限责任公司
西昌金英运业有限公司
西昌市汇通运输有限公司
冕宁县汽车客运有限责任公司
四川省西昌汽车运输有限责任(集团)公司
凉山攀西运输有限责任公司
四川省仁寿县交通运输有限责任公司
眉山富临运业有限公司
丹棱县第二汽车运输公司
四川眉山金马汽车运输有限公司
四川仁寿汽车运输有限公司
眉山市公共交通客运公司
眉山万通运业有限公司
眉山市鸿祥运业有限公司
彭山县汽车运输公司
青神县搬运公司
四川省巴中运输（集团）有限公司
四川广运集团南江有限公司
内江市运泰运业有限责任公司
内江雄风道路运输集团有限公司
内江乘风快车有限公司
内江雄风集团鹏程长运有限公司
内江雄风道路运输集团隆昌客运公司
四川隆昌神驹运业有限公司
资中县国营汽车运输
德阳市第一汽车运输公司
德阳市运通运业有限责任公司
广汉长运运业有限责任公司
德阳市良驹旅游运输有限责任公司
绵阳恒达运输有限责任公司
什邡交通运输集团公司
广汉蜀汉运业有限责任公司
中江运输集团公司
四川旌湖海外旅游汽车有限公司
四川省乐山汽车运输有限公司
峨眉山旅业发展有限公司
沙湾汽车运输公司
峨眉山市通村客运有限公司
四川省峨边第二汽车运输有限公司
乐山市嘉州汽车运输有限责任公司
四川省阳光运业有限公司
乐山市旅游汽车运输公司
乐山市公共交通总公司
五通通运运输有限公司
四川达州运输(集团)有限公司
达州市鸿通汽车运输集团有限公司
四川省黎明汽车运输集团有限公司
万源市祥瑞汽车运输有限公司
达州市绿叶长途客运有限公司
达州市鸿运实业有限公司
四川省宣汉县汽车运输总公司
达州市龙兴运业有限公司
大竹县交通运输公司
四川泸州现代运业有限公司
四川泸州玄滩运业有限公司
四川泸州川泸运业有限公司

泸州纳溪利达运输有限公司
四川泸州长龙运业集团有限公司
四川泸州宏运运输集团有限公司
四川宜宾长锋运业有限责任公司
锦湖长锋客运有限责任公司
宜宾长锋运业戎泰公司
宜宾戎宸运业有限责任公司
宜宾市戎宸运业筠连宇顺公司
宜宾市戎宸运业万利公司
宜宾戎通运输有限责任公司
江安县嘉盛运业有限责任公司
宜宾市南溪区搬运公司汽车队
宜宾市公共汽车公司
宜宾宜南公司
南溪宜南公司
宜宾县第二汽车运输公司
兴文县石海洞乡风景旅游开发责任有限公司
高县客运联营车队
高县星月汽车运输有限公司
九寨沟环游客运有限责任公司
广安宁祥运业(集团)有限公司
邻水广邻公司
华蓥广发公司
武胜交运公司
广安宏泰公司
岳池县安格公司
广安泰达公司
华蓥市巨龙公司
邻水县银烽公司
甘孜州康定新川藏运业有限责任公司
贡嘎山天域旅游开发有限公司
甘孜州海螺沟景区观光运输有限责任公司

（李 桃）

道路运输安全管理 2013年，全省发生道路运输行车事故220起，比上年上升12.24%。其中，重大事故2起，比上年上升100%；较大事故16起，比上年下降27.27%；一般事故202起，比上年上升16.76%。事故造成334人死亡，比上年上升8.79%。道路运输安全管理采取了以下措施：一是贯彻落实国务院《关于加强道路交通安全工作的意见》，规范汽车客运站经营行为，出台三品公告，加强对出站客运驾驶员的酒精检测，监督乘客系好安全带；督促企业加强对车辆的运行监管；加强对长途客运、旅游车辆的趟次安检；加强客运车辆分段限速管理，落实夜间客运车辆车速不超过白天限速的80%。二是完成《四川省道路旅客运输企业安全生产标准》拟订工作，在全省范围内选择成都长途汽车运输公司、友谊公司、四川省旅游汽车运输公司、四川洪雅金马汽车运输有限公司、德阳市运通运业有限责任公司、四川九寨运业公司、泸州新时代运业公司7家道路旅客运输企业开展四川省道路旅客运输企业安全生产标准试点工作。三是加强道路运输安全双基建设工作，修改《四川省道路运输条例》，建立客运驾驶员违法行为信息联网。四是对全省14家三级以上道路旅客运输企业进行安全生产状况评估工作，其中AAA级11家，AA级2家，A级1家；对46家一级汽车客运站进行安全生产状况评估工作，其中AAA级44家，AA级2家。五是做好元旦、春运、五一、十一、冬季及汛期等重要时段和“百日安全生产”活动、“安全生产月”活动期间的安全管理工作。六是结合全省21个市（州）的企业安全动态考核报告，开展道路旅客运输企业安全绩效考核工作。考核企业136家，其中被评为AAA级107家，AA级27家，A级2家。七是“打非治违”专项整治行动成效明显。突出以旅游客运、高速公路客运、超长客运、出租汽车客运市场为重点，严厉打击非法经营的牵头者和组织者，以及在机场、车站、宾馆、医院、商品集贸市场、旅游风景区、城乡结合部等地区的非法经营“黑车”“黑的”。芦山“4·20”地震发生后，雅安市、成都市、阿坝州、甘孜州等地的道路运输管理机构坚持一手抓抗震救灾、一手抓道路客运市场整治，既完成抗震救灾运输任务，又保障道路运输市场安全稳定。行动期间，运管、公安、城管、安监联合参检人数达3.7万人次、稽查车辆达71万余辆次，查处各类违规经营车辆5万余辆次，其中查获非法经营“黑车”8 070辆次，处理率达84%。八是开展“道路客运安全年活动”。注重提升客运驾驶员安全意识和应急处置能力，完善并落实道路客运企业安全管理机制与规范，建立健全道路运输车辆动态监管制度，细化客运站安全管理制度，解决道路客运安全存在的薄弱环节和突出问题。九是发挥“96515”监督投诉电话服务功能并做好信访工作。督促各地严格落实《“96515”监督投诉电话管理规范》，从上至下落实专人负责和24小时值班制度，切实做到有诉必受、有受必查、有查必复，为举报非法经营“黑车”、纠正违规经营行为、政策咨询、群众出行等方面架起良好的沟通渠道，运政服务满意度有较大幅度提升。全省各级道路运输管理机构受理“96515”监督投诉电话9.7万次，处理率达91.33%，其中受理投诉案件2.4万件次、咨询电话7.3万次。同时，高度重视群众信访工作，全省各级运管理机构共受理群众信访投诉案件187件次，其中市（州）运管机构受理群众信访投诉案件162件次，厅运管局受理省委监察室、局长信箱留言、厅网站转来的投诉案件25件次，案件处理、回复率100%。

（韩 军）

工程质量监督管理

GONGCHENG ZHILIANG JIANDU GUANLI

质量监督管理 2013年，省交通运输厅质监局落实40个省重点公路水运项目监督责任，成立4个市（州）片区督导组；组织开展对26个高速公路，3个重点国道干线，3个重点水运项目的综合督查52次，专项督查80多次，对施工监理等参建单位覆盖率达100%；对重点建设项目开展监督检查近500次。开展路基、桥梁、隧道、路面、交通安全等工程项目重点抽查检测，招标选取6家检测机构对22条高速公路、68个关键检测项目进行抽查，对7个高速公路项目和1个重点水运项目、14家施工单位、10个监理单位、5个检测单位41人进行全省通报批评和部分限制从业。出台《四川省高速公路项目交工验收质量检测工作实施意见》《四川省高速公路桥梁荷载试验管理工作实施意见（试行）》，规范工作程序。

2013年11月26日，省交通运输厅总工程师陈乐生（左二）督查遂资眉高速公路眉山段建设 厅质监局 供稿

组织为期一个月的交工验收质量检测专项检查，完成巴南、泸渝、遂资、乐雅等10个高速公路项目775公里的交工验收质量检测工作。加强对市（州）监督指导，初步形成市（州）质监机构考核办法，考核市（州）质监机构21个；组织开展地方重点公路建设项目专项督查，对全省15个市（州）23个地方重点公路项目进行督查；完成通阳大桥、泰安长江大桥等11个地方重点项目交工验收检测质量审定。

安全生产监管 2013年，省交通运输厅质监局印发《关于加强全省公路水运建设工程生产安全事故报告统计工作的函》，规范生产安全事故快报、月报和年报程序，落实施工安全风险评估制度、施工企业项目负责人施工现场带班生产制度和重大事故隐患挂牌督办制度。开展“百日安全生产”活动，对成都等7地7个在建高速公路9座瓦斯隧道和13座特大桥施工现场进行专项检查；开展“防坍塌、防坠落、反三违”专项整治活动；成立17个汛期督查组，对成都、广元等地进行汛期安全生产大检查；开展重点公路建设项目桥梁与隧道安全专项联合检查，全面检查9个高速公路项目15座特大桥梁、9座瓦斯隧道、2座特长隧道。印发平安工地考核评价工作标准，组织开展10个高速公路项目及3个水运工程项目平安工地考核。举办施工企业安全生产管理人员资格考试4期，培训考核507人；举办安全继续教育2期，培训考核342人。

行业信用资质管理 2013年，省交通运输厅质监局拟订《资质管理工作标准化流程》，规范资质管理工作职责、工作范围、工作程序。加强信用评价管理，完成上年公路水运工程试验检测信用评价、监理信用评价。加强资质管理，完成65家试验检测机构换证复核、资质评定、入川登记及主要信息变更和32家监理企业资质年检、定检、复查初审、证书变更及入川登记工作。加强人员管理，举办试验检测人员继续教育9期，培训2 368人次；组织4 772人参加试验检测人员资格考试；完成1 200名试验检测人员从业登记管理；为58家检测机构人员建立资质档案；组织2期安全环保培训；办理监理工程师注册、注销及信息变更963人。

（本栏目供稿单位：厅质监局）

造价管理

ZAOJIA GUANLI

重点交通建设项目及水运项目造价审查 2013年，省交通运输厅造价站完成各类工程项目造价审查152项，送审金额872.86亿元，审后金额约845亿，审减27.8亿元，审减率3.2%。其中，完成概算审查5项，审查金额361亿元；完成施工图预算审查9项，审查金额179亿元；完成招标限价审查67项，审查金额240亿元；完成变更设计预算审查17项，审查金额1.61亿元；完成养护工程审查37项，审查金额5.5亿元；完成水运项目造价审查8项，审查金额85亿元。完成"4·20"芦山地震公路抢通工程费用审查9项，送审金额1.06亿元，审后金额0.88亿元，审减0.19亿元。初步建立以项目概预算为基础的在建高速公路项目总台账。高速公路项目建立以概预算、合同价为基础的项目造价管理总台账和计量支付、材料调差、设计变更、工程建设其他费用、工程索赔等分类台账。

定额管理体系 2013年，省交通运输厅造价站围绕定额管理体系建设，加强建设工程、养护工程定额管理，完善计价依据规范性文件。研究并制订《关于调整公路基本建设项目、养护工程和小修保养工程项目估算、概算和预算编制办法中税金计取标准》《四川省绿化工程估算指标》《四川省公路工程机械台班车船使用税标准》；组织开展两期养护预算定额宣传贯彻培训会，培训造价人员240余人；组织开展《公路工程预算定额（2007）》使用现状调研和修订工作，补充、修订定额条目894条；组织开展钢管桩、路基压浆工程技术研究，测定成绵高速公路鸭子河大桥河堤钢管桩加固工程、丽攀高速公路路基压浆工程和巴达高速公路钢管桩、路基压浆工程定额；编制完成《四川省公路工程建设施工定额测定技术指导意见》初稿。

工程造价资格考试 2013年，省交通运输厅造价站协助交通运输部职业资格中心开展资格考试。全省全年通过交通运输部工程造价甲级资格考试256人，通过乙级考试46人。开展对交通运输部甲、乙级造价工程师资格年检工作，完成2014年造价人员1 486人过渡考试准备工作。

（本栏目供稿单位：厅造价站）

厅造价站考核乐山交通造价管理工作

厅造价站 供稿

工程监理

GONGCHENG JIANLI

监理工作 2013年，四川省重点公路工程监理处完成项目招标文件（含资格预审项目）67项（次），监理中标项目14项，中标金额1.17亿元；签订监理合同24项，合同金额1.45亿元，实现收入1.21亿元。做好10个通车项目的保障工作，完成21个新开工项目进场并全面开展监理工作。首次组织在施工现场（桃巴路监理项目JL2合同段）召开年度技术经验交流会，达到优势互补、成果共享的目的。制订《项目负责人职业行为规范》，落实项目管理责任，确保工程项目质量与安全。拓展甘孜州、西藏、青海监理业务。成自泸（川黔界）高速公路成仁段、雅西高速公路工程项目等获2012年度四川省建设工程天府杯金奖；西宁南绕城公路建设项目获青海省高管局西宁南绕城公路建设项目办2013年度监理单位综合考评第一名；公司获“全国交通建设工程监理综合实力十强”称号。

2013年8月7日，交通运输部部长杨传堂（前右三）调研咨询监理公司监理的西宁南绕城高速公路峡口隧道建设工地 监理处 供稿

咨询工作 2013年，四川省重点公路工程监理处签订咨询合同83份，合同金额3 970.86万元，实现收入3 406.32万元。咨询工作成效显著，优质高效完成各项咨询审查任务，被采纳建议约25条，节约投资15亿余元。《巴中至南充至广安（川渝界）高速公路工程可行性研究评估报告》获四川省优秀咨询成果一等奖；《成都至自贡至泸州至赤水（川黔界）高速公路内江至自贡段工程可行性研究评估报告》获四川省优秀咨询成果二等奖。

设计工作 2013年，四川省重点公路工程监理处进一步提高自主设计能力，抓住市场契机，调整发展方向，拓宽思路优化经营模式。全年签订设计合同146份，合同金额5 845万元，实现收入4 217.78万元；完成项目126个，其中自主项目53个、外协项目73个；组建专业相对齐全的设计干部队伍，业务范围从单一的勘察设计拓宽到咨询、勘察设计、检测等综合业务，从单一的公路专业勘察设计拓展到隧道、桥梁、市政道路等专业勘察设计；优秀设计项目分别获2013年度四川省优秀工程咨询成果奖——《成安渝高速公路（资阳段）李家连接线工程可行性研究报告》获二等奖，《内遂高速公路（资阳段）文峰连接线工程可行性研究报告》获三等奖，《泸苏路（泸沽镇至喜德县城段）公路改建工程可行性研究报告》获三等奖。

检测业务 2013年，四川省重点公路工程监理处签订检测合同83份，合同金额5 508万元，实现收入6 543.56万元；完成检测项目51个，其中桥隧项目36个，交工验收项目7个，试验室项目3个，过程监督检测项目5个；对母体试验室进行绩效考核改革，减少人员8人（占总人数三分之一），完成产值比上年翻一番；开展桥梁监控业务，拓宽业务范畴；加强地方合作，甘孜州分公司各项业务有序开展，西藏分公司完成注册、备案登记和试验场所建设并开展检测工作。

招标代理 2013年，四川省重点公路工程监理处签订招标代理合同70份，合同金额598.77万元，实现收入640.74万元；完成招标代理项目12个，并为31家参建单位交（竣）工资料搜集、整理、分类、编目、系统化组卷归档提供技术咨询服务；拓展延伸过程造价咨询服务业务，创新两个第一：第一次代理完成BOT投资人招标项目、第一次代理完成政府采购招标项目。

代建管理 2013年，四川省重点公路工程监理处签订代建管理合同2份，合同金额2 298万元，实现收入1 576.52万元；取得省住建厅颁发的《四川省建设工程项目管理一等工程》资格认定证书；完成绵（阳）茂（县）路项目管理合同签订，完成省道215线代建协议签订；协助业主完成甘（孜）白（玉）路、色（达）年（龙）路、岗（托）白（玉）路10个标段招标工作。

（本栏目供稿单位：监理处）

省交通运输厅厅长彭琳（二排右五）出席监理处（咨询监理公司）与凉山州交投公司签署省道215线项目代建协议仪式

监理处 供稿

大件公路管理

DAJIAN GONGLU GUANLI

概　况 2013年，四川省大件公路管理处以公路水路联运方式运输进出四川大型设备178 批次，总重43 168吨302件（套），其中单体200吨以上68件（套），分别比上年增加39.1%、6.9%、41.7%。

大件公路技术监管 2013年，省大件公路管理处在大件公路技术监管及行业监管方面主要做了以下工作：一是拟订《四川省大件公路养护监管实施细则》《四川省大件公路涉路施工监管实施细则》《大件运输货物现场核查工作细则》。二是派出工程技术人员、路政执法人员不定期地对大件公路道路、桥涵等进行日常检查，查看道路日常桥梁养护情况及空路障设置情况，督促管养单位按《四川省大件公路设计技术指标规定》搞好日常管养工作。三是对地方规划道路与大件公路交叉、对大件运输有影响的道路改造、穿(跨)越大件公路、占用大件公路等涉路施工工程技术方案进行审查、审核。四是更新完善大件公路地理信息系统数据，准确掌握大件公路路线、线形、路面、桥涵以及道路病害资料。

燃机本体运输　　大件处 供稿

《大件运输协调工作方案》发布实施 2013年6月21日，《大件运输协调工作方案》（以下简称《方案》）经省交通运输厅第6次厅办公例会审议通过并正式印发。《方案》作为《四川省大件货物运输管理办法》立法前过渡时期的一个规范性文件，明确大件运输协调工作机制，建立大件运输计划管理制度、运输方案专家论证制度和信息通报制度，规范交通运输内部各相关机构的工作职责，有利于大件运输的科学化、规范化、制度化。该《方案》适用于大件运输通道即德阳至乐山的大件公路（含城市道路部分）、乐山大件码头及岷江航道上的大件运输保障协调工作。

大件公路及大件运输信息化服务系统建设启动 2013年，省大件公路管理处启动大件公路及大件运输信息化服务系统建设工作。该系统建设主要由大件公路及大件运输信息管理中心和大件公路信息管理系统、大件货物运输审批执法管理系统、桥梁安全监测评估管理系统三个管理系统构成，平台提供即时路况信息查询、运输实时监管、重点桥梁安全监测等管理服务功能。该项目的实施，有利于整合大件公路及大件运输信息资源，实现管理的信息化、智能化、网络化。至年底，大件处完成项目的设计方案并报省交通运输厅审批。

（本栏目供稿单位：大件处）

政务管理

ZHENGWU GUANLI

政府信息公开 2013年，省交通运输厅贯彻落实《政府信息公开条例》，以“深化政务公开、加强政务服务、回应社会关切”为重点，进一步加大推进政府信息公开力度，及时、准确、全面公开群众普遍关心、涉及群众切身利益的交通运输信息，并在厅网站开设出行服务专栏，为人民群众提供优质、便捷、高效的交通运输信息服务。全省全年主动公开政府信息9 851条。其中，概况类3条，计划总结类2条，法规公文类44条，工作动态类 5 944条，人事信息类6条，财政信息类6条，行政执法信息类30条，其他信息类3 816条。办结依申请公开政府信息8件，其中财政资金类2件，行政执法类6件。通过新浪、腾讯官方微博及时发布四川交通运输最新信息、实时路况以及招投标等信息2 421条，关注网友98万余人。省交通运输厅被省政府办公厅评为“全省政府系统办公室信息公开和网站建设工作先进集体”。

（李洁心）

政务信息工作 2013年，省交通运输厅突出抓好交通运输政务信息报送，为各级领导了解情况、科学决策、指导工作提供优质高效的信息服务。全年收到各单位报送信息9 517条，编发《四川交通信息》领导版47期、行业版115期；编发《领导参阅》13篇；上报交通运输部、中共四川省委、省政府各类信息531条，超额完成各级政务信息目标任务。其中，上报省政府政务信息得分291分，上报省委政务信息得分227分，分别位列省直各部门（单位）信息采用第8和第9名；上报交通运输部政务信息得分562分，在全国各省（直辖市、自治区）中排名第一，获交通运输部交通运输政务信息工作先进单位一等奖。

（李洁心）

机关行政效能建设 2013年，省交通运输厅进一步加强机关行政效能建设。一是健全新闻发言人制度，加强交通运输门户网站建设。二是完善主动发布机制、公开属性源头认定机制、依申请公开工作机制，并建立政策解读机制、舆情收集和回应机制、沟通协调机制。三是细化落实首问负责制、限时办结制、责任追究制、效能投诉制和一次性告知制“五项制度”。四是加强对交通重点项目建设、民生工程项目、灾后交通恢复重建等项目的监督检查。五是加强对厅机关各处室、厅直单位、各市（州）交通运输部门绩效管理、目标考核和工作督查督办。六是出台立行立改十项措施，完善9个方面、30项制度；规范行政审批流程，缩短办理时限，比法定时限提速76%，公路施工企业名录办理时限从20个工作日缩短为10个工作日，交通建设市场信用登记办理时限从5个工作日缩短为3个工作日。

（李洁心）

目标管理 2013年，在《四川省人民政府办公厅关于2012年省政府部门绩效管理评价结果的通报》中，省交通运输厅获得优秀评价。省长魏宏、副省长王宁对交通运输厅绩效工作给予充分肯定。根据《四川省交通运输厅目标绩效管理办法（试行）》，厅目标绩效管理工作领导小组对各市（州）交通运输局（委）、厅属及各有关单位、厅机关各处室2012年度工作目标绩效实施情况进行考核评价，对完成2012年目标绩效管理成绩突出的攀枝花市交通运输局、川高公司、成德南公司、川中片区公司、厅公路局、厅办公室等50个单位（部门）予以通报表扬，其余各单位（部门）为合格单位。

（陈超超）

人大代表建议和政协委员提案办理 2013年，省交通运输厅办理省十二届人大常委会一次会议代表建议、省政协十一届一次会议委员提案130件。其中，人大代表建议75件、政协委员提案55件。为做好该项工作，采取如下措施：一是领导重视，责任到位。厅党组高度重视人大代表建议和政协委员提案的办理工作，并把办理工作纳入年度目标管理。厅党组书记、厅长彭琳多次就做好办理工作明确要求。形成“主要领导负总责、分管领导具体负责，办公室牵头协调、具体组织和督办，各业务部门具体承办、分工合作”的工作格局。二是严格要求，合理有序。建立完善上门走访、电话联系和联络回访制度及协商办理、督查督办、答复审查、文书处理等制度。严格交办审核关、承办部门负责人签审关、厅办公室核稿关、正式答复函件厅领导签发关。修订和完善办理标准、程序和回复文件格式，回复意见做到政策清楚，事实准确，内容清晰，格式规范，措辞严谨，确保件件有着落、事事有交待。三是多元方式，保质保量。坚持层层把关，重要建议和提案由分管厅领导督办，日常办理工作纳入各部门目标考核并由厅办公室跟踪督促，厅办公室发挥牵头协调职责，并把好政策关、文字关、格式关。四是加强沟通，高效务实。主动与人大代表、政协委员沟通交流，对能够解决或经过努力可以解决的问题，千方百计加以解决；暂时解决不了的，积极创造条件逐步加以解决；对解决权限不在省交通运输厅的，在办理回复的同时，向有关部门或上级部门汇报，争取支持，促成问题的解决。五是采纳意见，以办促改。将好的政策性建议及时融入交通工作，着重解决好事关改革、发展、稳定全局的重大问题，解决好人民群众普遍关注的交通运输问题，把办理工作与构建现代综合交通运输体系相结合，与完成当年交通加快发展科学发展目标任务相结合，把吸纳建议和解决问题与政策研究、工作部署和监督检查相结合，把办复的过程变成有效促进科学决策、民主决策和提高行业管理水平的过程，变成不断推进全省交通运输事业又好又快发展的过程。努力解决建议和提案所反映的问题。坚持开门办理，增加透明度，把办理工作当成广泛征求社情民意、查找和解决问题的重要途径，切实做到以办理促工作改进，以工作改进落实建议和提案办理的良性互动。

（伍美欢）

交通“民生工程”实施情况 2013年，省交通运输厅承担的省政府交通“民生工程”项目共4项，分别是农村公路、安保工程、普通国省干线公路路面性能使用指数（PQI）和深化收费公路改革，年内目标任务全面完成。具体情况如下：一是农村公路建设。总目标建成1.5万公里，包括通乡公路2 500公里、通村公路1.25万公里。截至年底，全省建成农村公路16 340公里，为年度目标的108.9%。其中，通乡公路2 895公里、通村公路13 445公里，分别为年度目标的115.8%、107.6%，均超计划完成“民生工程”目标任务。二是安保工程，建设目标1 500公里。截至年底，全省全年完成安保工程1 689公里，为年度目标的112.6%。三是国省干线公路路面使用性能指数，确定指数目标为78。省交通运输厅通过季度抽查、年终检查等手段对各地路况进行跟踪检测评定，确认全年普通国省干线公路路面使用性能指数为79，为年度目标的101.3%。四是深化公路收费改革。全年的目标任务是积极稳妥有序推进取消政府还贷二级公路收费工作。全省政府还贷二级公路收费于2013年1月1日全部取消，一次性整体取消全省政府还贷二级公路12 563公里、41 285米独立桥隧的213个收费站点。

2013年度全省交通“民生工程”实施情况分市（州）统计表

地区	民生基础设施工程											
	农村交通建设						国省干线公路路面使用性能指数			公路安保建设（公里）		
	通乡油路（公里）			通村公路（公里）								
	目标数	完成数	完成率（%）	目标数	完成数	完成率（%）	目标数	完成数	完成率（%）	目标数	完成数	完成率（%）
全省	2 500	2 895	11 5.80	12 500	13 445	107.56	78	79.0	101.28	1 500	1 689	112.60
成都	80	90	112.50	100	117	117.00	87	89.6	102.99	40	41	102.50
自贡	60	75	125.00	130	160	123.08	85	85.7	100.82	20	20	100.00
攀枝花	40	45	112.50	120	127	105.83	80	81.4	101.75	50	50	100.00
泸州	100	102	102.00	600	600	100.00	83	85.2	102.65	50	51	102.00
德阳	70	100	142.86	80	90	112.50	87	88.5	101.72	40	40	100.00
绵阳	150	150	100.00	800	820	102.50	84	84.1	100.12	100	100	100.00
广元	275	370	134.55	1600	1700	106.25	87	87.3	100.34	200	212	106.00
遂宁	80	80	100.00	400	400	100.00	86	87.6	101.86	90	90	100.00
内江	60	75	125.00	240	340	141.67	86	89.4	103.95	30	30	100.00
乐山	110	115	104.55	300	335	111.67	87	88.6	101.84	50	52	104.00
南充	180	250	138.89	1700	1878	110.47	82	82.2	100.24	200	201	100.50
眉山	80	81	101.25	180	185	102.78	86	84	97.67	50	55	110.00
宜宾	150	160	106.67	550	660	120.00	87	88.8	102.07	80	85	106.25
广安	80	100	125.00	600	650	108.33	80	81.6	102.00	30	33	110.00
达州	200	202	101.00	1800	1860	103.33	80	80.3	100.38	90	95	105.56
雅安	80	87	108.75	300	311	103.67	80	81.5	101.88	70	74	105.71
巴中	210	260	123.81	1400	1480	105.71	83	80.9	97.47	120	284	236.67
资阳	60	65	108.33	200	223	111.50	85	86.5	101.76	30	31	103.33
阿坝州	35	45	128.57	300	349	116.33	84	84.1	100.12	30	30	100.00
甘孜州	200	203	101.50	500	510	102.00	68	71.6	105.29	100	85	85.00
凉山州	200	240	120.00	600	650	108.33	64	60.5	94.53	30	30	100.00

（伍美欢）

体制改革　法制建设

TIZHI GAIGE　FAZHI JIANSHE

交通运输体制改革　2013年，省交通运输厅全面推进交通运输体制改革，一是深化行政审批事项改革。进一步清理精简行政审批事项。按照省政府统一要求，对交通行政审批项目进行全面清理，通过取消、下放、转变方式等途径进一步精简省本级交通行政审批项目，经省政府三批公布，已部分取消1项、转变方式2项、部分下放3项，保留的23项行政许可事项（含暂停办理的9个）按照省审改办的要求清理。进一步规范行政审批事项的办理。对保留的行政审批事项，进一步规范办事指南和办理流程。对已有许可事项进行拆分，完善办事指南，按照规定明确法定依据、申请条件、申请材料、办理程序、办理时限等事项，确保规范办理许可事项。同时，进一步完善行政审批“两集中、两到位”（详见《附录》）运行机制，优化办理流程，提高办事效率。对成都亿联达提出的国家重点科研项目“地壳一号”钻机设备从四川到黑龙江3 500公里跨12省（直辖市）超限运输申请进行联合审批。省政务中心交通运输厅窗口全年受理交通许可申请47 151件，办结46 905件（其中即办件44 641件，承诺件2264件），现场办结率和按时办结率均为100%，提前办结率99.96%。承诺件实际办理时间每件平均4.18天，办理提速35 694天，提速率达98.33%。严格控制新设行政审批。按照省政府要求，明确要求起草地方性法规草案，省政府规章草案一般不新设行政许可，确需新设的，应当严格遵守相关规定，切实加强合法性、必要性和合理性审查论证，严格把好审查关。二是鼓励引导民间投资交通基础设施。进一步加快高速公路招商力度。坚持“多个积极性、多元主体、多种方式”，积极鼓励和引导民间资本投资建设交通基础设施，进一步调动各类市场主体投资建设高速公路的积极性。年内，绵阳至西充高速、成都经济区环线高速蒲江至简阳段、内江城市过境、巴中至万源、攀枝花至大理（四川境）、宜宾至彝良（四川境）、宜宾城市过境（乐宜至宜昭段）等7个高速公路项目招商成功，总里程621公里，引进社会资金759亿元。全省全年累计招商高速公路BOT项目32个3 245公里，引进社会资金约2 776亿元，招商项

2013年11月8日，省交通运输厅副厅长白理成（前右二）出席全省交通运输行政执法“四统一”建设现场会并参观南充市交通运输发展成就展板　厅法规处 供稿

目规模和引进社会资金均居全国第一位。深入研究特许经营管理配套制度。研究制订高速公路BOT项目管理办法和投资人招标示范文本，规范投资人招标投标活动和特许经营活动。年内，高速公路BOT项目投资人管理办法报送省政府审定，投资人招标示范文本经多次研究讨论已基本成熟，管理办法出台后将尽快正式印发各地参照适用。加快公共资源交易改革步伐。支持全省建立统一规范的公共资源交易市场体系及省、市、县三级联网的公共资源电子交易平台。配合省公共资源交易中心，对拟进入中心集中交易的目录进行审核，明确将依法必须招标的高速公路和省重点公路工程、水运工程等交通基础设施建设及养护工程招投标、厅及直属单位的政府采购、高速公路投资人招标等纳入省公共资源交易中心集中交易。年内，省交通运输厅将交通行业公共资源交易所需的软件和硬件条件（如隔夜评标场所、交通运输部专家抽取等）告知省公共资源交易服务中心，待相关场地、设施等条件具备后将进入省公共资源交易服务中心集中交易。

交通法治建设 2013年，省交通运输厅推进“三个加强”（即加强政策法规研究和制度创新、加强权力运行监控和责任追究、加强执法队伍建设和监督管理），交通运输系统依法行政意识和依法治理水平不断提高，交通运输法制工作取得新进展和成效。一是加强执法规范化建设，提升交通运输执法形象。严格执法人员资格管理和教育培训。规范交通运输协管员证件发放、工作职责和监督管理，起草全省交通运输行政执法队伍3年轮训工作方案，对新进入交通运输行政执法队伍的人员从年龄、学历等方面严格把关，采取公开考试考核择优录取，并进行上岗前培训考试，2013年省交通运输厅对全省交通运输执法系统1 600余名新进执法人员开展执法资格培训考试，严格考试成绩合格申领行政执法证制度。加强对执法行为的规范管理。以落实交通运输执法五个规范为重点，严格规范执法风纪、执法用语、执法检查等行为。研究制订行政处罚、行政强制文书填写说明及范本。加强对全省交通运输执法工作服装和执法监督检查专用车辆的使用管理，出台《四川省交通运输执法工作服装管理办法》《四川省交通运输监督检查专用车辆使用管理办法》。加快推进执法形象“四统一”（即统一执法标志、统一执法证件、统一工作服装、统一执法场所外观）建设工作。按照交通运输部部署，有力有序推进交通运输行政执法“四统一”建设各项工作，并于11月在南充市召开全省交通运输行政执法“四统一”建设工作现场会。由厅统一组织实施的执法证件换发工作基本完成，由厅统一招标、各单位组织采购的执法工作服装换装率超过90%；统一基层执法场所形象工作稳步推进，全省50%以上的市（州）基本落实建设资金，进入全面实施阶段，部分基层执法场所外观形象建设已经完成。加强执法信息化建设。推进执法办案信息化，在高速公路和成都市开展交通执法案件网上实时运行试点工作；推进执法培训信息化，研制网上执法培训考试系统，逐步推行全系统执法资格计算机联网统考；推进执法管理信息化，建立IC卡式交通运输行政执法证件管理系统，实施动态信息化监管。二是加强执法监督，组织开展行政执法评议考核。加强行政执法监督检查。按照交通运输部和省政府法制办的统一安排，在全省交通运输系统组织开展执法评议考核活动和执法案卷评查活动。省交通运输厅于4月组织开展全省交通运输系统行政执法评议考核交叉检查考评，10月完成四川省迎接交通运输部检查工作，并在全国32个省级交通运输系统行政执法评议考核中取得综合排名第十名的良好成绩；乐山市公路路政管理支队、攀枝花市地方海事局、泸州市道路运输管理局纳溪分局等3个基层执法单位被评为2013年全国交通运输行政执法评议考核优秀单位；交通运输部在全国范围内评出的12份优秀执法案卷中，乐山市公路路政管理支队制作的1份执法案卷入选，并获通报表扬。全面推行行政权力依法规范公开运行。按照省政府要求，做好行政权力的全面清理工作，编制行政职权目录及332项行政权力内部运行流程图，明确廉政风险防控措施、效能监察点位等事项，并将相关基础数据录入省政府行政权力运行平台，实现省交通运输厅行政权力事项与省政府行政权力运行平台的对接，确保按照省政府要求全面推行行政权力依法规范公开运行。在全省推进行政权力依法规范公开运行暨深化行政审批制度改革工作会议上，省交通运输厅作为省直机关唯一代表单位作交流发言并得到四川省副省长钟勉充分肯定。三是积极推行“开放式”决策。省交通运输厅在开展《四川省道路运输条例（修订）》《四川省高速公路条例》等规范性文件和客运线路发展规划研究制订等工作中，对于涉及全省交通运输管理者、经营者、使用者权利义务的重大事项，按照省政府推进依法行政工作的有关部署和要求，积极探索实行“开放式”决策。实行决策预告制度。通过省交通运输厅、“四川省道路运输在线”、厅高管局等政务网站和四川在线等新闻媒体公告立法相关工作信息；通过组织参与座谈会、实地调研等方式，向管理部门、经营单位以及法律专家、交通参与者代表们预告立法和规范性文件制定等事项。充分征求各级运管机构和客运企业的意见，制订客运线路发展规划并向社会公示，经修改完善后实施。设立省级道路运输专家资源库，制订《四川省道路运输专家库管理办法》，专家库中的专家人选全部经公示无异议后产生。实行决策调研论证公众参与制度。将涉及公共利益的重大事项公布于省交通运输厅、四川道路运输在线网站，接受社会各方面的反馈意见及建议。通过组织或邀请

2013年10月17日，交通运输部执法评议检查组赴乐山路政支队开展检查工作

厅法规处 供稿

相关管理部门、经营单位、法律专家和交通参与者代表参加座谈会、实地调研等方式，广泛征求意见和建议。在修订《四川省道路运输条例》过程中，充分听取法律专家、相关部门、企业、车站、基层运管机构及社会群众的意见和建议，开展专题调研活动10次，召开各类座谈讨论会议20余次，收集各类意见700多条。建立人大代表、政协委员、专家和公众代表列席办公会议参与决策制度。客运线路经营权招投标工作、汽车站场建设项目评审验收、客运站站级核定等重要事项，均事先经省人大代表、政协四川省委委员参与的专家评审。有条件的地方实行会议网络直播互动交流。参与四川人民广播电台“阳光政务”热线，实时与网民互动，解答社会公众关心的交通运输行业发展问题。在《四川省道路运输条例（修订草案）》立法听证会后，省交通运输厅及时将全程视频以及听证代表发言全记录在网站上公布，让社会各界翔实了解听证情况和立法进展。公开决策结果和决策执行情况。认真贯彻《政府信息公开条例》，以门户网站为平台，及时发布工作进展及重大决策事项，对所有公开决策收集的意见和建议均及时处理，对决策结果坚决贯彻执行。

（本栏目供稿单位：厅法规处）

财务管理

CAIWU GUANLI

厅属企业财务概况 2013年，省交通运输厅所属企业20家，其中厅公路设计院所属企业5家，厅公路局所属企业5家，厅运管局所属企业4家，厅交通设计院所属企业3家，四川公路工程咨询监理公司所属企业3家。其资产、负债情况：年末资产总计274 646.91万元，其中流动资产215 595.54万元，占总资产78.50%；固定资产18 228.10万元，占总资产6.64%；长期投资28 905.36万元，占总资产10.52%；无形及其他资产11 917.91万元，占总资产4.34%。年末负债总计167 754.96万元，其中流动负债133 506.40万元，占总负债79.58%；长期负债34 248.56万元，占总负债20.42%。年末资产负债率为61.08%，流动比率1.61，说明企业总体资产负债率不高，短期偿债能力较强，资产结构比较合理。收入、成本、费用及盈亏情况：全年实现主营业务收入204 861.78万元，主营业务成本149 914.29万元，实现净利润12 540.28万元。为强化厅属企业管理，提高企业经营业绩，省交通运输厅对厅属企业全面预算管理，完善目标、效益、效能考核机制；完善企业内控制度建设，强化监管机制；调整企业资本结构，合理组织资金，提高自有资金的使用效益，降低闲置资金数量，有效降低资金成本；加强资产的合理调配、有效利用和资产监管；强化企业改革改制工作的监督指导，理顺产权关系，解决遗留问题。

（赵　伟）

交通建设资金筹措 2013年，省交通运输厅研究制订《2013年全省交通建设筹融资工作方案》，指导、协调和督促全省交通建设资金落实。全省全年到位交通建设资金1 059亿元，占完成投资1 276亿元的83%。其中，到位中央和省补助资金291亿元，银行贷款470亿元，地方政府投入、企业自筹及其他方式融资298亿元。组织协调各地交通运输部门争取地方政府债券资金用于交通建设项目，全省落实地方政府债券资金73亿元，居全国第一位。提取农村断头公路建设和国省干线公路改造项目省补助资金贷款35.7亿元。联合银监局召开全省交通重点项目银企对接会，重点推介“9+3+12”高速公路项目和“八大专项工程”。组织完成《四川公路水运建设筹融资方案研究（2013—2015年）》课题研究，课题立足四川交通运输发展现状，对全省筹融资现状和存在问题进行研究分析，提出融资方案，为“十二五”后三年交通建设筹融资工作提供应用指南。

（刘　烽）

2013年11月7日，省交通运输厅副厅长鲜雄（正面左二）主持召开交通建设筹融资及财务行业管理工作座谈会　　厅财务处 供稿

资金监管　2013年，省交通运输厅开展多项综合检查，加强资金监管：开展部省2011—2012年补助资金使用情况专项检查，完成对部分市（州）、县的重点抽查并形成检查报告。开展2009—2012年燃油税转移支付资金使用情况检查，完成《关于各地2009—2012年成品油价格和税费改革转移支付资金使用情况的调查报告》和《关于各地2009—2012年成品油价格和税费改革转移支付资金用于普通公路养护情况的报告》。开展部门预算执行及会计基础工作规范化检查；开展对部分市（州）城乡道路客运和农村水路客运成品油价格改革财政补贴资金检查，为完善补贴资金分配办法奠定基础。

（赵　伟）

资产监管　2013年，省交通运输厅加强对国有资产监管，完成国有资产管理信息系统的布置、清理、上报工作；完成厅机关和厅直事业单位公务用车专项治理、清查登记、审查核实、处理纠正工作；完成对厅直单位的资产处置审批，对厅属事业单位资产处置申请初核后，及时转报省政府机构事务管理局核批，并配合其现场核查；完成对取消政府还贷二级公路收费的厅鹧鸪山隧道管理处、二郎山隧道管理处、九环线公路管理处整体资产清理、处置和调拨工作；与财政部驻川专员办、省国税局沟通协调，研究车辆购置税改革资产划转有关问题。

（赵　伟）

成品油价格改革财政补贴资金分配　2013年中央财政下达四川省2012年交通行业成品油价格改革财政补贴清算资金7.06亿元和2013年预拨资金11.3亿元。按照省交通运输厅和财政厅确定的分配办法，厅财务处完成2012年成品油价格改革财政补贴清算资金和2013年预拨资金的分配。

（赵　伟）

重点课题调研　2013年，省交通运输厅开展重点财务课题调研。按照交通运输部办公厅《关于组织开展交通运输发展筹资机制调研工作的通知》要求，就吸引社会资本促进交通发展进行专题调研。对以财政投入为主的普通公路建设养护资金筹集模式进行专题调研，形成专题调研报告，报告分析全省普通公路建设养护资金筹集现状及问题，总结各地建立以财政投入为主的普通公路建设养护资金筹集模式方面探索，并对下一步工作开展提出相关建议意见。对营业税改征增值税试点工作进行调研，厅财务处会同厅运输处先期主动衔接省财政、国税部门，实地调研成都、攀枝花、凉山等市（州）部分道路运输企业及物流辅助企业，就“营改增”对行业造成的影响进行定量定性分析，提出应对措施和建议。

（刘　烽）

交通建设场景　　交通宣传中心 供稿

人事劳动管理

RENSHI LAODONG GUANLI

领导班子和干部队伍建设 2013年，省交通运输厅完善干部工作机制、改进工作方法，推进厅直单位领导班子建设和干部选拔任用工作。一是完善领导班子和干部选拔。根据厅党组关于“推动工作、整合资源、培养干部”要求，全年任免县处级干部52人，其中新提拔任用15人，并对试用期满的14人及时办理了任职手续。二是深入开展干部教育培训。完成上级调训及厅管干部自主选学任务。全年送培中央组织部浦东干部学院1人，延安干部学院1人，中共四川省委党校2人，行政学院4人，省直机关党校11人，中共四川省委组织部、省政府应急办、省公务员局专题培训16人，干部大讲堂200余人。按照中共四川省委组织部要求，完成全系统县处级以上干部“在线学习城”的个人信息录入和网上在线学习培训工作。29名干部通过拟任县处级领导职务政治理论水平任职资格考试。三是强化干部日常管理和年度考核。协助中共四川省委组织部完成厅领导班子和班子成员的年度考核工作，认真做好厅党组民主生活会的相关工作。组织完成厅机关公务员和厅直各单位领导班子及班子成员2012年度考核；按照《公务员考核规定（试行）》和《公务员奖励规定（试行）》对190名干部进行了嘉奖。加强厅机关和厅直参公单位人事部门学习和运用《四川省公务员管理信息平台》，有效提升公务员信息管理水平和办事效率。认真做好军转干部和退伍士兵安置，全年接收安置军队转业团职干部4名、营职干部3名，退伍士兵3名。协助纪检监察部门抓好领导班子和领导干部的党风廉政建设，不断强化干部日常教育、管理和监督。四是注重后备干部队伍建设。根据中共四川省委组织部要求，完成非定向厅级领导职务后备人选的民主推荐，上报中共四川省委组织部正厅级后备人选1人、副厅级后备人选2人，接受地方干部上派挂职锻炼2人。

（但　伦）

机构编制与参公工作 2013年，经中共四川省委编办批复同意，省交通运输厅完成高速公路交通执法系统核增编制159名，增设大队14个，高速公路交通执法力量得到充实和加强。此外，完成交通职业学校内设机构的设置及厅高管局参公管理。

（李　可）

推进厅属事业单位分类改革 2013年，省交通运输厅党组按照中共四川省委、省政府的统一部署和省委编办的要求，高度重视分类推进事业单位改革，及时传达学习，熟悉掌握政策，组织政策宣讲，认真分析研判，积极稳妥开展厅属事业单位分类改革。厅人事处在2011年清理的基础上，对厅属事业单位机构编制情况作了更加深入的清理，逐一与厅属事业单位座谈沟通，并到广东、重庆等省（直辖市）调研学习。根据事业单位分类有关政策规定，并结合全省交通事业发展和各单位分类意向，年内形成厅属事业单位规范、分类的初步意见。

（李　可）

职称改革 2013年，省交通运输厅进一步深化、完善职称改革工作。一是完善职称专家库建设。按照优化结构、充实数量的要求，重新推荐职称专家库专家人选，新增专家94名，并调整相关专业专家人数，较好地满足职称工作需要。二是稳步提高职称评审工作质量。继续推进职称评审工作机制建设，落实相关人员责任，加强纪律要求，倡导业绩和能力的评价导向，坚持公平公正原则，稳步提高职称评审工作质量。全年组织完成248人的高级职称评审，其中213人获得高级工程师任职资格，评审通过率85.9%；组织完成202人的中级职称评审，其中169人获得工程师任职资格，评审通过率为83.7%；完成经济、卫生、电子工程等9个专业的中、高级职称委托评审工作23人次；办理中、高级职称确认工作5人次，办理中级职称初聘工作27人次；完成175名中级职称和67名高级职称人员的办证工作。

（李天洲）

高层次人才队伍建设 2013年，省交通运输厅继续抓好高层次人才队伍建设。一是加强人才调研。厅人事处到厅公路设计院、厅交通设计院等单位开展人才调研，深入了解厅直单位人才现状和人才工作开展情况。二是积极开展人才推荐选拔和服务工作。全年推荐上报人选“百千万人才工程”国家级2人、第十三届国家青年科技奖1人、第十二届四川省青年科技奖2人、“西部之光”访问学者1人、第三届四川省专家评议委员会5人，国家级技术能手1人、省级技术能手3人，省技能人才突出贡献单位1个。完成留学人员和四川省学术技术带头人后备人选的科技项目资助申报工作，完成享受国务院特殊津贴人员和四川省学术技术带头人的津贴发放清理登记和办卡工作。三是人才培养工作成效显著。四川交职院王永莲、厅公路局医院甘华山被中共四川省委、省政府批准为第十批四川省学术和技术带头人，厅公路设计院蒋贵川、王联、向波、王道雄、何恩怀、蒲之艳、马洪生、邵江、林国进、刘振宇、田尚志、邓刚、田波，四川交职院骆勇等14人被中共四川省委、省政府批准为第十批四川省学术和技术带头人后备人选。厅公路设计院梁健获得第十二届四川省青年科技奖。厅公路设计院被省人力资源社会保障厅批准为博士后创新实践基地。四川交职院被省人力资源社会保障厅授予“四川省技能人才培育突出贡献单位”称号。

（李天洲）

专家援藏 2013年，省交通运输厅按照中共四川省委组织部“百名专家援藏”计划和有关要求，积极开展工作，分别组建甘孜、阿坝两个援藏专家服务团，结合当地发展实际，分批次进入藏区实地开展技术帮扶工作，为藏区人才培养和支持当地交通建设发挥了积极作用。

（李天洲）

劳动工资制度改革和日常管理 2013年，省交通运输厅推进劳动工资制度改革并加强劳动工资日常管理。一是推进厅属事业单位绩效工资调整和上报。完成厅高管局“参公”工资套改。完成兴蜀公司2012年工资总额清算及2013年工资总额预算的审核报批，核定其领导班子成员工资标准。二是按照国家工资政策规定并依据干部年度考核结果，完成机关24人增加级别工资、6人正常晋升级别工资档次、15人增加职务工资。确定6名新进公务员工资待遇和1名新进人员转正定级。办理2名厅级领导干部享受劳动模范工资待遇。办理1名厅级领导干部退休费核定和2名高级专家提高退休费比例报批。完成机关工作人员年终一次性奖金和未休年休假人员工资核定。完成鹧鸪山隧道管理处、二郎山隧道管理处执行高海拔地区折算工龄补贴政策审核上报。调整原中交一、四局遗留人员生活费标准并按时发放。完成厅机关事业单位技术工人考工定级。

（岳建荣）

城市公共客运管理

CHENGSHI GONGGONG KEYUN GUANLI

公共客运情况 2013年，全省公共客运情况良好。一是城市轨道交通，成都市地铁1、2号线运营里程累计达48.3公里，日均载客70万人次，出行分担率达5%。地铁1号线南延线、2号线东延续、3号线、4号线、7号线均已启动开工，预计到2015年末成都地铁里程数将达150公里，到2020年末达300公里，全面实现网络化运营。二是城市公交，全省新增城市公交车辆2 700余辆，增幅达11.2%。全省进一步深化开展公交精品线创建活动，新增精品线路80条，其中市（州）级36条、县（区）级44条，通过以点带面的方式，推动辖区内其他地区（包括每个市〈州〉城区和每个县）至少创建1条精品线，全面提升行业服务质量。成都市开通快速公交K1、K2线路，共有28对快速公交站点，设有29处公交站点位，平均站距1 046米，配备近150台大容量公交车，日均载客22万人次。三是出租汽车，根据《交通运输部办公厅关于认真做好〈出租汽车服务质量信誉考核办法（试行）〉实施工作的通知》要求，全省对2012年出租汽车服务质量信誉进行考核，评选出AAA级出租汽车企业17家，AA级248家，A级134家，B级36家。出租汽车服务质量信誉考核对规范出租汽车行业管理，促进出租汽车企业提升服务质量、加强安全营业起到积极作用。

（孙　坤）

城市公共客运现状调查 2013年，省交通运输厅开展城市公共客运现状调查，一是制订工作方案，调研收集全省公共汽电车的经营业户数及性质、车辆配置、调度中心、保养场面积、停车场面积、综合客运枢纽、港湾式停靠站、运营线路及长度、从业人员数、年客运量等情况，出租汽车的经营业户数及性质、信息化建设、运营车辆数量年客运量、从业人员数、经营权投放方式、经营权属、经营模式、经营期限等情况，轨道交通的经营业户数、从业人员、列车数、运营线路长度及车站数、年客运量等情况。二是了解各地2012年城市客运行业管理工作情况，查阅2012年前本级人民政府或交通运输主管部门出台的支持城市公共客运发展的政策法规或规范性文件。三是及时对调研数据进行核实、汇总，并形成分析报告供领导决策参考。

（厅城客处）

2013年9月16日，凉山州交通运输局、西昌市交通运输局、西昌市公共交通公司在西昌市月城广场举行“公交出行宣传周”活动 厅城客处 供稿

组织城市公共交通发展水平考评体系研究 2013年，厅城客处从城市公共交通的发展环境、基础设施、财税扶持、安全应急、服务管理5个方面入手，探索建立城市公共交通发展水平考评体系，充分发挥其在实际工作中的导向作用。按照科学系统、好评易记的原则，从不同侧面反映全省各城市公共交通发展的特征和状况，尽量选取日常统计指标或容易获得的指标，反映最主要和最全面的信息，设立量化考核指标50项，初步形成全省城市公共交通发展水平考评工作的意见、指标体系及相关说明。年内，组织召开研讨会议，积极征求各市（州）交通运输主管部门及相关负责人意见并进一步修改完善，努力确保考评体系的针对性、实用性和操作性。

（厅城客处）

公交出行宣传周 省交通运输厅按照交通运输部的统一部署，举行每年9月16日至22日“公交出行宣传周”活动。2013年活动主题是“公交优先、便民利民”，省交通运输厅要求各地交通运输主管部门高度重视，及时向当地人民政府汇报，积极争取政策支持，协调相关部门建立联动机制，加强对活动的组织领导；同步制订督导方案，在活动开展前夕和活动期间组织开展督导工作，对部分城市的方案制订、活动准备、舆论宣传和组织实施等情况进行督促检查。各地认真谋划、精心组织、迅速启动，做到领导、机构、人员和责任“四落实”。同时，结合当地实际，集中开展灵活多样的主题宣传活动，积极开展公交服务质量和服务技能竞赛活动，广泛深入公共交通一线，大力实施便民利民行动，吸纳社会公众参与。充分利用报刊、电视、广播、网络、车载视频等媒体平台，普遍在广场、商场、车站、学校、医院等人员密集地段采取开展现场咨询、开展问卷调查、开展志愿服务、印发宣传资料、悬挂横幅标语等方式，宣传活动的主要内容及实施进展，宣传中央、省、市大力发展公共交通的政策举措及成效，宣传公共交通对保障民生、推进节能减排、减少城市污染、缓解交通拥堵的重大意义，在全社会营造关心公交、支持公交、选择公交的良好氛围。

（厅城客处）

全省城市客运研讨培训会 2013年12月16日—17日，省交通运输厅在成都组织召开全省城市客运研讨培训会，安排2014年城市公共客运重点工作，研究讨论全省城市公共交通发展水平考评工作，交流汇报各市（州）城市公共交通发展规划编制实施工作有关情况，开展城市公共交通企业运营服务与管理、城市公共交通规划与实践等两个专题培训。中国道路运输协会城市客运分会常务副理事长、秘书长胡建平博士应邀作题为“城市公共交通企业运营服务与管理培训”的专题讲座，中国道路运输协会城市客运分会副秘书长、深圳都市交通规划设计院院长薛博应邀作题为“城市公共交通规划与实践”的专题讲座。各市（州）交通运输局（委）城市客运部门负责人、工作人员和道路运输管理机构有关人员参加会议。

（厅城客处）

外经外事

WAIJING WAISHI

高速公路BOT项目招商 2013年，全省高速公路招商成功绵阳至西充、宜宾至彝良、宜宾过境、巴中至万源、成都经济区环线高速公路简阳至蒲江段、攀枝花至大理（四川境）、内江过境段7个项目，合计里程621公里，引进社会资金754亿元。其中，绵阳至西充高速公路124公里，估算投资104亿元，投资人为四川省铁路产业投资集团有限责任公司和成都华川公路建设集团有限公司联合体；宜宾至彝良高速公路130公里，估算投资170亿元，投资人为四川宜宾伊力集团有限公司、邢台路桥建设总公司和中交远洲交通科技集团有限公司联合体；宜宾过境高速公路（乐宜至宜昭段）31公里，估算投资37亿元，投资人为四川宜宾伊力集团有限公司、邢台路桥建设总公司和中交远洲交通科技集团有限公司联合体；巴中至万源高速公路122公里，估算投资181亿元，投资人为中国新型房屋集团有限公司；成都经济区环线高速公路简阳至蒲江段127公里，估算投资157亿元，投资人为中国铁建投资有限公司和中铁二十局集团有限公司联合体；攀枝花至大理（四川境）高速公路40公里，估算投资66亿元，投资人为四川省铁路产业投资集团有限责任公司和四川公路桥梁建设集团有限公司联合体；内江城市过境高速公路47公里，估算投资44亿元，投资人为天津城建集团有限公司。

泸渝高速公路波司登大桥 厅外经外事处 供稿

至年底，全省累计成功招商高速公路项目32个，总里程约3 245公里，引进投资约2 776亿元，里程数及引进资金数居全国各省（直辖市、自治区）第1位。

在建高速公路BOT项目 2013年，全省在建BOT项目18个，在建里程1 472公里，完成投资370亿元，占年度计划521亿元的71%。其中，成（都）自（贡）泸（州）高速公路内自段完成投资0.06亿元，为年计划的97%；泸州段完成投资15亿元，为年计划的92%；成（都）安（岳）渝（重庆）高速公路完成投资32亿元，为年计划的62%；遂（宁）资（阳）眉（山）高速公路遂资段完成投资10亿元，为年计划的103%；眉山段完成投资26亿元，为年计划的104%；泸州段完成投资4亿元，为年计划的81%；乐（山）自（贡）高速公路完成投资22亿元，为年计划的96%；成都第二绕城高速公路西段完成投资34亿元，为年计划的60%，东段完成投资39亿元，为年计划的49%；南（充）大（竹）梁（平）高速公路完成投资31亿元，为年计划的100%；遂（宁）广（安）高速公路完成投资20亿元，为年计划的72%；遂（宁）西（充）高速公路完成投资14亿元，为年计划的74%；内（江）威（远）荣（县）高速公路完成投资20亿元，为年计划的101%；巴（中）广（安）渝（重庆）高速公路完成投资46亿元，为年计划的60%；叙（永）古（蔺）高速公路完成投资20亿元，为年计划的56%；自（贡）隆（昌）高速公路完成投资15亿元，为年计划的70%；乐（山）自（贡）高速公路乐山城区连接线完成投资0.5亿元，为年计划的6%；宜（宾）叙（永）高速公路完成投资19亿元，为年计划的179%。

高速公路亚行贷款项目通过完工检查 2013年，亚行贷款额最大的交通项目——雅西高速公路、川东首条亚行贷款道路发展项目——达陕高速公路均顺利通过亚行完工检查。

（本栏目供稿单位：厅外经外事处）

交通审计
JIAOTONG SHENJI

全省交通运输审计工作会 2013年5月31日，全省交通运输审计工作会在成都召开，厅直和有关单位审计工作分管领导及部门负责人110人参加现场会议，各市（州）交通运输局（委）所属单位、各县市交通运输局通过远程视频参加会议。省审计厅副厅长唐萍和省交通运输厅纪检组组长李传林作讲话。会议传达并学习国务院、交通运输部、省审计工作会议精神，通报2012年内部审计绩效考核情况，总结2012年全省交通运输系统内部审计工作，部署2013年任务。省交通运输厅副巡视员陈双全主持会议并作大会总结。

2013年5月31日，全省交通运输审计工作电视电话会议在省交通运输厅4楼会议室召开
厅审计处 供稿

《四川省交通运输厅委托社会中介机构审计服务质量考评办法》等出台 为推动中介机构提高审计服务质量，规范管理，2013年，《四川省交通运输厅委托社会中介机构审计服务质量考评办法》《四川省交通运输厅内部审计中介机构备选库管理办法》正式出台。根据以上《办法》，厅审计处及时更新中介机构备选库，补充符合条件的中介机构入库，淘汰服务质量和信誉差的中介机构。为加强自建项目审计监督，规范自建项目管理，提高资金使用效益，《四川省交通运输厅直属单位自建项目审计监督管理办法》于同年4月正式出台。

18个建设项目竣工决算审计和审前调查 2013年，厅审计处参与完成省审计厅对垫邻路征地拆迁资金审计和遂渝路工程造价复核；受省审计厅委托，对省道303线映秀卧龙公路恢复重建第一阶段工程和四川交职院一、二期工程竣工决算审计；对省交通运输厅属自建项目四川交职院9号学生宿舍工程结算审计；联合省审计厅开展4个重点交通建设项目竣工决算审计，对4个水上项目、5个公路项目竣工决算进行审前调查。

厅直属单位预算执行及财务收支审计 2009年开展预算执行及财务收支审计以来，省交通运输厅已对22个直属单位全部进行一轮审计。按照“对厅直属单位三年轮审一遍”的有关规定，2013年，省交通运输厅委托3家中介机构对6家厅直属单位开展新一轮年度预算执行及财务收支审计。2013年是新一轮预算执行及财务收支审计第二年，继续促进各单位科学合理编制预算，严格执行预算，规范资金使用，防范财务风险，提高管理水平。

审计调查 2013年，厅审计处调研成安渝、乐宜、成自泸泸州段、成自泸内江自贡段4个高速公路BOT建设项目履约情况；审计调查部分市（州）交通运输局（委）招投标制度执行情况；审计调查甘孜州、阿坝州和凉山州

2012—2013年度藏区彝区重大“民生工程”、交通扶贫项目；审计调研全省非经营性公路资产管理情况，在各市（州）自查的基础上，重点抽查宜宾、泸州、德阳、内江、自贡、绵阳、峨眉山7个市、县级交通运输局。

二级公路新增债务锁定 2013年，省交通运输厅与省审计厅、省发展改革委、省财政厅联合下发《关于印发全省政府收费还贷二级公路新增债务余额分类审核工作方案的通知》，配合协调财政部驻四川财政监察专员办事处开展省本级政府收费还贷二级公路新增债务余额及里程认定数据专项核查，全面完成二级公路新增债务锁定核查。

学术课题研究 2013年，厅审计处参加交通运输部“交通运输建设项目跟踪审计规范研究”课题研究，获2013年全国第七次（2009—2012）交通审计优秀论文评选特等奖；承担交通运输部经济责任审计课题，省审计厅课题项目“行业内部审计质量评估研究——以四川省交通运输行业为例”，省交通运输厅“全省非经营性公路资产管理现状及存在的问题研究”3项课题研究；以“克难攻坚，创新驱动，促进竣工决算审计规范高效”为题，系统总结四川交通建设项目竣工决算审计工作经验，作为全国交通运输行业审计工作优秀创新成果向交通运输部申报。

（本栏目供稿单位：厅审计处）

交通公安
JIAOTONG GONGAN

交通运输维稳工作 2013年，省交通运输厅着力解决影响交通运输系统稳定的源头性、根本性、基础性问题，健全社会管理综合治理工作长效机制，确保交通运输行业稳定，促进全省交通运输事业健康发展。年内主要完成以下工作：

落实社会管理综合治理和维护社会稳定工作领导责任制。厅党组将综合治理、维稳工作提到重要议事日程，严格落实综合治理、维稳工作“一把手责任制”和“一岗双责”（详见《附录》）；建立和完善综合治理、维稳工作的各项规章制度，重点建立和完善领导责任制、目标管理考核制、领导述职报告制、领导责任追究制等。厅主要领导与厅直属单位、厅机关各处室负责人签订2013年度维护社会稳定和社会管理综合治理目标责任书。厅机关和直属单位层层签订了综合治理和维稳工作目标责任书，加强综合治理、维稳工作队伍建设，确保人员到位、措施到位、检查到位、责任到位；建立健全综合治理、维稳工作网络，制订完善处置突发事件和群体性事件的应急工作预案。

开展矛盾纠纷排查化解工作。2013年全国“两会”、省“两会”及党的十八届三中全会前夕，厅党组要求全省交通运输系统各单位（部门）对影响社会稳定的问题开展全方位、深层次的大排查，做到底数清、情况明，早调处、早化解；对排查掌握的矛盾纠纷和不稳定因素，提前预警防范，及时检查控制；对较为突出涉及社会稳定的问题，及时报告当地党委政府并在责任主体单位的统一领导下积极配合做好稳控化解工作。

维护交通运输系统内部稳定和社会稳定。厅党组要求全省交通运输系统对交通建设中涉及土地征用、房屋拆迁、拖欠民工工资，企业改制、历史遗留等重点领域的不稳定因素，及时掌握动态情况；对可能影响治安稳定和社会稳定的倾向性、苗头性问题，特别是对可能引发较大规模聚集上访和群体性事件的苗头隐患，要明确“三责”（责任领导、责任单位、责任人员），及时研究解决办法，妥善化解。年内，省交通运输厅把维稳工作重点放在道路客运线路和出租汽车涉稳工作上，针对性提出工作措施及立法建议，及时派员到发生群体性事件的泸州、南部、成都等地，协助维稳处突，保证社会稳定。

（费世奇）

“扫黄打非” 2013年，省交通运输厅作为省“扫黄打非”工作领导小组成员单位，将“扫黄打非”纳入年度工作。按照省交通运输厅工作部署，各市（州）交通运输局（委）明确“扫黄打非”分管领导和联络员，落实专项经费，制订工作方案；明确交通公安、运政、海事、路政执法部门的一线监管职责，建成全省交通运输系统“扫黄打非”工作网络；积极协调配合相关执法部门开展联合执法，封堵查缴低俗盗版音像制品和各类非法出版物，重点查堵政治性非法出版物和非法宗教出版物。年内，省交通运输厅组织省、市运管部门、成都市交委执法总队在成都市货运物流市场进行5次“扫黄打非”重点清查整治；组织甘孜州交通执法部门在州内车站货场开展非法宗教出版物专项清查整治。全年检查货运代理和物流商户2 000余家，查获非法音像制品19万余张，非法书籍10 000余册（其中境外流入非法宗教书籍6 700册）。年内，厅公安处被评为全国“扫黄打非”先进集体，厅运管局被评为四川省“扫黄打非”先进集体，费世奇、林波、陶清元、张元龙被评为四川省“扫黄打非”先进个人。

（张元龙）

站港车船治安管理 2013年，“两会”和党的十八届三中全会期间，厅公安处和全省交通公安保卫部门对旅客运输安全保卫工作早部署、早安排，层层明确责任，制订和细化工作方案，形成上下联动、反应灵敏的旅客运输安全保卫工作机制；组织明察暗访，重点检查车站“三品”（易燃、易爆、危险品）查禁工作和治安安全隐患整改情况，督促各地交通公安保卫部门认真履行职责。

4月，厅公安处会同相关部门对二郎山、鹧鸪山隧道，重点油库（沥青库），成都等地重点车站进行专项检查，整改安全隐患。康定汽车运输公司公安科对折多山以外南北路14个车站进行安全大检查，整改消除各项安全隐患。成都市运输总公司、成都长途汽车运输集团公司，成都、绵阳、遂宁等交通公安保卫机构重点加强对治安情况复杂的民工超长运输、旅游运输治安安全工作的分类指导，及时消除治安隐患。全省交通公安充分发挥X光检测设备作用，辅以对重点人员的开包检查，提高查禁“三品”（易燃、易爆、危险品）准确率。

全省全年交通公安查处各类治安案件211件，调解旅客纠纷1 274件，配合地方公安查破各类刑事案件36件，打击处理各类违法犯罪人员225名。

（何志远）

2013年2月7日，省交通运输厅党组成员、安全总监胡大昌（前左二）在广安市武胜县汽车站检查安全工作

交通宣传中心 供稿

2013年11月8日，省交通运输厅党组副书记、副厅长周道平（前中）一行检查成都东客站、双桥子总站和茶店子车站维稳安保工作

交通宣传中心 供稿

应急保障暨反恐防范演练 2013年10月22日，省交通运输厅、宜宾市政府举办的道路运输应急保障暨反恐防范演练在宜宾市临港车站举行，内江、自贡、泸州、资阳、绵阳、眉山、乐山市及云南省昭通市道路运输主管部门负责人参加演练开幕式并观摩演练。该次演练参演人员400余人，出动客车、货车、维修救援车、运政执法车、消防车、医疗急救车、警车68辆。省交通运输厅副巡视员赵家栋对演练进行总结并对全省交通运输系统应急和反恐防范工作提出要求。

演练将道路运输应急保障与反恐防范等级响应相结合，检验行业在应对自然灾害（抗洪抢险）、恐怖袭击（爆炸）等突发事件时的运输保障、应急响应、反恐处置和协同配合能力，为加强道路运输应急保障体系建设和处置恐怖袭击事件积累经验。

（沈 杰）

交通战备

JIAOTONG ZHANBEI

交通战备组织机构建设 2013年，全省交通战备组织机构保持总体稳定并有所发展。成都、绵阳、内江、达州、凉山、南充、资阳、宜宾、乐山、广安、眉山、甘孜等12个市（州）实现市、县两级交通战备机构全覆盖。成都市、凉山州交战办的编制等级达到正县级，雅安、宜宾市和凉山州交战办下设科室。全省有7个市级、22个县级交战办增加工作人员。凉山州交战办工作人员达到8名，全州17个县市交战办保持原正科级编制，共配备专兼职工作人员36名。内江市、县（区）两级交战办机构全部建立，落实编制26名。德阳、乐山市和阿坝州交战办新配备专职领导。资阳市交战办落实工作经费50万元，阿坝州交战办落实工作经费20万元。南充市各县（市、区）交战办工作经费均有2万~5万元列入财政预算。铁路、交通运输、航空、通信行业的战备机构继续保持稳定。

国防交通基础设施建设 2013年4月—5月，省交战办牵头省发改委、财政厅，对各市（州）上报的28个交通建设贯彻国防要求项目进行实地勘察，召开由驻军、国防军工企业和相关部门参加的联席会议，听取意见，了解需求，区分轻重缓急，确定南充市营山县民兵训练基地进出道路等6条道路、2个桥梁、1个战备码头的建设项目，由省财政安排落实补助资金700万元。

成都市交战办投入资金560万元，完成12条驻蓉部队进出道路建设、改造及安全设施、病害治理任务；“十二五”国防公路建设规划泸州省道308线合江至泸州大桥国防公路建设，于2011年动工，已完成建设任务；西昌瓦吉木训练基地2条进出道路建设项目的前期准备工作全部完成，相关资料正式上报成都军区和国家交战办；中铁二院等单位在有关铁路、公路建设设计中坚持“平战结合”原则，征求军队意见，在8条铁路、公路的扩建、改建设计中贯彻国防要求35项。

省交战办加强对全省新建战备仓库建设的监督、检查和指导，厅战备办协调广元、泸州、达州市和凉山州交战办，积极推进战备仓库建设，达州战备仓库建成并投入使用，凉山州战备仓库完成主体工程建设，泸州、广元战备仓库开工建设。

2013年，成都军区交战办对省交战办目标任务完成情况进行考核检查　省交战办 供稿

应急应战能力建设 2013年5月，省交战办在达州组织一期国防交通专业保障队伍战备钢桥架设培训班，指派雅安市交战办5名骨干人员前往指导培训，帮助完成战备钢桥架设任务；10月28日—11月4日，省交战办组织泸州市战备钢桥架设队伍赴雅安进行集中培训。通过两次培训，提高了保障队伍的素质和能力，填补了川东、川南战备钢桥架设力量空白。

成都、攀枝花、南充、雅安、宜宾、资阳、乐山、德阳、内江、达州、泸州市和阿坝、凉山州开展国防交通专业保障队伍整组和点验活动，完善队伍数量、专业和配置。10月30日—31日，阿坝州交战办在国道317线马尔康松岗开展交通战备应急演练，出动道路抢险、应急运输人员80人，征集大客车5辆、运输车2辆、装载机3辆、吊车1辆，首次独立完成战备钢桥的架设任务。凉山州交战办组织州内5家通信企业的通信保障分队开展以自然灾害为背景的通信线路抢修演练。宜宾市交战办组织道路运输专业保障队伍参加宜宾市道路运输应急保障暨反恐防范演练，征集大客车30辆、货车15辆、维修保障车辆2辆，各类专用车辆20辆，并指导县、区交战办开展多次抢险救灾、反恐维稳交通保障演练。6月，绵阳市交战办组织水上应急救援演练，出动船舶20余艘、人员100余人；10月，组织道路运输应急保障演练，参演人员300余人，集结客货车辆40余辆。7月，攀枝花市交战办组织交通战备公路保障及汛期公路防洪抢险应急演练。成都铁路局战备办于10月中旬选择10支应急保障分队，分别在成都、重庆、贵阳、西昌举行不带预案和装备的人员收拢集结演练和点验活动。

根据国家交战办《关于确定重点国防交通专业保障队伍的通知》要求，结合成都军区任务特点，省交战办指导成都市交战办，依托成都市运输集团公司组建以大型集装箱车和平板车为主体的成都军区公路运输专业保障大队，于10月9日举行点验、授旗仪式。

9月11日—14日，省交通运输厅巡视员王义广率省交战办相关人员从成都出发赴阿坝州调研交通战备工作，并对国道213线汶川至郎木寺段进行战备勘察，重点对汶川、松潘、若尔盖三县交通战备工作进行调研。战备勘察历时4天，行程1 600余公里，掌握国道213线基本情况。

军事交通保障 2013年，省交战办履行战备职能，完成军事交通保障工作。

川藏线军事运输交通保障方面。成都军区川藏线军事运输交通保障协调会议召开后，厅战备办、甘孜州、雅安市交战办、在川藏公路国道317线、国道318线建设整治工作期间，督促建设单位尽快制定保通措施并与相关单位建立联系，细化工作职责，对口协调好交通保障有关事宜，及时与部队互通交通保障信息。

部队演习相关交通保障方面。省交战办和阿坝、甘孜州交战办按照部队要求，协调兴蜀公司等单位，对影响部队机动的20余处路段进行改造；组织、协调、配合公安交警、路政、公路等有关部门，采取定点保障与伴随保障相结合的方式，实行临时封路、车辆分流、警车开道等措施，出动保障车300余辆次，各类机械设备55台次，保障人员1 100余人次，完成摩托化机动交通保障任务。11月下旬至12月上旬，成都军区联勤部第38分部进行4次应急机动演练，在时间紧、协调难度大的情况下，省交战办紧急通知成都、乐山市交战办和厅战备办，协调公安交警部门做好高速公路出入口及城区道路交通保障，协调成都绕城高速公路、成雅高速公路、成乐高速公路为部队开设快速通道。6月，国家主席习近平视察成都军区某部，成都市交战办按照成都军区国动委指示，出动工程技术及施工人员120余人、工程机械50余台次，投入经费50余万元，仅用3天时间就完成该部2条进出道路整治。

全省交通战备系统两次完成成都军区空军部队航空弹药运输、西昌卫星发射等交通保障任务。为部队军事训练、演习和处置突发事件出动汽车300余辆次，人员2 300多人次，机械设备100余台次，保障飞行196架次，运送进出藏新老兵20 934人。

通信线路安全保障 2013年，省交战办牵头修订的《四川省通信设施保护规定》于8月26日经省政府第21次常务会议审议通过，11月1日起正式施行。10月25日在成都举行全省交通战备系统学习贯彻《规定》会议，各市（州）交战办、铁路、交通、民航、通信等行业战备办共37个单位63名代表参会。会议集中学习《规定》，并就如何贯彻落实《规定》进行部署，广元市、凉山州交通战备办公室和省长途通信传输局作交流发

全省交通战备系统学习贯彻《四川省通信设施保护规定》会议　省交战办 供稿

言。成都军区交战办专职副主任高兴彬、省交通运输厅巡视员王义广等出席会议并讲话。

为确保全国“两会”期间通信线路和设施设备、特别是长途通信干线的安全，省交战办于2月1日发文要求各市（州）交战办和各通信单位召开专题会议，分析护线形势，明确工作任务，制订工作预案，对可能危及通信线路安全的隐患进行排除，确保“两会”期间通信线路和设施设备的安全。“两会”期间，牵头公安、通信等部门赴广元、巴中、南充等地实地检查指导护线工作，协调南充市政府落实人民路BOT项目国防光缆改迁费用。结合“5·17”世界电信日，牵头省军警民护线办公室，赴成都、德阳、攀枝花、凉山等地区，对各地护线宣传工作、基本建设中保护通信线路安全工作进行督促和检查，深入工地一线宣传护线规定和要求，营造良好的护线氛围，防止因抢时间、赶进度施工损毁通信线路的事故。协调攀枝花市政府妥善解决沿江景观工程涉及国防光缆改迁费用等问题。

交通战备信息化建设 2013年，省交战办细致筹划安排，抽调专人负责，协调有关部门提供资料数据，组织相应培训，收集录入各类基础和专业数据上百万条，按时、保质完成国防交通信息管理系统和国防交通空间数据平台更新工作，协调厅信息中心对交通战备信息专网进行连通调试，测试网上办公系统，基本实现网上办公。

理论学术研究 2013年，全省交通战备系统按照“能打仗、打胜仗”要求推进国防交通能力建设专题理论研究，省交战办成立研究小组。全省撰稿上报论文41篇，在国家交战办组织的优秀论文评选中，3篇论文（省交战办、广元市交战办和成都铁路局战备办各1篇）获优秀论文奖，4篇论文（凉山州交战办2篇、绵阳市交战办1篇、成铁军代处1篇）被刊用。

交战系统抗震救灾 2013年，“4·20”芦山地震发生后，全省各级交战办履行“平时服务、急时应急、战时应战”的根本职能，立即启动应急预案，集结车辆装备。地震当日17时前，全省交战系统储备30座以上客车978辆、5吨以上货车721辆，平板车24辆、油罐车15辆、推土机46台、挖掘机42台、装载机36台、吊车11台和一批其他工程机具，提供强大的应急力量储备；紧急征用民用运力，随时满足运输需求。4月20日10时30分，省交战办紧急调动22辆大客车运送武警警官学院500人至芦山县，调集5辆运送救灾物资货车到芦山县，使武警警官学院官兵成为第一支到达地震灾区的救援力量。成都、泸州、绵阳、遂宁、南充、宜宾、资阳市和甘孜州交战办于当日派出客、货车辆和平板车，运送救灾人员和物资前往灾区。截至4月30日，省交战办先后7次下达车辆征用指令，省市两级交战办调用客车249辆、货车83辆，向灾区运送救援人员1 820余人、救灾物资195余吨。在省交战办的统一组织下，雅安市交战办立即将市、县两级公路抢修保障队伍全部投入抗震救灾，将1座“321”战备钢桥运送至灾区；甘孜州应急公路抢修队伍15名作业人员携带3台工程机械进至天全至宝兴路段，参与道路抢通；省重点国防交通专业保障队伍、省路桥集团公司应急公路抢修大队紧急动员人员和机械设备，立即进入灾区抢通道路；省市县三级公路抢修力量投入各类机械机具500余台（辆、具），合力抢通雅安至芦山、芦山至宝兴、小金至宝兴受损公路98公里。

（本栏目供稿单位：省交战办）

组图：交通战备演练

省交战办 供稿

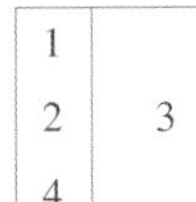

1 2013年10月，省交通运输厅副厅长白理成（前右三）、副厅长鲜雄（前右五）调研金川县农村公路

2 2013年3月，厅公路局局长朱学雷（前左二）检查指导广安市国省干线和农村公路建设

3 2013年4月，厅公路局局长朱学雷（前左一）、副局长聂平（前中）同武警交通部队共同研究芦山地震灾区公路抢通工作

4 2013年3月，厅公路局副局长聂平（左三）调研宜宾市国省干线和农村公路建设情况

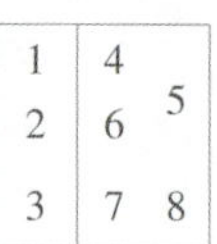

1 改建中的国道318线东海路段

2 省道106线沥青路面微表处路段

3 乐山超限超载检测站稽查人员指挥货车卸载

4 2013年12月，成南高速公路入口超限超载检测点检测现场

5 交通运输部门联动治理超限运输现场

6 2013年10月，全省民族地区农村公路工作现场会在阿坝金川县召开

7 阿坝州金川县英布汝村通畅公路

8 阿坝州金川县曾达乡野脚沟村通畅公路

新阳安物流

全省民族地区农村公路工作现场会
阿坝·金川
2013·10

1	4
2	
3	

1 甘孜州高半山农村公路

2 凉山州越西小山农村公路

3 凉山州会理至太平镇通达油路

4 甘孜州乡村公路

四川省交通运输厅航务管理局

SICHUAN SHENG JIAOTONG YUNSHUTING HANGWU GUANLIJU

1	3 4
2	5

1 2013年8月22日，四川省副省长王宁（前左三）在省交通运输厅副厅长冯文生（前左二）陪同下调研泸州港

2 2013年4月10日，省交通运输厅厅长彭琳（前右一）调研南充港

3 2013年1月15日，广安港新东门作业区一期工程开港试运行，新增集装箱吞吐能力15万标箱

4 2013年12月28日，南充港都京作业区一期工程开港试运行，基本形成28万标箱集装箱吞吐能力。图为开港当天首批货物装船

5 2013年，泸州港集装箱吞吐量完成20.13万标箱，比上年增长48.89%。图为生产作业中的泸州港

广安港

南充港

1 2	6
3 4	7
	8
5	9

1 泸州至上海集装箱运输

2 大件起吊

3 运输钢卷的货船在宜宾港起航

4 长运公司承运南充经济开发区项目大件设备

5 嘉陵江航电枢纽全景图

6 水上搜救演练

7 嘉陵江南充段巡航检查　屠小宁 摄

8 西南首艘全回转车客渡船宜宾县泥溪汽渡

9 四川举行首次跨区海事巡航

1	5
2	6
3 4	7

1. 2013年11月25日上午，中共四川省第十二届人民代表大会常务委员会第六次会议在成都召开，中共四川省委书记、省人大常委会主任王东明（二排中）主持会议。省交通运输厅厅长彭琳（前）向大会作《四川省道路运输条例（修订草案）》的说明
2. 2013年10月11日，《四川省道路运输条例（修订草案）》立法听证会在泸州市召开。省政府法制办主任张渝田、省交通运输厅副厅长白理成出席会议
3. 立法听证会现场
4. 2013年10月23日，《四川省道路运输条例》定稿会在汶川召开。省政府法制办主任张渝田、省交通运输厅副厅长白理成，厅运管局局长邱小发，厅法规处处长王波、厅运管局党委书记王晓世参会
5. 2013年6月13日，省交通运输厅厅长彭琳（前排右一）对成都市石羊场汽车客运站安全工作进行全面检查
6. 2013年6月14日，省交通运输厅副厅长黄英权（前左二）对绵阳市南湖汽车客运站运输安全工作进行检查
7. 省交通运输厅副厅长黄英权（左二）看望“最美司机”袁彬

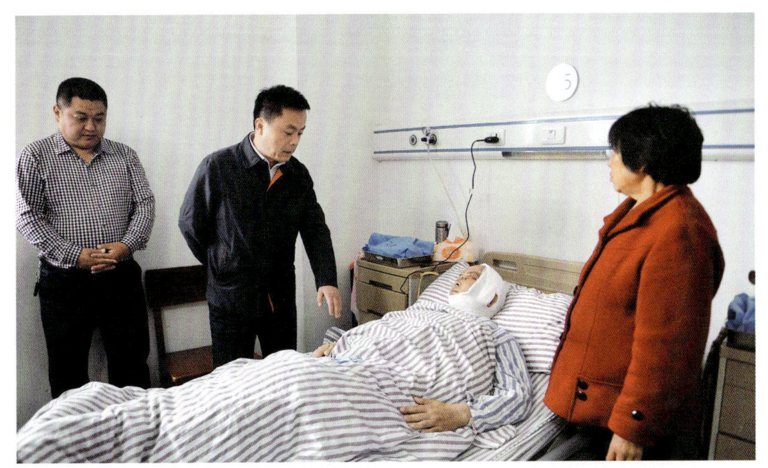

2013年3月31日19时许，川H41056号大巴车行驶于成德南高速公路，忽遇飞石砸车并击中袁彬左眼。这时，袁彬忍住巨痛，靠边，一次点刹，两次点刹，车子在减速的同时也渐渐朝深达30米的悬崖滑去，袁彬果断向右打方向盘，致使车辆撞断护栏后撞上路边的山体停下。事故前方两米左右的距离就是一座桥，桥左边是深达30余米的悬崖！大巴车停住了，袁彬却被甩出车外好几米。在短暂昏迷后，袁彬想起车子尚未熄火，大巴车虽然停住但发动机仍在运转，车内的燃油外溢，爆炸等二次危险随时可能发生，唯一的念头是马上回到车里，可车门打不开，只能从挡风玻璃的洞里爬回驾驶室，关掉发动机，紧急疏散乘客。当最后一名乘客安全离开后，流血过多的袁彬终因体力不支，晕倒在车内。

袁彬挽救了34名乘客的生命，却左眼失明、鼻梁断裂、面部多处重伤。袁彬尽到了自己的责任和义务，让乘客的生命多了一份保障，生活多了一份感动。

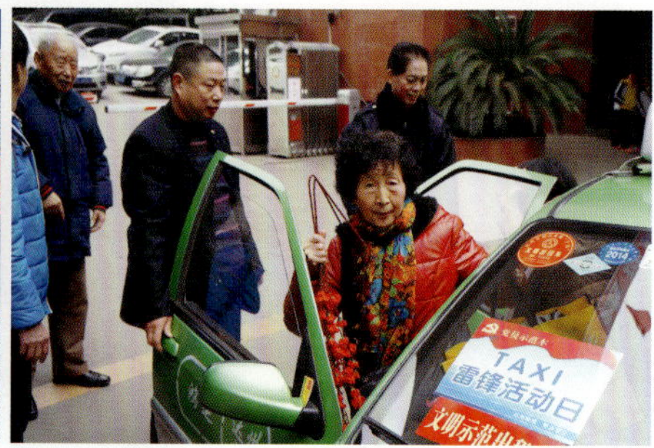

1	2
3	4
5	6

1 2013年12月1日，由省出租汽车协会、市血液中心和锦华路万达广场联合承办“富民路·连心桥”“共抗艾滋，共担责任，共享未来”大型无偿献血宣传活动及“共建更美好世界，造福全民，造福参与发展的残疾人”爱心义卖活动。20多家出租汽车企业的20多名管理人员、100多名志愿者参加此次活动

2 2014年3月5日，达州市出租汽车行业20台“党员示范车”组成“雷锋车队”，开展学雷锋爱心公益活动，免费载送老、弱、病、残、孕人士80余趟次、200多名乘客

3 在成都二环路快速公交BRT入口处，闸机被放置成闸机阵列，和邻近的闸机组成进站和出站通道。乘客通过刷IC卡或单程卡进出闸机

4 厅运管局开展城市公交服务精品线创建示范活动

5 全省汽车维修行业开展“阳光维修”优质服务活动

6 开展“攀西阳光之旅”高速公路客运优质服务精品线创建活动，向游客提供免费中转车

1	2
3	
4	5
6	7

1 2 2013年6月22日，第一期教练员轮训班开班

3 按照交通运输部要求，省交通运输厅在全省驾校开展集中整治教练员吃拿卡要等乱收费行为

4 达州公路物流港二期工程汽车展场

5 凉山州项脚乡客运站

6 雅安市两河客运招呼站

7 达州公路物流港

1 2014年1月26日，四川省副省长侍俊（前左二）到高速公路交通执法第三支队客运签单点检查指导工作

2 2013年6月13日，省交通运输厅厅长彭琳（中）看望一线交通执法人员

3 2013年2月27日，省交通运输厅副厅长张晓燕（左三）、纪检组组长李传林（左二）督导厅高管局惩防体系建设

4 2013年4月21日，省交通运输厅副厅长兼厅高管局局长张琪（左四）主持召开专题会，安排部署高速公路抗震救灾应急保障工作

1 2013年，高速公路防汛保通

2 2013年，为“4·20”芦山地震抗震救灾物资运输开放专用通道

3 2013年，开设抗震救灾便民服务点

4 2013年，规范高速公路施工管理

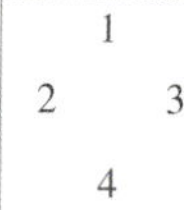

1 2013年，扎实开展超限超载治理

2 2013年，严格测量超限超载车辆外廓尺寸

3 2013年，监管危险化学品运输

4 2013年，强化夜间货运车辆管理

1	2
3	4
5	

1 2013年，开展高速公路交通安全宣传

2 2013年，开展交通法规宣传

3 2013年，客运车辆安全检查

4 2013年，排查安全隐患

5 2013年，排查登记汛期桥梁涵洞隐患

1 2013年，依法拆除违章非交通标志

2 2013年，隧道消防安全检查

3 2013年，防汛抢险应急演练

4 2013年，勘验车祸现场

5 2013年，组织专业技术人员抽检高速公路桥梁技术状况

1
2
3

1 2013年，紧急救助车祸伤员

2 2013年，开展高速公路ETC系统联调车道测试

3 2013年，优质服务获好评

1 4
2 5 7
3 6

1 2013年8月6日，省交通运输厅总工程师陈乐生（右一）率厅质监局有关人员在成都第二绕城高速公路建设现场检查指导工作

2 2013年，厅质监局局长刘孝明（右三）在高速公路施工现场监督工程质量

3 2013年10月9日，厅质监局监督工程师在遂资眉高速公路（眉山段）施工现场监督检查

4 2013年11月13日，厅质监局监督人员在汶马高速公路施工现场监督检查

5 6 7 2013年，厅质监局监督工程师对全省在建和已成重点工程项目质量进行现场监督。图5为现场检测试验，图6、7为现场实体检测

交通质监

1 2013年4月5日，中共四川省委常委、省纪委书记王怀臣（右四）一行，在省交通运输厅厅长彭琳（左三）陪同下到厅公路设计院温江办公区结构试验大厅检查指导工作

2 2013年10月，厅公路设计院被人力资源社会保障厅确定为博士后创新实践基地

3 2013年，举行博士后创新实践基地授牌仪式

四川省交通运输厅公路规划勘察设计研究院

博士后创新实践基地

Innovation and Practice Base for Postdoctors

四川省人力资源和社会保障厅　制发

二〇一三年十月

1 2 3 4

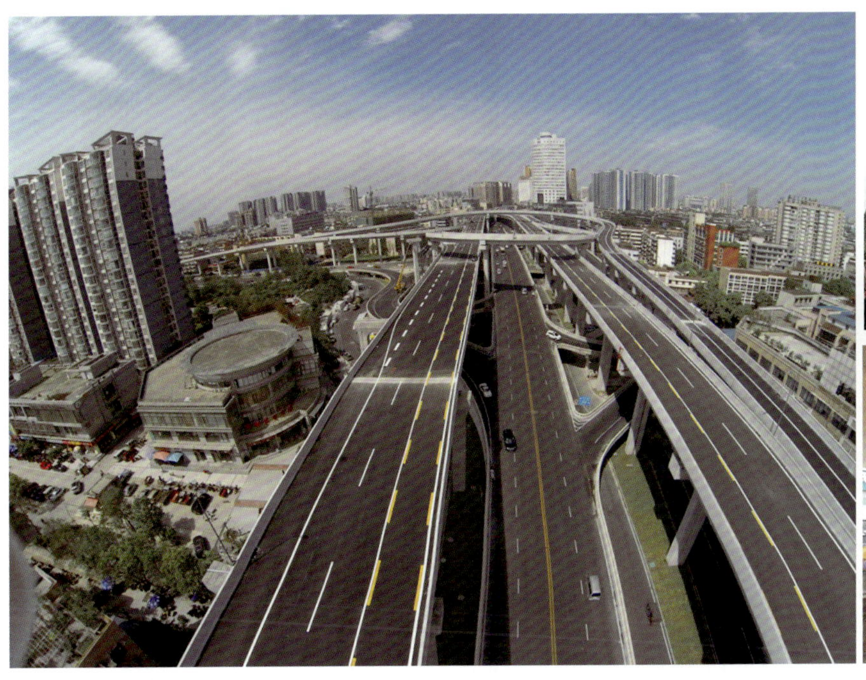

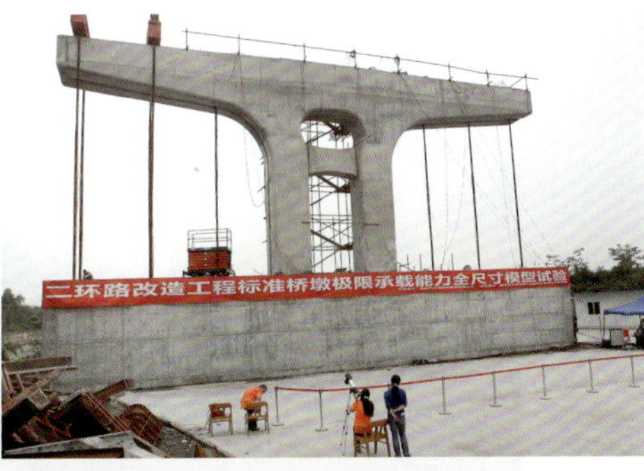

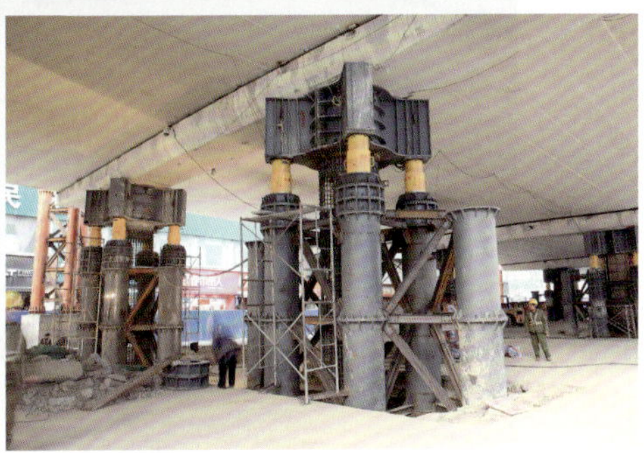

1 2013年5月28日，由厅公路设计院参与设计、监理、试验、检测的成都新二环路高架桥建成通车

2 新二环路高架桥标准桥墩极限承载能力全尺寸模型试验现场

3 厅公路设计院首创的桥梁“断骨增高”千斤顶同步顶升技术现场应用

4 厅公路设计院设计的纳黔高速公路冷水河大桥远眺　　高　烽 摄

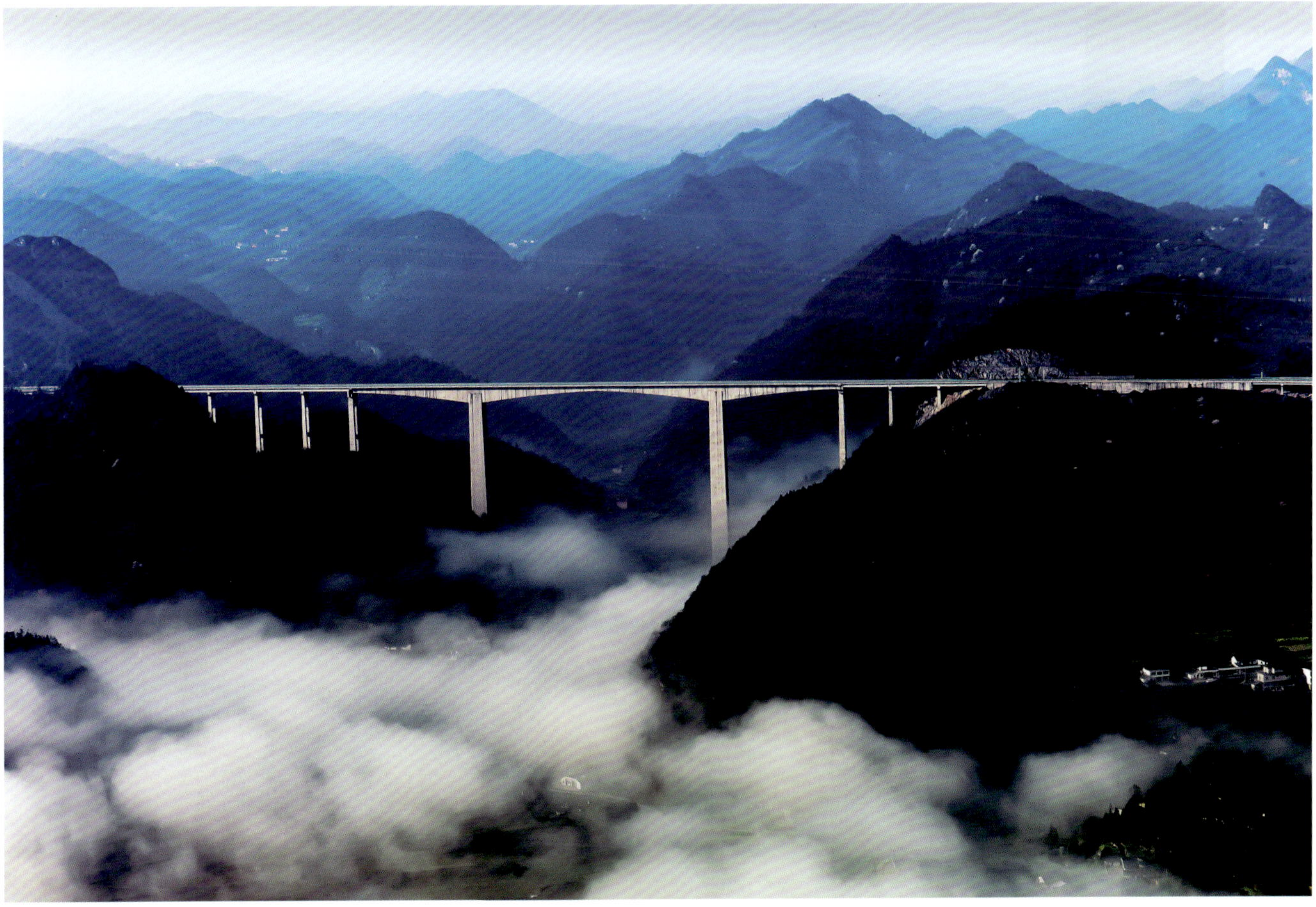

1	3
	4 5
2	6 7

1 2013年6月5日，厅公路设计院设计的遂资眉高速公路遂宁至资阳段建成通车

2 2013年12月28日，厅公路设计院设计的南大梁高速公路建成通车

3 厅公路设计院设计的巫山长江公路大桥

4 5 6 7 外业勘察

四川省交通运输厅交通勘察设计研究院

SICHUAN SHENG JIAOTONG YUNSHUTING JIAOTONG KANCHA SHEJI YANJIUYUAN

1	4 5
2	6 7
3	8

1 2013年4月22日，厅交通设计院院长王玮（右二）带领工程师在灵关镇现场研究“4·20”芦山地震道路抢通方案

2 2013年1月20日，厅交通设计院参与设计的成德南高速公路建成通车　周光全 摄

3 厅交通设计院设计的国道318线东海路康定到东俄洛段

4 2013年12月28日，南大梁高速公路建成通车。图为厅交通设计院设计的营山至渠县段青丝垭隧道

5 厅交通设计院设计的武胜县东西关船闸

6 2013年4月21日，厅交通设计院工程技术人员在省道210线北线蜂拥寨踏勘“4·20”芦山地震道路损毁情况

7 2013年，厅交通设计院工程技术人员在高原进行测绘

8 2013年9月12日，厅交通设计院参与设计的乐雅高速公路建成通车

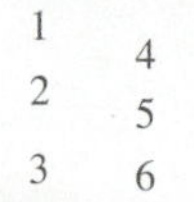

1 2013年1月11日，川高公司召开领导班子民主生活会

2 2013年4月28日，川高公司召开年度董事会

3 2013年5月27日，川高公司召开主题教育活动暨纪检监察工作汇报会

4 2013年7月12日，映汶高速公路抗洪抢险现场会议

5 2013年5月14日，川高公司召开川高系统2013年第2季度安委会暨汛期地质灾害防治工作会

6 2013年11月19日—21日，川高公司董事长唐勇（前左一）参加达州市环城路（二期）项目和大寨子片区土地前期开发项目合作备忘录签字仪式

1 2
3 4
5

1 2013年9月10日，川高公司董事长唐勇（前中）参加乐雅高速公路及仁（寿）沐（川）马（边）高速公路投资建设协议签约仪式

2 2013年4月22日，川高公司董事长唐勇（前左一）慰问“4·20”芦山抗震救灾川高系统抢通人员

3 2013年7月1日—3日，川高公司董事长唐勇（左八）慰问国道317线雀儿山隧道施工人员

4 2013年6月4日，中共四川省委第七巡视组检查川高公司“中国梦”主题活动开展情况

5 2013年3月31日，巴南高速公路全线建成通车。图为巴南高速公路凤包梁隧道

1	4
2	5
3	6

1 建成通车的巴南高速公路李桥互通立交

2 巴达高速公路

3 成德南高速公路

4 乐雅高速公路峨眉山收费站

5 建成通车的乐雅高速公路

6 2013年4月，建设中的丽攀高速公路C13合同段金江互通

| 1 3 | 2 4 | 6 7 |
| 5 | | 8 |

1 2013年五一、国庆等大假前夕，成渝高速公路各收费站安排加班人员，通过复式收费等方式，提高出站速度

2 2013年，为应对节假日不断增加的车流，保障道路畅通，成渝高速公路各收费站在节日期间全面启动应急预案，开启应急收费通道

3 2013年，成渝公司开展危化物品运输车交通事故处置演练活动

4 2013年，成渝公司联合高速交警、交通执法大队和地方公安开展打击道路非法营运专项活动

5 6 2013年，成渝公司设立“4·20”芦山地震抗震救灾服务点

7 2013年，成渝公司开展救助伤亡群众应急演练活动

8 成渝高速公路

成渝高速抗震救灾应急服务点
TRAFFIC POLICE
四川高速交警
党员示范先锋队
青年志愿者服务队
为您提供免费服务
道路咨询
应急药品
免费开水
便民
服务
成渝高速抗震救灾
应急服务点
抗震救灾应急
服务点

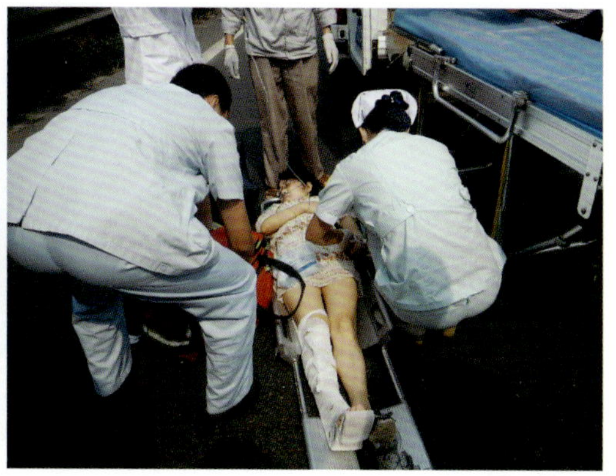

四川省港航开发有限责任公司

SICHUAN SHENG GANGHANG KAIFA YOUXIAN ZEREN GONGSI

1	3
	4
2	5

1 2013年10月11日，交通运输部党组副书记、副部长翁孟勇（前右三）调研泸州港

2 2013年12月26日,省政协副主席、秘书长高烽（前左三）调研南充港都京作业区一期工程开港工作

3 2013年3月22日，省交通运输厅厅长彭琳（前左三）调研岷江港航电综合开发情况

4 2013年6月24日，省交通运输厅厅长彭琳（正面左三）在成都主持召开省政府岷江港航电综合开发推进工作组第七次工作例会

5 2013年9月28日—30日，国家环保部在成都主持召开岷江犍为航电枢纽工程环境影响报告书技术评估会

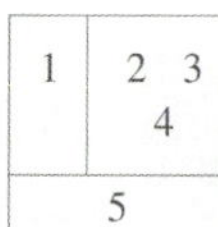

1 正在起吊中的广安港首发出港集装箱

2 建成后的苍溪航电枢纽全貌图

3 2013年汛期，苍溪公司检修队伍利用洪水消退短暂时机，冒雨检查维护水力液压双控闸门

4 建设中的广安港

5 建设中的南充港都京作业区

南充港

2013年7月，成绵高速公路沿线连降暴雨，导致成绵高速公路鸭子河大桥基础受洪水侵蚀严重，出现北岸桥台搭板基础逐渐淘空的险情。7月9日19时，鸭子河大桥北岸桥台搭板东、西两侧相继垮塌，导致成绵高速公路1 750公里加400米处主线交通中断。因灾情发生前及时协调高速公路交警和交通执法部门采取应急措施，遏制次生事故的发生。

1	2	5
3		6
	4	7

1 2013年7月13日，中共四川省委书记、省人大主任王东明（前左一）到成绵高速公路鸭子河大桥水毁抢修现场视察并慰问奋战在抢修现场的成绵公司、施工单位等工作人员

2 2013年7月11日，中共四川省委副书记、省长魏宏（前左二）到成绵高速公路视察鸭子河大桥水毁抢修现场，并指示一定要确保交通安全和抢险安全，尽快恢复成绵高速公路通车

3 2013年7月16日，四川省副省长王宁（前右一）到成绵高速公路鸭子河大桥水毁抢修现场指导工作

4 2013年7月25日，省交通运输厅副厅长张晓燕（前右二）到成绵高速公路鸭子河大桥水毁路段抢通现场指导抢通工作

5 2013年7月17日，省交投集团、川高公司领导到成绵高速公路鸭子河大桥水毁抢修现场慰问一线抢险人员

6 7 2013年7月17日，成绵高速公路鸭子河大桥水毁现场，抢险人员不分昼夜连续开展抢修工作，7月26日实现单幅双向通车，8月8日全面恢复正常交通

四川成南高速公路有限责任公司
高速公路建设与管理
GAOSU GONGLU JIANSHE YU GUANLI

（川中片区）

成都

抗震救灾
专用通道

成南公司（川中片区）第二届五次职工代表大会暨工会会员代表大会

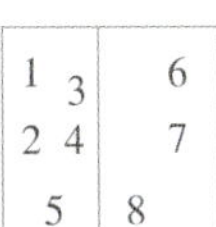

1 2013年1月21日，省交投集团董事长朱以庄（前左一）一行到成南公司检查工作并慰问员工

2 2013年5月3日，川高公司党委副书记侯斌（前右二）、纪委书记郑凤庆（右一）一行检查指导成南公司整车式计重称台改造工作

3 4 2013年"4·20"芦山地震期间，成南公司设置抗震救灾专用通道和抗震救灾咨询服务点

5 2013年7月18日，成南公司召开第二届五次职工代表大会暨工会会员代表大会

6 7 2013年10月—12月，成南公司组织开展三期"我爱高速"行业教育培训

8 成南高速公路

（川东片区）

1 2
3

1 2013年11月21日，省交投集团董事、川高公司董事长唐勇（左二）在川东片区公司总经理吴宗奇（右三）的陪同下，调研川东片区公司大竹服务区、邻水服务区、四川收费站、广邻路邻水互通迁建BT项目、广安高速公路应急抢险指挥分中心项目建设基地

2 2013年8月29日，省交投集团董事、总会计师刘罡（前右六）一行在川东片区公司调研并开展“送清凉”慰问活动

3 广邻高速公路华蓥山隧道

1 达渝高速公路

2 2013年，川东片区公司派员参加“中国梦·高速梦”演讲比赛。

3 2013年8月13日，川东片区公司举行“学习十八大精神、贯彻群众路线”知识竞赛活动

四川成都绕城（东段）高速公路有限责任公司

（川西片区）

2013年7月9日，阿坝州汶川县境内连续遭受强降雨，部分地方遭受暴雨到大暴雨。7月10日凌晨，都汶高速公路发生泥石流灾害，川西片区公司立即启动应急预案，在两小时内迅速完成第一批次抢险机械动员集结，投入抢险指挥保障车32台，抢险人员140人。当天抢通69公里和78公里两处的单向交通，清除塌方体3.5万立方米，成功转移受灾群众630余人。同时为参与全线抢险保通的各级干部职工、施工队伍、过往司乘人员6 400余人次免费提供就餐、饮水、休息、住宿等后勤保障服务，对社会车辆实行免费通行。

1 2013年7月16日，中共四川省委书记王东明（左三）在省交通运输厅副厅长张晓燕（右三）陪同下，深入一线察看灾情并指导抢险保通工作。王东明书记重点察看了映汶高速福堂岷江大桥、大邑坪二号桥灾害现场，对当时抢险保通工作取得明显进展给予充分肯定，对快速打通通往阿坝州“生命线”所作出的贡献表示感谢

2 2013年7月15日，四川省省长魏宏（前左一）在省交通运输厅副厅长白理成（前右二）、省交投集团董事长朱以庄（前右一）陪同下深入一线察看灾情并指导抢险救灾工作

3 2013年7月11日，四川省副省长王宁（前中）在省交通运输厅副厅长白理成（前左一）、省交投集团总经理郑勇（前左二）等陪同下深入一线察看灾情并指导抢险救灾工作

4 2013年7月11日，省交通运输厅厅长彭琳（右三）在川高公司董事长唐勇（左四）陪同下实地察看受灾情况并指导抢险救灾工作

5 2013年7月15日，省交投集团董事长朱以庄（右二）在映汶高速公路检查指导抢险救灾工作

6 巨石滚落，阻断交通

7 隧道堵塞

8 灾害引起塌方阻断隧道

航吊下禁止站人

四川高速川西片区公司欢迎您！
Western

1 2 5
3
4 6 7

1 “7·9”洪灾发生后，川西片区公司第一时间组织人力机械抢通作业

2 抢通作业

3 2013年2月7日，川高公司董事长唐勇（左一）一行在川西片区公司总经理刘宏（前右一）陪同下，察看绕城高速公路府河大桥加固工程

4 都汶高速公路玉堂收费站　　胡庆晓 摄

5 开通后的绕城高速公路锦城湖站

6 川西片区公司开通“4·20”芦山地震抗震救灾专用通道

7 综合环境整治后的绕城高速公路　　吕　宁 摄

1 2
3
4 5

1 2013年5月22日，省交通运输厅厅长彭琳（前右一）、副厅长张晓燕（中）调研雅西高速公路。图为在锅底凼停车区听取川高公司雅安管理分公司总经理张广洋（前左一）情况汇报　　凌　静 摄

2 2013年11月13日，省交投集团董事长朱以庄（中）调研雅西高速公路营运管理情况　　曾凡勇 摄

3 2013年，“4·20”芦山地震抗震救灾期间，为保障雅西高速公路畅通，清排障人员和装备在重要路段24小时待命。图为雅西高速公路荥经安检站　　荥经安检中队队员 摄

4 从2013年4月23日起，雅安市芦山县至宝兴县(省道210线)实行单循环通行，其中一条循环线路为雅安市芦山县到宝兴县，经小金、丹巴、八美、新都桥、康定、泸定、石棉，从雅西高速公路的石棉收费站进入雅西高速公路到成都。雅安管理分公司及时调整和加强石棉收费站至雅安对岩之间路段的安全巡查、清排障等应急保障力量，保障抢险救援车辆安全通行雅西高速公路石棉至荥经路段　　赵　倩 摄

5 2013年12月20日，在雅西高速公路菩萨岗服务区，雅安管理分公司与高速交警、交通执法联勤联动，在冰雪天气下编队放行过往车辆　　张国防 摄

1	2
3	4
5	

1 2013年12月22日，除雪车正在雅西高速公路栗子坪段除雪　　栗子坪路安中队队员 摄

2 2013年12月24日，雅安管理分公司在泥巴山隧道内举行消防应急演练　　泥巴山隧道执勤中队队员 摄

3 2013年6月7日，雅安管理分公司使用新技术路面创可贴（L-ZN自粘压缝带）处治冕宁段沿线沥青混凝土路面裂缝　　张 曦 摄

4 2013年6月19日，土山岗停车区。雅安管理分公司路安系统举办主题为“保通保畅，奏响天梯高速平安音符”的首届路安业务技能竞赛。图为清排障作业比赛　　张国防 摄

5 雅西高速公路

四川广巴高速公路有限责任公司
高速公路建设与管理
GAOSU GONGLU JIANSHE YU GUANLI

广元至巴中高速公路调整建设方案汇报会

广陕 广巴LJ1合同段原二专路嘉陵江大桥爆破拆除方案专家评审会

1	4
2	
3	5 6

1 2013年，中共广元市委书记马华(前右四)一行到广陕、广巴高速公路连接线调研

2 2013年，交通运输部规划研究院公路所所长、教授级高工石良清（前左二）等专家出席广巴高速公路调整建设方案汇报会

3 2013年，广陕、广巴高速公路连接线LJ1合同段原二级专用公路嘉陵江大桥爆破拆除方案专家评审会

4 建设中的广陕、广巴高速公路连接线路基

5 建设中的广陕、广巴高速公路连接线老光岩隧道

6 建设中的广陕、广巴高速公路连接线南河大桥

四川成德南高速公路有限责任公司

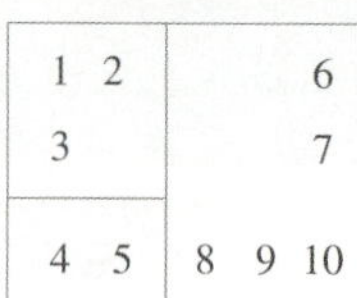

1 2014年1月13日，省交投集团董事长朱以庄（中）到成德南公司慰问特困职工和一线收费人员并开展春运安全检查
2 2014年1月8日，省交投集团副董事长、总经理郑勇（右四）一行检查指导成德南高速公路营运收费及服务区建设
3 2014年3月13日，川高公司总经理王孝国（右二）一行检查成德南高速公路服务区投入使用情况
4 成德南高速公路
5 成德南高速公路梓江特大桥
6 成德南高速公路金堂收费站
7 建设中的成德南高速公路服务区
8 成德南公司举办收费业务技能竞赛
9 成德南公司举行隧道交通事故消防应急处置模拟演练
10 成德南公司获川高系统“中国梦·青春情”演讲比赛三等奖

金
堂

成德南公司2013年收费业务技能竞赛活动
盐亭站
八角站
槐树站
义兴站

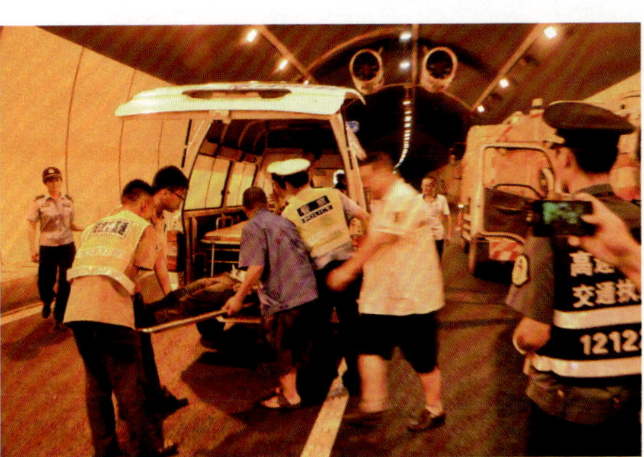

中国梦·青春情
演讲比赛

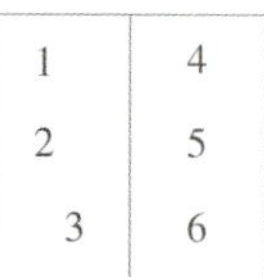

1 2013年9月，省交投集团董事长朱以庄（左二）在川高公司董事长唐勇（前右一）陪同下，察看乐雅高速公路

2 2013年9月，乐雅高速公路交工验收会

3 乐雅高速公路青衣江大桥

4 乐雅高速公路周柏山隧道

5 乐雅高速公路夹江服务区

6 乐雅高速公路

1	5
2	6　7
3　4	8

1 2013年5月28日，成渝公司董事长周黎明（右二）一行检查成乐公司防汛、地质灾害防治工作

2 2013年9月27日，成乐、乐宜公司举行“收费管理手挽手”行动公约签字仪式

3 2013年11月25日，由省档案局、省交投集团、成渝公司、港航公司组成的档案工作规范化管理省一级标准认定组对成乐公司档案工作规范化管理达省一级标准进行考评认定并颁证、发牌

4 2013年4月22日，成乐公司总经理曾玉平（右一）在夹江服务区慰问抗震救灾官兵和其他救援人员

5 成乐高速公路眉山收费站

6 成乐高速公路眉山服务区

7 成乐高速公路夹江天福服务区

8 成乐高速公路

眉 山

天福观光茶园

1 2 3 4	5 7 6 8

1 2013年12月5日,四川省副省长王宁（前右三）调研兴蜀公司雅安灾后恢复重建工程国道351线项目建设情况

2 2014年1月17日，四川省政府副秘书长戴东昌（前中）调研由兴蜀公司承建的芦山地震灾后恢复重建工程国道351线、国道318线雅安段项目建设情况

3 2013年11月15日，香港发展局秘书长唐锡波（前左四）考察兴蜀公司省道303线映卧路项目建设情况

4 2013年，在芦山地震抗震救灾现场，省交通运输厅厅长彭琳（左一）听取兴蜀公司关于保通省道210线的汇报

5 2013年，兴蜀公司在东海路修建中保留的当地民族建筑

6 2013年，兴蜀公司承建的国道318线东海段十八弯

7 2011年，兴蜀公司承建的汶马路古城段风貌

8 2011年，兴蜀公司承建的川汶路飞虹段

国道318

1
2 3
4 5 6

1 2013年，兴蜀公司承建的国道318线东海路高尔寺山隧道
2 2011年，兴蜀公司承建的卧日路巴朗山南麓段
3 2011年，兴蜀公司承建的国道318线东海路段海拔4 718米的卡子拉山口段路基施工现场
4 2013年，兴蜀公司承建的国道318线东海路桥梁施工现场
5 2009年，兴蜀公司承建的省道303线映卧路高架防护网下棚洞施工现场
6 2013年，兴蜀公司承建的理亚路沥青面层施工现场

交通行政机关

JIAOTONG XINGZHENG JIGUAN

2014

四川交通年鉴

四川省交通运输厅

SICHUAN SHENG JIAOTONG YUNSHUTING

综　述　1952年9月，四川省交通厅成立。1970年12月，四川省交通厅更名为四川省交通局。1980年5月，四川省交通局更名为四川省交通厅。2009年12月，四川省交通厅更名为四川省交通运输厅。

四川省交通运输厅职能职责：贯彻执行国家有关交通行业的方针、政策和法律、法规；草拟全省公路和水路交通行业发展政策、法规，并监督执行。根据国家的总体布置，编制全省公路和水路行业发展规划、中长期计划和年度计划，并监督实施；负贵全省交通行业统计和信息引导。负责全省公路和水路交通运输（含容货运输市场、汽车技术检测、汽车维修市场、运输服务市场、搬运装卸市场、汽车驾驶学校和驾驶员培训工作）行业管理，培育公路、水路运输市场，维护交通运输行业平等竞争秩序；指导城乡客、货运输的衔接协调工作；指导地方交通运输行业优化结构、协调发展；对关系救灾、抢险、战备等紧急客货运输进行必要的调控。负责全省公路、水路交通建设（含客货运输和旅游运输场站建设）行业管理，维护交通建设行业平等竞争秩序；组织实施国家、省重点公路、水路工程建设；监督全省地方交通建设项目实施。负责全省公路、水路设施的维护、管理和规费稽征；负责全省公路、桥梁、隧道收取通行费、站卡设置的协调和归口管理。负责全省水上交通安全监督、船舶及水上设施检验、通讯导航、救助打捞、船舶代理外轮理货的管理；负责港口、航道和港航设施建设使用岸线布局的行业管理；负责技术船员培训和发证的归口管理。贯彻执行国家有关交通科技政策；指导实施交通行业计量、质量、技术标准和规范工作；制订全省交通科技政策、技术标准；组织重大科技开发，推动行业科技创新和进步。指导交通行业的体制改革和交通特许经营企业的管理；建立健全规范的交通行业财务管理与会计核算体系；监督管理全省交通行业国有资产。指导交通行业的精神文明建设、廉政建设、行风建设和职工队伍建设；指导交通行业人才预测、教育、培训和劳动卫生工作；负责厅机关的人事管理、劳动工资和机构编制工作；按规定管理厅直属单位领导干部以及厅属单位的人事管理、劳动工资和机构编制工作。负责有关交通涉外工作，指导交通行业利用外资工作；开展国际、省际交通经济技术合作与交流工作。会同有关部门制定、执行涉及交通的有关地方经济政策。管理和指导车站、港口及航运公安工作。负责全省交通战备的管理工作。承办省政府交办的其他事项。

四川省交通运输厅内设机构18个，分别是办公室（精神文明建设办公室），政策法规处（行政审批处），综合规划处，财务处，人事劳动处，建设管理处，运输管理处，城市公共客运指导处（出租车行业指导办公室），安全监督管理处（应急办公室），审计处，科技教育处，外经外事处，省纪委驻厅纪检组、监察厅驻厅监察室，公安处，离退休人员管理处，机关党委，信访处，四川省交通战备办公室。

四川省交通运输厅直属单位18个，分别是交通运输工会委员会，厅公路局，厅航务管理局，厅道路运输管理局，厅高速公路管理局（高速公路交通执法总队），交通职业技术学院，厅公路规划勘察设计研究院，厅交通勘察规划设计院，厅高速公路监控结算中心，厅工程质量监督局，厅交通建设工程造价管理站，重点公路工程监理处，大件公路管理处，交通宣传中心，厅交通史志总编室，厅机关后勤服务中心，厅信息中心，厅就业中心。

2013年，全省公路水路交通建设完成投资1 276亿元，居全国各省（直辖市、自治区）第一位。公路总里程达30万公里，居全国各省（直辖市、自治区）第一位；高速公路新增通车里程712公里，总里程5 000公里，居全国各省（直辖市、自治区）第六位、西部各省（直辖市、自治区）第一位；完成新（改）建农村公路2.4万公里，居全国各省（直辖市、自治区）第一位。高速公路BOT新招商成功7个项目621公里，引进社会资金754亿元，居全国各省（直辖市、自治区）第一位。

2013年，省交通运输厅以构建畅通安全高效的现代综合交通运输体系为总体目标，坚持改革创新，规划引领、项目支撑，系统推进、重点突破，夺取了交通抗灾救灾、灾后恢复重建和加快建设发展、提升管理服务的全面胜利。一是开展构建畅通安全高效的现代综合交通运输体系战略研究和规划编制工作，形成“1+1+4”成果，即：1个战略研究报告、1个总体规划和公路、铁路、航空、水运等4个专项规划。二是西部综合交通枢纽加快形成，高速公路建设、国省干线建设、农村公路建设、内河水运建设、客货站场建设均取得新成绩。三是交通抢险救灾和灾后重建统筹推进。芦山地震发生后，交通运输部门立即投入抗震救灾，组织19支抢险队伍2 800多人、机具设备1 300多台（套），震后50小时抢通灾区道路。迅速集结调用客货车6 400余辆，及时保障抗震救灾应急运输。四是发展现代交通运输业，推进城乡客运一体化，加快形成和完善高速客运网络，落实城市公共交通优先发展战略，开展运输管理服务提升年活动，道路运输服务保障能力不断提升。五是行业管理服务水平不断提升。高速公路管理行业标准建设取得重大成果，高速公路管理服务质量和水平明显提升；安全监管和应急保障能力不断提高，连续5年水上交通安全事故死亡人数控制在个位数；严格规范招投标监督管理和从业单位信用管理，加强施工标准化规范化管理；深化行政审批制度改革，行政权力依法公开规范运行工作取得明显进展。在全国交通运输系统行政执法评议考核中，综合排名进入前10名。六是党建和干部队伍建设扎实推进。努力建设学习型、服务型、创新型机关和党组织，不断提高党建工作的科学化水平。

（厅史志总编室）

办公室 2013年，厅办公室围绕全省交通运输中心工作，发挥参谋助手、运转枢纽、督促检查作用，圆满完成各项工作任务。一是围绕中心服务大局，搞好政务服务工作。扎实开展政务督查工作，完善目标绩效管理，重点围绕厅党组重大工作部署开展督查，推动工作落实，省交通运输厅在省政府目标绩效管理年终考评中连续多年名列前茅；超额完成中共四川省委、省政府下达的“民生工程”目标任务；办理省领导批示324件，人大代表建议和议案75件，政协提案和社情民意55件。严格执行中共四川省委、省政府关于进一步规范精简会议和文件简报的有关规定，明确公文办理时限要求，严格压缩文件篇幅，厅发文数比上年减少14.5%；减少会议数量，提高办会质量，降低会议成本，注重协调和服务，完成向中共四川省委常委会专题汇报交通运输工作、全省交通运输工作暨交通重点项目建设推进工作电视电话会议、“实现伟大中国梦、建设美丽繁荣和谐四川”、党的群众路线教育实践活动等重要会议、重大活动的综合文稿起草工作，完成厅党组会议、办公例会及各种重要专题会的会议纪要63期整理印发工作；加强公文起草、审核、印发、上报等把关，公文办理质量和运转效率明显提高。全年收文3 200余件，印制文件1 068份，无一错漏。全年编发《四川交通信息》161期、《领导参阅》12期；厅上报交通运输部信息采用得分居全国交通运输系统第1名，上报省政府信息得分居全省第8名；主动公开政府信息9 851条，办理依申请公开信息8件，积极回应社会关注问题；协调厅直单位和厅机关处室做好值守四川人民广播电台“阳光政务”热线工作，社会反响良好。厅办公室被省政府办公厅评为“2013年全省政府系统办公室信息公开和网站建设工作先进集体”。二是积极参与抗灾救灾，提高应急反应能力。“4・20”芦山地震发生后，厅办公室及时收集、汇总和更新重要灾情数据，传达领导工作指令，起草重要文稿文件，制发各类文电，及时向新闻媒体通报有关信息，指导做好应急宣传报道工作，为抗震救灾抢通、保通、保运取得胜利提供坚强有力的服务保障。及时有效应对“7・9”特大洪灾等自然灾害，协助厅党组做好道路应急抢险指挥工作；妥善处置道路交通安全事故等突发事件信息传递相关事宜；加强与交通运输部，中共四川省委、省政府和全省交通运输系统各单位沟通与合作，确保政令畅通，指挥有序。厅办公室被省政府办公厅评为“2013年全省政府系统办公室突发事件信息报送和应急值守工作先进集体”。三是着力抓好精神文明建设、宣传、机要、档案等工作，不断提升服务水平。加强行业精神文明建设，完成交通运输部表彰的行业文化建设先进集体申报推荐工作；积极培养树立行业先进典型，开展向张磊、袁彬等先进学习活动，组织召开先进事迹报告会；加强新闻宣传，及时提供各类新闻稿件素材100多篇，参加省新闻发布会3次，并协调中央及省级主流媒体加大宣传报道力度，《四川日报》交通运输新闻稿件居省级部门第1位。指导交通宣传中心创办四川交通手机快讯，受到交通运输部新闻办通报表扬。开展《保密法》学习宣传活动，进一步强化保密意识，落实保密责任，厅保密委组织对厅机关各处室计算机、移动存储介质、办公网络使用管理情况进行安全保密技术检查，没有重大失密泄密事件发生。及时指导、督促厅机关处室完成年度文件材料的立卷归档工作，加强对厅直单位的档案管理工作，机关文件立卷归档管理进一步规范，档案的利用率和服务水平进一步提高。加大全省交通重点建设项目档案的管理力度，确保档案的完整、准确。指导绵遂高速公路遂宁段、邛名高速公路等重点工程项目顺利通过交通运输部、省档案局组织的档案专项验收。厅驻京联络服务工作有序高效，为争取交通运输部对四川交通的大力支持发挥了重要作用。四是加强作风建设和党风廉政建设，为提升服务提供坚强支撑。厅办公室党支部开展“实现伟大中国梦、建设美丽繁荣和谐四川”主题教育实践活动和党的群众路线教育实践活动，并投入大量精力做好厅教育实践活动办公室安排的工作任务。以开展“两个实践活动”为契机，把改进作风与推动工作、立改立行与长远建设结合起来，全面提升服务能力。组织全体职工进行学习，找短板、促提升、创一流，深入查找“四风”方面存在的突出问题，深刻剖析原因，严肃认真地召开专题组织生活会，开展批评与自我批评；坚持边学边改、边查边改，对具备条件整改的问题立行立改。修订完善精文简会等11个制度规范。在党风廉政建设中，全面加强思想、组织、作风、制度和廉政建设。在公务接待工作中，遵守《党政机关国内公务接待管理规定》，努力做到热情待客、节俭待客、礼貌待客，厅公务接待费用比上年节约51%。严格执行中央八项规定、中共四川省委、省政府十项规定和厅党组十二项实施意见，遵守《党政机关厉行节约反对浪费条例》，无违纪违规现象。

（厅办公室）

政策法规处 2013年，政策法规处重点抓了以下4个方面工作：一是以构建良好法治环境为先导，推进依法行政。加强组织领导，成立以厅长为组长的依法行政工作领导小组，制订依法行政实施意见和年度工作要点。坚持学法制度，制订并严格落实厅办公例会集体学法制度和年度学法计划。完善工作机制，坚持重大决策、规范性文件、具体行政行为合法性审查三项制度，建立全系统法治建设工作考评指标体系，并纳入工作目标绩效管理。二是以规范行政权力运行为核心，确保阳光廉洁。严格界定行政权力事项，省交通运输厅及直属单位共清理确定行政权力358项，报省政府审核公布。规范编制权力清单，对每一项行政权力运行流程进行优化再造，所有行政权力事项上网公布，主动接受监督。规范自由裁量权，对公路路政、港口行政、道路运政等274项行政裁量权进行细化量化。注重风险防控，认真组织排查每一项权力运行中存在的风险点，确定风险点1 430个，制订风险防控措施1 326条，形成“权力运行到哪里，风险防控就跟进到哪里”的预警监控防范机制。三是以加强执法队伍建设为基础，提升能力水平。严格执行执法人员考试合格持证上岗制度，严格规范执法风纪、执法用语、执法检查等行为，研究制订行政处罚文书填写说明及范本，全面清理交通运输执法车辆示警灯发声器使用证，制订使用管理办法。加强执法形象“四统一”（详见《附录》）工作，开展文明执法创建活动，加强执法信息化建设。四是以严格执法评议考核为抓手，推进工作落实。厅调整充实行政执法评议考核工作领导小组组成人员，将执法评议考核工作纳入依法行政工作目标，确保工作责任到位、经费到位、任务落实。制订《四川省交通运输行政执法评议考核办法》并形成长效机制。按照交通运输部和省政府法制办的统一部署，在全省组织开展执法评议考核活动和执法案卷评查活动。4月组织开展全省执法评议考核交叉检查考评，10月接受部检，取得全国综合排名第十位的成绩。全省3个基层交通执法单位乐山市公路路政管理支队、攀枝花市地方海事局、泸州市道路运输管理局纳溪分局被评为2013年全国交通运输行政执法评议考核优秀单位；交通运输部在全国范围内评出的12份优秀执法案卷中，四川省有1份执法案卷入选，受到交通运输部通报表扬。

（厅法规处）

综合规划处 2013年，省交通运输厅充分发挥规划引领作用，完善交通发展规划体系。一是贯彻落实中共四川省委书记王东明在2013年省委经济工作会议上《构建现代综合交通运输体系，建设更加畅通的交通网络》讲话精神，以“互连贯通、功能完备、无缝对接、安全高效”为目标，开展构建现代综合交通运输体系战略研究和规划编制，在深入调研和广泛征求各方意见的基础上，形成构建现代综合交通运输体系战略研究和规划“1+1+4”(1个战略研究报告、1个总体规划和公路、铁路、航空、水运等4个专项规划)成果。二是编制印发《四川省凉山彝族自治州2013—2015年公路水路交通建设推进方案》《四川省干线公路联网畅通工程推进方案》《四川省甘孜藏族自治州2013—2015年公路建设推进方案》《四川省2013—2015年农村公路改善工程实施方案》《四川省国省干线公路大中修工程》《四川省2013—2015年汽车客运站提升改造工程实施方案》《四川省2013—2015年公路安保工程（路侧护栏）建设实施方案》《四川省2013—2017年农村渡口渡改桥建设方案》等专项方案。三是按照交通运输部和省政府要求，完成“十二五”规划中期评估工作，形成《交通运输“十二五”规划四川中期评估报告》《〈四川省交通运输“十二五”发展规划〉中期评估报告》并配合省发展改革委完成《四川省藏区“十二五”规划建设项目方案》中期评估工作。四是继续推进国道网线位规划和省道网规划调整工作。国道网线位规划已完成初步方案，省道网规划研究编制工作正式开展。五是开展芦山地震灾区灾后恢复重建规划研究，形成《芦山地震公路水路灾损评估报告》《芦山地震灾后恢复重建重大项目研究方案》和《芦山地震公路水路交通基础设施专项规划》等成果，并配合编制完成《芦山地震灾后恢复重建总体规划和基础设施建设专项规划》，“1+8”（“1”是雅安至康定高速公路，“8”则包括国道351线、国道318线、国道108线以及天全至芦山、邛崃经高何至芦山、灵关经双石至龙门、雅安经望鱼至瓦屋山和宝兴经永富到康定河口大桥5个重要经济干线重建项目)干线公路项目被纳入国务院印发实施的《芦山地震灾后恢复重建总体规划》。六是编制印发《四川省集中连片特困地区交通扶贫规划》。七是编制完成《攀西战略资源创新开发试验区交通发展规划》《攀枝花通道建设攻坚推进方案》和《摩梭家园建设暨摩梭文化保护交通专项规划》等其他交通专项规划。八是配合国家和省级部门编制完成《四川省完善沿江综合交通运输体系研究》《“溜索改桥”建设规划（2013—2015年）》和《四川省长江干流桥梁（隧道）建设规划（2012—2030年）》等规划。

（厅规划处）

财务处 2013年，厅财务处完成2012年度部门决算编制、审核、汇总，完成2013年部门预算及绩效目标批复，完成2014年部门预算布置、编制和初审、上报。通过对二级单位实地调查、审核，向财政部门汇报、争取，保证各单位工作需要。2012年部门决算获省级部门二等奖。完成2012年度交通运输部车购税基本建设财务决算、省财政厅2012年全国固定资产建设财务决算报表决算编审、汇总和上报。完成2012和2013年省级国有资本经营预算建议草案编报。严格执行预算，加强日常财务管理和资金监管。审核各单位的预算申请，实地检查、调研，督促相关单位采取措施及时纠正整改存在问题。完成2013年“三公”经费和一般性支出预算压缩工作，完成压缩“三公”经费和其他一般性支出2 701万元的目标。牵头组织省财政对新农村示范片建设项目绩效评价，完成厅和厅直单位部门支出绩效评价。完成2012年部门决算公开、2013年部门预算和财政拨款“三公”经费预算公开工作。配合省审计厅完成厅公路局、厅高管局的预算收支审计，配合省财政厅监督局完成对厅运管局等6家单位的会计信息质量和非税收入检查。

（厅财务处）

人事劳动处 2013年，厅人事劳动处各项工作取得明显成效。一是以中共中央总书记习近平“五好”（即信念坚定、为民服务、勤政务实、敢于担当、清正廉洁）干部标准强化领导班子和干部队伍建设，全年任免县处级干部52人，其中新提拔任用干部15人，推荐选拔1名正厅级、2名副厅级后备干部。突出抓好干部素质和能力提高，全年组织安排各类各级干部教育培训200多人次。二是科学推进机构建设和人员补充工作。根据2013年全省高速公路新通车里程情况，经省委编制办公室批复同意，高速公路交通执法系统新增人员编制159名，新增大队14个，并组织2次公务员公开招聘，为高速公路交通执法系统补充工作人员170名。三是强化人才调研，大力推进高层次人才队伍建设。全年推荐选拔国家百千万人才工程、国家青年科技奖、省专家评议委员会等各类专家人选16名。年内，经中共四川省委、省政府批准，厅直系统有2名专家获得“第十批四川省学术和技术带头人”称号，14名专家获“第十批四川省学术和技术带头人后备人选”称号，1名专家获四川省青年科技奖。厅公路设计院被省人力资源社会保障厅批准为博士后创新实践基地。四川交职院被省人力资源社会保障厅授予“四川省技能人才培育突出贡献单位”称号。四是继续推进交通工程技术职称评审工作机制建设，落实相关人员责任，加强纪律要求，倡导业绩和能力的评价导向，坚持公平公正原则，稳步提高职称评审工作质量。全年213名专业技术人员通过交通工程技术高级工程师任职资格评审，169名专业技术人员通过交通工程技术工程师任职资格评审。五是指导厅直事业单位完成绩效工资制度实施工作和厅高管局参公人员工资套改工作。六是启动厅直事业单位分类改革，并初步形成分类改革意见。

（厅人事处）

建设管理处 2013年，厅建设管理处按照省交通运输厅统一部署，以全面开展高速公路推进工作活动为载体，落实责任，强化管理，讲究实效，全面加快全省交通基础设施建设：

高速公路建设 以省政府《高速公路建设推进工作方案（2013—2017年）》为总揽，进一步健全完善项目建设工作体系和管理体系，落实监督责任，加强工程进度、质量、安全、造价和廉政“五位一体”管理。

建设市场管理 招投标管理方面，印发《关于进一步规范高速公路项目工程招标投标工作程序的通知》；规范招标文件备案和招标（合同）限价审查，完善招标文件核心条款制度和备案审查制度，限制合同专用条款的设置和新增工程量清单支付细目，统一规范相关条款设置，强化项目招投标阶段投资控制；实行投标公示制度、承诺函制度、双信封资格后审制度、保证金基本账户转出制度和信用等级与招标投标活动挂勾制度，监督招投标现场61次。从业单位信用管理方面，完成2012年度从业单位信用评价，组织完成2012年度全省公路水运工程监理信用评价；根据2012年厅公路局对地方重点公路建设从业单位投标失信行为处理结果，对9家从业单位在招标投标活动中的失信行为进行信用处罚，对在高速公路招标投标活动中存在投标失信的从业单位进行实时处理；完成信用管理办法修订，进一步细化信用降级处罚期限以及处罚期结束时信用等级确定方法，规范信用处罚处理决定。市场准入管理方面，完成177家施工企业新增资质审查和2 638位注册建造师资格审查，完成对28家监理企业的资质审批和上报；会同厅质监局研究制订监理资质管理有关事项的审批审查工作流程，明确各部门工作责任和工作时限、申请资料提交要求及审查标准。信息公开与诚信体系建设方面，组织制订《项目信息公开工作方案》《开展工程建设领域守信激励和失信惩戒制度建设试点工作方案》，建立覆盖公路、水运、运输场站等交通建设项目的勘察设计、施工、监理、检测、招标代理等所有从业单位和人员的信用评价或记录体系，建立全省统一发布平台；进一步健全完善项目公开制度和公开细则。规范工程分包和劳务分包方面，拟研究起草《四川省高速公路工程分包和劳务合作管理实施细则》，对工程分包的专项工程范围、分包单位资格条件等作出具体规定。

勘察设计管理 加强运营高速公路增设互通式立交建设管理，规范穿（跨）越高速公路建设工程行政许可；明确高速公路收费站车道数设置要求，分别对新建、在建及运营等不同阶段项目作出规定；规范高速公路服务区建设，明确提出高速公路服务区建设改造工作要求，首次明确“新建高速公路服务区未能与主体工程同步建成的应免费开通运行，运营高速公路服务区未能按计划完成建设改造的应暂停收费”的原则；与省经信委联合下发《关于高速公路服务区停车区加油站建设改造有关事项的通知》，规范服务区停车区加油站规划、建设、改造程序，理顺高速公路加油站管理体制。

（厅建管处）

运输管理处 2013年，厅运输管理处完成全省道路水路春运工作组织任务，研究制订《四川省道路水路春运工作考核评价办法（试行）》，提升行业春运考核评价工作规范性、科学性和可操作性。草拟《贯彻落实〈交通运输部关于改进提升交通运输服务的若干指导意见〉任务分工方案》《四川省交通运输厅关于改进提升交通运输服务工作2014年重点任务分工方案》。按照国家有关部委《关于加强和改进城市配送管理工作的意见》，加强城市配送调研，推动成都市等开展城市配送试点；按照国家和省政府关于交通运输业和部分现代服务业营业税改征增值税试点工作的部署，推进行业“营改增”试点工作。按照省政府和省国防科学技术工业办公室要求，召集相关部门研究讨论重要设备交通运输保障工作方案及具体工作计划，完成重要设备运输任务，参与制订《大件运输协调工作方案》，明确大件运输协调工作相关单位（部门）职责分工。采取多种应急措施做好“4·20”芦山地震紧急物资运输保障。加强岷江上游特别是紫坪铺库区危化品运输安全管理。按照省政府物流办要求，做好全省交通物流数据统计报送和季度分析，组织落实交通物流数据及信息平台对接，参与研究2013年重点项目推进方案及省物流工作要点，安排并指导行业物流专家和2014年重点项目申报，参与2013年重点物流项目中期评估。按照第二届中国（四川）国际物流博览组委会安排，完成参展、参会企业邀请及布展等工作。根据省交通运输厅客运站提升改造工程工作要求，参与制订《四川省汽车客运站提升改造工程项目管理办法》。按照省汽车客运站收费管理的要求，会同省发展改革委完成3个市（州）一级汽车客运站收费项目及费率标准的核定。贯彻落实四川省服务业工作电视电话会议精神，推进道路水路运输业有关工作，完成交通运输服务业发展速度指标任务。贯彻省旅游强省工作会议和省政府相关文件要求，推进旅游运输的规范、有序发展。按照交通运输部和省政府要求，进一步加强全省外商投资道路运输业立项审批，做好大件公司“北改”搬迁有关协调工作，配合省级有关部门做好企业减负、旅游运输调查及监管、公路水路口岸等工作。

（厅运管处）

城市公共客运指导处 2013年，厅城市公共客运指导处继续组织实施城市公共交通发展规划编制，指导各市（州）交通运输主管部门编制实施城市公共交通发展规划；开展城市客运行业管理调研，组织研究城市公共交通发展政策措施，组织起草《关于城市优先发展公共交通的实施意见（讨论稿）》并广泛征求意见；组织开展专题培训，邀请专家解读城市公共交通新政策；参与修订《四川省道路运输条例》，努力将城市公共交通和出租汽车纳入道路运输范畴实施统一管理；与省国税局相互配合，定期更新《四川省城市公共交通管理部门与城市公交企业名录》，落实国务院关于在“十二五”期末暂免征收公交企业新购置公交车辆的购置税政策；组织研究城市公共交通发展水平考评体系，开展中小城市公共交通运力发展调查及对策研究；会同厅运管局组织开展出租汽车行业管理工作调研，总结完善出租汽车经营权管理政策；深化出租汽车和谐劳动关系创建活动，开展出租汽车服务质量信誉考评，实施出租汽车驾驶员从业资格管理；审核省政府交办的各地出租汽车新增运力、经营权到期后重新配置和延续使用申请，稳妥推进出租汽车经营权有偿使用管理；探索城市轨道交通运营监管方式，指导成都市交委督促城市轨道交通运营单位定期开展安全隐患排查综合治理。

（厅城客处）

安全监督处 2013年，厅安全监督处主要开展了五个方面工作：一是积极开展“平安交通”创建活动，印发活动实施方案，细化分解创建工作任务、责任单位和完成时限。二是在春运、汛期、国庆和“两会”等重要时期，组织开展以道路客运、水上交通、桥梁隧道、城市公交和交通建设施工安全为重点的安全大检查和“回头看”活动，全年组织开展6次全系统安全大检查，组成由厅领导带队的7个综合督查组和行业管理机构25个专业督查组，分片包干21个市（州）进行督查。三是牵头组织开展“打非治违”、治理“双超”“道路客运安全年”活动和“两客一危”（详见《附录》）船舶、道路运输大整治、“生命带—安全带”工程、施工安全等专项整治。四是组织2次安全和应急管理干部培训，累计培训安全应急管理干部5 000余人次，组织3次企业安全生产标准化培训教育，培训考评员579人，认定2家考评机构，选择10家企业启动安全生产标准化试点考评工作。五是协助起草《四川省渡口管理办法》，参与修订《四川省道路运输条例》，与武警交通第一总队建立警地应急救援合作机制，与重庆、贵州、甘肃、陕西等相邻省（直辖市）构建应急协调和运力相互支持机制，与省级相关部门和地方政府完善自然灾害预警和公路交通疏导协调机制，修订完善各类应急处置预案10余个。年内，省交通运输厅被省政府、省安委会评为“2013年度全省安全生产目标考核优秀单位”和“2013年度安全生产宣传教育工作先进单位”。

（厅安全处）

科技教育处 2013年，厅科技教育处起草《四川省交通运输科技项目管理办法》《四川省交通运输科技项目招投标管理实施细则》。梳理雅西高速公路科技示范工程科技成果，组织相关项目分批申报年度四川省科技进步奖和交通运输部公路学会科学技术奖。加强科研能力建设，组织厅公路设计院作为联建单位，参加陆地交通地质灾害防治技术国家工程实验室建设，参与起草管理运营制度。开展2013年度厅科技项目立项，依据申报项目针对性和实效性，建议立项57项，其中能力建设项目7项，科研项目50项。争取交通运输部科技项目立项3项，其中“四川藏区高海拔高烈度条件下公路建设减灾关键技术研究”被确立为重大科技专项，“雪山梁隧道施工对黄龙景区环境影响评价及控制技术研究”和“沥青路面紫外老化防治技术应用研究”被列为西部项目。推荐科技成果12项，获省科技进步奖一等奖1项，二等奖1项，三等奖3项。组织厅公路设计院、厅交通设计院，依托藏区高速公路和岷江航道整治等项目，集中储备重大关键技术攻关研究项目。组织行业各单位开展标准化建设，“钢-混凝土组合桥面板技术规程”“桥梁高性能清水混凝土技术规程”“低交通量公路路面典型结构设计指南”“公路瓦斯隧道设计与施工技术指南”4个项目获省质监局地方标准制（修）订项目立项。

年内，开展交通运输节能减排专项资金申报，推荐成都市公共交通集团公司“公交车辆智能化运营管理系统”等9个项目作为四川省2012年度交通运输节能减排专项资金的申请项目，其中成都市公共交通集团公司“公交车辆智能化运营管理系统”“压缩天然气车辆推广应用”等4个项目通过交通运输部审批，获2013年交通运输节能减排专项资金852万元奖励支持。牵头会同省发展改革委、省科技厅组成第四督查组，对凉山、攀枝花和雅安三市（州）2012年度节能目标完成情况、节能政策措施落实情况及万家企业节能目标完成情况进行核查。推进成都低碳交通运输体系建设试点城市建设，按时将建设进展情况报交通运输部。组织全省交通运输行业，围绕“践行节能低碳，建设美丽家园”和“绿色低碳交通伴我行”主题，开展节能减排宣传周和低碳日活动。

组织申报的交通运输行业科技教育成果，有5项获2013年四川省科技进步奖。其中，由厅公路设计院等单位承担的科技项目“脱空钢管混凝土计算理论与质量控制成套技术”研究成果获一等奖，“大相岭泥巴山深埋特长隧道关键技术研究”研究成果获二等奖，“高烈度地震区公路隧道建设抗震技术研究”“震后公路边坡崩塌灾害评估与对策研究”“荆岳长江大桥特大跨径钢箱梁斜拉桥施工技术研究”项目成果获三等奖。

（厅科教处）

外经外事处 2013年，厅外经外事处完成绵阳至西充等7个高速公路BOT项目招商，合计里程621公里，估算投资754亿元；全省在建BOT项目18个，在建里程1 472公里，完成投资366亿元，为年度计划521亿元的70%；宜渝路泸州段、乐自路、南大梁南充至渠县段等3个高速公路项目按期建成通车，通车里程284公里。利用亚行贷款项目5个、共利用贷款15.5亿美元：成都至南充高速公路利用亚行贷款2.5亿美元，西昌至攀枝花高速公路利用亚行贷款3亿美元，均被亚行评定为高度成功项目；雅安至西昌高速公路道路利用亚行贷款5亿美元，是全国利用亚行贷款资金最大的单个项目；达州至川陕界高速公路利用亚行贷款2亿美元，已提交完工报告并顺利通过亚行完工检查；四川农村公路灾后恢复重建亚行紧急贷款项目利用亚行紧急优惠贷款3亿美元，完成项目建设和提款报账任务，2013年2月亚行官方网站首页以《从废墟中站起》为题对项目进行专题报道。

（厅外经处）

审计处 2013年，全省交通运输系统审计单位398个，开展建设项目与资金审计122个，核减投资额7 774.9万元。开展经济责任审计23个、财务收支审计169个、经济效益审计7个、专项资金审计42个，审计调查83项，提出审计建议495条；查出并纠正违规金额1 894.9万元。促进新建（修改）规章制度48个，进行内控制度评审23个，已建内部审计机构150个，配备内部审计人员516人（其中专职54人，兼职462人），参加各类审计业务培训649人次。组织成都市等6个市（州）交通运输局（委）和厅公路局等7家厅属单位分管领导和审计负责人召开内部审计工作调研会，对2013年审计工作做专题部署，分解责任，明确任务承担单位和完成时间。按照《四川省交通运输行业领导干部任期经济责任审计实施办法》《四川省交通运输行业领导干部任期经济责任审计评价办法》，开展领导干部任期经济责任审计。

（厅审计处）

省纪委驻厅纪检组监察厅驻厅监察室 2013年，全省交通运输反腐倡廉工作紧紧围绕服务和保障“加快推进现代综合交通运输体系建设”中心任务，认真贯彻落实党的十八大和全国交通运输工作会议、全国交通运输廉政工作会议部署安排，坚持标本兼治、综合治理、惩防并举、注重预防方针，以全面落实党风廉政建设制为龙头，健全责任体系，形成齐抓共管工作格局。以争创反腐倡廉建设先进典范为总目标，丰富反腐倡廉建设载体，推进“四个典范”建设。以惩防体系建设为总揽，推进反腐倡廉建设系统化，构建“五位一体”（惩防体系、内控体系、风险防控体系、电子监察体系和廉政制度体系建设）工作格局。以落实改进工作作风密切联系群众各项规定为重点，推进反腐倡廉建设长效化，提升行业管理服务水平。以机制制度科技创新为动力，推进反腐倡廉建设科学化，规范行业管理行为。以强化纪检监察机构自身建设为保障，推进反腐倡廉建设规范化，着力提升执纪为民能力。全省交通运输惩防体系更加完善，重大决策部署落实更加到位，投诉举报和案件不断减少，专项治理成果更加巩固，廉洁从政氛围更加浓厚，执纪为民能力显著增强，交通运输反腐倡廉建设各项工作都取得新成效，为交通运输改革发展提供了坚强政治和纪律保证。

（厅监察室）

公安处 2013年，厅公安处按照省交通运输厅、省公安厅工作部署和要求，以“保稳定、保平安、促发展”为重点，不断完善和落实各项工作措施，有效维护交通系统内部稳定和社会稳定。

维稳工作方面，厅公安处指导全省交通系统认真落实社会管理综合治理领导责任制、部门责任制和岗位责任制，认真做好维稳工作，确保交通平安，确保社会政治稳定和交通运输系统内部稳定。维护站港车船治安秩序方面，厅公安处重视发挥交通公安保卫部门的职能作用，按照省综治委要求，抓好流动人口管理，严厉打击破坏交通运输秩序的违法犯罪，全力维护站、港、车、船的治安秩序，保证旅客生命财产的安全。“平安创建”工作方面，厅公安处开展形式多样的创建“平安单位”“平安小区”活动，制订《交通运输厅机关办公区安全管理规定》，加大消防安全教育和火灾隐患排查力度；积极参与和支持地方政府和辖区“平安创建”活动，与驻地辖区综治委签订保一方平安责任书，履行社会职责。“扫黄打非”工作方面，厅公安处加大查缴政治性非法出版物力度，采取日常经常性查禁和重点查禁相结合方法，及时查禁政治性非法出版物及邪教宣传品。全年检查货运代理和物流商户2 000余家，查获非法音像制品19万余张，非法书籍10 000余册（其中境外流入非法宗教书籍6 700册）。春运、“黄金周”旅客运输安保方面，厅公安处及时下发文件，做到早部署、早安排，层层明确责任，制订和细化工作方案，形成上下联动、反应灵敏的安保工作机制，尤其加强对治安情况复杂的民工超长运输、旅游运输汽车站治安安全工作的分类指导，并组织大规模明察暗访督查活动，切实做好治安安全管理、“三品”查禁、消防管理、纠纷调解、案件侦破各项工作。

（厅公安处）

信访处 2013年，厅信访处按照交通运输部和中共四川省委、省政府部署，全力做好信访稳定工作。全年办理人民群众来信及接待来访527件次，比上年增加18.4%。办理来信126件，其中联名信25件，比上年分别下降51.9%和61.5%；办结“省长信箱”“人民网书记省长留言”及领导阅批信访件221件；接待处理来访180批次、1 117人次，比上年分别下降1.6%和增长5.6%；处理信访热线电话346件。实现不发生进京非访、不发生极端恶性信访案件、不发生重大群体性事件“三不发生”的目标任务，全省交通运输行业信访形势总体平稳。

（厅信访处）

离退休人员工作处 2013年，厅离退休人员工作处主要开展以下工作：一是全面落实老同志的政治待遇。完善和落实情况通报、阅读文件、理论学习、参观考察、重大活动参与、重大决策征求意见、重大节日走访慰问等制度。筹建阅文室，为老同志增订报刊，确保每人“一报一刊”。组织老同志调研考察厅公路设计院温江科研试验基地、映汶高速公路及泸州港。加强离退休党支部建设，完成厅机关各支部换届选举工作，举办厅直单位离退休党支部书记学习班。二是全力确保老同志的生活待遇。创新节日慰问形式，以丰富多彩的活动代替传统的物品发放，重阳节在机关举办老年趣味健身活动。在厅直单位举办“我运动、我健康、我快乐”老年运动会，既遵守规定又让老同志们感受到组织的关爱，得到大家的理解和一致好评。加强医疗保健工作，按照有关规定组织好老同志进行健康体检和休养工作。三是加强老干部工作部门自身建设。自觉践行中央“八项规定”、中共四川省委“十项规定”和厅党组《改进工作作风、密切联系群众实施细则》。在群众路线教育实践活动中，将“走基层”落到实处，有针对性地选取厅运管局、四川交职院作为第一批“走基层、解难题、办实事、惠民生”的单位，召开有分管领导参加的老同志座谈会，面对面听取老同志提出的意见和建议。四是开展创先争优活动并获得较好成绩。3月和10月，厅离退休处分别被中共四川省委老干部局评为全省老干部系统开展老干部志愿服务活动先进单位和2013年全省老干部思想政治先进单位。五是全面完成其他日常工作。全年妥善处理老同志来信来访70余人次。配合相关部门做好维稳工作，尤其是原厅招待所离退休人员相关事宜。

（厅离退休处）

机关党委 2013年，厅直机关各级党组织认真贯彻落实中共四川省委、省政府和厅党组的决策部署，切实加强党的思想建设、组织建设、作风建设和反腐倡廉建设，党建工作取得新成绩。一是整治“四风”，教育实践活动成效明显。各级党组织围绕“为民务实清廉”主题，精心制订实施方案和工作计划，按照全覆盖、规定动作不走样，自选动作有特色的要求，认真做好各个环节工作，达到“照镜子、正衣冠、洗洗澡、治治病”的总要求，收到良好实效。结合定点扶贫和“联村帮户”“走基层”“双联”“双报到”等工作，开展一系列“走基层、解民忧”活动，走进基层，走近群众，接受教育，转变作风。二是凝心聚力，服务交通工作成效突出。认真学习贯彻党的十八大、十八届三中全会、中共四川省委十届三次全会和全省交通运输工作会议精神，推进学习型党组织建设，健全完善厅中心组、处级干部、党员干部学习制度，采取中心组、支部会、辅导报告、专题研讨、大讲堂等多种形式开展学习。扎实开展“实现伟大中国梦、建设美丽繁荣和谐四川”主题教育活动，凝聚正能量，提振精气神。积极投入“4·20”芦山地震救灾和重建工作，涌现一批先进集体和个人。三是提升能力，基层党组织建设切实加强。认真贯彻落实《条例》和《实施细则》，严格执行党建工作责任制，健全完善厅直单位基层党组织。深入开展领导班子“四好”活动，落实“四好”活动管理办法，协助厅党组对厅直单位“四好”活动进行检查考核。加强党务干部、入党积极分子培训和党员发展管理，加强机关文化建设，进一步增强党员干部职工凝聚力。四是改进作风，反腐倡廉建设不断推进。配合驻厅纪检组加强对贯彻落实中央改进工作作风、密切联系群众八项规定，中共四川省委、省政府十项规定，厅党组十二项规定的督促检查。采取廉政党课、专题组织生活、警示教育等形式，加强党员干部反腐倡廉教育。认真开展学习党章、遵守党章教育，严明党的政治纪律。组织进行会员卡专项清退、党员干部不出入私人会所、不接受和持有私人会所会员卡承诺工作，做到了零持有、全承诺。五是发挥优势、群团统战工作继续强化。充分发挥民主党派参政议政、民主监督作用，加强与各民主党派的沟通交流。抓好团员青年教育培训和思想引领，开展青年志愿者服务、青年文明号创建活动。开展“夏送清凉”“金秋助学”“送温暖”和全民健身等活动，凝聚职工力量，服务中心工作。深化“巾帼建功”、争创“三八红旗手（集体）”活动，动员和带领广大妇女干部职工立足本职岗位建功立业。充分发挥各级离退休党支部联系、服务离退休老同志的积极作用，做好离退休工作。

（厅机关党委）

省交通战备办公室 2013年，省交通战备办公室着力推进国防交通基础设施建设，牵头省发展改革委、省财政厅，对各市、州上报的28个交通建设贯彻国防要求项目进行实地勘察，确定南充市营山县民兵训练基地进出道路等6条道路、2个桥梁、1个战备码头的建设项目；加强对全省新建战备仓库建设的监督、检查和指导，协调广元、泸州、达州市和凉山州交战办，积极推进战备仓库建设，达州市战备仓库建成并投入使用，凉山州战备仓库完成主体工程建设，泸州、广元市战备仓库开工建设。应急应战能力建设方面，省交战办在达州组织一期国防交通专业保障队伍战备钢桥架设培训班，指派雅安市交战办5名骨干人员前往指导培训，帮助完成战备钢桥架设任务；组织泸州市战备钢桥架设队伍赴雅安进行集中培训。提高保障队伍的素质和能力，填补川东、川南战备钢桥架设力量空白。军事交通保障方面，省交战办履行战备职能，完成川藏线军事运输交通保障工作，在川藏公路国道317线、国道318线建设整治工作期间，督促建设单位制定保通措施，协调交通保障事宜；完成部队演习相关交通保障工作，对影响部队机动的20余处路段进行改造，组织、协调、配合公安交警、路政、公路等有关部门，采取定点保障与伴随保障相结合的方式，实行临时封路、车辆分流、警车开道等措施，出动保障车300余辆次，各类机械设备55台次，保障人员1 100余人次，完成摩托化机动交通保障任务。通信线路安全保障方面，省交战办牵头修订《四川省通信设施保护规定》；牵头公安、通信等部门赴广元、巴中、南充等地实地检查指导护线工作，协调南充市政府落实人民路BOT项目国防光缆改迁费用，保证全国“两会”期间通信线路和设施设备、特别是长途通信干线的安全；结合“5·17”世界电信日，牵头省军警民护线办公室，赴成都、德阳、攀枝花、凉山等地区，对各地护线宣传工作、基本建设中保护通信线路安全工作进行督促和检查，深入工地一线宣传护线规定和要求；协调攀枝花市政府妥善解决沿江景观工程涉及国防光缆改迁费用等问题。交通战备信息化建设方面，省交战办细致筹划安排，抽调专人负责，协调有关部门提供资料数据，组织相应培训，共收集录入各类基础和专业数据上百万条，按时、保质完成国防交通信息管理系统和国防交通空间数据平台更新工作，协调厅信息中心对交通战备信息专网进行联通调试，测试网上办公系统，基本实现网上办公。

年内，四川省各级交通战备部门广泛宣传国家、军区和省关于进一步加强交通战备工作精神，提建议、抓协调，确保全省交通战备组织机构保持总体稳定。成都、绵阳、内江、达州、凉山、南充、资阳、宜宾、乐山、广安、眉山、甘孜等12个市（州）实现市、县两级交通战备机构全覆盖。成都市、凉山州交战办编制等级达到正县级，雅安、宜宾市和凉山州交战办下设科室。铁路、交通运输、航空、通信行业的战备机构继续保持稳定。

（省交战办）

公路局 1952年9月，川西行署交通厅养路处更名为四川省交通厅养路处，负责全川的公路养护工作。1954年10月经省政府批准成立四川省交通厅公路局。1958年1月改制为厅内局，1962年6月恢复为厅直属局。1971年改为四川省交通局公路管理处，1980年12月更名为四川省交通厅公路局。1985年11月核定为县级事业单位。按照省交通厅授权，主管全省公路的规划、公路的新建、改建和国道、省道、县道、乡道公路的养护管理工作。1996年12月批准局正职，根据干部本人条件可按副厅级干部配备，局副职可按正处级干部配备。2000年6月厅公路局与厅高速公路管理局撤并，组建四川省交通厅公路局，受交通厅委托，主要负责全省公路建设、养护、收费和路政稽查的行业管理，核定编制数203人，机构规格不变。2009年4月省人事厅批准参照公务员法管理。2009年12月更名为四川省交通运输厅公路局。

2013年，面对“4·20”芦山地震和“7·9”特大暴雨洪灾等自然灾害的严峻考验，厅公路局全面完成公路抗震救灾、加快公路发展和提升公路管理服务任务。四川省普通国省干线公路和农村公路建设完成投资676亿元，新（改）建国省干线公路1 958公里、农村公路2.4万公里，四川省公路总里程达到30.18万公里，继续位居全国第一位。至年底，四川省高速公路达5 046.7公里，四川省国省干线公路总里程达21 656.1公里，国省干线中一级公路达1 355.6公里，国省干线中二级公路达9 099.7公里，国省干线二级及以上公路里程占国省道总里程比例达71.4%，国省干线公路路面使用性能指数（PQI）达79。四川省农村公路达28万公里，全省实现92.87%乡镇通油（水泥）路、98.39%建制村通公路和71.56%的建制村通水泥（油）路。建成安保工程（路侧护栏）4 300公里。“4·20”雅安芦山地震抗震救灾取得全面胜利，在震后50个小时内全部抢通断道的国省干线和农村公路，为灾区救援和灾后重建提供强有力交通保障。全省公路路况安全服务水平全面提升，为经济社会发展提供有力的公路交通保障。

（厅公路局）

航务管理局 四川省交通运输厅航务管理局的前身是1950年11月成立的西南内河航务管理局，由西南军政委员会交通部直接领导。1952年8月，西南大区撤销，西南内河航务管理局同时撤销，同年11月成立四川省内河航运管理局。1957年6月，撤销四川省内河航运管理局，在省交通厅内设内河管理处、航道管理处。1981年1月，四川省内河管理处改设为四川省交通厅航运管理局。1988年7月， 经四川省机构编制委员会批准，四川省交通厅航运管理局更名为四川省交通厅航务管理局。1989年1月，四川省交通厅航务局港航监督业务从四川省交通厅航务管理局划出，成立四川省交通厅港航监督局。1996年12月，四川省交通厅港航监督局与四川省交通厅航务管理局合并为四川省交通厅航务管理局（同时挂四川省交通厅港航监督局、四川省船舶检验局牌子，实行三块牌子，一套机构）。2002年7月，经四川省机构编制委员会批准，将四川省交通厅港航监督局规范为四川省地方海事局。2010年7月，四川省交通厅航务管理局更名为四川省交通运输厅航务管理局，是四川省水路交通的行业主管机关，法规授权行使水路运输、航道港口、水上交通安全监督、船舶检验的行政管理职能。

2013年，厅航务局完成各项目标任务，全省内河水运发展取得新成绩。

水运建设投资 全省完成水运投资50.05亿元，比上年增长4.9%。全省四级以上高等级航道达1 001公里。规模以上港口6个，千吨级泊位54个，港口集装箱建成和在建规模达233万标箱，吞吐能力突破193万标箱。在航道建设方面，嘉陵江渠化工程有序推进，亭子口航电枢纽实现一期蓄水，升船机建设加快推进；苍溪航电枢纽全面建成，新增渠化航道11公里，四川段规划的13级航电枢纽已建成12级。渠江丹溪口至四九滩航道整治工程、富流滩船闸改扩建工程加快推进。在港口建设方面，广安港新东门作业区一期工程具备15万标箱集装箱吞吐能力。南充港都京作业区一期工程年底实现开港试运行。广元港红岩作业区一期工程基本完成土建主体工程。同时，加快实施渡改人行桥和公益性渡口等“民生工程”建设项目。

规划和前期工作 全面完成四川水运“十二五”中期评估调整，广元港红岩作业区一期工程调整纳入部“十二五”规划，印发《四川省水上交通安全发展规划》和《四川省“十二五”水上交通安全建设规划》。会同编制完成交通建设“八大”工程之一的《2013—2017年农村渡口改桥建设方案》。长江航道等级提升研究、水富至宜宾“五升三”航道整治工程、岷江港航电综合开发、嘉陵江航运配套工程等重点项目的前期工作加快推进。

水路运输 全省完成水路货运量7 247万吨、货物周转量124.27亿吨公里、港口货物吞吐量8 195万吨。港口集装箱吞吐量达26.17万标箱。实施重点企业联系制度，扶持壮大港航企业。长江干线船型标准化工作取得阶段性成效，货运船舶标准化、大型化水平进一步提高。加强大件运输组织协调，完成总重606吨的超大设备嘉陵江大件运输任务。

水上交通安全形势 落实"救生衣行动"，坚持"六不发航"、签单发航、蓄放水通报等安全长效机制，突出重点区域、船舶、时段、环节"四个重点"，开展对学生渡、赶场渡、旅游水域等的安全检查、巡查、督查，确保全省水上交通安全形势持续平稳，连续5年将死亡人数控制在个位数，连续7年未发生重特大水上交通安全事故。在2013年1月11日召开的全国海事工作会上，厅航务局被交通运输部海事局表彰为2012年度全国海事系统先进单位，泸州市地方海事局被评为全国海事系统先进集体，武胜县地方海事处李军被评为全国海事系统先进个人。

（厅航务局）

道路运输管理局 四川省交通运输厅道路运输管理局前身为四川省汽车运输公司，1985年4月1日改制为隶属省交通厅的正处级行政事业单位，更名为四川省交通厅公路运输管理局。2011年5月6日机构调整，更名为四川省交通运输厅道路运输管理局，同时撤销四川省高速公路运输管理处，将其编制和职能并入省交通运输厅道路运输管理局。厅运管局为参照《公务员法》管理的事业单位，事业编制107名，内设14个处室：党委办公室、局办公室、政策法规处、人事科教处、财务与规划统计处、客运管理处、货运管理处、车辆维修处、安全稽查处、驾驶员培训管理处、企业指导处、监察审计处、后勤管理处、公交与出租汽车管理处。现有在编在职人员99名（干部88人、工勤人员11人）。直属企业3个：省运业汽车站建设有限责任公司、省蜀运实业有限责任公司和省公路运输服务中心，受厅委托代管四川省大件运输公司。主要职能职责：负责制订全省道路运输行业发展规划并组织实施；指导全省道路运输行业优化结构、协调发展，维护道路运输行业秩序；负责全省道路旅客运输、货物运输、机动车维修、道路运输站（场）、机动车驾驶培训、城市公交、出租汽车、城市地铁及轨道交通运营的行业管理及监督；负责全省道路运输安全的源头管理工作；负责道路运输行业统计，组织实施交通战备、抢险救灾等重点物资的紧急运输；负责道路运输管理队伍建设，并对下级道路运输管理机构的执法活动进行监督。

2013年，厅运管局完成各项目标任务，全省道路运输工作取得新成绩。

客运系统更加完善 全省高速公路客运线路新增289条，农村客运线路新增404条，新增城市公交车3 476辆，乡镇客车通达率达95%，建制村客车通达率达77%；在成都、德阳、雅安、乐山、攀枝花、南充、绵阳等6市10个客运站建成联网售票系统，建成408个代理点售票、智能手机售票、自助终端机售票、13个枢纽客运站互售、电话订票等"五售一订"的购票服务系统；在成都市建成二环路高架BRT公交快速通道；地铁1、2号线旅客疏运能力进一步提升。

货运加快发展转型 创新运输组织方式，推进甩挂运输试点和城市配送，道路货运车辆首次出现数量下降、吨位上升的情况；大力发展集装箱运输，集装箱车辆达1 535辆。

站场建设 全年完成投资26亿元，比上年增长4%，建成10个县级以上客货运站；全面启动汽车客运站提升改造工程，编制《四川省2013—2015年度汽车客运站提升改造工程实施方案》，配套制订客运站建设标准、客运站提升改造工程项目管理办法、目标考核办法、初设方案编制审查等标准和制度。

安全工作 制订《四川省道路旅客运输企业安全生产标准（试行）》，并在7家客运企业开展试点；督导各地完成121家道路运输企业安全生产动态考核工作；积极推广应用卫星定位系统和3G视频监控系统。

提升服务质量 加强从业人员队伍职业化建设，全省全年新增驾校23所，达到465所，培训学员115万人次；进一步完善服务标准体系；建成全省统一的道路运输驾驶员从业资格信息库；积极推广应用科技手段加强对服务经营行为的监管。

推进节能减排 在城市公交、干线客运和较固定货运线路上液化天然气（LNG）车辆应用取得新发展，截至2013年底，全省液化天然气营运车辆达1 329辆，较上年新增759辆。

（厅运管局）

高速公路管理局 2011年5月，四川省交通运输厅高速公路管理局挂牌成立，受省交通运输厅委托承担全省高速公路养护、运营服务的监督管理和联网收费管理、安全监控、应急处置等工作。厅高管局与厅高速公路交通执法总队实行"一套机构、两块牌子"，受省交通运输厅委托管理7个高速公路交通执法支队和高速公路监控结算中心。厅高速公路交通执法总队和7个高速公路交通执法支队受交通运输厅委托承担全省高速公路路政、运政和收费稽查工作。年内，厅高管局全力推进行业监管和执法工作一体化进程，并已取得初步成效。

厅高管局（厅高速公路交通执法总队）机关核定编制70名，其中领导职数4名（1正3副），总工程师1名；内设机构领导职数21名（8正13副）；内设综合办公室、政策法规处、运行管理处（应急办公室）、建设养护处、收费财务处、服务监管处、人事教育处、监察审计处8

个处室。机关在编人员52人，平均年龄40岁，研究生学历30人、大学学历19人、大专及以下学历3人。

7个执法支队批准设立95个执法大队，核定编制1 169名。每个执法支队领导职数1正3副，7个执法支队共核定领导职数28名；执法支队机关内设办公室、执法科、人事教育科、财务科、监督科5个科室，各科室领导职数按1正1副配备，共70名；每个执法大队核定领导职数1正2副，共285名。7个执法支队实际成立82个执法大队、2个治超站，在编执法人员903名，协助执法人员880名。

监控结算中心承担全省高速公路的联网收费管理，与科研所、智能公司实行“统一党政领导、统一设置内设机构、统一管理人员、统一工作安排调度”，内设办公室、系统运行处、技术维护处、信息情报处、财务处、后勤物业处6个处室。监控结算中心核定编制35名，其中领导职数3名（1正2副），在编人员29人，平均年龄39岁。科研所核定编制66名，其中领导职数4名，在编人员32人，平均年龄43岁。智能公司现有人员（川高直属企业）73名。

2013年，厅高管局（厅高速公路交通执法总队）切实加强管理，着力提升服务，高速公路公共服务能力水平明显提升。

加快《四川高速公路条例》立法进程，围绕养护、运行、收费、服务、执法管理等出台系列管理制度；加强路网统一管理，基本形成统一联网收费、统一运行监测、统一服务标准、统一执法等机制；构建路网监督、应急和联动机制。提高公共服务质量，强化运行监测、道路养护、收费管理和健全公共服务标准体系；完成服务区和收费站建设改造任务；升级改造“12122”服务系统，加强四川交通在线网站维护管理；推进ETC系统建设；构建厅高管局（执法总队）监督检查、执法支队指导督办、执法大队日常巡查的服务区服务常态监管机制。加强高速公路养护监督管理，完成基于云计算的地理信息平台在高速公路养护管理中的应用研究；组织实施养护管理系统使用培训；组织开展桥隧技术状况抽检，落实桥梁重大安全隐患挂牌督办制度，督促解决问题；及时组织开展“4·20”地震造成高速公路桥梁、隧道、高边坡、涵洞及服务区、收费站等灾损核查，督促整治道路安全隐患；合理制订养护计划，保持高速公路良好技术状态。提升运行监测水平，完成全国高速公路通信系统联网工程（四川段）项目建设，启动实施全省高速公路通信系统干线网建设工作；推进改造高速公路视频联网系统，推广应用交通执法单兵系统、执法记录仪、行车记录仪等信息化设备；初步建立执法卫星电话应急通信系统，启动收费数据查询分析平台建设；督促高速公路通车投运准备工作。持续增强依法行政能力，加强队伍建设和加强涉路施工审批监管工作；加快推进执法标识标志、执法证件、执法服装和执法场所外观统一；强化客运签单及过程监督；加强危化品运输车辆监管，严查驾驶及押运人员资质等；组织开展非交通标志标牌清理整治和打击偷逃通行费行动。

（厅高管局）

工程质量监督局 为保证工程建设质量，强化政府对工程建设质量的监督职能，1991年7月，经省编制委员会批准，省交通厅正式行文，成立四川省交通厅公路工程质量监督站（以下简称“厅质监站”），为县处级事业单位。在此之前，公路、水运工程质量监督站分别为厅公路局、厅航务局内设机构。

2003年10月，原属厅航务局内设的水运工程质监站并入四川省交通厅公路工程质量监督站，同时更名为四川省交通厅公路水运质量监督站，代表省交通厅对全省公路、水运工程行使质量监督职能。2009年经省人事厅批准为参照公务员管理事业单位，2012年更名为“四川省交通运输厅工程质量监督局”。

1993—2003年，全省21个市（州）先后成立市级“质量监督分站”，形成遍布全省交通系统的质量监督网络，省内交通基本建设工程质量处于受控状态。

从1991年至2005年建站14年间，厅公路水运质量监督站于1996年、1999年、2004年3次被交通运输部授予“先进工程质量监督站”称号。2001年被评为省政府“九五”重点建设先进单位。

2013年，厅质监局落实40个省重点公路水运项目监督责任，成立4个市（州）片区督导组；组织开展对26个高速公路，3个重点国道干线，3个重点水运项目的综合督查52次，专项督查80多次，对施工监理等参建单位覆盖率达100%；对重点建设项目开展监督检查近500次。开展路基、桥梁、隧道、路面、交通安全等工程项目重点抽查检测，招标选取6家检测机构对22条高速公路68个关键检测项目进行抽查，对7个高速公路项目和1个重点水运项目、14家施工单位、10个监理单位、5个检测单位41人进行全省通报批评和部分限制从业。出台《四川省高速公路项目交工验收质量检测工作实施意见》《四川省高速公路桥梁荷载试验管理工作实施意见（试行）》，规范工作程序。组织为期一个月的交工验收质量检测专项检查，完成巴南、泸渝、遂资、乐雅等10个项目775公里的交工验收质量检测工作。加强对市（州）监督指导，初步形成市（州）质监机构考核办法，考核市（州）质监机构21个；组织开展地方重点公路建设项目专项督查，对全省15个市（州）23个地方重点公路项目进行督查；完成通阳大桥、泰安长江大桥等11个地方重点项目交工验收检测质量审定。

（厅质监局）

纪检监察

JIJIAN JIANCHA

贯彻落实党风廉政建设责任制 2013年，省交通运输厅制订党风廉政建设责任分工，确定年度工作任务，明确相关任务的牵头领导和责任单位。省交通运输厅层层签订党风廉政建设责任书、行风建设责任书、廉政承诺书，建立“三书一体”责任体系。厅长彭琳带头向全系统作出“六个严禁”的承诺和要求：严禁非法插手干预招投标，严禁违反工程管理规定谋取非法利益，严禁利用行政审批进行权力寻租，严禁违规执法侵害群众利益，严禁铺张浪费，严禁利用职务为身边人谋利。

反腐倡廉典范建设 2013年，省交通运输厅丰富反腐倡廉建设载体，制订争创反腐倡廉典范实施意见。通过创新反腐倡廉理念思路、制度机制、方式方法、科技手段四个途径，以廉洁交通、和谐交通、奋进交通、文明交通四项活动为载体，争取通过全系统3至5年努力，探索建立具有推广价值的廉政建设模式，努力实现全系统严防重大腐败问题发生、被查处案件数量和信访举报数量持续降低、党风廉政社会评价满意度和政风行风群众测评满意度上升“一严防两降两升”工作目标。年内，全系统处级以上干部没有出现重大违纪违法案件，驻厅纪检组监察室收到信访举报件数连续5年保持下降。

“五位一体”惩防体系构建 2013年，省交通运输厅继续统筹推进惩防体系、内控体系、风险防控体系、电子监察体系和廉政制度体系建设，完善“五位一体”惩防工作格局。一是抓惩防体系建设，草拟《2013—2017年惩防体系建设工作方案》，督促厅直单位完善惩防体系基本框架，厅惩防体系课题研究多个成果在省部级以上刊物发表或获奖。二是抓内控体系建设，针对厅82项管理职能，梳理纳入173项法规制度，形成厅机关内控体系基本框架。三是抓廉政风险防控体系建设，在原来排查防范处室内部岗位风险基础上，全面排查和防控厅领导班子岗位廉政风险。四是抓电子监察体系建设，在厅机关及直属单位36项行政审批权实现电子监察基础上，针对新清理确定的332项行政权力，排查出5 599个廉政风险点，确定11 080个电子监察点位，制订《厅行政权力电子监察全覆盖方案》，协调相关单位推进高速公路综合执法电子监察工作。五是抓廉政制度体系建设，规范高速公路招投标工作程序，制订《高速公路建设项目设计变更管理办法》和《从业单位信用管理办法》。

作风政风行风建设 2013年，省交通运输厅以开展党的群众路线教育实践活动为抓手，全面深化作风政风行风建设。一是面向行业和社会征求2 000多人意见，收集整理意见建议220余条，归纳厅“四风”问题20种具体表现，开展正风肃纪专项活动，提出“7+6”13条专项整治措施。二是厉行勤俭节约、反对铺张浪费，厅机关会议费比上年同期下降85%，接待费下降68%，出国（境）考察费用下降100%，“三公”经费支出下降75%。三是开展厅直单位贯彻落实改进工作作风情况专项检查，督促相关单位整改问题和不足。四是抓住省纠风办组织政风行风测评契机，制发《“富民路·连心桥”以评促建实施意见》，用3年时间，开展“畅行天府”养护管理、“路况早知”信息服务、“亲民和谐”文明执法、“感受温馨”窗口服务、“真诚沟通”行业宣传、“爱我交通”行业教育6个专项活动。五是制订《四川省治理公路“三乱”协调工作制度》，完善工作协调、常态治理、严查快办机制，组织相关厅局对11个市（州）开展明察暗访，检查交通、公安、畜牧、林业等部门的涉路站点和上路执法行为。

重大项目决策监督检查 2013年，省交通运输厅强化对重点项目、灾后重建项目和扩大内需在建项目及藏区跨越、彝区发展、扶贫开发、“民生工程”等交通建设项目监督检查，制定交通重点建设项目监督检查工作方案，厅领导根据年初确定的对口联系项目，各自带队对22个交通重点项目开展监督检查，督促项目业主加强前期工作、招标投标、标后管理、质量安全、资金管理等关键环节管理，发现和纠正不规范行为。驻厅纪检组监察室深入雅安市及名山等6个“4·20”芦山地震受灾县，对交通运输灾损情况和抗震救灾工作进行检查。组织21个市（州）交通局（委）、厅直五大行业管理局和20名厅廉政巡查员及行风监督员，开展政风行风交叉检查和社会测评。

2013年12月2日，省纪委驻厅纪检组长、监察专员李传林（前右一）率队检查攀枝花交通运输工作及重点交通项目建设

交通宣传中心 供稿

反腐倡廉宣传教育 2013年，省交通运输厅继续推进“廉政·和谐·攻坚”主题教育活动，与省检察院联合举办预防职务犯罪宣讲会，开展廉政教育培训，业务培训开设廉政课。加强廉政文化建设研究，草拟《交通运输系统廉政文化建设实施意见》。执行述职述廉、重大事项申报等制度，厅党组年内提拔任用13名领导干部均征求纪检监察部门意见，并进行廉政谈话。厅直纪检监察机构有3篇调研文章获得交通运输部评奖，4篇文章被《中国公路》《交通运输监察》《廉政瞭望》《四川反腐倡廉建设》刊发。中国监察杂志社和四川电视台等媒体对交通运输纪检监察工作进行专题报道和现场采访。上报各类纪检监察工作信息30余条，其中部分信息被交通运输部、搜狐等具有较强影响力的门户网站转发。

信访举报核查处理工作 2013年，省交通运输厅信访工作继续坚持有报必核、有报早核、有报快核、核必核实、违者必究，执行举报核查“十件”程序，畅通信访渠道，强化线索排查。制订《全省交通运输系统信访举报和腐败案件分析上报工作办法》《廉政建设网络舆情管理办法》，了解全系统信访举报和腐败案件发生情况，分析腐败问题发生规律，掌握群众反映的突出问题。驻厅纪检监察室全年共收到群众举报64件（其中上级转办22件），比上年下降15.8%。

纪检监察自身建设 2013年，省纪委驻厅纪检组监察室继续推进“三项建设”。一是组织机构建设，厅直属7个高速公路交通执法支队均成立党委和纪委，厅直系统纪检监察机构不断健全。二是能力素质建设，制订纪检监察工作手册，明确10个纪检监察岗位的工作职责，梳理10个重要纪检监察业务流程，完善22项具体工作制度。三是思想作风建设，继续开展“纪委书记下基层”活动，驻厅纪检组监察室负责人20余次深入市（州）和厅直单位，进行专项调研督查，纪检监察干部深度参与业务工作，在实践中锻炼和检验作风。

（本栏目供稿单位：厅监察室）

党的群众路线教育实践活动

DANGDE QUNZHONG LUXIAN JIAOYU SHIJIAN HUODONG

综　述 2013年，省交通运输厅各级党组织围绕“为民务实清廉”主题，按照“全覆盖、规定动作不走样，自选动作有特色”的要求，精心制订实施方案和工作计划，结合交通工作和各单位实际，扎实开展党的群众路线教育实践活动，283个党组织、4 067名党员参加厅第一批教育实践活动。组织开展大学习、大教育、大讨论，并多形式、多渠道听取各方面意见建议。发出征求意见函、调查问卷760余份，召开各类征求意见座谈会60余次，约请90余人单独谈话，广泛征求110多个行业单位、60多个省直部门、21个市（州）及59个扩权县

（市、区）党委政府及人大代表、政协委员、民主党派人士、行风监督员、廉政巡查员、行业干部职工、离退休干部和人民群众2 000多人的意见建议，收集意见建议780余条，归纳整理为220余条。对征求到的意见建议进行分类梳理反馈，边查边改，分类落实牵头整改责任。省交通运输厅各级党组织克服犹豫观望、避重就轻、随波逐流、喜远厌近、客观所致等不良倾向，切实把自己摆进去，深入查找“四风”突出问题，最终形成省交通运输厅20条“四风”问题具体表现，干部群众总体评价认可度高，民主评议中认为反映存在突出问题的占91.55%，认为基本反映的占7.04%。对照检查开展批评，切实整治“四风”，形成“两方案一计划”（即《四川省交通运输厅党的群众路线教育实践活动整改落实方案》《四川省交通运输厅党的群众路线教育实践活动专项整治方案》《四川省交通运输厅党的群众路线教育实践活动制度建设计划》，下同），立说立改立行，解决一批突出问题。

2013年12月2日，省交通运输厅党组书记、厅长彭琳（右一）赴安县塔水镇调研农村公路建设情况　交通宣传中心 供稿

同时，结合定点扶贫、“联村帮户”“走基层”“双联”“双报到”等，开展一系列“走基层、解民忧”活动，组织党员干部到宝兴县大溪乡烟溪口村开展“六个一”（开展一次实践课堂教育，解决一些具体问题，结对帮扶一批特困户，共建一个村级组织，培训一批技术人才，开展一次免费义诊）活动，到金口河区和平彝族乡迎春村开展“暖冬”慰问，做好困难群体帮扶解困、杜绝拖欠民工工资、督促治理超限超载工作，组织开展社区“双报到”志愿服务、慰问困难群众工作，走进基层、走近群众、接受教育、转变作风。

群众路线教育实践活动期间，厅机关和厅直各单位结合自身工作，把开展教育实践活动与灾后交通恢复重建、防汛抗洪抢险、推动交通运输跨越发展有机结合，实现思想认识进一步提高、“为民务实清廉”形象得到明显提升、“四风”突出问题进一步解决、作风转变取得明显成效、推动交通运输跨越发展取得明显进展。

“走基层”践行群众路线　2013年，省交通运输厅结合党的群众路线教育实践活动，突出“三个走进”，扎实开展“走基层、解难题、办实事、惠民生”活动。

走进基层群众办实事　制定完善厅领导联系指导市（州）交通运输工作、联系高速公路建设和联网畅通工程项目、联系帮扶基层困难群众三项制度，厅级领导结成联系帮扶对子19对，协调化解矛盾纠纷52件234人，带动厅机关及直属单位党员干部下基层399天418人次，走访群众224户348人。公开承诺实施交通民生工程，主动将原计划2015年前完成1.76万公里公路安保工程（路侧护栏）的建设任务提前到2014年内完成，并将在2014年建设农村公路1.5万公里，进一步方便群众出行。在全省交通运输系统组织开展“帮扶解困送温暖，情系群众惠民生”活动，深入一线慰问困难党员、老干部、一线职工、劳模等3 500户，发放慰问资金及物资506万元。

走进服务对象转作风　提升道路运输服务水平，在全省道路运输行业集中开展规范执法行为、车站温馨服务、公交精品线创建、出租车优质服务、汽车阳光维修、驾校教练员“吃拿卡要”、营运客车车容车况等七项专项整治活动，80条城市公交线路参加优质服

2013年8月7日，省交通运输厅党组副书记、副厅长周道平（正面中）赴厅公路局指导党的群众路线教育实践活动　交通宣传中心 供稿

务精品线示范创建活动，53个一级客运站开展感受温馨“小红帽”便民服务活动，4 875家一、二类汽车维修企业开展“阳光维修”优质服务活动，查处曝光47名“吃拿卡要”机动车驾驶培训教练员。提升高速公路出行服务水平，新建成高速公路服务区40个，新改扩建收费站11个；升级“12122”高速公路出行信息服务平台，做好重大节假日免费通行工作。提升春运服务水平，派出5个检查组对全省春运工作进行暗访和督导检查；开展“情满旅途”活动，加强出行信息播报、客运站服务、服务区管理等工作，科学组织调运。2014年春运期间，全省日均投入客车4万多辆、客船3 000多艘，疏运旅客1.23亿人次，未发生重特大交通安全生产事故。派出10个督导组深入高速公路一线开展超载超限违法运输问题专项整治，完成202个高速公路入口固定计重设备的安装，超载超限违法运输问题得到有效遏制，高速公路货车交通事故比上年下降53%。同时，对正常装载合法运输车辆公路通行费实行7至8折优惠。

走进项目一线惠民生 集中开展“服务项目”活动，由具体联系的厅领导带队，分别深入21个在建高速公路项目一线，逐一督导。派出7个督导组分赴市（州）、县乡国省干线与农村公路建设一线，督导干线公路联网畅通工程、农村公路改善工程，指导甘孜藏区和凉山彝区公路建设。2013年底，新（改）建国省干线1 958公里、农村公路2.4万公里，超额完成中共四川省委、省政府下达的“民生工程”目标，全省公路总里程突破30万公里。深入水运港口和客货站场建设一线，督导推进南充港一期工程2013年底建成投运，全省港口集装箱年吞吐能力达到193万标箱。督导推进客运站提升改造工程，新建成客运枢纽项目10个，新开工4个。深入灾后交通恢复重建一线并确定3名厅级领导主抓灾后重建，同时实施芦山地震和暴雨洪涝灾区灾后交通恢复重建项目建设全程“绿灯”服务；年底，芦山地震灾区3个国道和2个经济干线公路项目开工建设，映汶高速公路“7·9”洪灾应急处治工程全部完工，并于2014年1月15日实现双向通行。

交通运输行业联动整改 2013年，省交通运输厅围绕“四风”突出问题和行业发展问题，突出上下联动，边学边查边改，制定“两方案一计划”，狠抓全行业全系统整改落实。

立说立行抓整改，解决问题求实效。从转变学风文风会风、改进工作作风、加强机关内部管理、优化行业管理服务、推动交通运输科学发展加快发展等五个方面深化落实37条整改措施，明确整改的项目、措施、责任、时限等具体要求。对尚未整改完毕的事项，建立整改台账，督促整改落实。同时，建章立制建立长效机制，制订《四川省交通运输厅党的群众路线教育实践活动制度建设计划》，在规划、建设、管理、执法、廉政等方面健全完善45项制度，做好现有制度的废、改、立工作。专项整治行业管理服务突出问题。制订“7+6”专项整治方案，即在抓好中共四川省委7项专项整治的同时，结合全省交通运输行业实际，提出规范运输服务专项整治、规范交通运输执法专项整治、公路桥梁安全管理专项整治、货运车辆违法超载超限集中治理、安全生产“打非治违”专项整治、高速公路服务专项整治等6项整改内容，制定落实20条整改措施。研究制定交通运输行业深化改革工作方案，在交通运输行政管理、交通投融资等方面全面深化改革。

凝心聚力齐联动，坚持行业整改服务群众。将厅整改方案和专项整治方案落实到全省交通运输行业，督促检查，承接贯通。注重加强行业指导，推进全省交通运输系统扎实开展教育实践活动。建立联系指导机制，每名厅领导联系指导1至3个市（州）交通运输工作，联系1至2条高速公路在建项目和多条联网畅通工程，帮助基层和项目解决难题。开展行业先进事迹宣讲，传递教育实践活动经验。在厅第二批教育实践活动中，组织成立全省交通运输行业先进事迹报告团，赴市（州）交通运输系统开展宣讲活动并召开川南、川北、川东、川西四个片区21个市（州）交通运输部门教育实践活动座谈会，交流座谈各地教育实践活动开展情况，运用厅第一批教育实践活动成果指导市（州）交通运输系统，全行业3 000多名交通运输干部职工听取了宣讲报告。切实把厅和行业的整改要求落实到基层，以上级指导带动下级，以下级监督评判上级，共同推动整改。

推进行风建设，加强干部队伍管理。贯彻落实《党政领导干部选拔任用条例》，研究制定《厅管干部选拔任用暂行办法》等五项制度。举办全省交通运输系统领导干部反腐倡廉教育培训班，学习习近平总书记系列重要讲话和党的十八届三中全会精神处级干部集中培训班，380多人次参加学习培训。进一步深化正风肃纪，在全省交通系统开展“富民路·连心桥”行风建设主题活动和争创反腐倡廉先进典范活动，严格干部队伍管理。

厅公路局开展党的群众路线教育实践活动 2013年，厅公路局党委以高度的思想自觉和行动自觉，推进教育实践活动深入开展。切实解决“四风问题”，改进工作作风，营造风清气正的良好氛围；进一步深入基层调查研究，了解基层公路部门干部职工和广大群众需求，帮助解决普通公路建设融资、质量管理和公路管养等实际工作困难。结合行业特点，开展路政执法整治、公路桥梁安全管理整治等群众关注度高的重点专项整治。以“八大工程”（即干线公路联网畅通工程、普通国省干线大中修工程、甘孜州2013—2015年公路建设推进工程、凉山州2013—2015年公路水路交通建设推进工程、2013—2015年农村公路改善工程、2013—2015年汽车客运站提升改造工程、2013—2015年公路安保工程、2013—2017年农村渡口渡改桥工程）为重点，加强调查研究，改进督导工作内容和督导形式。2013年全省普通公路建设完成投资676亿元，国省干线公路新开工1 368公里、建成1 958公里，建成农村公路2.4万公里，全省公路总里程达30.18万公里。

厅航务局开展党的群众路线教育实践活动 2013年，厅航务局设立群众公开信箱、网站邮箱，召开基层、普通干部职工、行风监督员、廉政巡查员、离退休和民主党派等各层次座谈会17场、320余人参加，发放并回收调查问卷538份，广泛征求各市（县）航务海事机构的意见建议，认真分析并汇总整理，梳理形成“四风”问题具体表现17条，干部群众总体评价认为查找问题准确占91%，基本准确占9%。结合“四型”（学习型、责任型、服务型、创新型）海事建设活动，深入开展“好形象、好品牌”创建活动，大力加强“革命化、正规化、现代化” 海事建设。启动“富民路·连心桥”以评促建活动，推进公益性渡口和渡改人行桥工作，服务涉水群众。开展“三联三帮”活动，帮助基层航务海事机构解决工作中的薄弱环节，帮助港航企业解决发展中面临的困难和问题，帮助基层困难群众发展生产、改善生活。2013年，完成水运建设投资50.05亿元，比上年增长4.9％。全省有三、四级航道1 001公里，千吨级泊位54个，港口货物吞吐能力8 915万吨，水路集装箱在建和已建规模233万标箱。

厅运管局开展党的群众路线教育实践活动 2013年，厅运管局以“反对‘四风’、服务群众”为重点，锤炼党性党风、改进工作作风和提高工作能力。结合道路运输工作实际，探索和创新多个体现行业特色、务实管用的活动载体，加快推进现代道路运输业发展,努力提升运输服务能力和水平。全力以赴投入防汛抗洪抢险，做好道路运输应急保障；努力服务于构建畅通安全高效的现代综合交通运输体系，加快道路运输业转型发展，为经济社会发展和人民群众出行提供更安全、更高效、更便捷、更可靠、更绿色的道路运输服务。实施客运站提升改造工程，加快推进客货运枢纽及集疏运体系建设，建成客运枢纽项目10个，开工客运枢纽项目4个。以开展“富民路·连心桥”以评促建7个专项活动为载体，围绕春运开展“走基层、解难题、办实事、惠民生”活动等，使教育实践活动与业务双促进、双推动。

厅高管局开展党的群众路线教育实践活动 2013年，厅高管局牢牢把握学习教育、听取意见，查摆问题、开展批评，整改落实、建章立制3个环节，切实做好规定动作。在征求意见过程中坚持开门纳谏，局领导及直属各单位深入基层调研90余次，召开座谈会12次，访谈群众350余名，发放调查问卷近3 000份，收集到意见建议470余条，形成调研文章94篇，完善20余项相关制度办法。局党委坚持重心下沉，积极为基层群众解决困难和问题，针对群众反映强烈的高速公路环境卫生脏乱差等问题，立说立改，督促营运公司完善服务设施，增加保洁人员，加大保洁频率，确保高速公路环境整洁。举一反三，开展全省高速公路公共服务情况排查整治专项活动和执法队伍纪律作风教育整顿活动，排查整治服务区摆摊设点、环境卫生差、执法不够规范等问题。全面加强高速公路运行、养护、收费、服务、执法管理，着力解决缓堵保畅、安全生产、环境整治、公共服务等问题。新建成高速公路服务区40个，新改（扩）建收费站11个；升级“12122”高速公路出行信息服务平台，做好重大节假日免费通行工作；完成202个高速公路入口固定计重设备的安装。

（本栏目供稿单位：厅直属机关党委）

专稿

四川省交通运输厅开展党的群众路线教育实践活动总结

彭 琳

按照中共中央、中共四川省委党的群众路线教育实践活动的总体部署，在四川省副省长王宁和中共四川省委第21督导组的精心指导和督导下，省交通运输厅围绕“为民、务实、清廉”主题，圆满完成学习教育、听取意见，查摆问题、开展批评，整改落实、建章立制三个环节的教育实践活动，基本达到“照镜子、正衣冠、洗洗澡、治治病”的总要求，有力促进了交通运输科学发展、加快发展。

一、基本情况

按照中央和省委的统一部署，省交通运输厅党的群众路线教育实践活动于2013年7月正式启动。厅党组高度重视，精心组织，成立了教育实践活动领导小组及其办公室，切实加强组织领导。由于省交通运输厅直属单位多，交通运输建设发展任务重，特别是2013年5至10月处于“4·20”芦山强烈地震抢通保通、恢复重建和“7·9”洪灾应急抢险及“甘推”“凉推”方案全力实施与启动的关键时期，厅直单位许多党员干部在一线开展工作，为做到两手抓两不误两促进，正确处理工学矛盾，突出交通特色，确保教育实践活动质量，按照时间服从质量的要求，厅党组研究并报请中共四川省委第21督导组同意，决定在时间安排上，梯次展开、压茬进行。厅机关和厅公路局、厅航务局、厅运管局、厅高管局机关率先启动，先行一步，参加厅第一轮教育实践活动，其他厅直单位拉开一定时间，参加厅第二轮教育实践活动。按照中央和省委的部署，省交通运输厅第一轮教育实践活动已全面进入收尾阶段，厅第二轮教育实践活动正值查摆问题、开展批评环节。在整个活动中，厅及直属单位领导班子成员坚持带头学习，带头调研，带头对照检查，带头开展批评，带头整改，较好地履行了各自职责。厅活动办主动加强组织协调，认真开展分类指导，做了大量具体工作，活动取得了明显成效。

二、主要做法及特色

在整个教育实践活动中，省交通运输厅主要采取了以下做法：

（一）坚持在学习教育和听取意见中统一思想、形成共识

一是六讲精心导学。邀请中共四川省委党校专家讲群众路线理论、省委督导组领导讲活动部署要求、抗震救灾及交通运输系统模范讲先进典型事迹，党支部负责人为支部党员讲学习心得，支部党员之间互动讲学习交流，厅领导分别到各分管单位讲辅导报告并加强督导，厅及厅直四局共组织宣讲报告会10场次、领导宣讲25次、支部学习讨论会184次。厅党组中心组召开8次集体学习会、3次专题讨论会，厅领导及处级干部撰写学习心得体会62篇。

二是深入一线调研。健全完善厅领导联系市（州）制度，21名厅领导带着调研课题，带领厅机关及直属单位党员干部深入交通建设、管理、运营一线和养护、执法、车船港站等与群众联系密切的基层单位和窗口服务单位开展调查研究，现场解决问题。形成厅班子和厅领导专题调研报告22篇。围绕交通运输发展的热点难点问题，研究探索建立符合现代综合交通运输发展要求的新体制新机制，寻求交通发展活力。

三是深入实践课堂。积极开展“解民难、听意见、受教育”群众路线实践活动，派出工作组30批次260人，深入宝兴县大溪乡烟溪口村开展“联村帮户”活动。重点帮扶16个贫困户，集中开展“六个一”专项活动，圆了22户受灾子女的求学梦，培训了15名挖掘机手，并将乡村道路列入灾后恢复重建规划进行改造提升。

四是开门纳谏征求意见。紧紧聚焦“四风”，广泛听取各方面意见建议，全面深入查摆问题。厅党组共发出征求意见函、调查问卷760余份，召开各类征求意见座谈会60余次，约请厅及直属单位班子成员、处室负责人90余人单独谈话，广泛征求交通运输行业110多个单位、省直60多个部门、21个市（州）及59个扩权县（市、区）党委政府及人大代表、政协委员、民主党派人士、行风监督员、廉政巡查员、行业干部职工、离退休干部和人民群众2 000多人的意见建议，收集意见建议780余条，归纳整理为220余条。为查摆问题，开展批评打下了坚实的基础。

（二）坚持在查摆问题和开展批评中找准问题、明确方向

一是认真梳理查摆问题。为查摆找准“四风”问题，厅党组要求每位党员领导干部都要坚决克服犹豫观望、避重就轻、随波逐流、喜远厌近、客观所致等5种倾向，坚持把自己摆进去，求真务实查摆问题。根据征集到的意见建议，结合厅职能职责，厅党组先后3次召开专题会议，中共四川省委督导组2次专题听取汇报，对省交通运输厅“四风”问题具体表现进行了深入剖析研究。经中共四川省委第21督导组认定，最终形成省交通运输厅“四风”问题具体表现20种。由于查摆深入、参与广泛，党员干部群众总体评价认可度较高，认为反映了存在突出问题的占91.55%，基本反映了的占7.04%。

二是扎实开展对照检查。针对查摆存在的“四风”问题，进行深刻剖析，深入剖析不适应、不符合为民务实清廉要求的思想观念、工作作风，以及影响和制约交通运输事业科学发展、加快发展的体制机制问题，认真撰写厅领导班子对照检查材料，反复征求意见、反复修改，形成了较为深刻的班子对照检查材料，并对人民群众反映强烈的突出问题及时作出积极的回应。班子成员和党员干部对厅“四风”问题突出表现个人主动认领，对个人问题勇于揭短亮丑，比如党性修养、联系群众上有所放松，存在“软骨病”“冷漠病”“享乐病”“梗阻病”“懒散病”，有“船到码头车到站”的思想，在创新激情、能力和气魄上存在差距等等，针对这些问题，深刻剖析思想根源，提出整改方向和措施。

三是谈心交心达成共识。在专题民主生活会前，班子成员之间、班子成员与直属单位班子成员及厅机关部门负责人，扎实开展“一对一”谈心交心活动。厅主要负责人与班子成员谈心交心25人次，班子成员之间谈心交心35人次，班子成员与分管部门负责人之间谈心交心50人次。通过互相沟通思想，指出工作不足，进一步统一了对“四风”问题的认识，进一步加深了对交通运输发展重点问题的认识，进一步增进了厅领导班子的团结合力，进一步坚定了加快交通运输发展的信心和决心。

四是动真碰硬开展批评。在专题民主生活会上，厅领导班子成员紧扣主题，突出重点，以整风精神开展批评和自我批评。共有102人次发言，提出120多条批评意见。比如，有的工作上还存在瞻前顾后、被动应付，攻坚克难的锐气不够；有的陷于文山会海，影响抓重点和抓落实；有的说在嘴上多，没有及时关心解决群众困难；有的研究新情况不透，创新破解新矛盾新问题的举措不够等等。大家相互批评真诚坦荡，实事求是，批评者出于公心、敢于直言，直接提出批评意见；受批评者本着有则改之、无则加勉的原则，虚心接受批评意见。会后，王宁副省长、中共四川省委第21督导组组长高仁全分别作重要讲话和点评。王宁副省长指出，交通运输厅领导班子民主生活会有质量、效果好，开了一个高质量的专题民主生活会，真正做到了红红脸、出出汗，达到了团结—批评—团结的目的，符合中央和中共四川省委的要求。

（三）坚持在整改落实和建章立制中转变作风、完善制度

一是领导带头，率先垂范抓整改。厅党组带头抓班子整改，切实担负整改工作领导责任，对照查摆的20个突出问题，多次召开会议研究整改落实方案。厅领导班子成员坚持把自己摆进去，对照查找的个人“四风”问题和民主生活会上反映出的问题，落实整改措施，动真碰硬，带头整改落实。并主动下沉，深入分管单位，分析查找问题，研究解决办法，亲力亲为指导督导整改。全厅上下形成了上级带下级、一级抓一级、层层抓落实的整改工作局面。

二是立说立行，雷厉风行抓整改。针对查摆出的“四风”突出问题和群众意见建议，及时研究落实整改措施，即知即改、立竿见影，让群众在最短时间内见到成效，从解决群众最“急”、最“盼”、最“怨”问题上转作风，一大批交通运输突出问题得到及时有效解决。厅党组在活动期间专门制定出台

了立行立改10项措施，并逗硬落实。围绕提高行政效能，进一步规范行政审批流程，清理行政许可事项，缩短办理时限，比法定时限提速76%。公路施工企业名录办理时限从20个工作日缩短为10个工作日，交通建设市场信用登记办理时限从5个工作日缩短为3个工作日。

三是制定方案，突出重点抓整改。围绕“四风”问题和行业发展突出问题，突出领导关注、百姓关心的民生问题，加强顶层设计，力求重点突破，分别制定总体整改方案和专项整治方案，针对厅领导班子查摆出的“四风”突出问题，着重对5个方面17项具体整改事项逐一细化，明确了整改的总体要求、基本原则、整改内容和方法步骤，对照提出了具体整改措施，明确了牵头领导、责任部门和整改时限，确保整改实施效果。针对群众反映强烈的行业管理服务方面的突出问题，研究制定“7+6”专项整治方案，即在继续抓好7项专项治理的同时，结合交通运输工作实际，把交通涉及民生的提升运输服务、规范交通运输执法、公路桥梁安全管理、超限超载运输治理、高速公路管理服务、交通运输安全生产等6个重点问题纳入专项整治，求实效、出实招、办实事，切实转变行风，树立行业新形象，以实实在在的成效取信于民。

四是建章立制，着眼长远抓整改。省交通运输厅坚持边整改边总结边完善，不断健全完善制度机制，固化教育实践活动成果，推动为民务实清廉常态化长效化。立足工作实际，抓好制度的“废、改、立”工作，废止制度6项，修订完善制度19项，拟新建完善制度30项，不断健全完善交通运输管理制度体系，努力根治作风之弊、行为之垢。

三、取得的主要成效

一是党员干部受到深刻教育。通过开展大学习大教育、三个专题讨论、深入基层调研、广泛听取群众意见建议、认真查摆“四风”问题、以整风精神开展批评和自我批评，狠抓整改落实等一系列活动，全体党员干部深刻认识到坚持党的群众路线的重要性和必要性，并自觉将自身摆进去，身体力行地践行群众路线，全厅党员干部宗旨意识、群众意识得到进一步增强。

二是为民务实清廉形象得到明显提升。活动中，党员干部坚持一切为了群众、一切依靠群众，从群众中来、到群众中去，坚持问政于民、问需于民、问计于民，发扬密切联系群众之风，谦虚谨慎、戒骄戒躁，厉行勤俭节约、反对铺张浪费，发扬艰苦奋斗之风，并真正做到廉洁从政，奉公守法，自觉遵守党章，严格执行廉政准则，忠实履行人民公仆职责，始终保持共产党人的政治本色，交通行业和党员干部落实“为民务实清廉”的要求更加深入人心。

三是突出问题得到有效解决。突出解决人民群众反映强烈和制约发展的问题，开展服务项目、服务基层、服务群众“三服务”活动，在强化和改进服务中努力为基层和群众排忧解难。针对政风行风建设薄弱环节，在全系统创新开展“富民路·连心桥”以评促建活动、争创反腐倡廉典范专项活动，建好窗口、规范服务、提升素质、树立形象。切实抓好交通民生工程建设，全年新（改）建农村公路2.4万公里，建成渡改公路桥137座、渡改人行桥109座，建成农村公路桥梁108座。从解决群众最“急”、最“盼”、最“怨”问题上改作风，一大批交通突出问题得到及时有效解决。狠抓中央“八项规定”、中共四川省委省政府“十项规定”和厅党组“十二项规定”的贯彻落实，切实改进文风会风，严控“三公”经费支出，严格公务用车管理，严厉整治“吃拿卡要”“慵懒散拖”等突出问题和集中开展会员卡、商业预付卡清理，不折不扣正风肃纪。2013年，厅会议费比上年下降85%；“三公”经费支出比上年下降75%，其中，公务接待费比上年下降68%，出国(镜)考察费用比上年下降100%；会员卡、商业预付卡全部“零持有”。规范优化行政审批流程，清理行政许可事项，缩短办理时限，比法定时限提速76%。

四是作风转变取得明显成效。厅领导带头深入藏区、彝区、贫困地区和芦山地震灾后恢复重建一线、交通窗口单位开展调研，与基层部门、服务对象和广大群众主动沟通，听取了解他们对交通运输发展的期盼和愿望，现场及时协调解决有关问题。针对人民群众关心的交通热点难点问题，反复修改完善集中连片贫困地区交通建设规划、地震灾区交通恢复重建规划等专项规划和实施方案，力争做到让基层满意、让群众满意。广泛开展“走基层”活动，集中走访群众52户，慰问群众300余人，结成联系帮扶对子40对，全厅党员干部进一步深入实际、深入基层、深入群众，与群众面对面接触、手拉手联系、心贴心交流，掌握社情民意，了解广大群众所思、所想、所盼、所愿、所难，帮助他们解决实际问题，在群众工作实践中转变作风、改进工作。

五是制度建设取得重要成果。针对认真查摆出来的突出问题，注重建立健全科学合理、务实管用的制度机制。狠抓“废、改、立”工作，对已有制度进行了全面梳理，废止制度6项。及时建立健全一批制度，修订完善了文件会议管理、“三公”经费支出控制、机关公务用车使用管理办法及厅领导联系指导市（州）交通运输工作和重大交通建设项目制度、厅管干部选拔任用暂行办法、争创反腐倡廉建设先进典范实施意见、高速公路建设项目设计变更管理办法、重点公路建设从业单位信用管理办法等19项制度。按照“横向到边、纵向到底”的原则，制定厅教育实践活动制度建设计划，目前正在着手健全完善9个方面、45项制度，着力在规划、建设、管理、执法、廉政等重点部位和关键环节上构筑具有交通行业特色的制度防控机制，着实推进交通运输行业治理体系和治理能力现代化。

六是群众工作得到明显加强。坚持服务和改善民生，从解决群众“急”“盼”“怨”问题上改作风、强服务。扎实推进农村公路、渡改桥、危桥整治、公益性渡口、安保工程等交通“民生工程”建设，让广大农村特别是民族地区、集中连片贫困地区的群众走上便捷路、安全路、致富路。根据中共四川省委、省政府要求和群众新期待，针对今年以来启动实施的干线公路联网畅通工程、农村公路改善工程等八大专项工程实施情况，制定专项方案，加强督导和技术帮扶，及时协调解决推进过程中的问题，确保项目尽快落地建成投运，更多更好地惠民利民。深化开展道路客运班线、城市公交、出租汽车优质服务、精品线路创建示范活动，在全省53个一级客运站全面开展感受温馨“小红帽”便民服务活动，着力改进和提升运输服务。坚持把芦山地震和暴雨洪涝灾区灾后交通恢复重建“两个战场”作为实践大课堂，实施重建项目“绿灯”服务，加快灾后交通恢复重建，努力为灾区振兴发展提供有力的交通支撑保障。针对全省公路桥梁安全隐患进行全面排查，确保公路桥梁安全运营。开展为期三个月的统一集中治理“双超”行动，依法严肃查处违法超载超限运输车辆，确保人民群众生命财产安全和道路交通秩序的安全稳定和公路设施的完好。

七是服务群众工作能力得到明显提升。在转变党员干部作风的同时，提升党员干部服务群众工作的能力。全体党员干部注重深入基层、摸清底数，克服走马观花、蜻蜓点水，提高调查研究、掌握实情能力；注重倾听民意、集中民智，克服情况不明、个人独断，提高了科学决策、民主决策能力；注重直面困难、敢于担当，克服避重就轻、回避矛盾，提高了解决问题、化解矛盾能力；注重顺应群众意愿、回应群众呼声，克服盲目指挥、强迫命令，提高了宣传群众、组织群众能力。

八是推进交通运输发展取得明显进展。坚持把开展教育实践活动、灾后交通恢复重建、防汛抗洪抢险等工作与推动交通运输跨越发展有机结合。2013年，全省交通运输系统紧紧围绕全面实施“三大发展战略”、奋力推进“两个跨越”的战略部署，以构建畅通高效的现代综合交通运输体系为总体目标，坚持投资拉动、项目支撑，系统推进、重点突破，创新追赶、先行跨越，夺取了交通抗灾救灾、灾后重建和加快建设发展、提升管理服务的全面胜利。全年公路水路交通建设预计完成投资1 276亿元、比上年增长16.5%，居全国第一位；高速公路通车总里程达到5 046公里，居全国第六位、西部第一位，在新的起点实现了交通运输科学发展、加快发展。

四、基本经验和体会

（一）必须坚持加强组织领导，发挥领导干部的带头示范作用。党员领导干部特别是主要领导以身作则、率先垂范，带头学习、带头听取意见、带头查找问题、带头开展批评与自我批评、带头进行整改，始终坚持先学先行、先查先改、先改先做，以普通党员身份把自己摆进去，为其他党员、干部做出示范，形成上级带下级、主要领导带班子成员、领导干部带一般干部，一级抓一级、层层抓落实的工作机制。

（二）必须坚持正面教育，认真落实从严要求。把学习教育、思想理论武装摆在第一位，加强马克思主义群众观点、党的群众路线、党性党风党纪和道德品行教育，始终坚持从严教育、从严管理、从严监督，引导党员、干部牢固树立宗旨意识，强化群众观点，增强公仆意识，讲党性、重品行、作表率，模范践行社会主义核心价值观，坚守共产党人精神追求。

（三）必须坚持开门搞活动，接受群众监督。教育实践活动始终坚持敞开大门，把群众请进来，让群众有机会参与，无论是查摆问题、剖析问题还是整改落实、建章立制，都充分征求群众意见，在群众监督下进行。对照群众的意见找差距，对照群众的要求去整改，以群众满意作为衡量活动成效的重要标准，以实际行动赢得人民群众的信赖和支持，做到严肃认真、实事求是、民主团结，确保教育实践活动不走过场。

（四）必须结合行业特色，立足于解决群众反映的突出问题。紧密结合本单位职能职责，以解决群众反映的突出问题为导向，选准切入点，抓住关键点，确定支撑点，从群众最需要的地方做起，从群众最不满意的地方改起，着力解决损害群众利益的突出问题，最终让群众得到实实在在的利益。

（五）必须坚持着眼长远、建立健全长效机制。解决问题，改进作风，保持长久长效，根本要靠制度、靠规矩。要以长效机制为纲，严格执行，既解决突出问题，又防微杜渐，坚决避免一次活动一阵风。对贯彻党的群众路线已有制度进行梳理，经实践检验行之有效、群众认可的，要长期坚持，抓好落实；对不适应新形势新任务要求的，抓紧修订完善。坚决纠正有令不行、有禁不止、无视制度的问题。相关规定要具体细致，标准要尽可能量化，办法要可操作、可检查、可执行，公开透明，让群众能够自下而上、由内及外进行全方位监督。

（六）必须坚持两手抓两促进，做到教育与实践的统一。注重突出实践特色，认真落实“五个结合”，把活动的开展与交通运输工作实践紧密结合，坚持两手抓、两促进，边学边查、立说立行、即知即改，着力解决群众反映的突出问题，通过教育活动促进各项工作的落实。

五、下步工作打算及建议

（一）继续抓好整改落实工作、以整改实效取信于民。认真对照“动真碰硬、攻坚克难，上下协力、加强联动，持续用劲、步步为营”要求，发扬钉钉子精神，进一步加大工作力度，推进整改落实各项任务。按照厅主要领导负总责、分管厅领导具体抓、责任处室、责任单位具体落实的整改工作机制，做到一级抓一级，层层抓落实，确保各项整改措施和制度建设落实到位。并区分具体情况，对于近期能解决的问题，抓紧解决；对于基本成熟的制度，抓紧出台；对于暂不具备条件解决的问题或出台的制度，进一步完善相关措施，争取尽快解决或出台；对于已经解决的问题、制定的制度，做好巩固和完善，特别是抓好执行落实，确保整改成效让群众看得见、感受得到、大多数人满意。

（二）扎实开展“走基层”活动，真真切切办实事解难题。省交通运输厅把“走基层”活动作为推动教育实践活动真抓快改、落地见效的重要手段，迅速行动，不断把活动引向深入。通过采取推出四川省高速公路出行信息服务平台、完善服务设施优化行车环境、强化道路运输安全监管、搞好元旦春节期间运输组织、加强对公路桥梁安全检查、开展货运车辆违法超载超限全省集中治理行动、广泛开展“暖冬”行动等措施，真真切切为群众解难题、办实事、惠民生，让广大群众切身感受到机关干部作风转变的新气象、新面貌。

（三）切实加强领导班子和干部队伍建设，努力提升“为民务实清廉”形象。进一步加大党员干部培训力度，特别是加强领导干部党风廉政建设，着力把领导班子建设成为全省交通运输系统工作的领导核心，努力提高各级领导班子领导交通运输事业科学发展加快发展的能力和水平，使各级干部成为推进科学发展、加快发展的骨干力量。

机关党建

JIGUAN DANGJIAN

理论学习 2013年，省交通运输厅党组中心组、处级干部、党员干部学习制度逐步健全完善，并采取中心组、支部会、辅导报告、专题研讨、大讲堂等多种形式开展学习。厅中心组坚持带头学习，全年集中学习34次、共15天；中心组成员全年人均深入基层调研超过30天。成员撰写的4篇文章被省直工委评选为“四个优秀”获奖文章。开办“厅直机关大讲堂”，举办“全省交通运输工作报告解读、构建现代综合交通运输体系解析”等专题讲座。组织参加省直工委举办的“书香沁润机关，文化滋润心灵”为主题的读书月活动。厅机关及直属单位全年党员干部理论学习参学率达95%以上。

“四好活动” 2013年，省交通运输厅积极推进厅直单位领导班子“四好”活动规范化、制度化，认真实施新修订的厅《“四好”活动管理办法》，逐步健全完善“四好”活动规划、创建、总结、考核、评比等有关制度。加强对厅直单位领导班子“四好”活动分类指导和过程管理，在抓基础、抓落实、抓创新、抓实效、抓考评上下功夫。厅直单位注重切实加强“四好”活动的领导，抓好活动规划、组织实施、制度建设等重要环节。通过深入开展“四好”活动，进一步促进领导班子、领导干部思想政治和作风建设，带动党员干部队伍建设。

“实现伟大中国梦、建设美丽繁荣和谐四川”主题教育实践活动 2013年，省交通运输厅成立以厅党组书记、厅长彭琳为组长的厅主题教育活动领导小组，制订实施意见，抓好动员部署，采取听取汇报、查阅资料、实地调研、召开专题座谈会、开展课题研究等

2013年5月10日，省交通运输厅召开“实现伟大中国梦，建设美丽繁荣和谐四川”主题教育活动动员大会

厅机关党委 供稿

多种形式加强督查指导，确定13个主题教育活动重点联系单位。厅直各单位普遍成立领导和工作机构，制订实施方案，明确本单位活动主题，推动活动开展。为组织开展“中国梦”学习教育和3项专题教育，厅召开中心组专题学习会22次、支部学习会640次、党员干部职工大会40次、专题辅导讲座24场次、宣讲会70场（次），购买及编印各类主题教育学习资料2万余册。围绕“加快构建畅通高效的现代综合交通运输体系、谱写中国梦蜀道华章”活动主题，组织开展讨论交流、主题征文、演讲比赛，召开青年座谈会，组织先进事迹报告会，观看交通抗震救灾纪实片，举办“身边人讲身边事”学习交流活动，开展“抗震救灾精神和感恩奋进”专题教育。3个集体、6名个人被省直机关工委授予先进集体、先进工作者、优秀共产党员、业务标兵和优秀青年荣誉称号。

党的基层组织建设 2013年，省交通运输厅探索加强系统党建工作新方式。一是督促指导厅高速公路交通执法7个支队，交通运输职业学校党委、纪委，厅离退休支部完成组建和改选工作。二是规范入党积极分子培训、新党员发展、预备党员转正，制作流程图并举办1期入党积极份子培训班和1期党务干部培训班，参培人数达到200余名。三是做好新党员发展计划，对不符合规定的厅直单位发展计划进行调整。四是认真落实党建工作责任制，对厅直单位贯彻落实党建工作责任制情况进行检查考核。五是开展“创先争优”活动，厅各级党组织和广大党员积极投入“4·20”芦山地震救灾和重建工作，在抗震救灾前线成立临时党支部12个和党员突击队17支，向地震灾区捐款106.8万元。8个集体、8名个人被中共四川省委、省政府授予“4·20”芦山强烈地震抗震救灾先进集体和先进个人荣誉称号。51个先进基层党组织、103名优秀共产党员和24名优秀党务工作者受到厅直机关党委表彰。

反腐倡廉建设 2013年，厅直机关党委配合省纪委驻厅纪检组加强对贯彻落实中央改进工作作风、密切联系群众八项规定，中共四川省委、省政府十项规定，厅党组十二项规定的督促检查。采取廉政党课、专题组织生活、警示教育等形式，加强党员干部反腐倡廉教育。开展学习党章、遵守党章教育，引导党员干部牢固树立党章意识，严明党的政治纪律。开展廉政文化进机关活动，突出抓好政治品质、道德品行、岗位廉政教育和警示教育。做好厅班子及成员党风廉政建设责任制年度考核等相关工作，厅党组被省直机关工委考核为2012年度党风廉政建设责任制落实好的单位。组织进行会员卡专项清退、党员干部不出入私人会所、不接受和持有私人会所会员卡承诺工作，全体党员干部做到会员卡零持有，1 912名副科级以上干部做出公开承诺。加强信访处理和案件查处，全年处理群众来信3件。

（本栏目供稿单位：厅机关党委）

工会工作

GONGHUI GONGZUO

概　况 2013年，省交通运输工会开展以下工作：一是切实转变作风，在维护职工上有新作为。认真开展党的群众路线教育实践活动，为民务实清廉工作进一步强化。全力贯彻落实党的十八届三中全会、中国工会十六大精神，团结交通运输职工支持和参与全面深化改革。二是以服务交通运输中心工作为首任，充分发挥主力军作用。按照厅党组和省总工会部署，及时做好“集中攻坚建枢纽，水陆交通上台阶”劳动竞赛的收尾工作、经验总结及先进集体和个人的表彰。以争创技能型、效益型、管理型、创新型、和谐型“五型班组”为载体，突出抓好创建“工人先锋号”活动。圆满完成“春运农民工平安返乡（返岗）安全优质服务竞赛”活动。积极推进2013年“安康杯”竞赛，96个单位，42 280名职工参加竞赛活动。三是适应劳动关系新变化，积极推进四川省交通投资集团有限责任公司工会和厅高管局所属各公司、执法支队等新成立机构的工会组织建设工作。指导一批基层完成工会委员会、经审委员会组建、改选及委员（主席）增替补工作。加强工会干部培训，对所属基层单位工会主席、副主席或工会干部举办二期共计130人参加的培训班。积极推进职工之家、职工小家建设升级上等活动。切实维护女职工合法权益。四是积极参与“4·20”芦山地震救灾慰问和灾后恢复重建工作。五是持续开展困难帮扶，在改善民生中取得新成效。持续扎实开展具有工会特色的“春送岗位，夏送清凉，秋送助学，冬送温暖”活动。六是广泛开展特色文化活动，助推行业先进文化建设。积极推出行业劳模先进典型，切实落实关爱劳模的各项政策。举办丰富多彩的演讲、摄影等职工文化活动。七是努力建设学习型、服务型、创新型工会机关，不断提高工会工作科学化水平。认真贯彻落实中共四川省委、省政府关于改进工作作风的规定和实施办法，大力改进工会工作作风、会风、文风，厉行节约反对铺张浪费。持续开展“创先争优”和工会领导班子创“四好”活动。认真落实交通运输工会廉政责任制，健全完善交通运输工会廉政风险防控机制。

2013年1月22日，省交通运输厅直属机关党委书记侯钫（左二）慰问北川交通局公路管理所职工刘畅（该职工因汶川特大地震致残） 省交通运输工会 供稿

党的群众路线教育实践活动 按照省交通运输厅党的群众路线教育实践活动督导组部署，2013年11月，省交通运输工会及时召开全体党员参加的动员会，采取互动式集中深入学习，重点围绕履行工会工作职责、转变工作作风、强化服务意识、加强工会自身建设等问题，由领导班子成员带队深入基层开展调查研究。在查摆问题、开展批评阶段，交通运输结合工会工作实际，广泛深入听取意见，认真查摆问题。向基层工会组织、市（州）交通工会和相关服务对象发放征求意见函和调查问卷107份，约请所属基层工会主席、一般职工、工会机关离退休职工30余人进行访谈，收集到各类意见建议41条。经过认真梳理归纳，反复研究讨论修改，归纳出“四风”问题上的11种主要表现。紧扣问题撰写对照检查材料，深入剖析，召开专题民主生活会深入开展批评与自我批评，求真务实作风得以充分体现。对照教育实践活动查摆出的“四风”突出问题11种具体表现，工会领导班子提出5大方面、17个整改项目。通过整改落实，建立长效机制，省交通运输工会各项工作有了新变化、新气象。

慰问灾区交通职工和抢险人员 2013年，雅安市“4·20”芦山地震发生，省交通运输工会立即赶赴芦山、宝兴慰问交通局职工、公路局职工和养护总段职工安置点，慰问战斗在抢险救灾一线兴蜀公司职工，养护道班职工及路政人员等，送去药品、大米、油、食品、猪肉等慰问品价值人民币53 606元。

“集中攻坚建枢纽，水陆交通上台阶”劳动竞赛评优总结 2011—2013年，全省开展在建高速公路（包括BOT项目）“集中攻坚建枢纽，水陆交通上台阶”主题劳动竞赛，以优质、快速、节省、安全、高效、廉洁为主要目标，开展比科学管理，赛工程质量；比精打细算，赛成本控制；比科技创新，赛科研成果；比施工效率，赛工程进度；比有序施工，赛安全生产；比遵纪守法，赛廉政建设；比协调力度，赛建设环境的“七比七赛”活动。3年来，共603个参建单位、13.66万名参建职工投入劳动竞赛。经民主推荐，16个单位获四川省五一劳动奖状，19名个人获四川省五一劳动奖章，20个单位获“工人先锋号”，24个单位被评为重点工程劳动竞赛先进集体，49名个人被授予优秀建设者称号。

开展各类安全竞赛活动并强化工会安全监督职责 2013年，省交通运输各级工会积极推进2013年“安康杯”竞赛，有96个单位，42 280名职工参加竞赛活动。都汶公司获得全国“安康杯”竞赛先进单位，川高公司获得省“安康杯”竞赛组织工作优秀单位，厅高管局交通执法一支队获得省“安康杯”竞赛优胜单位，交投建设工程公司获得省“安康杯”竞赛优胜班组。2013年2月—3月在川高公司，厅公路局、厅航务局、厅高管局、厅运管局等系统开展"百日安全"活动，查出隐患857个，把"百安活动"做到实处。基层工会建立分公司、分厂、车间一级工会劳动保护监督检查委员会230个，参与安全生产检查1 108次。

推进"两个普遍" 2013年，省交通运输工会按照全国总工会依法推动企业普遍建立工会组织，依法推动企业普遍开展工资集体协商"两个普遍"的要求，积极推进省交通投资集团有限责任公司工会和厅高管局所属各公司、执法支队等新成立机构的工会组织建设工作。指导一批基层完成工会委员会、经审委员会组建、改选及委员（主席）增替补工作。对行政管理关系变更的基层工会组织，及时进行组织关系划转或归并。所属基层单位109个，69个基层单位实行厂务公开，92个单位建立职代会制度，覆盖率为84.4%。贯彻落实《中华全国总工会关于进一步加强企业工会工作充分发挥企业工会作用的决定》，加强对交投集团所属企业工会厂务公开工作、和谐企业建设工作的指导。

维护女职工合法权益 2013年，全省交通运输系统基层工会建立女职工组织98个，覆盖率89.9%。积极做好基层单位落实协调女职工购买大病保险，继续推行女职工权益保护专项集体合同的签订，52个基层工会签订权益保护合同，45个基层单位签订专项集体合同。攀西公司西昌收费站被评为全国五一巾帼文明岗。组织交投集团、川高系统、厅高管局、四川交职院、省港航公司、九黄公司、公路医院等单位1 000名女职工参加全国女职工劳动保护知识竞赛活动。

慰问帮扶活动 2013年元旦、春节期间，省交通运输各级工会组织筹集"送温暖"款物501.296万元，发放款物480.526万元，其中分别向困难劳模和困难农民工发放慰问金13.224万元和40.86万元。据不完全统计，共走访企业226家，走访职工家庭3 403户，慰问困难企业48家、困难家庭2 846户，其中慰问困难职工2 550户、困难农民工286户、困难劳模66户。为做好夏季送清凉活动及洪涝灾区慰问工作，各级工会共筹集慰问资金593.54万元。走访企业（基层）605家，开展监督检查活动318次，走访慰问职工19 361人次、走访慰问劳模89人次，发放防暑降温用品521.47万元。洪涝灾区各级工会在活动期间，筹集慰问资金13.71万元，看望慰问80户企业（基层），1 458户职工，走访慰问劳模10人次，协助解决实际问题578件。坚持开展"金秋助学"活动。帮扶困难职工子女大学生390名、中小学生400名、结对帮扶100名，资助金额59万元。帮助公路、航运系统12个困难养护站、道班、海事处、航务处解决饮水困难和用电等问题，下拨帮扶资金11.5万元。为下岗失业人员、困难职工提供就业培训和就业岗位。

推出并关爱先进 2013年，省交通运输工会推出全国五一巾帼标兵岗获得单位1个，四川省五一劳动奖章获得者2名，四川省五一劳动奖状获奖单位1个，四川省工人先锋号9个。规范劳模管理，做好《四川省交通运输行业劳动模范、五一劳动奖状（奖章）评选推荐管理暂行办法》的全面实施，不断完善四川省交通运输行业劳模先进管理信息系统，实现劳模先进信息资源共享和动态管理。积极做好劳模先进疗休养工作，组织劳模、先进参加省总工会组织的疗休养3批计6人。参加中国海员建设工会组织劳模先进疗休养10人，休养费用由省交通运输工会承担。为5名全国劳模申请困难补助金82 996元。春节期间，向省、部级劳模发放慰问金5.6万元。定期组织劳模进行体检。

2013年2月7日，省交通运输厅副巡视员陈双全（右一）前往遂宁市交通运输局基层困难职工家中进行慰问 省交通运输工会 供稿

特色文化活动 2013年，省交通运输工会组织开展的职工艺术团活动，全年下基层慰问演出10次以上。结合交通运输工作实际，开展四川省摄影家协会交通分会各种专题培训和摄影活动，先后举办收集四川省交通运输系统"4·20"芦山地震抗震救灾抢通保通图片和4期专题摄影采风、讲座等活动。精心组织并完成省交通运输厅"中国梦蜀道华章"演讲比赛相关工作。积极开展理论研究，全年各基层工会上报理论调研文章27篇，评选出5篇优秀理论调研文章报省总工会。

（本栏目供稿单位：省交通运输工会）

交通科技教育文化

JIAOTONG KEJI JIAOYU WENHUA

2014

四川交通年鉴

交通科技

JIAOTONG KEJI

概 况 2013年，省交通运输厅会同省财政厅联合发布《四川省省级财政交通运输科技专项资金管理暂行办法》，规范行业科技资金的管理和使用；着手起草《四川省交通运输科技项目管理办法》《四川省交通运输科技项目招投标管理实施细则》。梳理雅西高速公路科技示范工程科技成果，组织相关项目分批申报年度四川省科技进步奖和交通运输部公路学会科学技术奖。加强科研能力建设，组织厅公路设计院作为联建单位，参加陆地交通地质灾害防治技术国家工程实验室建设，参与起草管理运营制度。开展2013年度厅科技项目立项工作，依据申报项目针对性和实效性，建议立项57项，其中能力建设项目7项，科研项目50项。争取交通运输部科技项目立项3项，其中“四川藏区高海拔高烈度条件下公路建设减灾关键技术研究”被确立为重大科技专项，“雪山梁隧道施工对黄龙景区环境影响评价及控制技术研究”和“沥青路面紫外老化防治技术应用研究”被列为西部项目。推荐科技成果12项，获省科技进步奖一等奖1项，二等奖1项，三等奖3项。组织厅公路设计院、厅交通设计院，依托藏区高速公路和岷江航道整治等项目，集中储备重大关键技术攻关研究项目。组织行业各单位开展标准化建设，“钢-混凝土组合桥面板技术规程”“桥梁高性能清水混凝土技术规程”“低交通量公路路面典型结构设计指南”“公路瓦斯隧道设计与施工技术指南”4个项目获省质监局地方标准制（修）订项目立项。交通运输部发布《关于2012年度交通运输科技统计工作评比结果的通报》文件，省交通运输厅被评为科技统计优秀单位并通报表扬。

节能减排 2013年，省交通运输厅积极推进行业节能减排工作。制定印发《四川省交通运输行业2013年节能减排工作要点》，积极推进“成都市低碳交通运输体系试点城市”建设；开展交通运输节能减排专项资金申报工作，推荐成都市公共交通集团公司“公交车辆智能化运营管理系统”等9个项目作为四川省2012年度交通运输节能减排专项资金的申请项目，其中成都市公共交通集团公司“公交车辆智能化运营管理系统”“压缩天然气车辆推广应用”等4个项目通过交通运输部审批，获得2013年交通运输节能减排专项资金852万元奖励支持。牵头会同省发改委、省科技厅组成第四督查组，对凉山、攀枝花和雅安三市（州）2012年度节能目标完成情况、节能政策措施落实情况及万家企业节能目标完成情况进行核查。推进成都低碳交通运输体系建设试点城市建设，按时将建设进展情况报交通运输部。组织全省交通运输行业，围绕“践行节能低碳，建设美丽家园”和“绿色低碳交通伴我行”主题，开展节能减排宣传周和低碳日活动。

6月9日，交通运输部下发《关于表彰2011至2012年度交通运输行业先进集体先进企业和先进个人的决定》，表彰节能减排运输集体、企业和个人。厅运管局和成都市交委获先进集体称号，成都市公交集团、成都建国汽车贸易有限公司和四川南充汽车运输（集团）有限公司3家企业获先进企业称号，厅科教处余级升、厅航务局林彩、厅运管局许冬兰、成都市交委曾科4人获得先进个人称号。

四川省交通工程检测设备计量检定站设立 2013年12月27日，四川省交通工程检测设备计量检定站经四川省质量技术监督局批准设立，获准在四川省交通行业范围内承担交通工程检测设备的计量检定（校准）工作，检定项目计26项。该检定站四川省交通运输行业专用检测设备的最高计量检定机构，填补四川省交通运输行业检测设备计量检定空白，对完善四川省交通运输专业计量体系、规范交通工程专用检测设备、提高四川省公路工程建设质量将发挥积极作用。

5项成果获省科技进步奖 2013年，省政府发布《关于授予2013年度四川省科技进步奖的决定》，省交通运输厅推荐的交通运输行业5项科技成果获省科技进步奖，其中一等奖1项，二等奖1项，三等奖3项。

由厅公路设计院等单位承担的科技项目“脱空钢管混凝土计算理论与质量控制成套技术”项目研究成果获省科技进步一等奖，“大相岭泥巴山深埋特长隧道关键技术研究”项目研究成果获省科技进步二等奖，“高烈度地震区公路隧道建设抗震技术研究”“震后公路边坡崩塌灾害评估与对策研究”“荆岳长江大桥特大跨径钢箱梁斜拉桥施工技术研究”项目研究成果获省科技进步三等奖。

“脱空钢管混凝土计算理论与质量控制成套技术”获省科技进步一等奖 项目确定脱空钢管混凝土的物理数学模型，建立承载能力与脱空面积的数学关系式，建立钢管混凝土桥梁设计的实用计算方法，开发高性能混凝土材料和灌注新工艺，提出原材料、混凝土性能的控制指标和检测方法，形成钢管混凝土质量控制与检查技术。针对项目研究的技术难题，开展基础理论、计算方法、新材料和新工艺及质量控制检查技术4项专题、共16个子题的研究，形成成套技术研究报告。项目相关成果获国家授权发明专利6项，公开发明专利2项，主要研究人员出版《现代钢管混凝土结构-理论与实践》《钢管混凝土》《混凝土安全性专家系统》专著3部，发表学术论文40余篇，其中《工程索引》（EI）、《科技会议录索引》（ISTP）等检索11篇。项目成果支撑世界最大跨度的钢管混凝土拱桥——主跨530米的四川合江长江一桥、世界第一座钢管混凝土梁桥——全长1 811米的四川雅西路干海子大桥和世界最高桥墩——183米的四川雅西路腊八斤大桥建成，并在百余座桥梁工程中推广应用。开发的计算方法、新材料、新工艺和质量控制技术成果在依托工程中应用，节约投资2.72亿元。项目获2013年度四川省科技进步一等奖。

“荆岳长江大桥特大跨径钢箱梁斜拉桥施工技术研究”获省科技进步三等奖 项目依托荆岳长江大桥，探索形成4项行业关键技术：基施工先导孔和地质雷达相结合技术，大直径分离式双壁钢围堰异步下沉、基桩施工与围堰同步作业技术，免落地支架的高空横梁施工技术、钢箱梁全悬拼及单缝合龙技术。获国家发明专利4项：“大型桥梁基础分离式钢围堰异步下沉施工方法”“大跨径钢箱梁斜拉桥塔下梁段的安装方法”“大跨径钢箱梁斜拉桥临时墩墩顶梁段的安装方法”“大跨径钢箱梁斜拉桥边跨梁段无搁梁支架施工的方法”；获国家实用新型专利1项：“修建桥梁索塔砼上横梁用的系杆拱式支架”。成果创造直接经济效益2 234万元，解决特大跨径钢箱梁斜拉桥一系列关键技术问题，形成并完善钢箱梁斜拉桥安装与控制成套技术，为荆岳长江公路大桥安全、优质建成提供技术支撑，对后续特大跨径钢箱梁斜拉桥的建设起到参考和典型示范作用。项目获2013年度四川省科技进步三等奖。

5项成果获中国公路学会科学技术奖 2013年，四川交通运输5项科技项目成果获中国公路学会科学技术奖，其中特等奖1项、一等奖2项，二等奖1项，三等奖1项。

由厅公路局等单位承担的科技项目“高等级公路路面养护支撑保障技术研究”获中国公路学会科学技术特等奖，厅公路设计院等单位承担的“大相岭泥巴山深埋特长隧道关键技术研究”“震后公路边坡崩塌灾害评估与对策研究”获中国公路学会科学技术一等奖，“温度对钢管混凝土桥梁性能的影响”获中国公路学会科学技术二等奖，“公路隧道涌水、突水预测及评价技术研究”获中国公路学会科学技术三等奖。

“高等级公路路面养护支撑保障技术研究”获中国公路学会科学技术特等奖 项目由交通运输部公路科学研究院牵头，厅公路局等单位组织实施，集中行业优势科研力量开展联合攻关，开发具有自主知识产权的路面大中修养护数据快速采集系统，构建集25万余公里公路检测数据的路面长期性能大型数据库，建立基于全寿命周期费用分析的路面大中修养护设计体系，研究成果总体达国际领先水平，对于提升全国公路养护关键技术、装备、材料和工艺水平具有重要意义。项目获2013年度中国公路学会科技进步特等奖。

“大相岭泥巴山深埋特长隧道关键技术研究”获中国公路学会科学技术一等奖 大相岭泥巴山隧道是雅西高速公路重点控制性工程之一，右洞长10 007米，左洞长9 962米。隧道山体宽厚，埋深大，最大埋深达1 650米，山顶起伏小，埋深超过1 000米的长度超过5.1公里。地形、地质条件复杂，隧道穿越15条大小不等的断层。气候分区明显，位于亚热带季风性湿润气候和高原大陆性干冷气候分隔带。隧道勘察设计和施工过程中存在着诸多难点：通风井规模大，风机房设计和管理难度大；气候特征对隧道通风影响大；隧道勘察困难，高地应力下的岩爆、大变形预测难度大。项目通过理论分析、数值模拟、模型试验、现场测试等手段，对通风井经济断面积和经济风速、隧道内外环境变化对通风防灾影响、风机优化配置技术、地下风机房环境控制及防灾技术、隧道勘察技术、岩爆和断裂涌水预测及控制技术等关键技术进行研究，形成完善的深埋特长隧道通风节能、地下风机房设计及综合地质勘察技术，为山区复杂地形、地质条件下深埋特长隧道的勘察设计、施工和运营提供了技术保证。科研成果指导大相岭泥巴山隧道勘察与设计，并应用到米仓山隧道（13.7公里）、雅康高速新二郎山隧道（13.4公里）、汶马高速新鹧鸪山隧道（8.8公里）、国内最长的单洞公路隧道巴郎山隧道

（7.9公里）等特长隧道建设和管理中。项目获2013年度中国公路学会科学技术一等奖、2013年度四川省科技进步二等奖。

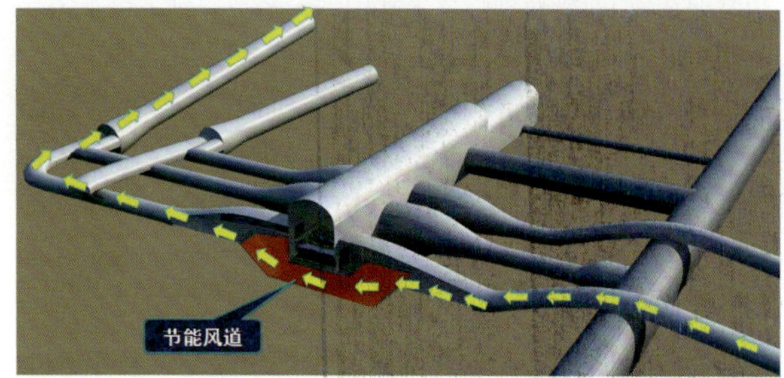

泥巴山隧道节能风道　　厅科教处 供稿

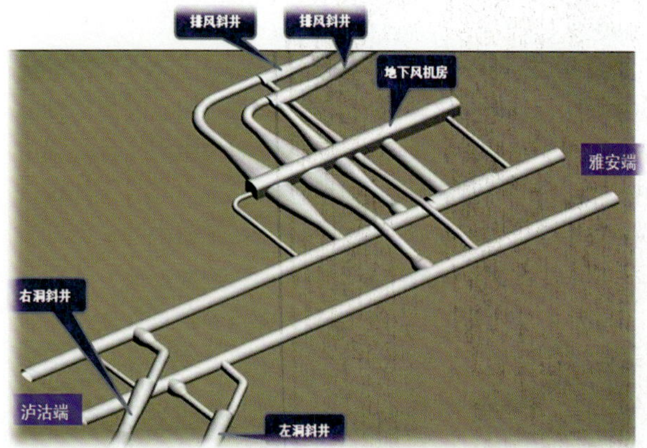

泥巴山隧道通风系统　　厅科教处 供稿

“震后公路边坡崩塌灾害评估与对策研究”获中国公路学会科学技术一等奖　项目结合地震灾区公路工程建设，研究震后公路边坡崩塌机理及识别、评估、防治技术，为震后崩塌灾害防治提供技术支持，推动崩塌灾害防治技术进步。基于汶川地震崩塌调查及资料分析，提出强震公路边坡崩塌危险性区域划分、地震崩塌失稳危害评估方法及震裂缝基本类型划分、岩体震裂损伤程度分级方法，建立基于动力失稳的边坡岩体结构分类及震后崩塌灾害分类体系；建立震后公路边坡崩塌灾害的地质力学模型，揭示震后崩塌灾害形成机理；改进潜在失稳岩体稳定性计算方法；提出遥感解译、三维岩体激光扫描及层次分析法等震后崩塌灾害识别方法，建立震后公路边坡崩塌危险性评估体系与方法；提出考虑震后坡面特征的滚石坡面运动轨迹与冲击力预测方法，给出崩塌失稳边坡高度与滚石运动距离、扩散角、震后坡面恢复系数等参数；揭示滚石冲击荷载下桥梁、路面、防护工程等结构物动力响应规律，研发耗能减震的新型滚石防护结构，建立相应的计算模型和优化设计方法。项目研究成果在高烈度地震山区公路崩塌灾害防治中有广阔的应用前景，获2013年度中国公路学会科学技术一等奖。

组织收看交通运输科技创新大会　2013年10月12日，交通运输部召开全国交通运输科技创新电视电话会议，会议由交通运输部副部长高宏峰主持，部长杨传堂作重要讲话。省交通运输厅设立四川分会场，厅党组副书记、副厅长周道平，厅党组成员、副厅长白理成，厅党组成员、机关党委书记侯钫出席会议；厅机关各处室负责人，厅直各单位主要领导及科技管理部门负责人，省交投集团、铁投集团等省内大型交通运输企业主要负责人，有关学会、协会主要负责人参加会议。

会上杨传堂强调，交通运输正处于转型升级、加快发展的新阶段，全行业要坚持“三个面向”，准确把握交通运输行业科技创新的主攻方向；要强化“四个引领”，准确把握行业科技创新的实施路径；要坚持深化改革，不断增强行业科技创新的内在动力；要继续优化环境，积极营造行业科技创新的良好氛围。

组织收看交通科技大讲堂　2013年，省交通运输厅组织收看4期交通运输部交通科技大讲堂。4月16日，在10楼会议室设第十三期部科技大讲堂四川分会场，组织收看由国家发改委综合运输研究所研究员汪鸣主讲的“交通运输转型升级与现代物流业发展”，厅机关相关处室、厅直有关单位40余人收看讲座。6月20日，在10楼会议室设第十四期部科技大讲堂四川分会场，组织收看由国务院发展研究中心产业经济研究部研究员冯飞主讲的“加快体制机制创新，推进综合交通运输体系建设”专题讲座。厅机关相关处室、厅公路局、厅航务局、厅运管局、厅高管局、四川交职院等40余人收看讲座。9月24日，在10楼会议室设第十五期部科技大讲堂四川分会场，组织收看由湖南省交通运输厅党组成员、副厅长詹新华主讲的“建设两型交通，服务两型社会”，厅机关相关处室、厅公路局、厅高管局、厅公路设计院、厅交通设计院、四川交通管理学校等单位40余人收看讲座。11月28日，在10楼会议室设第十六期部交通科技大讲堂四川分会场，组织收看由广州交通信息化建设投资运营有限公司副总经理、研究员俞忠东主讲的“物联网推动新一代智能交通发展”，厅机关相关处室、厅直有关单位40余人收看讲座。

（本栏目供稿单位：厅科教处）

2013年4月16日，省交通运输厅在10楼会议室组织收看交通运输部第十三期交通科技大讲堂　　厅科教处 供稿

交通教育

JIAOTONG JIAOYU

概　况　2013年，省交通运输厅会同省财政厅联合发布《四川省省级财政交通运输教育培训专项资金管理暂行办法》，规范行业教育培训资金的管理和使用。指导四川交职院与长安大学联合办学，通过举办工程硕士班的方式培养研究生。组织开展集中连片特困地区交通人才调研，对国务院扶贫规划确定的秦巴山区、乌蒙山区和四川藏区等3个片区，涵盖广元、绵阳、南充、达州、巴中、乐山、泸州、宜宾、凉山、甘孜和阿坝等11个市（州）共60余个县（区）开展调研，研究并提出教育培训工作发展方向和重点措施。结合藏区“希望之光”人才培养工程，在甘孜、阿坝州举办藏区交通运输行业紧缺人才培训班两期，两州交通运输系统102名专业技术骨干和管理人员参加培训。完成厅机关及厅直参公单位公务员职业道德全员培训工作；在省交通管理学校举办两期县交通运输局长岗位培训班，培训人员62人；培训行业职工4万余人次，培训面达40%。推进民族地区交通人才本土化培养及藏区“9+3”免费中职教育工作；完成2010级156名毕业学生就业和升学工作，推荐就业率达98.8%；2011级160名“9+3”学生全部安排顶岗实习；2013年，四川交职院各类在册生近2万人，高职招生4 402人，中职招生1 926人（新录藏区“9+3”免费中职教育计划学生121名），本科试点招生99人，成人招生正在开展。四川交通运输职业学校国家中等职业学校改革发展示范建设工作按照教育部等三部委批复的建设内容开展示范建设；四川省交通管理学校根据交通运输部统一部署，推进全国交通运输行业“1+32”示范平台十个示范基地建设。

（厅科教处）

教育培训　2013年3月18日—19日、4月1日—2日，省交通运输厅举办两期交通运输行业统计业务培训，厅直各单位、全省各市（州）及区（市、县）交通运输系统的200余名教育培训管理干部参加培训。4月15日—18日，在四川省交通管理学校举办为期3天的交通运输科技教育干部培训，全省各市（州）交通运输局（委）及厅直属单位的32名科教干部参加培训，并到厅公路设计院道桥试验研究所进行现场学习。（厅科教处）

交职院年度主要工作　2013年，四川交职院选择道桥和汽车两个国家级重点专业开展四年制高职本科高端技术技能人才培养试点工作，完成两个专业99名学生招生录取；完成交通运输职业学校班子建设和内设机构改革，指导中职校完成示范建设中期检查验收；有序推进中职生学历继续教育衔接和藏区“9+3”免费职业教育。管理学校顺利通过交通运输部“1+32”平台验收，获优秀等级；加强全国交通系统干部培训示范基地建设，推进省内“1+N”继续教育平台建设。

教育教学　加强校企“双主体”育人特色品牌专业建设，“公路工程检测技术”项目获中央财政支持的职业教育实训基地立项，中央财政支持建设的重点专业“工程机械运用与维护”“计算机应用技术专业”通过省级验收。完成100多名国省级高、中职师资培训。承办2013年四川省高职院校学生技能大赛“汽车检测与维修”赛项，代表四川省参加全国高职院校“汽车检测与维修”技能大赛，获得团体一等奖；参加全国第六届网络商务创新应用大赛，获专科组一、二等奖。

2013年，省交通运输厅副厅长张琪（前中）一行到四川交职院考察
宋林甲 摄

科研水平 四川交职院获四川省第七届高等教育教学成果奖6项，其中一等奖2项、二等奖2项、三等奖2项；教职工发表科技、教研论文283篇，其中核心期刊30篇，三大检索23篇，出版专编著8部，主编教材27本。四川高等职业教育研究中心通过四川省社科联重点研究基地评估。公路交通安全重点实验室围绕山区高速公路运营安全保障开展行业服务，争取纵横向项目6个。围绕交通运输行业转型升级，加大科技成果转化应用，签订横向合作项目3项，申报专利12项，获专利授权5项。举办名家讲坛3次。

行业服务 开展公路桥梁养护管理培训、公路水运检测师技术轮训、机动车驾驶教练员职业技能统一鉴定考试、交通运输企业安全生产标准化考评员培训等项目。承办中共四川省委组织部阿坝州藏区“希望之光”高端人才培训项目，推进甘孜、凉山交通人才本土化培训项目。完成四川省集中连片特困地区交通运输人才培养调研并形成报告。全年各类培训累计5万人次。

队伍建设 采用党校学习、高校干部培训、校内集中培训等方式，培训干部150人次，其中40岁及以下的青年干部36人次；引进人才36名，其中博士1名，硕士研究生17名，高级工程师2名；评聘教授3人，副教授20人。“双师素质”教师比例达到70%。

招生就业 毕业学生3 997人，就业率达96.12%；录取新生8 229人，其中，三年制高职4 402人（单招录取普通考生577人、“9+3”学生10人），五年制高职201人，三年制中职1 926人，自考、成教学历生1 700人。录取分数线名列全省同类院校前茅。

对外交流 拓展对外合作途径，与国际知名品牌一汽奥迪深度开展校企合作；派送11名教师赴加拿大BCIT学院培训，招收BCIT班学生60名；选拔20名优秀学生赴马来西亚国立大学开展学生文化交流和互访活动，选派15名学生赴香港交流访问；与台湾省台北城市科技大学、朝阳科技大学的合作进入实质阶段，达成交换生合作意向；与德国F+U国际学院签署合作协议，为学生赴德国短期实训和考取国际职业资格证书提供机会。

基本建设 9号学生宿舍、驾培楼、1号运动场改造项目按时完工；体育馆项目开工建设，培训综合楼完成初步设计；完成教职工活动中心和2号运动场的维修改造；完成图书馆改造工程方案设计，并统筹规划配套工程。

群教和党建工作 开展党的群众路线教育实践活动，把收集到的416条师生意见建议，归纳整理成99条，制订详细整改措施，分2批整改，完善长效机制。抓党风廉政建设，开展廉政风险防控规范权力运行机制建设。明确惩防体系及内控体系基本框架，理顺内控体系及廉政风险防控运行机制。抓理想信念教育、基层组织建设，打造高品位校园文化品牌，开办道德讲堂4次，开展“实现伟大中国梦，建设美丽和谐繁荣四川”主题教育活动。

（四川交职院）

文明行业创建

WENMING HANGYE CHUANGJIAN

交通运输新闻宣传 2013年，全省交通运输行业新闻宣传工作紧紧围绕中心，突出重大主题策划和新闻宣传，为推进四川交通运输科学发展加快发展提供了精神动力和舆论支撑。一是全力以赴加强“4·20”芦山地震交通抗震救灾宣传报道。与交通运输部新闻办联合成立应急宣传报道组，积极协调安排新闻媒体加强抢通保通宣传报道。先后三次参加省政府新闻办组织的新闻发布会，发布交通抗震救灾情况并回答记者提问，经央视或四川卫视现场直播。厅办公室和省交通宣传中心积极协调中央和省市主要新闻媒体，加大采访报道力度。央视一套和新闻频道先后报道40多条，《新闻联播》《焦点访谈》多次播发抢通保通新闻；《人民日报》、新华社、《经济日报》《光明日报》、中新社报道30余篇，《中国交通报》《中国水运报》报道20余篇；四川卫视报道20多条，直播“四川交通部门抢通保通”专题访谈节目；《四川日报》、四川新闻网等主流媒体报道90余篇（条）；协调四川交通广播并机直播及时路况和抢通保通信息，报道200多条5万多字，并安排现场直播访谈每天2~3次，开展交通专题宣传18个。派出宣传工作人员40余人次，在一线拍摄声像素材600多分钟、图片1 000多张，并按要求及时报送交通运输部新闻中心和有关新闻媒体。二是创新开展四川交通手机快讯宣传。经省交通运输厅同意，交通宣传中心于2013年3月创新开设四川交通手机快讯宣传平台，每周星期一至星期五通过手机平台，向交通运输部有关领导和部门、全省交通运输系统和主要新闻媒体发送《四川交通快讯》。年内，累计发送230期2 545条，受到全省交通运输行业和社会各界广泛好评。三是及时开展主题宣传和日常宣传报道。开展“民生工程”主题宣传。2013年1月4日《经济日报》头版头条刊发《撤掉收费站畅通民生路》，专题报道了四川全面取消政府还贷二级公路收费情况。积极开展“党的群众路线教育实践活动”主题宣传、四川交通建设成就主题宣传、“富民路·连心桥”主题宣传以及道路交通安全综合整治主题宣传。加强四川主要媒体日常宣传报道，《四川日报》报道交通运输新闻稿近200篇。四是创新办好四川人民广播电台交通频率“四川交通”栏目。深化与四川省广播电视台交通频率合作，交通宣传中心每天推出早、中、晚三个时段的四川交通运输专题播报，对广大司乘人员提供交通运输信息服务，加强交通运输工作宣传报道，取得良好效果，受到听众好评。五是开展“寻找四川100个最美观景拍摄点”活动。省交通运输厅与省旅游局、《中国国家地理》杂志社联合主办“寻找四川100个最美观景拍摄点”活动，先后分三批发布，在着力宣传四川交通主干道沿线的旅游新景观带的同时，宣传报道四川交通发展成就，受到社会各界和群众广泛好评。六是加强厅网站宣传报道。厅信息中心进一步突出厅网站和微博“政务公开、宣传交通、在线服务、互动交流”的功能，切实加大交通运输信息服务和宣传力度。省交通运输厅网站建设获得省级部门2013年度网站绩效评估第一名。2013年，厅网站发布信息9 851条，同时通过厅官方新浪、腾讯微博发布信息2 421条，关注网友达99万人。七是组织编撰画册、制作电视纪实片。交通宣传中心制作芦山地震交通灾损及抢通保通专题电视纪实片，受到交通运输部部长杨传堂高度赞扬，并制作了《蜀道攻坚》电视纪实片及年度交通运输工作专题片。由厅史志总编室编撰出版的《大道出川 蜀道不难》大型画册，得到行业内外的广泛好评。

行业精神文明建设 2013年，四川交通运输行业精神文明建设取得新成效。一是组织开展交通运输行业核心价值体系学习实践教育月活动，推进行业核心价值体系进机关、进工地、进车船、进港站。二是加强交通运输行业文化建设，组织开展全省交通运输行业服务品牌和文化建设示范单位创建活动，并积极向交通运输部申报交通运输服务品牌和文化建设示范单位。三是以“学树建创”活动为载体，深化行业道德领域突出问题专项治理，深化群众性精神文明创建活动，进一步提升行业窗口单位服务质量和水平。四是积极培养和树立先进典型，在全省交通运输行业开展向抗震救灾烈士张磊、向“驾驶员职业道德楷模”袁彬学习活动，并组织召开党的群众路线教育实践活动交通运输行业先进典型事迹报告会。五是与省委宣传部、省文化厅联合主办，组织“同心艺术团”赴宜宾市各区县开展送文化下乡慰问演出活动。六是配合开展“文明交通行动计划”，积极开展文明线路、文明站点、文明驾校和农村公路安全保障示范工程建设等创建活动。

上线《阳光政务》政风行风热线节目 按照省纠风办的安排，省交通运输厅于2013年1月15日—18日上线四川省广播电视台《阳光政务》政风行风热线节目。值守热线期间，省交通运输厅共接听热线电话14个，对听众反映的问题均及时开展调查、及时协调处理、及时反馈意见。并通过热线介绍全省农村公路建设、出租汽车管理、高速公路建设管理等政策及工作情况，得到广大听众朋友的理解和肯定，树立了四川交通运输行业的良好形象。

（本栏目供稿单位：厅办公室〈文明办〉）

交通信息化建设

JIAOTONG XINXIHUA JIANSHE

全省高速公路联网收费与管理 2013年，厅结算中心加强收费系统运行管理，确保通行费清分结算准确及时。全省全年高速公路联网收费通行费结算129.47亿元，较上年增长19.16%；完成记账卡通行费1 425.74万元；川0、川A车辆绕城包缴8.94亿元，较上年增长12.52%；成温邛高速公路统缴3.22亿元，较上年下降12.7%。全年发行复合通行卡125万张、管理类及专用车卡2.8万张，调配路网通行卡255次、244万张。强化技术服务，完成新开通高速公路联网收费任务。完成泸（州）渝（重庆）高速公路全线73公里，6个收费站、1个分中心、40条收费车道联网收费系统的安装调试，按时零费率开通；完成遂（宁）资（阳）高速公路全线120公里，9个收费站、1个分中心、57条收费车道联网收费系统的安装调试，确保项目正常开通；完成成德南高速公路青白江站、槐树站2个收费站、共9条车道的如期开通；完成成都绕城高速公路成新浦站、锦城湖站64条车道联合调试，安装完成收费站管理系统及收费站服务器；完成乐雅高速公路木城、洪雅两个站点共9条车道软件的联调。加快推进不停车电子收费系统（ETC）开通运营准备，完成业务流程和数据接口测试，做好运行技术支持工作。完善“12122”系统升级改造工作，实现“12122”系统与通车路段同步开通。全年受理各类话务61.91万件，较上年增长37.18%；通过“12122”系统发布交通阻断信息3 440条，较上年增长28.19%；处理投诉事件1 027件，较上年增长38.56%；通过“四川交通在线”网站发布新闻信息及路况信息9 368条，较上年增长1.2%；费率查询5.8万次、较上年下降87.75%；共有38.68万人次通过手机接收适时路况信息，较上年增长77.17%；组织培训路网“12122”话务员640人次。充分利用全省高速公路路网运行量分析月报、联网收费稽核月报、路网系统维护月报和“12122”热线服务月报，开展高速公路流量和收费数据的二次挖掘和分析研究，及时准确向交通运输部、省交通运输厅上报数据流量等信息，并得到充分肯定。

（厅结算中心）

交通运输信息化重大工程建设 2013年，省交通运输厅积极实施“十二五”期间交通运输信息化重大工程建设，一是开展四川省公路水路交通应急指挥及抢险救助保障系统（一期）工程建设。完成省交通运输厅及试点单位阿坝州和广元市（含青川县）交通运输局的机房和指挥大厅建设，基本完成外场监控点位、视频资源整合、应急通信等建设工作，软件系统主体功能模块开发完成，完成相关业务系统的数据采集和整合，完成“一大二小”（即一辆二类底盘加方舱通信指挥车、两部越野车）移动应急指挥车载平台的建设。二是完成交通运输部试点工程“四川省交通运输统计分析监测和投资计划管理信息系统”的实施工作。完成工程相关软硬件设备的采购和软件需求调研、开发工作，厅建管处，厅公路局、厅运管局组织全省范围的统计和投资计划培训。年内开展并完成客运站动态监测系统开发并试运行。三是做好“公路水路建设与运输市场信用信息服务系统建设”的前期工作。为启动“四川省公路水路建设与运输市场信用信息服务系统工程”，确定工作机构和分工，在厅公路局、厅航务局、厅运管局、厅高管局、厅质监局和厅机关相关处室开展需求调研，确保工程可行性研究报告初稿年内编制完成。四是完成四川交通公众出行服务系统升级并上线运行。全新改版的四川交通公众出行服务系统增加高速公路通行费查询、成都联网售票客运站余票查询、出行方式比较等新的服务内容，优化出行网站界面设计，功能布局更加合理。为苹果和安卓用户提供免费手机应用程序下载，手机用户可在手机上查询交通出行实时信息。完成交通运输厅呼叫中心平台应用软件开发工作，并于年底投入试运行。

省交通运输厅应急指挥中心大厅　　李 卫 摄

（文 静）

业务应用系统开发 2013年，厅信息中心继续做好业务应用系统开发与技术支持工作。一是做好省级交通运输企业安全生产标准化管理系统平台和省交通运输安全管理信息系统前期调研和实施工作；二是完成交通运输行政执法人员和执法证件管理系统建设，完成系统部署、执法人员IC卡执法证的制作，并在全省使用；三是完成四川省交通运输行政执法软件系统主要模块的开发工作，并实现执法案件、运政数据、超限审批数据的交换；四是做好省交通运输厅人力资源管理系统信息平台的试运行工作，组织厅公路局、厅航务局、厅质监局，厅公路局医院开展培训和系统试运行；五是完成厅科技项目与档案系统的接口开发、历史数据录入和测试工作；六是做好交通建设市场信用管理系统、交通施工企业数据库的完善维护工作，为定期发布公告、更新信用记录、查询统计提供支持。

（文 静）

信息系统安全管理及建设 2013年，省交通运输厅对已建重要网络及信息系统从安全管理、应急处置、问题整改等方面认真开展安全检查，并向省经信委和交通运输部报送《四川省交通运输厅2013年度信息安全检查总结报告》；按照公安部重要信息系统安全等级保护定级及重要信息系统和政府网站安全专项检查工作要求，编写《四川省交通运输厅信息系统安全等级保护备案资料汇总》，完成9个重要信息系统在省公安厅的定级备案。认真做好厅信息系统安全保密的运维管理及有关建设工作，并配合相关安全专业运维机构认真做好厅外网门户网站及业务应用系统的安全服务工作。

（文　静）

“4·20”芦山地震抗震救灾信息保障工作　2013年，“4·20”芦山地震发生后，厅信息中心按省交通运输厅统一部署迅速启动应急响应，随应急指挥车赶赴前线。在灾区通信能力弱，甚至无法通信的情况下，依托应急指挥车配备的卫星、超短波及无线单兵系统，实现与交通运输部路网中心、通信信息中心和省交通运输厅的视频连线，通过异地会商、移动办公等形式，及时汇报灾区相关情况，传递相关数据，同时还为中央电视台新闻频道上传灾区的现场画面，在抗震救灾工作中发挥了通信保障作用，同时在省交通运输厅政府网站上及时推出抗震救灾专题，每日更新抗震救灾动态、道路抢通保通情况，厅官方微博同步更新，起到良好的宣传报道作用。

（文　静）

视频会议系统管理维护及数据统计　2013年，厅信息中心继续做好厅视频会议系统管理和运行维护工作。全年召开部到省、省到市（州）视频会议25次，省政府到省交通运输厅会议50次。做好劳动工资、综合统计、经济运行分析等相关统计工作和国家工作人员报备管理系统数据上报工作。

（文　静）

网站建设管理　2013年，省交通运输厅进一步加强网站建设管理。一是制订并下发《四川省交通运输厅网站绩效考评办法和网站目标任务》，落实统筹协调、分工合作、反应快速的信息报送及维护更新机制。二是在交通运输部、省政府、厅网站开展“奋力实现四川交通跨越发展上大台阶目标”“2013年四川道路旅客春运”“贯彻实施《四川省渡口管理办法》”等5期在线访谈，在厅网站开展6期网上调查和意见征集。继续做好省交通运输厅新浪、腾讯官方微博管理。网友关注人数99万余人。微博发布信息2 421条，收到微博网友留言217条，回复201条，回复率93%；春运期间，组织厅机关、厅直属单位参加微博“微访谈”，收到良好效果。做好网上舆情监控、信息收集整理，共编发网络舆情刊物62期。三是做好厅网站专题制作与日常信息维护工作。完成“4·20雅安芦山7级地震四川交通抗震救灾”“17个高速公路BOT项目隆重招商”“实现伟大中国梦，建设美丽繁荣和谐四川”“深入开展党的群众路线教育实践活动 建设群众满意交通”等6个专题的制作与发布。厅网站全年编发信息9 851条，收到有效网站留言1 251条，回复1 101条。其中，上报交通运输部子站信息9 987条，填报省政府信息公开目录信息6 609条。中共四川省委电子政务内网采用省交通运输厅政务摘要460 条、图片信息90条，均居省级机关前列。年内，厅网站在中共四川省政府绩效评估中获得省级部门第一名，被中国信息化研究与促进网评选为“2013年度中国政务网站优秀奖”，厅腾讯官方微博被腾讯网评为“2013年四川优秀政务微博最佳服务奖”。

（文　静）

搭建地方公路养护综合分析平台　2013年，厅公路局结合行业管理需求，信息化建设重点助力行业管理及决策，着重对基础数据分析使用，使数据真正服务于行业管理。一是基本建成公路养护综合分析平台。通过对路况检测数据及相关基础数据的综合分析，提出路段中长期养护规划及年度养护计划，可为全省普通国省干线公路大中修项目提供可靠的决策依据；二是完成公路交通流量网上查询展示系统。公众可以在网上全面查询分布于全省普通国省干线公路上179个全自动连续式交调站点采集的分时段车流量统计数据，并根据流量情况对路段拥堵情况做出判断。

（厅公路局）

高速公路联网监控系统　2013年，厅高管局完善高速公路联网监控系统，一是组织实施全国高速公路通信系统联网工程（四川段），加快推进全省高速公路通信系统干线网建设，初步建成覆盖全路网的可靠、高效的专用通信网，为全省高速公路专用通信网按计划接入国家网奠定基础；二是着力整合改造联网监控系统，基本建成以第三代移动通信技术（3G）为支撑的高速公路移动视频监控系统，并通过车载、单兵等多种方式进行视频采集；三是启动高速公路交通执法电子监控系统建设，完成系统总体方案设计和15个监控点试点项目的建设；四是完成全省高速公路联网收费数据分析软件基本功能开发，为充分挖掘收费原始数据，进一步做好路网运行情况的统计、分析工作提供技术支撑。

（厅高管局）

完善渡口管理信息系统　2013年，厅航务局完善渡口管理信息系统中全省1 951个渡口、2 197艘渡船的相关信息，可以通过计算机、手机安卓系统和苹果系统进行实时查询，还可通过手机进行渡口定位和导航。

（厅航务局）

道路运输车辆卫星定位系统建设　2013年，厅运管局对四川省道路运政信息系统进行全面升级改造。完成四川省道路运输车辆卫星定位系统政府监管平台建设，升级改造全省道路运输车辆卫星定位系统企业监控系统，按《四川省道路运输车辆卫星定位系统企业监控平台接入政府监管平台规定》要求，已有20家企业接入；继续扩大卫星定位装置的安装使用面，积极在超长客运、旅游客运、高速公路客运车辆、农村客运、驾驶培训车辆、普通货车上推广应用。截至11月底，全省共计安装卫星定位装置91 253 台，3G视频装置5 161台。

（厅运管局）

交通宣传

JIAOTONG XUANCHUAN

《四川交通》杂志改为月刊 2013年1月起，《四川交通》由半月刊改为月刊出版。改版后的《四川交通》以报道民生和交通运输行业重大新闻为主，大量压缩一般性会议报道；加大对基层工作经验推广和行业一线典型人物宣传力度，增加对专家学者采访报道；更加侧重对行业监管和行业未来规划布局报道；深度挖掘行业重大事件；大幅度降低动态性消息类报道。增设《重点关注》《深度解析》《创新前沿》《专家论坛》等栏目，全年刊发文章、图片1 200余篇（幅）。特别是《“4·20”芦山7.0级强烈地震抗震救灾抢通保通特刊》推出后，多角度全方位地反映省交通运输厅厅党组科学决策、沉着应对、指挥有方、高效运转，举全行业之力，带领四川交通广大干部职工，与生死竞速抢通“生命线”，创造前所未有的“四川交通速度”，展示交通行业对社会负责任的行业形象。

历史声像资料拍摄制作整理 2013年，交通宣传中心制作的资料片主要有:《全省交通运输行业2013年度声像资料片》《“4·20”芦山强烈地震四川交通抗震救灾纪实》《四川农村公路亚行贷款项目建设管理纪实》《高速公路交通执法检查汇报片》《杨传堂部长考察四川交通纪行》《金川农村公路建设汇报》《四川省国道108线改造示范工程汇报》。同时还组织拍摄整理《彭琳厅长调研部分省市交通建设》《BOT项目招商推荐会》《藏区高速泸定大渡河大桥专家研讨会》《“7·9”特大暴雨灾害四川交通抢险》《厅中国梦主题教育活动》《党的群众路线教育实践活动》《厅运管局以评促建专项整治活动》等大量行业声像资料，全部采用高清摄像机拍摄，数据总计1.5T（1 500G），约合1 500分钟。

《四川交通快讯》手机平台试运行 经省交通运输厅同意，2013年3月26日起，交通宣传中心主办的《四川交通快讯》手机平台开始试运行。尤其是在“4·20”芦山7.0级强烈地震发生后，《四川交通快讯》手机平台第一时间发布《交通运输部部长杨传堂对“4·20”芦山7.0级强烈地震交通抗震救灾工作作出指示》和《四川省交通运输厅对“4·20”芦山7.0级强烈地震交通抗震救灾工作迅速作出安排部署》的重大消息。2013年4月20日—4月28日，累计播发《四川交通快讯》手机平台抗震救灾专题报道27期，刊登稿件300余条，现场图片40余幅，不仅宣传四川交通人抗震救灾的英雄事迹，更成为抗震救灾信息的传输工具，及时高效的将前线指挥部的战略决策第一时间发送到一线抢通保通人员手中。截至年底，《四川交通快讯》手机平台共发送快讯200多期，3 000多条。

电台广播节目编制 2013年，四川交通广播播出稿件10 950条，220万字。在“4·20”芦山抗震救灾工作期间，及时发布省交通运输厅应急预案，播出高速公路免费同行消息，配合电台制作直播抗灾一线人物访谈节目。在6月的专家评审中，《四川交通》节目在四川广播电视台8个频道的118个节目中位居12位，在四川交通频率（FM101.7）的16个节目中排名第三。

办好《中国交通报》四川记者站并协助开展对外宣传 2013年，交通宣传中心建立起通联工作目标责任制，对每月来稿、用稿数量进行统计。至10月，《中国交通报》刊用四川稿件130余篇。新成立高速公路7个交通执法支队、厅结算中心、华川集团、叙古公司和内威荣公司共11个通联站。同时向各级媒体提供大量声像资料和成品片，其中《攀西阳光精品线》《来蓉务工人员包车返乡》《成都公交力保市民节日活动要高兴》等在四川电视台、新华视讯播出；向四川电视台提供国省干线公路视频资料约40分钟；向交通运输部、中央电视台、四川电视台提供芦山强烈地震四川交通抢通保通视频资料100分钟。

自然灾害应急宣传 2013年，“4·20”芦山7.0级强烈地震发生后，交通宣传中心密切联系新华社、《人民日报》、中央电视台、四川广播电视台、《四川日报》《中国交通报》等主流媒体，做好对四川交通抢通保通工作的宣传报道。4月20日—4月27日，主流媒体报道（不完全统计）四川交通抢通保通新闻356条，其中电视台播出58条、报社刊发83条、广播播出215条。交通运输部政策法规司和部新闻中心来电表扬：“及时上传了丰实的第一手新闻素材，为部在中央级主流媒体上宣传争取了主动。”4月20日—4月28日，中心派出编采人员50余人次，累计播发《四川交通》手机快讯抗震救灾专辑27期，刊登稿件300余条，现场图片40余张。在四川广播电视台滚动播出快讯、路况、信息等160条，专题18个，总字数超过5万字。《四川交通》杂志推出增加至100页的抗震救灾特刊，图文并茂，真实记载四川交通人抢通保通的历程。

6月1日，省交通运输厅厅长彭琳在芦山前线指挥部向交通运输部部长杨传堂一行汇报四川交通抢通保通工作时，现场播放交通宣传中心连夜赶制的汇报片，受到好评。四川省副省长王宁赞扬道：“解说词写得相当好”。厅长彭琳表扬：“没想到在这么短的时间内，做出这么好的汇报片。”

2013年4月30日，交通宣传中心记者们在芦山地震灾区采访、拍摄
交通宣传中心 供稿

“7·9”特大暴雨洪涝灾害发生后，在长达10多天的抢通保通宣传中，派出记者30余人次，全面记录报道四川交通运输行业抗击特大暴雨洪涝灾害的全过程，并在《四川交通》杂志推出《抗击“7·9”特大暴雨洪涝灾害专题报道》。

（本栏目供稿单位：交通宣传中心）

交通史志年鉴

JIAOTONG SHIZHI NIANJIAN

概　况 2013年，厅史志总编室继续开展《四川交通志》《四川交通志·公路志》《四川交通志·内河航运志》《四川交通志·公路运输志》《四川交通志·稽查征费志》5部全国第二轮修志试点志书和《四川省志·交通志》编纂；组织开展国务院和省政府部署的两级抗震救灾志其中17部分志有关四川交通运输部分的资料补充、文稿初纂、出版稿复核等工作；编辑出版《四川交通年鉴·2013》；完成《四川公路交通史·现代公路》总纂并根据评审意见进行修改完善；编辑出版《大道出川 蜀道不难》大型画册并获好评；完成交通运输部和

厅史志总编室部分编撰成果，其中不少作品荣获国、省级奖励
厅史志总编室 供稿

省政府分别布置的《中国交通年鉴·2013》《中国城市交通概览·2013》和《四川年鉴·2013》《四川农村年鉴·2013》四川交通运输部分的组稿和编纂。同时，完成交通运输部和中共四川省委、省政府及省交通运输厅部署的其他编纂任务。

年内，厅史志总编室被交通运输部年鉴编委会、中国交通年鉴社联合表彰为2013年度优秀通联单位并在会上作经验交流；被四川省地方志编纂委员会授予2013年度省志分卷编纂工作先进单位和部门（行业）年鉴编纂工作先进单位称号并在全省通报表扬。总编辑、《四川交通年鉴》主编黄丽继2008年后再次当选为中国出版工作者协会年鉴工作委员会（研究会）常务理事、副主任（副会长）。

《大道出川 蜀道不难》画册出版 为了以图为鉴直观展示四川交通运输系统推进西部综合交通枢纽建设取得的历史性成就，2012年9月，省交通运输厅党组决定编纂《大道出川 蜀道不难》大型画册，并要求厅史志总编室高质量完成编纂任务。在同步推进全国第二轮修志试点志书、省志分志、国省两级抗震救灾志、现代公路史、年鉴等编纂工作的同时，厅史志总编室克服人手少、时间紧、任务重、要求高等困难，迅速组建编纂力量，拟定编纂方案和篇目，深入古蜀道旧址、交通建设一线调研，广泛征集图文资料，当年底即搜集图片资料数万张、文字资料数十万字，初选图片千余张、撰写初稿十余万字。之后，按“精选精编”原则，数易其稿，召开大中小型评审会六七次。2013年10月，画册出版。全书大8开，348页，收录图片500幅左右、文字数万字，图文并茂，共分为三篇，第一篇为《历史长歌 蜀道变迁》，下设《蜀人坚韧 拓路架桥》《承前启后 改善交通》两章；第二篇为《高屋建瓴 前瞻布局》，下设《世纪新篇 宏伟蓝图》《着眼长远 科学规划》两章；第三篇为《开拓奋进 攻坚克难》，下设《交通建设 超常发展》《化危为机 创造奇迹》两章。画册框架设计、收录内容、表现手法、装帧效果等受到出版界专家、社会读者和交通运输系统领导、员工的一致好评。

五部全国第二轮修志试点志书同步推进 省交通运输厅是中国地方志指导小组办公室确定的全国第二轮修志试点单位。按照“总结经验、开拓创新、探索规律、树立典型”的工作要求，并达到“出书、出人、出经验、出理论研究成果”的工作目的，省交通运输厅采取将修志试点工作纳入各有关单位年度工作目标任务进行考核，加强制度建设（建立健全分工责任制、建立健全编纂工作制、建立健全书刊质量保障制等），围绕重点、热点进行专题调研，开展基础理论和应用理论研究等一系列措施，修志试点工作取得新进展。2013年，《四川交通志》完成总纂稿初评并根据评审意见对第三篇进行改写；《四川交通志·公路志》《四川交通志·内河航运志》完成初纂并开展本系统不同范围和层级的审核；《四川交通志·公路运输志》和《四川交通志·稽查征费志》完成总纂并根据中国地方志指导小组、四川省地方志编纂委员会和交通运输系统有关领导和专家、学者提出的评审意见进行修改完善。

（本栏目撰稿人：益　人）

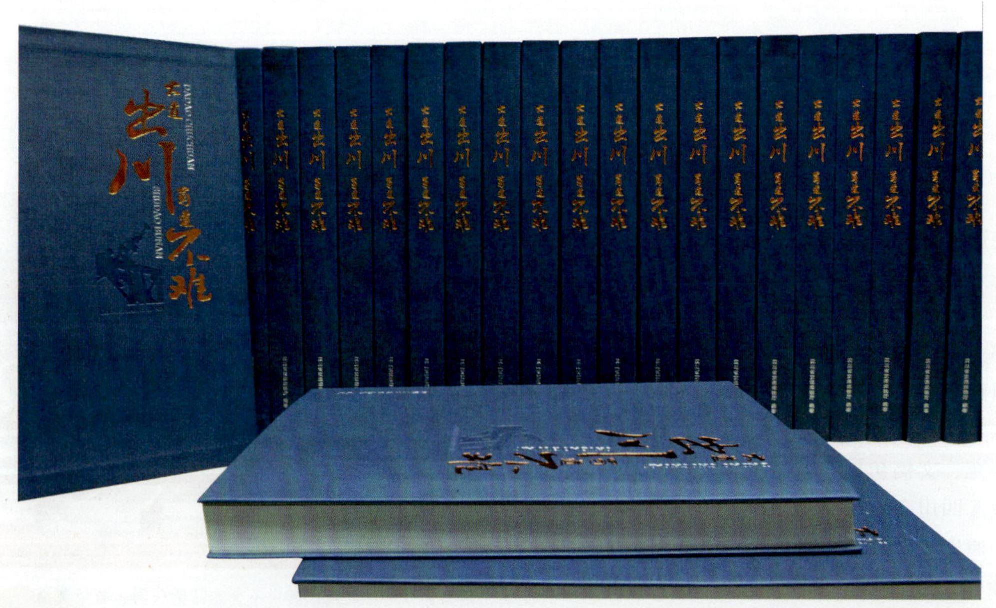

《大道出川 蜀道不难》大型画册　　厅史志总编室 供稿

市州交通

SHIZHOU JIAOTONG

2014

四川交通年鉴

成都市交通

CHENGDU SHI JIAOTONG

2013年成都市交通运输能力概况

公 路			
通车里程	总里程（公里）		22 514.317
	其中	高速公路	592.37
		一级公路	1 322.21
		二级公路	2 011.86
		三级公路	2 281.58
		四级公路	14 451.59
		等外公路	1 854.71
公路密度	按国土面积计算：每百平方公里185.7公里		
	按人口计算：每万人19.2 公里		
通达程度	通公路的乡镇 263个，占乡镇 100 %		
	通公路的村2 849个，占村 100%		
客运站	总 数（个）		87
	其中	一级站	11
		二级站	17
		三级站	21
		四级及以下站	38
营运车辆	总数（辆）		145 325
	其中	客车14 178 辆 380 699 座	
		货车131 147 辆 647 423.36 吨	
公路运量	客运	运 量（万人次）	94 188
		周转量（万人公里）	3 251 150
	货运	运 量（万吨）	42 537.3
		周转量（万吨公里）	2 602 585
内 河			
通航里程	总里程（公里）		176.85
	其中	三级航道	
		四级航道	
		五级航道	
		六级航道	
		七级航道	100.86（其余为等外级）
港口（码头）	总 数58个（其中，码头40个，渡口18个）		
	吞吐量	旅客吞吐量（万人次）	
		货物吞吐量（万吨）	
水路运量	客运	运量（万人次）	45.12
		周转量（万人公里）	308.74
	货运	运量（万吨）	
		周转量（万吨公里）	
营运船舶	总 数（艘）		185
	其中	客船 185 艘 3 235 座	
		货船 艘 吨	

交通基础设施建设 2013年是成都市实施“交通先行”战略的攻坚之年，成都市交委全力推动交通枢纽建设，完成交通固定资产投资228亿元。

航空枢纽方面，成都新机场项目有序推进。全市开通国内通航城市105个、国际及地区通航城市62个，开行国内航线151条、国际及地区航线71条，双流机场旅客吞吐量达3 300万人次、货邮吞吐量达52万吨，航空运输量位居国内城市第四位、西部城市第一位。

铁路枢纽方面，完成铁路建设项目投资61亿元。成灌铁路彭州支线年底完成初步验收并进行运行前的调试，该项目在成都境内设车站6个，其中郫县3个、彭州市3个，均满足开通运营需要。成绵乐城际铁路、成都铁路动车检修段、成都基础设施维修基地、成都和谐型大功率机车检修段4个项目建设加快推进。成蒲铁路于9月施工。成都火车北站扩能改造工程东端引入线于12月上旬施工。以成都为节点的进出川6个铁路大通道中，成渝客专、西成客专全面加快工程进度。成兰铁路已全面开工。成昆铁路成都至峨眉段扩能改造工程于11月中旬施工。川藏铁路朝阳湖至雅安段、成贵铁路加快推进前期报批工作。成都市已有衔接宝成、成渝、达成、成昆4条国家干线铁路，铁路运营总里程达569公里，形成以成都站、成都东客站为主，成都南站为辅的“两主一辅”的铁路客运场站体系和以成都集装箱中心站、新兴货场、普兴货场和成都北编组站为主的铁路货运场站体系。

高速公路方面，成（都）安（岳）渝（重庆）高速公路，成都第二绕高速公路东段、西段全年完成投资64亿元，累计完成投资194亿元，占计划投资总额74%；拟开工项目中，成都经济区环线高速公路蒲江至都江堰段完成工程可行性研究报告审查，加快推进项目用地预审、规划选址意见书、社会稳定评价等专题审查；新机场高速公路完成工程可行性审查；大邑至西岭雪山高速公路完成工程预可行性报告审查。成都市高速公路总里程达595公里，形成“一环十射”的高速公路网络，市域内全面实现“县县通高速”目标，与周边市（州）均有高速公路直接相连。

快速路方面，完成投资44.9亿元，大件路外绕线、五洛路、新邛路、成温邛快速路加快推进。

地方路网方面，完成投资22亿元，新建成仁快速路、青南大道、成新蒲快速通道大邑连接线等项目，改建国道213线双流中和镇至华阳镇、龙泉驿区成环路同洛段、大邑县晋新路等项目。

2013年底建成的成都至都江堰铁路彭州支线。图为摄于2014年1月23日的彭州站　成都市交委 供稿

农村公路方面，实施农村公路联网加密和提档升级工程，投资9.6亿元，完成新（改）建村组道路2 000公里；投资0.44亿元，完成175公里公路安保工程。

成都新机场选址　2013年2月，中国民用航空局出具成都新机场场址的预审意见。在按预审意见要求对场址进行优化后，于2013年5月修改完善《成都新机场选址报告》。5月29日，中国民用航空局委托中国国际工程咨询公司组织召开成都新机场选址报告评审会。6月20日，中国民用航空局印发《关于成都新机场场址的批复》，同意将简阳芦葭优化场址作为成都新机场的推荐场址。该场址位于成都市东南方向的简阳市境内，距市中心直线距离51.5公里，距龙泉山脉直线距离13.5公里，场址气象、净空及空域、地形地貌、工程及水文地质、交通及公用设施、土地利用、电磁环境等条件均满足或可通过采取迁改、建设等措施后满足民用航空机场选址条件。成都市按照“十二五”期内全面开工、2017年底完成建设、2018年投入运行的目标，加快推进前期工作。

成都新机场高速公路规划　成都新机场高速公路推荐方案主线起于成都绕城高速公路，穿越龙泉山，跨第二绕城高速、成都经济区环线高速公路、成渝高速公路，接入遂资眉高速公路。设置天府新区连接线和成都中心城区连接线，全长约97公里。2013年5月和7月，省交通运输厅和省发展改革委分别组织专家对成都新机场高速公路工程预可行性研究报告进行审查。7月，成都市城乡规划委员会第四次主任会议审议成都市新机场高速公路建设方案，原则同意成都新机场与成都市区道路交通联系方案及新机场高速公路选线方案。12月，省交通运输厅组织专家对成都新机场高速公路工程可行性研究报告组织审查。

成都经济区环线高速公路　成都经济区环线高速公路是支撑成都经济区发展的重要基础设施项目，全长约440公里，按双向六车道高速公路标准规划设计，分东南西北4段建设。项目全线已完成工程可行性研究报告审查。其中，南段于2013年12月立项并开工建设，东段、西段开展BOT招商准备工作，北段拟纳入国家高速公路网项目建设实施。

大件路外绕线　大件路外绕线是成都实施“交通先行”战略先期启动实施的重大交通建设项目之一，也是省交通运输厅重点推动的干线公路联网畅通工程项目。项目起点接新都境内国道108线，沿川陕复线与成青金快速路平交后经青白江祥福镇、龙王镇、洪福镇，龙泉义和镇、黄土镇、经开区，双流兴隆镇、永安镇，新津普兴镇、金华镇，在新津与眉山交界处接省道103线（大件路），沿省道103线先后经过邓双镇、永双镇、五津镇，最后在新津县城接国道108线，路线大致呈北南走向，全长120公里，按一级公路标准建设（兼顾城市道路功能），路基宽23米，沥青混凝土路面。该项目兼顾国道108线成都过境线及大件公路运输功能，于2012年纳入首批启动项目，估算总投资95.6亿元。截至2013年底，建成43公里，完成投资31亿元，预计2014年底全线形成通车能力。

五洛路　项目起于金堂县五凤镇鸣阳大桥北侧桥头，在史家沟下穿成都第二绕城高速公路，经金堂与龙泉驿交界处的罗家湾花庙子，于大兰跨无粮湾，在大湾村三组李家湾进入将军顶隧道（全长2 009米），在石板沟出隧道后，过钟家老房子，经洛带古镇隧道（全长2 915米）止于成洛大道终点处，全长19.21公里，其中金堂段8.15公里，龙泉驿段11.06公里，总投资16.53亿元。拟按双向四车道一级公路技术标准建设，设计时速60公里，路基宽23米，沥青混凝土路面，2012年5月开工，计划2015年完工。该快速通道可以将成南、成渝、成德南、成安渝、成都第二绕城等5条高速公路有机串联，形成四通八达的交通网络布局，实现对外全方位连接、对内无障碍沟通的交通新格局。

新邛路改扩建　项目起于新津县城新邛路与迎宾大道交叉口处（金三角），途经新平镇、安西镇，与成新蒲快速路交叉，沿国道108线至高埂，高埂至固驿新建绕场线，出固驿沿国道108线至前进接司马大道段，沿司马大道接至国道318线，全长33.47公里，总投资17.83亿元。其中新津段7.62公里，邛崃段25.85公里。按双向六车道一级公路（兼顾城市道路功能）技术标准建设，设计时速80公里，路基宽30米，沥青混凝土路面。项目开工于2012年12月，新津段于2013年12月完工，邛崃段计划2014年完工。

成温邛快速路 项目起于成都市武侯区江安河附近，沿成大路方向，经武侯区、双流县、温江区的海旺路、陇河村、锦绣大道接崇州市王渡村附近，向西过崇州市江源镇北面、羊马镇南侧，跨青羊河，下穿成都第二绕城高速，后经集贤乡南、杞泉镇北，接崇州和大邑交界的白庙子，进大邑县沿既有安仁连接线向西，跨越千功渠、斜江河后，在元兴乡上跨安出路，后经奔江社区、福寿桥接邛崃，止于邛崃市前进镇新邛路凤凰村附近。全长52.58公里，总投资40.65亿元，按双向六车道一级公路技术标准（兼顾城市道路功能）建设，设计时速80公里，路基宽30米，沥青混凝土路面。项目于2013年12月开工，计划2015年完工。该项目是继成温邛高速公路后又一条连接成都、温江、邛崃三地重点场镇的快速道路。

西成客专动车运用所开工 2013年，成都市新建双线客运专线，速度目标值每小时250公里（预留每小时350公里）。线路自陕西省西安市，经汉中市，四川省广元市至江油市与成绵乐客专相接，线路全长510公里，其中陕西境内线路长344公里，四川省境内线路长167公里。该项目在成都市境内仅涉及成都动车运用所扩建工程，正线工程于2013年开工建设，预计2017年建成。

杨传堂调研成都交通 2013年6月2日上午，交通运输部部长杨传堂一行在四川省副省长王宁、成都市市长葛红林、省政府副秘书长范波、省交通运输厅厅长彭琳、成都铁路局局长武勇等陪同下，调研成都东客站综合交通枢纽运营情况和成都二环路快速公交（BRT）试运行情况。杨传堂对成都交通运输建设的成就表示高度赞赏，希望继续推进综合交通运输体系建设，努力提升服务水平，为人民群众提供更加便捷的出行环境。

2013年6月2日，交通运输部部长杨传堂（左一）一行视察成都二环路快速公交 成都市交委 供稿

王怀臣调研廉政建设 2013年12月12日，中共四川省委常委、省纪委书记王怀臣率队到成都市交委调研党风廉政建设情况。中共成都市委副书记、市纪委书记邓修明，市纪委副书记、监察局长景民，市纪委副书记马琳等陪同调研。王怀臣对成都市及成都市交委岗位廉政风险防控信息化平台建设工作给予充分肯定，认为成都市岗位廉政风险防控信息化平台建设走在全省前列，希望不断总结经验、完善措施，为全省提供样板。

2013年12月12日，中共四川省委常委、省纪委书记王怀臣（右中）一行在成都市交委调研党风廉政建设 成都市交委 供稿

葛红林调研高新西区和郫县公交 2013年6月3日，中共成都市委副书记、市长葛红林专程到高新西区和郫县调研公交。在听取成都市公交集团负责人汇报后，葛红林要求市公交集团要强化需求对接，按照企业发展和群众出行的需求开行公交并不断优化线路，加快形成更加完善的区域公交网络；要强化高峰加密，重点针对区域客流特点，在早晚高峰时段加大发班密度，探讨开行潮汐式高峰快线；要强化接驳换乘，使区域内公交与地铁、快铁、快速公交、公交枢纽场站之间的转换更加便捷；要强化用地保障，加快区域公交场站建设，进一步创新举措，努力营造更加便捷舒适的公共交通出行环境。

彭琳检查客运安全 2013年 6月13日，省交通运输厅厅长彭琳、副厅长黄英权、安全总监胡大昌，厅运管局局长邱小发等一行，在市交委主任胡庆汉陪同下，到成都石羊客运站检查客运安全工作。彭琳对车站的安全工作管理规范、措施到位、工作扎实给予充分肯定，高度评价车站针对异型场地设置的用以监控车辆超速、行人穿行等情况的安全岗亭新举措。同时，对车站安全作三点要求，希望时刻树立“安全第一”的思想意识，持之以恒，为四川道路运输安全工作树立典范。

运输概况 2013年，成都市中心城区地铁、常规公交分担率分别为5%、28%。全市公路营业性载客汽车拥有量10 571辆，公路营业性载货汽车拥有量131 147辆。全市公路营业性汽车运输自年初累计完成客运量94 188万人次，比上年增长3.53%；公路营业性旅客周转量完成3 251 150万人公里，比上年增长4.23%；公路营业性汽车运输自年初累计完成货运量42 537.3万吨，完成货物周转量2 602 585万吨公里，比上年分别增长9.7%和9.93%。营业性水路运输自年初累计完成客运量45.12万人次，营业性水路旅客周转量完成308.74万人公里。

智能交通管控系统建设 2013年，成都市智能交通建设以“两快两射”智能交通管控系统和智能交通顶层平台建设为重点。“两快两射”智能交通管控系统外场设施、设备全部安装到位，项目投资3.7亿元，共建设598套综合检测子系统，105套块诱导屏，316套交通事件检测子系统，499套交通视频监控子系统，95套匝道控制子系统，32套车道指示和42套雷达测速和区间测速，以及相应的通信子系统、供电子系统、后台管理平台硬件设备扩容、安装调试与部署，应用软件的升级、系统集成。智能交通顶层平台总体框架设计、初步方案设计和详细设计已完成，项目投资0.58亿元，已启动建设。

地铁运营 2013年6月8日，地铁2号线西延线开通试运营。至年底，地铁1、2号线运营里程累计达48.3公里，日均载客70万人次，较上年增加5万人次，出行分担率达到5%。年内，成都市地铁1号线南延线、2号线东延线、3号线、4号线、7号线已全面启动开工。

快速公交管控系统建设 二环路快速公交于2013年5月31日运营，配备车长为18米的大容量、双开门（左侧设门2道、右侧设门3道）的低地板压缩天然气高档车，尾气排放采用国五标准，核定载客量157人。全线配车144台，其中内、外环线各72台。每日运行时间为6:00—23:00，高峰时段1.5分钟一班，平峰时段4—6分钟一班，低峰时段6—8分钟一班，最高运行时速45公里，平均运营速度每小时27公里，比普通公交的运营速度快一倍。二环路快速公交全线共28对站台，包括22对标准站台、6对特色站台，站点平均间距约1公里。快速公交与其他交通方式换乘便捷，日均客运量约22万人次，相当于5条常规公交骨干线路的客流总和。

公交场站综合体项目建设 2013年，移交公交场站建设用地6宗，面积10.9公顷。完成杉板桥等7个总计6.72公顷的临时公交场站的建设。郫县德源公交场站综合体建成并投入使用，完成牛王庙公交场站改造；开工建设万家湾、迎晖、金沙3个公交综合体，有序推进海桐、大面等9个公交场站综合体项目的前期工作。

公交惠民举措 为配合二环高架施工，2012年实施的44条公交线路免费惠民举措于2013年6月30日到期后，成都市相继推出公交惠民措施，让更多市民公平享有经济优质的公交出行服务。起讫点均在中心城区范围内并开通公交卡次数消费功能的公交线路，于每日05:00—07:00时段实行刷公交卡免费乘车，以鼓励和吸引市民提前错峰出行。对中心城区新开公交线路实行2个月的刷卡免费乘车，以进一步吸引市民选择公交出行。

社区免费巴士开通。自2013年7月起，成都市在中心城区投入350辆社区巴士，全部实行刷卡不扣费的消费方式，累计开通运行免费社区巴士60条，连接社区生活居住区、学校、商业区、公共活动中心，提供一端到门的便捷式公交服务，解决市民“最后一公里”出行难情形，改善50多个社区及中小街道公交出行水平，提高公交系统吸引力。

公交服务质量提升。完善公交需求信息服务网站，落实专人负责收集、整理市民提出的公交需求；建立以城区交通主管部门为主体与社区互动、每月主动收集市民公交需求的制度，逐步使公交服务“问需于民”常态化。向社会公开征集60名以公交为主要出行方式的专业人士，建立专业人士数据库，定期随机抽取部分市民代表参与中心城区公交线路新增和调整的审定，使公交线路布局贴近民意。2013年6月起分期分批对中心城区133条公交线路的发车频率进行调整，缩短发车间隔。中心城区实现建成区公交站点500米全覆盖、高峰乘车拥挤度控制在每平方米7人以下。

城乡公交一体化。成都市交委积极推进公交融合发展工作，多次牵头召开二圈层公交融合专题会，对郫县、双流、龙泉驿、新都、温江和天府新区成都直管区的公交融合工作进行分类指导，加快推进。郫县于2013年2月初完成区内公交市场整合工作，与成都市公交集团合资组建国有公交企业统一负责郫县的公交运营服务。实施普通车1元、高档车2元的通票制，以及电子钱包9折的优惠。积极加密线网、新增运力、建设场站、延长运营服务时间、公交整体服务水平显著提高。2013年底，龙泉驿进入中心城区公交线路的11条公交线路已完成收购，并实现通票制。

客运出租汽车运营管理 2013年，成都市全面推进出租汽车企业整合工作，中心城区出租汽车企业整合工作取得实质性进展，经营企业数由2013年年初的103家整合至年末时的53家，新增760个出租汽车经营权，中心城区出租汽车总量达14 988辆；加强服务质量信誉考核，全面完成中心城区出租汽车企业和驾驶员2012年度服务质量信誉考核，经省交通运输厅道路运输管理局核定，中心城区7家企业服务质量信誉考核等级为AAA级；开展和谐劳动关系创建活动，引导一定规模企业开展和谐劳动关系创建活动并取得阶段性成效。成都市蓉城出租汽车有限公司被评为全国出租汽车行业和谐劳动关系创建活动先进集体。12家企业开展工资集体协商相关工作；拓展多元化服务方式，完善出租汽车电召服务管理，除90辆高档专项电召车之外，2 000余辆普通出租汽车加入电召服务。组建成都市首支30辆高档车礼宾车队，配备高素质驾驶员，提供高端外事服务。

机动车停车场管理 2013年，成都市中心城区完成公共停车场项目建设78个，新增公共停车泊位35 431个。其中，专业停车场12个，泊位4 481个；P+R换乘停车场1个，泊位2 000个；社会配建停车场65个，泊位27 000个。至年底，中心城区有备案停车场3 013家，泊位数72.63万个。其中，泊位数超过500个的特大型停车场391家，占总数量的13%；泊位数在500～300个的大型停车场331家，占总数量的11%；泊位数在300～50个的中型停车场1 386家，占总数量的46%；泊位数小于50个的小型停车场905家，占总数量的30%。

标准化的停车场 成都市交委 供稿

机动车驾校管理 至2013年，成都市共有驾驶培训机构69所。其中：教练车500辆规模以上的驾校4所、400～500辆规模以上的驾校2所、300～400辆规模以上的驾校5所、200～300辆规模以上的驾校8所；1级驾校22所、2级驾校27所、3级驾校20所，教练车11 245辆（大客、公交97辆，牵引车4辆，中客1辆，大货56辆，轿车11 087辆），教练员14 130人（其中理论教练员1 053人，操作教练员13 077人），经核准的训练场208个、占地面积584.47公顷，年培训能力80万人。

客运站和货运站管理 2013年，成都市交委积极推进全市汽车客运站提升改造和中心城区汽车客运站布局优化调整工作，完成金沙车站和茶店子车站的整合工作，启动机场客运站、十陵客运站、茶店子客运站、石羊客运站的提升改造工作，计划于2014年内完工。同时，县级客运枢纽新都客运枢纽站完成主体工程建设，青白江客运枢纽站完成方案设计，于2014年正式开工建设。加强货运站场建设和运营组织，龙泉长虹民生物流货物集散中心投资6 666万元于2013年底建成；大西南生旌青白江物流中心完成投资6 637万元，将于2014年底建成；成都传化物流基地2013年完成投资3 278万元。

公共自行车服务系统建设 2013年，成都市继续推进公共自行车服务系统建设。除高新区试点建设外，锦江区在三圣乡景区内建成公共自行车服务系统站点25个，投放自行车500辆；金牛区建成站点137个，投放自行车约2 600辆；崇州市建成站点162个，投入自行车3 200辆；都江堰市建成站点127个，投放自行车3 000辆；郫县建成站点7个，投放自行车400辆；温江区建成站点25个，投放自行车460辆；新建县建成站点40个，投放自行车800辆。锦江区、金牛区、崇州、都江堰、郫县、温江和新津均采用免费使用的诚信卡管理制度。

公共自行车服务系统建设由成都市交委牵头在高新区试点推进，成都市公交集团作为项目投资、建设、营运管理主体，2011年1月1日正式启用。设置站点72个，车位1 500个，投放自行车1 200余辆，站点分布区域为高新南区地铁1号线站点附近及公交线网密度相对不足的区域，采取1小时内免费使用的优惠政策，以鼓励广大市民选择公共自行车出行。

水路运输 2013年，成都市加强航道维护，投入125万元对岷江12公里、沱江16公里、鹿溪河2.6公里和斜江河3公里航道进行航槽维护、航道清淤、航标维护等工作。投入171万元，对在“7·9”特大暴雨洪灾中，金堂、都江堰、双流、都江堰等地的11个受损较为严重的码头进行维护。全市水运企业和个体工商户共22家（其中水运企业为15家、个体工商户为7家）、营运船舶185艘、1 594万吨，3 235客座，从业船员444名。全年完成客运量45.11万人次，旅客周转量308.74万人公里。圆满完成元旦、春节、五一、《财富》全球论坛、世界华商大会、十一“黄金周”等重要时段和重要活动的水路运输组织，全年水路运输秩序井然，无重大事故发生，无人员伤亡。

交通安全管理 2013年，成都市交委不断完善监管机制，扎实开展安全生产大检查，整治行业安全隐患，全市交通安全生产形势基本稳定。水上交通事故、火灾事故、公路建设及养护事故、汽车维修事故、道路危化品运输事故为零；全市交通运输行业发生交通行车事故91起，死亡107人，受伤172人。与上年相比，事故次数、死亡人数、受伤人数分别上升7%、27.3%、135.6%，群死群伤的较大事故较多。

交通运输执法监察 2013年，成都市交通运输行政执法总队开展出租客运、公交客运、班线（旅游）客运、货运等执法检查及公路巡查16 100次，查处非法营运案1 157件（其中仿冒出租车案179件、异地出租车违法经营案116件）、客运出租汽车违规案5 700余件、公交车违规案130余件、班线客车和旅游车违规案350余件、货运车辆违规案140余件、驾驶培训违规案30余件、违法物流货运商户5家（查获非法出版物及光碟27万张）、损坏公路及其设施案630余件、清排路障2 000余处，拆除非法户外广告牌1 423个，顺利完成春运等节假日期间以及《财富》全球论坛、世界华商大会等重大交通运输执法保障任务工作。

“成都交通运输”政务微博获奖 2013年12月10日，成都市交委政务微博“成都交通运输”在2013成都微政务（腾讯）颁奖典礼上获“最佳新锐奖”；12月27日，在新浪四川政务微博年会上获2013微政道“成都地区最受网友关注政务微博奖”。成都市交委于2013年3月21日和22日分别在新浪、腾讯正式开通“成都交通运输”政务微博。截至年底，新浪微博粉丝达4.3万，腾讯微博粉丝达2.94万，发布信息1 800余条，处理投诉、咨询、意见、建议3 000多件次，在传递交通最新资讯、倾听群众声音、解决群众需求、处置群众事件等方面取得良好效果。

（本栏目供稿单位：成都市交委）

组图：成都龙泉村道　　厅史志总编室 供稿

自贡市交通

ZIGONG SHI JIAOTONG

2013年自贡市交通运输能力概况

公路			
通车里程	总里程（公里）		6 392.829
	其中	高速公路	184.65
		一级公路	102.161
		二级公路	189.279
		三级公路	311.42
		四外公路	4 222.232
		等外公路	1 383.087
通达程度	通公路的乡镇96个，占乡镇100％		
	通公路的村1 135个，占村100％		
客运站	总数（个）		148
	其中	一级站	1
		二级站	5
		三级站	
		四级及以下站	142
营运车辆	总数（辆）		18 524
	客车2 952辆47 547座		
	货车15 572辆73 206吨		
公路运量	客运	运量（万人次）	10 381.388
		周转量（万人公里）	262 155.649
	货运	运量（万吨）	5 074.685
		周转量(万吨公里)	566 291.989
内河			
通航里程	总里程（公里）		560.45
	其中	三级航道	
		四级航道	
		五级航道	125
		六级航道	47.00
		七级航道	76.44
港口（码头）	总数（个）		66
	吞吐量	旅客吞吐量（万人次）	81.78
		货物吞吐量（万吨）	242
营运船舶	总数（艘）		419
	客船97艘3 825座		
	货船322艘29 957吨		
水路运量	客运	运量（万人次）81.78	
		周转量（万人公里）665	
	货运	运量（万吨）242	
		周转量（万吨公里）4 213	

交通基础设施建设 2013年，自贡市交通固定资产投资突破50亿元，达到53.51亿元，比上年增长9.5%，占全市固定资产投资总额的10.1%。交通建设力度进一步增强。高速公路建设实现新突破。成自泸赤高速公路自贡至泸州段、乐自高速公路全线建成通车，“川南1小时”通达目标全面实现，全市高速公路通车里程达184公里，全市骨架路网基本形成；自隆、内威荣高速公路建设加快推进，自隆高速公路完成投资12.1亿元，内威荣高速公路完成投资5.07亿元。干线公路建设稳步推进。省道305线富顺绕城线A段竣工通车，三八路和马舒路路面中修工程、北环路路面改造工程全面完成，省道207线赵家坪至石道改建工程二标段、北环路大安皮革城至家居城段路面拓宽改造工程完工。成自泸赤高速公路大安连接线、乐自高速自流井连接线舒平互通开工建设。沙坪收费站迁建工程完工，王井收费站于12月30日正式启动收费。“民生工程”大幅超额完成目标任务。2013年，全市完成农村公路建设514.6公里，其中：通乡公路155.5公里，分别为省、市目标任务的259.17%和155.5%；通村公路359.1公里，分别为省、市目标任务的276.23%和179.55%。实施公路安保工程183.17公里，分别占省、市目标任务的915.85%和366.34%。客货运站点和水运设施建设大力推进。自贡大山铺客运枢纽站、大山铺公交枢纽站建成投入使用，舒坪汽车货运站、川南公路物流港主体完工，荣州现代物流园区建设推进顺利；积极争取自贡汽车客运总站等8个汽车客运站提升改造项目列入《四川省2013—2015年汽车客运站提升改造工程实施方案》。建成公益性渡口码头8个、候船设施10个，完成渡改人行桥建设16座。

重点项目前期工作加快推进。乐自泸铁路已签订项目建设合作框架协议，预可报告送审稿基本形成；自贡至泸州大件公路工程可行性研究报告送审稿基本形成；沱江航电综合开发项目工程、自贡至内江快速通道项目工程可行性研究报告送审稿基本完成。

新增普通国道 2013年，自贡市新增普通国道2条159公里。按照《国家公路网规划（2013—2030年）》，原省道305线、省道207线和县道079线升级为国道，省道207线和县道079线纳入国道247线（景泰—昭通）、省道305线纳入国道348线(武汉—大理)，升级完成后，结束自贡市无普通国道的历史，在自贡境内形成“一纵一横”的普通国道格局。

公路养护管理 2013年，自贡市实施公路绿化工程，全年共实施公路绿化工程207.057公里。以省道305线富荣段为重点，实行全天候路面保洁，全天候巡视检查考核，有效巩固了干线示范公路创建工作成果。提高公路养护效率和养护质量，加大公路安全隐患排查力度，强化桥梁安全管理，做到干线公路路况良好，设施齐全，通行顺畅，国省干线公路路面性能指数（PQI）为85.6。开展农村公路管理养护年活动，落实农村公路管理养护责任，创建农村公路管理养护文明路132.56公里，农村公路路面性能指数（PQI）为79.1。

运输管理 2013年，自贡市新增客运班线14条、公交线路3条，优化调整公交线路9条，全市客运班线、公交线分别发展到391条和138条。乡镇和建制村客车通达率分别为100%和80.9%；城市公交车日发班次近6 000班，日均运送乘客50余万人次，公交分担率约25%。全市道路客、货运量分别比上年增长6.62%和5.05%，水路客、货运量与上年同期基本持平。圆满完成春运、十一“黄金周”等关键时段重点物资和旅客运输任务以及“4·20”芦山地震抗震救灾运输任务。

促进城乡交通一体化发展，落实城乡道路客运成品油价格补助政策。开展城市公交服务精品线创建示范行动，打造大车快运精品线、女子精品线、城乡一体化精品线、朱红精品线，其经验被厅运管局在全省推广。开展出租车优质服务竞赛活动，为55辆“优质服务示范车”进行授牌，组建由25辆出租车、8个出租汽车公司参与的爱心车队。开展“自·泸翔宇之旅”高速公路客运优质服务精品线创建行动，在二级以上汽车客运站全面开展“小红帽”便民服务行动。开展机动车维修行业“阳光维修”专项行动，解决汽车维修行业信息不透明、虚列项目、使用伪劣配件等突出问题。开展机动车驾驶培训行业经营行为专项整治和驾驶员教练员职业道德教育，全年培训机动车驾驶员约4.5万人，培训道路运输客货运从业人员3 000余人。开展道路运输市场打击非法经营和违章经营互动稽查行动，查处违法违章营运车1 391辆、违法违章经营企业31户。抽调执法人员成立出租汽车打非治违办公室，全面整治和纠正各类违法违章行为，查处各类违法违规行为2 551件。

交通行政执法 2013年，自贡市开展交通运输行政执法规范年活动，推进交通行政执法标志标识、执法证件、执法工作服装和执法场所外观“四统一”形象建设和基层执法站所标准化建设。修订完善执法监督、备案审查和道路运输、公路路政、水上交通行政执法47项制度。加强执法人员素质教育培训，实施道德素质、业务素质、文化素质提升工程，举行首届自贡市交通运输执法人员业务技能比赛。强化执法考评、执法培训、执法攻坚，规范执法文书的制作，推行运输行政执法工作日志制度和绩效考核制度。

路政管理 2013年，自贡市强化涉路施工工程监管，依法查处侵损公路路产路权的违法行为。进一步巩固治超成效，优化治超工作方式，坚持以省道305线国家I类超限检测站为主阵地，加强流动稽查和突出卸载纠违。全年出动路政执法人员24 600余人次，检测货车305万余辆，查出超限车14.6万辆，卸载3万余辆14万余吨，货运车辆超限率为4.8%（省控指标5%）。高速公路货车超限超载整治力度空前，严重超限运输行为得到明显遏制。

收费公路管理 2013年，自贡市交通运输认真执行鲜活农产品运输“绿色通道”政策，有序推进收费公路专项清理和取消政府还贷二级公路收费工作，全市7个收费点共166公里政府还贷二级公路于2013年1月1日零时取消收费，同步取消荣竹路通行费，每年约2 700万元惠及民生。

交通建设管理 2013年，自贡市加强招投标管理，全年未发生工程招标违纪违法事件。加强工程造价管理，强化重点项目的造价监督检查。完善全市交通建设工程质量管理工作体系和责任体系，开展交通建设项目质量年活动、高速公路建设项目创建“优质工程”活动和高速公路施工标准化活动，对全市交通在建项目实现100%全覆盖监督检查，交通建设工程质量处于受控状态，同时涌现一批以乐自高速公路和省道305线富顺绕城线等为代表的优质工程项目。

安全监督管理 2013年，自贡市交通运输局修订完善15个安全监督管理制度，对安全监督管理责任体系、管理制度、检查制度、责任追究制度、应急管理制度等进行明确和细化。狠抓以“汛期”“安全生产月”“隐患排查治理”“打非治违”等专项行动为载体的安全生产大检查，按照“全覆盖、零容忍、严执法、重实效”的总要求，深入车站、码头、运输企业等生产一线进行明察暗访，对区县局及直属行业管理单位检查覆盖率达100%，区县局及直属行业管理单位对企业检查覆盖效率达100%。认真开展船舶检验，严格执行船检规范、规程，完成法定检验592艘。全年道路运输发生行车事故10起，死亡11人，未发生源头管理责任事故，未发生较大以上安全事故；水上交通安全平稳，无一起事故；公路建设及养护未发生死亡事故。

乐自高速公路建成通车 2013年12月30日，乐山至自贡高速公路建成通车。乐自高速公路是四川省高速公路网汉源至自贡高速公路的重要路段，起于乐山市安谷镇，与乐宜高速相接，止于自贡市永安镇，与内宜高速相连，路线全长113.2公里，项目概算总投资69.8亿元（其中自贡段全长68.4公里，概算总投资42.2亿元）。工程设计为双向四车道，路基宽度24.5米，设计时速80公里。

乐自高速公路长山隧道　　自贡市交通运输局 供稿

乐自泸铁路建设签订合作框架协议 2013年1月18日上午，乐自泸铁路建设合作框架协议签字仪式在省铁投集团总部举行。省发展改革委、省铁建办、成都铁路局、中铁二院、省铁投集团领导及自贡、乐山、泸州三市政府主要领导、分管副市长出席仪式。乐自泸铁路功能定位为川西、攀西、康藏经济区与川南、重庆及以东地区经隆黄铁路南向出川的重要通道，是客货兼顾地区性铁路干线，国家Ⅰ级铁路，单线，设计时速160公里，全长217.5公里，其中自贡境内124.7公里、乐山63.5公里、泸州29.3公里，设车站18个。估算总投资105亿元，其中自贡段投资约60亿元，年货运能力1 300万吨。

（本栏目撰稿人：肖　茂　晏　政）

攀枝花市交通

PANZHIHUA SHI JIAOTONG

2013年攀枝花市交通运输能力概况

公路			
通车里程	总里程（公里）		4 662.246
	其中	高速公路	144.72
		一级公路	38.869
		二级公路	281.886
		三级公路	168.736
		四级公路	2 468.84
		等外公路	1 559.195
公路密度	按国土面积计算：每百平方公里61.875公里		
	按人口计算：每万人48.153公里		
通达程度	通公路的乡镇44个，占乡镇100%		
	通公路的村352个，占村100%		
养护里程	4 517.526（公里）		
	其中	国省干线	447.4
		农村公路	4 070.126
客运站	总数（个）		91
	其中	一级站	1
		二级站	
		三级站	2
		四级及以下站	88
营运汽车	总数（辆）	客车1 067辆18 930座	
		货车21 153辆128 366吨	
公路运量	客运	运量（万人次）	5 256
		周转量（万人公里）	162 978
	货运	运量（万吨）	12 513
		周转量（万吨公里）	603 741
内河航运			
通航里程	总里程（公里）		368.4
	其中	三级航道	
		四级航道	
		五级航道	222.4
		六级航道	30.5
		七级航道（等外）	
港口（码头）	数量（个）		46
	吞吐量	旅客吞吐量（万人次）	31.4
		货物吞吐量（万吨）	15.6
营运船舶	总数96艘	客船89艘879座	
		货船4艘940吨	
水路运量	客运	运量（万人次）	31.2
		周转量（万人公里）	780
	货运	运量（万人次）	15.6
		周转量（万人公里）	936

备注：运营汽车中的客车数不含出租车（1 477辆）和公交车（690辆）

交通基础设施建设 2013年，攀枝花市高速公路项目按计划推进。12月31日24时，丽攀高速公路攀枝花城区段（庄上互通立交匝道收费站至金江枢纽立交段）正式通车试运行，丽攀高速公路攀枝花川滇交界段10.7公里剩余工程正按要求迅速推进，累计完成投资52.9145亿元，占概算总投资（53.99亿元）的98.0%。攀枝花至大理（过境）高速公路项目纳入省政府印发的《四川省高速公路建设推进工作方案（2013—2017年）》，并于2013年11月招商成功，由四川省铁路产业投资集团有限责任公司具体承建，项目前期工作正加快推进。攀枝花至盐源高速公路前期工作顺利完成目标任务，编制完成方案研究报告送审稿。

2013年，是攀枝花市国省干线公路改扩建“三年攻坚”活动第二年，国省干线公路改扩建“三年攻坚”活动取得阶段性成果。累计完成投资3.79亿元。完成新密地大桥、荷花池大桥、巴关河大桥、倮果大桥、纳拉河大桥等危病桥维修加固；改建国道108线拉鲊至干海子、省道310线倮果至渡口桥、省道310线红格至雅江桥、省道310线格福路前段（格里坪至504电厂）等部分路段，取得成效。

其他建设项目顺利实施。三堆子大桥前期相关准备工作基本完成。攀田高速鱼塘至机场连接线新建工程已于8月1日开工建设，工程推进顺利。全年，城区重点工程完成西区沿江快速通道I、II标段建设。完成公路养护大中修工程。完成机场路前段整治工程、凉风坳隧道消防维护工程。鱼塘至机场连接线新建工程推进顺利，三堆子大桥项目前期工作基本完成。农村公路完成投资2.2亿元，通乡油路建设64.8公里，通村公路建设135.4公里。

交通运输筹融资 2013年，攀枝花市交通运输局筹措资金，确保交通建设资金需要，全市共争取交通运输项目资金7.07亿元。同时，加强与银行的沟通联系，多渠道、多方式扩大运用各类金融机构的信贷资金。2013年新增贷款资金8 900万元；争取部、省等上级补助资金1.18亿元；在市发改、财政、审计等相关部门的共同努力下，成功锁定取消二级公路收费债务余额，为争取上级部门支持，逐步化解债务打下基础。全年共争取交通运输项目资金7.07亿元。

公路养护管理 2013年，攀枝花市完善干线公路、农村公路养护管理制度和监督考核制度，落实公路桥梁安全管理、做好取消政府还贷二级公路收费和公路防汛、突发事件处置。结合全市开展的“五创联动”“城乡环境综合治理”工作，全面加强公路路面保洁，涵洞、水沟清理保畅，路肩带培土、清土、绿化美化等公路路容路貌的养护力度，提升公路养护社会形象。6月1日前，将城市建成区内的省道310线、省道214线共7段路的道路、桥梁、隧道及相应的日常保洁、绿化、交通安全防护等设施全部移交市政部门，同时将新庄大桥、荷花池大桥、渡口大桥、炳草岗大桥、新座密地桥、旧密地桥、倮果金沙江大桥、凉风坳隧道的日常保洁移交市政部门，顺利完成城区公路、桥梁移交工作，确保城市建成区交通基础设施管养工作的有效衔接。全年加大桥梁安全管理和隐患排查整治力度，完成橄榄河桥、阿基鲁桥等4座桥梁的维修加固设计工作；加大桥梁的监控力度和检查工作，安排专项资金600余万元对全市普通干线公路和农村公路上的8座大中桥梁和特殊结构桥梁进行特殊检查。开展对炳草岗大桥移动视频监控和特殊检查工作的启动，并完成招标工作；完成法拉大桥、巴关河大桥、旧三堆桥、龙洞河桥、河电大桥、灰老沟桥、马家湾桥的特殊检查。建立较为完善的全市公路数据库。制订《攀枝花市2013年公路防洪抢险预案》，建立公路雨季防洪抢险制度，累计完成国省干线公路隐患整治87处，其中急弯路段3处，陡坡2处，路侧险要路段82处。做好国省干线城乡环境整治和花城景观打造工作。于10月上旬完成阿基鲁桥至倮果桥段绿化带外侧地被的整理及杂草清除及阿基鲁桥—船厂段环境整治和景观打造工作。

交通行政执法 2013年，攀枝花市交通行政执法部门，严格按照依法行政工作部署，开展“亲民和谐”文明执法、行政执法规范年活动，深入推进“六五普法”工作。认真落实行政执法责任制，完善行政执法责任评议考评体系；深入推进交通运输依法行政决策机制和交通运输重大事项决策机制；开展专家知识讲座、执法人员抽考等活动强化交通运输执法人员业务知识培训；以案卷评查、明查暗访、预防腐败讲座等措施强化执法监督，规范交通运输执法行为，规范和落实重大行政处罚案件集体讨论及行政处罚自由裁量制度；以推进创建示范单位和“四统一”建设为手段，促进各执法单位自身建设，努力构建交通运输全方位文明执法目标；以运政之声、新闻媒体为载体，分类开展“法律六进”宣传活动，广泛宣传交通运输法律法规。对行政权力事项进行了清理，清理后的行政权力共531项。其中行政许可54项、行政处罚454项、行政强制15项、行政征收1项、其他行政权力7项。

公路路政管理 2013年，攀枝花市路政支队，围绕“三个服务”、区域性交通枢纽建设和“三年攻坚”任务，发挥路政维权护路职能，巩固治理超限超载成果，强化各项管理，审查各类案件2 221件，开展重大案件集体会审193次，全年无行政复议和行政诉讼案件。按照省交通运输厅“四统一”工作要求，组织正式执法人员参加执法换证考试考核，更换新制式执法服装，完成路政二大队、三大队及五大队按部颁标准统一办公场所外观建设，开展执法培训和宣传。政务服务窗口办理案件1 462件，办结率达100%，对涉及市重点工程、民生工程等集中审批项目在法规许可的范围实行以“便利直通车”和“绿色通道为主”的一站式全程服务。全年直接挽回公路路产损失3 252.998 7万元；实施行政处罚679次，罚款324.353万元；办理行政许可1 462件。加大对公路桥梁的巡查密度，建立辖区路段隐患排查数据库、安保设施修复统计数据库。做好汛期和地质灾害路段的监控和处置，配合公安部门做好高速公路入口禁止“双超”车辆通行工作，修复损坏全市国省干线波型护栏等安保设施及交通标，持续保持全市公路基本无“三乱”成果。开展非公路交通标志标牌、公路两侧建筑控制区内违章建筑、公路及公路用地违章行为及违规设置公路平面交叉道口等专项整治工作，清理违章建筑物和构筑物、清除占用公路及留地、规范公路平交道口、拆除非法广告标牌。2013年，支队平均上路巡查率为88.8%；查处公路损毁和公路占用案件80件，案件发现率为97.1%，查处率、结案率为96.2%，路政巡查力度和质量明显提高。

倮果金沙江大桥恢复通车　　唐　辉　摄

国省干线公路改造　2013年，攀枝花市完成国省干线公路改造42.81公里，累计完成投资3.79亿元。其中，完成国道108线拉鲊至干海子段改造工程18.6公里，省道310东区倮果至渡口改造工程14公里，省道310线格里坪至福田段改建工程2.53公里，省道310线盐边县红格过境线新建工程5公里，西区沿江快速通道新建工程2.68公里。

倮果金沙江大桥应急抢险工程完工通车　2013年9月28日上午，备受关注的倮果金沙江大桥应急抢险工程完工并正式通车，较计划工期提前3个月。自此，盐边新县城、红格镇和倮果五道河片区等金沙江两岸约10万居民出行不再绕道。倮果金沙江大桥位于省道214线98.444公里处，于1995年1月竣工通车。2012年12月10日，倮果金沙江大桥突发病害，中共攀枝花市委、市政府和省交通运输厅要求采取紧急封桥措施，2013年3月正式启动大桥加固维修工程。攀枝花市交通运输部门克服时间紧、任务重，工程技术难度大等困难，按照“安全、优质、高效、节约、廉政”的原则，确保大桥顺利通车。

副市长柳康健要求，交通部门加大对大桥运行期间的监测力度，确保大桥安全运行；交通、公安部门加大超限超载的联合执法力度，严禁55吨及以上货车通行；交通部门要及时调整公交线路和运力，确保沿线居民出行需求。

公路运政管理　2013年，攀枝花市运输安全形势持续稳定，全年无源头安全责任事故发生。公路运政管理部门加强管理，重点整治省际、市际客运班线和农村客运线路；建立落实防汛24小时值班制度和领导带班制度，做好应对水毁路段、泥石流和突发洪水的防范措施；加强路面稽查，严查营运车辆和无普通货物运输从业资格证行为；公开政务，落实首问制和一次性告知制，查处率和回复率均为100%；推进队伍制度化管理，修订重大行政决策等7项制度，新建《执法评议考核与绩效联系制度》《重大行政执法案件处置规定》《规范行政处罚自由裁量权实施办法》等20个制度；推进队伍“四统一”工作，坚持工作时间统一着装制度，严肃劳动纪律，完成新式执法服装和执法证更换工作，以及盐边县运管所执法场所外观试点建设工作。新开通攀枝花至巴中市际客运班线，高速公路客运线路发展到19条，市区新增4条调整3条公交线路，更新105辆公交车，盐边县投入16辆公交车，新增5条公交线路，结束无公交车的历史。

严格质量信誉考核，对全市29家危险货物运输企业、9家客运企业、144家维修企业、11所驾校、11家出租汽车公司进行质量信誉考核，并将“阳光维修”优质服务活动与维修企业质量信誉考核挂钩，围绕省级文明城市创建，提升出租汽车文明服务意识和质量，做好计时培训管理系统升级工作；提升应急处置能力，完成12

月全省百镇建设等“四项重大活动”3 000余人次的宾客运输任务和启动芦山“4·20”地震应急预案，及时将救灾物资运往灾区；狠抓货运源头“治超”。

海事监管 2013年，攀枝花市航务海事部门累计查处安全隐患32起，整改完成32起，举办安全培训班19次。吸取宜宾“5·2”事故教训，对辖区190名注册船员进行船员职业道德、水上交通安全法律法规、水上交通安全管理制度、水上应急应变常识和事故案例分析 5个科目的安全专项教育培训和考试。全面完成2013年春运、国庆“黄金周”等假日旅客运输工作。共投入客运船舶运力89艘，安全发送旅客4万人次，比上年增长21%。未发生伤亡事故和严重服务质量事件，实现“科学组织、安全第一、以客为主、优质服务”的工作目标。加大培育水运市场，引导运力结构调整。全面开展营运船舶年审核查工作，对辖区2家水路运输企业及95艘营运船舶进行了年审核查。积极引导辖区内客船、客渡船向标准化、专业化、节约化方向发展，降低船舶能耗，提高船舶的技术状况。全年完成客运量31万人次，旅客周转量775万人公里；货运量16万吨，货物周转量960万吨公里。做好农村客运燃油补贴资金的分配方案、资料收集及审核工作和发放工作，全面完成全国水路运输业经济专项调查。

二级公路收费取消 2013年，经攀枝花市政府批准，全市4个收费站（仁和、格里坪、红格、米易收费站）和年费收费点全面停止收费，即提前两天整体取消攀枝花市政府还贷二级公路收费。1月25日攀枝花市格里坪、仁和、红格、米易4个收费站站棚全部拆除完毕，收费站路面恢复工作全部完成。2月底完成4个收费站和年费征收点的固定资产登记造册工作，并将4个收费站的部分设施、设备和房屋作为公路附属设施移交给公路养护单位或市路政支队。至年底，基本完成122名收费人员分流安置工作。

城市公交客运 2013年，攀枝花市城市公交客运完成客运量1.52亿人次，城市公共交通稳步发展，全面实施优先发展城市公共交通战略，不断加快公交车辆更新和线路优化。全年新开通公交线路4条（35路、66路、110路、111路），全市公交线路达到 37 条。新增（更新）公交车132辆。公交服务满意率稳中有升，达到96.96%。成功举办第7届“攀枝花城市公共交通周及无车日活动”。出租汽车行业健康发展，为提升出租汽车行业形象，2013年全市向出租车驾驶员新配发服装9 000件，并投入3 000套新座套，更新顶灯1 417个，同时加强对出租车驾驶员的教育培训工作。盐边县投入16辆公交车开通5条公交线路，结束了无公交车的历史。积极开展城市客运交通线路及站点调查，主城区现有公交站点565个，市区和米易、盐边公交线路总数达45条。

新型空调公交车投入运营 2013年12月27日，攀枝花市132辆新型空调公交车陆续投放到1路、6路、11路、12路、13路、17路、110路、111路等17条公交线路上。此次投入运营的新型空调公交车，节能、环保，行驶噪音较低。车身长度分别为5.9米、8.5米、10米、12米，首次拥有12米长的公交车。车身选用LED可调式路牌，车厢内采用LED广告通道，增设了流动字幕显示屏，该车型增加两排座位、扶手立柱和驾驶室隔离栏，更加安全、方便、舒适。为使市民切实感受到公共交通带来的实惠，新型空调公交车的营运票价维持原有票价。截至年底，全市共有公交线路38条，运营车辆共642辆，运营里程4 200万公里，年客运量1.4亿人次。

（本栏目撰稿人：胡　芳）

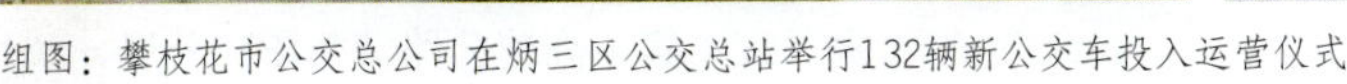
组图：攀枝花市公交总公司在炳三区公交总站举行132辆新公交车投入运营仪式　　雷　婷　摄

泸州市交通
LUZHOU SHI JIAOTONG

2013年泸州市交通运输能力概况

公路			
通车里程	总里程（公里）		13 261.8
	其中	高速公路	316
		一级公路	19.3
		二级公路	834.7
		三级公路	150.5
		四级公路	7 599.9
		等外公路	4 341.4
公路密度	按国土面积计算：每百平方公里109.15公里		
	按人口计算：每万人26.26公里		
通达程度	通公路的乡镇128个，占乡镇100%		
	通公路的村1 471个，占村 100%		
客运站	总数（个）		153
	其中	一级站	3
		二级站	10
		三级站	10
		四级及以下站	130
营运车辆	总数（辆）		29 347
	其中	客车5 015辆 座	
		货车24 332辆 吨	
公路运量	客运	运量（万人次）	14 147
		周转量（万人公里）	979 421
	货运	运量（万吨）	6 390
		周转量（万吨公里）	746 249
内河			
通航里程	总里程（公里）		1 000
	其中	三级航道	136
		四级航道	
		五级航道	92.5
		六级航道	
		七级航道	111.6
港口（码头）	总数（个）		108
	吞吐量	旅客吞吐量（万人次）	
		货物吞吐量（万吨）	2 707
水路运量	客运	运量（万人次）	159
		周转量（万人公里）	1 271
	货运	运量（万吨）	1 682
		周转量（万吨公里）	858 279
营运船舶	总数（艘）		480
	其中	客船74艘3 807座	
		货船406艘 478 906吨	

国省干线改造 2013年，泸州市推进国省干线改造。国道321线大纳路弯潭至麻城、麻城至震东段65公里改造工程于2013年5月通过交工验收，完成投资1.07亿元。国道321线马岭至护国段改造工程于年底前交工验收。国道321线泸隆路改造工程于2013年9月通过交工验收，完成投资0.73亿元。国道321线叙永县城至马岭段改造工程于2013年9月通过交工验收。省道308线纳江路改造工程于2013年7月通过交工验收，完成投资0.47亿元。省道307线泸宜路改造工程于2013年10月通过交工验收。鱼关路改造工程于2013年11月底交工验收。省道307线泸永路试验段工程于2013年11月底前交工验收。

高速公路建设 泸渝高速公路泸州段74公里，2013年6月建成通车。全年完成投资5亿元，完成率250%。单跨跨径530米的波司登大桥被誉为世界第一跨。工程建设在全省取得7个第一。与重庆融实现1小时交通圈，对完善国家高速公路网和区域高速公路网，促进区域经济快速发展和泸州“立足四川、依托重庆、融入成渝、拓展滇黔”的发展定位，具有重要意义。

成自泸赤高速公路泸州至自贡段16公里，2013年8月底建成通车，打通泸州至成都的第一快速通道，与成都实现两小时交通圈。成自泸赤高速公路泸州至赤水段62.4公里，正在加快推进项目建设。成自泸赤泸州段2013年1月—10月完成投资10.48亿元，完成路基土石方99.9%，桥梁上部结构95%，桥梁下部结构97%，隧道100%，路面底基层67%，基层55%，面层43%，交安27%，机电33%，绿化12%。全年完成投资12.6亿元，完成率105%。

叙（永）古（蔺）高速公路全长65公里，概算总投资79.66亿元，2012年开工建设。2013年实现全线动工，累计完成临时工程五分之四，路基工程五分之二，桥梁工程四分之一，涵洞工程三分之二。全年完成投资13亿元，完成率100%。

叙（永）宜（宾）高速公路泸州段10公里，2013年

2013年6月3日建成通车的泸渝高速公路　　车　科 摄

2013年，泸州市安保工程建设完成投资3.04亿元，建成1 461公里，其中国省干线公路85公里，农村公路1 376公里。在全省率先实施公路安保工程全面建设，并作为典型经验在全省交流。

实现项目控制性工程双桥枢纽互通、叙永北互通开工建设。全年预计完成投资1亿元。

广（安）渝（重庆）泸（州）高速公路泸州段约40公里，2013年修编完成工程可行性报告，与重庆市签订接线协议，抓紧推进前期相关工作。

叙（永）威（信）高速公路规划建设里程约38公里，2013年完成项目建议书，与云南昭通市签订框架协议，正在开展工程可行性编制工作。

泸合产城大道 泸合产城大道即省道308线合江至泸州一级公路改建工程，2013年完成投资3.55亿元，完成相关前期工作，实现赤水河特大桥控制性工程开工建设。

纳福港城大道建设 纳福港城大道即国道321线纳溪至泸县一级公路改建工程，采用BT方式引进中水集团投资近30亿元（建设纳福港城大道、泸合产城大道）。2013年完成投资2.23亿元，完成相关前期工作，实现控制性工程玉蟾山隧道开工建设。

客运站建设 城北公交枢纽站项目，2013年基本完成项目工程可行性研究、环境评估、工程立项、初步设计等前期工作，实现基础土石方开工建设，计划2015年底前建成投入使用。城西客运站项目，2013年启动项目前期工作，正在加快推进建设方案审查等相关工作。

“民生工程”建设 2013年，泸州市农村公路建设完成投资11.1亿元，完成农村公路建设1 154.9公里，为“民生工程”目标任务700公里的165%。其中通乡公路建设完成投资4.16亿元，建成226.1公里，完成率226.1%；通村公路建设完成投资6.98亿元，建成926公里，完成率154.8%。

道路运输 2013年，泸州市拥有客运站153个，货运车辆31 495辆、146 780吨，全年道路运输完成货运量6 390万吨、货物周转量746 249万吨公里，分别比上年增长16.52%、15.74%，居全省第五位。道路物流企业622家，其中A级以上物流企业27家，占全省五分之一，仅次于成都。全市道路运输完成客运量14 147万人次、旅客周转量979 421万人公里，分别比上年增长6.91%、10.28%。

公共交通 2013年，泸州市拥有公交车933辆，公交停车场3个。有公交首末站3个；公交停靠站1 440个，其中港湾式停靠站167个，候车亭312个，站杆式公交站961个。公交车出行分担率达38.2%。3月，城市公交专用道正式投入使用。泸州客运中心站实现网上购票，客运进入“零换乘”“无缝衔接”时代。城乡公交一体化改造完成4条城乡公交线路，投入城乡公交车辆34辆。2013年，泸州市规划在建公交枢纽站5个、公交首末站13个。全市全年新增46条农村客运班线、82辆农村客运车辆。全市开行农村客运班线531条，投入农村客运车1 834辆，乡镇、建制村客车通达率分别达100%、89.6%。

泸州港集装箱码头二期续建 2013年，泸州港集装箱码头二期续建项目建设投入资本金8 000万元，加快推进商品车滚装码头、堆场场平等配套工程建设，申报建设进口粮食指定口岸，完善海关监管场所相关基础设施，开发海关辅助监管信息平台，进一步完善港口功能。

泸州港集装箱码头投运情况 2013年，泸州港集装箱码头成功实现商品汽车滚装班轮全省首航，近洋直达航线泸汉台航线正式开通，成功开行泸昆铁水联运集装箱班列，着力拓展集装箱市场，加快推动临港工业、现代服务业、物流产业发展，全力做好港口生产运营工作，集装箱吞吐量持续稳定增长。全年完成货物吞吐量2 707万吨，比上年增长15.3%。完成集装箱吞吐量20.13万标准箱，比上年增加48.9%，占全省77.42%。

2013年11月6日，泸州港—昆明铁水联运班列开通　　泸州市交通运输局 供稿

水路运输　2013年，泸州港完成货物吞吐量2 707万吨，比上年增长15.3%；集装箱吞吐量20.13万标箱，比上年增长48.9%，约占全省77.42%。其中，外贸集装箱3.1万标箱，占全省外贸集装箱总量的35%、全省水上中转外贸集装箱总量的91%。全市拥有航运企业50家，船舶修造企业14家，港口经营人83家；经营性船舶496艘、48万多载重吨，约占全省的74%，其中千吨级以上船舶173艘，占全省66%，船舶最大吨位达7 831吨。2013年全年完成水上货运量1 682万吨、货物周转量858 279万吨公里，分别比上年增长1.3%和20.2%；完成水路客运量158万人次，旅客周转量1 278万人公里。

交通安全管理　2013年，泸州市交通运输局坚持把安全管理放在首位，作为各项工作的重中之重，采取种种创新举措，扎实抓好安全生产管理工作。在全省率先实施公路安保工程应设尽设，并作为典型经验在全省交流。创新建立交通运输安全管控长效机制。研究实施“五个管住”措施（管住人，管住车，管住速度，管住视频监控，管住落地休息）。构建市、县、企业三级运输视频监控平台体系，实行24小时全天候监控，发现违规操作行为1 283起，解聘驾驶员84人。在全省率先实现水陆交通视频监控全过程全覆盖。完成投资4 000余万元，对全市4 087辆客车、920辆危险品货运车以及96个渡口码头、76艘机动客渡船、154艘涉砂船舶全部安装GPS、3G视频监控系统，确保第一时间发现和处置交通违规违法行为，大大降低交通违章及事故的发生率。水上应急救援能力建设取得重大突破，争取到交通运输部大马力海事抢险巡航艇、溢油应急救助基地两个项目资金3 950万元，启动项目建设工作，并有两艘600马力海巡艇新投入使用，应急救援能力大大增强。在全省首创出租汽车诚信考核机制。创建出租车诚信考核计分信息系统，对公司及驾驶员进行考核管理，并创新采取“公司化经营、员工制管理”新模式，进一步规范出租汽车行业管理，解聘10名驾驶员并列入黑名单。深入开展“打非治违”专项行动。全年取缔存在重大运输安全隐患的道路货运企业35户，注销货运车辆道路运输证275个，停业整改机动车维修企业3家，查处违规经营车辆6 092辆、非法营运车545辆。坚持开展大检查大整治专项行动。市交通运输局组建5个工作组，重点对道路运输、水上交通、道路桥梁和在建工程开展安全生产大检查大整治，进一步加强春运、汛期、节假日安全管理工作，取得水上安全三项指标为零的成绩。

公路路政管理　2013年，泸州市公路政管理部门认真贯彻落实《公路法》《行政许可法》等法律法规，进一步完善路政管理工作制度，严格落实“八禁止、八不准”（详见《附录》）规定，对交通行政执法加强监督检查，无重大违纪违法行为发生。加大公路“三乱”（详见《附录》）整治力度，未发生公路“三乱”现象。路政支队全年巡查公路里程21万多公里，对损坏路产案件、占用公路及其留地、违章建筑、公路接道、违规广告牌设置、清除路障等实现案件查处率达100%。超限查处实现结案率和处罚正确率100%。行政许可审批案件无超期办件，按期办结率100%，群众满意率100%。路政管理水平处于全省先进。

公路养护管理　2013年，泸州市公路养护管理部门认真落实公路巡查制度，加强日常和应急养护工作，做好路面清扫、水沟清理、涵洞清淤、行道树粉刷、防撞墙和波形护栏维护、坍方清理、路面挖补维修等工作，维护良好的路容路貌。开展公路大中修整治，实施公路地质灾害隐患排查治理，确保公路安全畅通。进一步健全机构、落实责任，加强桥梁养护管理，完善桥梁安全隐患台账，整治病害桥梁，加强长江大桥监测处置工作。

（本栏目供稿单位：泸州市交通运输局）

德阳市交通

DEYANG SHI JIAOTONG

2013年德阳市交通运输能力概况

公路			
通车里程	总里程（公里）		8 163
	其中	高速公路	187
		一级公路	299
		二级公路	676
		三级公路	696
		四级公路	5 483
		等外公路	822
公路密度	按国土面积计算：每百平方公里138.34　公里		
	按人口计算：每万人20.93公里		
通达程度	通公路的乡镇125个，占乡镇100%		
	通公路的村1 454个，占村100%		
客运站	总数（个）		201
	其中	一级站	4
		二级站	6
		三级站	6
		四级及以下站	185
营运车辆	总数（辆）		32 903
	其中	客车 3 702 辆 63 504座	
		货车29 201 辆121 905吨	
公路运量	客运	运量（万人次）	12 454
		周转量（万人公里）	304 542
	货运	运量（万吨）	8 940
		周转量（万吨公里）	705 457
内河			
通航里程	总里程（公里）		
	其中	三级航道	
		四级航道	
		五级航道	
		六级航道	
		七级航道	50
港口（码头）	总数（个）		
	吞吐量	旅客吞吐量（万人次）	
		货物吞吐量（万吨）	
水路运量	客运	运量（万人次）	15
		周转量（万人公里）	4.5
	货运	运量（万吨）	
		周转量（万吨公里）	
营运船舶	总数（艘）		
	其中	客船14 艘210座	
		货船　艘　吨	

交通建设攻坚项目　2013年，德阳市加快构建现代综合交通体系，国道108线示范工程、旌江干线完工通车；天星快速干线、中金快速干线、广青公路三期工程有序推进；绵茂公路一期工程隧道、桥梁主体工程完成60%；同时，配合做好成都第二绕城高速、成绵乐城际铁路、成兰铁路等工程建设；各项民生工程目标超额完成。

天星快速干线全长20.013公里，计划总投资8.3亿元。项目于2012年11月正式开工建设。2013年完成投资2.4亿元，为年度计划的103%。

成都经济区环线高速公路德阳段工程可行性研究报告及环评、水保、地灾评估、矿产压覆、地震安评、拟使用林地、文物、地勘等工程可行性研究附件已完成，工程可行性研究报告已组织评审，环评进行第二次公示并开展初步设计。

国道108线示范工程涉及路面改造、危桥加固、养护中心建设、交通流量调查站建设、安保工程、预防性养护、绿化及综合治理等项目，2013年完成投资6 340万元，为年度计划的100%。

绵茂路绵竹段总投资33.39亿元，总里程46.13公里。一期工程8.5公里，总投资1.75亿元，于1月25日全面完成；二期工程年度计划完成投资1.5亿元，实际完成投资0.832 6亿元，为年度计划的55.5%，进度滞后的原因是受“7·9”洪灾影响被迫停工。

广青路三期总投资3.4亿元，总里程18.3公里。计划完成投资1.5亿元，实际完成投资1.2亿元，为年度计划的83%。

中金快速通道全长28.6公里，总投资12亿元。至年底，中江城区过境段、兴隆段建成，辑庆段基本完工，南山段9月24日动工。完成投资8.9亿元，为总投资的74.2%。

成都第二绕城高速公路途经德阳市广汉境内，路线长度18.5公里，投资19亿元。项目于2010年7月开工，2013年完成投资2.033亿元。

成都第二绕城高速公路广汉段建设场景　　德阳市交通运输局 供稿

交通运输规划 2013年，德阳市交通运输局召集各县（市、区）与成都市交委就高速公路、快速干线、轨道交通、公共交通、物流站场、航空商务港等区域交通规划合作进行对接、洽谈，达成共识；加强与周边市县的交通规划衔接，多次与绵阳、遂宁等就交通规划对接、交通合作进行对接交流；按照省交通运输厅联网畅通工程项目要求，全力开展好德阳市干线公路联网畅通工程项目的编制工作。

旌江快速干线通车 2013年10月31日，德阳市交通运输局组织召开旌江快速干线路面工程交工验收和道路移交会，对路面工程进行交工验收，旌江快速干线全线通车。旌江快速干线全长19.78公里，采用一级公路标准建设，计划总投资7.028 7亿元。旌江快速干线是中共德阳市委、市政府确定的加强与成都对接的重点交通建设项目，经省发展改革委核准建设。

南北汽车客运站投入运营 德阳市公路运输综合枢纽南站站级标准为一级汽车客运站，建设用地4公顷，2011年3月31日开工；北站为城际铁路德阳北客运站、宝成铁路德阳客运站、长途客运、公交（出租车）“四站合一”枢纽的重要组成部分，站级标准为一级汽车客运站，2011年3月31日开工。两站均于2012年12月竣工，2013年1月10日正式投入运营。

交通“民生工程” 2013年，德阳市交通运输部门完成通乡油（水泥）路建设72.1公里，为目标任务的103%；完成通村公路90.12公里，为目标任务的112%；完成安保工程建设92公里，为目标任务的230%。

收费站点取消及后续工作 根据省政府统一安排，德阳市境内所有收费站点于2013年1月1日零时一次性整体取消收费。市交通运输局积极做好通行票据的回收与核销、市直收费站固定资产的登记存放、收费人员安置等后续工作，正确引导和宣传解释，及时化解矛盾，完成市本级编外聘用人员134人的解聘及安置工作。

“7·9”洪灾抢险救灾 2013年7月9日洪灾发生后，德阳市交通运输局全力做好道路抢通保通工作。加大桥梁监控值守力度，对辖区内所有桥梁均安排人员值守观测；对境内主要江河上的11座桥梁实行临时交通管制，限行通过；对17座危桥禁止通行，实行24小时不间断的值班守护；对垮塌的24座桥梁，均在桥两端设置障碍封行，以及警戒线等警示标志，禁止无关人员靠近危险地段；对泥石流易发地段、已抢通路段、水毁路段等危险区域全部设置观察员，加强监控。洪灾期间全市未有因道路、桥梁垮塌而导致车辆损毁和人员伤亡情况发生。

旌江快速干线竣工通车　　德阳市交通运输局　供稿

运输任务完成情况 2013年春运，德阳市累计发班202 243

班次，运送旅客321.454 1万人次；十一“黄金周”，全市累计发班39 289班次，运送旅客62.437 6万人次；德阳第十届灯会期间，安排9条公交专线，增开50辆公交车；清明、五一、中秋等小长假均未发生旅客滞留现象。

运输市场管理 2013年，德阳市交通运输局开展危险货物运输专项整治，对全市危险货物运输企业进行全面督查清理，条件不达标的企业坚决清出危险货物道路运输。稳步推进“两客一危”（详见《附录》）GPS分段限速工作，开展三类以上客运线路以及客车GPS车载终端设备安装情况清理工作。德阳—广汉、德阳—绵竹、德阳—罗江、德阳—中江四条试点线路已全部实施GPS分段限速。按照厅运管局“安全生产标准化”建设的要求，会同市第一汽车运输公司于7月与联通、网阔公司达成合作协议，将该公司153辆客车2G GPS车载监控升级为具有3G视频监控的设施，通过省、市、企业三级监控平台联网，严把客运安全监理。

出租汽车文明窗口建设 2013年3月，中共德阳市委宣传部、市文明办、市交通运输局联合举办德阳市首届“的士公交文化活动周”暨“的士之星”“公交之星”表彰会，评选出20名“的士之星”和9名“公交之星”。成立市区出租汽车“雷锋车队”，营造“知荣辱、讲文明、树新风、促和谐”氛围。同时，开展市区出租汽车行业开展“爱心助考”活动；完成2012年度市区出租汽车服务质量考核工作；成立市区出租汽车“阳光爱心车队”和“女子巾帼车队”；开通出租汽车失物查询服务热线，热线开通后找回失物4 969件，折合人民币约200余万元。

城市公交发展 2013年，德阳市政府出台《关于优先发展城市公共交通的实施意见》；市区引进高级新能源公交车20辆；争取到外地户口并常住德阳的70岁以上老人免费乘坐公交的优惠政策；优化调整和延伸16条公交线路，开通南北两个客运站直达公交线路；继续深化市区1路、22路公交服务精品线创建工作；为东汽、东电、四川美丰、特变电工等多家大、中型企业开通通勤运送，平均每月客运业务达1 380余辆次。

“打非治违”专项行动 2013年10月初，德阳市政府牵头、各县（市、区）和多部门联动开展“集中打击客运非法违法经营”专项整治工作。至10月底，全市共出动执法人员10 726人次，检查车辆22 783辆次，查处各类违章车辆1 568辆次，查扣非法从事客运经营车389辆。

“治超”工作 2013年4月，德阳市政府印发《德阳市集中治理车辆违法超限超载工作实施方案》。德阳市交通运输局协同公安交警、城管、环保等单位对管路和管理区域内的超限车辆进行24小时检测、检查。出动执法车2 180余辆次、执法人员12 850余人次，发宣传资料2万余份，检测货运车32 700余辆次，查处超载、超限货运车2 150余辆，卸载3 000余吨。

丘陵地区城乡交通一体化建设试点 2013年3月，德阳市交通运输局将石垭子村作为德阳市探索重丘地区城乡交通一体化建设试点村，积极探索重丘地区城乡交通运输一体化发展的有效途径，并在全市丘陵地区逐步推广。一是按照“特色农业、优美环境、道路畅通”发展思路，结合石垭子村产业发展和新农村建设实际，依据乡村旅游、产业布局和新村聚居点规划，形成“环形”与“树状”相结合的交通网络；二是着力发展片区农村客运，加快推进路、站、运等要素协调统一，探索区间运营模式，根据石垭子村地域特点、群众需求、旅游发展等情况，视情况开行隔日班、赶集班、旅游班等，最大限度满足当地经济生产和旅游发展需要。年内，石垭村已落实各级补助、扶贫资金5 618多万元，对外主通道建设及村内道路建设快速推进。

“红领巾快乐上学”行动 2013年，德阳市交通运输局经对全市260余所中小学校专项调查，决定开展“红领巾快乐上学”行动，对全市33个乡镇57个村57所学校门前的泥巴路、碎石路进行改造，惠及全市2 000多名村小学生。首批改善中江52所村小的连接道路共29.2公里。至年底，完成25所小学门前4 650米连接道路改造。

安全生产管理 2013年，德阳市交通运输局调整和完善安全生产领导小组成员及职责，与15个责任单位签订安全生产目标管理责任书，同时，建立完善应急运输预案。先后完成春运、元旦、清明、五一、端午、国庆小长假期间及德阳灯会期间的运输保障任务。全市交通运输系统安全形势总体平稳有序，未超过市政府和省交通运输厅下达的控制指标。

“走建惠”活动 2013年，德阳市交通运输局开展“走基层、建台账、惠民生”（简称“走建惠”）活动，先后对罗江芒江村个别社组常年不通公路、旌阳区农鲤村文化生活有场地无设施、文庙社区“创卫”困难、中江农村中小学校门前道路安全隐患问题、市区公交进校园、公交线路优化等民生问题进行走访调查。2013年，民生工作建账14件，结账14件；困难群众工作建账61个，结账61个；稳定工作建账6件，结账5个。

（本栏目供稿单位：德阳市交通运输局）

2013年绵阳市交通运输能力概况

公路			
通车里程	总里程（公里）		19 582.853
	其中	高速公路	285
		一级公路	413.505
		二级公路	820.275
		三级公路	904.368
		四级公路	10 738.349
		等外公路	6 421.356
公路密度	按国土面积计算：每百平方公里96.706 公里		
	按人口计算：每万人 36.265 公里		
通达程度	通公路的乡镇278个，占乡镇 100%		
	通公路的村3 417个，占村 100 %		
客运站	总数（个）		231
	其中	一级站	5
		二级站	7
		三级站	9
		四级及以下站	210
营运车辆	总数（辆）		37 812
	其中	客车 3 877 辆 77 086 座	
		货车 33 935辆 124 744 吨	
公路运量	客运	运量（万人次）	9 769
		周转量（万人公里）	442 698
	货运	运量（万吨）	6 663
		周转量（万吨公里）	693 729
内河			
通航里程	总里程（公里）		645.79
	其中	三级航道	
		四级航道	
		五级航道	
		六级航道	26.05
		七级航道	60.12
港口（码头）	总数（个）		1
	吞吐量	旅客吞吐量（万人次）	25.5
		货物吞吐量（万吨）	0.162
水路运量	客运	运量（万人次）	25.5
		周转量（万人公里）	206.8
	货运	运量（万吨）	0.162
		周转量（万吨公里）	1.625
营运船舶	总数（艘）		86
	其中	客船 83 艘 1 977 座	
		货船 3 艘 42 吨	

交通基础设施建设基本情况 2013年，绵阳市交通运输完成投资50.52亿元。其中，高速公路、国省干线等重点项目完成投资16.85亿元，农村公路完成投资26.78亿元，运管、航务完成投资3.1亿元，各县市区水毁抢通保通投入0.85亿元，公路养护完成投资1.66亿元，其他地方自建完成投资1.28亿元。

高速公路建设方面，绕城高速公路南环线全线路基、桥涵基本完成，成德南高速公路累计完成投资55.6亿元，年度完成投资3亿元，完成绵（阳）九（寨沟）高速公路控制性工程设计，全面开展施工图勘察设计，并就投资协议进行多次磋商。绵（阳）西（充）高速公路完成BOT招商工作，5月15日正式签署项目投资协议。绵（阳）苍（溪）高速公路确定绵阳境内起点和路线。平（武）广（元）高速公路完成工程可行性研究报告评审。

国省干线建设方面，建成国省干线与重要经济干线路面20公里。省道205线黄土梁隧道2013年完成投资0.84亿元。省道302线北川曲山至茂县界段、省道205线三台至射洪段、省道302线任家坪至禹里段、骡子岩隧道加固维修工程全面完工。其中，省道302线任禹路段，2013年1月土建工程完工，2013年5月，机电、交安和管理用房完工。

城乡交通建设方面，完成民生工程通乡里程198.7公里、通村里程1 048.3公里、安保工程481.8公里。计划内项目通村通畅完成路面650公里，农村渡改桥完成3 371米，农村公路改善工程完成125公里，重要乡镇连接公路完成73公里，新农村示范片区农村公路完成51公里，农村公路水毁恢复工程完成66公里。

运输项目建设方面，加快组织《绵阳市道路运输“十二五”发展规划》，建成客运站6个、渡口码头13个，更新改造渡船15艘，完成渡改人行桥3座。

公路养护管理 2013年12月，绵阳市政府办公室印发《关于进一步加强全市公路管理养护工作的通知》，明确公路管养职责，提出完善创新管养体制机制、落实公路安全保障措施、强化管养机构行业管理、加强管养经费保障，严格目标考核和责任追究。同时将2014年确定为“公路管理养护年”。全年农村公路建设养护完成路基3 310公里、路面3 704公里。全市9个县市区、273个乡政府设立相关农村公路管理机构。全面完成2013年示范路目标里程，共计523公里；梓潼石台和定远、涪城吴家、江油西屏、游仙街子、北川香泉、三台塔山等乡镇农村公路管养到位、成效明显，其中梓潼定远、涪城吴家作为绵阳代表参评省级示范乡镇。

路政管理 2013年，绵阳市路政机构出动执法车9 000余辆次，投入执法人员3万余人次，查处和办理路政案件20 429件，案件查处率达98%以上，重大路产恢复率达100%；坚持做到每天上路巡查，突发路政案件紧急出动、到场率达100%；检测超限运输车50余万辆次，查处8 000余车次，卸载400余辆次，卸载（转运）货物1 700余吨，超限控制率在5%以内，达到省定控制指标。

绵阳绕城高速公路南环线 截至2013年底，绵阳绕城高速公路南环线全线路基、桥涵基本完成，交验路基20公里，占总量的60%；全线桥梁工程基本完成；路面工程铺筑单幅水稳底基层29公里，单幅基层21公里；绿化工程完成30%，机电工程进场配合路面进行施工。

绵阳至九寨沟高速公路 2013年，项目新列入国家高速公路网规划，完成可行性研究报告编制工作。4月15日，中共绵阳市委书记罗强，市委副书记、市长林书成率队到成都与省交投集团董事长朱以庄就绵九高速相关事宜进行座谈。5月20日，省交通运输厅和省发展改革委在成都组织召开绵阳至九寨沟高速公路控制性工程（黄土梁隧道）可行性研究报告评审会。

十里碑隧道病害处置工程 省道302线北川任家坪至禹里段灾后重建工程于2013年5月全部完工。2013年7月10日—8月6日北川县遭遇特大暴雨，造成省道302线任禹路十里碑隧道局部构造物地质病害和路基路面、挡防工程受损。绵阳市人民政府9月12日同意将十里碑隧道病害处治工程列为应急抢险工程，并明确建设实施方式。十里碑隧道病害处治工程主要针对十里碑隧道在试运行中出现的衬砌病害（衬砌开裂）及路面病害（路面开裂、错台）进行治理，工程于2013年10月1日开工建设，2014年1月10日完工。

青莲大桥加固维修工程 青莲大桥位于省道205线266公里加270处，桥长216.2米，桥面为一级路面。2013年10月8日开工，至年底完成加固工程的所有前期工作及总工程量的90%。青莲大桥上部结构加固工程、基础防护工程原业主单位为绵阳市交通运输局公路管理处，2013年10月，绵阳市政府将青莲大桥基础防护工程作为独立项目列为应急抢险工程，由绵阳交通发展集团有限公司作为业主单位。

黄土梁隧道及引道工程 截至2013年底，省道205线黄土梁隧道主洞完成开挖及初期支护1 620米，二衬施工1 403米，平导完成开挖及初期支护1 572米，二衬1 396米，引道路基工程全部完工；路面标段施工准备工作基本完成。

骡子岩隧道加固维修工程 2013年7月1日20时左右，因连日降雨，骡子岩隧道中间顶部发生面积约2平方米的垮塌，两辆相对行驶的汽车为避让垮塌碎石相撞，导致车辆受损和车上8人不同程度受伤。为确保车辆和行人安全，绵阳市交通运输局、三台县和盐亭县人民政府联合发出通告，从7月2日起对该隧道实行交通管制。9月27日骡子岩隧道加固维修工程开工，绵阳市交通运输局公路管理处为业主单位，12月16日完工。

公路绿化 2013年，绵阳市公路完成绿化新植192公里、补植1 134.5公里，其中国省道公路新植、补植57.7公里，农村公路新植、补植1 268.8公里。至年底，在全市公路总里程中可绿化里程为12 667.9公里，已绿化总里程8 445.6公里，公路绿化率达66.7%，比上年增长1.5%，其中国省干线公路绿化率达100%。

春运工作 2013年春运期间，绵阳市日均投放道路客运车辆5 922辆(其中班线客车3 905辆、出租汽车2 181辆)，运行401 353班次（其中加班19 959班次），共计运送旅客691.58万人次；水上运输投入船舶144艘，共运输旅客39.873 5万人次。未发生安全源头管理责任事故（水上运输未发生事故，道路旅客运输企业发生4起一般事故，未发生一次死亡三人以上事故）和重大服务质量投诉事件。

十一“黄金周”道路运输 2013年十一“黄金周”期间，绵阳市道路运输安全形势平稳，未发生源头责任事故。道路旅客运输共投入运力3 905辆，其中旅游客车133辆，共开行车次80 540班（加班次2 084班），完成客运量126.62万人次。

汛期道路运输管理 2013年汛期，绵阳市交通运输部门梳理排查全市客运班线开行情况，凡不能确保安全运行的客运班线，必须停运，其他线路必须制订安全运行保障方案。坚决停开集中降雨地、地震灾区、川西高原以及其他沿河、沿溪和高边坡公路地区的短途客运，停开所有超长客运和山区客运。对全市所有途经四类、五类桥梁的客运车辆采取绕行措施，并对绕行线路道路状况进行实地踏勘，制订绕行线路安全运行保障方案。整个汛期全市停运客运车辆约2 000辆。逐车落实安全运行保障措施，运输企业排查工作和安全保障措施制定情况必须报辖区运管所备案。加强对停运客运班线的监督检查，督促运输企业切实落实每日GPS定时监控工作，对违反停运规定擅自开行的运输企业和单车一律从严查处。加强对危货运输市场的监督管理，严格按照《道路危险货物运输管理规定》，把好市场准入关。

江油市盘江大桥垮塌应急处置 2013年，"7·9"洪灾造成江油盘江大桥垮塌。市交通运输局立即启动应急预案响应，迅速组织人员开展抢险救援工作。一是安排工程技术人员向江油市政府提供项目相关信息，全力配合做好应急处置工作。二是要求各县市区交通运输局在汛前排查的基础上再次对境内桥梁、隧道开展隐患排查整治。对存在隐患的桥梁及时进行限载、限速等交通管制措施，对四、五类病危桥和浅埋基础、明挖扩大基础等情况不明存在严重隐患的桥梁及时进行交通封闭，待确认安全后才开放交通。三是对涉及江油境内的客运班线进行调整，改道绕行，确保运输安全。四是在绵江线设置卡点，对通行的社会车辆进行信息通报，在确保安全的同时保证应急运输通道畅通。五是开展应急储备。

公路水毁灾情 2013年汛期，绵阳市路基损毁843.06公里、204.15万立方米（其中国省道86.24公里、118.66万立方米），路面损毁1 181.53公里、469.59万平方米(其中国省道133.96公里、43.97万平方米)，护坡损毁81处、3.96万立方米(国省道2处、0.022 4万立方米)，挡墙损毁937处、61.318万立方米(其中国省道192处、16.852万立方米)，坍塌方1 836处、232.564万立方米（其中国省道295处、15.18万立方米），隧道损毁1道（骡子岩隧道），涵洞损毁753道（其中国省道154道），桥梁损毁共计86座。

服务旅游客运 2013年，绵阳市交通运输部门服务旅游客运，采取如下措施：一是增加旅游运力，调整旅游运力结构。全市新增高级旅游客车30辆，投放24辆；引导运输企业投放小型高级旅游客车，在新增30辆旅游客车的指标中，必须投放5辆小型旅游客车；基本形成大、中、小型结构合理、档次较高的旅游车辆格局。二是简化临时旅游包车标志线路牌核发程序。市交通运输局道路运输管理处依托全省运政管理信息系统，专门开发临时包车线路牌网上签发模块。运输企业签订旅游运输合同后，只需在当地运管机构进行初审并录入信息后，市交通运输局道路运输管理处即在网上审核，运输企业在当地可直接领取线路标志牌。三是开展旅游客运市场整治。绵阳市交通运输部门与绵阳市旅游执法部门联动，定期开展旅游客运专项执法检查。4月20日—10月10日，绵阳市交通运输局会同市公安、旅游、安监部门，在全市范围集中开展旅游包车客运安全专项整治行动，重点对非法从事旅游客运经营、各类违规经营行为进行整治。四是督促客运企业、车站参与旅游标准化建设。督促旅游运输企业按照《旅游汽车公司资质等级划分（三星及以下标准）》和《旅游客车设施与服务规范》的要求，做好星级旅游运输公司创建。富临运业绵阳分公司和千佛旅游运业被初评为三星级旅游汽车公司。

十里碑隧道水毁抢险 冯韬 摄

取消政府还贷二级公路收费 按照全省的统一部署，2013年1月1日零时起，绵阳市14个（市本级7个、县管7个）政府还贷二级公路收费站整体一次性取消收费。全市政府还贷二级收费公路872公里（含年费）。1月20日，完成14个收费站收费岛及站棚等设施拆除工作，路面恢复常态。

收费站收费秩序专项整治 2013年5月20日—6月20日，绵阳市开展为期一个月的公路收费秩序专项整治行动，共查处冲岗逃费车2 605辆，处理损坏收费设施车辆126辆，收缴各类假证450张。对恶意损坏设施、殴打收费人员的肇事者治安拘留6人。

“打非治违”专项行动 2013年，绵阳市出动稽查人员8 707人次，检查道路运输业户及车辆等19 829次，查处违章1 843次；开展3次集中整治“黑车”行动；加强公路施工作业区安全管理，规范施工安全作业行为，在施工作业区严格按照规范标准设置安全标志标牌，施工人员全部统一穿着安全标志服，半幅作业路段指定专人指挥交通，严格按施工技术规范进行操作，杜绝违章指挥、违章作业、违反劳动纪律现象。

节能减排 2013年，绵阳市严格执行客车实载率低于70%的线路不得投放新运力的规定，落实客运经营许可公示、信息报送、动态监控等制度。引导和鼓励运输企业选用技术先进、经济安全、节能环保的车型，报废营运客货车266辆。在出租汽车、公交车、班线客运推广使用压缩天然气（CNG）。全市1 403辆营运客车使用CNG燃料，占客车总数的36%；2 219辆出租车使用CNG燃料，占出租车总数的99%。推进液化天然气（LNG）市场培育，鼓励引导运输企业推广使用液化天然气（LNG）。

市交通发展集团有限公司成立 2013年8月，中共绵阳市委、市政府决定组建绵阳交通发展集团有限责任公司。该集团公司由以绵阳市交通建设有限责任公司为基础组建的集团本部和绵阳市高等级公路开发有限公司、绵阳市公共交通有限责任公司、绵阳市汽车客运总站、绵阳路桥建设有限责任公司、绵阳公路工程总公司、绵阳公路咨询监理事务所、绵阳机场集团有限公司等企业组成。注册资本金7.6亿元。主要职能是执行市政府的交通发展规划和年度计划，筹集重大交通基础设施建设资金，对重大交通基础设施项目进行投资，对投资项目进行建设和资产管理，对划入的国有资产进行经营管理，确保国有资产保值增值。

道路运输应急演练 2013年10月31日，绵阳市交通运输局与绵阳市国防动员委员会交通战备办公室联合举办绵阳道路运输防汛抢险救灾应急保障演练。演练模拟平武、北川等地汛期山洪、泥石流、滑坡灾害导致道路阻断，重点结合市（县）应急运力集结、运输任务执行、GPS监控、维修救援、单证牌使用等科目进行。全市12家客、货运输企业、维修企业、客运站400余人参加演练。

公共交通建设 2013年，绵阳市采取多种措施推进公共交通建设。一是优化城市公交线网和运力结构。新开线路5条，优化调整线路20条，线路总数达107条、线网里程达1 640公里，基本实现城市规划区公交线网全覆盖。科学分析线路运力和客流状况，对营运车辆进行合理调配，力求车辆利用效率的最大化；制订和实施行车计划，结合智能调度系统，采取高峰班、低峰班、通班等方式降低无效车公里，最大程度地满足市民出行需要。二是完善公交配套设施。完成城区公交站台人性化改造收尾工程，增设站台17座、站棚76个、坐凳50个，更换乘车线路图240幅，安装杆式站牌620个；积极争取公交路权优先落实，开通城区第二条公交专用道（天山加油站—临园口），双向通车里程已达12.3公里，公交车辆通行速度提升10%以上；建设专用道车载移动抓拍系统，为交警执法提供依据，确保专道专用。三是加快推进定制公交。通过在绵阳政务网、绵阳交通运输公众信息网、绵阳公交网设置定制公交客流调查网页，组织人员发放定制公交客流调查表等方式启动前期客流调查工作，与西南科技大学合作开发定制软件，对客流数据进行统计分析，定制公交初具规模。四是打造公交星级线路。在城区所有公交线路和车组中全面推开星级线路创建活动，建立以服务质量指标为核心的星级评价体系，制定安全营运、服务质量、营运秩序、车容环境、路队建设等6个方面的73条考核标准；完善激励机制，推行星级薪酬制，考核结果与职工收入挂钩，充分调动全体员工争创高星级线路的积极性，形成全员提高服务质量的良好局面。至年底争创星级线路94条，占线路总数的88%。营运服务间隔合格率、车内卫生状况合格率、营运安全合格率均在99.5%以上。五是建成公交智能调度系统。建成投用GPS公交智能调度系统和DVR公交车载监控系统，实现1 200余台公交营运车辆全程可视化监控、智能调度和分段超速报警等功能，有效提高车辆营运效率和安全水平。智能公交调度系统荣获2013年全国交通运输企业科技创新三等奖。 六是打造信息服务平台。建成公交线路手机终端查询系统，实现公交线路、站台、时间、班次和换乘等信息电子化显示；在10路公交车试行4G网络WIFI信号全覆盖，启动智能公交电子示范站牌建设，完善绵阳公交网信息查询系统。以手机公交、电子站牌、绵阳公交网“三位一体”的公交综合信息服务系统初具形态。七是落实公交惠民政策。夏季空调中级车由原来2元票制调整为1元票制；新增4条老年人、残疾人免费线路，免费乘车线路达15条，年运送老年人、残疾人乘客2 000万人次；在全省率先将儿童公交免票身高标准调至1.2米。八是加快推进公共自行车营运管理。年内办理自行车租赁卡1.6万张，925辆自行车全年使用次数达210万余次。

市出租汽车行业协会正式成立 2013年11月8日，绵阳市出租汽车行业协会成立大会暨第一次会员代表大会召开，会议表决通过《绵阳市出租汽车行业协会章程（草案）》，议定内设机构，选举产生理事会成员等。该协会的成立旨在切实提升全市城区出租汽车行业服务质量，形成行业自律机制，维护行业稳定。

《绵阳城区出租汽车服务质量信誉考核实施细则》试行 2013年，为确保绵阳市城区出租汽车服务质量信誉考核工作的顺利开展，绵阳市交通运输局运管处制订《绵阳城区出租汽车服务质量信誉考核实施细则（试行）》。《细则》明确试行时间、领导机构、实施步骤、职责分工等，试行工作于2013年11月1日—2014年12月31日实施，分筹备宣传、考核实施、总结评级三个阶段。

（本栏目供稿单位：绵阳市交通运输局）

广元市交通

GUANGYUAN SHI JIAOTONG

2013年广元市交通运输能力概况

公路			
通车里程	总里程（公里）		18 137
	其中	高速公路	374
		一级公路	39.3
		二级公路	938.3
		三级公路	310.1
		四级公路	10 953
		等外公路	5 522
公路密度	按国土面积计算：每百平方公里111.2公里		
	按人口计算：每万人58.2公里		
通达程度	通公路的乡镇234个，占乡镇100%		
	通水泥（油）路的村1 640个，占村65.6%		
客运站	总数（个）		550
	其中	一级站	1
		二级站	5
		三级站	7
		四级及以下站	537
营运车辆	总数（辆）		20 626
	其中	客车3 318辆68 119座	
		货车17 308辆67 764吨	
公路运量	客运	运量（万人次）	14 213.64
		周转量（万人公里）	405 966.05
	货运	运量（万吨）	5 329.414
		周转量（万吨公里）	687 399.58
内河			
通航里程	总里程（公里）		568.6
	其中	三级航道	
		四级航道	
		五级航道	
		六级航道	253.4
		七级航道	27
港口（码头）	总数（个）		1
	吞吐量	旅客吞吐量（万人次）	84.6
		货物吞吐量（万吨）	1 027.6
水路运量	客运	运量（万人次）	84.6
		周转量（万人公里）	1 271.8
	货运	运量（万吨）	1 043.65
		周转量（万吨公里）	2 803.7
营运船舶	总数（艘）		460
	其中	客船103艘3 092座	
		货船357 艘11 043 吨	

交通建设规划 2013年，广元市交通运输部门加强与交通运输部和省交通运输厅沟通协调，争取更多的交通建设项目纳入部省规划。一是精心编制2013年度交通建设项目建议计划，争取部省交通建设无偿补助资金20.31亿元，位居全省前列。二是广巴高速公路纳入国家高速公路规划，省道105线、省道202线、省道302线纳入国道规划《国家公路网规划（2013—2030年）》。三是10个“溜索改桥”项目纳入国务院扶贫办和交通运输部《“溜索改桥”建设规划（2013—2015年）》。四是编制《广元市普通省道网布局规划》，新增省道8条1 042公里。五是广南高速公路广元连接线工程等5个项目纳入干线公路联网畅通工程，13个县级以上客运站纳入汽车站提升改造工程。在全省八大交通专项工程方案中，广元市农村公路改善工程、公路安保工程、渡改桥工程的项目数量位居全省前列。

交通建设基本情况 2013年，广元市交通建设完成投资81.92亿元，其中市本级完成投资13.48亿元、县区完成投资68.44亿元。一是高速公路建设加快推进。广陕广巴高速公路连接线建设顺利推进，绵（阳）万（源）高速公路、广（元）平（武）高速公路开展前期工作。二是完成5个国省干线和重要经济干线改造升级项目。完成国道108线宝轮至赤化段改建工程、国道108线广元境内段示范工程、国道212线肖家坝至跃进桥段改建工程、朝天飞仙关嘉陵江大桥和青川七佛炉沟桥项目。三是交通“民生工程”建设，全年完成通乡油路317公里、通村公路1 682公里、安保工程222公里，建成渡改人行桥18座、小码头28个，完成渡船更新改造26艘。四是港口枢纽站场建设，广元港红岩作业区一期工程、下西货运站按计划顺利推进，广元港张家坝作业区、嘉陵江广元至南充界航道整治项目完成工程可行性研究报告编制。

广元市至甘肃省陇南市高速公路全线贯通 2013年12月26日凌晨，兰海高速公路甘肃境内陇南武都至罐子沟段建成试运行。武都至罐子沟高速公路全长130.32公里，起于甘肃省陇南市武都区两水镇，止于文县将军石，双向四车道，路基宽24.5米，总投资117亿元；是国家高速公路兰州至海口高速公路的重要组成部分，是国家“十二五”时期的重点交通基础设施建设项目。兰海高速公路四川广元至甘肃陇南段正式接通，标志着广元市至甘肃省陇南市高速公路全线贯通，新的高速公路出川大通道正式形成。

兰海高速公路甘肃境内陇南武都至罐子沟段楼房山隧道

广元市交通运输局 供稿

飞仙关嘉陵江大桥建成通车 2013年12月29日，广元市朝天区飞仙关嘉陵江大桥建成通车。该桥宽8米，总长615米，其中引道长450米、桥梁长165米，总投资2 000万元。该桥的建成通车从根本上解决了沿岸近3万群众的“过江难”问题，对完善广元市朝天区公路网，促进两岸经济社会发展，集聚要素资源、带动产业发展具十分重要的意义。

相关链接

飞仙关

飞仙关是蜀道上一处著名的险关。自古以来，飞仙关嘉陵江沿岸近3万群众一直依靠渡船与对岸往来。“过江难”是沿岸群众祖祖辈辈最期盼解决的问题。2011年11月30日，中央电视台播出《四川广元蒲家乡过江难 五千群众盼修一座桥》，集中反映沿岸群众急切盼望修桥的诉求。中共广元市委、市政府和省、市、区交通运输部门紧急行动，把群众的期盼付诸具体行动。飞仙关嘉陵江大桥被纳入“十二五”规划的重点工程项目和广元市加快推进的重点桥梁建设项目，并于2012年11月22日开工建设。

交通运输行业管理 2013年，广元市各级交通运输部门大力提升交通运输行业管理和服务水平。加强公路养护管理。开展公路日常养护管理，全市国省干线公路路面使用性能指数达87.3。推进国道108线广元段示范工程建设并通过交通运输部验收。加强公路路政管理。开展货运车辆超限治理，全年检测货运车14万余辆，卸载超限车22 600余辆，卸载货物5 000余吨，劝返严重超限车13 500余辆。加大公路安保投入力度，安装和维修波形护栏13.5公里，施划标线10余万平方米，新增交通标志标牌3 200余块、警示柱12 300余根、凸面镜100余套、防撞墙2 300余米，全市公路安全畅通。加强道路运输管理。加大重点时段、重要物资运输保障力度，全年道路运输完成旅客周转量40.6亿人公里，货物周转量68.7亿吨公里。中、高级客车比重上升4.3%，达到1 043辆。统筹城乡客运发展，全市新增农村客运班线14条，新增客车313辆，实现公司化经营车辆538辆。全年调整市城区公交线路5条，新增公交车38辆，新配置人力客运三轮车328辆，市城区新投入出租车31辆。全市集装箱等专用货物运输车辆达879辆，比上年增长8%。强化公共交通运输服务，努力提高公交出租驾驶员的业务技能和服务意识，广运集团出租公司“快乐驿站车队”被全国总工会表彰为“工人先锋号”。大力开展打击非法营运专项行动，全年查处各类非法营运车辆620辆次，查处非法营运残疾人三轮车和电动三轮车1 100余辆。加强航务海事管理。全市水路运输旅客周转量完成1 271.8万人公里，货物周转量完成2 803.7万吨公里。全市水上交通安全连续18年未突破省市下达的控制指标。

交通运输安全生产管理 2013年，广元市交通运输系统开展“平安交通”“道路交通安全综合整治攻坚年”“道路客运安全年”“打非治违”等专项活动，加强专项整治和监督检查，全年交通建设、道路运输、水上交通安全三项控制指标均为零，安全形势持续稳定。加强施工安全管理。全年组织开展各类施工安全检查180余次，发出安全检查通知50余份，整改安全问题300余项。加强公路安全管理。强化公路安全隐患排查治理，全年开展道路和桥梁安全大检查100余次，整治道路交通安全隐患190处，清理垮方120多万立方米，疏通涵洞7 000多道，安装或维修波形护栏220公里，设置各类警示标志500多个。加强道路运输安全管理。开展超长客运、旅游包车、危化品运输、汽车维修及车辆检测的专项整治活动，完成21家道路客运企业和客运站安全生产等级评估工作。加强水上安全管理。进一步完善水上交通安全规范化建设，全年新设水位观测点10个，更新客渡船舶2艘，建立乡镇救助队83个、水上交通救助站15个、船舶互救队20个，全市103个渡口均修建了小码头。组织排查河道采矿企业15家，查出并整改安全隐患560处，整改率100%。加强应急救援体系建设。组建广元市共产党员交通运输应急抢险突击队，组织100名突击队员成功举办公路抢通保通、水上抢险救助、道路运输应急保障的应急抢险演练。同时，投资3 000多万元的广元市公路水路应急指挥暨抢险救助保障系统一期工程建成投入使用，形成集应急指挥、抢险、救助、监控、服务于一体的电子信息网络。

马华调研交通建设工作 2013年6月14 日，中共广元市委书记马华在广元市交通运输局局长王国培等陪同下，调研广元港红岩作业区和广元港进港公路建设情况。马华一行先后察看各项工程质量和施工安全，并详细询问工程建设进展情况。马华指出，广元港红岩作业区及进港公路建设进展快，变化大。广元港建成后，水运成本低、能耗小、污染轻、运能大、效益高，广元水运行业将大有可为。他要求，各参建单位要按照既定目标，在保证质量和安全的前提下，尽可能地加快施工进度，力争广元港早日建成、早日投入运营、早日发挥嘉陵江水运的经济效益、生态效益和社会效益。

苍溪县农村公路岁修工作启动 2013年1月14日，苍溪县全面启动农村公路岁修工作。通过政府主导，积极引导社会各界广泛参与，切实加强全县农村公路的养护和管理工作。岁修工作是由中共苍溪县委、县政府倡导，乡镇党委、政府组织群众在每年春节前后和汛期前后，对辖区所有乡、村公路开展两次以上的维修整治工作。从2013年开始，县委、县政府将乡、村公路养护管理工作纳入对乡镇的年度综合目标考核，由县交通运输局和县农建中心按照公路养护标准，每年分两次进行岁修检查验收，并结合日常养护管理掌控情况，进行综合评定。县财政设立公路养护管理专项资金，按每个乡镇预算5万元给予补助，同时，对乡村公路养护管理工作考核合格的乡镇，按每公里1 000元标准给予奖励，考核不合格的，扣减相应的目标考核分并全县通报。

广元港红岩作业区进港公路开工 2013年2月5日，广元港红岩作业区进港公路开工建设。广元港红岩作业区进港公路起于兰海高速公路广元港互通专用出口，止于红岩作业区大门口，全长17公里，采用二级公路技术标准建设，设计时速60公里，路基宽10米，工程总投资4.9亿元，设计总工期540天。该工程是广元港红岩作业区连接国家高速公路网的重要通道，是构建广元次级综合交通枢纽的重要组成部分。

桥梁施工新工艺 2013年，广元市交通运输局积极推行桥梁施工“梁板预应力智能张拉”和“智能压浆”新工艺，提升公路桥梁工程建设质量。一是邀请湖南联智桥隧技术有限公司专家举行新工艺专题讲座，详细讲解桥梁施工关键工艺“预应力张拉”和“智能压浆”相对传统施工工艺的技术优势及操作方法。二是组织全市各级交通运输部门和交通建设单位负责人到利州区宝轮赤化桥现场观摩“梁板预应力智能张拉”和“智能压浆”新工艺演示。三是在广元市境内所有公路桥梁强制推广该项新工艺、新技术，努力提升全市桥梁整体技术水平。

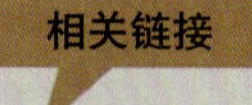

“梁板预应力智能张拉”和“智能压浆”

预应力张拉和压浆是预应力桥梁施工的两道关键工艺，预应力张拉与压浆的施工质量直接关系到桥梁的使用安全和耐久性。传统的张拉设备依赖人工控制，手工操作，往往出现预应力施加不准确、压浆不堆满、控制精度差等问题，易导致桥梁损坏、垮塌。智能张拉工艺能精确控制预应力值，克服传统人工张拉出现的预应力施加不足或超过、对称张拉不同步等问题，能有效避免桥梁开裂、下挠、破坏等风险，有利于保证桥梁结构安全，延长桥梁使用寿命。

广南高速公路广元连接线工程开工 2013年5月28日，广元市举行二季度项目集中开工仪式。中共广元市委书记马华出席仪式并宣布项目集中开工。该次开工的建设项目共90个，总投资197.9亿元。其中，广南高速公路广元连接线工程是该次集中开工的重大交通基础设施建设项目，也是广元市交通建设项目招商引资的第一个BT项目，是广元市城区连接广南高速公路的快速通道，起于万源新区，途经李家河、范家沟、元山观，止于广南高速公路龙潭互通，全长11.3公里，路基宽12米，采用二级公路标准建设，设计时速60公里，总投资4.2亿元。

白水大桥科研项目通过验收 2013年6月8日，省交通运输厅主持召开“高烈度地震区深水无墩大跨预应力砼桥梁设计施工关键技术研究”科研项目结题验收会。专家组充分肯定该项目研究成果，一致同意通过验收。该项目依托国道212线广元白水大桥的建设，开展高烈度地震区深水无墩大跨预应力混凝土桥梁的体系、上下部混合段受力特性数值分析和模型试验、深水基础施工关键技术、箱梁有效预应力的监测研究。采用文献资料分析、数值分析、模型试验、实测数据总结分析的方法，取得系列成果并形成整套研究报告。

国道108线陵江至宝轮段改建工程开工 2013年9月29日，国道108线陵江至宝轮段改建工程开工建设。国道108线陵江至宝轮段改建工程起于广元下西陵江袁家坝平交，经屈家坡、陈家岩、周家坪，垮白龙江后止于宝昭工业园区辜家坝。路线全长10.8公里，采用一级公路技术标准设计，路基宽23米，含大桥5座2 341米，中桥1座37米，隧道1座415米，总投资7.77亿元，建设工期24个月。

严家湾嘉陵江大桥开工 2013年9月29日，严家湾嘉陵江大桥开工建设。严家湾嘉陵江大桥是国道108线瓷窑铺至陵江改线工程的控制性工程，也是广元城市主干线北二环的重要组成部分。大桥主线长393.81米，其中桥梁长350米，桥跨采用8乘以40米预制简支预应力混凝土T梁加20米现浇预应力混凝土小箱梁，桥面宽30米。一级公路兼城市主干道标准，设计时速60公里，设计荷载公路Ⅰ级兼城A级，总投资8 569万元，建设工期18个月。

广陕广巴高速公路连接线工程开工 2013年9月，广陕广巴高速公路连接线工程全线控制性工程和路基施工全面展开，标志着该项目全面开工建设。截至2013年底，项目完成投资4.91亿元，完成路基土石方工程量138万立方米、下部结构9 917米、隧道工程掘进1 960.7米、路基防护工程完成11 221立方米、涵洞13道。

相关链接

广陕广巴高速公路连接线

广陕广巴高速公路连接线起于广陕高速公路上西坝吴家浩，经瓷窑铺、水柜村、大石镇，止于张家湾，全长19.5公里，概算总投资19亿元。于2011年12月25号正式开工建设，建设工期3年。设计时速80公里，路基宽24.5米，沥青混凝土路面，双向四车道。全线设大桥18座总长3 159米，最长的桥梁为张家湾互通相连的南河大桥，长620米，最高桥墩达55米；隧道4座总长3 636米，最长隧道为老光岩隧道，长1 129米；大吴家浩、瓷窑铺、东坝、大石、张家湾5处互通式立交，其中，东坝互通和大吴家浩互通出入口将设计成符合广元市旅游城市的风格出入口。

广元港红岩作业区船舶制造项目签约 2013年10月23日，在第十四届中国西部国际博览会上，广元市交通运输局与重庆长航东风船舶工业公司签订广元港红岩作业区船舶制造项目合作协议。该项目的签订填补广元市无法建造500吨级以上船舶的空白。

交通运输部检查验收国道108线广元段示范工程 2013年11月27日—28日，交通运输部专家组检查验收国道108线广元段示范工程建设工作。专家组指出，广元市因地制宜推进国道108线示范工程建设，把国道108线广元段建成“畅安舒美”、极具人文特色的示范公路，让人充分感受到“车在路上行，人在画中游”。国道108线广元段公路通行能力、路况服务水平、安全保障水平、公众服务能力和路域环境均得到大幅提升，实现提档升级，圆满完成示范工程建设各项目标任务，起到良好的示范效果。

交通应急指挥暨抢险救助保障系统一期工程投入试运行 2013年12月29日，四川省交通应急指挥暨抢险救助保障系统（一期）工程广元项目完成建设投入试运行。

广元市交通应急指挥暨抢险救助保障系统是汶川地震灾后公路恢复重建规划项目，由省交通运输厅全额投资试点建设。该项目于2012年4月开工建设，共投资3 000多万元，完成应急指挥大厅、移动应急指挥平台、统一通信网络调度系统等的建设，布设监控检测采集终端58处。该系统融远程调度指挥、公共信息服务为一体，具有路网状况监控、车辆场站监管、公众信息服务等主要功能，对全市各重要桥梁、隧道、公路地质隐患点、客货运站场等实现实时监控，并为抗击自然灾害侵袭提供科学决策和技术保障。

朝天公路养护段获全国公路交通系统模范职工小家称号 2013年2月28日，广元市朝天区公路养护段被交通运输部精神文明建设办公室、中国海员建设工会全国委员会评为全国公路交通系统模范职工小家，成为全省唯一获此殊荣的地方交通运输部门。

（本栏目供稿单位：广元市交通运输局）

遂宁市交通

SUINING SHI JIAOTONG

2013年遂宁市交通运输能力概况

公路			
通车里程	总里程（公里）		8 782
	其中	高速公路	296
		一级公路	115.6
		二级公路	265.4
		三级公路	506
		四级公路	6 446
		等外公路	1 153
公路密度	按人口计算：每万人22.81公里		
通达程度	通公路的乡镇 105个，占乡镇100%		
	通公路的村 2 096个，占村100%		
客运站	总数（个）		330
	其中	一级站	3
		二级站	3
		三级站	1
		四级及以下站	323
营运车辆	总数（辆）		18 609
	其中	客车 2 060辆40 855座	
		货车16 549辆76 173吨	
公路运量	客运	运量（万人次）	5 402
		周转量（万人公里）	222 373
	货运	运量（万吨）	3 225
		周转量（万吨公里）	511 950
内河			
通航里程	总里程（公里）		453
	其中	三级航道	
		四级航道	
		五级航道	
		六级航道	54
		七级航道	399
港口（码头）	总数（个）		84
	吞吐量	旅客吞吐量（万人次）	128
		货物吞吐量（万吨）	228
水路运量	客运	运量（万人次）	128
		周转量（万人公里）	1 369
	货运	运量（万吨）	228
		周转量（万吨公里）	2 071
营运船舶	总数（艘）		737
	其中	客船175艘6 125座	
		货船562艘14 050吨	

交通建设投资 2013年，遂宁市交通基础设施建设完成投资36.11亿元，比上年增长18.63%，投资规模连续4年保持在30亿元以上。其中，高速公路建设完成投资18.77亿元，地方公路建设完成投资17.34亿元，实现高速公路和地方公路建设的平衡发展。

遂资高速公路遂宁至资阳段建成通车　　遂宁市交通运输局 供稿

交通基础建设 2013年，遂宁市高速公路建设取得新成效，遂资眉高速公路遂宁至资阳段建成通车；遂广、遂西高速公路建设有序推进，遂宁段路基全线贯通。八大专项工程取得新进展，加快实施干线公路联网畅通工程，国道318线遂宁城区过境段改线工程、遂宁至蓬溪段一级公路改造工程、省道205线遂宁城区过境段改线工程、射洪段一级公路改造工程、遂宁至大英快捷通道等开工建设。实施农村公路改善工程。全市新建农村公路831公里，超额完成省下达的480公里目标任务。切实加强农村公路安保工程。完成安保工程93.4公里，整治危桥4座，渡改人行桥3座。强化公路养护，实施干线公路大修工程7.5公里。推进客运站升级改造，启动客运站提升改造工程项目7个。开展涪江复航研究，编制完成《遂宁港总体规划（初稿）》。

《遂宁市综合交通规划》编制完成 2013年，遂宁市交通运输局与交通运输部规划研究院和厅公路设计院组成联合课题组，系统研究遂宁综合交通发展战略、设施布局、建设方案，编制完成《遂宁市综合交通规划（2013—2030）》。12月19日，省政协副主席高烽、省交通运输厅副厅长张晓燕及省社科院、四川大学、西南交通大学、省公路学会和中国中铁二院工程集团等单位的专家学者对规划文本给予高度评价，同意规划通过评审。这是省交通运输厅和遂宁市政府共建次级综合交通枢纽战略合作取得的一项最重要成果，《规划》将成为指导遂宁综合交通发展的纲领和行动指南。

交通体制改革 2013年，遂宁市交通运输局高度重视交通运输行业的改革，着力破解制约交通运输的体制机制障碍。一是完成公路养护管理体制改革，将四川省遂宁公路养护总段、公路收费管理中心、公路管理处、路政管理支队、公路工程质量监督站、公路工程试验检测中心等6个单位机构进行合并，职能进行整合，新组建遂宁市交通运输局公路管理局、公路路政执法支队、公路质量监督处3个单位，彻底改变了过去"多头治路"局面，从根源上解决了困扰全市公路事业健康发展的体制问题。二是做大做强市本级交通投融资平台，以市交运局原有的川中公司为主体，将市国资委管理的公路拓展公司、公路检测公司、公路监理公司整体划入，组建遂宁交通建设投资有限公司，注册资本金扩大为5.6亿元，增强了交通建设的筹融资能力。三是积极探索公共交通服务的公益化，采用出租汽车新增运力经营权置换民营公交线路的方式，以市场手段平稳收回4条民营公交线路，公交经营领域实现了国进民退，回归了公共交通的社会公益属性。市财政给予公交发展资金支持近7 000万元，市城区优抚对象免费乘车服务达163万人次。

交通运输安全形势 2013年，遂宁市交通运输行业坚持"以人为本、安全第一、预防为主、突出重点、综合治理"的工作方针，实现交通行业安全发展，全年无道路、水运、建设领域安全责任事故发生。路政管理连续13年无事故，水上运输连续5年无事故。应对"6·30"特大暴雨灾害，完成应急抢险和通行保障任务。

交通质量监督管理 2013年，遂宁市交通运输质量监管切实推行公路水运工程施工标准化工作，开展公路水路工程质量安全督查34次，监督重点项目7个。竣工项目质量鉴定3个，确保工程建设质量。全市没有出现一例质量安全事故。

运输市场管理 2013年，遂宁市新增危险品货物运输企业1家，新增驾校2所，新训学员50 658名。新增长途客运线路1条，更新长途班线客车89辆，农村客运线路公司化改造3条。圆满完成春运、"黄金周"等关键时期的运输保障任务。

城市公交服务 2013年，遂宁市改善城市公交服务，实行老年人、残疾人乘坐公交车优惠政策，办理公交敬老卡、爱心卡10 479张，提供免费乘车服务163万人次。全年更新公交48辆。完成新增97辆公交车的招标采购工作。完善GPS智能调度系统和IC卡售票系统。完成公交线路、站点专项调查，新增公交线路1条，优化线路4条。成功置换第3路、第11路、第12路、第18路民营公交线路，公交经营体制改革迈出实质性步伐。

出租汽车管理 2013年，遂宁市出台《遂宁市出租汽车客运管理办法》，实施服务质量招投标和从业人员资格管理制度。全年新增出租汽车运力131辆，建立"一牵头、三联动"打击非法营运工作机制，全年查处非法营运行为1 100余次，处理出租汽车违规经营250辆次，净化了市场环境。

现代物流业发展 2013年，在遂宁市建设的中国西部现代物流港、健坤国际商贸物流城、远成物流中心等项目建设有序推进。遂宁公路物流港项目成功争取交通运输部补助资金3 500万元。"远成物流甩挂运输试点项目"进入2013年四川省甩挂运输项目推荐名单。

路产路权保护 2013年，遂宁市加强路产路权保护。全市全年清除路障3 200余处，拆除各类违章建筑73处。审批路政许可62件。依法查处损害路产案件36起，案件查处率、结案率100%，红线控制率98.5%。检测运输车59.7万辆次，处理超限运输车3.28万辆次，卸载1.3万吨，超限率控制在5%以内。配合做好高速公路入口超限超载车辆管控工作，确保无超限超载货车驶入高速公路。

交通法治建设 2013年，遂宁市严格执行"两集中、两到位"和办事"八公开"制度，行政许可项目统一入驻市政务中心交通综合窗口办理。加强执法监督，规范行政执法，全市无公路"三乱"（详见《附录》）行为，无执法有效投诉，无诉讼败诉案件。完成运政执法"四统一"建设。按规定停止政府还贷二级公路收费工作。

走基层惠民生 2013年，遂宁市交通运输局按照"走基层、解难题、办实事、惠民生"的要求，到安居玉丰镇联系点调研8次，船山区大东街社区帮扶3次，并落实2名科级干部负责定点联系，结对帮扶贫困户36户，资助现金、实物12万元。积极开展企业帮扶活动，协助企业解决生产经营困难4个，指导企业党组织建设1个。

政务服务 2013年，遂宁市交通运输局办理市人大代表建议15件、政协委员提案26件，办结率100%，A类件占81%，代表、委员满意率99%。办理“12345”政府服务热线交办件4 260件，限时办结率100%，群众满意率90%（市政府要求的满意率为85%）。实行群众办事导办员制度，协助办理相关事项15件次。

行业形象改善 2013年，遂宁市交通运输局深入开展“富民路·连心桥”以评促建活动，组织内部评议23次，征求企业意见3次，整改具体问题10个。深入推进“行业形象提升年”暨“创温馨公交·做微笑的哥”活动，创建精品公交线路2条，出租车优质服务“红标车”50辆，涌现出“爱心车队”“雷锋车队”“阳光车队”等服务典型。在全省交通运输系统政风行风建设公众满意度测评中得分9.83分，位居全省前列。

学习型班子建设 2013年，遂宁市交通运输系统开展“实现伟大中国梦、建设美丽繁荣和谐四川”主题教育活动，举办演讲比赛、知识竞赛、文艺演出等活动，丰富载体，增强感染力。加强交通业务知识培训，举办专家讲座4次，职工受教育率100%。加强舆论引导，全年新闻媒体刊发交通信息36篇，播放交通类节目40余期，有力宣传了交通运输建设成果。

党建工作 2013年，遂宁市交通运输局深入开展“四好班子”建设活动，深化干部队伍建设，采用竞争上岗、“双推双荐”方式选拔科级干部4名，遴选公务员4名，调整工作岗位2名。加强基层组织建设。全年指导非公企业、流动党支部69人次，座谈82人次，形成调研报告2篇。

（本栏目撰稿人：黄火平）

内江市交通

NEIJIANG SHI JIAOTONG

2013年内江市交通运输能力概况

公路			
通车里程	总里程（公里）		10 122.468
	其中	高速公路	242.015
		一级公路	61.935
		二级公路	427.268
		三级公路	455.606
		四级公路	5 322.586
		等外公路	3 613.058
公路密度	按国土面积计算：每百平方公里200.405公里		
	按人口计算：每万人23.549公里		
通达程度	通公路的乡镇115个，占乡镇100%		
	通公路的村2 071个，占村100%		
客运站	总数（个）		124
	其中	一级站	3
		二级站	5
		三级站	4
		四级及以下站	112
营运车辆	总数（辆）		18 144
	其中	客车2 413辆55 550客位	
		货车14 920辆70 661吨	
公路运量	客运	运量（万人次）	12 215.6
		周转量（万人公里）	384 811
	货运	运量（万吨）	6 444.4
		周转量（万吨公里）	656 783.3
内河			
通航里程	总里程（公里）		745.37
	其中	三级航道	
		四级航道	
		五级航道	
		六级航道	745.37
		七级航道	
港口（码头）	总数（个）		232
	吞吐量	旅客吞吐量（万人次）	315
		货物吞吐量（万吨）	283
水路运量	客运	运量（万人次）	315
		周转量（万人公里）	1 755
	货运	运量（万吨）	283
		周转量（万吨公里）	1 594
营运船舶	总数（艘）		262
	其中	客船131艘4 617座	
		货船131艘17 012吨	

公路基础设施建设 2013年，内江市交通重点项目建设完成投资21.5亿元，农村公路完成投资12.3亿元。开工实施重点公路工程、国省道改造升级工程和省级民生工程建设。新入城线玉王庙互通立交工程累计完成投资3.1亿元。内江城市过境（绕城）高速公路工程完成工程可行性研究报告评审，各项专题报告正送审。内江沱江花园滩大桥（沱江五桥）及连接线工程，计划投资2.8亿元，10月3日开工建设至年底，基本完成征地拆迁、施工便道修建、主桥墩及路基施工，完成投资1亿元。自（贡）隆（昌）高速公路征地拆迁、路基及桥梁建设工程，基本完成征地拆迁，路基、桥梁等控制性工程均开工建设，完成投资4.1亿元。内（江）威（远）荣（县）高速公路内江段征地拆迁、路基及桥梁建设工程，基本完成征地拆迁。所有控制性工程均开工建设，完成投资8.4亿元。省道206线刘家湾段与国道321线内江城区段连接线工程完工通车，完成投资863万元。

农村公路建设施工现场　　内江市交通运输局 供稿

国道321线泸州界至隆昌县城段路面改造工程，路线总长8.411公里，于2012年7月开工，2013年7月完工，完成投资4 584万元。

国道321线广成段隆昌飞泉立交桥危桥改造工程，于2012年7月正式开工，2013年6月完工，完成投资2 100万元。成渝高速公路苏家桥收费站改建工程，于2013年5月改建完成并投入使用，完成投资600万元。内江综合客运中心站建设工程，完成前期工作。省级“民生工程”建设，全市全年农村公路（水泥路）建设完成1 150公里，其中通乡油路252公里，通村公路898公里，完成投资12.3亿元。公路安保工程完成149.6公里。完成农村公路大中修112.717公里。按照“康庄惠民工程”建设实施方案，东兴区、隆昌县基本实现村村通油（水泥）路。

（彭高华）

国道321线泸隆段路面改造 该工程起于隆昌县山川镇与泸州交界处，沿线经过山川镇、加速村、新民村、光丰村，止于隆泸大道转盘处，全长8.411公里，按二级公路设计，路基宽12米，设计时速40公里，沥青混凝土路面。内江市公路局为项目建设业主，工程于2012年7月动工建设，2013年6月21日全面完成。

（内江市公路局）

隆昌飞泉立交桥改造 隆昌飞泉立交桥位于国道321线隆昌县境内，全长191米，预应力混凝土空心板筒支梁桥，行车道宽9米，两侧各1.5米人行道，上跨成渝、隆泸两条铁路，兼顾城市桥梁功能。改造工程于2012年7月13日开工，2013年5月全面完工，8月5日通过交工验收。

（内江市公路局）

公路养护管理 2013年，内江市国、省、县道共投入养护经费5 038万元，比上年增长1.3%。全年完成生态公路建设13公里，为目标任务的130%，完成4座公路危（病）桥整治，为目标任务的133.33%。投入1 915万元完成158.828公里安保工程建设，全年国省干线公路路面使用性能指数达89.4，名列全省第二位。

（内江市公路局）

交通抢险抗灾 2013年，“4・20”芦山地震，内江市公路局紧急启动应急预案，及时安排专业人员对管养的所有公路、桥梁、边坡、在建工程和养护站等重点区域和部分灾情进行多次核查，采取有效措施，防止次生灾害发生，并按规定及时、准确、全面上报灾情。7月10日，连续的大暴雨造成国道321线1 990公里加650米处涵洞跨塌、1 973公里加888米处桥面受损严重和1 939公里加947米处路段断道、全线挡墙多处受损，省道206线124公里处路基滑坡，直接经济损失900余万元。内江市公路局按照先急后缓的原则逐步开展水毁恢复应急工程抢修，确保国省干线公路安全畅通。

（内江市公路局）

桥梁安全监管 2013年，内江市公路局根据市政府《关于明确落实内江城区四座跨江桥梁日常养护管理工作的通知》要求，对内江市城区内跨越沱江河的沱江大桥、西林大桥、桐梓坝大桥、新坝大桥等4座大跨径大桥组织观测、桥梁运营状况分析和桥梁档案建立，聘请有相应资质的桥梁检测单位进行检测评定。严格落实桥梁安全管理责任，逐桥落实养护、管理、监管单位和责任人，按规定设置桥梁信息公开牌，严格执行桥梁养护工程师制度，及时开展桥梁经常检查、定期检查和特殊检查，建立健全桥梁档案，及时维护更新桥梁数据库，特别是“7・10”洪灾期间多措并举，监控城区4座桥梁安全状况，确保桥梁安全运行和群众出行安全。

（内江市公路局）

公路安保工程 2013年，内江市公路局按照统一领导、分级管理的原则，将安保工程纳入年度目标任务，签订责任书，并层层分解，落实到具体单位和人员，做到了有组织、有计划、有安排、有落实、有检查。在实施过程中，严格把好工程设计、审核、质量、管理、验收、经费控制六关，把安保工程与日常养护有机结合，做到统一计划、组织、实施、考核，实现了安保工程建设的日常化、制度化和规范化。在急弯陡坡路段设置标志标牌663块、划标线81.188公里，安装防护栏46.92公里、示警桩3 303个、减速带581米、反光镜4个。

（内江市公路局）

城市客运服务 2013年，内江市运管处针对城区出租汽车新增运力展开可行性调查，形成新增出租汽车运力可行性报告及实施方案，并于8月20日召开城区新增出租车运力听证会，广泛听取市级相关部门、经济学专家、城区出租汽车企业和经营者及广大市民意见，在详细了解现有出租汽车运营成本和经营现状的基础上，提出内江市城区出租汽车新增运力的意见和建议报市政府研究同意后并报省政府待批复。同时完成内江城区现有700辆出租车到期延续经营工作。

（内江市运管处）

为内江职业技术学院开行“校园直通车” 2013年，内江市运管处为保障内江职业技术学院6 000余名师生出行需求，开行2条内江职院新老校区“校园直通车”，8辆客车采取按序滚动发班方式运行，每天往返发班共计52个班次。

高考期间，组织开展“爱心送考”黄丝带大型公益活动，组织100辆“爱心送考”出租车免费接送考生1 600余人次，保证了考生顺利参加高考。

（内江市运管处）

城乡客运一体化试点 2013年，内江市各级运管机构坚持“统一管理、区域经营、调整延伸”发展模式，结合实际发展农村客运，开展农村客运公交化试点工作，切实解决广大农民群众乘车难问题。全市有建制村1 680个，通客车的达1 506个，通达率89.6%。

（内江市运管处）

驾驶员培训市场管理 内江市率先在全省建成“机动车驾驶培训行业动态监控平台”，被厅运管局指定为“驾培学时计时管理系统”试点单位。2013年6月18日，厅运管局在内江召开试点工作推广会，积极开展升级试点工作。该系统增加了卫星定位、无线传输、可疑数据分析等升级功能，有效防范机动车驾驶员培训弄虚作假行为，进一步强化对驾驶员培训过程的动态监管，规范驾校培训机构的教学行为。（内江市运管处）

道路应急保障运输 2013年4月20日8时2分，四川省雅安市芦山县发生7.0级地震后，内江市道路运输管理处按照厅运管局下达的四川芦山地震应急救援运输保障运输任务，立即启动应急预案，成立抗震救灾指挥部，采取迅速、高效、有序、规范、畅通、有力地应急措施，圆满完成抗震救灾应急运输任务。期间共运送抗震救灾物资200余吨。

（内江市运管处）

安全生产标准化建设 2013年，内江市运管部门狠抓行业安全生产管理，积极指导运输企业开展安全生产标准化创建，通过动态监控设备等科技手段强化安全源头管理，实现运输安全生产形势持续稳定。全市全年道路运输源头安全责任事故死亡人数为零，连续17年未发生重大以上事故，连续6年未发生较大以上事故，安全工作在全省道路运输系统考核中被评为优秀单位。被交通运输部、公安部、安全监管总局联合表彰为2012年度“道路客运安全年”活动成绩突出单位。

（内江市运管处）

船用防污设备安装 沱江内江段流域机动船共386艘，每日产生约1 000升含油污水，这些含油污水未经处理直接向沱江排放，极大威胁沱江内江段生态环境和沿线居民饮用水源安全。为保护沱江生态环境和内江饮用水源安全，结合《内江市甜城湖管理暂行办法》实施，自2013年4月8日开始，市航务海事局对沱江流域船舶安装防污设备。主机总功率大于22千瓦的船舶安装“0.05型”船用油水分离设备、主机总功率小于22千瓦的船舶配备污水桶。含油污水经处理后，污油可回收利用，排往舷外的处理水含油量低于百万分之15，符合国家法定排放标准。截至年底，有300余艘机动船安装船舶油水分离器，极大地改善了沱江水质。

（内江市航务海事局）

水运隐患整治 2013年，内江市航务海事局结合实际将菱角滩险滩和资中县39艘老旧渡船改造纳入隐患整改目标。两项安全隐患治理工程如期开工，投入资金580余万元。菱角滩险滩整治工程在汛期前结束，保证了汛期安全；资中县39艘老旧渡船于7月底全部改造完工并交付使用，保障了安全运输。

（内江市航务海事局）

路政管理 2013年，内江市路政巡查率95.69%，路政案件查处率100%，路政案件抽查合格率100%，全市无一起公路“三乱”行为发生，全市无一起因路政管理方失职而出现的交通事故，公路建筑控制区未被及时取缔的违法建筑物、损坏公路及其设施未被及时查处的案件、公路接道未被及时查处的案件、公路路障未被及时排除的案件均为零。超限运输治理进一步规范，确保了“绿色通道”的畅通。厅公路局以内江市巡查规范为基础制定《四川省公路路政管理巡查制度（试行）》在全省推广。内江国家Ⅰ、Ⅱ类“治超”站建设进度分别完成85%、90%。按省政府部署，道路交通安全综合整治行动快、效果好，做好第一批允许货车驶入内江市境内的6个高速公路入口的综合执法牵头工作，同时保护好内江境内地方道路的安全畅通。

（王　宏）

玉王庙互通立交桥建设　玉王庙互通立交位于成渝与内遂高速公路交叉处，由原十字互通四枝立交改建为五枝立交，与内江汉安大道西延线衔接。设计行车时速60公里，技术设计一流，2012年6月开工。建设内容包括定向匝道7 072米，上跨桥梁10座3 881米，投资4.61亿元。工程跨越高速公路23处，与既有线平交10处，跨线施工交通管制难度大，施工过程中不可预见的因素较多，7处上跨既有线现浇梁支架搭建与既有高速公路行车互相干扰。内江新入城线玉王庙互通立交桥建设工程项目作为内江门户枢纽工程，在实现内江市建设西部区域性综合交通枢纽，打造“成渝经济区重要增长极”的总体目标中起着举足轻重的作用。建成后，将成为中国第三、西南第一大规模公路互通枢纽。

（内江市交通建设工程质量监督站）

建设中的内江新入城线玉王庙互通立交桥　　内江市交通运输局 供稿

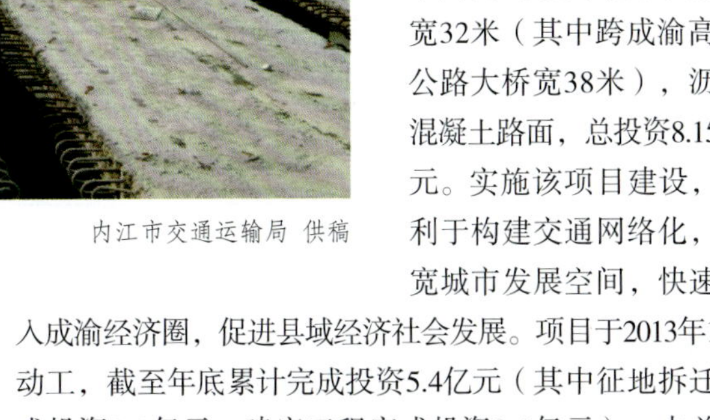

内安资安公路收费站拆除　按照四川省人民政府关于取消全省政府还贷二级收费公路项目、站点收费的规定，内江市交通投资公司从2013年1月1日零时起，一次性整体取消内（江）安（岳）公路、资（中）安（岳）公路收费，同时撤除其他收费站2个。并严格按照《劳动合同法》等法律法规，于2013年5月31日顺利完成两个收费站41人的劳动合同解除及人员安置补偿，支付安置补偿金98万余元。

（内江市交通投资开发有限责任公司）

城市公共交通　2013年1月，内江市发展改革委员会下发《关于扩大我市特殊群体免费乘坐城市公交范围的通知》（内发改价格〔2013〕11号），从2013年2月1日起，内江市八类免费群体持公交卡可乘坐公交高级车。内江市公交集团投资4 000余万元更新达国Ⅲ排放标准的环保天然气车辆107辆，陆续投入到6条线路营运；新开辟线路1条；根据内江城市管理需要，调整、优化了8条公交线路走向，取消大同街、上南街2个公交站点；更新公交站棚45个，市民候车条件进一步改善；5月28日，在郊区线路推行手持POS售票机服务，进一步推进公交智能化、科学化进程；8月29日，内江公交CNG加气站供气设备的升级改造竣工并投入运营，日加气能力达1.6万立方米左右，有力地提高了线路班次运行准点率。5月31日，位于内江市东兴区高桥镇油坊村的内江城北客运站（内江公交枢纽中心及配套设施）建设项目正式进场，该项目占地243亩、总投资3亿元、建筑面积2.5万平方米，该项目正有序推进中。截至年底，内江市公交集团拥有客运车辆734辆，员工1 575人，公交线路62 条，线路总长756公里，年客运量12 588.5万人次，年产值2亿元，资产总额3.69亿元。

（内江市公交集团）

隆界快速通道建设　隆昌县城至界市镇快速通道项目起于成渝客运专线隆昌北站，经界市镇、普润乡、金鹅镇、古湖街道，止于隆昌县城环城北路仓储物流园区大道，全程11.164公里，按一级公路标准，双向六车道，设计时速80公里，中间设2米宽绿化带，路基宽32米（其中跨成渝高速公路大桥宽38米），沥青混凝土路面，总投资8.15亿元。实施该项目建设，有利于构建交通网络化，拓宽城市发展空间，快速融入成渝经济圈，促进县域经济社会发展。项目于2013年1月动工，截至年底累计完成投资5.4亿元（其中征地拆迁完成投资2.3亿元，建安工程完成投资3.1亿元），占总投资66%。完成全部涵洞及挡防工程、路基成型11公里和10座桥梁下部结构，预计2014年底竣工通车。

（李伟俊）

乐山市交通

LESHAN SHI JIAOTONG

2013年乐山市交通运输能力概况

公路			
通车里程	总里程（公里）		11 613.405
	其中	高速公路	211.911
		一级公路	128.329
		二级公路	552.005
		三级公路	543.653
		四级公路	9 010.366
		等外公路	1 167.141
公路密度	按国土面积计算：每百平方公里91.28公里		
	按人口计算： 每万人32.70公里		
通达程度	通公路的乡镇 211个，占乡镇100%		
	通公路的村 2 038个，占村 100%		
客运站	总数（个）		92
	其中	一级站	3
		二级站	11
		三级站	4
		四级及以下站	74
营运车辆	总数（辆）		24 892
	其中	客车 2 057辆 50 168座	
		货车 22 374辆 152 786吨	
公路运量	客运	运量（万人次）	8 573
		周转量（万人公里）	384 811
	货运	运量（万吨）	10 645
		周转量（万吨公里）	922 943
内河			
通航里程	总里程（公里）		976
	其中	三级航道	
		四级航道	89
		五级航道	
		六级航道	32
		七级航道	172
港口（码头）	总数（个） 5（港） 20（码头）		
	吞吐量	旅客吞吐量（万人次）	32 580
		货物吞吐量（万吨）	2 740 479
水路运量	客运	运量（万人次）	248
		周转量（万人公里）	2 110
	货运	运量（万吨）	293
		周转量（万吨公里）	101 656
营运船舶	总数（艘）		382
	其中	客船 172艘 6 228 座	
		货船 208艘 70 900 吨	

乐雅高速公路建成通车 2013年9月12日，乐雅高速公路全线建成通车。该路全长113.43公里，其中乐山段55.08公里，路基宽24.5米，双向四车道。乐雅高速公路的建成，标志着成渝高速公路环线最终形成。

乐自高速公路建成通车 2013年12月30日，乐自高速公路全线建成通车。该路全长113.2公里，其中乐山段44.8公里，路基宽24.5米，双向四车道。乐自高速公路的建成，彻底打通川南、川中通江达海大通道，成为四川贯穿东西的骨干高速公路，标志乐山、自贡1小时交通圈正式形成。

乐山交通运输五大项目集中开工 2013年12月25日，乐山市井沙联网畅通工程、省道103线沐川老洋溪至马边县城段改建工程、省道306线峨眉和平桥至峨边县城改建工程、成贵铁路、成昆铁路扩能改造共5个交通重大项目，分别在井研县宝五乡和夹江县焉城镇同时举行集中开工动员大会。开工项目乐山境内总投资达170多亿元。5个项目集中开工，对进一步完善全市路网结构、助推民族地区“同步小康”、提升乐山区位优势意义重大，建成后将加速实现城乡大融合、区域大循环、周边大贯通。

重大交通运输项目建设 2013年，乐山市重大交通运输项目加紧推进。乐山绕城高速公路工程于9月全面开工建设。仁（寿）沐（川）新（市）高速公路仁寿至井研试验段于11月5日开工。乐（山）汉（源）高速公路预可行性报告经国家发改委和交通运输部专家组现场审查，全线初步设计基本完成。成绵乐铁路客专完成路基、桥涵、隧道、轨道板铺设，乐山、天下名山两个火车站站房完成主体工程建设。连（界）乐（山）铁路工程可行性报告编制上报待批，计划2014年10月开工建设。岷江航电枢纽工程八大类38个专题有34个取得批复，犍为枢纽环评报告根据环保部专家意见修改完毕将上报审批，土地预审专题待环评后审批。

彭琳调研乐山大交通建设 2013年3月22日，省交通运输厅党组书记、厅长彭琳深入乐（峨）雅高速公路夹江连接线、乐山港区等重点工程现场调研乐山大交通建设，强调加强高速公路路网与地方干线公路路网综合规划，解决好路网衔接问题，充分发挥高速公路作用，形成通达、通畅的综合路网。

2013年3月22日，省交通运输厅厅长彭琳（前左一）到乐山调研交通工作
乐山市交委 供稿

唐坚调研乐山交通建设 2013年3月7日，中共乐山市委书记唐坚率队深入乐山新港区、青江新区、市中区九峰镇、绵竹镇、牟子镇等交通重大项目建设现场，详细了解乐山港一期、乐山机场、连燕铁路、进港路、乐自高速、绕城高速及乐沙、乐峨、乐夹、乐井城际快速通道等重点项目推进情况，强调大交通是经济社会发展的先导性、基础性、战略性工程，决定城市未来的发展，一定要坚持大交通的先导地位，下决心破除“瓶颈”制约，要加强与省级部门的沟通衔接，加快前期工作进度，确保项目早开工、早建设。

国省干线改造和地方重点工程建设 2013年，乐山市国省干线公路改造和地方重点工程建设完成投资14.87亿元。省道103线、省道306线峨眉过境段建成通车。省道306线乐（山）峨（眉）路苏稽段改扩建工程、国道213线犍为沙嘴至岷江大桥段、国道213线沐川绕城线、省道103线菠（罗）美（姑）路、国道213线犍为绕城线、省道103线沐川黄丹至茨竹水毁整治工程、省道305线乐（山）夹（江）路改建工程项目建成投运。省道306线徐浩大桥改建工程、夹江青衣江三桥、沙湾大渡河一桥、燕岗火车站货场扩建工程、乐山公交总站等项目正抓紧施工。全市国省干线公路通行能力和路网服务水平进一步提升。

农村公路建设 2013年，乐山市新（改）建农村公路754公里，其中涉及“民生工程”考核的589.55公里，为“民生工程”目标任务的143.8%（通乡公路123.6公里，通村公路465.95公里，分别为“民生工程”目标任务的112.36%和155.32%）。公路安全保障工程建设完成61.85公里，为“民生工程”目标任务的123.7%。

公路养护管理 2013年，乐山市实施桥梁维修32座。与西安养护研究中心合作，实施国道213线三江至杨家河段沥青路面加纤开普封层预防性养护。开展“农村公路管理养护年”活动，全市建成示范乡镇22个，县道文明路169公里，乡道文明路142公里，村道文明路225公里。依托机械化养护公司，推进公路机械化养护，及时开展路面小修维护，修补沥青路面66 239平方米、水泥路面25 497平方米，处治路面灌缝裂缝178 855米。国省干线公路路面使用性能指数（PQI）达89。

抗震救灾 2013年，雅安芦山县“4·20”地震发生后，乐山市交委立即响应，迅速启动应急预案，加强值班值守，及时上报受灾情况；全面排查全市境内道路灾情隐患，快速抢通受损公路；设立劝返点，疏导交通，保障乐山通往雅安灾区的3条生命救援通道畅通；征集运力，积极支援灾区运输抗震救灾人员和物资。抗震救灾期间，共投入大型抢通机具2 126台次，投入抢险人员19 151人次，抢通公路651公里，清理塌方物843 898立方米。其中，国省干线投入大型抢通机具925台次，投入抢险人员2 851人次，抢通公路181公里，清理塌方物37 600立方米；农村公路投入大型抢通机具1 201台次，投入抢险人员16 300人次，抢通公路470公里，清理塌方物806 298立方米。

二级公路取消收费相关善后处置工作 2012年乐山市分两批撤销境内二级公路收费站15个。2013年，全市集中力量对撤站涉及的相关工作进行善后处置。4月中旬全面完成撤站影响路面的黑色化修缮；6月31日全面完成816名收费工作人员安置；撤站后银行债务处置，采用借新还旧、协商降低利率等多种办法，分别与15家金融机构签订贷款偿还协议。同时，加强部省衔接沟通，积极争取补助资金，相关债务经省交通运输厅、省财政厅、省审计厅审查，财政部专员办复审后，上报财政部待批。

乐自高速公路岷江特大桥主桥合龙 2013年4月16日22时53分，乐自高速岷江特大桥最后一个合龙段浇筑完毕，实现主桥贯通。该桥位于市中区车子镇与九峰乡交界，全长3 269.8米，桥面宽27.5米，概算投资3.59亿元，为乐自高速公路全线“一桥一隧”两大控制性工程之一。桥型设计先进，主梁为预应力箱梁，主桥长740.8米，连续3跨180米，在亚洲同类型桥梁中连续跨度最大，被誉为“亚洲第一跨”。大桥合龙，创造了一个枯水期完成3个超高难度水下基础施工的壮举。该桥由厅公路设计院设计，四川路桥建设股份有限公司中标承建。

乌蒙山片区交通联席会议举行 2013年9月13日，第二次乌蒙山片区交通联席会议在乐山市举行。四川、云南、贵州三省的乐山市、凉山州、昆明市、毕节市等10个市（州）交通运输局（委）负责人参加会议。参会单位围绕片区内的交通重点项目，特别是跨省、跨市（州）需要共同推进的项目进行交流发言。会议的召开，对于进一步强化区域合作，对接区域交通大项目规划，合力推进片区交通发展起到积极推动作用。

全省海事跨区巡航执法 2013年11月14日清晨，四川省航务（海事）局、乐山海事执法人员登上“川海巡168”监督艇，开展岷江海事跨区巡航执法活动。四川省联合巡航执法活动从乐山港旅游码头正式启航。巡航下行至岷江犍为县龙溪口与宜宾交界水域，结束岷江乐山航道约82公里航程的巡航，换成宜宾两艘海巡艇继续开展宜宾段巡航。跨区巡航对岷江重要滩险、桥梁、信号台、渡口码头等情况进行检查，收集资料，保障全航线水上安全。

省道103线马边段塌方事件 2013年5月9日17时10分，省道103线277公里加850米至277公里加950米处马边路段因地震次生灾害，造成路基整幅垮塌50米、沉陷50米，垮塌与路基沉陷数量约1万立方米。事发后，政协乐山市委副主席、市交委主任刘忠福率队赶赴现场进行紧急处置：一是在受损路段两侧设置安全警示标志，当地交通、公安部门在现场指挥，疏导交通；二是在100米受灾路段搭建行人临时通道，在路段两头派遣客车接送，确保群众通行。经连续三昼夜抢修，5月13日17时，水毁中断路段基本抢通，道路恢复通行。

“7·10”紧急救援 2013年7月10日，岷江洪水陡涨，16时55分，乐山市接绕城高速公路山东路桥项目部紧急报告，岷江四桥18名施工人员被困河心孤岛，等待救援。市交委、市中区政府密切配合，立即调集在附近执行任务的市中区武警应急分队2艘冲锋舟展开救援，至17时58分，18名被困人员全部安全救出。

中转首台海上风机 2013年3月25日，乐山大件码头成功中转东方电气集团东方汽轮机有限公司自主研发的首台5.5兆瓦海上风机。该机总重量329吨，拆分为机舱和轮毂分别装载于两台大型运输车运抵，风机机舱装车后高度达8.9米，为迄今为止乐山大件码头吊装设备中最高的一件。

乐山航道养护工作通过交通运输部考核 2013年5月23日，乐山市航道养护工作通过交通运输部考核。考核组认为四川航道里程长，乐山段航道养护工作任务重，领导重视，经费投入大，基础教育工作扎实，工作成效明显，符合航道养护技术考核要求。

人民公交监督员制度实施 为塑造城市公交服务行业良好形象，加大社会监督力度，提升公交服务质量，乐山市公交总公司实施人民公交监督员制度。2013年5月8日—17日，向社会公开聘用30名“人民公交监督员”。“人民公交监督员”于7月上岗，聘期一年，主要负责对中心城区范围内公交车的车容车貌、服务质量、安全行驶等方面进行监督。乐山市公交公司将为其提供每月免费乘车50次的IC卡，便于监督员刷卡乘车监督。

首条女子公交专线开通 2013年6月10日，乐山市首条女子公交专线——208路小公交正式投入运营。208路小公交全部为女驾驶员，通过统一培训，统一着装，统一上岗，工作中秉承微笑服务宗旨，展示巾帼风采。

乐山汽车客运中心站获全国百强诚信车站称号 乐山汽车客运中心站以“优质诚信铸就一流信誉，安全便捷乐运八方旅客”为宗旨，以旅客满意为目标，不断提高服务质量，为广大旅客提供优质诚信服务，受到旅客群众的广泛好评。客运中心站营运收入和利润水平连续4年刷新纪录。2013年10月，在北京召开的中国道路运输协会四届二次会员代表大会暨2013年中国道路运输年会上，乐山汽车客运中心站荣获“全国道路运输百强诚信车站”称号，站长岳波被授予第二届全国道路运输优秀站长称号。

乐西公路陈列室建立 乐西公路是中国公路抗战的典型路线。继编撰抗战筑路史《乐西公路》后，2013年4月底，乐山市交委在办公楼新辟《乐西公路》陈列室。陈列室陈列大量各类筑路前辈和筑路民工的工作和生活用品，专栏图文反映乐西公路修筑历程，并设抗战公路路线的沙盘，著名导演郑君里当年拍摄乐西公路修筑的纪录片及相关影像制品等，成为弘扬抗战精神，传承公路文化，进行爱国主义教育的重要基地。

（本栏目供稿单位：乐山市交委）

南充市交通

NANCHONG SHI JIAOTONG

2013年南充市交通运输能力概况

公路			
通车里程	总里程（公里）		21 348.365
	其中	高速公路	391.074
		一级公路	148.99
		二级公路	665.171
		三级公路	457.995
		四级公路	17 136.565
		等外公路	2 548.570
公路密度	按国土面积计算：每百平方公里186.942公里		
	按人口计算：每万人34.628公里		
通达程度	通公路的乡镇278个，占乡镇 100%		
	通公路的村5 321个，占村100%		
客运站	总数（个）		654
	其中	一级站	5
		二级站	11
		三级站	9
		四级及以下站	629
营运车辆	总数（辆）		40 371
	其中	客车3 375辆84 759 座	
		货车36 996辆193 040 吨	
公路运量	客运	运量（万人次）	8 604.314
		周转量（万人公里）	628 862.946
	货运	运量（万吨）	5 909.135
		周转量（万吨公里）	587 869.071
内河			
通航里程	总里程（公里）		1 729.8
	其中	三级航道	
		四级航道	301.3
		五级航道	
		六级航道	
		七级航道	1 428.5
港口（码头）	总数（个）	港口 1个，泊位 259 个	
	吞吐量	旅客吞吐量（万人次）	386 200
		货物吞吐量（万吨）	5 068 350
水路运量	客运	运量（万人次）	675.4
		周转量（万人公里）	5 470
	货运	运量（万吨）	977.2
		周转量（万吨公里）	24 903
营运船舶	总数（艘）		1 610
	其中	客船363 艘12 094座	
		货船1 247艘104 260吨	

城市公交	
营运车辆	投入营运公交车 632（辆）
公交线路	开行公交线路38条
公交站	公交首末站 8个（含换乘站）
	公交站（点）2 549个
运量	运送乘客1.6亿人次
备注	1、城市公交只统计的南充主城区（顺庆区、高坪区、嘉陵区）数据。 2、乡镇、建制村数据系市统计局提供。

交通建设投资 2013年，南充市交通继续以项目建设为抓手，加快推进高速公路、国省干线畅通联网工程、城市桥梁、港口码头、客运站提升改造、农村公路、公路安保设施等项目建设。全年完成交通建设投资105.72亿元，为年度目标的123.4%，比上年增长11.6亿元，增幅13.6%；为全市固定资产投资1 102.8亿元的9.6%，占全省交通建设投资1 276亿元的8.3%。

高速公路建设 2013年，南充市实施高速公路项目3个，年度计划投资42亿元，完成投资56.94亿元，为年度计划的135.57%。南（充）大（竹）梁（平）高速公路（南充段）建设完成投资31.34亿元，南充至渠县段

南充绕城高速公路东段　　　　南充市交通运输局 供稿

于12月28建成通车。南大梁高速公路通车后，南充市实现了县县通高速公路。巴（中）南（充）广（安）高速公路（南充段）建设完成投资18.60亿元，为年度目标103.30%。遂（宁）西（充）高速公路（南充段）建设完成投资7亿元，为年度目标116.67%。南充至绵阳高速公路完成项目核准，即将开工建设。营（山）仪（陇）阆（中）、营（山）达（州）、绵（阳）巴（中）、南（充）泸（州）、南充过境高速公路（东段）等项目前期工作有序推进。

嘉陵江大桥建设 2013年，南充下中坝嘉陵江大桥延伸线工程建设完成投资1.23亿元，年底全面建成通车。南充都京港嘉陵江大桥前期工作有序推进，招标代理公司已确定，正进行设计招标准备工作，预计2014年可开工建设。

港口码头建设 2013年，南充港都京作业区多用途码头一期工程建设完成投资5亿元，于 12月20日建成开港投入试运营。南充化工园区大件码头、旅游码头全面建成投入使用。新建公益性渡口码头19个，候船设施18个，更新改造渡船7艘，完成渡改人行桥10座。嘉陵江高等级航道建设项目工程可行性研究报告获省发展改革委批复并报国家发展改革委，并完成嘉陵江南充段的项目土地预审和规划选址工作，将于2014年开工建设。南充港都京作业区多用途码头进港道路北段、南段及下中坝滨湖路东西段已完成施工图设计和征拆工作，完成投资1 200万元，拟于2014年开工建设。

建设中的南充港　　南充市交通运输局 供稿

国省干线公路建设 2013年，南充市国省干线公路改造完成投资13.9亿元（含结转）。完成国道212线西充、南部、阆中城区过境段、省道101线南部县城过境段改造。国道212线、省道203线、省道204线有关改造工程全面实施并顺利推进。国道212线、国道318线有关拟改建项目和南部定水至升钟到阆中思依等新建一级公路及一大批干线公路联网畅通工程建设项目正在抓紧开展前期工作。

交通"民生工程"建设 截至2013年底，南充市累计建成农村公路20 208.306公里（县道2 491.288公里、乡道2 392.439公里、村道15 275.743公里，专用公路48.836公里），占全市公路总里程的94.66 %，实现100%的乡镇、80%的建制村通水泥（油）路，100%的村和60%的村民小组通公路。全年完成农村公路通乡里程226.6公里，通村公路里程1 922.1公里，分别是年目标的125.86%、113.06%。完成通乡公路安保工程年目标任务的105%。完善通村公路安保设施年目标任务的103.98%。

客运站建设 2013年，南充市客运站改造提升工程加紧实施，蓬安汽车站建成投入使用，南部东客运站建设快速推进，其他客运站改造提升项目正在抓紧开展前期工作。农村客运站（点）建设圆满完成省、市下达目标。

公路养护管理 2013年，南充市积极探索公路养护机制改革，深入推进公路养护机械化、专业化、精细化，广泛推行新工艺、新材料、新技术，干线公路通达深度和承载能力不断增强，公路服务水平进一步提升。国省干道路面使用性能数（PQI）达82.2以上。公路中修完成127.7公里，改（扩）建65.5公里，新建58.2公里。加强公路预防性养护，在国道212线实施同步封层、耐高温防腐蚀油漆、桥梁无缝伸缩缝、沥青混凝土路面灌缝、冷拌料修补坑槽、沥青路面养护剂共6个预防性养护科研项目，11月20日，厅公路局科研课题组进行验收，并给予高度评价。公路机械化养护（应急抢险）中心建设成效显著，投资1 900余万元建成集公路机械化养护和应急抢险综合功能于一体的养护中心，被厅公路局定位为"全省一流的养护中心，全省最好的、功能最完善、规模最大、建设标准最高的养护中心"。

航道养护管理 2013年，南充市航道养护和港口码头建设完成投资7.25亿元。全年累计巡航640艘次，补（增）设棒标2 243座，正常维护灯标84座，完成12.84万标天，航标设置齐全、标位准确醒目，航道设施设备完好率达到98%。5月，市航道养护工作代表全省迎接国家交通运输部检查，获得各方好评。嘉陵江南充段航运配套工程前期工作基本

嘉陵江大件船舶运输　　南充市交通运输局 供稿

完成并即将开工建设。为确保水上大件设备运输顺利进行，投资0.11亿元，完成嘉陵江重庆至南充化学工业园区大件码头航道21个滩险炸礁和疏浚整治工程，使嘉陵江断航26年后实现季节性通航。《新华每日电讯》《中国水运报》《四川日报》《南充日报》等新闻媒体进行了宣传报道，厅航务局在全省航务海事系统予以通报肯定。

交通运输行政执法 2013年，南充市交通运输行政执法部门认真贯彻落实《全面推进依法行政实施纲要》，以开展“富民路·连心桥”以评促建活动为契机，狠抓行政执法责任制落实，强化执法队伍建设和管理，规范行政执法行为，治理整顿执法风纪，严肃查处违法违规行为。交通行政执法“四统一”工作扎实开展，11月8日，省交通运输厅在南充市召开全省交通运输行政执法“四统一”建设工作现场会。认真贯彻落实《公路法》《道路交通安全法》和《路政管理条例》，加强路产路权维护；深入开展治理车辆超限超载工作，出动人员9 925人次，检查载货车1 326 255辆次，查出超限超载车60 113辆次，卸载5 262辆次，卸载货物7 598.6吨。航道执法不断加强，出动执法人员530人次，执法车103辆次，海巡艇50艘次，巡航640艘次，检查船舶1 617艘次，查处签证过期、未持服务簿等行为28起，查处破坏航道违法行为13起。

交通行政审批许可 2013年，南充市交通运输行政审批许可工作进一步加强，交通规范性文件审核、备案和清理等制度落实，按照“两集中，两到位”要求，交通行政许可事项全部入驻市政务中心，受理行政许可2 399件，办结2 399件，现场办结率和按时办结率均为100%。交通行政审批事项进一步规范、透明和公正，确保行政审批“阳光”运行。

交通运输安全维稳 2013年，南充市交通运输部门开展“平安交通”创建活动，强化“一岗双责”（详见《附录》）机制，拉网排查安全隐患。全市全年水上交通安全实现“零死亡”控制目标，道路运输杜绝了因行业管理部门把关责任导致的安全事故，公路、航道养护和交通建设工程施工无任何事故发生。着力强化“事要解决”力度，及时、妥善解决高速公路客运班线公司化改造，出租汽车到期经营权处置、新增运力投放等矛盾和问题，维护了行业稳定。

道路运输市场管理 2013年，南充市深入推进道路运输公司化改造，督促道路运输客运企业对多条班线进行公司化改造，落实道路旅客运输企业的主体责任，强化道路旅客运输企业的源头监管职责，旅游客运、超长客运、农村客运管理进一步规范。深化运输管理体制改革，完成市县两级运管部门改运管局工作，南充市运管机构更名为“南充市道路运输管理局”，市辖三区运管机构分别更名为南充市道路运输管理局顺庆分局、高坪分局、嘉陵分局，市辖县（市）运管机构分别更名为“县（市）道路运输管理局”。强化出租汽车管理，通过“向管理要过程，向终端要质量”“全员暗访”“每月GPS违章查阅”等专项整治活动的开展，促进了出租车管理和服务质量大幅提升。查处违章出租汽车230辆次，纠正违章325辆次，扣分处罚690辆次，乘客投诉量比上年下降76%。强力打击非法营运，以打击非法营运中的团伙为重点，在全市范围内开展力度更大、层次更深、投入更多的“打黑”工作。在公安、交警等部门的紧密配合下，共出动执法人员2万余人次，执法车8 000余辆次，查扣各类非法营运车2 000余辆。

邮政管理 2013年，南充市新建乡镇邮政局（所）31个，建成村邮站191个，新建报刊亭26个，新建楼盘全部按标准设立了信报箱。全市现有邮政和快递服务网点790个，网点覆盖率达81.9%。全市邮政行业业务收入达5.8亿元，全省排名第2位，比上年增长20.53%。其中快递业务量完成400万件，川东北排名第1位，比上年增长40.15%。全面开展邮政普通服务、快递企业经营范围及寄递信息安全检查，先后对速递物流、顺丰、韵达等26家快递企业的经营情况进行检查，共提出整改意见70余条。组织全市邮政、快递26家企业向社会公布《邮政、快递服务质量十项承诺》，同时公布了监督投诉电话。会同市文明办开展南充市首届“十佳投递员”评选活动，成立全省首家市级快递协会，制定快递行业《自律公约》，建立快递企业自律机制。协调促成南充高坪机场开通“航空快递”业务。

城市公交管理 2013年，南充市城市公交管理不断加强，通过落实职工教育培训、完善管理制度、强化安全监管、加大服务设施建设力度等措施，城市公交覆盖率和服务能力明显提升。全年新（改）建公交场站66个，新增公交车116辆，调整优化公交线路29条，新开市政新区至嘉陵高客站公交快车线路2条。

交通建设市场管理 2013年，南充市交通运输建设管理部门认真贯彻执行建设市场管理有关法律法规，强化交通运输建设市场监管，重点整治建设领域招投标、施工管理等突出问题。加强项目建设质量和安全施工监管，全面开展创“平安工地”活动，对在建的南大梁、巴南广、遂西高速公路、南充港都京作业区一期工程、下中坝嘉陵江大桥延伸线工程的工程质量和安全施工进行全方位监督检查。规范交通建设市场，确保项目建设质量。

收费公路管理 2013年，南充市收费公路管理部门按照省政府办公厅《转发交通运输厅等部门四川省政府取消二级公路收费实施方案的通知》，自1月1日零时起，取消市境内国道318线长乐收费站，省道101线大河、安坝收费站，省道203线金城、蓬安收费站，省道204线观音收费站，省道302线姜家拐收费站，县道潆溪经新政至马鞍公路金台收费站等8个政府还贷二级公路收费站。

根据交通运输部、国家发展改革委、财政部《关于加快推进收费公路专项清理整改工作的函》和省交通运输厅、省财政厅、省发展改革委《关于同意国道212线顺庆至阆中段实行单向收取车辆通行费的批复》，自8月1日零时起，市境内国道212线南充至阆中段设置的何家观收费站、义兴收费站、金星收费站和孙家垭收费站实行单向收取车辆通行费。

（本栏目撰稿人：申安荣 谢胜东）

宜宾市交通

YIBIN SHI JIAOTONG

2013年宜宾市交通运输能力概况

公路			
通车里程	总里程（公里）		18 264.911
	其中	高速公路	201
		一级公路	53.88
		二级公路	737.876
		三级公路	362.281
		四级公路	13 713.020
		等外公路	3 196.854
公路密度	按国土面积计算：每百平方公里135.65公里		
	按人口计算：每万人33.3公里		
通达程度	通公路的乡镇185个，占乡镇100%		
	通公路的村2 950个，占村100%		
客运站	总数（个）		143
	其中	一级站	3
		二级站	9
		三级站	5
		四级及以下站	126
营运车辆	总数（辆）		21 472
	其中	客车2 096辆57 495座	
		货车19 376辆78 392吨	
公路运量	客运	运量（万人次）	16 380
		周转量（万人公里）	550 865
	货运	运量（万吨）	5 939
		周转量（万吨公里）	436 577
内河			
通航里程	总里程（公里）		963.3
	其中	三级航道	100
		四级航道	76.2
		五级航道	107
		六级航道	0
		七级航道	219
港口（码头）	总数（个）		159
	吞吐量	旅客吞吐量（万人次）	156
		货物吞吐量（万吨）	1 659.9
水路运量	客运	运量（万人次）	223.5
		周转量（万人公里）	2 351
	货运	运量（万吨）	527.4
		周转量（万吨公里）	200 577
营运船舶	总数（艘）		432
	其中	客船153 艘8 182座	
		货船279艘167 109吨	
备注	码头总数159（其中乡镇码头132个）		

交通建设投资 2013年，宜宾市交通基础设施建设完成投资70.3亿元。其中重点项目建设完成投资49.3亿元，水运建设完成投资10亿元，农村公路建设完成投资11亿元。

《宜宾建设全省通江达海交通枢纽中心规划纲要》通过审议 2013年，宜宾市交通运输局编制完成《宜宾建设全省通江达海交通枢纽中心规划纲要》，并通过中共宜宾市委四届六次全会审议。新规划确定"46559"的发展思路，即4个核心项目、6条铁路贯穿、5纵5横交叉、1绕9射12条高速。

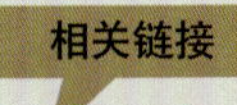

宜宾市交通运输"46559"发展规划：

"4"，指4个核心项目：港口达标200万标箱；机场建成投入运营；完成长江"黄金水道"三级升一级整治，实现3 000吨级以上船舶常年昼夜通航；建设以高速铁路宜宾东站为中心的枢纽项目。

"6"，指内（江）昆（明）、成（都）贵（阳）、宜（宾）叙（永）、渝（重庆）昆（明）、宜（宾）攀（枝花）、宜（宾）毕（节）等六条铁路。

"55"和"9"分别是指五横五纵快速通道和9个方向12条高速公路。以内宜、乐宜、宜泸高速公路为依托，建设一条绕城高速公路。有四条高速公路通过宜宾县，原来要两小时到泥溪，届时半小时就可到达。以绕城高速公路为起点，乐宜、内宜、水麻、宜攀、宜昭、宜毕、南内、宜叙、宜泸、宜仁10条高速公路从宜宾两区八县辐射而出。加上仁沐新过境高速公路全部建成后，宜宾就将实现县县通高速。

宜叙高速公路开工建设 2013年9月15日，宜（宾）叙（永）高速公路全面开工建设。截至年底，完成95%的土地交付和70%的房屋拆迁工作，开展路基土石方及桥涵结构物建设，完成投资20.28亿元。宜叙高速公路起于宜宾过境高速公路绥庆枢纽立交，经翠屏区李端镇，长宁县竹海镇、龙头镇、双河镇、梅硐镇，兴文县僰王山镇、古宋镇，在叙永县双桥互通接纳黔高速公路，全长114公里（含连接线18公里），宜宾境内长103公里，双向四车道，总投资107亿元。该项目经省政府授权宜宾市政府采取BOT方式建设，由省铁投集团、四川路桥集团投资，四川宜叙高速公路有限公司建设。

宜昭高速公路宜宾段开工建设 2013年，宜（宾）昭（通）高速公路宜宾段完成前期工作，招商成功。投资方伊力宜昭高速公路投资有限公司启动征地拆迁工作，完成临时用地20多公顷，在筠连县筠连镇百花村完成开工现场场地平整并推进主线路基施工，全年完成投资5亿元。宜宾至云南省昭通市彝良县高速公路，起于宜宾过境高速公路双河枢纽互通，途经高县来复、庆符、文江、筠连巡司、蒿坝，在川滇交界尖山子进入云南境，宜宾境内全长130公里（含过境高速宜昭至宜叙段30公里），双向四车道，总投资165亿元。该项目经省政府授权由宜宾市政府采取BOT方式建设，由四川宜宾伊力集团有限公司、邢台路桥建设总公司、中交远洲交通科技集团有限公司联合投资，宜宾伊力宜昭高速公路投资有限公司建设。

宜宾绕城（过境）高速公路西段开工建设 2013年，宜宾绕城(过境)高速公路西段全面完成前期工作，招商成功。投资方宜宾伊利过境高速公路投资有限公司进场施工，完成临时用地33公顷，在宜宾县高场镇完成开工现场场地平整及岷江特大桥南岸桥头施工便道并加快推进主线路基施工，全年完成投资5亿元。宜宾绕城（过境）高速公路西段起于乐宜高速公路中峰寺，经思坡金城下穿拟建的成贵铁路，跨岷江，经玉龙，在柏溪镇大田坎接宜水高速公路，利用现有宜水高速公路至冠英段，然后从冠英向东展线，经天堂坝止于五角冲接宜昭高速双河枢纽互通，全长39.04公里，建设里程31.42公里，双向四车道，总投资40.2亿元。该项目经省政府授权由宜宾市政府采取BOT方式建设，由四川宜宾伊力集团有限公司、邢台路桥建设总公司、中交远洲交通科技集团有限公司联合投资，宜宾伊力过境高速公路投资有限公司建设。

宜毕高速公路宜宾段开展项目前期报批及招标工作 2013年，宜宾至威信至毕节高速公路宜宾段完成项目外业勘察和内业设计，开展项目前期报批及投资人BOT招标工作，与潜在投资人签订《投资意向协议》，全年完成投资2亿元。宜毕高速公路起于宜叙高速公路龙头枢纽互通，经底洞、上罗、罗渡、洛表，在洛亥镇斑竹湾进入云南，宜宾境内全长55.6公里，双向四车道，总投资81.9亿元。该项目经省政府授权由宜宾市政府采取BOT方式建设。

宜攀高速公路前期推进情况 2013年，宜宾至攀枝花高速公路项目预工程可行性报告编制完成，通过省交通运输厅审查。宜宾市、凉山州、攀枝花市3个市（州）交通运输局签订《关于加快推进宜宾—新市—金阳—攀枝花沿金沙江高速公路项目建设工作座谈备忘录》，建立工作联系机构和工作联席制度。宜攀高速公路起于宜宾过境高速公路，经宜宾市宜宾县、屏山县，凉山州雷波县、金阳县、宁南县、会东县、会理县，攀枝花市盐边县、仁和区等县（区），全长约469公里（其中：宜宾市境内约112公里；凉山州境内约309公里；攀枝花市境内约48公里），双向四车道，估算总投资621亿元。年内加快推进工程可行性研究等前期工作。

宜屏一级公路建设 宜宾至屏山新县城一级公路于2012年6月开工建设，截至2013年底全面完成路基及桥涵工程。该项目起于翠屏区菜坝组团喜捷方向立交口，止于屏山新县城规划接口倒骑龙处，全长15.09公里，路基宽20米，总投资4.8亿元（其中建安费3.4亿元），四川省宜宾市交通投资开发公司为项目业主组织实施。

屏山至新市镇复建公路建成通车 2013年，省道307线屏山至新市镇复建公路全面建成通车。复建工程起于省道307线底坝大桥，从原省道307线跨河沿富荣河展线至龙华，经盐井窝、大石包、新开滩，止于新市镇。线路长约43公里，其中大桥55座7 317.52米、中桥28座1 604.98米，隧道3座932米。公路等级为三级公路，设计行车时速40公里、路基宽7.5米～8.5米，沥青混凝土路面。工程设计总概算约84 261万元，其中建安费约63 977万元，平均每公里造价约1 939万元。工程由厅公路设计院设计，武警交通施工，中南院监理。

长宁李端至巡场公路改造工程完工 省道308线长宁李端至巡场改造工程全长30公里，其中李端至沙河提升改建15公里，路基宽12.5米；沙河至巡场实施路面整治15公里，路面宽16.5米。总投资42 343万元，改造工程于2013年4月开工，8月完工。

宜宾至长宁旅游公路路面改造完工 宜宾至长宁旅游公路路面改造工程起于宜宾市翠屏区大溪口，经南广镇、姚家咀、宋家乡、牟坪镇、李端镇、长宁县城，止于长宁县三里半与旅游环线公路相接，全长45.899公里，宽20米，总投资11 880万元。改造工程于2013年4月开工，8月完工。

水运港口建设 2013年，宜宾市港口建设取得成效。推进志城作业区一期工程4个多用途泊位和1个滚装泊位、向家坝库区龙尾等淹没复建码头建设。志城作业区一期工程完成安全、航标等专项验收，码头竣工验收基本完成。长宁香炉滩码头完成竣工验收正式投入使用。推进南溪罗龙作业区一期、江安阳春坝作业区、三滩子码头港口岸线报批。推进皖北煤业江安二龙口作业区、志城重件泊位、散货泊位等项目前期工作。完成向家坝370米、380米蓄水航道应急维护设施建设工作。配合推进长江宜宾至重庆段中洪水期航道维护水深提高至3.7米试运行工作，推进长江宜宾以下航道三级升二级建设工作。配合推进水富至宜宾段三级航道整治工程项目前期工作。岷江宜宾至月波三级航道整治工作进入倒计时，

2013年5月，长宁香炉滩码头竣工投入使用

宜宾市交通运输局 供稿

正在进行专项审查申报工作。

农村公路建设 2013年，宜宾市加快农村公路特别是农村断头路建设，完成联网路改造170公里，为目标任务的113%。完成通村公路建设900公里，为目标任务的164%。完善安保设施100公里，为目标任务的125%。

路政管理 2013年，宜宾市路政部门全面完成路政执法场所外观、服装、证件、标志“四统一”工作。路政6项行政许可和公共服务项目办理时间再次提速，比法定时间提速90%以上，政务服务中心路政窗口受理路政许可3 600件，全部按时办结，路政窗口及工作人员每季度被政务服务中心评为先进窗口和优秀工作人员，无一起投诉、行政诉讼和复议案件。完成2013年交通运输行政执法评议考核工作。全年超限率控制在4.5%左右，完成省交通运输厅下达超限率控制在5%以下工作目标。无行政复议，无行政错案，无安全责任事故。

运政管理 2013年，宜宾市运政部门出动稽查人员21 333人次，出动稽查车4 388辆次，查处各种车辆案件1 340件，查获非法营运车辆432辆，出租车异地经营58辆次，出租车其他违章行为80辆次，客车不按批准站点停靠等其他违法违规行为45辆次。查处各类违章案件数量和办案质量为历年来最高。

城乡客运 2013年7月1日，宜宾市城市公共交通有限公司挂牌成立，新购98辆高档公交车投入运营，民营公交企业退出公交经营。新开4条、优化调整5条公交线路。高考期间，安排93辆公交车作为考生接送专车。开展中心城区出租企业质量信誉考核工作和出租车爱心送考公益行动。推进新增出租车投放工作，召开中心城区新增425辆出租车经营权听证会。

同年，宜宾新增农村客运线路13条，新增农村客运车辆14辆。截至年底，全市共有农村客运线路589条，客运车辆1 314辆。

货运物流 2013年，宜宾市交通运输局按照市政府印发的《宜宾市道路物流发展规划》，抓好道路货运企业申报省、市重点物流项目工作，引导货运企业转型发展。组织6家企业申报2013年省级重点物流项目，其中2家道路物流企业列为省级重点物流项目。全年组织13家企业申报市级重点物流项目，其中3家道路物流企业列为市级重点物流项目。

春运工作 2013年春运期间，宜宾市道路运输投入客运车2 042辆，累计运行客运班车25万辆次（其中加班9 541辆次），疏运旅客 547万人次（其中疏运农民工36万人次），比上年增长3%。投入公交车757辆，开行32万趟次，疏运旅客2 110万人次。投入出租车1 272辆，疏运旅客779万人次。全市水路运输投入客运船只143艘，疏运旅客28万人次。全市未发生一起较大以上交通责任事故。

驾驶员培训 由交通运输部、公安部联合发布的新版《机动车驾驶培训教学与考试大纲》（以下简称《大纲》）2013年1月1日起正式实施后，宜宾市交通主管部门及时指导和督促驾校按照《大纲》和国家相关的资格条件要求，对教学场地、设施设备进行改造和建设。全市驾校42台读卡设备、38台理论教学设备、37台模拟驾驶教学设备和733台教练车车载设备升级工作全面完成，全市全年通过IC卡系统培训的学员达3.6万人。全市驾校共增加训练场地4.37公顷，新增教练车99辆，更新教练车36辆，淘汰不适应教学的教练车31辆，年培训能力比2012年增加6 876人次，培训场地数量和年培训率均实现增长。

机动车维修服务 2013年，宜宾市根据机动车维修市场需求，新发展修洗车企业21家（其中一类维修企业2家、二类维修企业11家、三类维修企业8家）。指导宝马4S店、奥迪4S店等机动车维修企业的筹建。全年举办维修技术人员从业资格培训 8期，培训人员661人；开展压缩天然气汽车专用装置定点维修人员资质培训班1期，培训人员108人，给培训考试合格人员颁发结业证和上岗证。检测营运客货车22 824辆次、车辆二级维护竣工上线检测7 558辆次。车辆年审技术审查车3 832辆，对新增的165辆中高级和普通级客车进行技术审查和类型划分，对新增的20辆危险品货运车进行技术审查，对到期的985辆客车进行类型划分续评。

工程建设质量监督 2013年，宜宾市交通运输工程建设质量监督推行驻地质量监督制，成立驻地质量监督办公室，每日记录监督工作开展情况。强化事前告知、事中检查、事后检测，严格无损检测、工程竣（交）工验收。先后完成水运工程项目1个，独立桥梁工程项目2个，独立隧道项目1个，重点公路工程项目的质量监督任务6个，监督里程167.1公里。完成6个项目的交工验收质量检测，验收通过率100%。完成3个项目的竣工验收质量鉴定，验收优良率100%。

交通运输安全管理 2013年，宜宾市开展“安全生产年”“百日安全”活动，全市交通运输行业无重特大安全生产责任事故，安全生产形势持续稳定。道路运输行业开展汽车客运站安全生产状况评估、道路应急保障和客运站反恐演练、为期6个月安全隐患整治。道路旅客运输、城市公交和出租无道路运输源头管理责任事故。水路运输行业开展为期6个月的水上安全隐患整治，完成向家坝二、三期蓄水及三江六岸（长江、金沙江、岷江及长江两岸、金沙江两岸和岷江两岸）整治趸船、散货（砂石）码头、锚地布置方案和船舶规范安全外迁停泊。主汛期客货运输、水上水下施工作业无责任事故。排查全市1 691座桥梁的安全隐患，对存在安全隐患的144座桥梁采取相应安全措施，其中加固维修49座。全市未发生公路建设施工、养护生产安全事故和施工重大伤亡事故，无企业外职工死亡。

2013年，宜宾市交通运输部门对全市桥梁技术状况进行安全检查
宜宾市交通运输局 供稿

交通运输法制建设 2013年，宜宾市交通运输局印发《2013年宜宾市交通运输系统推进依法行政工作要点》和《宜宾市交通运输局关于2013年普法依法治理工作实施意见》。分类指导并完成对全市771名交通运输协管人员协管证换发、培训、考试、颁证工作。全面清理调整交通运输行政审批和公共服务项目，取消行政审批项目2项、下放行政审批项目1项，转为公共服务或日常监管的行政审批项目2项。认真开展规范性文件备案审查工作，备案审查规范性文件3件。开展“行政执法五规范”活动，8月在筠连县召开全市交通运输行政执法“四统一”（详见《附录》）及执法场所外观统一现场会，全市基层执法机构执法场所外观统一工作基本完成。全年交通系统没有发生一起行政复议和行政诉讼败诉案件。

（本栏目撰稿人：隆兴银）

达州市交通

DAZHOU SHI JIAOTONG

2013年达州市交通运输能力概况

公路			
通车里程	总里程（公里）		19 450.41
	其中	高速公路	370
		一级公路	35.731
		二级公路	933.704
		三级公路	421.737
		四级公路	15 066.562
		等外公路	2 622.676
公路密度	按国土面积计算：每百平方公里125.306公里		
	按人口计算：每万人33.615公里		
通达程度	通公路的乡镇312个，占乡镇100%		
	通公路的村2 835个，占村100%		
客运站	总数（个）		206
	其中	一级站	3
		二级站	6
		三级站	4
		四级及以下站	193
营运车辆	总数（辆）		3 3070
	其中	客车 4 729 辆	
		货车28 341辆	
公路运量	客运	运量（万人次）	9 246
		周转量（万人公里）	297 113
	货运	运量（万吨）	14 626
		周转量（万吨公里）	1 105 047
内河			
通航里程	总里程（公里）		443
	其中	三级航道	
		四级航道	152
		五级航道	
		六级航道	
		七级航道	216
港口（码头）	总数（个）		230
	吞吐量	旅客吞吐量（万人次）	503
		货物吞吐量（万吨）	426
水路运量	客运	运量（万人次）	478
		周转量（万人公里）	4 725
	货运	运量（万吨）	540
		周转量（万吨公里）	7 737
营运船舶	总数（艘）		945
	其中	客船 350 艘	
		货船 595 艘	

交通建设投资 2013年，达州市交通运输局继续保持交通投资建设高位加快发展态势。全市公路、水路交通基础设施建设共完成投资86.5亿元，较上年完成投资77.98亿元增长10.9%，为年计划投资57.4亿元的150.7%。

达陕高速公路普光段 何其伦 摄

地方重点公路建设 2013年，达州市国省干线改造完成105.3公里，建成通乡油路313.3公里，建成通村公路2 562.5公里，安保工程完工296公里。全面启动巴（中）万（源）高速公路、营达高速公路（达州市绕城高速）建设，做好达州至开江、达州至宣汉、达州至渠县、达州市南北过境快速通道、省道302线升级改造和国道210线、国道318线、国道542线、省道202线等干线公路大中修工程项目前期工作。

交通规划 2013年，达州市交通运输局按照中共四川省委"多点多极支撑，着力次级突破"发展战略和省交通运输厅安排，编制完成《四川省干线公路联网畅通工程建设规划（2013—2017）》《2006年以前拆并乡村（镇）农村公路建设规划》《汽车客运站提升改造工程建设规划》《达州市公共交通发展规划》，启动《达州市综合交通运输体系规划》和《达州市主城区综合交通运输规划》编制工作。

公共交通 2013年，达州市落实城市公共交通优先发展战略，优化公交线路2条，新增公交线路1条，新增公交车辆26辆，新建公交站台9个，全年更新公交车189辆。公交上档升级进程加快，城区公交车全部安装GPS车载监控系统，实现公交自动语音报站服务，294台公交车全部实行IC卡刷卡乘车。

城区1 063辆出租汽车全部采用LED屏整合的一体化新款顶灯营运标志，提升城市公共客运形象。启动河市机场汽车换乘枢纽和达州火车站公交首末站建设项目，解决公交车靠站、调头堵塞交通等问题。开通到大竹县、宣汉县、开江县直达西客站客运班车。

邮政业务 2013年，达州市邮政业务总量突破3.54亿元，全省排名第4名。加快推进空白乡镇邮政局（所）补建、村邮站建设进度，13个补建项目交付邮政企业5个，覆盖城乡的邮政服务网络初步建成。加强快递市场监管，扎实开展寄递信息安全专项整治行动，快递市场健康安全有序发展。

万源首条农村公交客运线路 2013年3月，万源市开通第一条农村公交客运线路白沙—八台乡天池坝，同时新增开行东风坝—白沙城市公交线路，共投入公交车5辆。近年来，万源市把加快城乡交通发展作为加快经济建设的重要举措，加快推进城乡交通一体化。按照“政府主导，城乡一体，全域覆盖，统一规划，统一管理，市场运作，公益服务”的思路，创新模式，构建了城市公交网络。为了让农民乘上便捷舒适的公交车，中共万源市委、市政府实行“公交优先”就是“百姓优先”的这一“民生工程”，加快城乡公交优先发展战略。截至年底，万源市发展公交车35辆，新增农村公交线路1条（白沙—天池坝），城市、城郊公交线路8条。从此，万源公共交通逐步实施由农村班线客运到城乡公交的转换，农村和城市居民共享均等公交服务。

达州新机场迁建 2013年8月，中国民用航空总局正式批复《达州机场迁建工程选址报告》，同意达川区百节观音沟场址作为达州新机场选址。达州河市机场由于所处地理地势无法扩建，常受洪灾袭击，机场飞行净空和电磁环境恶劣，安全飞行保障能力较弱，机场跑道短且薄，所飞机型受限等，迁建迫在眉睫。达州新机场选址百节观音沟场址，位于达州市南面达县金垭、石板和百节三镇交界处，距达州市主城区直线距离约19公里，公路距离约27公里。场址净空、气象条件良好，工程地质和水文地质条件较好，符合当地城市发展规划。根据达州机场迁建初步方案，达州新机场按照4C级标准建设，跑道长2 600米，航站楼面积11 000平方米，飞机机位7个。计划开通达州至北京、上海、广州、深圳、昆明、晋江(厦门)、青岛和乌鲁木齐等航线。力争2015年达到试点段开工的条件，2018年建成投运。

达州环城路二期工程建设 2013年12月28日，达州市环城路二期工程正式开工建设。达州市环城路二期工程起于巴达高速公路魏家互通，经东岳、莲花湖，止于通川区复兴镇。与2011年4月8日通车的达州市环城路一期工程相接，二期路线全长17.352公里，按一级公路标准设计建设，路基宽24.5米，设计行车时速60公里，预算总投资10.98亿元，建设工期两年。该路二期建成后，将与已建成的环城路一期和达渝、达陕、达万、巴达，以及即将建设的营达五条高速公路共同形成主城区绕城公路环线，成为达州市贯通南北、连接东西、四通八达的快速通道，为有效改善通行条件，拓展城市发展空间，带动沿线经济社会发展，为达州建设成为川渝鄂陕结合部区域中心城市注入新的活力。

城万快速通道建成通车 2013年8月22日，城（口）万（源）快速通道建成通车。工程于2009年12月24日开工，由中铁八局一公司承建。城万快速通道起于重庆市城口县三塘坝，止于万源市石塘乡，与达陕高速公路在石塘乡互通立交连接，公路全长66.33公里，总投资约33亿元。其中重点控制工程之一的八台山隧道主洞长5 277米、避难通道长5 244米，属特长隧道。CW09标合同段八台山隧道（进口端）工程，主洞施工里程长2 680米，避难通道施工里程长2 944米，合同总价1.677亿元。该隧道地质十分复杂，被喻为“地质博物馆”，穿越一个地质向斜和一个地质背斜区，其中包括软弱破碎带、突水突泥带、高地应力岩爆带、煤层与瓦斯带、溶洞等不良地质带。随着城万线的通车，城口县结束境内无高等级公路的历史。

达开快速通道建设 2013年12月25日，达州至开江快速通道开工建设，计划2016年竣工。达开快速通道工程起于达州经开区长田村，经七（里沟）河（市）路平交口、雷音铺山、江阳乡、亭子镇、赢川矿业厂区、大风铁厂、檀木镇、土地垭口、普安镇、开江县城南，止于开江县城八里桥东。路线全长55.432公里，其中，达州经开区境内8.744公里，达川区境内29.606公里，开江县境内17.082公里，项目概算总投资35.12亿元。经开区七（里沟）河（市）路平交口至开江县城南环段，按双向六车道规划。其中，七河路平交口至达川区亭子镇、开江县宝塔岔路口至开江县城南环段采用双向六车道技术标准建设，路基宽32米，设计时速80公里。其余路段预留双向六车道建设条件，先期按双向四车道技术标准建设，路基宽20米，设计时速60公里。

达宣快速通道建设 2013年12月18日，达（州）宣（汉）快速通道一期工程正式开工，达州市将首先建设达州至宣汉县城段20.92公里，该段按双向六车道一级公路技术标准建设，概算总投资28.6亿元，全线有18座大桥、4座隧道。目前，控制性工程宣汉县插旗山段3.4公里和通川区韩家坝段1.5公里正分头紧张施工，初步计划2015年建成通车。中共达州市委书记焦伟侠亲自担任达宣快速通道工程建设指挥部指挥长，要求“要让主城区与卫星城市动起来、连起来、活起来、通畅起来”。达宣快速通道已经列入省交通运输厅、省发展改革委、省财政厅编制的《四川省干线公路联网畅通工程推进方案》。该项目起点位于达渝高速公路徐家坝互通，经徐家坝、职教园区、洋烈新村、宣汉县城、下八乡，止于宣汉县南坝镇，路线全长52.57公里，概算总投资57.44亿元。达宣快速通道项目工程可行性研究报告已通过省交通运输厅行业审查，地质灾害评价、矿产压覆评估、地震安全性评价已编制完成，水土保持已通过审查。

川东北第一艘大功率海事救助船建造 近年来，达州市洪涝灾害频发，为确保河流沿岸大型建筑物安全渡汛，增强巴河海事抢险救助能力，2013年厅航务局投入135万元，达州市政府、达川区政府各配套80万元，总投资295万元建造川东北片区第一艘大功率海事救助船舶。按照设计，该船舶总长31米、宽6米、吃水深2.10米，船舶主机功率568千瓦;拖带能力2 000吨，舱室设有驾驶室、船员室、指挥室、应急物质储备室。该船设计考虑巴河河流特性，船舶可在自然河岸任意停靠，利于救助工作在各种情况下开展。船尾采用国内外先进的双尾线型，可提高螺旋桨的推进效率;驾驶台采用液压舵机，操纵台采取驾机合一的自动化操作;该船舶主甲板采用电动锚机、绞锚和缆绳，第二层甲板安装一门射程达45米的消防炮，以对船舶火灾实施救助。机舱设有污油水处理装置，杜绝油污等污水直排河中。为保障海事应急救助、巡航执法能在雾天、雨天、夜间安全航行，导航系统安装了雷达、大功率探照灯和远红外视频监控设备，能在航行区域进行视频监控，对应急救助、巡航执法进行录像存档。

道路扬尘治理 2013年，达州市交通运输系统多措并举，联防联控，严治扬尘，巩固城乡环境综合治理成果。发放扬尘治理督查通报和整改通知书13份，挂牌治理。城区10公里范围内公路路面、路肩及水沟保洁良好，沿线波形防护栏及时恢复，破损路面得到有效整治。制定车辆保洁制度，294辆公交车每日冲洗，对车容车貌不合格的车辆暂停发班。路政系统严厉打击车辆装载抛撒物、占道修(洗)车作业等污染公路行为，加强城区进出口公路10公里范围内运煤、矿渣等易抛撒物品管理，加盖篷布，避免货车“抛、撒、滴、漏”行为发生，硬化主干道支路、岔道11处。通川区、达川区分别整治未硬化或未达标的车行接道口19处、11处。抓好国省干线公路养护管理工作，加强机械化清扫和人工清扫相结合，及时清理国省干线844.66公里路面、水沟、边沟、绿化带积尘、杂物、油污。

“9·15”重大交通事故 2013年9月15日13时20分，四川达州市渠县李馥乡真武村路段，发生货车与客车相撞事故。事发之地位于渠县三汇开往渠县县城长下坡终点的“T”字路口桥头，事发之时，客车正通过桥面时，忽遭后面刚下坡的大货车侧面碰撞被挤下河。同时大货车在桥面上侧翻，满载的沙石倾泻而下将客车后半部掩埋。事故造成21人死亡（其中14人学生），7人受伤，直接经济损失1 069万元。

据警方调查，驾驶员孙志强驾驶的达州市亚通实业有限公司川S37789货车，当日上午从渠县三汇出发，该车核载15.67吨，实载48吨，严重超载。由驾驶员罗燕驾驶的达运集团渠县通林公司客车川S31500，经过调取GPS发现，该车在2013年6月20日曾做过二级维护，出事时时速为11公里。

2013年12月5日，渠县法院依法公开宣判，渠县路政大队原大队长毛德军犯玩忽职守罪，判处有期徒刑6年；前任大队长陈树新犯玩忽职守罪，判处有期徒刑5年。货车驾驶员孙志强犯交通肇事罪，判处有期徒刑7年；客车驾驶员罗燕犯重大责任事故罪，判处有期徒刑2年6个月。货车挂靠公司原法定代表人任胜勇、副经理吴朝勇、安全科长吴民均构成重大责任事故罪，分别判处有期徒刑5年、3年、3年。

评选城区“双十佳”文明驾驶员 2013年10月8日，达州市评选出首届达城城区公共交通“双十佳”文明驾驶员。评选活动由市交通运输局、市文明办、达州日报社、市广播电视台及市运管处、市道路运输协会等部门和单位策划启动、联合考核。经评选公示，产生出白杨等10名“十佳文明出租汽车驾驶员”和何云等10名“十佳文明公交车驾驶员”。

对被评选的十佳文明出租汽车驾驶员和十佳文明公交车驾驶员，颁发了荣誉证书，各奖励1 000元，并对所驾出租汽车和公交车授予文明出租汽车、文明公交车荣誉牌。

（本栏目撰稿人：李自东）

广安市交通

GUANGAN SHI JIAOTONG

2013年广安市交通运输能力概况

公路			
通车里程	总里程（公里）		10 355
	其中	高速公路	197
		一级公路	76
		二级公路	359
		三级公路	429
		四级公路	7 809
		等外公路	1 485
公路密度	按国土面积计算：每百平方公里162.95公里		
	按人口计算：每万人20.976公里		
通达程度	通公路的乡镇181个，占乡镇100%		
	通公路的村2 223个，占村75.356%		
客运站	总数（个）		47
	其中	一级站	1
		二级站	5
		三级站	1
		四级及以下站	40
营运车辆	总数（辆）		12 604
	其中	客车 1 312辆39 360座	
		货车 11 292辆56 460吨	
公路运量	客运	运量（亿人次）	1.1
		周转量（亿人公里）	29.2
	货运	运量（万吨）	4 780
		周转量（亿吨公里）	35.4
内河			
通航里程	总里程（公里）		224.32
		四级航道	190.7
		五级航道	19
		七级航道	14.62
港口（码头）	总数（个）		216
	吞吐量	旅客吞吐量（万人次）	99
		货物吞吐量（万吨）	525
水路运量	客运	运量（万人次）	223
		周转量（万人公里）	1 556
	货运	运量（万吨）	544
		周转量（万吨公里）	31 173
营运船舶	总数（艘）		480
	其中	客船 179艘 7 850座	
		货船 301艘50 769吨	

交通基础设施建设 2013年，广安市交通建设完成投资56.98亿元，公路通车总里程突破1万公里大关，荣获全省2012—2013年度农田水利基本建设“李冰杯”交通类考核第一名。

“感恩作贡献”工程 积极响应“感恩小平·我为小平家乡发展作贡献”纪念主题号召，主动服务工作大局。巴（中）广（安）渝（重庆）、遂（宁）广（安）高速公路广安段分别完成投资14亿元、13亿元，基本完成红线内用地交付，路基、桥涵、隧道工程全面推进。渠江广安（四九滩—丹溪口）航运建设工程完成投资5.1亿元，广安港实现开港试运行。环城公路东南片区段、花罗路彭家至枣山段推进迅速。小平故里路体育馆至佛手山段改造任务全面完成，迎宾大道（马石梯）至体育馆段（含五福桥）路基路面等建设内容全部完工。港前大道、广岳大道前期成果全部移交相关区县和园区，部分路段开工建设。沪蓉高速公路广安东站互通、枣山收费站改扩建工程开工建设。渠江官盛大桥施工图设计通过评审。

干线联网畅通工程 精心筛选和科学编制岳池九龙至华蓥阳和等四条干线联网畅通工程，项目工程可行性研究报告及要件完成编制，报省发展改革委核准立项。沪蓉高速邻水南站互通及连接线、包茂高速邻水北站互通及连接线前期工作有序推进。

其他重点工程 国道350线邻水石滓至重庆界、枣山万里行物流二期等项目开工。国道318线水毁恢复、广花路挖补罩面维修养护等工程完工，国省干线公路路

建成通车的武胜县嘉陵江二桥　　广安市交通运输局 供稿

况性能指数达81.6。武胜嘉陵江二桥建成通车，武胜县城过境环线基本形成通车能力；渠江流杯滩大桥主体工程完成75%。

农村交通发展 2013年，广安市完成农村公路建设1 222.17公里（含2012年结转），其中，通乡油路118.17公里、通村公路772.64公里、乡村烂路整治113.61公里、联网（断头）路217.75公里。整治危（病）桥1 042米，完成公路安保设施162.82公里，新建农村客运港湾式站6个。新增和改造农村客运线路41条、客运车201辆，形成广安大龙、前锋观塘、邻水兴仁等农村客运片区5个，完成广安区城乡客运一体化试点整体规划。

交通运输规划编制 2013年，广安市坚持突出规划引领作用，广安区域综合交通枢纽发展规划、国省干线公路建设规划通过市政府审定并汇编成册印发。"双百"组团城市快速通道规划编制完成。广安驾培行业发展规划启动实施。城市公共交通发展规划通过专家评审。

道路改善升级 2013年，广安市6个干线联网畅通工程、58个农村公路改善工程等一大批项目纳入全省六大交通专项工程建设实施方案。省道升国道实现突破，国务院正式批复省道203线、省道304线升级为国道244线、国道350线。县道升省道有力推进，护邻（大竹界）至御临（长寿界）等6条路线纳入省道路网规划调整初步方案。

道路客货运输 2013年，广安市加大调整运力结构，完成12家出租汽车公司、7家汽车客运站等服务质量信誉考核工作。新开行广安至邛崃、攀枝花线路；新投放和改造省市际客运线路22条、客运车辆74辆；新发展普货罐式运输企业12家、危货运输企业3家；新增货运车辆876辆。广安城区、邻水、岳池、武胜出租汽车经营期满重新配置和广安城区、岳池、前锋新增出租汽车投放工作有序推进。

交通行业管理 2013年，广安市强化交通运输行业管理，确保和谐稳定。行政效能不断提升。深入推进行政审批制度改革，全年清理调整行政审批项目1项、暂停行政审批2项，为475项行政权力按类编制行政权力内部运行图、填写流程环节详细信息、列举法律文书模板。执法更加规范有力。打击非法营运车786辆次，查处超限运输27.33万车次，查处货运车辆超限超载违法行为103件。查处损坏公路及其设施案件38件、公路建筑控制区内修建建筑物案件69件、占用公路及其预留地315件，路政人员巡查率、培训率分别达98%、95%。质量监管明显提高。扎实开展在建高速公路和重点水运工程"防坍塌、防坠落、反三违"专项整治活动，完成广高路大修工程等12个项目交竣工验收质量检测，全市重点交通项目建设质量安全监督实现全覆盖。造价管理不断加强。完成广安经开区奎阁园区临港大道D段、石溪路抢通保通工程等19个项目审查，审减率为3.46%。

安全维稳管控 2013年，广安市交通运输系统认真履行"三关一监督"职责，扎实开展"百安""打非治违"和汛期安全督查等专项整治，完成全市"5·10"防灾救灾应急演练。围绕党的十八大、取消政府还贷二级公路收费等敏感时期和群众关心的焦点问题，强化信访矛盾排查化解。全市未发生道路运输源头、水上安全和施工安全较大以上责任事故，信访形势基本稳定。

惠民帮扶 2013年，广安市交通运输局坚持将改善民生与贯彻党的群众路线紧密结合，深入联系村（社区）开展调研，解决群众困难。对定点联系的扶贫社区——广安区北辰街道北街社区支持加强社区公共服务能力建设；对定点联系的扶贫村——华蓥市永兴镇清溪口村完善基层阵地，开展扶贫帮困活动，支持修建村级公路；对"挂、包、帮"联系村——广安区东岳乡方井村支持补助资金修建公路，扎实开展结对帮扶活动。广泛开展党员志愿者服务行动，局直属每个党总支分别组建5～10人的党员志愿者服务队伍和党员应急处突队伍，使党员干部在扶贫济困服务群众、处理"急难险重"任务和突发事件中充分发挥先锋模范作用。扎实开展"千名党员干部进街道，共建文明社区"活动，帮助周家巷区域改善社区环境。

党风政风建设 2013年，广安市交通运输局贯彻落实"一岗双责"（详见《附录》），全系统签订《党风廉政建设责任书》471份，将党风廉政建设责任细化为具有数量、质量、时间要求的工作目标。加强党员干部廉政教育，召开3次集中廉政教育会议，开展"廉洁自律、一生幸福"主题征文活动，重新设计和制作廉政文化长廊、廉洁典范、案例警示等7大版块、66个展板。创新和完善廉政风险防控体系，对查找出的70个廉政风险点进行等级评定，落实廉政风险防控责任。修订交通运输系统领导干部监督管理办法，出台财务公示办法、公务卡使用管理暂行办法以及车辆管理等一系列规章制度。探索和创新交通重点建设项目派驻纪检监察监督员、交通运输行政执法相互监督检查等4个工作机制。狠抓政风行风建设，贯彻落实"改进工作作风、密切联系群众"各项规定，扎实开展"富民路·连心桥"以评促建活动，在2013年度全省交通运输系统政风行风交叉检查民意测评中，车主和服务对象对广安交通运输工作的满意度较去年有较大提高。同时，人大代表建议、政协委员提案满意度、办结率均达100%。

（本栏目供稿单位：广安市交通运输局）

巴中市交通

BAZHONG SHI JIAOTONG

2013年巴中市交通运输能力概况

<table>
<tr><td colspan="4">公路</td></tr>
<tr><td rowspan="7">通车里程</td><td colspan="2">总里程（公里）</td><td>16 530</td></tr>
<tr><td rowspan="6">其中</td><td>高速公路</td><td>1 650</td></tr>
<tr><td>一级公路</td><td></td></tr>
<tr><td>二级公路</td><td>629</td></tr>
<tr><td>三级公路</td><td>365</td></tr>
<tr><td>四级公路</td><td>14 660</td></tr>
<tr><td>等外公路</td><td>711</td></tr>
<tr><td rowspan="2">公路密度</td><td colspan="3">按国土面积计算：每百平方公里134.39公里</td></tr>
<tr><td colspan="3">按人口计算：每万人41.325公里</td></tr>
<tr><td rowspan="2">通达程度</td><td colspan="3">通公路的乡镇 188 个，占乡镇 100 %</td></tr>
<tr><td colspan="3">通公路的村2428 个，占村100 %</td></tr>
<tr><td rowspan="5">客运站</td><td colspan="2">总数（个）</td><td>281</td></tr>
<tr><td rowspan="4">其中</td><td>一级站</td><td>1</td></tr>
<tr><td>二级站</td><td>5</td></tr>
<tr><td>三级站</td><td>10</td></tr>
<tr><td>四级及以下站</td><td>202</td></tr>
<tr><td rowspan="3">营运车辆</td><td colspan="2">总数（辆）</td><td>20 373</td></tr>
<tr><td rowspan="2">其中</td><td colspan="2">客车4 939辆 53 303 座</td></tr>
<tr><td colspan="2">货车15 434辆 37 699.255吨</td></tr>
<tr><td rowspan="4">公路运量</td><td rowspan="2">客运</td><td>运量（万人次）</td><td>7 426.610</td></tr>
<tr><td>周转量（万人公里）</td><td>343 211.616</td></tr>
<tr><td rowspan="2">货运</td><td>运量（万吨）</td><td>3 117.372</td></tr>
<tr><td>周转量（万吨公里）</td><td>257 300.282</td></tr>
<tr><td colspan="4">内河</td></tr>
<tr><td rowspan="6">通航里程</td><td colspan="2">总里程（公里）</td><td>688.68</td></tr>
<tr><td rowspan="5">其中</td><td>三级航道</td><td></td></tr>
<tr><td>四级航道</td><td></td></tr>
<tr><td>五级航道</td><td></td></tr>
<tr><td>六级航道</td><td></td></tr>
<tr><td>七级航道</td><td>194.16</td></tr>
<tr><td rowspan="3">港口（码头）</td><td colspan="2">总数（个）</td><td>270</td></tr>
<tr><td rowspan="2">吞吐量</td><td>旅客吞吐量（万人次）</td><td>300</td></tr>
<tr><td>货物吞吐量（万吨）</td><td>500</td></tr>
<tr><td rowspan="4">水路运量</td><td rowspan="2">客运</td><td>运量（万人次）</td><td>185.35</td></tr>
<tr><td>周转量（万人公里）</td><td>680.02</td></tr>
<tr><td rowspan="2">货运</td><td>运量（万吨）</td><td>295.53</td></tr>
<tr><td>周转量（万吨公里）</td><td>1 970.22</td></tr>
<tr><td rowspan="3">营运船舶</td><td colspan="2">总数（艘）</td><td>757</td></tr>
<tr><td rowspan="2">其中</td><td colspan="2">客船 261艘 7 209 座</td></tr>
<tr><td colspan="2">货船 496艘 16 983总吨</td></tr>
</table>

交通基础设施投资基本情况 2013年，巴中市交通建设完成投资122.43亿元，为年初计划目标92.61亿元的131%，是历史上通车高速公路最多、国省干线和农村公路建设最快的一年。 （李艳梅）

高速公路建设 2013年，巴中市高速公路建设完成投资62.73亿元，通车里程达196公里。巴南高速公路、巴达、巴陕高速公路（南江段）高速公路分别于3月底、12月底建成通车。巴渝高速公路建设加快推进。巴（中）万（源）高速公路完成投资人招商。 （李艳梅）

交通重点建设 2013年，巴中市国省干线公路改造完成投资25.21亿元。陇桥立交5月建成。北环线、西环线加快建设。南环线于12月28日开工。农村公路建设完成投资31.7亿元。

（李艳梅）

乡村道路建设 2013年，巴中市建设乡镇联网路310公里、通村水泥路1 600公里。超额完成市三次党代会提出的“农村公路五年任务三年完成”的目标。南江县在农村公路建设筹资改捐资等机制上有创新突破，年内群众捐资达6 300万元。

（李艳梅）

水运码头和公路客运站点建设 2013年，巴中市水运码头和公路客运站点建设完成投资2.79亿元。建成人行桥17座、码头36个、候船亭50个。建成县级公路客运站2个，在建乡镇客运站12个，村级招呼站完工142个。

（李艳梅）

巴南高速公路建成通车 2013年3月31日12时，巴南高速巴中柳林至观音庵12公里建成通车，标志着巴南高速公路全线116公里建成通车。该高速公路位于四川东北部巴中市、南充市境内，是四川省高速公路网规划中的第2条成都放射线成都—巴中—桃园（川陕界）高速公路中的重要组成部分。路线起于巴中市东兴场刘家坝，接广元至巴中高速公路，止于西充县李桥，接广元至南充高速公路，路线长115.99公里。项目于2009年9月11日开工建设，概算总投资80亿元，其中巴中段概算投资27亿元。采用山岭重丘高速公路标准建设，设计为全封闭全立交双向四车道，路基宽24.5米，沥青混凝土路面，设计时速80公里。该高速公路的建成，将广巴、巴陕（在建中）等多条高速连接，为巴中市构建“南连北接、承东启西、外畅内达、便捷快速”的综合交通网络奠定坚实基础。同时，为巴中连接省内主要经济区，加快革命老区扶贫开发具有重大意义。

（李艳梅）

建成通车的巴南高速公路 郭 亮 摄

巴达高速公路建成通车 2013年12月28日10时，巴达高速公路通车。巴中至达州车程由原来的3个多小时缩至1小时左右。巴达高速西接广巴高速，东接达万高速，是我省高速公路网规划中“兰州—广元—巴中—达州—万州”东西横向高速公路的重要组成路段。该项目起于巴中市巴州区穆家坝，经平昌县，止于达州市通川区魏兴镇，路线全长110公里。其中：巴中市境内78公里，达州市境内32公里，共设置巴中兴文、巴中水宁寺、平昌驷马、平昌、平昌东、平昌青凤、达县碑庙、达县安云、通川东岳9个收费站。公路主线采用双向四车道，设计时速80公里，全线沥青混凝土路面。桥梁总计102座34 991米，占路线长度的31.64%；隧道总计21座28 660米，占路线总长25.91%。桥隧占路线的57.55%。巴达高速公路穿越大巴山、连通达州和巴中两个红色革命老区的大动脉，为两地经济社会发展注入强音，并将极大改善区域投资环境，节约物流成本，优化区域产业结构，加强成渝经济区与川东北经济区各大城市间的交流与合作，提高资源利用，实现优势互补。

（李艳梅）

巴中南阳大桥建成通车 2013年11月26日，巴中南阳大桥建成通车。南阳大桥是巴中市交通建设重点项目，位于巴城的巴广、巴达高速公路东出口，是连接巴中城区与高速路的重要桥梁。该桥是在巴中区域交通枢纽加快形成、区域竞争能力不断提升的背景下确定的“两化”互动、统筹城乡重大项目。桥型设计为多跨预应力混凝土简支梁桥，桥长306米，桥宽30米，两侧人行道各宽3.5米，双向六车道，桥梁设计基准期100年，沥青混凝土路面。该桥采取BT模式建设，工程合同造价1.44亿元。

（李艳梅）

陇桥互通立交桥建成通车 2013年5月31日，省道101线陇桥互通立交桥全面建成通车。陇桥互通立交桥是巴城首座城市立交桥，是巴城对外联系的重要通道和城市节点，贯穿广巴高速与巴中北环线。该桥分为A、B、C、D、L五条匝道，采用挖孔桥梁桩基和圆柱型桥墩，上部结构为简支梁，桥面按照双车道设计，单向通行，总投资1.2亿元。该项目于2012年2月开工建设，参建单位针对工期紧张、雨水频多、征迁工作难度大等特点，不断优化施工组织，抓住有限施工时间，见缝插针，重点突破，确保各项工程进度。该桥的建成，进一步改善了巴城西出口道路通行环境，使进、出城交通组织方式更加便捷、畅通、有序。同时也为恩阳新区、陇桥片区的建设和发展启到积极作用。

（李艳梅）

行业管理 2013年，巴中市加强交通运输行业管理。路政管理成效明显。全年查处路政案件1 654件，结案1 627处，案件查处率100%，结案率98%，查处公路建筑控制区内违法建筑67处，拆除50处。开展联合治理超限超载，推行“卸载+记分+吊证”治超机制，查处超限超载运输2.7万车次，卸载（转运）货物7.3万吨，超限超载率控制在4.38%内。运输市场整治见成效。开展巴中主城区客运市场综合整治，查扣非法营运车1 486辆次，处理1 382辆次（报废80辆），有效遏制非法营运猖獗势头。整治出租车、公交车“脏、乱、差”9 671辆次，教育培训363人次。持续开展全市道路运输六大市场“打非治违”和各类专项整治，协调公安、交警等部门联合执法，全年查处道路运输违法违规违章案件3 584件，重点整治驾培行业，取缔非法招生报名点68个，清理不合格教练车78辆。“96515”运政投诉热线接处各类服务质量投诉800余起，投诉处理率和满意率100%。交通建设规范有序。严格公路工程造价，全年审减资金2 150万元。强化在建高速公路、国省干线及农村公路质量安全监督，全市高速公路、国省干线建设项目原材料抽检合格率100%，路基、路面、桥梁和交安工程抽检合格率平均在95%以上，乡村道路工程建设市级抽检率达30%，县级检测全覆盖，全市公路水运工程质量稳步提升。

（李艳梅）

公路养护 2013年，巴中市加强国省干线公路日常养护，路面使用性能指数为良。实施国省干线公路大中修45公里，完成投资7 964万元；整治危（病）桥13座，完成投资3 237万元。实施水毁修复工程100余处，完成投资3 550万元。完成安保工程292公里，完成投资6 800万元。建设公路森林走廊，全市国省干线新植95公里、补植751公里，农村公路新植8 137公里、补植613公里，完成年初下达的目标任务。平昌县财政出资9亿元改造县道破损油路，落实“四级、三员”（四级：县建公路应急抢险保障中心，片区建养护站，乡镇建养护班，村建养护队；三员：县配备路政员，乡配备监督员，村配备护路员）管养模式，打造境内公路畅安舒美。

（李艳梅）

公路水路客货运输 2013年，巴中市运输保障能力全面提高，公路客运量、旅客周转量分别比上年增长16.6%和14.58%，货运量、货物周转量分别比上年增长11.25%和15.82%。水路客运量比上年下降6%、旅客周转量比上年增长2%，货运量、货物周转量比上年增长均为6%。春运累计运送旅客464万人次，无安全责任事故发生，旅客投诉明显降低，市场秩序良好。

（李艳梅）

统筹城乡运输 2013年，巴中市乡镇通班车率达100%，中心村和具备条件的建制村新开通农村班线35条，全市村通班车率达46%，8个重点镇村通班车率达100%。市中心城区新投放60辆公交车，97辆出租汽车，有效缓解市民出行压力。

（李艳梅）

安全生产 2013年，巴中市建立健全“一网双线”安全监管机制，落实企业主体责任，安全监管全覆盖、零容忍、严执法、重实效，交通运输安全形势持续稳定。全市水上交通、施工建设、公路养护和交通所属企业安全事故为零，道路运输无源头管理责任事故，全年未突破省交通运输厅和市政府下达的安全控制指标。春运疏运旅客464万人次，无死亡安全责任事故，受到了省交通运输厅的通报表彰。

（李艳梅）

农村公路建设 2013年，巴中市全面完成“十二五”农村公路规划的目标要求，全年完成乡道联网路建设300.4公里，为目标任务111.3%，完成投资34 813万元，为目标任务128.9%。完成村道水泥路建设1 523.4公里，为目标任务108.8%，完成投资96 685.5万元，为目标任务115.1%。三年来，全市累计完成县道改造558公里，乡道联网路建设1 174.9公里，村道水泥路建设5 379.7公里，提前实现“五年任务三年完成”的目标。

（李艳梅）

在建中的巴中农村公路 范 瑁 摄

周道平调研巴中交通运输 2013年12月6日—8日，省交通运输厅党组副书记、副厅长周道平一行到巴中，与中共巴中市委书记李刚就交通建设和公路管养交换意见，并深入三县两区进行调研。中共巴中市委秘书长李映、巴中市交通运输局局长熊彬等陪同调研。周道平先后至巴达、巴陕高速公路，南江县长滩村、玉柏村、青冈梁村，通江县王坪村，巴州区三皇农村公路建设现场和平昌县元山乡、灵山乡农村公路综合服务站。详细了解项目规划、资金筹措、施工组织、工程进度、质量监督、安全监管等情况，还走进养护道班，了解养护职工的生活、住宿、文化娱乐等情况。周道平对巴达、巴陕高速公路的进度、质量、安全等工作及巴中在农村公路建设中推行的捐资投劳、竞争立项、多方监督的建设机制和片区建站、分段包干、联网监控的管养机制给予充分肯定。他指出，高速公路是推进巴中追赶跨越、加快发展的重要载体，要充分利用当前晴好天气，加强施工组织，突出要素保障，强化精细管理，全力冲刺，全速推进，加快完成剩余工程，确保按期完工、如期通车。他强调，农村公路的建设品质决定着农村公路的功能发挥，建立健全符合实际、服务民生的农村公路建设、管理、养护机制，是推进农村公路科学发展、可持续发展的关键。巴中在农村公路建设及管养上，已探索建立了一套行之有效的机制，还要继续总结提炼、完善提升，努力闯出一条贫困地区农村公路建设管理的新路子。一要强化群众观念，牢固树立围绕产业修路、围绕园区修路的理念，既解决好群众出行问题，又解决好群众致富问题。二要解放思想，大胆创新，勇于打破项目规划实施的条条框框，充分考虑乡与乡之间、村与村之间的公路承接转换问题，合理调整布局，形成衔接顺畅、联网成环的农村公路路网新格局。三要进一步强化群众主体作用，加强农村公路管养长效机制建设，解决好有钱养路、有人养路和有积极性养路的问题，确保农村公路在服务经济社会发展、服务新农村建设、服务人民群众方便安全快捷出行上发挥更大的效益。

（李艳梅）

巴中干线公路纳入国家公路网 2013年7月，《国家公路网规划（2013—2030年）》经国务院批准，巴中市4条高速公路纳入国家高速公路网路线方案，3条省道干线公路纳入普通国道网路线方案，结束了巴中市无国家高速公路和无国道的历史。巴中境内国家高速公路线路里程达到293公里，普通国道里程达到488公里，实现全市5县区国道全通达。

巴中市国家高速公路具体路线为主线国道85线，路线起讫点宁夏银川至云南昆明，巴中境内里程168公里，为现在的巴陕高速公路和巴广渝高速公路；国道50线上海至重庆的联络线国道5012线，路线起讫点湖北恩施至广元，巴中境内里程125公里，为现在的广巴高速公路和巴达高速公路。省道101线、省道202线、省道302线三条省道干线升级为国道244线、国道245线、国道542线、国道347线。四条国道，分别是现省道101线仪陇至桃园段升级为国道244线，途经台上（川陕界）、上两、南江、巴州、恩阳、范家垭（南充界）；现省道101线巴中至仪陇升级为国道245线，途经巴州、恩阳、范家垭（南充界）；现省道202线巴中至达州升级为国道542线，途经牛项颈（广元界）、沙河、枣林、巴州、兴文、水宁寺、平昌、涵水（达州界）；现省道302线升级为国道347线，途经朱元（达州界）、铁溪、通江、水宁寺、兴文、巴州、恩阳、踏泥桥、三庙沟（南充界）。

（张　杰）

巴中南环线开工 2013年12月28日上午9点，省道202线巴中南环线正式开工。南环线是巴中市交通重点建设项目，该路线起于省道202线通木垭，其连接线省道101线，南起成都，北至南江，通达陕西南郑，是连接省会腹地和北出四川的主要交通。该线路全长16.9公里，按双向四车道、一级公路标准建设，设计时速60公里，沥青混凝土路面，项目概算总投资11.2亿元，建设工期30个月，将于2016年6月建成通车。

（李艳梅）

巴万高速公路工程招标开标 2013年8月21日，巴中至万源高速公路BOT项目投资人招标开标仪式在成都举行。巴中至万源高速线路全长122.253公里，采用四车道高速公路技术标准建设，设计时速80公里，路基宽24.5米，桥涵设计汽车荷载等级采用公路Ⅰ级。该项目经省政府批准采取BOT方式建设，建设工期拟定为3年，拟于2013年底开工，2016年建成通车。项目总投资估算约为163亿元，平均每公里工程造价1.3亿元。本次招标的巴万高速为四川省高速公路网规划中新增的7条东西横线之一，是又一条重要的出川大通道，向东北与包（头）茂（名）高速公路连接经陕西安康通往中原和华东、华北，西北与广（元）巴（中）高速公路相接抵甘肃，西南和南面分别与成（都）巴（中）、巴（中）广（安）渝（重庆）高速公路相连，直达成都、重庆。在川东北区域内，连接广元、巴中、达州三市，对完善四川省高速公路网、加快建设西部综合交通枢纽、推进秦巴山片区扶贫开发具有十分重要的战略意义。

（李艳梅）

巴运集团获部荣誉称号 2013年春运期间，巴运集团公司围绕“安全快捷、优质服务、温馨和谐”主题，安全运送农民工120万人次，得到社会各界的广泛好评。5月，巴运集团公司被交通运输部、中国海员建设工会全国委员会表彰为“2013年春运农民工平安返乡（岗）安全优质服务竞赛先进集体”。

（李艳梅）

巴中市获全省春运先进单位称号 2013年，巴中市春运工作围绕“平安春运”主题，按照“以客为主、科学组织、协调配合、安全有序”原则，加强组织领导，保障充足运力，严格市场监管，提升服务质量，实现“无旅客积压滞留、无重大服务投诉、无安全亡人事故”的好成绩。4月，巴中市交通运输局、巴运集团有限公司、南江县收费路桥管理所荣获全省交通运输系统2013年春运工作先进单位称号。

（李艳梅）

雅安市交通

YAAN SHI JIAOTONG

2013年雅安市交通运输能力概况

公路			
通车里程	总里程（公里）		6 172.075
	其中	高速公路	251.882
		一级公路	28.656
		二级公路	512.124
		三级公路	283.382
		四级公路	4 583.1
		等外公路	512.93
公路密度	按国土面积计算：每百平方公里39.22公里		
	按人口计算：每万人39.859公里		
通达程度	通公路的乡镇149 个，占乡镇100%		
	通公路的村1 068 个，占村99.9 %		
客运站	总数（个）		174
	其中	一级站	2
		二级站	4
		三级站	5
		四级及以下站	163
营运车辆	总数（辆）		23 137
	其中	客车1 221辆20 142座	
		货车21 916 辆94 663吨	
公路运量	客运	运量（万人次）	2 642.8
		周转量（万人公里）	113 589
	货运	运量（万吨）	4 947
		周转量（万吨公里）	553 334
内河			
通航里程	总里程（公里）		176
	其中	三级航道	
		四级航道	
		五级航道	
		六级航道	84
		七级航道	92
港口（码头）	总数（个）		27
	吞吐量	旅客吞吐量（万人次）	16.5
		货物吞吐量（万吨）	
水路运量	客运	运量（万人次）	16.5
		周转量（万人公里）	146.3
	货运	运量（万吨）	
		周转量（万吨公里）	
营运船舶	总数（艘）		5
	其中	客船 5 艘41吨	
		货船　艘　吨	

交通建设固定资产投资 2013年，雅安市交通基础设施建设完成投资17.7 163亿元，为下达目标任务的161%，其中高速公路完成投资2.5亿元（雅乐高速完成2.1亿元，雅康高速完成0.4亿元），国省干线公路完成投资7.18亿元，农村公路完成投资8.032 6亿元。

交通基础设施建设 2013年，雅安市加快推进交通基础设施建设。其中高速公路方面，雅（安）乐（山）高速公路于2013年9月12日建成通车；雅（安）康（定）高速公路初步设计、施工图设计工作完成，省交投集团支持雅安率先启动雅康高速公路草坝至对岩段建设，开工点设在雅安；乐汉高速公路完成工程预可行性研究报告的修编、评审及工程可行性研究报告编制，乐山牵头的初步设计完成；石泸高速公路路线研究方案报告编制完成。国省干线方面，国道108线示范工程于2012年9月5日开工建设，2013年10月全面完工。农村公路方面，全年完成新（改）建农村公路1 042.9公里（县乡道249.84公里、通村水泥路793.1公里）。

新建成的雅乐高速公路　　雅安市交通运输局 供稿

穆虹考察芦山灾区 2013年4月30日，国家发展改革委员会副主任穆虹一行在四川省副省长王宁陪同下，赴雅安市芦山县城及宝盛乡、龙门乡村庄和学校实地查看地震灾情，并与村民、老师、学生亲切交谈，详细了解受灾和安置情况。穆虹一行沿途实地查看公路受损及排险加固进展情况，要求施工单位做好充分思想准备和工作准备，采取有效措施，扎实做好汛期施工安全，切实防范次生地质灾害。

王宁部署灾区道路次生灾害防范工作 2013年4月23日，四川省副省长王宁在省交通运输厅前线指挥部召开会议，部署灾区道路次生灾害防范工作。王宁指出，灾区道路已由抢通阶段转入保通阶段，要特别防范次生灾害的发生，要求技术保障组组织省、市、县三级力量对灾区300多座桥梁进行检测，对桥梁结构受损情况进行研判，对吨位过大不能通行的车辆设立警示牌，完善瞭望哨观测制度，防止桥梁二次受损，防止人员二次伤亡。技术保障组要对已抢通的道路、桥梁、隧道、涵洞进行隐患排查和评估，及时将排查和评估结果通报沿线国土部门。

乐汉高速公路 2013年3月27日，厅公路设计院主持召开乐（山）汉（源）高速公路初步设计预审查会，乐山市交委、雅安市交通运输局、厅咨询公司等单位领导及代表参加会议。专家组听取厅公路设计院初步设计报告和厅咨询公司审查报告后，经过充分论证、深入探讨及预评审，通过了其初步设计方案。乐汉高速公路是四川省规划的高速公路网中东西横线汉源至自贡的一段，起自乐山，止于雅安市汉源县，是一条重要的旅游通道，全长143公里，设计时速80公里，路基宽24.5米，采用双向四车道。

雅康高速公路二郎山隧道 2013年4月7日，厅公路设计院召开雅康高速公路控制性工程二郎山隧道详勘报告评审会，中交公路规划设计院、雅康高速公路项目工作组、厅咨询公司和厅交通设计院等单位相关人员参加评审。会上，厅公路设计院从隧道的地质条件、勘察的主要工作和地质分析等方面作汇报，监理单位厅交通设计院、审查单位厅咨询公司和项目工作组代表分别发言，肯定二郎山隧道详勘工作。专家组成员对报告提出建设性要求，经过讨论交流，雅康高速公路二郎山隧道详勘报告通过评审。

“4·20”芦山强烈地震 2013年，“4·20”芦山强烈地震发生后，雅安交通运输部门快速打通生命通道，震后4小时打通国道318线和省道210线通往震中芦山的生命通道，30小时打通通往宝兴县城的生命通道，77小时打通灾区所有公路。期间抢通国省干线公路314.3公里、农村公路2 309公里，投入各类机械8 308辆次、投入抢险人员53 677人次，清理坍方7.3万立方米。应急保通阶段，组织培训地质灾害观察员637人，平均每天投入230人次开展道路巡查，安装警示标志牌942个，完成极重灾区公路沿线灾害应急处治工程95处。8月1日起，省道210线的保通任务由雅安市交通运输系统全面接管，省交通运输厅安排的保通单位全部撤离，雅安市交通运输系统继续全力做好灾区重点公路特别是省道210线、国道318线的保通保畅工作。

受损的省道210线　　雅安市交通运输局 供稿

路政抗灾保畅通 2013年，“4·20”芦山强烈地震发生后，雅安市路政部门迅速投入公路抢险保通工作中。一是重点监控，排查危险路段，对灾区道路实施24小时巡查，发现飞石和垮塌、滑坡现象，第一时间上报、第一时间实施交通管控并通知抢险队伍赶赴现场清理。二是对“生命线”省道210线的危险路段、滑坡路段、飞石路段以及危险桥梁等，按照规范要求设置各种交通警示标志标牌。三是及时搜集和报送全市灾区道路实时路况信息。全市出动路政人员4 059人次，路政巡查车辆945车次，协助抢险单位清理塌方215处，清除飞石136处，开道护送救援车辆127次，救助受灾人员72名，施救车辆34辆，设置安全警示标志标牌791个（含临时），确保通往重灾区的道路安全畅通。

灾后恢复重建 2013年11月29日，国道351线乐英至宝兴县城段灾后重建工程动工；国道318线、国道108线灾后恢复重建项目于12月25日开工建设；天全至芦山公路、宝兴至永富至康定河口大桥公路、灵关至双石至宝盛至龙门公路于12月底开工建设；邛崃至高何至芦山公路、雅安至望鱼公路预计2014年1月开工建设。

公路养护与管理 2013年，雅安市加强公路养护与管理。一是制订《雅安市国省干线公路养护管理办法》和《2013年国省干线公路养护管理目标任务分解表》，对各县（区）国省干线公路养护质量指数（PQI）分解指标、制度执行情况、日常养护管理等工作进行检查考核。二是组织技术人员对全市国省干线公路桥梁进行全面检查，对检查出的严重病害，制订相应的措施，确保桥梁运行安全。三是绿化工作顺利实施。完成全市99.3公里的国省干线绿化工作，总投资397.2万元。四是投入机械800余台次、人员7 000余人次，做好汛期道路应急抢通保通工作。

路政管理 2013年，雅安市强化路政管理工作。一是利用电视、报纸、网络等信息平台，加大《公路安全保护条例》等法律法规的宣传力度。二是整改不规范不醒目的国省干线和重要旅游公路安全警示标志，恢复损坏公路设施、净化公路行车环境，做好巡查记录。三是强化道路巡查和整治。全市全年发生路政案件641起，查处604起，查处率95%，结案589起，结案率97%；坚持公路巡查，巡查率达95%，清排障2 446处。治超出动路政执法人员5 186人次，检测货运车辆63 527辆次，其中查处超限超载车辆1 714辆，占货运车辆的2.6%，卸载超限超载车辆92辆次，卸载货物总量624吨。

政府还贷二级公路收费取消 按照《四川省人民政府办公厅转发省交通运输厅等部门四川省取消政府还贷二级公路收费实施方案的通知》要求，2013年1月1日零时起，雅安市取消行政区域内的政府还贷二级公路收费。1月5日，雅安市副市长王冬林主持召开专题会议，部署全市取消政府还贷二级公路收费后的相关工作。会议决定成立由市政府领导为组长、相关部门领导为成员的领导小组，统一领导和部署政府还贷二级公路取消收费后的人员安置分流和债务偿还工作，同时对取消政府还贷二级公路收费后人员安置分流和债务偿还等工作进行细化分工。

道路运输 2013年，雅安市采取多项措施加强道路运输管理。一是新增大容量绿色环保城市公交车10辆，新开通旅游车站经苍坪山隧道至对岩乡收费站9路公交线路；新增公交车33辆。二是更新出租汽车22辆，新增出租汽车经营权66辆（6辆为商务出租汽车），已投放运行60辆。三是做好到期221辆出租车经营权延期和更新改造工作。四是进一步完善出租车LED监管系统，对出租车全部安装LED顶灯和GPS监控系统。五是加强车辆技术状况检查和技术等级评定，检测及评定运输车辆12 917辆，划分客运车辆类型及档次220辆，落实二级维护监控系统的安装，有效监管车辆二级作业整个过程。六是全市共出动执法人员22 025人次，检查车44 607辆次，查获非法违法经营车1 208辆，其中“黑车”519辆。2013年春运期间，雅安市安全运送旅客397.66万人次，与上年同期相比增长3.3%，未发生一起较大以上安全事故和重大服务质量投诉事件，实现“安全、快捷、有序、优质”的春运工作目标。

工程建设质量监督 2013年，雅安市交通运输部门坚持进度服从质量，确保质量第一的原则，结合实际分片分段落实监督责任制和监管责任人；完善“业主负责、监理控制、企业保证”的质量保证体系和“政府管理、质监监督、业主负责、企业保证”的质量管理体系；建立三方（业主、监理、施工）独立质量检测体系，加强对各种材料的检测，确保工程建设质量；把工程质量标准进行张榜公告，在施工路段设立公示牌和举报电话，对工程质量开展社会监督活动，让广大群众参与监督。

节能减排 2013年，雅安市交通运输部门认真做好节能示范项目推荐和应用工作，组织推荐道路运输企业节能示范项目，争取节能专项资金的支持。积极研究争取国家及省加大对货运转型发展特别是对现代物流发展的支持政策。以华峰物流中心为依托，积极引导支持传统道路货运企业向现代物流企业转型，争取道路货运企业转型示范项目。鼓励发展专用运输车辆、多轴载重大型车辆和物流标准化车辆，用好集装箱车公路通行费优惠政策，大力发展集装箱车。

安全生产 2013年，雅安市交通运输部门加强安全生产管理工作。一是与各县（区）交通运输局、局直属各单位签订安全目标责任书，各县（区）局和局属单位与下属单位和企业签订安全目标责任书，企业与车主、船主和驾驶员签订安全生产责任书，层层落实责任，明确职责。二是强化水陆交通运输源头安全监督和管理，督促运输企业严格执行道路客运“三把关一监督”“三不进站”“五不出站”“三品”（详见《附录》）检查、安检、趟次签单等规章制度；督导水运企业严格执行“六不发航”“客渡船签单发航”“停航封渡和警戒水位减载”等规章制度，交通建设和安全形势平稳可控。三是开展公路水毁路段、危险路段、事故多发路段、病害路段及病害桥梁安全隐患专项排查和整治，确保公路安全畅通。

（本栏目供稿单位：雅安市交通运输局）

眉山市交通

MEISHAN SHI JIAOTONG

2013年眉山市交通运输能力概况

公路			
通车里程	总里程（公里）		7 401.112
	其中	高速公路	179.8
		一级公路	100.151
		二级公路	334.129
		三级公路	342.898
		四级公路	4 749.663
		等外公路	1 694.471
公路密度	按国土面积算：每百平方公里102.99公里		
	按人口计算：每万人21.27公里		
通达程度	通公路的乡镇128个，占乡镇100%		
	通公路的村1 020个，占村86%		
客运站	总数（个）		181
	其中	一级站	1
		二级站	5
		三级站	2
		四级及以下站	173
营运车辆	总数（辆）		32 661
	其中	客车2 800辆44 566座	
		货车29 861辆107 751吨	
公路运量	客运	运量（万人次）	7 027.194
		周转量（万人公里）	224 137.313
	货运	运量（万吨）	5 186.772
		周转量（万吨公里）	545 312.497
内河			
通航里程	总里程（公里）		768.08
	其中	三级航道	
		四级航道	
		五级航道	
		六级航道	78.7
		七级航道	11.02
港口（码头）	总数（个）		80
	吞吐量	旅客吞吐量（万人次）	
		货物吞吐量（万吨）	
水路运量	客运	运量（万人次）	120
		周转量（万人公里）	1 200
	货运	运量（万吨）	
		周转量（万吨公里）	
营运船舶	总数（艘）		260
	其中	客船260艘4 908座	
		货船　艘　吨	

交通基础设施建设　2013年，眉山市交通基础设施建设完成投资73亿元。纳入中共眉山市委、市政府考核的19个重大交通建设项目，完工2个，快速推进8个，新开工建设3个，加快前期6个。高速公路完成投资35.1亿元，9月12日，乐雅高速公路洪雅段建成通车，遂资眉高速公路眉山段完成投资26亿元，累计完成61亿元，占概算总投资的79.17%，完成路基土石方总量的99%，涵洞的100%，桥梁总量的87%，隧道总量的83%。"四箭齐发"干线公路完成投资22亿元，累计投资28.3亿元，完成初步设计105公里，施工图设计86公里，成功招商11段73公里，融资40余亿元，开工建设9段56公里，占总里程的23.3%。岷东大道开工建设彭山双流界至彭祖山（含九龙山隧道）段14.75公里、岷东新区段10.42公里和东坡区崇礼至永寿段5.87公里。工业大道开工建设彭山石化园区段3公里。滨江大道开工建设彭山彭祖新城段4.18公里和东坡段10.7公里。天府仁寿大道开工建设视高段5.7公里和清水段1.9公里。地方干线公路完成投资8.6亿元，洪雅至峨眉山旅游快速通道、眉山至青神快速通道东坡区段、丹棱老峨山快速通道和遂资眉高速公路丹棱连接线加快推进。农村公路完成投资4.6亿元，新（改）建428.28公里。交通站场完成投资0.8亿元，眉山交通中心长途客运站和公交总站完成主体工程，彭山综合交通站场正抓紧施工，洪雅八角庙客运站完成征地拆迁，青神高铁汽车（出租车）客运站基本完工。水运设施完成投资2.7亿元，青神汉阳航电枢纽正抓紧土方及砂卵石开挖、河道疏通、大坝混凝土浇筑等工作，部分水工设施开始安装。青神虎渡溪、东坡汤坝航电枢纽前期工作有序开展。

乐雅高速公路眉山段建成通车　乐山至雅安高速公路是《国家高速公路网规划》成渝环线的一段，也是2003年5月省交通运输厅编制的《2001—2020四川省高速公路网布局建设规划》的一段，路线起于乐山市张徐坝，经峨眉山市、夹江县、眉山市洪雅县、雅安市雨城区、名山县，止于名山县水辗坝接成雅高速公路，沥青混凝土路面，双向四车道，路基宽24.5米，设计时速80公里，概算投资79.4亿元，全长107.561公里（其中乐山市境内42.8公里、雅安市境内25.7公里、眉山市境内39.6公里）。项目经省政府批准，采取股份制，省市共建模式，由川高公司和乐山、眉山、雅安三市人民政府共同出资成立“四川雅眉乐高速公路有限责任公司”进行建设管理，洪雅县出资1 277万元，股权比例6.386%。2009年11月16日在乐山举行投资协议签约，同年12月23日先期工程开工建设，由厅公路设计院和中国公路工程咨询总公司负责勘察设计，中国水电建设集团路桥工程有限公司、无锡市交通工程有限公司、成都市路桥工程有限公司等单位中标建设，北京交科工程咨询有限公司和四川公路工程咨询监理公司负责工程监理。2012年完成主体工程，2013年9月12日建成通车，完成投资30.4亿元。

建成通车的乐雅高速公路洪雅段　　眉山市交通运输局 供稿

遂资眉高速公路眉山段建设　遂宁至资阳至眉山高速公路建设工程起于遂宁市，由东向西经资阳市、眉山市仁寿县、东坡区、丹棱县、在洪雅县接乐雅高速公路。双向四车道，路宽24.5米，设计时速80公里，沥青混凝土路面，由厅公路设计院、厅交通设计院、中交第二公路勘察设计研究有限公司勘察设计。眉山段全长119.135公里，设枢纽互通3处，一般互通10处，服务区3个，停车区2个，涉及14个乡镇，84个建制村，征地859.95公顷，采取BOT模式建设，2009年12月中旬经公开招投标，确定项目投资人为泸州鑫福矿业集团有限公司，2010年2月3日组建四川鑫福高速公路投资有限公司负责项目建设管理，2010年7月19日工程开工建设，由中铁八局集团第二工程有限公司、四川瑞通工程建设有限公司等单位中标承建，四川省亚通公路工程监理所负责工程监理， 2012年全线便道基本贯通，至2013年路基、桥梁、隧道施工全面开展，全年完成投资26亿元，累计完成投资61亿元。

成都经济区环线高速公路简蒲段开工建设　2013年12月26日，成都经济区环线高速公路简阳至蒲江段项目建设开工仪式在眉山市仁寿县黑龙滩举行。省人大常委会副主任张东升出席仪式，中共眉山市委书记李静致辞，市委副书记、市长宋朝华主持仪式。

成都经济区环线高速公路简阳至蒲江段项目是成都经济区环线高速公路的南段，位于成都市、资阳市、眉山市境内，起于资阳市简阳市禾丰镇与成（都）安（岳）渝（重庆）高速相交对接德阳至简阳段，经眉山市仁寿县、彭山县、东坡区，止于成都市蒲江县天华镇，与蒲江县至都江堰段对接，全线长127.4公里，估算投资157.75亿元，其中眉山市境内长79.9公里，估算投资98.9亿元。全线桥梁97座27 364米，隧道5座6 932米，双向六车道，设计时速100公里，沥青混凝土路面，设枢纽互通6座（其中眉山市境内2座，分别为与成自泸高速公路交叉的古佛枢纽互通、与成乐高速公路交叉的永丰枢纽互通），一般互通11座（其中眉山市境内7座，分别为元通互通、松林互通、黑龙滩枢纽互通、土地互通、眉山互通、悦兴互通、多悦互通）。项目经省政府办公厅批准，采用BOT模式建设，授权眉山市牵头，眉山市、成都市、资阳市三市人民政府为项目实施工作责任主体，中国铁建投资有限公司和中铁二十局集团有限公司组成的联合体为中标投资人，组建项目公司中铁四川简蒲高速公路有限公司负责建设管理。项目建设工期三年，预计2016年底建成通车。

两宋荣光眉州大道改造工程　两宋荣光眉州大道（省道106线）改造工程起于眉山工业大道与省道106线交叉处，止于省道106线与岷东大道交叉口处，全长17.2公里，其中西段成乐高速公路眉山互通立交收费站至省道106线高河坎中桥长4公里，核心段岷江二桥至成乐高速公路眉山互通立交收费站长8.5公里，东段省道106线富牛镇松林村7组至岷江二桥长4.7公里，改造项目采用城市主干道一级标准，路宽88米，设计时速80公里，双向八车道，沥青混凝土路面，总投资13.86亿元，项目采取BT模式建设，建设内容包括市政、交通、园林景观、桥梁、建筑和灯光亮化等项目，涉及跨岷江的岷江二桥、跨成昆铁路的西来堰大桥、跨成乐高速公路的成乐高速跨线桥等7座桥梁扩建。改造工程划分“两桥（西来堰大桥、岷江二桥）一站（成乐高速公路眉山互通立交收费站）”、西段、核心段、东段等四段实施改造，分别由厅公路设计院和四川省新视野城乡规划研究设计有限公司设计，“两桥一站”、核心段、西段由深圳市金证科技服务有限公司投资建设，东段由四川鑫睿投资有限公司投资建设。改造项目于2012年8月28日开工建设，四川慧通建设有限公司承担西来堰大桥和岷江二桥改造，四川瑞云建设工程有限公司承担眉山互通立交收费站改造，江西建工第三建筑有限责任公司承担核心段改造，四川星星建设集团有限公司承担西段改造，核工业西南建设集团有限公司承担东段改造，四川合石工程咨询监理有限公司和四川省城市建设工程监理有限公司负责工程监理。2013年完成核心段和西段主体工程，东段正抓紧路基施工，岷江二桥和西来堰大桥正抓紧桥面铺装，完成投资8亿元，累计完成11亿元。

眉山交通项目进入“六大专项工程”规划 2013年9月24日，省交通运输厅召开全省交通专项工程方案推进会，全省交通运输未来3～5年干线联网畅通工程、农村公路改善工程、国省道路面大中修工程、渡改桥工程、公路安保工程、汽车客运站提升改造工程“六大专项工程”规划正式落地。眉山市成都经济区环线简阳至蒲江段、仁寿至井研、蒲江至丹棱至井研3条高速公路，“四箭齐发”工业大道、滨江大道、岷江大道、天府仁寿大道和洪雅至峨眉山旅游快速通道5条干线联网畅通工程，51个农村公路改善工程，62个公路安保工程，12座渡改桥工程，9座客运站提升改造工程等142个项目全部进入规划。规划里程总计1 420公里，项目总投资预计达到379.5亿元。眉山市进入“六大专项工程”规划项目多、规模大、争取项目补助资金额度大。全省交通运输“六大专项工程”共安排176亿元项目资金补助，眉山市纳入“六大专项工程”的142个项目，可获取国省补助13.7亿元，占全省补助资金总额的7.78%。在本轮干线联网畅通工程中，眉山市规划里程和资金补助均得到省交通运输厅的重视和支持，其中全省规划高速公路为724公里，眉山市占了171公里，占全省比例的23.62%。全省普通干线公路建设规划里程为2 054.5公里，眉山市占308公里，占省比例的14.99%；全省在普通干线公路建设规划上的补助总金额为61.3亿元，仅此一项眉山市将获9.24亿元补助资金（每公里补助300万元），占全省15.07%，道路入规里程及资金补助仅次于成都市。

交通运输安全生产 2013年，眉山市坚持“安全第一、预防为主、综合治理”的方针，结合交通工作实际，落实“一岗双责”（详见《附录》）、行业归口、属地管理责任，健全制度，完善安全生产责任机制，进一步加强交通运输安全管理。道路运输强化源头管理，督促企业落实安全生产主体责任，加强驾驶员安全生产教育培训，提高驾乘人员安全生产意识和应急处理能力；加强参营车辆技术状况的检查检测，确保客运车辆技术状况良好运行正常；加强GPS监控，防止驾驶员超速、超载、超疲劳驾驶等违规行为发生。按照道路运输“三把关一监督”（详见《附录》）要求，严格落实客运车站“三不进站、五不出站”（详见《附录》）管理规定，加强对车辆的“例检例查”和“三品”（详见《附录》）检查工作，全年“五不出站”检查1 079 562辆次，对车辆证照不齐、超载等问题，视违规情况依照有关规定及时进行处理，消除了不安全因素。对出租汽车市场加强监管，抓安全，重服务，以快捷安全、方便舒适的优质服务满足群众的乘车需求。水上交通进一步加强渡口码头的安全管理，落实水上交通安全管理责任，严把船舶适航关、船员适任关、安全航行关，对重点船舶、重点时段、重点水域和重要环节加强监管，采取多种形式，组织进行水上交通安全检查，发现安全隐患，采取措施，及时整改，确保水上运输安全。加强交通在建工程安全监管，开展“防坍塌和防坠落、反三违”专项整治行动，强化对特大桥梁、特长和瓦斯隧道等重点工程的施工安全检查，保障施工作业安全。公路路政管理部门，加强对省道106线、省道103线、省道305线和国道213线等重点公路的巡查，清除路障，确保公路安全通畅。截至年底，全市水上交通未发生安全责任事故，道路运输未发生源头管理责任事故和较大以上安全事故，公路养护建设工程未发生安全责任事故，安全控制指标保持在省市下达的目标范围内，交通运输安全形势持续稳定。

水上交通安全 2013年，加强水上运输安全管理，落实水上交通安全“一岗双责”（详见《附录》），市海事局与各区县海事处分别签订安全目标责任书，督促区县政府全面落实县区、乡镇、村社、船主四级水上交通安全生产目标责任制。加强对重点船舶、重点时段、重点水域和重点环节的安全监督管理，严把船舶适航、船员适任和安全航行三道关口，在春运和主汛期来临前，对所有投入的运输船舶进行安检，把载客30人以上的客运船舶作为重点监管对象，确保营运船舶机械性能良好，安全保障可靠。对船员证书、证件和适任情况和船舶配员情况认真进行清理检查，发现问题采取有效措施，及时进行解决，确保船员适任。继续推进“救生衣行动”常态化管理，实行重点渡口签单发航管理规定和客渡船“六不发航”管理制度，督促汽车渡口经营单位加强对车辆过渡秩序的维护和安全管理，确保渡口航行安全。强化日常安全检查和海巡艇监督巡航作用，严格进行现场监管，重要节假日和重点时段均安排执法人员在重点渡口码头实施现场监管，维护水上交通管理秩序，对乡镇管船员和渡口签单员到岗履职情况进行监督检查，认真查处超载、冒险航行、非法载客等违法行为，对黑龙滩库区10艘船员配备不足的运输船舶各处以罚款1 000元行政处罚；对已严重锈蚀的观音滩渡船和付家坝渡船做出责令停航的行政决定，消除了安全隐患。水上交通安全管理工作，继续保持了建区设市以来连续17年水上交通安全运输指标“三为零”的成果。

公路桥梁安全隐患专项排查 2013年，眉山市交通运输局认真组织开展公路桥梁安全隐患专项排查工作，及时印发《公路桥梁养护管理工作制度》《眉山市公路桥梁突发事件抢险应急预案》，分别对各区县和通能公司、仁洪公司负责的公路桥梁安全隐患排查治理工作进行监督排查，各区县及相关单位严格按照上级要求，切实加强对专项排查工作的组织领导，成立公路桥梁安全隐患排查治理专项行动领导小组，明确任务，细化责任，落实要求，召开专门会议研究制订专项排查整治工作方案，强化监管责任，明确桥梁养护管理的责任单位和监管单位，对病危桥加固改造工程项目严格按规定程序申报，按规范要求施工，严格遵循认真排查，细心排查，边查边改的工作原则，发现安全隐患，采取有效措施，及时整改消除隐患。对排查中确认无法及时改造、加固的公路桥梁，采取果断有效的防范措施，在桥头两端明显位置设置警示标志，限载限速标牌和危桥管理单位告知牌，加强安全监管，组织公路路政管理部门，对病危桥进行24小时值守监控，随时观察掌握病危桥状况，疏导通行，防止阻塞，确保通畅安全。7—8月眉山普降暴雨，受汛期水患影响，境内河水暴涨，危及公路桥梁安全，按照省交通运输厅《关于立即开展普通公路桥梁安全隐患全面排查的通知》要求，市交通运输局组织对全市所管辖的公路桥梁进行一次拉网式全面排查，共普查桥梁1 000余座，达到国省干线公路、县道和主要乡镇道路上桥梁全覆盖。

优先发展城市公共交通政策 2013年6月7日，眉山市政府印发《关于城市优先发展公共交通的实施意见》，把城市优先发展公共交通列入重要议事日程，实行政府主导、统筹规划、政策扶持、协调发展，形成以城市公共汽车为主体，出租汽车为补充，有序推进轨道交通的城市综合交通体系。到2015年，基本建成完善的城市公共交通基础设施，理顺经营管理体制，公共服务质量明显提高。公共汽车平均运营速度达到每小时20公里以上，准点率达90%以上，公共汽车进场率达70%以上，公交站亭建设达到站点总量的60%以上。中心城区基本实现公交站点500米全覆盖，公共汽车万人拥有量达10标台以上。到2020年，实现公共汽车占城市交通总出行的比重达30%的目标。《意见》对发展城市公交的资金投入，土地划拨、税费优惠以及票价制定等方面明确了政策支持。

公交安全演练 2013年10月14日，眉山市交通运输局、市公安局交警支队和市骨科医院等单位，在岷江大道西段联合举行重大交通事故和消防事故安全应急演练。参演单位精选业务骨干，投入公交车、120急救车、事故处理车各1辆和公交公司安全应急车10辆，组织群众100余人，按照演练内容和要求，加强协调配合，认真进行交通事故报警及处理程序、车内起火应急逃生、安保人员讲解消防安全常识，正确使用灭火器材三个科目的实际操作演练，参演人员认真负责，动作迅速准确，操作紧张有序，沉着应对，大胆摸索，较好地完成了演练科目。通过演练，检验了市公交公司应对突发事件的应急处置能力，在危急时刻组织引导乘客疏散逃生能力，与公安交警等部门加强相互配合的联动能力。进一步增强了公交司乘人员的消防安全意识，为做好城市公交安全运营和消防安全工作，确保群众乘车安全，提供安全可靠保障。

城市公交老旧车辆淘汰更新 2013年，眉山市有城市公交线路42条，公交客车415辆。由于车辆老旧，车况差，安全隐患大，影响群众出行和服务质量。为改变公交现状，市交通运输局充分利用城市优先发展公共交通政策，通过政府政策扶持和自身努力，采取政府投入、拓宽融资渠道、吸引社会资本等方式，科学规划，整合资源，加快老旧车辆更新力度。全年市公交公司争取到市政府专项资金投入1 200万元，仁寿公交争取到县政府资金投入990万元，全市公交自筹资金1 469万元，购置高性能的公交客车68辆，用于6条线路车辆的报废更新，购置54辆公交客车新开通4条公交线路。宽敞洁净、安全舒适的崭新公交客车为市民提供良好出行环境，解决了眉山城市发展带来的新需求。

抗震救灾 2013年4月20日，四川雅安市芦山县发生7.0级地震，眉山受地震影响，交通基础设施严重受损。经统计，全市交通基础设施因地震造成直接经济损失累计12.68亿元，其中国道公路损坏36公里，经济损失9 000万元，省道公路损毁93公里，桥梁损坏5座2 167米，经济损失25 178万元；县乡村公路损毁1 765公里，桥梁损坏105座5 952米，经济损失91 429万元；道路客货运输站损坏21个，经济损失1 100万元；码头损坏3座，经济损失50万元。

地震发生后，眉山市交通运输局迅速反应，立即启动应急预案，召开专题抗震救灾会议，强化责任，严格要求，制订措施，及时成立交通运输抗震救灾领导小组，局党组成员分别带队深入区县，检查公路、桥梁、车站码头、收费站点受损情况，全力投入抗震救灾。按照省交通运输厅抗震救灾指挥部命令，立即调集2台装载机、1台挖掘机、2台发电机、5辆车和36名抢险人员以及一批工程抢险物资，由局党组成员、公路局局长刘小伶率队，于20日下午14时赶赴芦山地震灾区投入抗震救灾道路抢险工作，奋战3天3夜，圆满完成22公里受损道路的抢通保通任务；为龙门镇青龙村当地群众、抢险部队平整场地6 000平方米，搭建帐篷20余顶，提供充电照明设施、手机等1 000多部。4月23日18时30分，接省交通运输厅运管局转省民政厅第36号应急运输命令，要求立即调派60辆货车到新津火车站物资储备中心转运救灾物资支援芦山灾区，在半小时内迅速完成车辆调配，并抽调6名维修技师随行，负责车辆性能保障，24日凌晨3时在新津火车站装载帐篷8 238顶，棉被17 840床连夜赶往芦山灾区。4月24日下午，组织10台发电机赠送给芦山灾区，安排3名工作人员携打米机1台前往灾区，解决部分群众吃饭问题。25日晚，按厅运管局转省民政厅第60号应急运输派车指令，紧急抽调30辆应急运输货车到双流县四川救灾物资储备中心，将14车药品和食品及时运往雅安市救灾物资中转站。成雅、成乐高速公路救灾生命线实施交通管制后，为缓解国省干线公路通行压力，防止拥堵阻塞交通，成立道路抢通保通小分队，实施重点受阻路段抢险保通任务，抢时间，争速度迅速清除路障，消除安全隐患，保障群众出行安全和救灾物资运输通畅。抗震救灾期间出动路政人员1 527人次、救援车322辆次，巡查国道213线，省道103线、省道106线、省道305线和重要县乡公路8 534.8公里，清除路障237处。投入抢险资金600万元，应急救援机具142套，快速抢修受损道路。其中国省干线投入资金200余万元，机械设备54台、88台班，运输车240车次，人力200人、1 200人次，清除路面塌方、危石等障碍及运料2.6万余立方米，抢通保通公路90公里；县乡村道投入资金400余万元，机械设备88台套、132台班，运输车320车次，人力235人、1 500人次，清除路面塌方、危石等障碍及运料9 .4万立方米，抢通保通公路243 .5公里。

（本栏目撰稿人：魏　平　刘书全）

资阳市交通

ZIYANG SHI JIAOTONG

2013年资阳市交通运输能力概况

公路			
通车里程	总里程（公里）		14 737.018
	其中	高速公路	195.7
		一级公路	8.163
		二级公路	452.547
		三级公路	302.206
		四级公路	10 285.641
		等外公路	3 492.761
公路密度	按国土面积计算：每百平方公里185.115公里		
	按人口计算：每万人29.474公里		
通达程度	通公路的乡镇171个，占乡镇100%		
	通公路的村2 815个，占村100%		
客运站	总数（个）		140
	其中	一级站	2
		二级站	6
		三级站	9
		四级及以下站	123
营运车辆	总数（辆）		30 354
	其中	客车2 713辆57 268座	
		货车27 641辆78 196吨	
公路运量	客运	运量（万人次）	7 513
		周转量（万人公里）	435 868
	货运	运量（万吨）	6 704
		周转量（万吨公里）	66.53
内河			
通航里程	总里程（公里）		506
	其中	三级航道	
		四级航道	
		五级航道	
		六级航道	
		七级航道	162
港口（码头）	总数（个）		1
	吞吐量	旅客吞吐量（万人次）	75.9
		货物吞吐量（万吨）	531
水路运量	客运	运量（万人次）	115.4
		周转量（万人公里）	821
	货运	运量（万吨）	531
		周转量（万吨公里）	2 927
营运船舶	总数（艘）		286
	其中	客船216艘6 809座	
		货船 70 艘1 876吨	

交通建设投资 2013年，资阳市交通基础设施建设完成投资132.9亿元，为年度目标任务77.06亿元的172.46%，占2013年全市固定资产投资总额760.7亿元的17.46%，占全省交通建设投资总额1 276亿元的10.41%，投资总额连续3年保持全省第二位且占比10%以上。

成（都）简（阳）快速通道　　资阳市交通运输局 供稿

成都新机场选址简阳芦葭 2013年6月20日，中国民用航空局正式批准，同意将简阳芦葭优化场址作为成都新机场推荐场址。成都新机场定位为国家级国际航空枢纽机场，飞行区等级为4F级，规划面积42平方公里，设计旅客、货邮吞吐量分别为每年8 000万人次、600万吨，飞行起降每年85万架次，综合运力将成为继北京首都国际机场、上海浦东国际机场、广州白云国际机场之后的中国第四大国际门户机场。成都新机场场址位于龙泉山东麓、资阳西北方向，地处简阳市芦葭、草池、石板凳三镇，机场端点距离成都市中心点50公里，距离资阳市城区中心点25公里，距离简阳市城区中心点15公里。成都新机场总投资600亿元，计划2015年开工建设，2018年一期工程建成投入运营。

资阳市规划新机场区域综合交通 2013年，资阳市围绕新机场、新天府建设，进一步完善综合交通规划，在做好资（阳）三（岔湖）快速通道路线调整、简阳机场快速通道规划和轨道交通规划的基础上，突出重点做好新机场高速公路规划，实现“线路走向经机场以北、线路止点延伸至遂资眉高速、技术标准资阳段双向六车道”等规划意图。开展直连川渝两大空港、直穿全市4个县（市、区）的资潼广高速公路规划论证工作，进一步凸显资阳在成渝中心的交通枢纽地位。

资阳市高速公路建设 2013年，资阳市高速公路建设进展顺利。遂资眉高速公路遂宁西宁互通至资阳迎接互通段110.7公里于6月5日建成通车，其中资阳境内通车里程65.8公里，实现资阳市“县县通高速”。迎接互通至眉山界15.3公里将于2014年6月建成，将与计划于2014年10月建成的眉山段同步通车。成（都）安（岳）渝（重庆）高速公路建设进度全面加快，10月总体转入路面施工阶段，年底完成路面底基层38.6%，将于2014年底建成通车。成都第二绕城高速公路进展顺利，丹景山2号隧道于10月20日贯通，累计完成路基89.2%，将于2014年底建成通车。资阳第5个高速公路BOT项目成都经济区环线高速公路南段（简阳—蒲江）控制性工程于2013年12月26日开工，将于2016年底建成通车。

地方公路建设 2013年，资阳市地方公路建设取得成效。全长32.1公里的成简快速通道将于2014年1月28日全线建成通车。成资快速通道因路线为成都新机场压覆而暂停施工，待新机场边界确定后调整设计并复工。省

升级改造后的省道106线资仁段　　资阳市交通运输局 供稿

道106线雁江至仁寿界13.7公里改造工程于10月31日完工通车，乐至良安至中江界9.27公里改造工程主体工程完成。全年新建农村公路1 281.5公里，其中通乡油（水泥）路157.4公里，通村油（水泥）路1 124.1公里。全市通油（水泥）路的建制村达2 537个，占建制村总数2 815个的90.1%。

彭琳调研资阳交通 2013年4月17日，省交通运输厅厅长彭琳一行到资阳调研综合交通建设。实地察看遂资眉高速公路资阳段等项目建设情况，听取资阳市交通运输工作情况汇报后，彭琳对资阳经济社会发展和交通运输工作取得的成绩给予高度评价，强调交通运输对经济社会发展的先行引领作用，希望资阳加快推进成渝经济区次级综合交通枢纽建设，为实现次级突破提供有力支撑。中共资阳市委书记李佳陪同调研。

李佳调研交通工作 2013年5月31日，中共资阳市委书记李佳到资阳市交通运输局调研交通运输工作及“实现伟大中国梦、建设美丽繁荣和谐四川”主题教育活动开展情况，看望市交通运输局干部职工并听取市交通运输局工作和主题教育活动开展情况汇报。她强调，要扎实开展主题教育活动，坚定打赢新一轮交通建设硬仗，为实现“五年总量翻番、再造一个资阳”发展目标作出积极贡献。

公路养护管理 2013年，资阳市交通运输局印发《关于加强公路养护规范化管理工作的通知》和《关于进一步完善和规范全市农村公路桥梁养护管理工作的通知》，全面加强县、乡、村公路日常养护管理。全市所有乡镇均建立农村公路养护管理机构，雁江、安岳、乐至3个机械化养护中心建设加快推进。进一步完善农村公路桥梁数据库，对全市108座国省干线公路桥梁进行技术评定，完成危（病）桥整治5座，完成公路安保工程66.68公里。与公安等部门合作，强力推进货车超载超限运输集中治理，对违法运输行为实行一站式查处，超限超载现象得到有效遏制。国省干线公路路面使用性能指数全年保持85以上的优良水平。

二级公路收费取消 自2013年1月1日零时起，资阳市取消境内所有二级公路收费，撤销收费站点5个，安置收费工作人员230人。锁定至2008年底收费公路债务余额150 038万元，成功争取财政部驻川专员办审定2009—2012年新增债务余额为89 226万元。2013年两次拨付资阳市国家和省债务化解补助资金24 565万元。

交通运输行政执法 2013年，资阳市交通运输系统进一步开展行政权力清理，取消行政审批1项，下放9项，暂停6项，清理后的行政权力629项全部纳入依法规范公开运行平台。全年受理行政审批5 317件，按时办结率100 %。实现市级交通执法形象“四统一”（详见《附录》）。

公路水路客货运输 2013年，资阳市公路旅客周转量、货物周转量、公路运输总周转量分别比上年同期增长16.49%、15.67%、15.52%，增速位居全省第一位。水路运输总周转量比上年增长17.26%，增速排名全省第四位。全市全年新增省际客运班线2条、市际客运班线3条、县际客运班线1条，新增营运客车8辆。新增公交客运企业2家、公交线路2条、公交车40辆。新建成港湾站34个。

农田水利基本建设交通项目获二等奖 资阳市交通项目（农村公路建设）在2013年全省农田水利基本建设绩效考核中，第三次被四川省人民政府农田水利基本建设指挥部评为二等奖。是资阳市继2011年、2012年后，农田水利基本建设交通项目绩效考核连续三年荣获全省二等奖。

安全生产管理 2013年，资阳市交通部门加强制度建设和安全基础设施建设，深入推进各项专项行动，开展形式多样的安全教育培训和应急处置演练，实现“两客一危”车辆和新更新出租汽车100%安装GPS行驶记录仪，完成雁江、安岳、乐至3个县级水上交通安全生产管理规范化建设，整治新民渡口、石板滩航道等水上交通安全隐患。全市交通运输系统未发生一起安全生产责任伤亡事故。

春运工作 2013年春运期间，资阳市投入营运班车1 975辆，开行总班次230 101次，增开客运加班车26 584班次，运送旅客546.18万次，比上年增加1%。日均投入公交车351辆，开行总班次217 401次，运送旅客643.11万人次，比上年增长14.2%；日均投入出租车556辆，运输旅客516.08万人次。共投入船舶2 658艘次，客位116 183个，完成客运量20.79万人次。实现“三无”目标，即无旅客投诉、无旅客滞留、无安全事故；创造“三最”记录，即旅客运量最高、运输效益最好、客运最和谐平安。

海事规范化建设 2013年，资阳市各县（市、区）政府高度重视县级水上交通安全生产管理规范化建设工作，建立水上安全经费投入保障、事故责任追究、应急救援管理、宣传教育培训4个长效机制，并将各级政府、涉水部门等水上交通安全主体责任范围、内容、要求进行明确和细化，建立和完善水上交通安全工作会议、安全生产检查督促、安全隐患排查治理、举报奖励等制度和工作台账并通过市安委会验收。

（本栏目撰稿人：吴培琦）

阿坝藏族羌族自治州交通

ABA ZANGZU QIANGZU ZIZHIZHOU JIAOTONG

2013年阿坝州交通运输能力概况

公路			
通车里程	总里程（公里）		12 863.551
	其中	高速公路	51.406
		一级公路	6.475
		二级公路	1 363.146
		三级公路	721.494
		四级公路	9 808.273
		等外公路	912.757
公路密度	按国土面积计算：每百平方公里15.498公里		
	按人口计算：每万人143.087公里		
通达程度	通公路的乡镇221个，占乡镇100%		
	通公路的村1 269个，占村93.24%		
客运站	总数（个）		193
	其中	一级站	0
		二级站	8
		三级站	10
		四级及以下站	175
营运车辆	总数（辆）		17 950
	其中	客车 3 696辆 83 222 座	
		货车 14 254辆 71 270吨	
公路运量	客运	运量（万人次）	3 763.4
		周转量（万人公里）	321 000
	货运	运量（万吨）	2 748
		周转量（万吨公里）	665 000
内河			
通航里程	总里程（公里）		
	其中	三级航道	
		四级航道	
		五级航道	
		六级航道	
		七级航道	
港口（码头）	总数（个）		5
	吞吐量	旅客吞吐量（万人次）	
		货物吞吐量（万吨）	
水路运量	客运	运量（万人次）	
		周转量（万人公里）	
	货运	运量（万吨）	
		周转量（万吨公里）	
营运船舶	总数（艘）		
	其中	客船 艘 座	
		货船 艘 吨	

交通基础设施建设 2013年，阿坝州交通建设完成投资43.72亿元，为年计划118%。其中，高速公路完成投资24.05亿元、国省干线公路完成投资11.618亿元、农村公路完成投资8.06亿元。汶川至马尔康高速公路完成项目前期要件编制审批及社会稳定性评价报告编制审批工作；绵阳至九寨沟高速公路完成项目工程可行性研究报告的预评审工作；国省干线公路建设项目11个，其中省管项目2个，州、县管项目7个；农村公路完工109条。

马尔康县过境路改造沥青路面摊铺　　阿坝州交通运输局 供稿

交通运输部专家调研汶马高速公路 2013年2月25日—3月2日，交通运输部规划研究院专家到阿坝州调研汶马高速公路项目，评审该项目预可行性研究报告和实地考察项目可行性、路线走向及技术标准。交通运输部综合规划司处长范振宇，交通运输部规划研究院党委书记王文龙、原副总工程师王开山、公路所所长石良清等专家参加调研。

汶马高速公路起于汶川县凤坪坝映汶高速公路终点，途经桃坪、薛城、理县、扑头、米亚罗、梭磨，止于马尔康县城东卓克基镇，暂接国道317线。全线长173公里，设计时速80公里，路基宽24.5米。

张晓燕调研阿坝交通建设 2013年9月3日—9月5日，省交通运输厅副厅长张晓燕在阿坝州副州长杨长清、州交通运输局局长陈琪等陪同下，对绵九高速公路控制性工程黄土梁隧道开工准备工作、汶马高速公路控制性工程鹧鸪山隧道施工进展及全线前期工作情况和映汶高速公路抢通保通工作开展调研。张晓燕要求阿坝州切实做好开工前的用电、用地进场道路等的前期工作，完成社会风险稳定性评估，力争实现年底开工；积极配合上级相关部门做好汶马高速公路的立项报批工作，力争早日获得工程可行性研究报告批复，最大限度争取国家的资金支持，缓解鹧鸪山工程的建设资金压力和筹集项目资本金；加快映汶高速公路受损处治工作进度，力争3个月内全面完成，实现双向通车能力；按照“三线互补、综合治理，提高生命线抗灾能力”的原则，设计单位要统筹考虑映汶高速公路和国道213线二级路的恢复重建方案。

汶川至都江堰高速直达班车正式开通 2013年2月1日，汶川至都江堰高速直达班车正式开通。阿坝州金达高速客运有限责任公司投入2辆小型高一级、6辆中型高二级客车运行该线路，每日双向发送32班次，从早班6:30到晚班18:30，实行滚动发班，全程运行约1小时，票价30元左右。

站场建设 2013年1月—10月阿坝州站点建设完成投资842万元，占厅运管局下达目标的90%。其中已完工项目：总投资1 500万元的川主寺客运站续建项目年内完成投资410万元，扎窝乡客运站完成投资70万元，完成44个招呼站总投资132万元建设。在建项目：汶川县物流中心完成投资200万元，上壤塘乡客运站完成投资10万元，洛多乡客运站完成投资20万元。若尔盖汽车客运站、崇尔乡客运站、山巴乡客运站、水晶乡客运站、杂谷脑客运站、杂谷脑公交站、麦昆乡客运站、洛尔达乡客运站、招呼站等11个项目年底全面完工。

农村公路建设 2013年阿坝州农村公路建设完成项目167个，完成投资8.52亿元，超计划完成投资1.05%。按照农村公路管理养护年活动目标要求，全州在3年内创建农村公路管理养护示范乡镇26个，创建农村公路管理养护文明路430公里（其中县道180公里、乡道60公里、村道190公里）；2013年第一批验收合格示范乡镇6个，文明路8条131公里（县道4条86公里、乡道2条30公里、村道2条15公里），第二批验收合格示范乡镇6个，文明路24条（县道3条100公里、乡道7条68公里、村道14条98公里）。金川率先在四川省民族地区实现乡镇通沥青路100%、建制村通水泥路100%、通组入户道路硬化100%的“三个百分百”目标，是四川省民族地区农村公路建设的典范。

道路运输 2013年，阿坝州营运客车技术等级不断提高，高级车所占比例达42.6%。全州拥有客运车辆3 696辆，其中班线车446辆，旅游车1 355辆（市际旅游车540辆，县际旅游车429辆，观光车386辆），农用客车850辆，出租车878辆，公交车167辆。开行省际班线10条，市际班线75条，县际班线62条。全年全州客运量、旅客周转量、货运量、货物周转量分别完成3 763.4万人次、32.1亿人公里、2 748万吨、66.5亿吨公里，分别比上年增长9.53%、10.23%、12.61%、12.12%。圆满完成2013节假日和“黄金周”期间的运输任务。

抗击“4·20”芦山地震 2013年“4·20”芦山地震发生后，阿坝州道路抢通突击队连续奋战，打通芦山地震小金夹金山通往震区道路。4月20日—23日，该抢险突击队累计出动人员2 000余人次、机械30台156个台班、运输车40辆176辆次，累计清除坍方1 200处53 000余立方米。4月23日上午，在完成宝兴境内最后9处较为严重的坍塌路段路面拓宽后，又将省道210线夹金山—宝兴110公里道路全部拓宽为双车道，直抵宝兴县城。

根据抗震救灾指挥部关于进入地震灾区救援的车辆均需按照成都—雅安—芦山—宝兴—小金—映秀—都江堰—成都的单向循环进出灾区的规定，全体抢险队员4月24日返回州内，全力保障省道210线小金至夹金山顶段、省道211线金川至丹巴段、省道303线小金至卧龙段和国道213线汶川段、国道317线汶马路等阿坝州境内相关通往雅安灾区道路的正常通行。

公路保通 2013年，针对阿坝州易发生泥石流、滑坡、水毁、垮塌等地质灾害特点，阿坝州交通公路部门加强道路隐患点的排查治理工作，做到“六个到位”（制度、人员、材料、机械、方案、措施到位）、“三个加强”（加强领导、加强管理、加强检查）、“一个确保”（确保公路安全度汛）。一是强化公路安全隐患整治，排查公路安全隐患720处，处置720处；维修波形护栏（缆索）14 897余米，更换6 224余米；排查桥梁及涵洞476座，清理公路“三乱”（详见《附录》）1 083起；使用草垫20 000余张，砂石1 217余立方米，工业盐1 000千克。二是及时抢通道路，对国省干线224个隐患点的山体滑坡、坍方、飞石、易发生泥石流路段进行监控。全年阿坝州因发生泥石流、坍方等灾害造成道路阻断共计87次，发生泥石流和坍塌方累计总量为207万立方米，路基冲毁1 224万立方米，路面损毁111万平方米，挡土墙损毁70万立方米，桥梁垮塌8座计1 183.8米、桥梁受损16座计1 037.7米，损失金额31亿元，投入抢通经费1 725万元。7月8日，连续暴雨造成国道213线、国道317线、省道302线交通中断，阿坝交通公路部门组织大量机具、人员进行抢通，通过6天昼夜不懈的努力使都汶高速生命通道全线抢通，保证进出州通道安全。三是结合冬季冰雪路滑的特点，制订《阿坝州交通运输系统冬季安全工作方案》，明确公路部门保通保畅、运管部门保证行车安全的职责，抓好安全生产管理，细化交通运输安全生产管理各项措施。

春运 2013年春运期间，阿坝州发送旅客132.95万人次，比上年增长33.7%。道路旅客运输累计投入客车18 685辆次，运输旅客62.98万人次，日均投入客车467辆次，日均运输旅客1.57万人次；城市公交累计投入 2 909 辆次，运输旅客48.17万人次；出租汽车累计投入8 707辆次，运输旅客21.8万人次。州内各县运管所针对各地区运输实际，积极出台便民、惠民措施，对所属公交车、出租车合理调配运力，延长收发班时间，开展上门售票服务活动。在保证全州运力充足的情况下，派出车况良好的184辆客车到省内各地执行外调支援运输任务。春运期间未发生道路运输一般以上责任事故和重大服务质量投诉。

农村公路建管养运“安业美”试点 2013年，阿坝州金川县实施农村公路建管养运“安业美”（指安全、相关产业、绿化环境美）的试点建设，在全省民族地区率先实现农村公路通村达户，10月省政府在金川县召开全省民族地区农村公路工作现场会。金川县按照“积极建、主动建、超前建、规范建”的工作要求，建设完成通乡油路150.9公里、通村公路860公里、通组道路1 188公里、入户硬化路980公里，实现乡镇通油路、建制村通水泥路、通组入户硬化道路的“三个百分之百”，基本形成干线公路上档升级、县乡道路标美改造、村组道路联网畅通的交通新格局。

交通安全与管理 2013年，阿坝州交通运输系统严格“三把关一监督”（详见《附录》）和车站“三不进站、五不出站”（详见《附录》）安全源头监管制度，实行“谁值班、谁签单、谁负责”的责任制度和安全隐患整改倒查制度，严禁不合格车辆、违法违章车辆载客出站，严禁站外揽客，严禁恶劣天气或道路断道期间发班，严禁驾驶员未进行安全承诺发班。同时做好反恐怖、打黄扫非工作，加大旅客行李检查力度。抓好教育培训，结合开展《道路旅客运输企业安全管理规范》的宣传贯彻工作，积极推进交通运输安全标准化建设，州运管部门组织对全州16家运输企业开展安全动态考核，3月至4月举办安全培训班6期，培训驾驶员2 715人，8月组织车站安检员培训54人，组织运管系统所长、副所长及业务骨干安全培训80人。年内，阿坝州发生一般事故6起，死亡1人，受伤18人；与上年同期相比，事故数量、死亡人数、受伤人数、经济损失均下降。全年没有发生因交通运输部门管理原因造成的道路运输行车事故，没有发生因交通运输部门管理原因造成的其他安全生产事故。阿坝州水上交通运输没有发生任何事故。

系列专项整治工作 2013年，阿坝州交通运输系统开展了一系列专项整治工作。一是完成“百日安全生产”、春运、“安全生产月”等活动，召开“以人为本、安全第一”主题研讨会70次，出动宣传车106辆次，发放宣传横幅43幅，宣传资料15 000份；公路上安装标志标牌215副。二是开展道路旅游、班线客运安全隐患治理专项行动。出动执法车1 421辆次，执法人员6 673人次（其中运政执法人员4 286人次、交警1 441人次、县旅游局执法人员631人次），检查客运车36 306辆次，查处违章客运车631辆次。三是开展“打非治违”专项治理行动，出动运政稽查人员6 400人次，检查车20 160辆次，查处违规货运车10辆次、非法营运车820辆。

交通运输应急管理 2013年，阿坝州交通运输部门严格按照《阿坝州突发事件道路运输应急保障预案》修订完善应急组织指挥体系，加强道路运输应急保障值班管理。拟订道路运输突发事件应急运输保障演练方案，按级别对应急运输保障任务启动应急响应。积极依托骨干运输企业，不断加强应急队伍建设，落实应急运输保障运力，健全应急运输反应和补偿机制。年内组织调度应急运输车240余辆次，完成春运、60年州庆、国庆等重大节庆期间的应急运输任务，未发生一起运输责任事故。

完成路基回填开辟应急通道 阿坝州交通运输局 供稿

“7·9”洪灾发生后，阿坝州交通运输局及时将公路阻断情况上报并组织力量参与应急救援和抢险。公布州内突发道路受阻、管制等情况，配合省交通运输厅做好四川省公路水路交通应急指挥及抢险救助保障系统工程建设工作。年内，阿坝州交通运输局成为省交通运输厅应急指挥中心试点单位并确定试点工程选址及站房建设选址。

（本栏目供稿单位：阿坝州交通运输局）

甘孜藏族自治州交通

GANZI ZANGZU ZIZHIZHOU JIAOTONG

2013年甘孜州交通运输能力概况

公路			
通车里程	总里程（公里）		27 140.718
	其中	高速公路	
		一级公路	
		二级公路	144.541
		三级公路	1 005.162
		四级公路	21 415.859
		等外公路	4 575.156
公路密度	按国土面积计算：每百平方公里 17.739 公里		
	按人口计算：每万人 255.803 公里		
通达程度	通公路的乡镇325个，占乡镇100%		
	通公路的村2 242个，占村82%		
客运站	总数（个）		18
	其中	一级站	
		二级站	2
		三级站	8
		四级及以下站	8
营运车辆	总数（辆）		7 345
	其中	客车1 995 辆 30 041座	
		货车5 350 辆 48 484吨	
公路运量	客运	运量（万人次）	1 087.764
		周转量（万人公里）	295 563.69
	货运	运量（万吨）	120 267.35
		周转量（万吨公里）	
内河			
通航里程	总里程（公里）		
	其中	三级航道	
		四级航道	
		五级航道	
		六级航道	
		七级航道	
港口（码头）	总数（个）		
	吞吐量	旅客吞吐量（万人次）	
		货物吞吐量（万吨）	
水路运量	客运	运量（万人次）	
		周转量（万人公里）	
	货运	运量（万吨）	
		周转量（万吨公里）	
营运船舶	总数（艘）		
	其中	客船　艘　座	
		货船　艘　吨	

交通基础设施建设　2013年，甘孜州交通建设完成投资102亿元，占全省交通投资总额的十分之一。其中，亚丁机场完成投资14亿元，交通重点项目完成投资77.33亿元，农村公路完成投资9.88亿元，养护安保危桥完成投资0.59亿元，客运站点完成投资0.2亿元。在建交通重点项目2 100公里以上，完成路面工程1 018公里。其中，国道318线东海路（高尔寺山隧道、理塘隧道除外）全线260公里和国道317线俄岗路炉霍至马尼干戈段197公里建成通车。农村公路完成通乡油路256.9公里、通村公路1 134.6公里。

交通建设大会战年　2013年2月27日，甘孜州交通三年集中攻坚大会战动员大会在康定召开，中共甘孜州委、州政府以省政府批准的甘孜州交通建设推进方案为重点，确定2013年为交通建设大会战年，全年将确保完成投资78.5亿元，力争在建里程达到2 061公里，铺筑路面1 000公里。

甘孜藏区公路建设推进方案　2013年，由省政府批准，省交通运输厅、省发展改革委、省财政厅联合印发《四川省甘孜藏族自治州2013—2015年公路建设推进方案》，3年中甘孜州将新（改）建公路6 839.1公里，完成投资335亿元。项目包括开工建设高速公路133公里（含雅安段），规划期内投资105亿元；加快干线公路建设14个2 034.1公里，规划期投资176亿元、建成1 823.6公里，除国道317线雀儿山隧道外，所有加快建设项目均在规划期内全部建成；力争建设干线公路开工8个469.8公里，规划期投资30.4亿元、建成215.5公里；加快10个项目的前期工作，形成项目储备，适时开工建设；在2013—2015年内确保建成农村公路4 800公里，其中通乡油路（水泥路）800公里，通村公路4 000公里，规划期投资23.6亿元。

该项目实施后，甘孜州将形成以国省干道为主骨架的干线公路网，全州98.1%的乡镇实现通油（水泥）路、98.3%的建制村实现通公路。

雅康高速公路前期准备工作 雅（安）康（定）高速公路是四川省在藏区建设的5条高速公路之一，是甘孜州首条高速公路。2013年1月13日，中国国际工程咨询公司受国家发展改革委委托在成都召开雅安至康定高速公路项目建议书现场咨询评估会。2月27日—28日，交通运输部综合规划司带领部属规划院专家组一行及编制单位实地查看雅康高速公路走向，再次开展可行性研究。专家组现场查看了解线路终点菜园子、大渡河特大桥、泸定互通和二郎山隧道出口等，并就相关问题进行现场咨询了解。

川藏铁路成都至康定新都桥段 2013年8月27日—9月2日，由铁路总公司鉴定中心、总后军交运输部、省发展改革委、成都铁路局、中铁二院组成的专家组到甘孜州开展川藏铁路成都至康定新都桥段行业审查现场踏勘，对新都桥至江达段各重大线路走向、站点、隧道、地质等工作进行现场调研。11月28日，中国中铁二院工程集团有限责任公司在成都召开川藏铁路成都至康定（新都桥）段工程可行性研究评审会。

金沙湾大桥竣工验收 2013年8月13日，得荣县政府与云南省迪庆州德钦县政府率两县相关单位组成工作组，对位于金沙江上的金沙湾大桥项目进行交（竣）工验收。该大桥全长191.5米，宽4.5米，总投资980.75万元，连接云南的奔子栏镇和四川的子庚乡。工程于2009年10月开工，2011年8月18日全面完工。项目设计单位为四川公路工程设计院，监理单位为四川琼海路桥监理咨询有限公司，施工单位为重庆佳信建设集团有限公司。2012年6月，得荣县交通运输局委托西南交通大学结构工程试验中心对该桥进行静载试验、脉动试验，检测结论满足设计荷载使用要求。验收仪式上两县政府分别同子庚乡、奔子栏镇签订养护责任书，同时确定两县政府每年各出资1万元用于桥梁养护和人员经费支出。

稻城亚丁机场通航 2013年9月16日上午，甘孜州在稻城亚丁机场举行通航仪式，标志着该州第二座民用机场、世界海拔第一的高原机场正式通航并投入运营。亚丁机场位于稻城县北部海子山，海拔4 411米，距县城50公里，占地面积266公顷，总投资15.8亿元，是按满足2020年旅客吞吐量50万人次、货邮吞吐量1 400吨目标设计建设的4C级国内支线机场。拥有一条长4 200米，宽45米的跑道，四个C类机位站坪，8 796平方米的航站楼，配套建设通信、气象、供电、供水、供热、供氧、供油、消防救援及其他辅助生产生活设施，并建有县城、香格里拉镇两处综合基地。

国航成都至稻城航线航班号为CA4215-6，初营运期间每天一班，使用高原机型空客4215-6执行，9月27日起每天加开一班往返航班。

泸石路等七大项目同时开工 2013年10月30日，甘孜州2013—2015年交通重点建设项目(第一批)集中开工仪式在泸定举行。该次集中开工的项目包括省道211线泸石路、省道215线九江路、猫磨路、榆磨路、洞东路、色色路、亚亚路七个，规划总投资36.46亿元，建设总里程426.99公里。

省道211线瓦丹公路丹巴自建段开工 2013年7月，省道211线瓦斯沟至丹巴公路丹巴自建段开工。该工程分为城外城内两段，城外段起至丹巴彩虹桥头，全长6.444公里，设计时速40公里，采用三级公路标准建设，路基宽8.5米，沥青混凝土路面；城内段起于彩虹桥头止于西河桥头，全长2.336公里，按原指标进行改建，路基宽7.5米，桥梁宽9米，沥青混凝土路面。该项目中标单位江苏嘉隆工程建设有限公司，建设工期2年。

省道211线瓦斯沟至丹巴路库区复建段金汤大桥
甘孜州交通运输局 供稿

雀儿山隧道工程进展情况 截至2013年11月，国道317线重点控制性工程雀儿山隧道累计完成隧道掘进1 500米、衬砌1 325米，完成平行导洞开挖1 650米。雀儿山隧道线路全长12.995公里，其中隧道长7 079米，最大埋深700米，隧道两端引道长5.916公里，隧道洞口海拔高度4 378米，采用二级公路标准建设，总投资11.5亿元。

国道318线东海路工程 截至2013年，国道318线东俄洛至海子山公路改建工程累计完成投资33.01亿元，占总投资72.59%；完成路基260公里、底基层260公里、水稳层260公里、路面下面层260公里、路面上面层240公里；完成桥梁建设100%。该项目全长276公里，2010年由国家发展改革委立项批复，按三级公路标准建设，总投资45.6亿元。东海路于2010年底开工建设，项目包含高尔寺隧道、理塘隧道、剪子弯山隧道三个隧道工程，其中总长2 242米，总投资1.5亿元的剪子弯山隧道于12月19日贯通。

省道211线猴子岩库区复建公路隧道建设 省道211线复建工程全长32.49公里，全线隧道占比达50%以上。2013年5月25日，猴子岩水电站库区省道211线淹没复建公路D标段的季家隧道贯通，成为猴子岩库区省道211线复建公路全线贯通的第一条隧道。该隧道全长1 205米，地质条件复杂多变，围岩基本为四级和五级偏压，节理发育，地下水多，施工难度大。6月11日，猴子岩库区省道211线复建公路首条超长隧道泥巴沟隧道全线贯通。隧道全长3 068米，为猴子岩库区复建公路9条隧道中长度超过3 000米的超长隧道之一，是该标段施工难度最大、工期最长的控制性骨干工程。该隧道于2011年4月施工，隧道进出口段碎块石围岩为五级，自稳能力差且存在浅埋、偏压等现象，施工难度极大。

抗击芦山地震 2013年4月20日，雅安芦山发生地震。14时，甘孜州交通运输局派出7人抢险保通组，驾驶大型挖掘机、装载机和运输车各1台从泸定经国道318线到达雅安境内清理公路地震飞石，22时，抢通至天全县的通道。4月21日15时，经甘孜州交通运输局抗震救灾抢险队和雅安市天全县交通运输局通力合作，投入人员30人、大型机具5台，打通大老路19公里加200米处塌方段，使天全县至宝兴县大溪道路全线畅通。同时，甘孜州交通运输局成立地震抢险救灾队，在省道215线瓦九路准备30台挖掘机、30台装载机和120名机手，准备抢险救援。受“4·20”雅安芦山地震影响，甘孜州泸定、康定、九龙、丹巴、海螺沟等地交通基础设施和交通系统办公及住房建筑物均不同程度受到损毁，经初步核查，地震造成损失91 410万元，其中国省干线32 352万元，农村公路57 770万元，客运站点129万元，房屋建筑物1 149万元。

甘孜州得荣县地震 2013年8月28日4时44分，甘孜州得荣县与云南省迪庆州德钦县、香格里拉县交界地区发生 5.1 级地震，震源深度 9 公里。得荣县交通运输局道路保通工作领导小组于6时组织开展抢险保通工作，至16时，出动装载、挖掘机具18辆，运料车5辆，人员58人次；二龙桥至得荣公路沿途阻断公路的5处大垮方全部抢通，受灾严重的乡道和村道实现初通。截至9月2日，得荣县共有96条公路610公里道路受损，直接经济损失达6 045万元。其中，油路面13万平方米严重损毁，损失1 574.4万元；波形护栏11公里严重损坏，损失385万元；阿洛贡大桥等7座大桥受损较为严重，损失630万元；涵洞43个受损，损失86万元；挡墙受损62 445立方米，损失2 341万元；垮方56万立方米，损失945.45万元；滑坡35 000立方米，损失52.5万元；机具损失1台，30万元。

折多山段道路抢险 2013年9月4日晚，康定县折多山地区强降暴雪，山顶积雪深达40厘米，道路结冰打滑，造成国道318线折多山至新都桥路段交通中断，车辆受阻。甘孜州交通运输局组织州公路局、运管处、路政支队、运输企业开展救援工作，出动抢险人员35人次，装载机6台次，于9月6日15时抢通道路；出动应急客车6台次，安全转运受阻旅客132人。同时组织维修企业携带喷灯、防滑链条等冰雪救援工具赶往堵车地点救援受阻车辆，确保道路交通安全。

色色路可行性报告获批复 2013年3月，色达县色柯镇至色尔坝公路改建工程可行性研究报告获得省发展改革委批复。色色路改建工程起于色达县城色柯镇，经洛若乡、霍西乡、旭日乡、杨各乡，止于色尔坝（翁达镇），与国道317线相接。全长84.5公里，采用三级公路技术标准建设，设计时速30公里，路基宽7.5米，沥青混凝土路面。项目批准估算总投资4.6亿元，建设工期2年零6个月，项目业主为甘孜州交通建设投资有限公司。

跑马山隧道项目建议书获批复 2013年5月23日，国道318线康定城过境段改建工程（跑马山隧道）项目建议书获省发展改革委批复。该项目起于国道318线康定城东情歌大道变电站附近，以隧道穿过跑马山和泥巴山，经公主桥、战斗坝，止于两岔路口与国道318线相接。全长8.1公里，其中隧道长6.3公里。采用二级公路技术标准建设。该项目估算投资核定9.7亿元，建设工期暂定42个月。年底，国道318线康定城区过境段（跑马山隧道）改建工程可行性研究报告获得省发展改革委正式批复。

九江路工程可行性报告获批复 2013年7月，省道215线九龙县城至凉山州界段工程可行性研究报告获省发展改革委批复。该项目起于省道215线瓦泽至九龙县城段止点，沿九龙河展线，经呷尔镇、乃渠乡、乌拉溪乡、烟袋乡、朵洛乡、小金乡，止于省道215线萝卜丝沟至马尿河段起点。全长99.1公里，采用三级公路技术标准建设，沥青混凝土路面，设计时速30公里，路基宽7.5米，估算总投资8.36亿元。项目建设工期2年。

亚赤路改建工程获批复 2013年11月，乡城县亚金至稻城赤土公路（原名为“亚亚路”，因经过稻城县亚丁景区，经由甘孜州交通运输局统一更名为“亚赤路”）改建工程获省发展改革委批复。亚赤公路起于乡城青麦乡亚金村，与省道217线相接，经仁堆、锡矿、垭口、半岛、木拉乡，止于稻城木拉乡与省道216线相接，全长71.86公里，采用三级公路技术标准建设，设计时速30公里，总投资约5亿元。项目建设工期为21个月。

三纵四横两联路 2013年，根据新编制的《国家公路网规划（2013年—2030年）》，甘孜州将形成“三纵四横两联络”国道网络。其中国道215线、国道227线、国道248线为“三纵”，国道345线、国道350线、国道317线、国道318线为“四横”，国道548线、国道549线为“两联络”。甘孜州将新增国道7条，里程2 700公里。新增国道占全省新增国道网里程的四分之一，覆盖18个县。此外，根据国家高速公路网路线方案，甘孜州纳入国家高速公路网规划的两条高速公路分别为国道4217线（川藏北线：马尔康—炉霍—德格—昌都）和国道4218线（川藏南线：雅安—康定—巴塘—芒康）。

甘孜凉山交通建设合作 2013年11月13日，甘孜州州长益西达瓦率队赴凉山州西昌市衔接两州合作事宜，并与凉山州相关领导进行座谈。两州交通运输部门分别介绍跨州道路涉及的省道216线甘孜界至梅雨、甘孜稻城亚丁至云南三江口（木里境）及省道215线萝卜丝沟至马尿河等公路建设进展情况。双方一致认为，加快两州相邻道路建设，应立足当前、着眼长远，优化布局，提升等级，整合资源，共推共建，共管共享，全面推进亚三路和省道215线、省道216线建设。

俄岗公司获全国公路交通系统重点工程劳动竞赛先进单位称号 2012年底，中国海员建设工会全国委员会和国家交通运输部授予四川俄岗公路工程建设有限责任公司（国道317线甘孜段改扩建及雀儿山隧道工程建设指挥部）“全国公路交通系统重点工程劳动竞赛先进单位”称号，2013年授牌。

（本栏目供稿单位：甘孜州交通运输局）

凉山彝族自治州交通

LIANGSHAN YIZU ZIZHIZHOU JIAOTONG

2013年凉山州交通运输能力概况

公路			
通车里程	总里程（公里）		23 026.004
	其中	高速公路	228
		一级公路	40.135
		二级公路	493.991
		三级公路	881.420
		四级公路	15 392
		等外公路	5 990.458
公路密度	按国土面积计算：每百平方公里 37.731 公里		
	按人口计算：每万人 40.275 公里		
通达程度	通公路的乡镇 612 个，占乡镇100%		
	通公路的村 3 505 个，占村93.6%		
客运站	总数（个）		100
	其中	一级站	2
		二级站	7
		三级站	13
		四级及以下站	78
营运车辆	总数（辆）		46 622
	其中	客车 6 158 辆 87 109 座	
		货车 40 464 辆 187 450 吨	
公路运量	客运	运量（万人次）	9 319
		周转量（万人公里）	370 179
	货运	运量（万吨）	9 120
		周转量（万吨公里）	694 191

内河			
通航里程	总里程（公里）		860.77
	其中	三级航道	
		四级航道	
		五级航道	156.05
		六级航道	164.83
		七级航道	76.84
港口（码头）	总数（个）		
	吞吐量	旅客吞吐量（万人次）	
		货物吞吐量（万吨）	
水路运量	客运	运量（万人次）	88.73
		周转量（万人公里）	398.42
	货运	运量（万吨）	42.53
		周转量（万吨公里）	1 829.85
营运船舶	总数（艘）		321
	其中	客船 288 艘 4 209 座	
		货船 33 艘 924 吨	
拖船：一艘	车渡船：三艘 125 吨		

交通建设投资 2013年，凉山州完成交通固定资产投资64.76亿元。公路建设完成投资44.06亿元，建成里程2 766.32公里。其中，国省干线（含病危桥）完成投资11.05亿元，建成里程156.6公里；农村公路完成投资13.56亿

元，建成里程2 452.29公里（含2011年接转项目787.97公里）；地方自建公路（含电站还建项目）完成投资19.45亿元，建成里程157.43公里。汽车客运站建设完成投资0.32亿元。水运码头建设完成投资1.02亿元。西昌市城市道路建设和自建项目完成投资19.36亿元。

“凉推方案”总体目标 2013年4月，《凉山州2013—2015年公路水路交通建设推进方案》以省政府办公厅的名义正式出台。方案总体目标：到2015年底，力争新建公路9 091公里（国省干线公路1 591公里，农村公路7 500公里），使凉山州公路总里程达26 032公里，较2011年增加4 000公里；建成县级客运站3个，农村客运站95个；建设凉山港2个作业区，整治金沙江航道58公里，完成农村渡口改造50个。

高速公路方面，力争开工建设国道5号线高速公路泸沽至黄联关段扩容工程70公里、西昌至泸沽湖高速公路151公里、西昌至昭通高速公路（凉山段）180公里等3个高速公路建设项目。

建设中的泸黄高速公路　　凉山州交通运输局 供稿

国省干线公路方面，加快建设国道108线、省道208线、省道212线、省道215线、省道216线、省道307线、省道310线等主要普通国省道公路1 538公里（升级改造1 184公里、路面改造354公里），占全州普通公路里程78%，使普通国省道三级以上公路里程达1 721公里，三级以上公路比重由2012年的59%提高到79%，高级、次高级路面铺装率97%；新建经济干线公路53公里。通过实施国省干线公路改造，初步构建凉山州“二横三纵”公路运输主骨架，畅通13个出州通道，建成以西昌市为中心更加畅通的交通网络，基本实现州府到县均有三级及以上等级公路连接。

农村公路方面，新（改）建农村公路7 500公里，其中通乡油（水泥）路2 500公里，新增通油（水泥）路乡镇150个，实现99.5%的乡镇通油（水泥）路；新建通村公路4 000公里，新增通村公路686公里，实现99.4%的建制村通公路；改建通村油（水泥）路1 000公里，新增通油（水泥）路建制村165个，逐步改善凉山州各族群众出行，完善农村公路网布局。

运输站场方面，建设西昌汽车西站、雷波县海湾汽车站、会理县客运中心站3个县级客运站；建设农村客运站95个，确保实现所有通公路的乡镇都有农村客运站。

内河水运方面，凉山港以雷波港区为重点，逐步建成回龙场和顺河2个作业区；整治金沙江向家坝库区航道58公里，全线达到三级航道标准；全面完成50个农村渡口改造任务，逐步纳入公益性渡口建设统一管理。

京昆高速公路泸黄段改扩建工程开工 2013年11月13日，凉山州人民政府与四川高速公路建设开发总公司签署国道5号线京昆高速泸黄段改扩建项目合作框架协议，2013年11月28日，国道5号线京昆高速泸黄段改扩建项目试验段开工。

国省干线公路建设 2013年，凉山州国省干线公路完工项目6个，续建项目 7个，新增完成前期工作的项目5个，进入招投标程序的项目5个。同时国省干线公路危病桥、大中修建设有序推进，全州国省道大中修项目共实施5个8段90.491公里，其中大修3段25.5公里、中修5段64.991公里。全州国省干线共有五类危桥66座，其中33座桥梁由于溪洛渡电站蓄水淹没被废弃；四类危桥30座，其中4座桥梁已封闭、4座实行交通管制和限载、18座桥梁实行限制交通、2座桥梁正在加固施工、2座桥梁已封闭并改走新建桥梁。2013年凉山州国省干线公路路面使用性能指数为67.4，超过省交通运输厅下达的使用性能指数64的标准。

农村公路建设 2013年，凉山州完成农村公路投资13.56亿元，建成1 664.32公里，其中通乡油路列入大会战期间实施的项目有210个2 847.3公里。至年底，全州开工建设项目85个938.3公里，进入招投标的项目6个77.9公里，处于前期工作的项目79个1 188.2公里。2013年完成投资5.9亿元，建成653.9公里（计划内项目582.93

公里，地方自建项目70.97公里），占民生工程目标任务200公里的326.95%。

通村公路完成投资0.72亿元，建成1 010.42公里（计划内项目817.27公里，地方自建项目193.15公里），其中通村水泥路669.27公里（计划内项目636.77公里，地方自建项目32.5公里），通村通达路341.15公里（计划内项目180.5公里，地方自建项目160.65公里），为“民生工程”目标任务的168.4%；农村公路安保工程完成投资0.384 6亿元，建成93.3公里（计划内项目60公里，地方自建项目33.3公里），占“民生工程”目标任务30公里的311%。

水运码头建设投资 2013年，凉山州水运码头建设完成投资10 188.8万元。其中，凉山港雷波港区回龙场和顺河2个作业区完成投资2 416万元，渡改人行桥、农村渡口改造及新建项目（含向家坝、溪洛渡库区淹没还建码头项目）等完工16个，在建16个，共完成投资7 772.8万元。

客运站场建设 2013年，客运站建设补助资金下达计划共5 933.5万元，其中交通运输部下达县级客运站计划2个、补助资金800万元；省交通运输厅下达县级客运站计划11个，下达补助资金2 140万元；乡镇客运站下达计划50个，部补助资金2 500万元；农村招呼站329个，部补助资金493.5万元。全年汽车客运站建设完成投资3 200万元。雷波县海湾客运站及昭觉县货运站基本完成主体建设，预计2014年6月竣工验收；乡镇客运站开工建设24个，竣工10个。

交通行政执法 2013年，凉山州交通行政执法完成行政审批事项清理工作，清理行政许可项目40项，其中州交通运输局4项、州道路运输管理处8项、州路政管理支队7项、州海事局21项。全年办结行政执法案件23 457件，其中行政处罚14 305件（路政25件，运政14 280件），行政强制件2 548（路政25件，运政2 523件），行政许可 6 591件（路政1 627件、运政4 964件），公路赔补偿 13件。办理《从业资格证》24 036件，办理超限运输车辆行驶公路审批1 722件， 办理海事航务审批468件，按时办结率100%，群众满意率100%。全年无一起行政复议案件。完成全州607名交通行政执法人员换发IC卡执法证件和信息登记核实工作。根据省交通运输厅安排，组织两期全州交通执法人员（含协助执法人员）培训，培训883人。

公路水路客货运输 2013年，凉山州公路运输完成客运量9 319万人次，旅客周转量304 293万人公里；货运量9 120万吨，货物周转量599 310万吨公里，分别比上年同期增长11.18%、12.95%、8.747%、11.15%。水路运输完成客运量101.04万人次、旅客周转量416.87万人公里，货运量42.53万吨、货物周转量1 829.85万吨公里。

交通运输安全生产 2013年，凉山州交通运输局落实安全生产“一岗双责”（详见《附录》）责任体系，全年召开6次安全工作会议，安排运输企业、从业人员、车辆船舶、客运站场、道路状况等安全工作，组织开展安全生产月、百日安全督查等系列活动，围绕道路客运、水路旅客运输、公路养护施工、交通工程建设项目、危险化学品和烟花爆竹运输、城市公共交通运行六个方面，进行隐患排查治理、严格细节管理、强化制度落实、提高应急措施、加强安全监管，全州交通安全形势平稳。年内，凉山州发生道路交通事故3起，死亡5人，各类事故受伤13人。与上年同期相比死亡人数下降54.55%，受伤人数下降27.78%。水上交通事故为零。

汛期抢通保通 2013年7月中下旬，强降雨造成凉山州路基损毁350.26万平方米、路面343万平方米、桥梁32座758.86米、隧道1座20米、涵洞1 399道、护坡3.5万立方米、挡墙14.59万立方米、坍塌123.3万立方米、公路中断137处，直接经济损失达4.3亿元。凉山交通运输部门投入机械3 491台班，投入资金1 390.84万元，投入人员17 744人次进行汛期抢通保通，抢通63处，最大限度缩短断道阻车时间，保证全州国省干线公路基本畅通。

运输市场整治 2013年，凉山州交通运输部门开展“打非治违”专项行动和道路旅游运输市场专项整治。两项专项行动出动稽查人员8万余人次，检查各类运输车31万余辆次，查处各类非法客运车辆3 780辆次，治理各类违章5 240余次；重点整治旅游专线“西普线”“西泸线”“西冕线”和“宜雷线”。全州行政处罚办结案件14 280件，行政强制案件2 523件，行政许可4 964件，全年无一起行政复议案件。

路政管理 2013年，凉山州公路路政系统出动路政执法人员14 325人次，出动巡查车辆4 756车次，巡查公路710 072公里。其中，发生损坏公路及附属设施案件39起，处理39起；发生占用公路及其建控区的案件655起，处理655起；发生违章建筑79起，处理79起；发生公路接道19起，处理19起；发生设置非公路标志标牌234块，处理234块；发生清障排障2 712处，处理2 712处，综合查处率达100%。

交通运输部考核组评议考核 2013年10月15日，按照交通运输部行政执法交叉评议考核的相关要求，湖南省交通运输厅副厅长胡建新一行在四川省交通运输厅副巡视员周奇奇等的陪同下，到凉山州开展交通行政执法评议考核工作。中共凉山州委常委、国资委党委书记胡坤代表州委、州政府向评议考核组一行介绍凉山州经济社会发展状况和凉山州交通大会战实施情况，州交通运输局局长沈鲁清汇报凉山州开展交通行政执法方面的情况。评议考核组组长、湖南省交通运输厅副厅长胡建新认为，中共凉山州州委、州政府对行政执法工作高度重视，措施有力，责任到岗到人，规范执法方面有创新、宣传培训很到位，治超治限有力度，治理“三乱”（详见《附录》）有成果，整体工作有声有色，提升了凉山州良好的执法形象。

组建凉山州交通投资有限责任公司 2013年，根据中共四川省委、省政府“一个意见、三个规划”及《乌蒙片区区域发展与扶贫攻坚规划》政策和《四川省人民政府办公厅关于转发四川省凉山彝族自治州2013—2015年公路水路交通建设推进方案的通知》，中共凉山州委、州政府决定为实施为期三年的交通大会战提供有效的资金保障、人才技术支撑，成立凉山州交通投资有限责任公司。

国道108线改造示范工程 国道108线凉山段总里程390.899公里，涉及冕宁、西昌、德昌、会理四个县（市）。其中，一级路23.222公里，占6%；二级路259.935公里，占66.5%；三级路107.292公里，占27.5%，渡口1处，均为铺装路面。国道108示范工程包括升级改造、路面改造、大中修工程等12项内容，分为12个标段、1座特大桥。重点突出安全性和服务性，沿途增加观景平台、综合性停车区和道班服务等，在适宜路段设置电子信息显示屏发布路况、气象、服务等信息。2013年11月29日—30日，作为州交通大会战首个重大项目的国道108线改造示范工程凉山段通过交通运输部专家组的检查验收，得到专家们的高度评价，成为四川省在示范工程中唯一没有被提出整改意见的路段。

改建中的国道108线凉山段　　凉山州交通运输局 供稿

越西中所至喜德冕山公路改建工程启动 越西中所至喜德冕山公路改建工程总里程52.361公里，全线划分为2个标段，其中越西境内27.018公里、喜德境内25.343公里，建设工期2年，总投资2.595亿元，是交通大会战中一项重要工程。凉山州交通运输局成立工程领导小组，设立工程技术、计划合同、环保安全、财务、综合5个工作部门，2013年内完成招投标签订合同，年底开工建设。

凉山州与省交通运输厅签署战略合作协议 2013年10月21日，凉山州与省交通运输厅在成都召开交通发展座谈会，双方签订《交通运输发展战略合作协议》。根据协议，省交通运输厅将按“科学谋划、适度超前、有序发展”要求，统筹规划、分步实施，推动凉山州公路水路交通对外通畅、对内通达，实现凉山州公路水路交通跨越发展。加快凉山州交通基础设施建设，力争年内开工京昆高速公路泸沽至黄联关段改扩容工程、西昌至泸沽湖高速公路，加快西昌至昭通高速公路（四川段）建设项目，积极推进成都至丽江高速公路（凉山段）前期工作。加快推进凉山州内国道108线、省道208线、省道212线、省道215线、省道216线、省道307线、省道310线等主要普通国省干线公路改造，实现西昌到县公路达到三级及以上等级标准。新（改）建农村公路7 500公里，逐步完善农村公路网布局。加快客货站场、内河水运码头建设。加强公路管理养护，提高凉山州公路水路交通养护管理水平。双方建立厅州工作会商制度、厅州联席会议制度和厅州联络制度，为合作顺利开展做好保障。

凉山州与宜宾市签订友好合作框架协议 2013年10月31日，凉山州和宜宾市在西昌签订友好合作框架协议，交通基础设施合作成为首要合作内容。框架协议明确，加强双方相邻地区交通规划和交通项目的衔接，共同加快推进宜宾至西昌铁路、宜宾经凉山金阳至攀枝花沿金沙江高速公路等项目前期工作，加强两地铁、公、水、空通道建设。

（本栏目供稿单位：凉山州交通运输局）

政策法规选编

ZHENGCE FAGUI XUANBIAN

2014

四川交通年鉴

道路危险货物运输管理规定

（中华人民共和国交通运输部令2013年第2号）

《道路危险货物运输管理规定》已于2012年12月31日经第10次部务会议通过，现予公布，自2013年7月1日起施行。

交通运输部部长　杨传堂
二〇一三年一月二十三日

道路危险货物运输管理规定

第一章　总　则

第一条　为规范道路危险货物运输市场秩序，保障人民生命财产安全，保护环境，维护道路危险货物运输各方当事人的合法权益，根据《中华人民共和国道路运输条例》和《危险化学品安全管理条例》等有关法律、行政法规，制定本规定。

第二条　从事道路危险货物运输活动，应当遵守本规定。军事危险货物运输除外。

法律、行政法规对民用爆炸物品、烟花爆竹、放射性物品等特定种类危险货物的道路运输另有规定的，从其规定。

第三条　本规定所称危险货物，是指具有爆炸、易燃、毒害、感染、腐蚀等危险特性，在生产、经营、运输、储存、使用和处置中，容易造成人身伤亡、财产损毁或者环境污染而需要特别防护的物质和物品。危险货物以列入国家标准《危险货物品名表》（GB12268）的为准，未列入《危险货物品名表》的，以有关法律、行政法规的规定或者国务院有关部门公布的结果为准。

本规定所称道路危险货物运输，是指使用载货汽车通过道路运输危险货物的作业全过程。

本规定所称道路危险货物运输车辆，是指满足特定技术条件和要求，从事道路危险货物运输的载货汽车（以下简称专用车辆）。

第四条　危险货物的分类、分项、品名和品名编号应当按照国家标准《危险货物分类和品名编号》（GB6944）、《危险货物品名表》（GB12268）执行。危险货物的危险程度依据国家标准《危险货物运输包装通用技术条件》（GB12463），分为Ⅰ、Ⅱ、Ⅲ等级。

第五条　从事道路危险货物运输应当保障安全，依法运输，诚实信用。

第六条　国家鼓励技术力量雄厚、设备和运输条件好的大型专业危险化学品生产企业从事道路危险货物运输，鼓励道路危险货物运输企业实行集约化、专业化经营，鼓励使用厢式、罐式和集装箱等专用车辆运输危险货物。

第七条　交通运输部主管全国道路危险货物运输管理工作。

县级以上地方人民政府交通运输主管部门负责组织领导本行政区域的道路危险货物运输管理工作。

县级以上道路运输管理机构负责具体实施道路危险货物运输管理工作。

第二章　道路危险货物运输许可

第八条　申请从事道路危险货物运输经营，应当具备下列条件：

（一）有符合下列要求的专用车辆及设备：

1.自有专用车辆(挂车除外)5辆以上；运输剧毒化学品、爆炸品的，自有专用车辆(挂车除外)10辆以上。

2.专用车辆技术性能符合国家标准《营运车辆综合性能要求和检验方法》（GB18565）的要求；技术等级达到行业标准《营运车辆技术等级划分和评定要求》（JT/T198）规定的一级技术等级。

3.专用车辆外廓尺寸、轴荷和质量符合国家标准《道路车辆外廓尺寸、轴荷和质量限值》（GB1589）的要求。

4.专用车辆燃料消耗量符合行业标准《营运货车燃料消耗量限值及测量方法》（JT719）的要求。

5.配备有效的通讯工具。

6.专用车辆应当安装具有行驶记录功能的卫星定位装置。

7.运输剧毒化学品、爆炸品、易制爆危险化学品的，应当配备罐式、厢式专用车辆或者压力容器等专用容器。

8.罐式专用车辆的罐体应当经质量检验部门检验合格，且罐体载货后总质量与专用车辆核定载质量相匹配。运输爆炸品、强腐蚀性危险货物的罐式专用车辆的罐体容积不得超过20立方米，运输剧毒化学品的罐式专用车辆的罐体容积不得超过10立方米，但符合国家有关标准的罐式集装箱除外。

9.运输剧毒化学品、爆炸品、强腐蚀性危险货物的非罐式专用车辆，核定载质量不得超过10吨，但符合国家有关标准的集装箱运输专用车辆除外。

10.配备与运输的危险货物性质相适应的安全防护、环境保护和消防设施设备。

（二）有符合下列要求的停车场地：

1.自有或者租借期限为3年以上，且与经营范围、规模相适应的停车场地，停车场地应当位于企业注册地市级行政区域内。

2.运输剧毒化学品、爆炸品专用车辆以及罐式专用车辆，数量为20辆（含）以下的，停车场地面积不低于车辆正投影面积的1.5倍，数量为20辆以上的，超过部分，每辆车的停车场地面积不低于车辆正投影面积；运输其他危险货物的，专用车辆数量为10辆（含）以下的，停车场地面积不低于车辆正投影面积的1.5倍；数量为10辆以上的，超过部分，每辆车的停车场地面积不低于车辆正投影面积。

3.停车场地应当封闭并设立明显标志，不得妨碍居民生活和威胁公共安全。

（三）有符合下列要求的从业人员和安全管理人员：

1.专用车辆的驾驶人员取得相应机动车驾驶证，年龄不超过60周岁。

2.从事道路危险货物运输的驾驶人员、装卸管理人员、押运人员应当经所在地设区的市级人民政府交通运输主管部门考试合格，并取得相应的从业资格证；从事剧毒化学品、爆炸品道路运输的驾驶人员、装卸管理人员、押运人员，应当经考试合格，取得注明为“剧毒化学品运输”或者“爆炸品运输”类别的从业资格证。

3.企业应当配备专职安全管理人员。

（四）有健全的安全生产管理制度：

1.企业主要负责人、安全管理部门负责人、专职安全管理人员安全生产责任制度。

2.从业人员安全生产责任制度。

3.安全生产监督检查制度。

4.安全生产教育培训制度。

5.从业人员、专用车辆、设备及停车场地安全管理制度。

6.应急救援预案制度。

7.安全生产作业规程。

8.安全生产考核与奖惩制度。

9.安全事故报告、统计与处理制度。

第九条 符合下列条件的企事业单位，可以使用自备专用车辆从事为本单位服务的非经营性道路危险货物运输：

（一）属于下列企事业单位之一：

1.省级以上安全生产监督管理部门批准设立的生产、使用、储存危险化学品的企业。

2.有特殊需求的科研、军工等企事业单位。

（二）具备第八条规定的条件，但自有专用车辆(挂车除外)的数量可以少于5辆。

第十条 申请从事道路危险货物运输经营的企业，应当向所在地设区的市级道路运输管理机构提出申请，并提交以下材料：

（一）《道路危险货物运输经营申请表》，包括申请人基本信息、申请运输的危险货物范围（类别、项别或品名，如果为剧毒化学品应当标注“剧毒”）等内容。

（二）拟担任企业法定代表人的投资人或者负责人的身份证明及其复印件，经办人身份证明及其复印件和书面委托书。

（三）企业章程文本。

（四）证明专用车辆、设备情况的材料，包括：

1.未购置专用车辆、设备的，应当提交拟投入专用车辆、设备承诺书。承诺书内容应当包括车辆数量、类型、技术等级、总质量、核定载质量、车轴数以及车辆外廓尺寸；通讯工具和卫星定位装置配备情况；罐式专用车辆的罐体容积；罐式专用车辆罐体载货后的总质量与车辆核定载质量相匹配情况；运输剧毒化学品、爆炸品、易制爆危险化学品的专用车辆核定载质量等有关情况。承诺期限不得超过1年。

2.已购置专用车辆、设备的，应当提供车辆行驶证、车辆技术等级证明或者车辆综合性能检测技术合格证明；通讯工具和卫星定位装置配备；罐式专用车辆的罐体检测合格证或者检测报告及复印件等有关材料。

（五）拟聘用专职安全管理人员、驾驶人员、装卸管理人员、押运人员的，应当提交拟聘用承诺书，承诺期限不得超过1年；已聘用的应当提交从业资格证及其复印件以及驾驶证及其复印件。

（六）停车场地的土地使用证、租借合同、场地平面图等材料。

（七）相关安全防护、环境保护、消防设施设备的配备情况清单。

（八）有关安全生产管理制度文本。

第十一条 申请从事非经营性道路危险货物运输的单位，向所在地设区的市级道路运输管理机构提出申请时，除提交第十条第（四）项至第（八）项规定的材料外，还应当提交以下材料：

（一）《道路危险货物运输申请表》，包括申请人基本信息、申请运输的物品范围（类别、项别或品名，如果为剧毒化学品应当标注“剧毒”）等内容。

（二）下列形式之一的单位基本情况证明：

1.省级以上安全生产监督管理部门颁发的危险化学品生产、使用等证明。

2.能证明科研、军工等企事业单位性质或者业务范围的有关材料。

（三）特殊运输需求的说明材料。

（四）经办人的身份证明及其复印件以及书面委托书。

第十二条 设区的市级道路运输管理机构应当按照《中华人民共和国道路运输条例》和《交通行政许可实施程序规定》，以及本规定所明确的程序和时限实施道路危险货物运输行政许可，并进行实地核查。

决定准予许可的，应当向被许可人出具《道路危险货物运输行政许可决定书》，注明许可事项，具体内容应当包括运输危险货物的范围（类别、项别或品名，如果为剧毒化学品应当标注“剧毒”），专用车辆数量、要求以及运输性质，并在10日内向道路危险货物运输经营申请人发放《道路运输经营许可证》，向非经营性道路危险货物运输申请人发放《道路危险货物运输许可证》。

市级道路运输管理机构应当将准予许可的企业或单位的许可事项等，及时以书面形式告知县级道路运输管理机构。

决定不予许可的，应当向申请人出具《不予交通行政许可决定书》。

第十三条 被许可人已获得其他道路运输经营许可的，设区的市级道路运输管理机构应当为其换发《道路运输经营许可证》，并在经营范围中加注新许可的事项。如果原《道路运输经营许可证》是由省级道路运输管理机构发放的，由原许可机关按照上述要求予以换发。

第十四条 被许可人应当按照承诺期限落实拟投入的专用车辆、设备。

原许可机关应当对被许可人落实的专用车辆、设备予以核实，对符合许可条件的专用车辆配发《道路运输证》，并在《道路运输证》经营范围栏内注明允许运输的危险货物类别、项别或者品名，如果为剧毒化学品应标注“剧毒”；对从事非经营性道路危险货物运输的车辆，还应当加盖“非经营性危险货物运输专用章”。

被许可人未在承诺期限内落实专用车辆、设备的，原许可机关应当撤销许可决定，并收回已核发的许可证明文件。

第十五条 被许可人应当按照承诺期限落实拟聘用的专职安全管理人员、驾驶人员、装卸管理人员和押运人员。

被许可人未在承诺期限内按照承诺聘用专职安全管理人员、驾驶人员、装卸管理人员和押运人员的，原许可机关应当撤销许可决定，并收回已核发的许可证明文件。

第十六条 道路运输管理机构不得许可一次性、临时性的道路危险货物运输。

第十七条 被许可人应当持《道路运输经营许可证》或者《道路危险货物运输许可证》依法向工商行政管理机关办理登记手续。

第十八条 中外合资、中外合作、外商独资形式投资道路危险货物运输的，应当同时遵守《外商投资道路运输业管理规定》。

第十九条 道路危险货物运输企业设立子公司从事道路危险货物运输的，应当向子公司注册地设区的市级道路运输管理机构申请运输许可。设立分公司的，应当向分公司注册地设区的市级道路运输管理机构备案。

第二十条 道路危险货物运输企业或者单位需要变更许可事项的，应当向原许可机关提出申请，按照本章有关许可的规定办理。

道路危险货物运输企业或者单位变更法定代表人、名称、地址等工商登记事项的，应当在30日内向原许可机关备案。

第二十一条 道路危险货物运输企业或者单位终止危险货物运输业务的，应当在终止之日的30日前告知原许可机关，并在停业后10日内将《道路运输经营许可证》或者《道路危险货物运输许可证》以及《道路运输证》交回原许可机关。

第三章 专用车辆、设备管理

第二十二条 道路危险货物运输企业或者单位应当按照《道路货物运输及站场管理规定》中有关车辆管理的规定，维护、检测、使用和管理专用车辆，确保专用车辆技术状况良好。

第二十三条 设区的市级道路运输管理机构应当定期对专用车辆进行审验，每年审验一次。审验按照《道路货物运输及站场管理规定》进行，并增加以下审验项目：

（一）专用车辆投保危险货物承运人责任险情况；

（二）必需的应急处理器材、安全防护设施设备和专用车辆标志的配备情况；

（三）具有行驶记录功能的卫星定位装置的配备情况。

第二十四条 禁止使用报废的、擅自改装的、检测不合格的、车辆技术等级达不到一级的和其他不符合国家规定的车辆从事道路危险货物运输。

除铰接列车、具有特殊装置的大型物件运输专用车辆外，严禁使用货车列车从事危险货物运输；倾卸式车辆只能运输散装硫磺、萘饼、粗蒽、煤焦沥青等危险货物。

禁止使用移动罐体（罐式集装箱除外）从事危险货物运输。

第二十五条 运输剧毒化学品、爆炸品专用车辆及罐式专用车辆（含罐式挂车）应当到具备道路危险货物运输车辆维修资质的企业进行维修。

牵引车以及其他专用车辆由企业自行消除危险货物的危害后，可到具备一般车辆维修资质的企业进行维修。

第二十六条 用于装卸危险货物的机械及工具的技术状况应当符合行业标准《汽车运输危险货物规则》（JT617）规定的技术要求。

第二十七条 罐式专用车辆的常压罐体应当符合国家标准《道路运输液体危险货物罐式车辆第1部分：金属常压罐体技术要求》（GB18564.1）、《道路运输液体危险货物罐式车辆第2部分：非金属常压罐体技术要求》（GB18564.2）等有关技术要求。

使用压力容器运输危险货物的，应当符合国家特种设备安全监督管理部门制订并公布的《移动式压力容器安全技术监察规程》（TSG R0005）等有关技术要求。

压力容器和罐式专用车辆应当在质量检验部门出具的压力容器或者罐体检验合格的有效期内承运危险货物。

第二十八条 道路危险货物运输企业或者单位对重复使用的危险货物包装物、容器，在重复使用前应当进行检查；发现存在安全隐患的，应当维修或者更换。

道路危险货物运输企业或者单位应当对检查情况作出记录，记录的保存期限不得少于2年。

第二十九条 道路危险货物运输企业或者单位应当到具有污染物处理能力的机构对常压罐体进行清洗（置换）作业，将废气、污水等污染物集中收集，消除污染，不得随意排放，污染环境。

第四章　道路危险货物运输

第三十条　道路危险货物运输企业或者单位应当严格按照道路运输管理机构决定的许可事项从事道路危险货物运输活动，不得转让、出租道路危险货物运输许可证件。

严禁非经营性道路危险货物运输单位从事道路危险货物运输经营活动。

第三十一条　危险货物托运人应当委托具有道路危险货物运输资质的企业承运。

危险货物托运人应当对托运的危险货物种类、数量和承运人等相关信息予以记录，记录的保存期限不得少于1年。

第三十二条　危险货物托运人应当严格按照国家有关规定妥善包装并在外包装设置标志，并向承运人说明危险货物的品名、数量、危害、应急措施等情况。需要添加抑制剂或者稳定剂的，托运人应当按照规定添加，并告知承运人相关注意事项。

危险货物托运人托运危险化学品的，还应当提交与托运的危险化学品完全一致的安全技术说明书和安全标签。

第三十三条　不得使用罐式专用车辆或者运输有毒、感染性、腐蚀性危险货物的专用车辆运输普通货物。

其他专用车辆可以从事食品、生活用品、药品、医疗器具以外的普通货物运输，但应当由运输企业对专用车辆进行消除危害处理，确保不对普通货物造成污染、损害。

不得将危险货物与普通货物混装运输。

第三十四条　专用车辆应当按照国家标准《道路运输危险货物车辆标志》（GB13392）的要求悬挂标志。

第三十五条　运输剧毒化学品、爆炸品的企业或者单位，应当配备专用停车区域，并设立明显的警示标牌。

第三十六条　专用车辆应当配备符合有关国家标准以及与所载运的危险货物相适应的应急处理器材和安全防护设备。

第三十七条　道路危险货物运输企业或者单位不得运输法律、行政法规禁止运输的货物。

法律、行政法规规定的限运、凭证运输货物，道路危险货物运输企业或者单位应当按照有关规定办理相关运输手续。

法律、行政法规规定托运人必须办理有关手续后方可运输的危险货物，道路危险货物运输企业应当查验有关手续齐全有效后方可承运。

第三十八条　道路危险货物运输企业或者单位应当采取必要措施，防止危险货物脱落、扬散、丢失以及燃烧、爆炸、泄漏等。

第三十九条　驾驶人员应当随车携带《道路运输证》。驾驶人员或者押运人员应当按照《汽车运输危险货物规则》（JT617）的要求，随车携带《道路运输危险货物安全卡》。

第四十条　在道路危险货物运输过程中，除驾驶人员外，还应当在专用车辆上配备押运人员，确保危险货物处于押运人员监管之下。

第四十一条　道路危险货物运输途中，驾驶人员不得随意停车。

因住宿或者发生影响正常运输的情况需要较长时间停车的，驾驶人员、押运人员应当设置警戒带，并采取相应的安全防范措施。

运输剧毒化学品或者易制爆危险化学品需要较长时间停车的，驾驶人员或者押运人员应当向当地公安机关报告。

第四十二条　危险货物的装卸作业应当遵守安全作业标准、规程和制度，并在装卸管理人员的现场指挥或者监控下进行。

危险货物运输托运人和承运人应当按照合同约定指派装卸管理人员；若合同未予约定，则由负责装卸作业的一方指派装卸管理人员。

第四十三条　驾驶人员、装卸管理人员和押运人员上岗时应当随身携带从业资格证。

第四十四条　严禁专用车辆违反国家有关规定超载、超限运输。

道路危险货物运输企业或者单位使用罐式专用车辆运输货物时，罐体载货后的总质量应当和专用车辆核定载质量相匹配；使用牵引车运输货物时，挂车载货后的总质量应当与牵引车的准牵引总质量相匹配。

第四十五条　道路危险货物运输企业或者单位应当要求驾驶人员和押运人员在运输危险货物时，严格遵守有关部门关于危险货物运输线路、时间、速度方面的有关规定，并遵守有关部门关于剧毒、爆炸危险品道路运输车辆在重大节假日通行高速公路的相关规定。

第四十六条　道路危险货物运输企业或者单位应当通过卫星定位监控平台或者监控终端及时纠正和处理超速行驶、疲劳驾驶、不按规定线路行驶等违法违规驾驶行为。

监控数据应当至少保存3个月，违法驾驶信息及处理情况应当至少保存3年。

第四十七条　道路危险货物运输从业人员必须熟悉有关安全生产的法规、技术标准和安全生产规章制度、安全操作规程，了解所装运危险货物的性质、危害特性、包装物或者容器的使用要求和发生意外事故时的处置措施，并严格执行《汽车运输危险货物规则》（JT617）、《汽车运输、装卸危险货物作业规程》（JT618）等标准，不得违章作业。

第四十八条　道路危险货物运输企业或者单位应当通过岗前培训、例会、定期学习等方式，对从业人员进行经常性安全生产、职业道德、业务知识和操作规程的教育培训。

第四十九条　道路危险货物运输企业或者单位应当加强安全生产管理，制定突发事件应急预案，配备应急救援人员和必要的应急救援器材、设备，并定期组织应急救援演练，严格落实各项安全制度。

第五十条　道路危险货物运输企业或者单位应当委托具备资质条件的机构，对本企业或单位的安全管理情况每3年至少进行一次安全评估，出具安全评估报告。

第五十一条 在危险货物运输过程中发生燃烧、爆炸、污染、中毒或者被盗、丢失、流散、泄漏等事故，驾驶人员、押运人员应当立即根据应急预案和《道路运输危险货物安全卡》的要求采取应急处置措施，并向事故发生地公安部门、交通运输主管部门和本运输企业或者单位报告。运输企业或者单位接到事故报告后，应当按照本单位危险货物应急预案组织救援，并向事故发生地安全生产监督管理部门和环境保护、卫生主管部门报告。

道路危险货物运输管理机构应当公布事故报告电话。

第五十二条 在危险货物装卸过程中，应当根据危险货物的性质，轻装轻卸，堆码整齐，防止混杂、撒漏、破损，不得与普通货物混合堆放。

第五十三条 道路危险货物运输企业或者单位应当为其承运的危险货物投保承运人责任险。

第五十四条 道路危险货物运输企业异地经营（运输线路起讫点均不在企业注册地市域内）累计3个月以上的，应当向经营地设区的市级道路运输管理机构备案并接受其监管。

第五章 监督检查

第五十五条 道路危险货物运输监督检查按照《道路货物运输及站场管理规定》执行。

道路运输管理机构工作人员应当定期或者不定期对道路危险货物运输企业或者单位进行现场检查。

第五十六条 道路运输管理机构工作人员对在异地取得从业资格的人员监督检查时，可以向原发证机关申请提供相应的从业资格档案资料，原发证机关应当予以配合。

第五十七条 道路运输管理机构在实施监督检查过程中，经本部门主要负责人批准，可以对没有随车携带《道路运输证》又无法当场提供其他有效证明文件的危险货物运输专用车辆予以扣押。

第五十八条 任何单位和个人对违反本规定的行为，有权向道路危险货物运输管理机构举报。

道路危险货物运输管理机构应当公布举报电话，并在接到举报后及时依法处理；对不属于本部门职责的，应当及时移送有关部门处理。

第六章 法律责任

第五十九条 违反本规定，有下列情形之一的，由县级以上道路运输管理机构责令停止运输经营，有违法所得的，没收违法所得，处违法所得2倍以上10倍以下的罚款；没有违法所得或者违法所得不足2万元的，处3万元以上10万元以下的罚款；构成犯罪的，依法追究刑事责任：

（一）未取得道路危险货物运输许可，擅自从事道路危险货物运输的；

（二）使用失效、伪造、变造、被注销等无效道路危险货物运输许可证件从事道路危险货物运输的；

（三）超越许可事项，从事道路危险货物运输的；

（四）非经营性道路危险货物运输单位从事道路危险货物运输经营的。

第六十条 违反本规定，道路危险货物运输企业或者单位非法转让、出租道路危险货物运输许可证件的，由县级以上道路运输管理机构责令停止违法行为，收缴有关证件，处2 000元以上1万元以下的罚款；有违法所得的，没收违法所得。

第六十一条 违反本规定，道路危险货物运输企业或者单位有下列行为之一，由县级以上道路运输管理机构责令限期投保；拒不投保的，由原许可机关吊销《道路运输经营许可证》或者《道路危险货物运输许可证》，或者吊销相应的经营范围：

（一）未投保危险货物承运人责任险的；

（二）投保的危险货物承运人责任险已过期，未继续投保的。

第六十二条 违反本规定，道路危险货物运输企业或者单位未按规定维护或者检测专用车辆的，由县级以上道路运输管理机构责令改正，并处1 000元以上5 000元以下的罚款。

第六十三条 违反本规定，道路危险货物运输企业或者单位不按照规定随车携带《道路运输证》的，由县级以上道路运输管理机构责令改正，处警告或者20元以上200元以下的罚款。

第六十四条 违反本规定，道路危险货物运输企业或者单位以及托运人有下列情形之一的，由县级以上道路运输管理机构责令改正，并处5万元以上10万元以下的罚款，拒不改正的，责令停产停业整顿；构成犯罪的，依法追究刑事责任：

（一）驾驶人员、装卸管理人员、押运人员未取得从业资格上岗作业的；

（二）托运人不向承运人说明所托运的危险化学品的种类、数量、危险特性以及发生危险情况的应急处置措施，或者未按照国家有关规定对所托运的危险化学品妥善包装并在外包装上设置相应标志的；

（三）未根据危险化学品的危险特性采取相应的安全防护措施，或者未配备必要的防护用品和应急救援器材的；

（四）运输危险化学品需要添加抑制剂或者稳定剂，托运人未添加或者未将有关情况告知承运人的。

第六十五条 违反本规定，道路危险货物运输企业或者单位未配备专职安全管理人员的，由县级以上道路运输管理机构责令改正，可以处1万元以下的罚款；拒不改正的，对危险化学品运输企业或单位处1万元以上5万元以下的罚款，对运输危险化学品以外其他危险货物的企业或单位处1万元以上2万元以下的罚款。

第六十六条 违反本规定，道路危险化学品运输托运人有下列行为之一的，由县级以上道路运输管理机构责令改正，处10万元以上20万元以下的罚款，有违法所得的，没收违法所得；拒不改正的，责令停产停业整顿；构成犯罪的，依法追究刑事责任：

（一）委托未依法取得危险货物道路运输许可的企业承运危险化学品的；

（二）在托运的普通货物中夹带危险化学品，或者将危险化学品谎报或者匿报为普通货物托运的。

第六十七条 违反本规定，道路危险货物运输企业擅自改装已取得《道路运输证》的专用车辆及罐式专用车辆罐体的，由县级以上道路运输管理机构责令改正，并处5 000元以上2万元以下的罚款。

第七章 附 则

第六十八条 本规定对道路危险货物运输经营未作规定的，按照《道路货物运输及站场管理规定》执行；对非经营性道路危险货物运输未作规定的，参照《道路货物运输及站场管理规定》执行。

第六十九条 道路危险货物运输许可证件和《道路运输证》工本费的具体收费标准由省、自治区、直辖市人民政府财政、价格主管部门会同同级交通运输主管部门核定。

第七十条 交通运输部可以根据相关行业协会的申请，经组织专家论证后，统一公布可以按照普通货物实施道路运输管理的危险货物。

第七十一条 本规定自2013年7月1日起施行。原交通部2005年发布的《道路危险货物运输管理规定》（交通部令2005年第9号）及交通运输部2010年发布的《关于修改〈道路危险货物运输管理规定〉的决定》（交通运输部令2010年第5号）同时废止。

关于修改《公路工程勘察设计招标投标管理办法》的决定

（中华人民共和国交通运输部令2013年第3号）

关于修改〈公路工程勘察设计招标投标管理办法〉的决定》已于2013年2月4日经第2次部务会议通过，现予公布，自公布之日施行。

交通运输部部长　杨传堂

二〇一三年二月十七日

交通运输部决定对《公路工程勘察设计招标投标管理办法》(交通部令2001年第6号）作如下修改：

一、第三条修改为：

公路建设项目有下列情形之一的，可以不进行勘察设计招标：

（一）涉及国家安全、国家秘密、抢险救灾或者属于利用扶贫资金实行以工代赈等特殊情况；

（二）需要采用不可替代的专利或者专有技术；

（三）采购人依法能够自行提供勘察设计；

（四）已通过招标方式选定的特许经营项目投资人依法能够自行提供勘察设计；

（五）需要向原中标人采购勘察设计，否则将影响施工或者功能配套要求；

（六）国家规定的其他特殊情形。

二、第十二条修改为：

国有资金占控股或者主导地位的依法必须进行招标的公路建设项目，勘察设计应当公开招标。

国务院发展改革部门确定的国家重点项目和省级人民政府确定的地方重点项目不适宜公开招标的，经国务院发展改革部门或者省级人民政府批准，可以进行邀请招标。其他公路建设项目有下列情形之一的，可以邀请招标：

（一）技术复杂、有特殊要求或者受自然环境限制，只有少量潜在投标人可供选择；

（二）采用公开招标方式的费用占项目合同金额的比例过大。

有前款第（二）项所列情形，属于按照国家有关规定需要履行项目审批、核准手续的依法必须进行招标的项目，由项目审批、核准部门在审批、核准项目时作出认定，其他项目由招标人按照项目管理权限申请交通运输主管部门作出认定。

三、第十八条修改为：国家高速公路网建设项目的勘察设计招标资格预审结果和招标文件应当报交通运输部备案，其他公路建设项目的勘察设计招标资格预审结果和招标文件应当按照项目管理权限报县级以上地方人民政府交通运输主管部门备案。

四、第六条、第十条、第十六条、第三十五条、第四十条和第五十四条中的“交通部”修改为“交通运输部”；第六条、第十条、第十六条、第三十五条、第四十条、第四十四条和第五十二条中的“交通主管部门”修改为“交通运输主管部门”。

本决定自公布之日起施行。

《公路工程勘察设计招标投标管理办法》根据本决定作相应修正，重新公布。

公路工程勘察设计招标投标管理办法

（2001年8月21日交通部发布　根据2013年2月17日交通运输部《关于修改〈公路工程勘察设计招标投标管理办法〉的决定》修正）

第一章　总　则

第一条　为规范公路建设市场秩序，提高公路工程勘察设计水平和公路建设投资效益，确保工程质量，根据《中华人民共和国公路法》、《中华人民共和国招标投标法》和国家有关规定，制定本办法。

第二条　公路建设项目的勘察、设计单项合同估算价在50万元人民币以上，或者建设项目总投资额在3 000万元人民币以上的，必须进行勘察设计招标。

第三条　公路建设项目有下列情形之一的，可以不进行勘察设计招标：

涉及国家安全、国家秘密、抢险救灾或者属于利用扶贫资金实行以工代赈等特殊情况；

（二）需要采用不可替代的专利或者专有技术；

（三）采购人依法能够自行提供勘察设计；

（四）已通过招标方式选定的特许经营项目投资人依法能够自行提供勘察设计；

（五）需要向原中标人采购勘察设计，否则将影响施工或者功能配套要求；

（六）国家规定的其他特殊情形。

第四条　公路工程勘察设计招标投标活动应当遵循公开、公平、公正、诚实信用的原则。

第五条　公路工程勘察设计招标投标活动不受地区或者部门的限制，任何单位和个人不得以任何方式干预正当的招标投标活动；不得将必须进行招标的项目化整为零或者以其他任何方式规避招标。

第六条　公路工程勘察设计招标投标活动的监督管理实行统一领导、分级管理。

交通运输部负责全国公路建设项目勘察设计招标投标活动的监督管理工作。

省级人民政府交通运输主管部门负责本行政区域内公路建设项目勘察设计招标投标活动的监督管理工作。

县级以上人民政府交通运输主管部门按照项目管理权限，依法查处公路建设项目勘察设计招标投标活动中的违法行为。

第二章　招　标

第七条　公路工程勘察设计招标是指招标人按照国家基本建设程序，依据批准的可行性研究报告，对公路工程初步设计、施工图设计通过招标活动选定勘察设计单位。

公路工程勘察设计招标可以实行一次性招标、分阶段招标，有特殊要求的关键工程可以进行方案招标。

第八条　招标人是符合公路建设市场准入条件，依照本办法规定提出公路工程勘察设计招标项目、进行招标的项目法人。

第九条　招标人具有与招标项目规模相适应的工程技术、管理人员，具备组织编制勘察设计招标文件和组织评标能力的，可以自行办理招标事宜。

招标人不具备前款规定条件的，应当委托符合公路建设市场准入条件、具有相应资格的招标代理机构办理招标事宜。招标代理机构应当在招标人委托的代理范围内办理招标事宜。

任何单位和个人不得以任何方式为招标人指定招标代理机构。

第十条　招标人自行办理招标事宜的，应当在发布招标公告或者发出投标邀请书十五日前，按项目管理权限报交通运输部或者省级人民政府交通运输主管部门核备；招标人委托招标代理机构办理招标事宜的，应当在委托合同签订后十五日内，按项目管理权限报交通运输部或者省级人民政府交通运输主管部门核备。

第十一条 公路工程勘察设计招标分为公开招标和邀请招标。

公开招标是招标人通过国家指定的报刊、信息网络或者其他媒体发布招标公告，邀请不特定的法人或者组织投标。

邀请招标是招标人以投标邀请书的方式，邀请三个以上具有相应资质、具备承担招标项目勘察设计能力的、资信良好的特定法人或者组织投标。

招标公告或者投标邀请书应当载明招标人的名称和地址、招标项目的基本概况、投标人的资质要求以及获取资格预审文件、招标文件的办法等事项。

第十二条 国有资金占控股或者主导地位的依法必须进行招标的公路建设项目，勘察设计应当公开招标。

国务院发展改革部门确定的国家重点项目和省级人民政府确定的地方重点项目不适宜公开招标的，经国务院发展改革部门或者省级人民政府批准，可以进行邀请招标。其他公路建设项目有下列情形之一的，可以邀请招标：

技术复杂、有特殊要求或者受自然环境限制，只有少量潜在投标人可供选择；

（二）采用公开招标方式的费用占项目合同金额的比例过大。

有前款第（二）项所列情形，属于按照国家有关规定需要履行项目审批、核准手续的依法必须进行招标的项目，由项目审批、核准部门在审批、核准项目时作出认定，其他项目由招标人按照项目管理权限申请交通运输主管部门作出认定。

第十三条 公路工程勘察设计招标实行资格审查制度。公开招标的，实行资格预审；邀请招标的，实行资格后审。

资格预审是招标人在发布招标公告后，发出投标邀请书前对潜在投标人的资质、信誉、业绩和能力的审查。招标人只向资格预审合格的潜在投标人发出投标邀请书、发售招标文件。

资格后审是招标人在收到被邀请投标人的投标文件后，对投标人的资质、信誉、业绩和能力的审查。

第十四条 公路工程勘察设计招标按下列程序进行：

（一）编制资格预审文件和招标文件；

（二）发布招标公告或者发出投标邀请书；

（三）对潜在投标人进行资格审查；

（四）向合格的潜在投标人发售招标文件；

（五）组织潜在投标人勘察现场，召开标前会；

（六）接受投标人的投标文件，公开开标；

（七）组建评标委员会评标，推荐中标候选人；

（八）确定中标人，发出中标通知书；

（九）与中标人签订合同。

公路工程勘察设计招标实行邀请招标的，在编制招标文件后，按上述程序的（四）至（九）项要求进行。

第十五条 资格预审文件应当要求潜在投标人提供下列基本材料：

（一）营业执照、资质等级证书、资信证明和勘察设计收费证书；

（二）近五年完成的主要公路工程勘察设计项目和获奖情况以及社会信誉；

（三）正在承担的和即将承担的勘察设计项目情况；

（四）拟安排的项目负责人、主要技术人员和技术设备、应用软件投入情况；

（五）上两个会计年度的财务决算审计情况；

（六）以联合体形式投标的，联合体成员各方共同签订的投标协议和联合体各方的资质证明材料；

（七）有分包计划的，提交分包计划和拟分包单位的资质要求。

第十六条 招标文件应当按照交通运输部或者省级人民政府交通运输主管部门颁布的公路工程勘察设计招标文件范本，结合招标项目的特点和实际需要进行编制。招标文件应当包括以下内容：

（一）投标邀请书；

（二）投标须知；

（三）勘察设计合同通用条款和专用条款；

（四）勘察设计标准规范；

（五）勘察设计原始资料；

（六）勘察设计协议书格式；

（七）投标文件格式；

（八）评标标准和方法。

第十七条 招标人对已发出的招标文件进行必要的补遗或者修正时，应当在提交投标文件截止日期十五日前，书面通知所有招标文件收受人。该补遗或者修正的内容为招标文件的组成部分。

第十八条 国家高速公路网建设项目的勘察设计招标资格预审结果和招标文件应当报交通运输部备案，其他公路建设项目的勘察设计招标资格预审结果和招标文件应当按照项目管理权限报县级以上地方人民政府交通运输主管部门备案。

第十九条 招标人应当合理确定资格预审申请文件和投标文件的编制时间。自招标公告发布之日起至潜在投标人递交资格预审文件截止时间，不得少于十四日；自招标文件发售截止之日至投标人递交投标文件截止时间，不得少于二十一日。

第三章 投 标

第二十条 投标人是符合公路建设市场准入条件，具备规定资格，响应招标、参加投标竞争的法人或者组织。

第二十一条 两个以上法人或者组织可以组成联合体，以一个投标人身份共同投标。由同一专业的法人或者组织组成的联合体资质按联合体成员内资质等级低的确定。

联合体成员各方应当签订共同投标协议，明确联合体主办人和成员各方拟承担的工作和责任，并将共同投标协议连同投标文件一并提交招标人。

招标人不得强制投标人组成联合体共同投标，不得限制投标人之间的竞争。

第二十二条 投标人拟将部分非主体、非关键工作进行分包的，必须向招标人提交分包计划，并在投标文件中载明。分包单位的资质应当与其承担的工程规模标准相适应。

第二十三条 投标人应当按照招标文件要求编制投标文件，投标文件应当对招标文件提出的实质性要求和条件作出响应。

第二十四条 投标文件由商务文件、技术文件和报价清单组成。

商务文件包括下列基本内容：

（一）投标书；

（二）授权书；

（三）项目负责人及主要技术人员基本情况；

（四）勘察设计工作大纲。

技术文件包括下列基本内容：

（一）对招标项目的理解；

（二）对招标项目特点、难点、重点等的技术分析和处理措施；

（三）拟进行的科研课题；

（四）工程造价初步测算。

报价清单包括下列基本内容：

（一）勘察设计费报价；

（二）勘察设计费计算清单。

第二十五条 投标文件中的商务文件应当包括资格预审文件规定的主要内容以及通过资格预审后的更新材料，勘察设计工作大纲应当包括勘察设计周期、进度和质量保证措施、后续服务措施。

第二十六条 投标文件的报价清单中，对勘察设计取费应当按照现行公路工程勘察设计费收费标准进行计算。

第二十七条 投标文件应当采用双信封密封，第一个信封内为商务文件和技术文件，第二个信封内为报价清单。上述两个信封应当密封于同一信封中为一份投标文件。

投标人应当在招标文件要求截止日期前，将投标文件送达指定地点。投标文件及任何说明函件应当经投标人盖章或者其法定代表人或者其授权代理人签字。

第二十八条 投标人在招标文件要求的截止日期前，可以补充、修改或者撤回已递交的投标文件，并书面通知招标人。补充、修改的内容应当使用与投标书相同的密封方式投递，并作为投标文件的组成部分。

第二十九条 招标人在收到投标文件后，应当签收保存，不得开启。对在投标截止日期后送达的任何函件，招标人均不得接受。投标人少于三个的，招标人应当按照本办法规定重新招标。

第三十条 投标人在投标过程中不得串通作弊，不得妨碍其他投标人的公平竞争，不得以行贿、弄虚作假等手段骗取中标。

第四章 开标、评标、中标

第三十一条 开标应当在招标文件确定的提交投标文件截止日期的同一时间公开进行。开标地点应当为招标文件预先确定的地点。

第三十二条 开标由招标人主持，邀请所有投标人参加。进行公证的，应当有公证员出席。

第三十三条 开标时，由投标人或者其推选的代表检查投标文件的密封情况，也可以由招标人委托的公证机构检查并公证；经确认无误后，当众拆封投标文件的第一个信封，宣读投标人名称、投标文件签署情况及商务文件标前页的主要内容。投标文件中的第二个信封不予拆封，并妥善保存。

开标过程应当记录，并存档备查。

第三十四条 属于下列情况之一的，应当作为废标处理：

（一）投标文件未按要求密封；

（二）投标文件未加盖投标人公章或者未经法定代表人或者其授权代理人签字；

（三）投标文件字迹潦草、模糊，无法辨认；

（四）投标人对同一招标项目递交两份或者多份内容不同的投标文件，未书面声明哪一个有效；

（五）投标文件不符合招标文件实质性要求。

第三十五条 评标由招标人依法组建的评标委员会负责，评标工作按照交通运输部制定的公路工程勘察设计招标评标有关规定和招标文件的有关要求进行。

评标委员会成员由招标人的代表及有关技术、经济等方面的专家组成，人数为五人以上单数，其中专家人数不得少于成员总数的三分之二。与投标人有利害关系的人员不得进入评标委员会。

交通运输部和省级人民政府交通运输主管部门应当分别设立评标专家库。国道主干线和国家、部重点公路建设项目的评标委员会专家，从交通运输部设立的评标专家库中确定，或者由交通运输部授权从省级人民政府交通运输主管部门设立的评标专家库中确定。其他公路建设项目的评标委员会专家从省级人民政府交通运输主管部门设立的评标专家库中确定。

评标委员会成员名单在中标结果确定前应当保密。

第三十六条 评标委员会可以要求投标人对投标文件中含义不明确的内容作必要的澄清或者说明，但是澄清或者说明不得超出投标文件的实质性内容。

第三十七条 评标委员会应当按照招标文件确定的评标标准，采用综合评价方法对投标人的信誉和经验，项目负责人的资格和能力，对项目的技术建议，勘察设计周期及进度计划、质量保证措施，后续服务和报价进行分别打分评议。

评标委员会对投标人的第一个信封评审打分后，在监督机构到场的情况下，拆封投标人的第二个信封，对第二个信封进行评审打分。经综合评审，依据对投标人综合得分结果的排序高低推荐二名中标候选人，并向招标人提出书面评标报告。

招标人根据评标委员会提出的书面评标报告和推荐的合格

中标候选人确定中标人。招标人也可以授权评标委员会确定中标人。

第三十八条 评标委员会经评审，认为所有投标都不满足招标文件要求的，可以否决所有投标。出现下列情况之一的，招标人应当依照本办法重新招标：

（一）所有的投标文件均未通过商务文件、技术文件符合性审查；

（二）所有的投标文件均不能满足招标文件要求。

第三十九条 评标委员会成员应当客观、公正地履行职责，遵守职业道德，对所提出的评审意见承担个人责任。

评标委员会成员不得私下接触投标人，不得收受投标人的财物或者其他好处，不得透露对投标文件的评审、中标候选人的推荐情况以及与评标有关的其他情况。

第四十条 中标人确定后，招标人应当在七日内向中标人发出中标通知书，并同时将中标结果通知所有未中标的投标人；在十五日之内，按项目管理权限将评标报告向交通运输部或者省级人民政府交通运输主管部门核备。

第四十一条 在中标通知书发出之日起三十日内，招标人和中标人应当按照招标文件和投标文件签定合同。招标人和中标人不得再行订立背离合同实质性内容的其他协议。

招标文件要求中标人提交履约保证金的，中标人应当提供。

第四十二条 中标人应当按照合同约定履行义务，完成中标项目。

联合体中标的，联合体各方应当共同与招标人签订合同，就中标项目向招标人承担连带责任。

中标人将中标项目的部分非主体、非关键性工作分包给他人完成的，中标人应当就分包项目向招标人负责，分包人就分包项目承担连带责任。

第四十三条 进行方案招标的，招标人、中标人使用未中标人的专利、专有技术的投标方案，应当征得未中标人的同意，并给予合理的经济补偿。

第五章 法律责任

第四十四条 必须进行公路工程勘察设计招标的项目，招标人自行组织或者委托招标代理机构办理招标事宜，未在规定时间内按项目管理权限报交通运输主管部门核备的，给予警告，责令停止招标活动。

第四十五条 违反本办法规定，必须进行招标的项目而不招标的，将必须进行招标的项目化整为零，或者以其他任何方式规避招标的，责令限期改正，可以处以项目合同金额千分之五以上千分之十以下的罚款；对全部或者部分使用国有资金的项目，可以暂停项目执行或者暂停资金拨付，对单位直接负责的主管人员和其他直接责任人员依法给予行政处分。

第四十六条 招标代理机构违反本办法规定，泄露应当保密的与招标投标活动有关的情况和资料的，或者与招标人、投标人串通损害国家利益、社会公共利益或者他人合法权益的，处五万元以上二十五万元以下的罚款，对单位直接负责的主管人员和其他直接责任人员处单位罚款数额百分之五以上百分之十以下的罚款；有违法所得的，并处没收违法所得；情节严重的，暂停直至取消招标代理资格。

第四十七条 投标人违反本办法，相互串通投标或者与招标人串通投标，投标人以向招标人或者评标委员会成员行贿的手段谋取中标的，中标无效，处中标项目金额千分之五以上千分之十以下的罚款；有违法所得的，并处没收违法所得；情节严重的，取消其一年至二年内参加依法必须进行招标的项目的投标资格并予以公告。

第四十八条 评标委员会成员收受投标人的财物或者其他好处的，评标委员会成员或者参加评标的有关工作人员向他人透露对投标文件的评审和比较、中标候选人的推荐以及与评标有关的其他情况的，给予警告，没收收受财物，可以并处三千元以上五万元以下的罚款，对违法的评标委员会成员取消其评标委员会专家资格，建议所在单位按有关规定给予行政处分。

第四十九条 招标人在评标委员会推荐的中标候选人以外确定中标人的，所有投标被评标委员会否决后自行确定中标人的，中标无效，责令改正，可以处中标项目金额千分之五以上千分之十以下的罚款；对单位直接负责的主管人员和其他直接责任人员依法给予处分。

第五十条 中标人将中标项目转让给他人的，将中标项目肢解后分别转让给他人的，违反本办法规定将中标项目的部分主体、关键性工作分包给他人的，或者分包人再次分包的，转让、分包无效，处转让、分包项目金额千分之五以上千分之十以下的罚款，对单位直接负责的主管人员和其他直接责任人员依法给予处分。

第五十一条 任何单位违反本办法规定，限制或者排斥本地区、本系统以外的潜在投标人参加投标的，为招标人指定招标代理机构的，强制招标人委托招标代理机构办理招标事宜的，或者以其他方式干涉招标投标活动的，责令改正；对单位直接负责的主管人员和其他直接责任人员依法给予处分。

第五十二条 交通运输主管部门的工作人员徇私舞弊、滥用职权、索贿、行贿、受贿、干预正常招标投标活动的，视情况由交通运输主管部门会同有关部门依法给予行政处分，构成犯罪的，依法追究刑事责任。

第六章 附 则

第五十三条 使用国际组织或者外国政府贷款、援助资金的项目进行招标，贷款方、资金提供方对招标投标有特殊规定的，可以适用其规定，但违背中华人民共和国的社会公共利益的除外。

第五十四条 本办法由交通运输部负责解释。

第五十五条 本办法自2002年1月1日起施行。

2013年交通法规索引

类别	颁布时间	名称	颁发机关及文号
行政法规	2013.07.18	国务院关于废止和修改部分行政法规的决定	中华人民共和国国务院令2013第638号
部门规章	2013.01.11	快递市场管理办法	中华人民共和国交通运输部令2013年第1号
	2013.01.23	道路危险货物运输管理规定	中华人民共和国交通运输部令2013年第2号
	2013.02.17	关于修改《公路工程勘察设计招标投标管理办法》的决定	中华人民共和国交通运输部令2013年第3号
	2013.04.12	关于修改《快递业务经营许可管理办法》的决定	中华人民共和国交通运输部令2013年第4号
	2013.04.12	关于修改《邮票发行监督管理办法》的决定	中华人民共和国交通运输部令2013年第5号
	2013.04.12	关于修改《邮政行业安全监督管理办法》的决定	中华人民共和国交通运输部令2013年第6号
	2013.04.12	关于修改《集邮市场管理办法》的决定	中华人民共和国交通运输部令2013年第7号
	2013.04.12	关于修改《邮政行业统计管理办法》的决定	中华人民共和国交通运输部令2013年第8号
	2013.08.29	关于修改《中华人民共和国国际海运条例实施细则》的决定	中华人民共和国交通运输部令2013年第9号
	2013.08.31	关于修改《中华人民共和国船员服务管理规定》的决定	中华人民共和国交通运输部令2013年第10号
	2013.08.31	关于修改《中华人民共和国船舶油污损害民事责任保险实施办法》的决定	中华人民共和国交通运输部令2013年第11号
	2013.08.31	关于修改《中华人民共和国船舶及其有关作业活动污染海洋环境防治管理规定》的决定	中华人民共和国交通运输部令2013年第12号
	2013.12.24	铁路机车车辆设计制造维修进口许可办法	中华人民共和国交通运输部令2013年第13号
	2013.12.24	铁路机车车辆驾驶人员资格许可办法	中华人民共和国交通运输部令2013年第14号
	2013.12.24	关于修改《中华人民共和国船员培训管理规则》的决定	中华人民共和国交通运输部令2013年第15号
	2013.12.24	关于修改《中华人民共和国海上船舶污染事故调查处理规定》的决定	中华人民共和国交通运输部令2013年第16号
	2013.12.24	关于修改《中华人民共和国船舶及其有关作业活动污染海洋环境防治管理规定》的决定	中华人民共和国交通运输部令2013年第17号
	2013.12.24	关于修改《中华人民共和国海船船员适任考试和发证规则》的决定	中华人民共和国交通运输部令2013年第18号
	2013.12.24	关于修改《中华人民共和国船舶污染海洋环境应急防备和应急处置管理规定》的决定	中华人民共和国交通运输部令2013年第19号
	2013.12.24	关于修改《中华人民共和国引航员注册与任职资格管理规定》的决定	中华人民共和国交通运输部令2013年第20号
	2013.12.24	铁路运输基础设备生产企业审批办法	中华人民共和国交通运输部令2013年第21号
	2013.12.24	违反《铁路安全管理条例》行政处罚实施办法	中华人民共和国交通运输部令2013年第22号

（本栏目供稿单位：厅法规处）

荣誉榜
RONGYU BANG

2014

四川交通年鉴

先进名录
XIANJIN MINGLU

2013年中华全国总工会授予的全国五一巾帼标兵岗

（四川交通部门）

四川攀西高速公路开发股份有限公司西昌收费站

（省交通运输工会）

2013年中华全国总工会表彰的全国模范职工之家

（四川交通部门）

四川省川南高等级公路开发股份有限公司工会委员会

（省交通运输工会）

2013年中华全国总工会表彰的全国优秀工会工作者优秀工会积极分子和优秀工会之友

（四川交通部门）

优秀工会工作者

王建中　四川省港航开发有限责任公司工会主席

优秀工会积极分子

费秀华（女）　广元市朝天区公路养护段段长

优秀工会之友

朱以庄　四川交通投资集团董事长

（省交通运输工会）

2013年交通运输部、中国海员建设工会表彰的“春运农民工平安返乡（岗）安全优质服务竞赛”先进集体、先进个人

（四川交通部门）

先进集体

四川省成都长途汽车运输（集团）公司

四川省中江县运输集团公司

四川省巴中运输（集团）有限公司汽车第四十七队

四川省南充市航务管理局

先进个人

卿　勇　四川南充当代运业（集团）富能达分公司驾驶员

甘　明　四川省邻水县广邻运业有限公司总经理

魏胜广　内江雄风道路运输集团鹏程长运有限公司运务部兼技术部部长

陈建华　四川省乐山汽车运输有限公司直达客运分公司驾驶员

李宏霞（女）四川省汽车运输自贡集团有限公司荣县站分公司站务员

王晓桃（女）四川省乐山市犍为县航务（海事）处处长

陈顺梅（女）四川省泸州市航务管理局科室负责人

（省交通运输工会）

2013年交通运输部表彰的全国道路运输工作先进单位

（四川交通部门）

四川省交通运输厅道路运输管理局

（厅运管局）

2013年交通运输部表彰的新时期道路运输业发展大调研及成果转化应用工作先进单位、先进个人

（四川交通部门）

先进单位

四川省交通运输厅道路运输管理局

先进个人

任胜平　四川省交通运输厅道路运输管理局

赵　建　四川省交通运输厅道路运输管理局

杨开贵　四川省交通运输厅道路运输管理局

周继斌　四川省交通运输厅道路运输管理局

（厅运管局）

2013年交通运输部表彰的2011—2012年度全国交通运输行业节能减排先进集体、先进企业、先进个人

（四川交通部门）

先进集体

四川省交通运输厅道路运输管理局

成都市交通运输委员会

先进企业

成都市公共交通集团公司

南充汽车集团有限公司

成都建国汽车贸易有限公司

先进个人

余级升　省交通运输厅科教处

林　彩　省交通运输厅航务管理局

许冬兰　省交通运输厅道路运输管理局

曾　科　成都市交通运输委员会

（厅办公室）

2013年交通运输部表彰的2012年交通运输政务信息工作先进单位、先进个人

（四川交通部门）

先进单位

四川省交通运输厅（特等奖）

泸州市交通运输局（二等奖）

宜宾市交通运输局（三等奖）

先进个人

刘　莹　省交通运输厅航务管理局

魏　晨　绵阳市交通运输局

黄俊东　四川高速公路建设开发总公司

李　智　泸州市交通运输局

（厅办公室）

2013年全国“安康杯”竞赛组织委员会表彰2012年度全国“安康杯”竞赛优胜单位

（四川交通部门）

四川都汶高速公路有限责任公司

（省交通运输工会）

2013年交通运输部海事局表彰的2012年度全国海事系统先进单位、先进集体、先进个人

（四川交通部门）

先进单位

四川省地方海事局

先进集体

泸州市地方海事局

先进个人

李　军　广安市武胜县海事处

（厅航务局）

2013年中国海员建设工会全国委员会 交通运输部安全委员会表彰的全国水运系统船舶、班组安全竞赛先进集体

（四川交通部门）

优秀船舶奖

宜宾市屏山县航务海事处

广安市武胜县航务海事处

长江水运有限责任公司

遂宁市蓬溪县公路养护段

达州市二马路渡运联组

巴中市平昌县南丰乡人民政府

巴中市巴州区三江镇人民政府

绵阳市雷耀旅游开发有限公司

自贡市富顺县航运公司赵华站

优秀班组奖

泸州市地方海事局泸县神仙桥海事所

成都市华龙旅游开发有限公司机动组

内江市威远县关英滩镇船舶管理站

资阳市简阳养马镇船舶管理站
眉山市彭山县交通运输局渡口管理所
凉山州西昌市琼海游船公司

（厅办公室 厅航务局）

2013年全国“扫黄打非”工作小组表彰的全国“扫黄打非”先进集体

（四川交通部门）

四川省交通运输厅公安处

（厅办公室）

2013年中国交通年鉴编委会 中国交通年鉴社表彰的2013年度优秀通联单位

（四川交通部门）

四川省交通运输厅交通史志总编室

（厅办公室）

2013年中共四川省委、省政府表彰的防洪减灾先进集体、先进个人

（交通部门）

先进集体

省交通运输厅公路局
省交通运输厅公路规划勘察设计研究院
南充市航务管理局
雅安市交通运输局

先进个人

雍黎明　交通运输厅公路局科技教育处雍黎明
吴孝忠　交通运输厅高速公路交通执法第四支队
吴　林　交通运输厅交通勘察设计研究院
陈　超　四川兴蜀公路建设发展有限责任公司
李国荣　成都市新都区交通运输局共路管理所
伍程鹏　广元市地方海事局
何　波　通江县地方海事处
工志武　阿坝州交通运输局

（厅办公室）

2013年中共四川省委、省政府表彰的“4·20”芦山强烈地震抗震救灾先进基层党组织、先进集体、先进个人、优秀共产党员

（交通部门）

先进基层党组织

省交通运输厅公路局党委

先进集体

省交通运输厅质监局
雅安市交通运输局
芦山县交通运输局
宝兴县交通运输局
天全县交通运输局
甘孜州交通运输局
邛崃市交通运输局

先进个人

叶尚其　省交通运输厅公路规划勘察设计研究院勘察设计二分院
杨云康　雅安市公路管理局

周志强　芦山县交通运输局
黄明华　成都市交通运输委员会
黎生元　乐山市公路管理局

优秀共产党员
胡永军　宝兴县交通运输局
杜建平　雅安市公路运输管理处
孙建华　雅眉乐高速公路有限责任公司

（厅办公室）

2013年四川省总工会颁发的四川省五一劳动奖状

（交通部门）

四川交投建设工程股份有限公司

（省交通运输工会）

2013年四川省总工会表彰的四川省“工人先锋号”先进集体

（交通部门）

四川成渝高速公路股份有限公司成雅分公司
四川兴蜀公路建设发展有限责任公司
四川华腾公路试验检测有限责任公司
成都华川公路建设集团有限公司
四川蜀工高速公路机械化工程有限公司
川高公司雅安管理分公司
川高雅西高速公路公司雅康高速项目工作组
成都市汽车运输（集团）公司二仙桥抗震救灾应急运输中队
四川华腾公路试验检测有限责任公司桥隧检测部

（省交通运输工会）

2013年四川省总工会颁发的五一劳动奖章

（交通部门）

罗玉宏　省交通运输厅公路局副局长
姜洪涛　四川达万高速公路有限责任公司职工

（省交通运输工会）

人物选介

RENWU XUANJIE

牟廷敏

省交通运输厅公路设计院桥梁勘察设计分院副总工程师、教授级高级工程师

牟廷敏负责主持、主办和参与完成勘察设计的著名大型桥梁项目多达20多个。其中，一大批已成为精品、经典工程，并获得数十项科技成果和国家专利。广东东平大桥为世界首座全钢混凝土组合体系拱桥，雅西高速公路干海子大桥主梁桥全部采用钢管混凝土桁式结构体系，属世界首创。

牟廷敏带领团队完成或承担部、省、厅科技项目在四川、浙江、甘肃、山西、云南、广东、西藏等地桥梁建设中广泛推广应用，节约建设投资10亿余元。

“5·12”汶川特大地震发生后，他率先奔赴汉源、青川、都江堰、映秀等重灾区，夜以继日地参加道路交通抢通保通工作。在面对余震不断，长途行车极端危险的情况下，数次奔赴广元、青川灾区，调查完成广元至青川12座桥梁、80公里道路的损毁踏勘任务。开展后期公路震害评估、地震机理分析及桥梁结构设防标准评价方法等大量工作，特别是结合雅西高速公路地震烈度高、跨越地震断裂带等特殊情况，对全线桥梁进行全面的核查，提出完善简支体系桥梁减震措施、落梁措施，强化地震抗力的合理设计，提高了简支桥梁抗震能力，并在此基础上创造性提出干海子大桥采用全管桁桥梁新结构。为确保该桥梁的顺利建设，他长期住在工地，负责开展各项施工现场的模型试验与技术服务。

牟廷敏是享受国务院政府特殊津贴的四川省工程勘察设计大师。自1998年以来，牟廷敏连续10多年被评为厅公路设计院先进生产工作者，获得全国五一劳动奖章，先后被评为四川省和全国劳动模范、“四川省职工职业道德十佳标兵”。

（厅史志总编室）

牟廷敏设计的云阳大桥　　厅公路设计院 供稿

牟廷敏设计的合江长江大桥　　厅公路设计院 供稿

杨清柏

巴中市南江县交通运输局路桥收费管理所养护股副股长

2002年2月，南江县交通局党委开展创建共产党员“先锋工程”践行“三个代表”活动，杨清柏自制一块长2.5米、宽1.8米的双面铁牌，竖立在养护站门口，上面写着：过往司乘，有困难请找共产党员杨清柏。带头做“标杆”，以自己的模范行为，在省道101线陈家山地段树起一面旗帜。

2009年10月，从养护站长到养护股副股长的杨清柏，负责管理光雾山4个养护站。他按照“科学管理、日常管理、周期考核、上档上升”的理念，在“管”字上做文章，在“养”字上下功夫，推行养护“六个一”、管理“四个一”的工作法，使4个养护站精心养护所养地段，始终保持公路的安全通行。

2011年2月10日，陈家山陡降大雪，造成道路中断，杨清柏带领4位工友赶赴现场，在零下12度的恶劣天气下，经过3个多小时的奋战疏通便道后，他又冒着大雨，站在公路中间指挥交通，引领车辆通行，整个人被大雪覆盖，变成雪人。

2012年，“5·12”汶川特大地震发生后，杨清柏第一时间徒步对管养11公里路段进行巡查，安慰被堵司机和乘客，并将他们安排到养护站，提供热水、热饭，由于每天工作12小时，劳累过度的他晕倒在路边。

2013年2月5日，杨清柏把管辖的4个养护站站长召集在一起，把共产党员突击队的旗帜，郑重地交给新任光雾山养护站站长易朝义，并把父亲送的《为人民服务》一书复印4本，分别交给四个站长手中，要求他们随时随地牢记为人民服务的宗旨，永葆共产党员先进性，为民服务、养好路，为过往司乘人员排忧解难。

杨清柏（左）在清除路面积雪　　交通宣传中心 供稿

生命的长短用时间来计算，生命的价值用奉献来衡量，这是杨清柏的格言，也是他始终坚守的信念。在30多年的工作中，他没有惊天动地的创举，却在平凡的岗位上，把全部的心血、汗水倾洒在所热爱的公路养护事业上，在平凡的养路岗位上做出了不平凡的业绩，被授予全国劳动模范、全国五一劳动奖章、巴中市劳动模范等称号。

（厅史志总编室）

袁迎春

女，广元剑阁县地方海事处处长

袁迎春工作场景　　交通宣传中心 供稿

剑阁县有渡口33处，大多地处偏僻的深山峡谷中，最远的距县城150多公里。袁迎春经常带领工作人员深入边远渡口，进行水上交通安全检查和对船工、群众开展安全教育。针对渡口边远分散的情况，为减轻船工的负担，她对船工采取上门培训的办法，对船员进行集中或分散安全培训，深入船工家访。她创造性地提出三分之二的海事人员、利用三分之二的时间、花三分之二的精力深入渡口检查的工作制度。

剑阁县境内河流属嘉陵江水系，河流总长670公里，流域面积广，水库众多。公益性渡口建设、码头建设、渡船更新改造、候船亭建设经验在全省广泛推广，县级水上交通安全管理规范化建设在广元市率先建成，全县水上交通事故、死亡人数、经济损失均为零。由于业绩突出，得到省、市、县领导的充分肯定和高度赞扬。袁迎春连续七年得到省、市、县表彰和奖励，被授予先进工作者、安全生产先进个人等荣誉称号。

按照“政治强、业务精、工作实、纪律严”的要求，袁迎春持之以恒地抓好海事执法队伍建设，坚持每周五机关干部职工政治理论学习日活动，深入开展机关作风建设、“五好班子”创建、廉政建设、作风建设活动，充分发挥作为“班长”的带头作用，通过加强培训、优化管理、内强素质、外塑形象，造就一支特别能吃苦、特别能战斗的海事干部职工队伍，展现海事部门干部职工的新形象、新风貌。

袁迎春时常告诫自己：“领导有正气、职工有士气、单位才有朝气”。她处处发挥模范带头作用，自警、自醒、自重、自爱。用实实在在的一言一行，诠释了一名地方海事干部廉洁奉公、勤政为民的好本色，深深影响和带动身边的每一位职工。　（厅史志总编室）

喻维泉

攀枝花运业有限公司长途客运安岳—攀枝花班线驾驶员

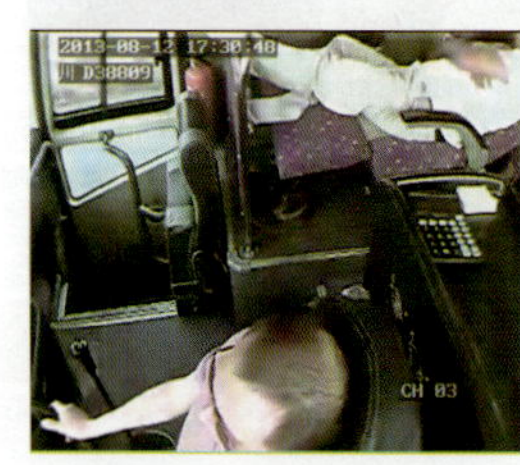

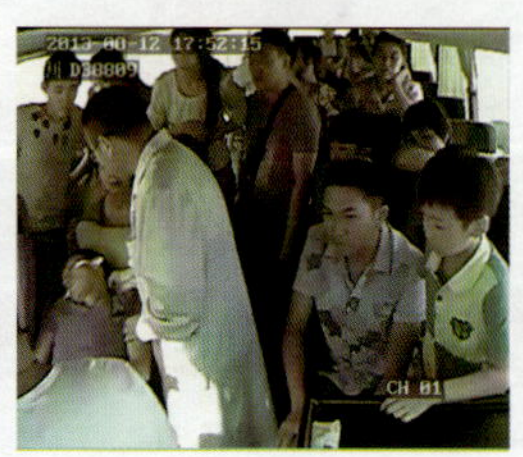

事发现场监控录像图　　交通宣传中心 供稿

2013年8月12日17时28分，喻维泉驾驶从安岳回攀枝花的长途客运班车，在脑干出血的危急关头，没有紧急刹车，更没有放弃方向盘，而是凭着惊人的毅力和责任感减缓车速，咬牙坚持3分15秒后，将车稳稳地停靠到隧道内的应急停车道，拉好手刹、开启双闪灯，解开安全带，倒在座位旁的过道上，确保车上22名乘客安全。

那惊心动魄的3分15秒，是他在用生命在坚守、在传递闪光的交通运输职业精神和忘我的大爱之美，喻维泉的事迹感人肺腑，被誉为“攀枝花最美司机”“钢城吴斌”。3分15秒，对于每个人而言，只是一个极为短暂的时间，但对于突发脑干出血、承受着剧烈疼痛的客运驾驶员喻维泉而言，这却是在生命即将逝去前努力坚守工作岗位的最后一刻。在关键时刻，喻维泉用坚强的意志和最后的坚守，减少了损失，挽救了生命，或许这只是他一个下意识的职业动作，但是支配他做出这个动作的是长期养成的职业责任感和职业操守，也正是这样一种职业责任感，这样一个下意识的动作换来全车乘客的安全。喻维泉在生命的最后时刻诠释和捍卫了一名客车驾驶员的神圣职责，用长期养成的良好职业操守和安全驾车习惯全力保证乘客的生命安全，充分展示道路运输从业人员强烈的社会责任感、崇高的精神品质和良好的职业道德，是道路运输行业的骄傲，是广大从业人员学习的楷模。

（厅史志总编室）

统计资料

TONGJI ZILIAO

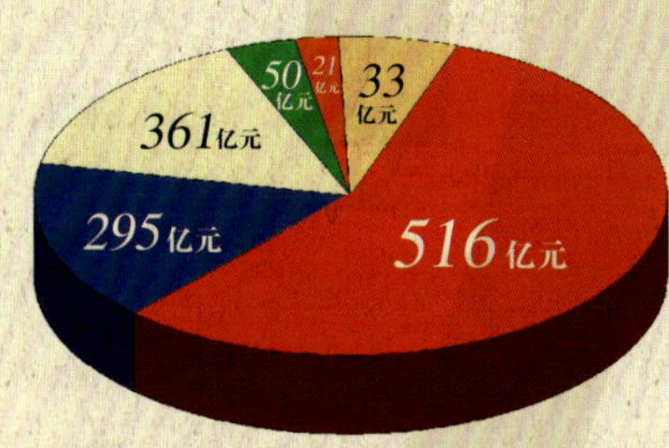

2014

四川交通年鉴

公路水路运输综合统计

GONGLU SHUILU YUNSHU ZONGHE TONGJI

2013年全省公路、水路营业性旅客运输量（分地区）

地区	客运量（万人次）			旅客周转量（万人公里）		
	合计	公路	水路	合计	公路	水路
合计	**280 101**	**276 873**	**3 228**	**10 704 857**	**10 677 917**	**26 940**
成都	94 233	94 188	45	3 251 459	3 251 150	309
自贡	10 463	10 381	82	262 821	262 156	665
攀枝花	6 288	6 257	31	163 758	162 978	780
泸州	14 306	14 147	159	980 692	979 421	1 271
德阳	12 454	12 454		304 542	304 542	
绵阳	9 795	9 769	26	442 906	442 699	207
广元	14 299	14 214	85	407 238	405 966	1 272
遂宁	5 530	5 402	128	223 743	222 373	1 370
内江	12 531	12 216	315	386 566	384 811	1 755
乐山	8 821	8 573	248	369 598	367 488	2 110
南充	12 672	11 997	675	664 046	658 576	5 470
眉山	7 027	6 907	120	224 137	222 937	1 200
宜宾	16 604	16 380	224	553 216	550 865	2 351
广安	11 574	11 351	223	261 030	259 474	1 556
达州	10 641	10 163	478	327 491	322 766	4 725
雅安	2 643	2 643		113 589	113 589	
巴中	7 612	7 427	185	343 892	343 212	680
资阳	7 628	7 513	115	436 688	435 868	820
阿坝	3 763	3 763		321 302	321 302	
甘孜	1 808	1 808		295 564	295 564	
凉山	9 409	9 320	89	370 579	370 180	399

2013年全省公路、水路营业性货物运输量（分地区）

地区	货运量（万吨）			货物周转量（万吨公里）		
	合计	公路	水路	合计	公路	水路
合计	**180 574**	**173 327**	**7 247**	**16 090 489**	**14 847 756**	**1 242 733**
成都	42 537	42 537		2 602 585	2 602 585	
自贡	5 317	5 075	242	570 505	566 292	4 213
攀枝花	12 530	12 513	17	604 737	603 741	996
泸州	8 072	6 390	1 682	1 604 528	746 249	858 279
德阳	8 940	8 940		705 457	705 457	
绵阳	6 663	6 663		693 730	693 728	2
广元	6 373	5 329	1 044	690 204	687 400	2 804
遂宁	3 454	3 226	228	514 023	511 951	2 072
内江	6 727	6 444	283	658 377	656 783	1 594
乐山	10 938	10 645	293	1 024 599	922 943	101 656
南充	6 886	5 909	977	612 772	587 869	24 903
眉山	5 187	5 187		545 312	545 312	
宜宾	6 466	5 939	527	637 154	436 577	200 577
广安	5 546	5 002	544	399 294	368 121	31 173
达州	16 806	16 266	540	1 264 895	1 257 158	7 737
雅安	4 947	4 947		553 334	553 334	
巴中	3 413	3 117	296	259 270	257 300	1 970
资阳	7 235	6 704	531	668 270	665 343	2 927
阿坝	2 748	2 748		665 155	665 155	
甘孜	626	626		120 267	120 267	
凉山	9 163	9 120	43	696 021	694 191	1 830

2013年全省公路、水路分货类运输量

分类	公路		水路	
	货运量（万吨）	货物周转量（万吨公里）	货运量（万吨）	货物周转量（万吨公里）
合计	**173 327**	**14 847 756**	**7 247**	**1 242 731**
（一）煤炭及制品	19 054	2 329 967	386	238 907
（二）石油、天然气及制品	4 243	402 682	54	73 449
其中：原油	1 399	118 442	53	72 213

分类	公路		水路	
	货运量（万吨）	货物周转量（万吨公里）	货运量（万吨）	货物周转量（万吨公里）
（三）金属矿石	11 834	564 287	51	37 346
（四）钢铁	11 515	952 418	3	6 838
（五）矿物性建筑材料	13 579	843 030	6 201	501 127
（六）水泥	18 060	1 537 562	16	5 169
（七）木材	4 539	452 735		1
（八）非金属矿石	4 813	338 854	227	85 786
其中：磷矿	1 258	78 220	107	58 060
（九）化学肥料及农药	3 695	288 663	48	15 126
（十）盐	2 612	274 120	8	4 630
（十一）粮食	17 915	1 412 885	8	1 719
（十二）机械、设备、电器	4 425	437 979	17	22 600
（十三）化工原料及制品	3 192	323 039	104	143 249
（十四）有色金属	829	68 672		
（十五）轻工、医药产品	4 344	402 157		445
其中：日用工业品	2 180	186 627		
（十六）农林牧渔业产品	7 787	883 943	11	7 162
其中：棉花	1 250	86 276		
（十七）其他	40 891	3 334 763	113	99 177

2013年全省公路、水路集装箱运输量

分类	箱运量（个）	货运量（吨）
公路标准集装箱合计（标箱）	**502 089**	**9 618 695**
45英尺	6 031	234 910
40英尺	160 988	5 836 163
35英尺	74 675	2 611 495
20英尺	35 862	936 127
10英尺		
水路标准集装箱合计（标箱）	**20 300**	**279 880**
45英尺		
40英尺		
35英尺		
20英尺	20 300	279 880
10英尺		

（本栏目供稿单位：厅规划处）

公路交通统计

GONGLU JIAOTONG TONGJI

2013年全省公路里程年底达到数（总表）

单位：公里

指　　标	年底达到数			国　道		省　道	
	2012年	2013年	2013年比2012年±%	2012年	2013年	2012年	2013年
公路里程总计	**293 499**	**301 816**	**2.8%**	**8 505**	**8 753**	**12 442**	**12 903**
（一）等级路	234 293	246 571	5.2%	8 505	8 753	12 334	12 795
其中：高速公路	4 334	5 046	16.4%	3 191	3 441	1 105	1 566
一级公路	3 015	3 045	1.0%	598	601	752	755
二级公路	13 752	13 733	-0.1%	3 520	3 536	5 631	5 564
三级公路	11 674	11 861	1.6%	615	644	2 091	2 155
四级公路	201 518	212 885	5.6%	580	532	2 755	2 755
（二）等外路	59 206	55 245	-6.7%			108	108
（三）有铺装、简易铺装路面里程	158 158	173 315	9.6%	8 428	8 695	12 050	12 510
其中：有铺装路面	136 981	151 651	10.7%	7 715	7 990	10 660	11 136
（四）绿化里程	120 473	125 095	3.8%	7 786	8 115	10 110	10 753
（五）养护里程	273 260	280 644	2.7%	8 505	8 753	12 442	12 903

续表：

指　　标	县　道		乡　道		村　道		专用公路	
	2012年	2013年	2012年	2013年	2012年	2013年	2012年	2013年
公路里程总计	**40 664**	**40 686**	**52 050**	**52 158**	**174 918**	**182 225**	**4 920**	**5 091**
（一）等级路	37 499	37 898	39 077	40 143	134 840	144 724	2 038	2 258
其中：高速公路	38	40						
一级公路	890	899	506	521	252	252	17	17
二级公路	3 566	3 566	646	678	305	305	85	85
三级公路	6 582	6 632	1 465	1 506	776	781	144	144
四级公路	26 423	26 761	36 460	37 439	133 508	143 386	1 792	2 012
（二）等外路	3 164	2 788	12 974	12 015	40 078	37 501	2 882	2 833

指标	县道		乡道		村道		专用公路	
	2012年	2013年	2012年	2013年	2012年	2013年	2012年	2013年
（三）有铺装、简易铺装路面里程	31 511	32 505	27 540	29 852	77 371	88 389	1 258	1 365
其中：有铺装路面	24 088	25 073	22 687	24 997	70 801	81 341	1 031	1 115
（四）绿化里程	30 099	30 397	28 808	29 601	41 663	44 120	2 007	2 108
（五）养护里程	40 644	40 678	50 347	50 466	156 640	163 053	4 682	4 790

2013年全省公路密度及通达通畅情况（分地区）

地区	公路密度		乡镇通达情况						
	以国土面积计算(公里/百平方公里)	以人口计算（公里/万人）	乡镇总数（个）	已通畅数（个）	已通畅所占比重（%）	已通达未通畅数（个）	已通达未通畅所占比重（%）	未通达数（个）	未通达所占比重（%）
合计	62.095	33.176	4 487	4 167	92.868	320	7.132		
成都	186.369	19.249	263	263	100.000				
自贡	147.080	19.613	96	96	100.000				
攀枝花	62.984	41.660	44	44	100.000				
泸州	108.367	26.247	128	128	100.000				
德阳	137.124	20.699	125	125	100.000				
绵阳	96.896	35.973	278	278	100.000				
广元	111.398	58.294	234	234	100.000				
遂宁	164.952	23.347	105	105	100.000				
内江	186.087	23.489	115	115	100.000				
乐山	91.301	32.713	211	211	100.000				
南充	171.356	28.147	410	410	100.000				
眉山	103.839	21.157	128	128	100.000				
宜宾	137.622	33.401	185	184	99.459	1	0.541		
广安	158.171	21.406	181	181	100.000				
达州	117.288	27.960	312	312	100.000				
雅安	40.971	39.390	149	149	100.000				
巴中	135.378	42.673	188	188	100.000				
资阳	184.463	29.023	171	171	100.000				
阿坝	15.882	144.253	227	222	97.797	5	2.203		

地 区	公路密度		乡镇通达情况						
	以国土面积计 算（公里/百平方公里）	以人口计算（公里/万人）	乡镇总数（个）	已通畅数（个）	已通畅所占比重（%）	已通达未通畅数（个）	已通达未通畅所占比重（%）	未通达数（个）	未通达所占比重（%）
甘 孜	18.944	256.931	325	203	62.462	122	37.538		
凉 山	38.164	46.281	612	420	68.627	192	31.373		

续表：

地 区	建制村通达情况						
	建制村总数（个）	已通畅数（个）	已通畅所占比重（%）	已通达未通畅数（个）	已通达未通畅所占比 重（%）	未通达数（个）	未通达所占的比重（%）
合 计	48 704	34 855	71.565	13 068	26.831	781	1.604
成 都	2 849	2 849	100.000				
自 贡	1 140	972	85.263	168	14.737		
攀枝花	352	289	82.102	63	17.898		
泸 州	1 471	1 117	75.935	354	24.065		
德 阳	1 454	1 454	100.000				
绵 阳	3 417	2 723	79.690	694	20.310		
广 元	2 499	1 640	65.626	859	34.374		
遂 宁	2 096	1 824	87.023	272	12.977		
内 江	2 071	1 764	85.176	307	14.824		
乐 山	2 080	1 806	86.827	274	13.173		
南 充	5 383	3 417	63.478	1 966	36.522		
眉 山	1 186	1 135	95.700	51	4.300		
宜 宾	2 947	2 402	81.507	545	18.493		
广 安	2 772	2 004	72.294	768	27.706		
达 州	2 835	2 093	73.827	742	26.173		
雅 安	1 069	967	90.458	102	9.542		
巴 中	2 428	2 027	83.484	401	16.516		
资 阳	2 815	2 538	90.160	277	9.840		
阿 坝	1 361	646	47.465	656	48.200	59	4.335
甘 孜	2 734	171	6.255	2 081	76.116	482	17.630
凉 山	3 745	1 017	27.156	2 488	66.435	240	6.409

2013年全省公路里程年底达到数（按地区、管养单位分）

单位：公里

地区和单位	全省公路里程总计	按技术等级分						等外公路合计
		合 计	高 速	一 级	二 级	三 级	四 级	
合 计	301 816	246 571	5 046	3 045	13 733	11 861	212 885	55 245
成 都	22 072	20 217	149	1 322	2 012	2 282	14 452	1 855
自 贡	6 208	4 825		102	189	311	4 222	1 383
攀枝花	4 518	2 958		39	282	169	2 469	1 559
泸 州	12 950	8 602		19	833	151	7 600	4 347
德 阳	7 975	7 153		299	674	696	5 483	822
绵 阳	19 347	12 988		414	820	914	10 840	6 359
广 元	17 714	12 192		39	890	310	10 953	5 522
遂 宁	8 505	7 361		116	265	506	6 475	1 143
内 江	9 880	6 267		62	427	456	5 323	3 613
乐 山	11 405	10 238		128	552	544	9 014	1 167
南 充	21 010	18 459	27	149	711	412	17 160	2 551
眉 山	7 221	5 527		100	334	343	4 750	1 694
宜 宾	18 061	14 863		54	738	360	13 711	3 199
广 安	9 846	8 470		76	359	429	7 605	1 376
达 州	19 080	16 458		36	934	422	15 067	2 623
雅 安	5 920	5 407		29	512	283	4 583	513
巴 中	16 364	15 653			629	364	14 660	711
资 阳	14 542	11 049		8	453	302	10 286	3 493
阿 坝	12 775	12 020		6	1 140	721	10 152	756
甘 孜	28 340	23 830			145	1 005	22 681	4 509
凉 山	22 798	16 808		40	494	881	15 392	5 990
卧龙特区	135	75			67		8	60
川中片区	340	340	337	3				
川东片区	315	315	315					
川南片区	223	223	221		2			
川西片区	159	159	159					
川北片区	412	412	364		49			
雅攀片区	292	292	292					
成绵公司	92	92	92					
郎川公司	223	223			223			
南充分公司	201	201	201					
纳黔公司	135	135	135					
达陕公司	140	140	140					
达万公司	64	64	64					
广甘公司	56	56	56					
雅安分公司	240	240	240					
雅眉乐公司	115	115	112	3				
成德南公司	178	178	178					
巴南公司	116	116	116					
巴达公司	110	110	110					
成渝公司	227	227	227					
成雅分公司	145	145	145					

地区和单位	全省公路里程总计	按技术等级分						等外公路合计
		合计	高速	一级	二级	三级	四级	
成乐公司	86	86	86					
成仁分公司	107	107	107					
汉龙公司	78	78	78					
内遂公司	120	120	120					
东南公司	73	73	73					
遂资公司	111	111	111					
成名公司	53	53	53					
绵遂公司	97	97	97					
泸贵公司	16	16	16					
宜泸公司	78	78	78					
成自泸公司	113	113	113					
成德绵公司	86	86	86					
南渝公司	99	99	99					
乐宜公司	138	138	138					
乐自公司	113	113	113					

2013年全省公路里程年底达到数（按行政等级分）

单位：公里

地区和单位	合计	国道	省道	县道	乡道	村道	专用公路
合计	**301 816**	**8 753**	**12 903**	**40 686**	**52 158**	**182 225**	**5 091**
成都	22 072	324	279	2 769	8 317	10 296	88
自贡	6 208		230	904	877	4 137	60
攀枝花	4 518	56	391	850	622	2 566	32
泸州	12 950	243	334	2 609	3 416	6 256	91
德阳	7 975	77	264	1 446	2 522	3 593	75
绵阳	19 347	99	731	2 440	3 076	12 777	223
广元	17 714	369	254	4 192	2 479	10 377	43
遂宁	8 505	113	175	851	1 507	5 842	17
内江	9 880	129	152	2 170	1 403	6 018	7
乐山	11 405	167	483	1 258	1 216	7 782	499
南充	21 010	287	489	2 491	2 392	15 302	49
眉山	7 221	79	238	1 515	1 114	4 002	273
宜宾	18 061	20	541	2 009	2 603	12 791	98
广安	9 846	126	274	1 088	1 028	7 249	81
达州	19 080	382	463	2 559	3 647	11 992	36
雅安	5 920	392	290	1 031	645	3 177	385
巴中	16 364		663	1 592	2 280	11 768	62
资阳	14 542	260	159	1 198	1 854	11 041	29

地区和单位	合 计	国 道	省 道	县 道	乡 道	村 道	专用公路
阿 坝	12 775	643	1 320	1 815	1 365	7 142	490
甘 孜	28 340	998	1 752	2 893	4 447	16 909	1 341
凉 山	22 798	390	1 791	2 970	5 347	11 188	1 111
卧龙特区	135		114			20	
川中片区	340	300	40				
川东片区	315	306		9			
川南片区	223	209		13			
川西片区	159	110	48				
川北片区	412	271	141				
雅攀片区	292	292					
成绵公司	92	92					
郎川公司	223	223					
南充分公司	201	201					
纳黔公司	135	135					
达陕公司	140	140					
达万公司	64		64				
广甘公司	56	56					
雅安分公司	240	240					
雅眉乐公司	115	100	11	4			
成德南公司	178		178				
巴南公司	116		116				
巴达公司	110		110				
成渝公司	227	227					
成雅分公司	145	137	2	6			
成乐公司	86		86				
成仁分公司	107		105	1			
汉龙公司	78	78					
内遂公司	120		120				
东南公司	73	73					
遂资公司	111		111				
成名公司	53		53				
绵遂公司	97	97					
泸贵公司	16		16				
宜泸公司	78	78					
成自泸公司	113		113				
成德绵公司	86		86				
南渝公司	99	99					
乐宜公司	138	135	3				
乐自公司	113		113				

2013年全省公路里程年底达到数（按路面等级分）

单位：公里

地区和单位	合计	有铺装路面里程			简易铺装路面里程
		小计	沥青混凝土	水泥混凝土	
合计	**301 816**	**151 651**	**29 981**	**121 671**	**21 664**
成都	22 072	18 270	5 065	13 205	1 297
自贡	6 208	3 291	564	2 727	1 069
攀枝花	4 518	2 433	469	1 964	113
泸州	12 950	7 190	796	6 393	6
德阳	7 975	6 731	686	6 045	283
绵阳	19 347	9 121	620	8 501	2 242
广元	17 714	7 486	2 143	5 343	1 260
遂宁	8 505	6 070	584	5 486	441
内江	9 880	3 744	495	3 249	828
乐山	11 405	6 817	1 098	5 719	159
南充	21 010	11 032	1 210	9 822	2 768
眉山	7 221	5 785	439	5 346	175
宜宾	18 061	9 256	645	8 611	257
广安	9 846	4 269	341	3 928	1 409
达州	19 080	11 003	1 061	9 942	720
雅安	5 920	4 505	545	3 960	224
巴中	16 364	10 588	847	9 741	1 121
资阳	14 542	6 757	363	6 395	549
阿坝	12 775	5 920	3 212	2 708	879
甘孜	28 340	1 757	1 113	644	3 412
凉山	22 798	4 403	2 561	1 842	2 453
卧龙特区	135	75	67	8	
川中片区	340	340	340		
川东片区	315	315	310	6	
川南片区	223	223	223		
川西片区	159	159	159		
川北片区	412	412	412		

地区和单位	合　计	有铺装路面里程			简易铺装路面里程
		小　计	沥青混凝土	水泥混凝土	
雅攀片区	292	292	218	74	
成绵公司	92	92	92		
郎川公司	223	223	223		
南充分公司	201	201	201		
纳黔公司	135	135	135		
达陕公司	140	140	140		
达万公司	64	64	64		
广甘公司	56	56	56		
雅安分公司	240	240	240		
雅眉乐公司	115	115	115		
成德南公司	178	178	178		
巴南公司	116	116	116		
巴达公司	110	110	110		
成渝公司	227	227	220	7	
成雅分公司	145	145	139	6	
成乐公司	86	86	86		
成仁分公司	107	107	107		
汉龙公司	78	78	78		
内遂公司	120	120	120		
东南公司	73	73	73		
遂资公司	111	111	111		
成名公司	53	53	53		
绵遂公司	97	97	97		
泸贵公司	16	16	16		
宜泸公司	78	78	78		
成自泸公司	113	113	113		
成德绵公司	86	86	86		
南渝公司	99	99	99		
乐宜公司	138	138	138		
乐自公司	113	113	113		

续表：

地区和单位	未铺装路面里程	可绿化里程	已绿化里程	养护里程
合　计	**128 501**	**244 758**	**125 095**	**280 644**
成　都	2 505	20 100	11 022	22 070
自　贡	1 849	4 360	2 051	5 708
攀枝花	1 972	1 357	979	4 511
泸　州	5 754	11 756	6 648	12 837
德　阳	962	6 602	3 745	7 970
绵　阳	7 984	18 709	7 684	16 148
广　元	8 968	17 112	7 129	17 666
遂　宁	1 994	6 524	2 785	8 502
内　江	5 308	4 901	2 595	6 147
乐　山	4 429	7 484	3 495	9 728
南　充	7 210	9 634	5 150	15 731
眉　山	1 261	6 877	3 511	7 220
宜　宾	8 548	14 230	6 228	16 054
广　安	4 167	7 814	3 055	9 784
达　州	7 357	18 916	8 294	18 782
雅　安	1 191	4 613	2 533	5 662
巴　中	4 655	16 232	6 509	16 102
资　阳	7 236	12 176	9 474	13 507
阿　坝	5 977	11 840	5 326	12 567
甘　孜	23 170	25 442	13 408	26 277
凉　山	15 943	12 820	8 242	22 387
卧龙特区	60	117	92	135
川中片区		340	340	340
川东片区		315	315	315
川南片区		223	223	223
川西片区		159	159	159
川北片区		412	412	412
雅攀片区		292	292	292

地区和单位	未铺装路面里程	可绿化里程		养护里程
			已绿化里程	
成绵公司		92	92	92
郎川公司		223	221	223
南充分公司		201	201	201
纳黔公司		135	135	135
达陕公司		140	140	140
达万公司		64	64	64
广甘公司		56	56	56
雅安分公司		240	240	240
雅眉乐公司		112	112	115
成德南公司		178	178	178
巴南公司		116	116	116
巴达公司		110	110	110
成渝公司		227	227	227
成雅分公司		145	145	145
成乐公司		86	86	86
成仁分公司		107	107	107
汉龙公司		78	78	78
内遂公司		120	120	120
东南公司		73	73	73
遂资公司		111	111	111
成名公司		48	48	53
绵遂公司		97	97	97
泸贵公司		16	16	16
宜泸公司		78	78	78
成自泸公司		113	113	113
成德绵公司		86	86	86
南渝公司		99	99	99
乐宜公司		138	138	138
乐自公司		113	113	113

2013年全省高速公路明细表（按线路分）

线路名称	起讫地点	高速公路（公里）			验收通车时间
		合　计	四车道	六车道	
合　计		**5 046.7**	**4 788**	**258.7**	
成渝路	成都—简阳—商家坡	226.7	226.7		1995.09
成绵路	磨家—唐家寺—白鹤林	91.7	91.7		1998.12
成都城北出口高速公路	青龙场—白鹤林	10.3		10.3	1998.12
成都机场路	成都—双流机场	11.9	11.9		1999.07
内宜路	内江—自贡—宜宾	106.9	106.9		1999.12
成乐路	彭山（青龙场）—乐山	86.4	86.4		1999.12
成灌路	成都—都江堰	40.1		40.1	2000.07
西昌卫星基地路	西昌（泸沽）—黄联关	70.0	70.0		2000.11
隆纳路	隆昌—纳溪	84.4	84.4		2000.11
成雅路	成都—雅安（对岩）	145.5	103.7	41.8	2000.12
达渝路罗江至大竹	罗江—大竹	77.4	77.4		2000.12
广邻路	广安—邻水	44.6	44.6		2000.12
成都绕城高速公路	白家—三河场—白家	85.0		85.0	2001.08
遂回路	遂宁—回马	19.5	19.5		2001.12
国道108线广(元)南段	瓷窑铺—沙溪坝	44.0	44.0		2001.12
成南路	成都十里店—南充高坪	215.4	188.8	26.6	2002.12
绵广路	磨家—沙溪坝	135.5	135.5		2002.12
西昌卫星基地路	黄联关—黄水	4.4	4.4		2002.12
达渝路大竹至重庆界	大竹—重庆界	88.4	88.4		2004.06
南广路	南充高坪—广安邻水	69.7	69.7		2004.05
成温邛路	成都—温江—邛崃	65.1	39.0	26.1	2004.10
成彭路	成都—彭州	21.3	21.3		2004.10
宜水路	宜宾—水富	28.9	28.9		2006.11
南充绕城	兰家沟—马市铺—二洞桥	27.0	27.0		2007.12
西攀路	黄水—米易	101.0	101.0		2007.12
遂渝路	遂宁罗家湾—川渝界双龙庙	36.7	36.7		2007.11
西攀路	米易—攀枝花	57.4	57.4		2008.09
攀田路	攀枝花—田房	59.4	59.4		2008.12
南渝路	南充—川渝界	66.0	66.0		2008.12
邻垫路	邻水—垫江	35.5	35.5		2008.12
都映路	都江堰—映秀	25.5	25.5		2009.05
广巴路	元坝—普济镇	58.3	58.3		2009.12
广巴路	普济—巴中城守乡	62.8	62.8		2010.12
邛名高速	桑园—新店	52.7	52.7		2010.11

线路名称	起讫地点	高速公路（公里）			验收通车时间
		合　计	四车道	六车道	
绵遂高速	金华—蓬溪	97.0	97.0		2010.12
乐宜高速	乐宜高速止点—翠屏区沙坝村	137.8	137.8		2010.12
雅西高速	对岩—荥经青龙乡	25.0	25.0		2010.12
雅西高速	菩萨岗—泸沽	65.0	65.0		2010.12
广陕路	上西坝—棋盘关	46.2	46.2		2011.05
达陕路	普光镇—达县罗江	33.0	33.0		2011.12
绵遂高速	游仙区—金华	77.9	77.9		2011.12
广南高速	阆中市—武胜	97.0	97.0		2011.12
纳黔路	叙永县—渠坝	73.0	73.0		2011.12
厦蓉高速	贵州界—叙永县	61.8	61.8		2012.12
广巴路	与达陕高速交叉点—四川界	63.8	63.8		2012.12
成仁高速连接线	成都市—双流县	1.3		1.3	2012.12
遂内高速	遂宁—内江	120.5	120.5		2012.12
成都至德格至西藏高速	映秀—汶川县城	48.4	48.4		2012.12
兰海高速	甘肃界—阆中	160.3	160.3		2012.04.01
包茂高速	大巴山隧道北口—普光镇	106.5	106.5		2012.04.14
广巴路	广南连接线—广元元坝镇	16.9	16.9		2012.04.28
京昆高速	荥经县—菩萨岗	150.0	150.0		2012.04.30
成绵复线高速	成都—绵阳	86.2	86.2		2012.06.30
成自泸高速	成都—富顺	214.4	186.9	27.5	2012.09.17
成渝环线高速	纳溪区白鹤林—宜宾市象鼻镇	78.0	78.0		2012.12.06
成渝环线高速	张徐坝立交—峨眉山	22.0	22.0		2012.12.27
成巴高速	成都—三台	97.0	97.0		2012.12.31
成巴高速	西充—仪陇	78.7	78.7		2012.12.31
成巴高速	柳林—东兴场	21.3	21.3		2012.12.31
张南高速	高坪区—渠县	98.5	98.5		2013.12.28
成渝环线高速	四川界—泸州纳溪区白鹤林	73.2	73.2		2013.07.05
成渝环线高速	符溪—与成雅高速交叉点	78.1	78.1		2013.09.12
万广高速	巴中城守乡—宝石乡	109.6	109.6		2013.07.05
成巴高速	三台县—西充县	70.5	70.5		2013.01.20
成巴高速	李桥—李桥	1.0	1.0		2013.01.20
成巴高速	仪陇—柳林	26.2	26.2		2013.07.05
遂洪高速	罗家湾—雁江区	110.7	110.7		2013.06.05
乐峨高速	乐山—峨眉山	10.5	10.5		2013.09.12
成泸高速	富顺—龙马潭区	19.2	19.2		2013.03.20
乐自高速	安谷—永安	113.2	113.2		2013.07.05
乐山连接线	国道108线—张徐坝立交	1.6	1.6		2013.09.12

2013年全省高速公路明细表（按行政等级分）

线路名称	行政级别编号	起讫地点	高速公路（公里）			验收通车时间
			合计	四车道	六车道	
合计			5 046.7	4 788	258.7	
成雅连接线	G108	雅安东收费站—姚桥镇	2.4	2.4		1999.12.31
兰磨路	G213	映秀永安村—成都绕城高速	60.1	25.5	34.6	2009.05.12
成那路	G317	都汶高速出口—高速止点	5.5		5.5	2000.12.30
沪聂路	G318	成都绕城高速—G318连接线	65.8	40.1	25.6	2004.12.31
沪蓉高速	G42	邻水县兴仁镇—成都市成华区	356.4	329.7	26.6	2008.12.31
成都绕城高速	G4201	成都市武侯区—成都市武侯区	85.0		85.0	2001.12.31
京昆高速	G5	陵江—对岩	403.4	367.4	36.0	2002.10.01
京昆高速	G5	泸沽—田房	291.9	291.9		2008.12.01
京昆高速	G5	对岩—荥经青龙乡	25.0	25.0		2010.12.01
京昆高速	G5	菩萨岗—泸沽	65.0	65.0		2010.12.01
京昆高速	G5	上西坝—棋盘关	46.2	46.2		2011.05.23
京昆高速	G5	荥经县—菩萨岗	150.0	150.0		2012.04.30
包茂高速	G65	达县罗江—邻水邱家河	165.5	165.5		2004.06.01
包茂高速	G65	普光镇—达县罗江	33.0	33.0		2011.12.31
包茂高速	G65	大巴山隧道北口—普光镇	106.5	106.5		2012.04.14
兰海高速	G75	马市铺—二洞桥	13.3	13.3		2007.10.01
兰海高速	G75	南充—武胜	65.7	65.7		2008.11.01
兰海高速	G75	阆中市—武胜	97.0	97.0		2011.12.31
兰海高速	G75	甘肃界—阆中	160.3	160.3		2012.04.01
厦蓉高速	G76	渠坝—五桂桥	285.7	285.7		2000.11.01
厦蓉高速	G76	叙永县—渠坝	73.0	73.0		2011.12.31
厦蓉高速	G76	贵州界—叙永县	61.8	61.8		2012
渝昆高速	G85	内江市隆昌县—隆昌连接线	14.5	14.5		1995.09.01
渝昆高速	G85	内江苏家桥—云南水富	135.7	135.7		2006.10.01
成渝环线高速	G93	遂宁市罗家湾—川渝界双龙庙	18.9	18.9		2007.12.01
成渝环线高速	G93	金华—蓬溪	97.0	97.0		2010.12.01
成渝环线高速	G93	成乐高速止点—翠屏区沙坝村	137.8	137.8		2010.12.26
成渝环线高速	G93	游仙区—金华	77.9	77.9		2011.12.31
成渝环线高速	G93	纳溪区白鹤林—宜宾市象鼻镇	78.0	78.0		2012.12.06
成渝环线高速	G93	张徐坝立交—峨眉山	22.0	22.0		2012.12.27
邛名高速	S008	桑园—新店	52.7	52.7		2010.11.09
原二河线	S040	虎星村—陵江	3.0	3.0		2001.08.01

线路名称	行政级别编号	起讫地点	高速公路（公里）			验收通车时间
			合计	四车道	六车道	
成都-双流机场	S102	人民南路南站立交桥—机场	11.9	11.9		1999.10.01
成都-五通桥	S104	成雅、成乐高速交界处—青龙	1.7	1.7		1999.12.01
成青路	S105	新都区大丰镇—护国林	21.2	21.2		2004.09.01
成绵复线高速	S1	成都—绵阳	86.2	86.2		2012.06.30
成巴高速	S2	成都—三台	97.0	97.0		2012.12.31
成巴高速	S2	西充—仪陇	78.7	78.7		2012.12.31
成巴高速	S2	柳林—东兴场	21.3	21.3		2012.12.31
成自泸高速	S4	成都—富顺	214.4	186.9	27.5	2012.09.17
成乐高速	S7	青龙—乐山辜李坝	86.0	86.0		1999.12.28
成都至德格至西藏高速	S9	映秀—汶川县城	48.4	48.4		2012
遂内高速	S11	大英回马镇—蓬溪	37.3	37.3		2007.11.14
遂内高速	S11	遂宁—内江	120.5	120.5		2012
广巴路	S20	元坝—普济	58.3	58.3		2009.12.31
广巴路	S20	普济—巴中城守乡	62.8	62.8		2010.12.01
广巴路	S20	广南连接线—广元元坝镇	16.9	16.9		2012.04.28
广巴路	S20	与达陕高速交叉点—四川界	63.8	63.8		2012
南充绕城高速	SA56	兰家沟—马市铺	13.7	13.7		2005.12.01
成都城北出口高速公路	XA45	青龙场—绕城高速	10.3		10.3	1997.12.31
高速公路泸州连接线	XE29	收费站—加油站	8.6	8.6		1999.09.01
夏蓉纳溪连接线	XE99	纳溪区渠坝镇—渠坝	2.7	2.7		2000.11.01
成雅路城区连线	XN88	城区—收费站	6.2		6.2	1999.12.01
高速公路连接线	XT28	高速出口—连接线	0.2	0.2		1999.12.01
成仁高速连接线	XAAA	成都市—双流县	1.3		1.3	2012
白塔连接线	XX60	植物油厂—广安县红土地村	8.9	8.9		2000.12.25
张南高速	G5	高坪区—渠县	98.5	98.5		2013.12.28
成渝环线高速	G93	四川界—泸州纳溪区白鹤林	73.2	73.2		2013
成渝环线高速	G93	符溪—与成雅高速交叉点	78.1	78.1		2013.09.12
万广高速	S20	巴中城守乡—宝石乡	109.6	109.6		2013
成巴高速	S2	三台县—西充县	70.5	70.5		2013.01.20
成巴高速	S2	李桥—李桥	1.0	1.0		2013.01.20
成巴高速	S2	仪陇—柳林	26.2	26.2		2013.07.05
遂洪高速	S40	罗家湾—雁江区	110.7	110.7		2013.06.05
乐峨高速	S44	乐山—峨眉山	10.5	10.5		2013.09.12
成泸高速	S45	富顺—龙马潭区	19.2	19.2		2013.03.20
乐自高速	S66	安谷—永安	113.2	113.2		2013.07.05
乐山连接线	XLS1	国道108线—张徐坝立交	1.6	1.6		2013.09.12

2013年全省收费公路基本情况

项目		收费公路里程（公里）	主线收费站数（个）	投资情况				债务情况		
				累计建设投资总额（万元）	累计建设贷款金额（万元）	累计其他建设债务金额（万元）	其中初始建设投资金额（万元）	年末债务余额小计（万元）	年末银行贷款余额（万元）	年末其他债务余额（万元）
总计		**5 671.1**	**52**	**25 287 570**	**14 850 988**	**1 741 858**	**23 670 203**	**18 262 296**	**16 865 584**	**1 396 712**
还贷性		1 634.4	17	8 986 379	4 701 436	1 023 360	8 399 742	8 873 879	8 087 919	785 961
经营性		4 036.7	35	16 301 191	10 149 552	718 498	15 270 461	9 388 417	8 777 666	610 752
高速	小计	4 780.5	35	23 656 065	13 892 601	1 555 316	22 289 045	17 514 534	16 312 047	1 202 487
	还贷性	1 134.4	8	7 715 508	3 925 182	876 406	7 368 839	8 370 514	7 692 006	678 508
	经营性	3 646.1	27	15 940 556	9 967 420	678 910	14 920 206	9 144 020	8 620 041	523 979
一级	小计	631.4	13	1 389 773	821 823	176 850	1 150 846	574 901	449 151	125 751
	还贷性	497.4	9	1 253 480	766 385	139 623	1 014 553	484 436	395 913	88 523
	经营性	134.0	4	136 293	55 438	37 227	136 293	90 465	53 238	37 227
二级	小计	254.0	3	193 309	111 870		182 929	139 774	92 120	47 654
	经营性	254.0	3	193 309	111 870		182 929	139 774	92 120	47 654
独立桥梁	小计	5.3	1	48 424	24 694	9 692	47 383	33 087	12 266	20 821
	还贷性	2.6		17 391	9 870	7 331	16 350	18 929		18 929
	经营性	2.7	1	31 033	14 824	2 361	31 033	14 158	12 266	1 892

续表：

项目		通行费减免情况			年度收支情况							收费及管理人员数（人）
		年绿色通道减免金额（万元）	年节假日小型客车减免金额（万元）	年其他政策减免金额（万元）	年收费额（万元）	年还贷额（万元）	年养护经费支出（万元）	年税费支出（万元）	年运营管理支出（万元）	年其他费用支出（万元）	年经营性公路折旧或摊销（万元）	
总计		**93 508**	**68 956**	**48 340**	**1 478 239**	**1 670 904**	**125 480**	**89 557**	**207 796**	**21 419**	**305 437**	**18 371**
还贷性		24 828	9 446	5 462	294 787	475 450	26 412	6 983	41 374	5 891		4 621
经营性		68 681	59 511	42 878	1 183 452	1 195 455	99 068	82 574	166 421	15 528	305 437	13 750
高速	小计	91 032	66 923	45 396	1 350 385	1 571 424	105 225	88 390	200 257	9 250	295 126	16 934
	还贷性	23 983	8 367	3 066	190 932	382 737	18 187	6 983	36 087	2 368		3 594
	经营性	67 049	58 555	42 330	1 159 453	1 188 687	87 038	81 407	164 169	6 881	295 126	13 340
一级	小计	1 519	1 681	2 847	115 917	96 969	18 158	746	6 046	3 843	5 445	1 165
	还贷性	845	1 078	2 396	102 754	92 713	8 225		5 078	3 523		1 001
	经营性	675	603	450	13 164	4 256	9 933	746	968	321	5 445	164
二级	小计	914	278	94	8 778	2 036	852	305	1 195	8 325	3 884	193
	经营性	914	278	94	8 778	2 036	852	305	1 195	8 325	3 884	193
独立桥梁	小计	43	74	4	3 158	475	1 246	116	298	1	982	79
	还贷性				1 102				209			26
	经营性	43	74	4	2 057	475	1 246	116	89	1	982	53

注：同一收费公路项目中包含不同技术等级的路段，按照里程最长的技术等级计算；省界主线共管收费站，每个省分别按照0.5个计算。

2013年全省公路桥梁年底实有数（按建筑材料和使用年限分）

指　标	合　计		危　桥		永久性		半永久性		临时性	
	座	米	座	米	座	米	座	米	座	米
（一）上年年底达到数	35 734	1 867 586.83	2 623	114 478.10	34 847	1 844 270.39	588	14 788.14	299	8 528.30
国道	5 197	772 260.83	141	8 511.60	5 197	772 260.83				
其中：国家高速公路	3 346	659 562.11			3 346	659 562.11				
省道	3 872	301 916.97	309	19 858.21	3 867	301 714.37	4	60.00	1	142.60
县道	8 124	311 048.16	828	38 005.78	8 016	308 586.22	64	1 883.74	44	578.20
乡道	6 593	194 438.21	547	21 992.33	6 387	190 026.61	119	2 943.20	87	1 468.40
专用公路	441	12 018.35	27	1 101.80	429	11 754.35	6	158.00	6	106.00
村道	11 507	275 904.31	771	25 008.38	10 951	259 928.01	395	9 743.20	161	6 233.10
（二）本年年底达到数	36 776	2 043 312.42	1 655	77 123.67	35 869	2 019 013.06	604	15 629.06	303	8 670.30
国道	5 477	867 123.43	123	9 224.90	5 477	867 123.43				
其中：国家高速公路	3 627	754 058.23			3 627	754 058.23				
省道	4 190	366 095.80	212	13 847.13	4 185	365 893.20	4	60.00	1	142.60
县道	8 158	313 993.72	386	18 368.37	8 045	311 433.84	68	1 943.68	45	616.20
乡道	6 700	198 839.86	400	16 072.09	6 489	194 213.61	124	3 157.85	87	1 468.40
专用公路	445	12 140.75	22	663.40	433	11 876.75	6	158.00	6	106.00
村道	11 806	285 118.86	512	18 947.78	11 240	268 472.23	402	10 309.53	164	6 337.10

2013年全省公路桥梁、渡口年底实有数（按跨径分）

指　标	合　计		互通式立交桥		特大桥		大　桥		中　桥		小　桥		渡口总计	机动渡口
	座	米	座	米	座	米	座	米	座	米	座	米	处	处
（一）上年年底达到数	35 734	1 867 587	231	27 643	130	201 948	3 885	852 834	7 606	386 077	24 113	426 729	149	92
国道	5 197	772 261	178	20 291	93	153 329	1 853	495 684	1 416	85 476	1 835	37 772	3	3
其中：国家高速公路	3 346	659 562	167	19 295	86	146 550	1 562	440 525	900	56 480	798	16 007		
省道	3 872	301 917	47	6 574	22	33 688	747	173 023	975	52 052	2 128	43 153		
县道	8 124	311 048	4	121	12	13 641	584	100 823	1 783	87 941	5 745	108 643	9	8
乡道	6 593	194 438	2	656	3	1 290	344	46 684	1 274	60 645	4 972	85 820	36	28
专用公路	441	12 018					31	3 636	87	3 389	323	4 994	2	2
村道	11 507	275 904					326	32 983	2 071	96 574	9 110	146 346	99	51
（二）本年年底达到数	36 776	2 043 312	263	32 335	149	225 882	4 309	982 549	7 827	400 383	24 491	434 498	209	124
国道	5 477	867 123	189	22 687	108	172 552	2 055	566 939	1 463	89 395	1 851	38 238	5	5
其中：国家高速公路	3 627	754 058	177	21 649	101	165 772	1 763	511 547	952	60 462	811	16 277		
省道	4 190	366 096	67	8 231	26	38 399	945	225 909	1 067	58 239	2 152	43 549		

指　标	合　计		互通式立交桥		特大桥		大　桥		中　桥		小　桥		渡口总计	机动渡口
县道	8 158	313 994	4	121	12	13 641	582	102 995	1 787	87 772	5 777	109 586	12	9
乡道	6 700	198 840	2	656	3	1 290	353	47 807	1 299	62 154	5 045	87 590	47	27
专用公路	445	12 141					31	3 636	88	3 413	326	5 092	8	6
村道	11 806	285 119	1	640			343	35 263	2 123	99 411	9 340	150 444	137	77

2013年全省公路桥梁年底达到数（按使用年限分）

地区和单位	合　计		危　桥		按建筑材料和使用性质分					
					永久性		半永久性		临时性	
	座	米	座	米	座	米	座	米	座	米
合　计	**36 776**	**2 043 312.42**	**1 422**	**64 871.18**	**35 869**	**2 019 013.06**	**604**	**15 629.06**	**303**	**8 670.30**
成　都	3 083	123 809.79	68	4 029.80	3 071	123 509.65	12	300.14		
自　贡	738	25 391.75	29	1 077.50	727	24 997.25	9	324.50	2	70.00
攀枝花	547	22 441.36	8	722.58	547	22 441.36				
泸　州	1 249	38 487.31	4	312.50	1 249	38 487.31				
德　阳	1 252	38 783.69	21	4 172.68	1 241	38 567.19	10	206.50	1	10.00
绵　阳	2 499	84 679.76	295	11 373.54	2 468	83 544.96	9	309.00	22	825.80
广　元	1 529	65 071.64	146	8 380.02	1 505	63 953.44	23	1 105.70	1	12.50
遂　宁	1 074	27 364.20	8	1 269.80	1 071	27 337.20			3	27.00
内　江	1 262	37 191.31	9	507.70	1 259	37 142.31	3	49.00		
乐　山	1 558	51 031.97	19	2 141.90	1 556	50 810.97	1	209.00	1	12.00
南　充	2 291	65 995.66	112	4 404.60	1 998	59 513.26	239	5 045.40	54	1 437.00
眉　山	1 300	33 928.81	4	1 229.00	1 298	33 904.91	1	8.90	1	15.00
宜　宾	1 719	62 522.31	19	594.90	1 676	61 525.31	37	811.00	6	186.00
广　安	1 079	34 959.90	71	2 989.50	1 057	34 555.40	21	396.50	1	8.00
达　州	2 531	71 848.02	130	4 624.44	2 504	71 295.52	24	507.50	3	45.00
雅　安	1 243	41 743.99	22	1 234.34	1 232	41 232.39	9	299.00	2	212.60
巴　中	960	49 158.02	26	2 127.20	949	48 844.02	7	225.00	4	89.00
资　阳	1 427	33 095.70	17	736.30	1 423	33 053.70	3	24.00	1	18.00
阿　坝	1 458	55 155.31	107	4 131.50	1 344	51 943.61	68	2 237.80	46	973.90
甘　孜	1 190	38 154.40	282	7 669.08	932	30 336.28	121	3 407.12	137	4 411.00
凉　山	1 806	50 571.99	25	1 142.30	1 781	50 091.49	7	163.00	18	317.50
卧龙特区	21	644.93			21	644.93				
川中片区	212	26 337.78			212	26 337.78				
川东片区	197	24 351.89			197	24 351.89				
川南片区	162	19 700.09			162	19 700.09				
川西片区	191	30 526.02			191	30 526.02				
川北片区	531	159 667.77			531	159 667.77				
雅攀片区	611	100 023.31			611	100 023.31				
成绵公司	191	9 440.23			191	9 440.23				
郎川公司	79	5 074.74			79	5 074.74				
南充分公司	235	67 365.07			235	67 365.07				

地区和单位	合计		危桥		按建筑材料和使用性质分					
					永久性		半永久性		临时性	
	座	米	座	米	座	米	座	米	座	米
纳黔公司	209	60 617.33			209	60 617.33				
达陕公司	248	64 939.65			248	64 939.65				
达万公司	55	11 386.87			55	11 386.87				
广甘公司	87	34 873.24			87	34 873.24				
雅安分公司	407	154 633.89			407	154 633.89				
成德南公司	154	27 653.38			154	27 653.38				
巴南公司	111	24 909.10			111	24 909.10				
成渝公司	187	9 730.14			187	9 730.14				
成雅分公司	129	10 749.95			129	10 749.95				
成乐公司	88	2 861.00			88	2 861.00				
成仁分公司	59	16 619.65			59	16 619.65				
汉龙公司	77	11 558.42			77	11 558.42				
内遂公司	69	11 835.80			69	11 835.80				
东南公司	55	12 672.12			55	12 672.12				
成名公司	74	4 510.63			74	4 510.63				
绵遂公司	88	16 685.31			88	16 685.31				
宜泸公司	69	15 245.60			69	15 245.60				
成自泸公司	72	12 600.86			72	12 600.86				
成德绵公司	164	15 115.49			164	15 115.49				
乐宜公司	149	29 595.27			149	29 595.27				

2013年全省公路桥梁、渡口年底达到数（按跨径分）

地区和单位	合计		互通式立交桥		特大桥		大桥		中桥		小桥		渡口	机动渡口
	座	米	座	米	座	米	座	米	座	米	座	米	处	处
合　计	**36 776**	**2 043 312.42**	**263**	**32 334.67**	**149**	**225 881.83**	**4 309**	**982 548.89**	**7 827**	**400 383.23**	**24491**	**434 498.47**	**209**	**124**
成　都	3 083	123 809.79	10	1667.13	3	8 684.20	207	46 625.55	672	33 788.96	2 201	34 711.08		
自　贡	738	25 391.75			1	490.00	36	3 670.20	154	8 490.54	547	12 741.01	2	2
攀枝花	547	22 441.36			8	2 365.10	46	6 323.34	120	5 829.43	373	7 923.49	1	1
泸　州	1 249	38 487.31	1	42.00	2	2 730.50	66	7 042.80	195	9 030.17	986	19 683.84	16	4
德　阳	1 252	38 783.69					67	16 174.34	209	9 076.96	976	13 532.39		
绵　阳	2 499	84 679.76					163	31 179.46	526	24 384.51	1 810	29 115.79	32	18
广　元	1 529	65 071.64	1	640.00	1	388.00	131	25 156.78	400	20 604.95	997	18 921.91	48	28
遂　宁	1 074	27 364.20			1	1 013.00	25	4 851.80	144	6 630.06	904	14 869.34	13	1
内　江	1 262	37 191.31					37	5 337.08	204	10 598.23	1 021	21 256.00	5	3
乐　山	1 558	51 031.97	4	145.60	2	1 096.00	97	14 134.37	362	16 939.36	1 097	18 862.24	2	2
南　充	2 291	65 995.66	2	130.00	4	3 796.20	68	12 634.80	374	17 289.20	1 845	32 275.46	17	12
眉　山	1 300	33 928.81					24	5 683.74	239	11 449.00	1 037	16 796.07	6	4
宜　宾	1 719	62 522.31			4	3 373.71	128	14 408.99	440	21 258.94	1 147	23 480.67	13	10
广　安	1 079	34 959.90					30	5 447.90	314	15 302.00	735	14 210.00	14	13
达　州	2 531	718 48.02	2	50.00			116	15 382.78	456	22 209.33	1 959	34 255.91	21	13
雅　安	1 243	41 743.99			1	708.40	119	13 770.51	307	13 853.96	816	13 411.12		
巴　中	960	49 158.02					126	18 155.58	353	19 248.24	481	11 754.20	9	8

地区和单位	合计		互通式立交桥		特大桥		大桥		中桥		小桥		渡口	机动渡口
	座	米	座	米	座	米	座	米	座	米	座	米	处	处
资阳	1 427	33 095.70					12	2 550.30	129	7 388.80	1 286	23 156.60		
阿坝	1 458	55 155.31					205	26 331.01	336	15 538.61	917	13 285.69		
甘孜	1 190	38 154.40			3	1 091.10	107	11 521.91	248	12 157.38	832	13 384.01	2	
凉山	1 806	50 571.99	2	40.50	2	729.00	114	11 136.45	327	15 222.32	1 363	23 484.22	8	5
卧龙特区	21	644.93							9	388.43	12	256.50		
川中片区	212	26 337.78	19	1 146.63	3	5 301.76	68	14 035.89	94	5 957.20	47	1 042.93		
川东片区	197	24 351.89	11	1 292.69	1	371.24	87	18 126.83	76	5 071.26	33	782.56		
川南片区	162	19 700.09	11	503.58	3	4 070.62	52	10 865.16	53	3 352.03	54	1 412.28		
川西片区	191	30 526.02	16	4 293.94	4	5 943.22	63	19 450.43	67	3 982.98	57	1 149.39		
川北片区	531	159 667.77	24	5 409.67	17	45 435.67	317	103 630.95	126	8 708.17	71	1 892.98		
雅攀片区	611	100 023.31	30	2 746.74	10	14 651.63	249	72 623.73	179	10 042.54	173	2 705.41		
成绵公司	191	9 440.23	10	894.41	1	1 035.03	13	3 857.18	33	1 791.01	144	2 757.01		
郎川公司	79	5 074.74					15	3 108.39	18	1 101.34	46	865.01		
南充分公司	235	67 365.07	10	1 206.80	5	8 329.06	187	56 365.71	36	2 478.30	7	192.00		
纳黔公司	209	60 617.33	6	1 901.13	7	8 287.86	154	49 230.31	43	3 003.16	5	96.00		
达陕公司	248	64 939.65	7	1 429.42	4	4 151.94	189	57 035.09	44	3 510.12	11	242.50		
达万公司	55	11 386.87	3	259.85			41	10 576.02	14	810.85				
广甘公司	87	34 873.24	3	247.90	6	8 399.55	65	24 944.23	16	1 529.46				
雅安分公司	407	154 633.89	5	320.16	38	59 674.10	274	90 072.39	71	4 343.22	24	544.18		
成德南公司	154	27 653.38	10	752.09	3	3 171.00	73	20 631.38	52	3 403.14	26	447.86		
巴南公司	111	24 909.10	7	644.36	1	1 036.00	85	22 065.74	22	1 747.36	3	60.00		
成渝公司	187	9 730.14	8	386.16			33	4 887.79	43	2 574.34	111	2 268.01		
成雅分公司	129	10 749.95	8	287.54	1	4 805.34	12	2 461.88	29	1 592.34	87	1 890.39		
成乐公司	88	2 861.00	6	324.00			3	368.00	23	1 302.00	62	1 191.00		
成仁分公司	59	16 619.65	3	271.69	1	9 615.00	25	5 125.64	28	1 745.55	5	133.46		
汉龙公司	77	11 558.42	5	374.48			37	10 017.75	20	1 170.67	20	370.00		
内遂公司	69	11 835.80	4	285.00	1	904.00	44	9 281.60	24	1 650.20				
东南公司	55	12 672.12	4	321.18	2	2 535.49	29	9 025.50	15	942.82	9	168.31		
成名公司	74	4 510.63			1	1 267.06	8	1 891.05	9	522.56	56	829.96		
绵遂公司	88	16 685.31	6	774.51	1	1 015.00	57	13 862.27	29	1 782.99	1	25.05		
宜泸公司	69	15 245.60	6	470.19	1	1 295.92	41	12 001.12	26	1 925.56	1	23.00		
成自泸公司	72	12 600.86	7	405.10			50	11 131.00	22	1 469.86				
成德绵公司	164	15 115.49	4	1 534.10	2	2 411.10	25	8 364.51	42	2 319.24	95	2 020.64		
乐宜公司	149	29 595.27	8	1 136.12	4	5 709.03	89	19 991.66	55	3 873.58	1	21.00		

2013年全省公路隧道年底达到数

指标	合计		特长隧道		长隧道		中隧道		短隧道	
	米	处	米	处	米	处	米	处	米	处
(一)上年年底达到数	554 661	593	166 512	37	232 078	132	86 656	121	69 415	303
国道	401 375	366	122 184	27	170 135	93	64 445	89	44 612	157
其中:国家高速公路	329 850	291	95 071	20	143 935	77	55 592	77	35 253	117
省道	112 244	121	41 228	9	41 826	26	15 859	23	13 331	63
县道	25 469	44			16 258	10	3 608	5	5 602	29

指　标	合　计		特长隧道		长隧道		中隧道		短隧道	
	米	处	米	处	米	处	米	处	米	处
乡道	9 560	27	3100	1	1 200	1	2 229	3	3 031	22
专用公路	3 459	6			2 659	2			800	4
村道	2 555	29					515	1	2 040	28
（二）本年年底达到数	666 827	675	223 875	51	264 996	152	97 835	137	80 121	335
国道	466 694	402	158 412	35	193 188	105	67 080	93	48 015	169
其中：国家高速公路	395 169	327	131 299	28	166 988	89	58 227	81	38 656	129
省道	159 091	167	62 363	15	51 691	34	24 403	35	20 634	83
县道	25 469	44			16 258	10	3 608	5	5 602	29
乡道	9 560	27	3 100	1	1 200	1	2 229	3	3 031	22
专用公路	3 459	6			2 659	2			800	4
村道	2 555	29					515	1	2 040	28

2013年全省公路隧道年底达到数（按隧道长度分）

地区和单位	合　计		特长隧道		长隧道		中隧道		短隧道	
	道	米	道	米	道	米	道	米	道	米
合　计	675	666 826.59	51	223 874.96	152	264 995.77	137	97 834.60	335	80 121.26
成　都	14	9 716.20			4	6 563.00	2	1 495.00	8	1 658.20
攀枝花	10	6 777.00			3	4 511.00	1	620.00	6	1 646.00
绵　阳	24	6 018.70			1	1 614.70	2	1 510.00	21	2 894.00
广　元	24	8 082.00			3	5 132.00	2	1 270.00	19	1 680.00
遂　宁	3	381.00							3	381.00
内　江	2	280.00							2	280.00
乐　山	7	4 647.00	1	3 923.00					6	724.00
南　充	5	811.50					1	573.00	4	238.50
眉　山	2	75.00							2	75.00
宜　宾	7	1 649.00					1	850.00	6	799.00
广　安	2	595.00					1	515.00	1	80.00
达　州	23	5 562.10			2	3 299.00	1	568.00	20	1 695.10
雅　安	28	18 001.50			7	10 308.00	5	3 974.50	16	3 719.00
巴　中	10	3 382.50			1	1 048.00	2	1 487.00	7	847.50
阿　坝	41	34 913.42	2	7 340.00	9	16 333.42	6	4 431.00	24	6 809.00
甘　孜	14	13 033.00	1	3 451.00	3	4 834.00	5	3 919.00	5	829.00
凉　山	18	8 840.00			5	6 401.00			13	2 439.00
卧龙特区	2	528.00							2	528.00
川中片区	8	3 561.67					2	1 006.00	6	2 555.67
川东片区	17	32 776.30	6	29 362.30			2	1 576.00	9	1 838.00
川南片区	1	445.00							1	445.00

地区和单位	合计		特长隧道		长隧道		中隧道		短隧道	
	道	米	道	米	道	米	道	米	道	米
川西片区	23	68 434.20	13	56 727.20	5	8 417.00	5	3 290.00		
川北片区	61	44 340.96			15	23 780.50	18	11 608.00	28	8 952.46
雅攀片区	45	34 953.10			13	20 093.00	13	9 451.00	19	5 409.10
郎川公司	4	2 313.00			1	1 646.00			3	667.00
南充分公司	46	37 432.40	2	6 528.00	9	11 710.00	17	12 787.00	18	6 407.40
纳黔公司	22	30 901.00	2	8 084.00	10	18 193.00	3	1 688.00	7	2 936.00
达陕公司	54	58 911.74	6	25 702.46	6	13 219.00	16	12 464.77	26	7 525.51
达万公司	12	22 323.00	4	13 984.00	6	7 491.00			2	848.00
广甘公司	24	47 985.00	6	28 144.00	8	16 419.00	2	1 557.00	8	1 865.00
雅安分公司	50	83 808.00	4	26 203.00	27	51 068.00	5	3 144.00	14	3 393.00
成德南公司	12	12 402.00	2	7 151.00			4	3 017.00	6	2 234.00
巴南公司	20	9 748.00					8	5 527.00	12	4 221.00
成渝公司	2	1 519.00					2	1 519.00		
成雅分公司	1	511.00					1	511.00		
成仁分公司	2	4 660.00			2	4 660.00				
汉龙公司	4	1 246.00							4	1 246.00
绵遂公司	11	4 583.82					4	2 328.00	7	2 255.82
宜泸公司	16	34 615.48	2	7 275.00	8	22 192.15	6	5 148.33		
成自泸公司	4	6 063.00			4	6 063.00				

2013年全省民用机动车辆数

分类	计算单位	总计	个人	新注册
合计	**辆**	**12 366 232**	**11 311 292**	**1 535 259**
(一)汽车	辆	5 745 188	4 867 685	962 682
1. 载客汽车	辆	4 815 016	4 237 430	847 426
其中:大型	辆	68 457	1 716	10 448
中型	辆	31 752	7 806	3 031
小型	辆	4 406 265	3 944 722	830 601
微型	辆	308 542	283 186	3 346
2. 载货汽车	辆	879 877	605 757	110 887
其中:重型	辆	186 599	65 360	30 972
中型	辆	154 225	93 230	7 379
轻型	辆	536 840	445 173	72 530
微型	辆	2 213	1 994	6
3. 其他汽车	辆	50 295	24 498	4 369
其中:三轮汽车	辆	2 341	2 272	192
低速货车	辆	12 595	10 231	915

分类	计算单位	总计	个人	新注册
（二）摩托车	辆	6 467 182	6 440 120	568 914
（三）拖拉机（农机部门数据）	辆	14 787	2 839	3 663
（四）挂车	辆	138 085	3	
（五）其他类型车	辆	990	645	

注：本表数据来源于省公安厅车管处2013年年报

2013年全省营业性汽车拥有量（分地区）

地区	合计	载货汽车		专用载货汽车		集装箱车			载客汽车		高级客车	
	辆	辆	吨位	辆	吨位	辆	吨位	标箱	辆	客位	辆	客位
合计	**607 899**	**554 562**	**2 677 585**	**25 139**	**288 629**	**1 535**	**46 526**	**2 488**	**53 337**	**1 179 974**	**7 412**	**263 261**
成都	137 058	129 887	647 666	11 826	139 502	951	28 952	1 780	7 171	209 442	1 369	51 933
自贡	16 696	15 273	72 922	386	4 839	52	1 584	72	1 423	37 869	181	7 698
攀枝花	22 152	21 085	128 298	738	10 605	10	203	25	1 067	18 930	134	4 659
泸州	27 589	24 423	132 863	1 670	29 741	345	11 124	395	3 166	78 328	633	23 662
德阳	30 085	28 435	116 465	1 474	15 876				1 650	41 023	83	2 457
广元	19 125	17 226	67 695	332	3 274				1 899	39 186	221	9 096
宜宾	17 094	15 030	86 753	668	7 174	57	1 722	17	2 064	59 125	767	28 348
遂宁	18 609	16 549	76 172	339	3 836				2 060	40 855	180	6 240
内江	15 232	12 819	72 049	205	2 122				2 413	61 611	359	11 447
乐山	24 431	22 374	152 786	1 430	18 415	32	856	20	2 057	50 168	613	17 864
绵阳	37 832	33 935	124 744	333	2 725	63	1 375	122	3 897	77 086	310	10 370
南充	36 622	33 247	189 375	2 128	14 745				3 375	84 759	471	19 421
达州	30 173	27 782	140 131	620	6 434	1	32	32	2 391	55 239	397	12 456
雅安	22 190	20 969	93 751	719	8 457			8	1 221	20 142	157	5 313
阿坝	21 600	19 014	88 960	148	855				2 586	57 295	243	7 941
巴中	20 612	16 332	53 751	118	653				4 280	46 847	266	8 473
广安	12 696	11 342	39 849	190	1 911			4	1 354	33 062	134	5 437
眉山	26 232	24 310	102 306	727	6 314	20	554	13	1 922	40 214	261	8 869
凉山	39 623	35 537	168 133	688	5 390				4 086	54 613	155	5 727
资阳	25 613	23 643	74 438	251	4 156	4	124		1 970	49 005	266	7 898
甘孜	6 635	5 350	48 478	149	1 605				1 285	25 175	212	7 952

2013年全省营业性客车拥有量（分地区）

地 区	载客汽车		租赁客车		旅游客车		包车客车	
	辆	客 位	辆	客 位	辆	客 位	辆	客 位
合 计	**53 337**	**1 179 974**	**1 097**	**8 956**	**3 650**	**114 169**	**840**	**32 864**
成 都	7 171	209 442	758	6 259	1 214	41 025	588	23 429
自 贡	1 423	37 869			53	1 723	17	659
攀枝花	1 067	18 930			29	1 030	112	4 386
泸 州	3 166	78 328	130	992	25	773	61	2 037
德 阳	1 650	41 023	9	80	106	3 802	2	86
广 元	1 899	39 186			41	1 247		
宜 宾	2 064	59 125	14	70	51	1 830	7	253
遂 宁	2 060	40 855			17	551		
内 江	2 413	61 611	48	825	26	921	8	331
乐 山	2 057	50 168			79	2 359		
绵 阳	3 897	77 086	48	245	126	4 357		
南 充	3 375	84 759			16	476	24	960
达 州	2 391	55 239	21	113	26	867		
雅 安	1 221	20 142						
阿 坝	2 586	57 295			1 315	36 822		
巴 中	4 280	46 847						
广 安	1 354	33 062	69	372	4	108		
眉 山	1 922	40 214			10	339	1	39
凉 山	4 086	54 613			79	2 116		
资 阳	1 970	49 005			58	2 534	18	610
甘 孜	1 285	25 175			375	11 289	2	74

2013年全省公路客货运输站点基本情况

地 区	合 计	客运站							货运站				
		等级站						简易站及招呼站	等级站				
		小 计	一级站	二级站	三级站	四级站	五级站		小 计	一级站	二级站	三级站	四级站
合 计	**8 522**	**2 119**	**55**	**134**	**135**	**528**	**1 267**	**6 391**	**12**	**7**	**1**	**1**	**3**
成 都	936	87	11	17	21	22	16	843	6	3		1	2
自 贡	164	128	1	5		18	104	35	1	1			

地区	合计	客运站							货运站				
		小计	等级站					简易站及招呼站	小计	等级站			
			一级站	二级站	三级站	四级站	五级站			一级站	二级站	三级站	四级站
攀枝花	91	42	1		2	2	37	49					
泸州	79	48	3	6	4	32	3	31					
德阳	268	48	3	6	9	18	12	220					
广元	550	116	1	5	7	44	59	434					
宜宾	137	111	3	9	8	44	47	26					
遂宁	380	57	4	3	2	28	20	323					
内江	130	81	3	6	4	31	37	49					
乐山	980	92	3	11	4	10	64	888					
绵阳	930	124	5	7	6	62	44	806					
雅安	175	69	2	4	5	2	56	105	1	1			
阿坝	505	198		8	6	2	182	307					
广安	248	51	1	5	1	5	39	196	1	1			
南充	611	182	5	11	9	35	122	428	1				1
眉山	181	74	1	5	2	47	19	107					
达州	706	196	3	6	5	47	135	509	1	1			
巴中	737	216	1	5	10	43	157	521					
资阳	144	40	2	6	9	7	16	103	1		1		
甘孜	470	100		2	8	8	82	370					
凉山	100	59	2	7	13	21	16	41					

2013年全省公路客运线路班次

地区	客运线路条数（条）						客运线路平均日发班次（班次/日）					
	合计	高速公路客运线路	跨省线路	跨地（市）线路	跨县线路	县内线路	合计	高速公路客运线路	跨省线路	跨地（市）线路	跨县线路	县内线路
合计	**11 354**	**1 979**	**957**	**1 485**	**2 058**	**6 854**	**134 027**	**10 101**	**2 003**	**12 131**	**21 769**	**98 124**
成都	1 559	763	151	839	369	200	14 386	4 836	206	4 071	5 481	4 628
自贡	397	24	24	112	67	194	3 223	157	43	435	1 141	1 604
攀枝花	107	33	19	34	10	44	7 188	129	50	118	483	6 537
泸州	984	72	143	120	195	526	9 121	274	240	315	1 177	7 389
德阳	460	37	6	157	60	237	4 643	192	5	929	960	2 749
广元	756	42	24	106	139	487	4 191	51	54	413	883	2 842
宜宾	730	63	74	106	225	325	5 005	143	192	368	1 419	3 026

地区	客运线路条数（条）						客运线路平均日发班次（班次/日）					
	合计	高速公路客运线路	跨省线路	跨地（市）线路	跨县线路	县内线路	合计	高速公路客运线路	跨省线路	跨地（市）线路	跨县线路	县内线路
遂宁	455	110	39	120	73	223	5 693	449	85	487	778	4 343
内江	616	149	41	203	70	302	9 495	565	164	851	946	7 534
乐山	453	41	19	126	48	260	7 912	177	18	757	2 115	5 022
绵阳	1 087	63	32	175	176	704	8 048	164	37	555	1 269	6 187
雅安	167	52	3	66	24	74	6 231	308	3	341	469	5 418
阿坝	384		14	50	49	271	2 087		18	56	110	1 903
广安	367	65	43	39	55	230	3 529	425	153	133	415	2 829
南充	1 037	225	183	136	118	600	7 054	534	433	386	912	5 323
眉山	446	33	10	141	21	274	7 016	170	18	672	694	5 632
达州	566	37	46	65	133	322	5 392	131	120	167	1 175	3 930
巴中	739	95	38	60	74	567	10 472	926	53	171	408	9 840
资阳	756	58	27	222	41	466	5 650	365	76	641	212	4 721
甘孜	242		9	52	33	148	659		9	67	97	486
凉山	532	17	12	42	78	400	7 032	105	26	198	626	6 182

2013年全省城市（含县城）公共汽车、电车综合表

地区	运营车数（辆）								标准运营车数（标台）	运营线路总长度（公里）	经营业户数（户）	从业人员数（人）	客运量（万人次）
	合计	汽油车	柴油车	液化石油汽车	天然气车	双燃料车	纯电动客车	混合动力车					
合计	**26 798**	**412**	**2 898**	**36**	**16 290**	**6 816**	**236**	**110**	**31 588**	**30 277**	**277**	**59 699**	**419 287**
成都	14 262	80	466		12 846	544	236	90	17 693	12 466	47	25 712	197 872
自贡	914		68		9	837			997	1 494	7	2 687	19 206
攀枝花	766	37	729						864	552	3	2 510	15 501
泸州	1 067		58			1 009			1 285	1 438	5	3 217	22 461
德阳	619				491	108		20	700	847	7	1 482	9 218
绵阳	1 759	1	2		256	1 500			1 974	2 887	10	4 690	34 387
广元	507	28	79		261	139			549	1 118	10	1 108	7 916
遂宁	401				256	145			456	402	49	1 287	8 278
内江	843		16			827			914	747	6	1 894	16 348
乐山	789	108	124		557				797	1 246	15	1 970	10 635
南充	960	17	94		703	146			1 115	1 245	11	3 189	17 244

眉 山	381		8		20	353			391	434	9	915	4 619
宜 宾	853	9	199		45	600			1 013	787	13	2 107	12 199
广 安	208		73	36	99				221	337	7	568	4 834
达 州	501	5	84		402	10			545	646	13	2 126	14 161
雅 安	225		114			111			242	302	9	621	2 699
巴 中	351		84		128	139			387	406	15	686	5 674
资 阳	401	5	106		43	247			410	379	9	944	5 225
阿 坝	167	35	132						163	899	13	306	368
甘 孜	63	3	60						53	125	3	92	252
凉 山	761	84	402		174	101			820	1 521	16	1 588	10 191

2013年全省城市（县城）出租汽车、轨道交通综合表

地 区	出租汽车					轨道交通				
	运营车数（辆）	安装卫星定位车载终端的运营车辆数	出租汽车经营业户数（户）	从业人员数（人）	客运量（万人次）	运营车数（辆）	标准运营车 数（辆）	轨道交通经营业户数（户）	从业人员数（人）	客运量（万人次）
合 计	**42 840**	**37 279**	**758**	**100 156**	**175 002**	**312**	**780**	**1**	**3 007**	**19 359**
成 都	18 416	18 317	118	41 185	48 390	312	780	1	3 007	19 359
自 贡	1 436	1 096	24	3 535	2 145					
攀枝花	1 477	1 477	11	3 002	6 834					
泸 州	1 713	105	25	4 603	11 360					
德 阳	1 388	1 388	26	3 118	7 011					
绵 阳	2 241	2 236	26	6 427	10 778					
广 元	912	912	15	2 049	6 854					
遂 宁	1 173	991	10	3 267	7 308					
内 江	1 075	1 075	15	2 600	6 325					
乐 山	1 318	1 231	25	3 141	6 585					
南 充	2 165	1 656	31	5 907	12 042					
眉 山	878	878	15	1 984	4 672					
宜 宾	1 291	1 291	14	3 104	7 389					
广 安	801	801	13	2 002	4 813					
达 州	1 859	1 300	20	5 139	12 124					
雅 安	414	394	11	1 035	2 404					
巴 中	829	589	11	2 202	4 644					
资 阳	556	82	51	1 294	4 008					

地　区	出租汽车					轨道交通				
	运营车数（辆）	安装卫星定位车载终端的运营车辆数	出租汽车经营业户数（户）	从业人员数（人）	客运量（万人次）	运营车数（辆）	标准运营车　数（辆）	轨道交通经营业户数（户）	从业人员数（人）	客运量（万人次）
阿　坝	878	381	14	1 233	2 207					
甘　孜	728		250	935	1 156					
凉　山	1 292	1 079	33	2 394	5 952					

2013年全省公路货物营业性运输工具拥有量

分　类	计量单位	总　计		按标记吨位分								安装卫星定位车载终端
			个　体	大　型	重　型	个　体	个　体	中　型	个　体	小　型	个　体	
合　计	**辆**	**583 970**	**380 057**									
	吨位	2 705 932	1 154 657									
（一）载货汽车	辆	554 562	3550 80	178 185	124 387	41 029	72 575	33 364	20 407	336 284	260 894	12 444
	吨位	2 677 585	1 130 693	2 154 932	1 840 857	559 616	752 447	104 708	62 329	417 945	315 917	141 122
1. 货　车	辆	539 588	352 524	170 005	116 379	39 751	71 227	33 309	20 404	336 274	260 893	12 258
	吨位	2 454 188	1 093 773	1 931 720	1 618 778	523 747	715 537	104 527	62 320	417 941	315 916	141 122
（1）按车型结构分												
栏板货车	辆	479 157	325 350	145 916	97 956	36 621	66 832	30 077	19 050	303 164	239 468	4 030
	吨位	2 114 052	1 024 403	1 638 937	1 358 788	487 777	672 021	94 110	58 162	381 005	294 220	43 695
厢式车	辆	45 213	25 001	9 490	5 071	1 224	2 257	2 965	1 342	32 758	21 402	2 610
	吨位	131 498	44 259	85 370	60 112	12 868	18 471	9 587	4 119	36 541	21 669	14 869
其中：冷藏保温车	辆	153	2	58	36		2	37		58		39
	吨位	1 313	18	1 113	988		18	120		80		166
集装箱车	辆	1 535	1	1 535	1 535	1	1					1 091
	吨位	46 526	20	46 526	46 526	20	20					32 379
	标箱	2 488	2	2 488	2 467	2	2					1 895
罐　车	辆	13 683	2 172	13 064	11 817	1 905	2 137	267	12	352	23	4 527
	吨位	162 112	25 091	160 887	153 352	23 082	25 025	830	39	395	27	50 179
（2）按经营范围分												
普通载货汽车	辆	514 449	347 903	151 112	100 031	37 162	68 039	32 003	20 162	331 334	259 702	945
	吨位	2 165 559	1 055 123	1 653 311	1 355 248	491 005	679 493	100 403	61 498	411 845	314 132	9 337
专用载货汽车	辆	25 139	4 621	18 893	16 348	2 589	3 188	1 306	242	4 940	1 191	11 313
	吨位	288 629	38 650	278 409	263 530	32 742	36 044	4 124	822	6 096	1 784	131 785

分类	计量单位	总计		按标记吨位分								安装卫星定位车载终端
			个体	大型	重型	个体	个体	中型	个体	小型	个体	
其中：商品汽车运输车	辆											
	吨位											
大型物件运输车	辆	318	34	310	300	33	34	2		6		11
	吨位	6 295	630	6 282	6 230	624	630	6		7		78
危险货物运输车	辆	11 345	102	7 184	5 321	10	75	906	7	3 255	20	9 133
	吨位	109 541	490	102 939	92 197	270	434	2 965	21	3 637	35	83 494
（3）按燃料类型分												
汽油车	辆	66 321	55 544									
柴油车	辆	467 223	294 177									
双燃料车	辆	599	516									
其他燃料车	辆	5 445	2 287									
2. 牵引车	辆	6 729	1 204									186
（1）按燃料类型分												
汽油车	辆	75	9									
柴油车	辆	6 559	1 195									
双燃料车	辆											
其他燃料车	辆	95										
3. 挂　车	辆	8 245	1 352	8 180	8 008	1 278	1 348	55	3	10	1	
	吨位	223 397	36 920	223 212	222 079	35 869	36 910	181	9	4	1	
（1）按车型结构分												
栏板式挂车	辆	7 651	1 315	7 596	7 437	1 255	1 312	52	3	3		
	吨位	209 052	36 273	208 878	207 839	35 323	36 264	172	9	2		
厢式挂车	辆	25	3	24	24	2	2			1	1	
	吨位	736	65	735	735	64	64			1	1	
其中：冷藏保温式挂车	辆	8	1	7	7					1	1	
	吨位	214	1	213	213					1	1	
集装箱式挂车	辆	209		209	209							
	吨位	5 187		5 187	5 187							
	标箱	357		357	357							
罐式挂车	辆	360	34	351	338	21	34	3		6		
	吨位	8 422	582	8 412	8 318	482	582	9		1		
（2）按经营范围分												
普通货物运输	辆	6 555	1 258	6 504	6 360	1 210	1 255	48	3	3		
	吨位	179 640	35 072	179 480	178 555	34 212	35 063	158	9	2		

分类	计量单位	总计	个体	按标记吨位分								安装卫星定位车载终端
				大型	重型	重型个体	个体	中型	个体	小型	个体	
专用货物运输	辆	1 690	94	1 676	1 648	68	93	7		7	1	
	吨位	43 757	1 848	43 732	43 524	1 657	1 847	23		2	1	
其中：商品汽车运输	辆											
	吨位											
大型物件运输	辆	506	46	502	498	45	46	3		1		
	吨位	12 298	1 116	12 288	12 258	1 108	1 116	9		1		
危险货物运输	辆	428		419	416			4		5		
	吨位	11 181		11 167	11 143			14				
（二）其他载货机动车	辆											
	吨位											
（三）轮胎式拖拉机	辆	29 408	24 977									
	吨位	28 347	23 964									

2013年全省公路旅客营业性运输工具拥有量

分类	计算单位	总计	个体	按标记客位分					
				大型	个体	中型	个体	小型	个体
合计	**辆**	**53 337**	**859**						
	客位	1 179 974	7 500						
（一）载客汽车	辆	53 337	859	11 163		21 974	78	20 200	781
	客位	1 179 974	7 500	441 780		555 342	1 694	182 852	5 806
其中：卧铺客车	辆	134		133		1			
	客位	5 314		5 284		30			
1. 按经营范围分									
班车客运客车	辆	47 750	859	8 450		20 486	78	18 814	781
	客位	1 023 985	7 500	332 140		520 055	1 694	171 790	5 806
旅游客车	辆	3 650		2 017		1 322		311	
	客位	114 169		80 548		30 914		2 707	
包车客车	辆	840		695		128		17	
	客位	32 864		29 054		3 641		169	
其他客车	辆	1 097		1		38		1 058	
	客位	8 956		38		732		8 186	
2. 按燃料类型分									
汽油车	辆	13 690	727						

分 类	计算单位	总 计		按标记客位分					
			个 体	大 型	个 体	中 型	个 体	小 型	个 体
柴油车	辆	27 757	110						
双燃料车	辆	9 411	22						
其他燃料车	辆	2 479							
（二）其他载客机动车	辆								
	客位								

续表：

指标	计算单位	按车长分				按等级分			安装卫星定位车载终端
		特大型	大型	中型	小型	高级	中级	普通	
客运车辆总计	辆								
	客位								
（一）载客汽车	辆	77	7 103	22 822	23 335	10 232	12 682	30 423	36 658
	客位	3 801	294 709	628 488	252 976	354 145	357 268	468 561	836 867
其中：卧铺客车	辆		134			54	80		109
	客位		5 314			2 090	3 224		4 181
1. 按经营范围分									
班车客运客车	辆	71	5 185	20 855	21 639	7 412	10 835	29 503	32 538
	客位	3 489	215 765	568 422	236 309	263 261	304 757	455 967	705 272
旅游客车	辆	6	1 310	1 760	574	2 573	1 028	49	3 367
	客位	312	53 354	53 108	7 395	82 452	31 119	598	104 880
包车客车	辆		608	206	26	247	435	158	639
	客位		25 590	6 920	354	8 432	18 127	6 305	25 564
其他客车	辆			1	1 096		384	713	114
	客位			38	8 918		3 265	5 691	1 151
2. 按燃料类型分									
汽油车	辆								
柴油车	辆								
双燃料车	辆								
其他燃料车	辆								
（二）其他载客机动车	辆								
	客位								

（本栏目供稿单位：厅规划处）

内河航运统计

NEIHE HANGYUN TONGJI

2013年全省内河航道里程年底达到数

分 类	计算单位	航道里程	通航航道	库区航道
合 计	公里	11 725	11 003	1 558
（一）等级航道	公里	4 026	4 026	204
一级	公里			
二级	公里			
三级	公里	228	228	
四级	公里	773	773	
五级	公里	483	483	195
六级	公里	913	913	
七级	公里	1 629	1 629	9
（二）等外航道	公里	7 699	6 977	1 354

注：界河航道里程全部计入。

2013年全省内河航道构筑物年底达到数

指 标	枢纽数量	具有通航功能	通航建筑物数量 船闸	正常使用 船闸
	处	处	座	座
当年年底达到数	374	85	90	49
一级航道				
二级航道				
三级航道				
四级航道	7	7	7	5
五级航道	4	4	4	2
六级航道	10	2	2	1
七级航道	39	25	25	15
等外航道	314	47	52	26

2013年全省运输船舶拥有量（分地区）

地区	运输机动船					驳船	
	艘数（艘）	净载重量（吨）	载客量（客位）	标准箱位（标箱）	功率（千瓦）	艘数（艘）	净载重量（吨）
合计	6 582	1 035 492	86 805	5 509	508 485	1 032	50 909
成都	96		1 888		2 236		
自贡	419	29 957	3 825		21 498		
攀枝花	88	940	784		4 319	3	1 100
泸州	473	478 906	3 002	4709	137 731	9	3 270
绵阳	86		1 977		3 698		
广元	151	4 733	3 092		6 323	309	6 310
遂宁	232	3 800	1 810		6 373	298	5 422
内江	262	12 871	4 617		19 260		
乐山	381	69 235	6 228		39 950	1	69
南充	1 277	81 081	14 298		108 747	352	28 219
眉山	173		3 783		3 807		
宜宾	369	234 668	5 555	800	73 027	2	610
广安	484	50 769	7 850		19 850	10	4 713
达州	945	49 945	13 359		37 563		
雅安							
巴中	757	16 983	7 209		11 589		
资阳	197	680	4 869		5 464	48	1 196
凉山	192	924	2 659		7 050		

2013年全省民用运输船舶实有数

指标	计算单位	总计	个体
（一）机动船	艘	6 582	5 630
总载重量	吨	1 049 811	397 176
净载重量	吨	1 035 492	375 091
载客量	客	86 805	72 459
标准箱位	标箱	5 509	
功率	千瓦	508 485	316 267
1．客船	艘	2 608	2 107
载客量	客位	86 805	72 459
功率	千瓦	72 379	54 318

指 标	计算单位	总 计	
			个 体
2. 货船	艘	3 799	3 376
总载重量	吨	1 049 811	397 176
净载重量	吨	1 035 492	375 091
标准箱位	标箱	5 509	
功率	千瓦	421 008	251 374
内：油船	艘	32	1
总载重量	吨	43 044	78
净载重量	吨	40 982	62
功率	千瓦	22 380	60
集装箱船	艘	21	
总载重量	吨	58 416	
净载重量	吨	56 732	
标准箱位	标箱	2 734	
功率	千瓦	13 432	
3. 拖船	艘	175	147
功率	千瓦	15 098	10 575
（二）驳 船	艘	1 032	938
净载重量	吨	50 909	41 147

2013年全省港口吞吐量（按港口分）

港 口	货物吞吐量				集装箱吞吐量			旅客吞吐量		利用自然岸坡完成船舶货物装卸量(吨)
	合 计（吨）	其中：外贸	出 港	其中：外贸	箱 数（标箱）	重 量（吨）	货 重	（人次）	出 港	
合 计	**81 949 531**	**481 261**	**23 772 463**	**309 260**	**261 735**	**2 793 221**	**2 292 331**	**16 561 909**	**8 367 569**	**8 085 580**
（一）长江干流	31 807 106	481 261	12 139 760	309 260	261 735	2 793 221	2 292 331			4 500 000
宜 宾	10 052 096		6 515 450		60 423	726 495	629 700			4 500 000
泸 州	21 755 010	481 261	5 624 310	309 260	201 312	2 066 726	1 662 631			
（二）长江支流	50 142 425		11 632 703					16 561 909	8 367 569	3 585 580
宜 宾	1 746 800		1 746 800					591 380	291 320	300 000
泸 州	5 313 984		1 549 182							

港口	货物吞吐量				集装箱吞吐量			旅客吞吐量		利用自然岸坡完成船舶货物装卸量(吨)
	合计（吨）	其中：外贸	出港	其中：外贸	箱数（标箱）	重量（吨）	货重	（人次）	出港	
眉山								4 660 000	2 330 000	
乐山	2 740 479		2 701 619					32 580	16 770	220 680
资阳	5 310 000							759 200	3 796 00	
内江	2 830 000		1 443 000					3 150 000	1 594 000	7 500
自贡	2 420 000							817 800	408 900	
绵阳	1 620							255 354	138 499	
遂宁	2 243 000		1 123 000					1 225 850	620 000	
广元	10 276 504							846 000	423 000	
南充	5 068 350		697 800					386 200	185 800	693 100
广安	5 253 730		318 866					963 809	445 526	
巴中	2 714 760							1 853 515	1 036 255	2 364 300
达州	4 057 198		2 034 436					708 221	336 899	
攀枝花	166 000		18 000					312 000	161 000	

（本栏目供稿单位：厅规划处）

宜宾港　　　　厅航务局 供稿

固定资产投资统计

GUDING ZICHAN TOUZI TONGJI

2013年全省交通固定资产投资完成情况

单位：万元

指 标		序号	数 量	指 标	序号	数 量
计划总投资		01	71 852 034.3	设备工器具购置	37	549 290
其中：中央投资		02	4 804 596	其他	38	1 747 813
自开始建设至当年底	累计完成投资	03	33 464 418.4	当年新增固定资产	39	4 177 702.2
	建筑工程	04	26 275 346.4	当年资金来源合计	40	10 148 416
	安装工程	05	172 383	上年末结余资金	41	271 700
	设备工器具购置	06	759 817	其中：国家预算	42	
	其他	07	6 256 872	部专项资金	43	
	累计新增固定资产	08	4 380 981.1	当年资金来源小计	44	9 876 716
当年计划投资		09	15 504 881	国家预算	45	3 015 973
其中：中央投资		10	1 209 714	中央预算资金	46	21 000
当年完成投资		11	12 141 454	中央国债	47	
1. 按交通行业分				地方预算资金	48	3 002 174
水上运输业		12	500 524	省级预算	49	340 819
航道		13	412 552	燃油税返还	50	60 000
内河航道		14	412 552	通行费	51	
沿海港口出海航道		15		转让经营权收入	52	
港口		16	87 972	地方机动财力	53	
内河港口		17	87 972	其他	54	280 819
沿海港口		18		市（州）级预算	55	1 336 501
国际集装箱中转站		19		县级及以下预算	56	1 324 854
水上运输部门		20		地方转贷	57	
公路运输业		21	11 636 322	部专项资金	58	1 113 840
公路线路基础设施		22	10 993 054	车购税	59	1 081 820
其中：国家高速公路		23	2 368 966	港建费	60	32 020
地方高速公路		24	2 792 243	内河支出	61	
公路场站基础设施		25	206 946	国内贷款	62	3 522 221
公路运输部门		26	436 322	其中：开发银行	63	998 950
支持系统		27	4 608	利用外资	64	20 909
其中：海事、救助、打捞		28		其中：外商直接投资	65	20 909
交通部门其他		29		企事业单位自筹资金	66	1 784 303
2. 按建设性质分				其他资金	67	412 269
新建		30	7 204 492.7	其中：集资	68	120 000
扩建		31		当年各项应付款合计	69	9
改建和技术改造		32	4 500 639.3	其中：工程款	70	
单纯购置		33	436 322	设备、器材款	71	
其他		34		当年施工项目个数（个）	72	38 721
3. 按构成分				其中：本年新开工（个）	73	35 262
建筑工程		35	9 765 448	当年建成项目个数（个）	74	36 046
安装工程		36	78 903			

2013年全省交通建设投资完成情况

单位：万元

名　称	计划投资	完成投资
合　计	12 000 000	12 762 766
（一）公路建设	11 200 000	11 935 446
高速公路	7 360 000	5 161 207
干线公路	1 910 000	2 949 535
农村公路	1 730 000	3 617 758
场站建设	200 000	206 946
（二）水运建设	480 000	500 524
（三）养护及其他	320 000	326 796

2013年全省交通固定资产投资额和资金来源情况（按行业分）

单位：万元

交通行业	当年完成投资	当年新增固定资产	当年资金来源总计	上年末结余资金	当年资金到位合计
合　计	12 141 454	4 177 702	10 148 416	271 700	9 876 716
（一）水上运输业	500 524		279 382	11 462	267 920
1. 航道	412 552		163 879		163 879
沿海港口出海航道					
内河航道	412 552		163 879		163 879
2. 港口	87 972		115 503	11 462	104 041
沿海港口					
内河港口	87 972		115 503	11 462	104 041
3. 国际集装箱中转站					
4. 水上运输部门					
（二）公路运输业	11 166 653	4 177 702	9 861 224	256 238	9 604 986
1. 公路线路基础设施	10 523 385	3 741 380	9 215 285	256 238	8 959 047
公路线路	10 344 659	3 623 790	9 058 467	256 238	8 802 229
独立公路桥梁	144 936	117 590	127 502		127 502
独立隧道	33 790		29 316		29 316
2. 公路场站基础设施	206 946		217 481		217 481
汽车客运站	144 277		151 301		151 301
汽车货运站（场）	62 669		66 180		66 180
停车场					
3. 公路运输部门	436 322	436 322	428 458		428 458

交通行业	当年完成投资	当年新增固定资产	当年资金来源总计	上年末结余资金	当年资金到位合计
（三）支持系统	4 608		7 810	4 000	3 810
1. 海事					
2. 救助、打捞					
3. 科研					
4. 教育					
5. 信息、通信	4 608		7 810	4 000	3 810
（四）交通部门其他					
1. 工业、建筑企业					
2. 其他单位					

续表2： 单位：万元

交通行业	国家预算内资金		
	合　计	中央预算内	地方预算内
合　计	**3 015 973**	**21 000**	**3 002 174**
（一）水上运输业	30 379		30 379
1. 航道	100		100
沿海港口出海航道			
内河航道	100		100
2. 港口	30 279		30 279
沿海港口			
内河港口	30 279		30 279
3. 国际集装箱中转站			
4. 水上运输部门			
（二）公路运输业	2 981 784	21 000	2 967 985
1. 公路线路基础设施	2 921 123	21 000	2 900 123
公路线路	2 812 691	21 000	2 791 691
独立公路桥梁	108 432		108 432
独立隧道			
2. 公路场站基础设施	60 661		60 961
汽车客运站	59 441		59 741
汽车货运站（场）	1 220		1 220
停车场			
3. 公路运输部门			6 901
（三）支持系统	3 810		3 810
1. 海事			
2. 救助、打捞			

交通行业	国家预算内资金		
	合　计	中央预算内	地方预算内
3. 科研			
4. 教育			
5. 信息、通信	3 810		3 810
（四）交通部门其他			
1. 工业、建筑企业			
2. 其他单位			

续表3：　　单位：万元

交通行业	部专项资金			国内贷款	
	合　计	车购税	港建费	合　计	开发银行
合　计	1 113 840	1 081 820	32 020	3 522 221	998 950
（一）水上运输业	53 280	21 260	32 020	25 920	
1. 航道	21 260	21 260			
沿海港口出海航道					
内河航道	21 260	21 260			
2. 港口	32 020		32 020	25 920	
沿海港口					
内河港口	32 020		32 020	25 920	
3. 国际集装箱中转站					
4. 水上运输部门					
（二）公路运输业	1 060 560	1 060 560		3 496 301	998 950
1. 公路线路基础设施	1 048 973	1 048 973		3 467 940	998 950
公路线路	1 004 130	1 004 130		3 467 940	998 950
独立公路桥梁	18 970	18 970			
独立隧道	25 873	25 873			
2. 公路场站基础设施	11 587	11 587		27 550	
汽车客运站	11 587	11 587		11 200	
汽车货运站（场）				16 350	
停车场					
3. 公路运输部门				811	
（三）支持系统					
1. 海事					
2. 救助、打捞					
3. 科研					
4. 教育					
5. 信息、通信					

交通行业	部专项资金			国内贷款	
	合　计	车购税	港建费	合　计	开发银行
（四）交通部门其他					
1. 工业、建筑企业					
2. 其他单位					

续表4：

单位：万元

交通行业	利用外资	企事业单位自筹资金	其他资金	当年各项应付款
合　计	20 909	1 784 303	412 269	9
（一）水上运输业		158 341		
1. 航道		142 519		
沿海港口出海航道				
内河航道		142 519		
2. 港口		15 822		
沿海港口				
内河港口		15 822		
3. 国际集装箱中转站				
4. 水上运输部门				
（二）公路运输业	20 909	1 625 962	412 269	9
1. 公路线路基础设施	20 909	1 087 833	412 269	9
公路线路	20 909	1 087 833	408 726	
独立公路桥梁			100	9
独立隧道			3 443	
2. 公路场站基础设施		117 383		
汽车客运站		68 773		
汽车货运站（场）		48 610		
停车场				
3. 公路运输部门		420 746		
（三）支持系统				
1. 海事				
2. 救助、打捞				
3. 科研				
4. 教育				
5. 信息、通信				
（四）交通部门其他				
1. 工业、建筑企业				
2. 其他单位				

（本栏目供稿单位：厅建管处）

交通事故统计

JIAOTONG SHIGU TONGJI

2013年全省水上交通安全控制目标执行情况统计

地区	事故件数（件）			死亡人数（人）			经济损失（万元）		
	控制指标	实际发生	占%	控制指标	实际发生	占%	控制指标	实际发生	占%
合计	230	4	1.81	118	8	6.78	1200	16	0.72
成都	5			3			20		
自贡	6			4			20		
攀枝花	2			4			20		
泸州	26			17			200		
德阳	2			1			10		
广元	13			6			25		
遂宁	5			4			20		
绵阳	5			4			20		
内江	10			5			20		
资阳	9			4			20		
乐山	18	1	5.56	12			180	2	1.11
眉山	10			5			25		
南充	16			11			100		
宜宾	24	1	4.17	16	6	37.5	180	12	6.67
广安	9	2	22.22	6	2	33.33	25	2	8
达州	10			7			25		
巴中	5			3			15		
雅安	2			1			10		
凉山	5			4			20		
阿坝	2			1			10		
其他	46						235		

注：该表水上事故死亡统计人数系交通运输厅下达并考核各地交通运输管理部门的运输船舶事故死亡人数。

（本栏目供稿单位：厅安全处）

2013年四川交通经济运行分析

厅规划处

2013年，全省交通运输系统深入贯彻落实党的十八大和省委十届三次全会精神，以构建畅通安全高效的现代综合交通运输体系为总体目标，加快构建西部综合交通枢纽，科学推进芦山地震交通抗灾救灾和灾后恢复重建，交通运输服务保障能力不断增强。全年交通运输经济运行平稳，发展质量效益显著提高，继续保持高位加快发展态势。具体情况为：

一、交通建设投资创历史新高，连续3年投资超千亿元

全年公路水路交通建设完成投资1 276亿元，比上年增长16.5%，居全国第一位。其中：高速公路完成投资516亿元，国省干线公路完成投资295亿元，农村公路完成投资361亿元，内河水运完成投资50亿元，站点建设完成投资21亿元，养护及其他专项完成投资33亿元。截至2013年底，全省公路总里程突破30万公里，其中农村公路里程超过28万公里，均居全国第一位；高速公路通车总里程达到5046公里，居全国第五位、西部第一位。全省交通行业投资完成情况总的特点是：

（一）构建西部综合交通枢纽成效显著 新建成成都至南部、巴中至南部、泸州至重庆（川境段）、遂宁至资阳、乐山至雅安、成自泸赤自贡至仰天窝段、乐山至自贡、巴中至达州、南大梁南充至渠县段等9个高速公路项目（路段），新增通车里程712公里，高速公路骨架路网初步形成。新改建国省干线公路1 958公里，新开工建设1 368公里。实施国省干线公路大中修工程1 044公里，建成公路安保工程（路侧护栏）4 300公里。完成新改建农村公路2.4万公里，超额完成中共四川省委、省政府下达的1.5万公里农村公路民生工程建设目标任务，建成农村公路桥梁108座。渠江广安段航道整治工程加快推进，嘉陵江苍溪航电枢纽工程全面建成，广安港新东门作业区、南充港都京作业区一期工程投入试运营，全省港口集装箱年吞吐能力达到193万标箱。建成客运枢纽项目10个，开工客运枢纽项目4个。

（二）强化资金要素保障 积极协调财政、金融等有关单位部门，全年落实到位各项建设资金1 059亿元，其中部省补助交通专项资金291亿元、银行贷款473亿元、地方政府投入和项目自筹资金295亿元，为全年交通建设提供坚强的资金保障。创新普通公路建设养护资金保障机制，落实国省干线公路大中修工程养护资金20亿元。高速公路融资工作成效显著，绵阳至西充、成都经济区环线蒲江至简阳段、宜宾至彝良（川境段）、巴中至万源、宜宾城市过境、攀枝花至大理（川境段）、内江城市过境等7个高速公路BOT项目招商成功，总里程621公里，引进社会资金754亿元。

（三）交通抢险救灾和灾后重建统筹推进 芦山地震发生后，交通运输部门第一时间投入抗震救灾，震后50小时抢通灾区道路，并迅速集结调用客货车6 400余辆，及时保障抗震救灾应急运输。编制完成芦山地震灾后恢复重建交通基础设施专项规划。实施芦山地震和暴雨洪涝灾区灾后交通恢复重建项目建设全程“绿灯”服务。芦山地震灾区“1+8”交通重点项目进展顺利，国道351线乐英至宝兴段、国道318线雅安至二郎山段、国道108线雅安至荥经段等3个国道项目和灵关至龙门、宝兴至河口大桥等2个经济干线公路项目开工建设。有力应对“7·9”特大山洪泥石流灾害，及时抢通映汶、成绵等高速公路，“7·9”洪灾汶川交通“1+3”重点项目恢复重建有序推进，映汶高速公路应急处治工程完成，实现双向通行，其余3个项目正在抓紧开展前期工作。

（四）交通建设管理进一步加强 组织实施“施工标准化”、创建“优质工程”“平安工地”等专项活动，制定考核方案定期进行考核，有效提升建设管理水平。严格规范招投标监督管理工作程序，进一步规范招标文件备案和招标（合同）限价审查，实行业绩公示制度、承诺函制度、双信封资格后审制度、保证金基本帐户转出制度和信用等级与招标投标活动挂勾制度。制定《项目信息公开工作方案》和《开展工程建设领域守信激励和失信惩戒制度建设试点工作方案》，健全完善覆盖公路、水运、运输场站等交通建设项目的勘察设计、施工、监理、检测等所有从业单位和人员的信用评价记录体系。

二、公路运输服务保障能力显著增强

2013年，全省交通运输行业以便民、利民、惠民为出发点，加快发展现代交通运输服务业，改革创新、提升服务，推进城乡客运一体化，完善高速客运网络，落实城市公共交通优先发展战略，不断提升道路运输服务保障能力，公路客货运输实现平稳较快增长。全年公路运输完成客运量27.7亿人次、旅客周转量1 068亿人公里，分别比上年增长4.0%、6.3%；货运量17.3亿吨、货物周转量1 485亿吨公里，分别比上年增长9.4%、12.0%。具体特点为：

（一）道路客运网络优化加密 2013年，全省快速客运网络进一步优化，完成成都至汶川、仁寿、中江、三台、南部等客运班线改造，全省高速公路客运线路新增289条，比上年增长17%。城乡客运一体化加快发展，农村客运线路新增404条，比上年增长5.7%，乡镇客车通达率达到95%，建制村客车通达率达到77%，分别比上年提高2.5%和1%。运力结构进一步优化，新增高级客车1 402辆，高级客车率比上年提高2%，达19%。成都建成联网售票系统，2013年联网售票67.8万张，其中春运联网售票43万张，旅客购票更加便捷，缩短候车时间，缓解车站旅客滞留压力，提高运输组织效率和服务水平。

（二）城市客运快速发展 认真贯彻落实《国务院关于城市优先发展公共交通的指导意见》，组织开展城市客运交通线路及站点专项调查。2013年全省新增城市公交车3 476辆，达2.7万辆。成都市二环路高架BRT公交快速通道建成，投放新型公交车170辆，日均客运量20万人次以上。成都地铁1、2号线旅客疏运能力进一步提升，日均客运量达70余万人次。妥善做好全省出租汽车经营权新增和到期处置工作，2013年出租汽车经营权重新配置1 424辆，延续经营8 285辆，新增1 556辆，达到43 016辆。建立出租汽车服务质量信誉考核体系，认真组织开展2012年度出租汽车服务质量信誉考核工作，对全省435家出租汽车企业进行考核。

（三）道路货运加快转型发展 2013年，全省交通运输运力结构调整加快，道路货运车辆首次出现数量下降、吨位上升。截至2013年底，全省营运货车58.4万辆，比上年减少5.2%，总吨位271万吨，比上年增加9.5%。集装箱车辆达到1 535辆，比上年增长3.3%。深入推进甩挂运输试点工作，宜宾欣联物流有限公司甩挂运输项目列入交通运输部第三批甩挂运输试点项目，五粮液安吉物流甩挂运输项目列入国家发改委节能减排试点项目。积极争取省政府物流办支持，完成四川省2014年甩挂运输试点项目和大件运输运力结构调整项目推荐工作，争取资金1 450万元。制定四川省大型物件运输企业质量信誉考核办法，建立大型物件运输企业质量信誉考核制度，完成9家四级大件运输企业考核工作。加快四川省现代物流公共信息平台道路运输子平台建设，新都传化物流基地、达州公路物流港通过信息交换实现信息共享、互联互通。

（四）安全应急保障能力增强 “4·20”地震发生27天内，全省累计调用客车2 957辆，抢运救援人员和转移灾区群众9万余人次，调用货车3 485辆，抢运救灾物资2.8万余吨。“7·9”特大洪灾发生当月，全省累计抽调应急运输客车332辆次，疏运受灾群众和救援人员1.2万人次；货车316辆，运送救灾物资1 545吨。制定《四川省道路旅客运输企业安全生产标准（试行）》，并在7家客运企业开展试点。全省新增卫星定位装置8 227台，全省共计安装90 478台，其中3G视频装置5 504台。泸州市建成市、县、企业GPS和3G视频三级监控平台，客运班车和公交车全部安装GPS和3G视频监控系统。

三、水路货运发展态势良好

2013年，随着全省干线航道条件的持续改善和主要港口建设的加快推进，水运运能大、成本低、占地少、污染小等优势逐步显现。全省完成水路货运量7 161万吨、货物周转量103.7亿吨公里，分别比上年增长1.20%和19.9%；完成水路客运量3 228万人、旅客周转量2.7亿人公里，分别比上年下降1.5%和1.3%。全省完成货物吞吐量8 195万吨，比上年增长6.4%；全年完成大件运输173批次，34 782吨，分别比上年增长1.8%和下降13.8%。

（一）集装箱吞吐量快速增长 泸州港—武汉港—台湾基隆港集装箱江海联运物流通道正式开启，泸州—昆明铁水联运集装箱班列正式开通，泸州—上海商品汽车滚装船实现首航，全年共申报集装箱快班轮723班。全省港口集装箱吞吐量达到26.2万标箱，比上年增长63.1%。其中泸州港比上年增长48.9%，宜宾港比上年增长138.7%。从2003年泸州港开港当年的1 655标箱到2013年的10年时间，全省港口集装箱吞吐量增长157倍。

（二）水路货运需求旺盛 2013年，随着市场对矿石、化工原材料、煤炭等适水货种需求的增加，金沙江腹地的磷矿等非金属矿石运输量大幅增长，全年共完成非金属矿石运输量227万吨，比上年增长22.0%；完成元明粉和纯碱等化工原料及制品运输量104万吨，比上年增长11.8 %；运输量386万吨，比上年增长6.9 %。

（三）运输船舶标准化步伐加快 至2013年底，全省拥有运输船舶7 614艘、108.6万吨、86 805座、508 485千瓦、5 509标箱，其中：1 000载重吨以上标准船舶294艘、69.23万吨。全省新开业省际水运企业3家，共有省际水运企业92家，其中1万载重吨以上的水运企业25家；新投入营运1 000载重吨以上标准船舶20艘、6.0万载重吨。全省共有省际船舶运力573艘、76.8万载重吨，过闸船舶270艘、62.8万吨，过闸船舶标准化率达76.3%，长江干线船型标准化工作取得阶段性成果。

附录

FU LU

2014

四川交通年鉴

参考资料

CANKAO ZILIAO

2013年全国各省、直辖市、自治区公路状况及所占比重

省、直辖市、自治区	公路总里程（公里）	公路密度				公路等级	
		以国土面积计（公里/百平方公里）	所占位次	以人口总数计（公里/万人）	所占位次	等级路（公里）	等级路占比重（%）
合　计	4 356 221	45.38		32.17		3 755 567	86.2%
北　京	21 673	132.07	8	10.47	30	21 485	99.1%
天　津	15 718	132.08	7	11.12	29	15 718	100.0%
河　北	174 492	92.96	14	24.10	24	167 711	96.1%
山　西	139 434	89.21	16	38.80	12	136 039	97.6%
内蒙古	167 515	14.16	28	67.28	4	155 030	92.5%
辽　宁	110 973	76.06	19	26.14	20	95 982	86.5%
吉　林	94 191	50.26	23	34.25	14	86 632	92.0%
黑龙江	160 206	35.29	26	41.78	10	131 776	82.3%
上　海	12 633	199.23	1	5.31	31	12 633	100.0%
江　苏	156 094	152.14	3	19.34	27	148 263	95.0%
浙　江	115 426	113.39	11	24.05	25	111 997	97.0%
安　徽	173 763	133.66	6	25.18	22	168 084	96.7%
福　建	99 535	81.99	17	26.37	19	80 909	81.3%
江　西	152 067	91.11	15	33.76	15	122 675	80.7%
山　东	252 786	161.32	2	26.10	21	251 425	99.5%
河　南	249 831	149.60	4	24.75	23	196 790	78.8%
湖　北	226 912	122.06	9	39.26	11	212 893	93.8%
湖　南	235 392	111.14	12	32.78	17	206 622	87.8%
广　东	202 915	114.06	10	19.06	28	186 357	91.8%
广　西	111 384	47.06	24	21.26	26	96 343	86.5%
海　南	24 852	73.31	20	28.66	18	24 154	97.2%
重　庆	122 846	149.08	5	37.07	13	90 358	73.6%
四　川	301 816	61.90	21	33.17	16	246 571	81.7%
贵　州	172 564	97.99	13	49.75	6	95 419	55.3%
云　南	222 940	56.58	22	47.57	7	178 371	80.0%
西　藏	70 591	5.75	31	217.17	1	48 678	69.0%
陕　西	165 249	80.37	18	46.38	8	148 991	90.2%

省、直辖市、自治区	公路总里程（公里）	公路密度				公路等级	
		以国土面积计（公里/百平方公里）	所占位次	以人口总数计（公里/万人）	所占位次	等级路（公里）	等级路占比重（%）
甘 肃	133 597	29.40	27	51.11	5	106 812	80.0%
青 海	70 117	9.72	30	123.98	2	57 069	81.4%
宁 夏	28 554	43.00	25	44.12	9	28 338	99.2%
新 疆	170 155	10.25	29	76.20	3	125 442	73.7%

2013年全国各省、直辖市、自治区公路等级情况

单位：公里

省、直辖市、自治区	公路总里程	高速公路		二级以上公路		等外公路	
		小计	所占位次	小计	所占位次	小计	所占位次
合 计	**4 356 221**	**104 435**		**524 393**		**600 651**	
北 京	21 673	923	28	5 358	27	188	29
天 津	15 718	1 103	27	5 646	26		
河 北	174 492	5 619	3	28 890	5	6 781	22
山 西	139 434	5 011	6	22 349	9	3 394	25
内蒙古	167 515	4 080	13	24 050	8	12 485	19
辽 宁	110 973	4 023	14	25 037	6	14 991	16
吉 林	94 191	2 299	24	13 216	21	7 559	21
黑龙江	160 206	4 084	12	15 530	16	28 429	9
上 海	12 633	815	29	4 496	29		
江 苏	156 094	4 443	8	38 403	2	7 830	20
浙 江	115 426	3 787	16	18 707	11	3 429	24
安 徽	173 763	3 521	17	16 212	14	5 680	23
福 建	99 535	3 935	15	13 664	20	18 626	12
江 西	152 067	4 303	11	15 736	15	29 393	7
山 东	252 786	4 994	7	39 596	1	1 361	26
河 南	249 831	5 859	1	32 784	4	53 040	3
湖 北	226 912	4 333	10	24 698	7	14 019	17
湖 南	235 392	5 080	4	16 855	13	28 771	8
广 东	202 915	5 703	2	35 449	3	16 558	13
广 西	111 384	3 305	18	14 706	17	15 041	15
海 南	24 852	757	30	2 573	30	698	27
重 庆	122 846	2 312	23	10 599	22	32 488	6
四 川	301 816	5 046	5	21 824	10	55 245	2
贵 州	172 564	3 284	19	7 668	24	77 145	1
云 南	222 940	3 200	20	14 510	18	44 568	5
西 藏	70 591		31	1 071	31	21 913	11
陕 西	165 249	4 363	9	13 815	19	16 257	14

省、直辖市、自治区	公路总里程	高速公路		二级以上公路		等外公路	
		小计	所占位次	小计	所占位次	小计	所占位次
甘　肃	133 597	2 953	21	10 468	23	26 785	10
青　海	70 117	1 228	26	7 666	25	13 048	18
宁　夏	28 554	1 344	25	5 296	28	216	28
新　疆	170 155	2 728	22	17 521	12	44 713	4

2013年全国各省、直辖市、自治区公路里程（按技术等级分）

单位：公里

省、直辖市、自治区	总计	等级公路						等外公路
		合计	高速	一级	二级	三级	四级	
总　计	**4 356 221**	**3 755 567**	**104 435**	**79 491**	**340 467**	**407 034**	**2 824 137**	**600 651**
北　京	21 673	21 485	923	1 162	3 273	3 555	12 573	188
天　津	15 718	15 718	1 103	1 302	3 241	1 260	8 812	
河　北	174 492	167 711	5 619	4 816	18 455	17 820	121 001	6 781
山　西	139 434	136 039	5 011	2 232	15 106	18 130	95 560	3 394
内蒙古	167 515	155 030	4 080	5 578	14 392	29 885	101 094	12 485
辽　宁	110 973	95 982	4 023	3 388	17 626	32 184	38 760	14 991
吉　林	94 191	86 632	2 299	1 938	8 979	10 729	62 688	7 559
黑龙江	160 206	131 776	4 084	1 593	9 853	33 108	83 140	28 429
上　海	12 633	12 633	815	421	3 260	2 685	5 452	
江　苏	156 094	148 263	4 443	11 283	22 677	15 146	94 714	7 830
浙　江	115 426	111 997	3 787	5 310	9 610	7 905	85 385	3 429
安　徽	173 763	168 084	3 521	2 280	10 411	17 568	134 303	5 680
福　建	99 535	80 909	3 935	687	9 042	7 768	59 476	18 626
江　西	152 067	122 675	4 303	1 643	9 790	9 379	97 559	29 393
山　东	252 786	251 425	4 994	9 487	25 115	24 847	186 981	1 361
河　南	249 831	196 790	5 859	1 603	25 322	19 611	144 396	53 040
湖　北	226 912	212 893	4 333	2 789	17 576	12 225	175 970	14 019
湖　南	235 392	206 622	5 080	1 073	10 702	6 059	183 707	28 771
广　东	202 915	186 357	5 703	10 621	19 125	17 364	133 544	16 558
广　西	111 384	96 343	3 305	1 008	10 393	8 258	73 380	15 041
海　南	24 852	24 154	757	287	1 529	1 385	20 195	698
重　庆	122 846	90 358	2 312	618	7 669	5 300	74 458	32 488
四　川	301 816	246 571	5 046	3 045	13 733	11 861	212 885	55 245
贵　州	172 564	95 419	3 284	256	4 128	8 466	79 285	77 145
云　南	222 940	178 371	3 200	1 003	10 307	8 354	155 508	44 568
西　藏	70 591	48 678		38	1 033	7 741	39 867	21 913
陕　西	165 249	148 991	4 363	1 011	8 441	14 731	120 445	16 257
甘　肃	133 597	106 812	2 953	206	7 309	13 426	82 918	26 785

省、直辖市、自治区	总 计	等级公路						等外公路
		合 计	高 速	一 级	二 级	三 级	四 级	
青 海	70 117	57 069	1 228	371	6 067	5 268	44 134	13 048
宁 夏	28 554	28 338	1 344	985	2 967	6 699	16 344	216
新 疆	170 155	125 442	2 728	1 457	13 336	28 317	79 603	44 713

2013年全国各省、直辖市、自治区公路密度及通达率

省、直辖市、自治区	公路密度		公路通达率（%）			
	以国土面积计算（公里/百平方公里）	以人口计算（公里/万人）	乡镇	通硬化路面所占比重	建制村	通硬化路面所占比重
总 计	**45.38**	**32.17**	**99.97**	**97.81**	**99.70**	**89.00**
北 京	132.07	10.47	100.00	100.00	100.00	100.00
天 津	132.08	11.12	100.00	100.00	100.00	100.00
河 北	92.96	24.10	100.00	100.00	100.00	100.00
山 西	89.21	38.80	100.00	100.00	99.92	99.39
内蒙古	14.16	67.28	99.45	99.45	99.98	57.35
辽 宁	76.06	26.14	100.00	100.00	100.00	100.00
吉 林	50.26	34.25	100.00	99.44	99.93	99.38
黑龙江	35.29	41.78	100.00	99.73	99.33	98.09
上 海	199.23	5.31	100.00	100.00	100.00	100.00
江 苏	152.14	19.34	100.00	100.00	100.00	100.00
浙 江	113.39	24.05	100.00	100.00	99.66	99.64
安 徽	133.66	25.18	100.00	100.00	99.99	99.99
福 建	81.99	26.37	100.00	100.00	100.00	100.00
江 西	91.11	33.76	100.00	100.00	100.00	100.00
山 东	161.32	26.10	100.00	100.00	100.00	99.88
河 南	149.60	24.75	100.00	100.00	100.00	99.96
湖 北	122.06	39.26	100.00	100.00	100.00	98.67
湖 南	111.14	32.78	100.00	100.00	99.79	93.43
广 东	114.06	19.06	100.00	100.00	100.00	100.00
广 西	47.06	21.26	100.00	99.91	99.97	82.64
海 南	73.31	28.66	100.00	100.00	99.97	99.91
重 庆	149.08	37.07	100.00	100.00	99.99	53.86
四 川	61.90	33.17	100.00	92.87	98.40	71.56
贵 州	97.99	49.75	100.00	100.00	100.00	53.24
云 南	56.58	47.57	99.85	96.63	98.65	46.94
西 藏	5.75	217.17	99.71	45.89	95.78	16.76
陕 西	80.37	46.38	100.00	100.00	99.38	75.45
甘 肃	29.40	51.11	100.00	97.78	100.00	54.18
青 海	9.72	123.98	100.00	95.71	100.00	79.53

省、直辖市、自治区	公路密度		公路通达率（%）			
	以国土面积计算（公里/百平方公里）	以人口计算（公里/万人）	乡镇	通硬化路面所占比重	建制村	通硬化路面所占比重
宁　夏	43.00	44.12	100.00	100.00	100.00	90.50
新　疆	10.25	76.20	99.85	97.98	98.47	79.18

2013年全国各省、直辖市、自治区公路里程路面情况

单位：公里

省、直辖市、自治区	总 计	有铺装路面（高级）			简易铺装路面（次高级）	未铺装路面（中级、低级、无路面）
		合 计	沥青混凝土	水泥混凝土		
总　计	**4 356 221**	**2 465 353**	**688 094**	**1 777 266**	**492 182**	**1 398 675**
北　京	21 673	19 719	15 206	4 513	986	969
天　津	15 718	15 718	12 370	3 348		
河　北	174 492	139 559	55 660	83 899	11 921	23 011
山　西	139 434	95 958	29 158	66 800	24 239	19 237
内蒙古	167 515	66 974	45 128	21 846	17 714	82 828
辽　宁	110 973	48 377	41 378	6 999	23 945	38 650
吉　林	94 191	70 723	19 103	51 621	63	23 405
黑龙江	160 206	106 998	12 463	94 534	1 291	51 917
上　海	12 633	12 633	5 597	7 036		
江　苏	156 094	139 198	43 755	95 443	1 472	15 424
浙　江	115 426	107 158	31 635	75 524	5 161	3 107
安　徽	173 763	96 262	13 821	82 442	25 552	51 949
福　建	99 535	77 417	4 505	72 912	2 057	20 061
江　西	152 067	109 251	10 488	98 763	5 853	36 964
山　东	252 786	162 456	70 166	92 290	71 908	18 422
河　南	249 831	137 115	39 941	97 175	46 463	66 252
湖　北	226 912	169 319	15 629	153 690	19 903	37 690
湖　南	235 392	157 688	11 910	145 779	4 752	72 952
广　东	202 915	139 111	11 726	127 385	4 972	58 832
广　西	111 384	55 409	6 906	48 504	18 950	37 025
海　南	24 852	23 371	3 346	20 026	491	989
重　庆	122 846	54 613	12 055	42 559	6 986	61 247
四　川	301 816	151 651	29 981	121 671	21 664	128 501
贵　州	172 564	31 799	6 862	24 937	34 357	106 408
云　南	222 940	62 725	41 366	21 358	10 335	149 881
西　藏	70 591	8 649	7 920	729	1 965	59 977
陕　西	165 249	92 603	23 330	69 273	21 026	51 620
甘　肃	133 597	38 004	12 146	25 857	30 622	64 971
青　海	70 117	24 740	9 844	14 896	5 125	40 252

省、直辖市、自治区	总 计	有铺装路面（高级）			简易铺装路面（次高级）	未铺装路面（中级、低级、无路面）
		合 计	沥青混凝土	水泥混凝土		
宁 夏	28 554	18 232	13 266	4 966	4 455	5 867
新 疆	170 155	31 923	31 433	491	67 964	70 267

2013年全国各省、直辖市、自治区公路桥梁数

省、直辖市、自治区	总 计		特大桥		大 桥		中 桥		小 桥	
	数量（座）	长度（米）	数量（座）	长度（米）	数量（座）	长度（米）	数量（座）	长度（米）	数量（座）	长度（米）
总 计	**735 291**	**39 778 016**	**3 075**	**5 461 381**	**67 677**	**17 043 398**	**162 051**	**8 723 476**	**502 488**	**8 549 761**
北 京	4 967	352 419	30	61 825	644	163 567	1 301	75 336	2 992	51 691
天 津	3 225	523 586	100	182 235	733	259 046	981	54 086	1 411	28 220
河 北	38 915	2 580 517	233	483 484	4 519	1 178 764	8 779	509 758	25 384	408 511
山 西	13 993	1 145 869	76	116 546	2 642	681 456	3 206	196 596	8 069	151 271
内蒙古	15 541	632 580	18	38 797	1 121	238 169	2 674	163 963	11 728	191 650
辽 宁	36 766	1 351 157	59	104 048	2 085	481 771	5 959	343 517	28 663	421 821
吉 林	12 545	478 636	13	18 892	712	147 911	2 712	156 216	9 108	155 617
黑龙江	20 431	716 061	19	31 638	1 080	224 986	4 188	241 169	15 144	218 268
上 海	10 466	621 411	64	150 804	606	214 710	2 710	119 380	7 086	136 517
江 苏	68 306	3 174 281	215	422 489	3 743	1 018 449	17 959	855 004	46 389	878 340
浙 江	47 423	2 580 759	231	504 070	3 539	977 875	10 897	541 178	32 756	557 636
安 徽	35 535	1 837 659	172	347 084	2 311	674 253	6 439	349 498	26 613	466 825
福 建	23 674	1 595 322	142	258 856	2 988	810 028	4 805	262 708	15 739	263 730
江 西	25 192	1 278 198	54	100 878	2 592	603 549	6 419	339 344	16 127	234 427
山 东	47 693	2 072 716	75	177 273	2 713	634 425	11 900	655 515	33 005	605 504
河 南	43 240	1 911 954	72	133 999	3 006	696 644	10 952	566 047	29 210	515 264
湖 北	36 071	1 872 913	202	382 336	2 914	725 613	5 881	313 050	27 074	451 914
湖 南	37 182	1 843 269	108	198 443	3 468	857 102	6 519	350 686	27 087	437 037
广 东	45 501	3 019 570	394	668 130	4 384	1 328 073	8 823	495 076	31 900	528 291
广 西	16 150	758 864	13	12 140	1 471	303 887	4 330	249 881	10 336	192 956
海 南	5 460	179 804	3	3 632	227	46 050	1 155	61 925	4 075	68 196
重 庆	10 153	700 664	78	67 954	1 749	399 741	2 168	118 642	6 158	114 327
四 川	36 776	2 043 312	149	225 882	4 309	982 549	7 827	400 383	24 491	434 498
贵 州	16 379	1 393 876	164	161 244	3 104	866 558	3 622	191 137	9 489	174 937
云 南	23 698	1 839 472	117	159 146	4 793	1 061 336	6 786	402 981	12 002	216 009
西 藏	7 320	187 689	17	13 136	293	34 180	1 444	60 009	5 566	80 364
陕 西	22 939	1 984 715	207	373 643	4 093	1 092 899	5 127	297 818	13 512	220 354

省、直辖市、自治区	总计		特大桥		大桥		中桥		小桥	
	数量（座）	长度（米）	数量（座）	长度（米）	数量（座）	长度（米）	数量（座）	长度（米）	数量（座）	长度（米）
甘肃	8 744	315 787	9	2 778	657	101 555	2 254	116 104	5 824	95 350
青海	4 576	201 116	14	20 584	348	70 396	1 067	60 438	3 147	49 697
宁夏	4 087	186 358	12	16 537	306	64 561	1 072	59 616	2 697	45 644
新疆	12 343	397 482	15	22 876	527	103 296	2 095	116 415	9 706	154 895

2013年全国各省、直辖市、自治区公路客、货运输量及位次

省、直辖市、自治区	客运量		旅客周转量		货运量		货物周转量	
	小计（万人次）	所占位次	小计（亿人公里）	所占位次	小计（万吨）	所占位次	小计（亿吨公里）	所占位次
合计	1 853 463		112 509 430		3 076 648		557 380 776	
北京	52 481	16	1 360 831	25	24 651	28	1 561 929	29
天津	14 556	26	885 583	27	28 206	27	3 136 957	27
河北	52 956	15	2 965 348	19	172 492	5	65 778 873	1
山西	28 487	23	1 966 203	22	82 834	17	12 785 747	15
内蒙古	16 184	25	1 734 449	23	97 058	16	18 727 112	10
辽宁	78 168	9	3 624 336	12	172 923	4	27 920 175	7
吉林	27 403	24	1 686 969	24	38 063	25	11 000 000	17
黑龙江	35 102	21	2 160 670	20	45 288	22	9 729 240	18
上海	3 476	30	1 191 212	26	43 877	24	3 524 214	26
江苏	135 555	2	8 472 817	2	103 709	13	17 904 002	12
浙江	121 185	6	5 829 919	7	107 186	11	13 221 272	14
安徽	119 433	7	7 339 908	3	284 534	1	65 440 223	2
福建	46 895	17	3 306 398	14	69 876	19	8 214 391	21
江西	57 915	14	3 076 941	18	121 279	10	28 290 235	6
山东	64 019	11	5 203 379	8	227 746	3	54 947 841	3
河南	125 450	4	7 123 874	5	162 040	6	44 880 104	4
湖北	80 670	8	4 150 746	10	100 945	14	20 462 765	9
湖南	149 015	1	7 219 340	4	156 269	7	23 295 389	8
广东	133 305	3	12 024 810	1	261 273	2	30 033 647	5
广西	45 606	18	4 157 347	9	124 677	9	18 571 778	11
海南	10 583	27	849 826	28	10 290	29	754 163	31
重庆	61 243	13	3 332 736	13	71 842	18	6 958 912	23
四川	124 145	5	5 991 529	6	151 689	8	12 731 336	16
贵州	77 359	10	3 778 706	11	65 100	20	6 106 414	24
云南	43 392	19	3 231 042	16	98 675	15	9 219 786	20
西藏	1 326	31	310 073	31	1 778	31	814 598	30
陕西	63 650	12	3 231 352	15	105 566	12	16 850 248	13

省、直辖市、自治区	客运量		旅客周转量		货运量		货物周转量	
	小计（万人次）	所占位次	小计（亿人公里）	所占位次	小计（万吨）	所占位次	小计（亿吨公里）	所占位次
甘　肃	33 556	22	2 120 108	21	45 072	23	8 112 113	22
青　海	4 140	29	403 349	30	9 588	30	2 027 634	28
宁　夏	7 568	28	583 405	29	32 502	26	5 094 276	25
新　疆	38 640	20	3 196 224	17	59 620	21	9 285 402	19

注：2013年全国交通运输业经济统计专项调查数据

2013年全国各省、直辖市、自治区水路客、货运输量

省、直辖市、自治区	客运量（万人次）	旅客周转量（万人公里）	货运量（万吨）	货物周转量（万吨公里）
总　计	23 536	683 326	559 785	794 356 507
北　京				
天　津	87	1 022	8 678	22 678 400
河　北			3 048	8 625 373
山　西	118	1 115	30	768
内蒙古				
辽　宁	534	65 178	13 379	78 371 594
吉　林	116	2 490	232	13 423
黑龙江	357	3 997	1 245	78 897
上　海	243	6 232	39 726	139 654 689
江　苏	2 454	39 658	70 909	77 530 248
浙　江	3 111	50 892	76 662	73 570 042
安　徽	67	1 916	100 291	49 136 680
福　建	1 711	28 463	23 162	29 547 139
江　西	207	3 645	8 676	1 983 621
山　东	1 809	110 092	13 478	12 119 868
河　南	255	3 742	9 854	6 184 575
湖　北	442	32 366	24 409	17 912 732
湖　南	1 480	28 502	23 097	5 524 455
广　东	2 157	83 744	78 027	59 155 266
广　西	394	19 199	19 550	11 897 599
海　南	1 356	21 737	6 075	5 324 962
重　庆	689	72 561	12 924	14 204 388
四　川	2 390	28 781	7 100	1 587 722
贵　州	1 755	45 353	1 142	256 172
云　南	1 045	22 289	508	116 488
西　藏				
陕　西	360	7 043	246	8 430

省、直辖市、自治区	客运量（万人次）	旅客周转量（万人公里）	货运量（万吨）	货物周转量（万吨公里）
甘　肃	85	1 590	10	101
青　海	58	742		
宁　夏	256	977		
新　疆				
不分地区			17 328	178 872 875

注：2013年全国交通运输行业经济专项调查数据

2013年全国各省、直辖市、自治区营运汽车拥有量

省、直辖市、自治区	汽车数量合计（辆）	载客汽车		载货汽车	
		辆	客　位	辆	吨　位
总　计	**15 047 322**	**852 566**	**21 702 588**	**14 194 756**	**96 139 137**
北　京	241 105	54 822	691 431	186 283	869 250
天　津	169 099	9 305	358 961	159 794	864 307
河　北	1 344 509	29 731	728 492	1 314 778	11 505 355
山　西	502 946	14 029	396 213	488 917	4 657 458
内蒙古	412 618	12 880	430 358	399 738	3 199 716
辽　宁	793 537	25 220	785 641	768 317	4 653 474
吉　林	329 363	14 263	429 982	315 100	2 082 778
黑龙江	475 852	18 062	515 445	457 790	3 372 177
上　海	239 940	21 312	527 994	218 628	1 944 079
江　苏	771 789	44 005	1 622 180	727 784	5 792 966
浙　江	514 165	31 684	1 026 270	482 481	2 734 943
安　徽	695 637	34 410	897 033	661 227	4 727 364
福　建	274 929	18 765	517 454	256 164	1 647 444
江　西	403 833	17 976	483 950	385 857	3 255 339
山　东	1 137 611	32 206	1 002 914	1 105 405	9 500 902
河　南	1 146 566	50 031	1 445 624	1 096 535	7 325 221
湖　北	470 005	42 237	918 292	427 768	2 333 710
湖　南	465 916	48 266	1 114 378	417 650	2 210 333
广　东	984 968	43 092	1 627 457	941 876	5 063 308
广　西	452 745	33 883	891 982	418 862	2 419 061
海　南	59 807	5 902	163 685	53 905	235 516
重　庆	275 428	19 214	502 486	256 214	1 391 163
四　川	607 899	53 337	1 179 974	554 562	2 677 585
贵　州	257 565	29 772	617 790	227 793	909 342
云　南	600 268	48 844	781 600	551 424	2 191 232
西　藏	40 674	5 143	105 163	35 531	246 407
陕　西	379 780	26 605	597 100	353 175	2 275 524
甘　肃	282 967	20 494	449 952	262 473	1 342 523

省、直辖市、自治区	汽车数量合计（辆）	载客汽车		载货汽车	
		辆	客 位	辆	吨 位
青 海	87 417	3 731	80 168	83 686	436 044
宁 夏	141 712	5 964	164 732	135 748	1 067 091
新 疆	486 672	37 381	647 887	449 291	3 207 525

2013年全国各省、直辖市、自治区交通固定资产投资额（按地区和使用方向分）

单位：万元

省、直辖市、自治区	总 计	公路建设	沿海建设	内河建设	其他建设
总 计	**155 332 200**	**136 922 007**	**9 824 916**	**5 459 705**	**3 125 573**
东部地区	56 155 091	42 856 279	9 334 647	2 048 781	1 915 383
中部地区	38 371 607	35 992 675		1 994 313	384 619
西部地区	60 805 501	58 073 051	490 269	1 416 610	825 571
北 京	1 122 319	924 987			197 332
天 津	2 428 656	989 553	1 435 114		3 989
河 北	8 820 800	6 904 658	1 829 217		86 925
山 西	3 792 367	3 763 717			28 650
内蒙古	6 567 867	6 560 867		552	6 448
辽 宁	2 285 790	1 696 903	565 572	805	22 510
吉 林	1 368 749	1 367 601		348	800
黑龙江	1 203 381	1 160 437		19 235	23 709
上 海	2 065 158	1 457 858	164 703	87 082	355 515
江 苏	5 962 613	3 810 967	497 986	1 602 887	50 773
浙 江	9 060 482	6 758 206	1 201 285	236 710	864 281
安 徽	7 047 549	6 509 393		510 367	27 789
福 建	8 181 254	7 049 719	1 092 266	3 000	36 269
江 西	3 565 434	3 506 484		51 837	7 113
山 东	5 464 769	4 202 113	1 075 147	87 325	100 184
河 南	4 764 621	4 596 272		122 249	46 100
湖 北	9 401 926	8 193 200		988 408	220 319
湖 南	7 227 582	6 895 573		301 870	30 139
广 东	9 695 990	8 479 928	1 086 173	30 972	98 917
广 西	6 996 806	6 026 706	490 269	444 288	35 543
海 南	1 067 259	581 387	387 184		98 688
重 庆	4 618 707	4 211 154		316 139	91 414
四 川	11 666 778	10 730 331		488 826	447 621
贵 州	8 590 085	8 459 294		123 320	7 471
云 南	6 271 660	6 241 426		24 299	5 935
西 藏	1 211 838	1 211 538			300
陕 西	3 261 134	3 239 646		2 313	19 175

省、直辖市、自治区	总　计	公路建设	沿海建设	内河建设	其他建设
甘　肃	4 643 282	4 529 732		10 578	102 972
青　海	1 956 560	1 858 373		4 395	93 792
宁　夏	914 680	909 880		1 900	2 900
新　疆	4 106 104	4 094 104			12 000
兵　团	581 445	581 445			

2013年全国各省、直辖市、自治区民用运输轮驳船拥有量

省、直辖市、自治区	艘数（艘）	净载重量（吨）	载客量（客位）	集装箱位（标箱）	功率（千瓦）
总　计	**172 554**	**244 010 334**	**1 032 998**	**1 701 624**	**64 846 571**
北　京					
天　津	422	8 551 856	3 137	3 299	1 745 954
河　北	1 535	3 477 921	16 820	544	585 558
山　西	249	4 073	3 314		14 197
内蒙古					
辽　宁	534	8 095 951	29 919	5 764	1 334 492
吉　林	897	40 601	20 053		41 607
黑龙江	1 602	293 423	22 186	402	133 013
上　海	1 764	30 556 817	71 913	844 049	10 157 894
江　苏	47 774	43 131 965	53 534	37 620	10 455 242
浙　江	18 208	23 775 322	77 531	17 349	6 565 272
安　徽	28 721	31 751 999	15 193	42 864	8 419 370
福　建	2 174	7 913 693	30 586	127 791	2 287 623
江　西	3 942	2 294 612	10 758	2 953	731 640
山　东	12 024	14 891 950	63 273	17 852	3 158 599
河　南	5 196	5 887 829	11 329		1 867 510
湖　北	4 794	7 612 307	41 611	23 348	1 892 374
湖　南	8 067	3 029 408	73 601	3 272	1 222 314
广　东	8 494	24 046 901	78 700	123 377	6 322 626
广　西	8 662	7 430 171	103 685	103 590	1 970 310
海　南	523	1 799 307	30 408	16 045	589 875
重　庆	3 700	5 200 972	83 372	56 027	1 470 924
四　川	7 614	1 086 401	86 805	5 509	508 485
贵　州	2 018	129 421	43 563		148 026
云　南	952	120 640	20 303	12	97 781
西　藏					
陕　西	1 345	29 534	20 785		40 984
甘　肃	434	1 494	7 675		30 521

省、直辖市、自治区	艘数（艘）	净载重量（吨）	载客量（客位）	集装箱位（标箱）	功率（千瓦）
青 海	65		1 943		13 695
宁 夏	691		11 001		30 498
新 疆					
不分地区	153	12 855 766		269 957	3 010 187

（本栏目供稿单位：厅规划处）

常用缩略语注释

国家高速公路“7918”网：2005年，国务院审议通过的《国家高速公路网规划》由7条首都放射线、9条南北纵线和18条东西横线组成，简称“7918”网，总规模8.5万公里。

农村公路“四项机制”：自上而下的宣传机制、自下而上的民主决策机制、公开透明的群众监督机制、全社会支持参与的援助机制。

治理公路 “三乱”：乱设站卡、乱罚款、乱收费。

运输管理“三把关一监督”：严把运输经营者市场准入关，严把营运车辆技术关，严把驾驶员资格关；强化源头管理，完善动态监督。

汽车客运站管理“三不进站，五不出站”：易燃、易爆、易腐蚀物品不进站，无关人员不进站，无关车辆不进站；行驶证、驾驶证、从业资格证、道路运输证、客运线路标志牌、超长客运派车通知单不全或不符合规定的，报班车辆安检不合格的，驾驶员酒后和不按规定配备驾驶员的，车辆超载、超高的，天气恶劣不宜行车等情况不能出站。

超长客运管理“五统一”：建立超长客运管理中心、客运站、代办点三级售票网络，将车票代售网点建到每一个乡镇，实行统一售票；实行政府指导价，统一超长客运票价；根据售票情况，统一运力调度；对客车线路牌收发、运行费用报销、单车服务质量实施统一管理；实行单车趟次结算、按座位系数结算的分配方式，统一营收分配。

严禁旅客携带“三品”：易燃品、易爆品、危险品。

建设工程管理“两项达标、四项严禁、五项制度”：施工人员管理达标，施工现场防护达标。严禁在泥石流区、滑坡体、洪水位下等危险区域设置施工驻地；严禁违规进行挖孔桩作业，钻孔确有困难的不良地质区，设计单位要进行专项安全设计并按设计变更规定，经批准后实施；严禁长大隧道无超前预报和监控量测措施施工；严禁违规立体交叉作业。施工现场危险告知制度，施工安全监理制度，专项施工方案审查制度，设备进场验收登记制度和安全生产费用保障制度。

安全管理“一岗双责”：主要负责人对安全工作负总责，其他副职领导既对各自分管的业务和部门负责，又对分管业务范围内的安全生产工作负责。

行政审批管理“两集中，两到位”：部门的行政审批职能向一个内设机构相对集中，该内设机构向政务服务中心集中；部门将行业审批权向政务服务中心窗口授权到位，行政审批事项在政务服务中心办理到位。

行政执法管理“八禁止，八不准”：禁止酒后执法、禁止粗暴执法、禁止单人执法、禁止无证执法、禁止越权执法、禁止随意执法、禁止趋利执法、禁止谋私，执法主体不合法不准处罚、执法人员着便装不准处罚、执法程序不合法不准处罚、执法文书不合法不准处罚、认定事实不准确不准处罚、罚款收据不规范不准处罚、适用法规不正确不准处罚、缴罚收支不分离不准处罚。

一枢纽、三中心、四基地：即建设贯通南北、连接东西、通江达海的西部综合交通枢纽，建设西部物流中心、商贸中心和金融中心，建设重要战略资源开发基地、现代加工制造业基地、科技创新产业化基地、农产品深加工基地。

两个加快：即加快建设灾后美好新家园、加快建设西部经济发展高地。

四江六港：四江即长江、岷江、嘉陵江、渠江，六港即宜宾港、泸州港、乐山港、广元港、南充港、广安港。

两客一危：指从事旅游的包车、三类以上班线客车和运输危险化学品、烟花爆竹、民用爆炸物品的道路专用车辆。两客是指单次运营里程超过800公里的客运车辆和高速公路客运车辆；一危是指危险品运输车辆。

再造一个都江堰灌区：从2009年至2016年，加快推进水利基础设施建设，新增和恢复蓄引提水能力86亿立方米，新增有效灌面712 666.67公顷，相当于“再造一个都江堰灌区”。

两基：即基本普及九年义务教育、基本扫除青壮年文盲。

藏区“9+3”教育计划：从2009年到2013年，在全面实施九年义务教育的基础上，每年组织藏区1万名初中毕业生和未升学的高中毕业生到内地免费接受中等职业教育；支持藏区发展职业教育，办好中职学校，使藏区中职学校年招生规模由现在的不到3 000人发展到4 000人。

交通行政执法形象“四统一”：统一执法标识标志、统一执法证件、统一执法服装、统一执法场所外观。

机构及领导名录

JIGOU JI LINGDAO MINGLU

2013年交通运输部部领导名录

党组书记、部长	杨传堂
党组副书记、副部长，兼中国民用航空局局长、党组书记（正部级）	李家祥
党组副书记、副部长	翁孟勇
副部长、党组成员	冯正霖
副部长、党组成员，兼国家铁路局局长、党组书记	陆东福
中央纪委驻交通运输部纪检组组长、党组成员	李建波
党组成员，兼国家邮政局局长、党组书记	马军胜
副部长、党组成员	何建中

（厅办公室）

2013年四川省交通运输厅厅领导名录

党组书记、厅长（2013.01免职，2013.02任省政协副主席）	高 烽
党组书记、厅长（2013.01任职）	彭 琳
党组副书记、副厅长	周道平
党组成员、副厅长	白理成
党组成员、副厅长（2013.11改任巡视员）	鲜 雄
党组成员、副厅长	张晓燕
党组成员、副厅长	冯文生
党组成员、副厅长	黄英权
党组成员、副厅长	张 琪
党组成员、省纪委（监察厅）派驻厅纪检组长、监察专员	李传林
党组成员、机关党委书记	侯 钫
党组成员、总工程师	陈乐生
党组成员、安全总监	胡大昌
巡视员（2013.08免职，任省政协常委）	杨占昌
巡视员	代宗明
巡视员	王义广
副巡视员	黄兴棣
副巡视员	赵家栋
副巡视员	寇小兵
副巡视员	陈双全
副巡视员	涂正国
副巡视员	周奇奇

2013年四川省交通运输厅内设机构及领导名录

厅办公室（精神文明建设办公室）
主 任 廖文彬
副主任、调研员 冯书明
副主任、调研员 杨 丽
副主任 屈洪斌

厅政策法规处（行政审批处）
处 长 王 波
副处长 黄 利
副处长 潘玉华

厅综合规划处
处 长 刘四昌
副处长、调研员 李武强
副处长 李永亮

厅财务处
处 长 刘洁梅
副处长 陈亚莉
（2013.12任厅审计处副处长）
副处长 周翠琼
（2013.04任职）

厅人事劳动处
处 长 胡洪波
副处长、调研员 但 伦
副处长 李 可

厅建设管理处
处 长 蒋永林
副处长 刘玉荣
副处长 王茂奎

厅运输管理处
处 长 吴 波
副处长 彭 涛
（2013.12任厅安全监督处副处长）

厅安全监督处（应急办公室）
处 长 周 英
副处长 彭 涛
（2013.12任职）

厅审计处
处 长 李荣华
副处长 陈亚莉
（2013.12任职）

厅科技教育处
处 长 黄 浩
副处长 权 全
副处长 刘 怡
（2013.06任职）

厅外经外事处
处 长 谌试义
副处长、调研员 程 玲
（2013.12任职）
副处长 姚 平

厅城市公共客运指导处（出租车行业指导办公室）
处 长 蒋 毅
副处长 李欣荣

厅信访处
处 长 姜洪武

省纪委驻厅纪检组、省监察厅驻厅监察室
副组长、主任 涂孝忠

厅公安处
副处长、调研员 费世奇

厅离退休人员工作处
副处长、调研员 程 玲
（2013.12任厅外经外事处副处长、调研员）
副处长 李宏琳

厅机关党委
副书记 张 钧

省交通战备办公室
副主任 王子开
副主任 廖兴国

2013年四川省交通运输厅直属单位领导名录

四川省交通运输厅公路局
局长、党委书记 朱学雷
（副厅级，2013.12免职）
副局长、党委副书记 聂 平
（2013.12改任调研员）
副局长 罗玉宏
副局长 蒲宜仙
副局长、纪委书记 许 磊
（2013.11任副局长，免党委副书记）
工会主席 谢能剑
总工程师 于天才

四川省交通运输厅航务管理局（四川省地方海事局、四川省船舶检验局）
局长、党委书记 许东明
（副厅级）
副局长 伍 岗
（2013.04改任调研员）
副局长 王宗荣
副局长 杨伯超
副局长 杨小宁
党委副书记、纪委书记 赵旭东
监督长 李跃勤

四川省交通运输厅道路运输管理局
局长、党委副书记 邱小发
（副厅级）
党委书记、副局长 王晓世
副局长 任胜平
副局长 赵 建
（2013.04改任调研员）
副局长 刘 剑
党委副书记、纪委书记 左思英
总工程师 张 洪

四川省交通运输厅高速公路管理局（四川省交通运输厅高速公路交通执法总队）

局长（总队长）、党委副书记 张 琪（兼任）
党委书记、副局长（副总队长）、纪委书记 刘 刚
副局长（副总队长） 梁 奕
副局长（副总队长） 陈光华
总工程师 祁家全

四川省交通运输厅高速公路交通执法第一支队

支队长 龚文春
副支队长 卓德辉
副支队长 杨远见

四川省交通运输厅高速公路交通执法第二支队

支队长 黄 健
副支队长 李俊国
副支队长 付华全
副支队长 王 庆

四川省交通运输厅高速公路交通执法第三支队

支队长 雷 健
副支队长 赵 刚
副支队长 刘 坚

四川省交通运输厅高速公路交通执法第四支队

支队长 王明福
副支队长 王 翌
副支队长 唐南彬
副支队长 吴 晨

四川省交通运输厅高速公路交通执法第五支队

支队长 陈钟明
副支队长 杨建刚
副支队长 陈其勇
副支队长 吕 军

四川省交通运输厅高速公路交通执法第六支队

支队长 李 伟
副支队长 梁国滨
副支队长 胡 刚

四川省交通运输厅高速公路交通执法第七支队

支队长 李威明
副支队长 王建军
副支队长 陈 岗

四川省交通运输厅高速公路监控结算中心（四川省交通科学研究所、四川智能交通系统管理有限责任公司）

主任（所长、总经理）、党委书记 柏吉琼
监控结算中心副主任 周 敏
监控结算中心副主任 龚文安
监控结算中心工会主席 何 伟
科研所副所长 戴 元
科研所副所长 罗 强
科研所副所长 张礼虎

四川省交通运输厅工程质量监督局

局长、党总支书记 刘孝明
副局长、党总支副书记 刘 星
副局长、工会主席 刘金涛

四川省交通运输工会委员会

主 席 陈双全（兼任）
副主席 涂 蕻
副主席 刘念江

四川交通职业技术学院

党委书记 侯 钫（2013.03免职）
党委书记、副院长 王东平（2013.03任党委书记）
院长、党委副书记 魏庆曜
副院长 李全文
副院长 王永莲
副院长 唐 涌
副院长 彭 谦（2013.08调入任职）
副院长 陈 斌（2013.09任职）
党委副书记、纪委书记 孙永辉
工会主席 黄先琪

四川省交通管理学校

校 长 王东平（兼任）
党委书记 谢玉树（2013.12免职）
副校长 穆树林
副校长 赵 明
副校长 瞿 勇
党委副书记、纪委书记兼工会主席 王志荣

四川省交通运输职业学校

校 长 李 青（2013.04任职）
党委书记 李 毅（2013.06任职）
副校长 周 萍
副校长 王雪飞
原四川省交通运输技工学校副校长 赵茂荣（保留副处级）

四川省交通运输厅公路勘察设计研究院

院长、党委书记 唐永建
副院长、党委副书记 吉随旺（2013.04任副书记）
副院长 徐德玺（保留正处级）
副院长 刘云辉
副院长 李玉文
副院长、总工程师 庄卫林
副院长 刘万春
纪委书记 宋光润（2013.04免职）
党委副书记、纪委书记 王 毅（2013.04任纪委书记，免工会主席）

四川省交通运输厅交通勘察设计研究院

院长、党委书记 王 玮
副院长 曾 林
副院长 蒋自强
副院长 蹇 依
党委副书记、纪委书记 张世慧
总工程师 李崇明
工会主席 李新江

四川省交通运输厅交通建设工程造价管理站

站 长 钱育锋
副站长 马海燕
副站长 李世洪

四川省重点公路工程监理处（四川公路工程咨询监理公司)

处长、董事长 吴六政

（2013.04任董事长）
董事长 肖鸣学
（2013.04免职）
党总支书记 范洪成
副处长 段永煌
（2013.12免职）
副处长 唐元华
副处长 刘 臻
公司工会主席 陈 谋

四川省大件公路管理处
副处长、党总支副书记 刘晓东
（主持工作）
副处长、党总支副书记 何天茂

四川省交通宣传中心
主 任 吴 丹

副主任 周显仁
副主任 徐 航

四川省交通运输厅信息中心
主 任 范双成
副主任 钟映梅

四川省交通运输厅交通史志总编室
总编辑 黄 丽
副总编辑 陈建萍

四川省交通运输厅机关后勤服务中心
党委书记、主任 李光德
副主任 李 明
副主任 周德树
副主任 唐蓉华

四川省交通运输厅就业服务中心
主 任 孙 建

四川兴蜀公路建设发展有限责任公司
董事长、党委书记 曾 宇
董事、总经理 柯 勇
董事、副总经理、党委副书记、纪委书记 鞠友才
董事、副总经理 晏大蓉
董事、副总经理 刘 涛
董事、总工程师 袁 泉
工会主席 刘 健

四川省交通运输厅公路局医院
院 长 甘华山
党委书记 邓华贵
（厅人事处）

2013年四川省市（州）交通运输局（委）领导名录

成都市交通运输委员会
党组书记、主任 胡庆汉
党组副书记、副主任（正局级） 涂 智
党组成员、副主任 张子祥
党组成员、副主任 叶 辉
（2013年10月调离市交委）
党组成员、副主任 江 河
党组成员、副主任兼市邮政管理局局长 罗 萍
市纪委派驻成都市交委党组成员、纪检组组长 傅 捷
党组成员、副主任 杜进有
党组成员、机关党委书记 王 宏
党组成员、总工程师 陆 辉

自贡市交通运输局
党组书记、局长 杨万山
党组成员、副局长 张世斌
（2013.05任职）
党组成员、副局长 江 泠
党组成员、副局长、邮政管理局局长 黄贵明
党组成员、副局长 陈 鹏
（2013.08任职）
党组成员、副局长 王 平
（2013.05任职）
党组成员、纪检组长 颜 锐
（2013.03任职）
党组成员、机关党委书记 魏旭春
（2013.11任职）
党组成员、安全总监、交战办主任 卢天禄
（2013.05任职）
党组成员、总工程师 张代江
党组成员、公路局局长 高建军
（2013.05任职）

攀枝花市交通运输局
党委书记、局长 雷 雨
党委副书记、市交通战备办主任 苟顶才
党委委员、副局长 朱 斌
党委委员、副局长 朱良清
党委委员、副局长 王 勇
党委委员、纪委书记、工会主席 强兴林
党委委员、总工程师 刘应贵
党委委员、副局长 胡昱冰

泸州市交通运输局
党组书记、局长 梁中元
党组成员、副局长 陶泊滔
副局长 蒲 俐
党组成员、副局长 兰 均
党组成员、纪检组长 杜文杰
总工程师 王顺蓉
安全总监 陈曲平
机关党委书记 肖云贵

德阳市交通运输局
党委书记、局长 季 涛
（2013.09离职）
党委书记、局长 李 霞
（2013.09任职）
党委委员、副局长 刘仁森
党委委员、副局长 郑国伟
副局长 汪国华
党委委员、副局长、总工程师 曾俊明
党委委员、副局长 罗绪平
党委委员、纪委书记 高 云

党委委员、机关党委书记　王　志
（2013.02任职）
党委委员兼副局长，邮政管理局局长　禹　刚

绵阳市交通运输局

党委书记、局长　段　扬
党委委员、副局长　练才伟
党委委员、副局长　王明庚
党委委员、副局长　黄传钢
党委委员（兼）、副局长（兼）景　炜
党委委员、纪委书记　莫成贵
党委委员、机关党委书记　兰　宏
市交通战备办公室主任　曹建龙
（2013年4月免职）
安全总监　何　俊
调研员　廖和平
调研员　谢焕康
（2013年5月退休）
党委副书记、市交通运输局公路管理处处长　周　兴
（2013年10月免职）
总工程师　刘国学
（2013年10月免职）

广元市交通运输局

党组书记、局长　王国培
党组副书记、副局长　吴文斌
（2013年4月任党组副书记职务）
党组成员、副局长，市交战办主任　夏长万
党组成员、副局长　张益民
（2013年2月离职）
党组成员、副局长　王　强
党组成员、副局长　韩顺东
党组成员、副局长、市邮政管理局局长　李茂泉
（2012年12月任职）
党组成员、市纪委派驻市交通运输局纪检组组长　吕广林
党组成员、直属机关党委书记　马　军
总工程师　陈代平
安全总监　赵　华
市交通工会主席　张凯旋

遂宁市交通运输局

局长、党委副书记　周　华
党委书记　杨忠义
党委副书记　舒兆康
党委委员、副局长　袁仕平
党委委员、副局长　邹　坤
党委委员、副局长、邮政管理局局长　赵　铭
党委委员、副局长　余礼军
党委委员、纪委书记　袁仲强

内江市交通运输局

党委书记、局长　杨　忠
党委委员、副局长　刘　波
党委委员、副局长　王　亮
副局长　刘晓泉
党委委员、局纪委书记　戴官印
党委委员、市交战办主任　陈跃冬
党委委员、总工程师　徐洪友

乐山市交通运输委员会

党组书记、主任　刘忠福
党组副书记、副主任　熊建新
党组成员、副主任，市邮政管理局局长　邓绍连
党组成员、副主任、交通战备办公室主任　朱明友
（2013.05　任职）
党组成员、副主任　张开立
党组成员、副主任　吴礼刚
党组成员、副主任　彭治中
党组成员、副主任　涂泽江
副主任　毛志坚
（2013.12　离任）
党组成员、市公路局局长　王　川
党组成员、市航务（海事）局局长　刘　敏
党组成员、市运管局局长　邓世龙
党组成员、纪检组长　刘　合
党组成员、市高管办主任　刘凤枢
党组成员、市重点办主任　袁　平
（2013.04　由市铁路办主任转任市重点办主任）
党组成员、安全总监　李　锦
党组成员、直属机关党委书记　刘　陈
党组成员、市航电办主任、征地拆迁处处长　李中华
党组成员、总工程师、前期办主任　刘俊学
党组成员、市铁路办主任　何朝甫
（2013.08任市铁路办主任，2013.12月任党组成员）

南充市交通运输局

党委书记、局长　蔡绍雄
党委委员、副局长　黄　伟
党委委员、副局长　刘　平
党委委员、副局长　蒲五才
党委委员、副局长、市邮政管理局局长　罗通明
党委委员、纪委书记、监察室主任　张学明
党委委员、总工程师　谭晓斌
党委委员、安全总监　杨淮森
党委委员、市交通战备办公室主任　薛加双
党委委员、市公路管理局党委书记、局长　李　翔
党委委员、市航务（海事）管理局党委书记、局长　李　平
党委委员、市道路运输管理局局长　曾　颖

宜宾市交通运输局

党委书记、局长　李仕华
党委副书记、运管局局长　刘　炯
党委委员、党委副书记　刘　骐
党委委员、纪委书记　吴定源
党委委员、副局长　华　涛
党委委员、副局长　黄　斌
党委委员、副局长　罗　昕
副局长　李兴岷

达州市交通运输局

党组书记、局长　马先奎
党组成员、副局长、市运管处处长　廖仕文
党组成员、纪检组长　杜泽权
党组成员、副局长、市交战办主任　苏万生
党组成员、副局长、市邮政管理局长　何　峰
党组成员、副局长　王乐钢
党组成员、机关党委书记　甘立刚
党组成员、副局长　刘巨明
党组成员、总工程师　荆　林

党组成员、工会主席 张显文
党组成员、安全总监 彭 铸

广安市交通运输局

党组书记、局长 王晓明
党组成员、市运管处处长 张德坤
党组成员、副局长 曾祖军
党组成员、机关党委书记 李兴华
党组成员、副局长（兼）、市邮政管理局局长 陈武林
党组成员、副局长 刘 伟
党组成员、副局长 郑永锋
党组成员、纪检组长 柳维波
党组成员、市航务（海事）局局长 周进才
党组成员、市公路处处长 姚建国
总工程师 段正中

巴中市交通运输局领导名录

党委书记、局 长 熊 彬
党委委员、副局长 周益云
党委委员、副局长 杨述兰
党委委员、纪委书记 向凌波
党委委员、副局长 何清元
（2013年12月任职）
党委委员、副局长 周照森
（2013年12月任职）
党委委员、副局长 刘文忠
党委委员、机关党委书记 黄 慧
（2013年12月任职）
党委委员、正县级干部 杨培静

雅安市交通运输局

党委书记、局长 张 桥
党委委员、副局长 王 翔
党委委员、副局长 叶其林
党委委员、副局长 马永强
党委委员、副局长 曹孝君
党委委员、副局长 雍黎明
（2013年6月任职）
党委委员、副局长 周文献
（2013年12月任职）
党委委员、纪委书记 彭勇强
党委委员、局机关党委书记 文 平

眉山市交通运输局

党组书记、局长 龙学渊
（2013.10离任）
党组书记、局长 顾贵鹏
（2013.10任职）
党组成员、市公路管理局局长 刘小伶
党组成员、副局长 汪文毅
党组成员、副局长、市邮政管理局局长 覃建伟
党组成员、副局长 韩顺江
党组成员、总工程师 牟德明
党组成员、机关党委书记 崔秀丽
党组成员、纪检组长 陈 行

资阳市交通运输局

党委书记、局长 严小平
党委委员、副局长 傅裕强
副局长 倪 勋
党委委员、副局长 施 毅
党委委员、副局长 周向阳
副局长 郑 勇
党委委员、局纪工委书记 樊代英
党委委员、市交通战备办公室专职副主任 魏 鲲
党委委员、机关党委书记 宋晓星
党委委员、总工程师 张祖德

阿坝州交通运输局

党组书记、局长 陈 琪
副局长、州公路局长（兼） 朱天猛
党组成员、副局长 刘显辉
党组成员、纪检组长 朱燕菊
党组成员、副局长 李友强
（2013年11月离任）
副局长 闫光杰
（2013年3月交通运输部下派）
党组成员、总工程师 詹永康
党组成员、交通战备办公室专职主任 杨太平
（2013年3月任职）
党组成员、副局长 吕 军
（援藏挂职干部）
党组成员、安全总监 尹 忠

党组成员、州运管处处长 马兴明

甘孜州交通运输局

党委书记、局长 冉 义
党委副书记、副局长 倪子文
党委委员、副局长 丁 虹
党委委员、副局长 夏晓敏
副局长 闻 琼
副局长 李王斌
党委委员、副局长（兼） 刘 江
党委委员、副局长（援州干部） 权 全
总工程师 刘军儒
党委委员、政治部主任 康秀英
党委委员、纪委书记 唐劲松
党委委员、安全总监 周道良

凉山州交通运输局

局长、 党组书记 沈鲁清
党组副书记 、常务副局长 雷 鸣
副局长 陈兵文
党组成员、副局长、凉山州公路局局长 赵 勇
党组成员、交通战备办公室主任 吴晓平
党组成员、副局长 姚 平
（挂职）
党组成员、副局长 卢汉荣
（2013.12免职）
党组成员、总工程师 林 芳
党组成员、安全总监、财务科科长 李 波
党组成员、纪检组长、公路运输管理处处长 张万松
（2013.7纪检组长离职，2013.7公路运输管理处处长任职）
党组成员、机关党委书记 冈永新
（2013.12免职）
党组成员、凉山州路政支队队长 阿木古合

（各市〈州〉交通局〈委〉）

享受国务院政府特殊津贴人员名单

（四川省交通运输厅直属单位）

姓　名	工作单位	批准时间
牟廷敏	四川省交通运输厅公路规划勘察设计研究院	2009年
甘华山	四川省交通运输厅公路局医院	2011年

四川省学术和技术带头人名单

(四川省交通运输厅直属单位)

姓　名	工作单位	批准年度
庄卫林	四川省交通运输厅公路规划勘察设计研究院	2006年
吉随旺	四川省交通运输厅公路规划勘察设计研究院	2011年
甘华山	四川省交通运输厅公路局医院	2013年
王永莲	四川交通职业技术学院	2013年

四川省有突出贡献优秀专家名单

（四川省交通运输厅直属单位）

姓　名	工作单位	批准年度
周永江	四川省交通运输厅公路规划勘察设计研究院	2008年

（厅人事处）

索引

SUOYIN

一、本索引按汉语拼音字母顺序排列。内文中包含的表格、内文插图、专稿在其款目后括号内分别注明“表”“图”“专”，彩色插页标识注明“插”。

二、索引款目后的数字表示内容所在的页码，数字后的字母（a、b）表示栏别（即版面的1、2栏）。

A

C

D 

E

F

G

H 

 J 

L

M

N

Q

T

W

X

Y

Z 

	1
	2
3	4

1 2013年6月2日，交通运输部部长杨传堂（前中）在四川省副省长王宁、成都市市长葛红林、省交通运输厅厅长彭琳等陪同下调研成都东客站综合交通枢纽建设情况

2 2013年6月2日，交通运输部部长杨传堂（前中）一行考察成都二环路快速公交

3 2013年6月2日，交通运输部部长杨传堂（前左）一行调研并体验成都二环路快速公交

4 2013年6月2日，交通运输部部长杨传堂（前中）一行考察成都地铁

1	4
2	5 6
3	7 8

1 成都第二绕城高速公路东段施工现场

2 成都第二绕城高速公路西段施工现场

3 成都机场高速公路高新段

4 成都二环路快速公交站台

5 成都二环路上运行的快速公交车是车长为18米（左侧设门2道、右侧设门3道）的低地板CNG（压缩天然气）高档车，尾气排放采用国V（国家五级排放）标准

6 成都市交委深入社区，广泛征集公交线路调整意见

7 社区巴士

8 社区巴士临时停放点

全友美家

成都公交倾听民意座谈会
成都公交集团公司 芳草街街道办事处 元通社区

Bus parking
公交车辆
临时停放点
火警电话：119
医警电话：110
成都公交集团
运兴巴士有限公司

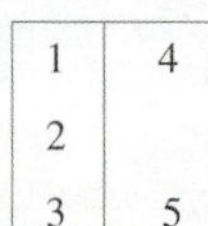

1 2013年，成都电召出租车队

2 2013年，成都市交委开展出租车驾驶员学习英语活动，以便更好地服务在成都举办的《财富》全球论坛

3 2013年，成都市交通运输行政执法总队设卡检查出租车市场

4 2013年，成都市高新区北一路公共自行车租赁点

5 2013年9月26日，成都市交委党组副书记、副主任涂智（正面左四）带领相关处室负责人参加“成都面对面”政风行风热线节目

绿色出行 低碳生活

成都人民广播电台
成都面对面
主办单位

1	4
2	5
3	6 7

1 2013年，中共自贡市委书记雷洪金（前右二）调研自贡市交通建设情况

2 2013年，省交通运输厅机关党委书记侯钫（中）调研自贡高速公路建设情况

3 2013年，自贡市交通运输局局长杨万山（前左四）检查高速公路治理超限超载工作

4 2013年，改造后的自贡市北环路

5 2013年，建成的自贡板仓货运站

6 2013年7月，建成并投入使用的自贡东站

7 2013年，自贡市试点开通农村客运“便民巴士”

2013年10月29日，中共四川省委副书记、省长魏宏（前右三），副省长王宁（前右四）视察在建的丽攀高速公路攀枝花段　卓毓林 摄

2013年10月30日，中共攀枝花市委书记刘成鸣（前左二）调研市交通建设重点项目鱼塘至机场路连接线新建工程　卓毓林 摄

	1	
2		3
		4
5	6	

1 2013年，建成通车的丽攀高速公路攀枝花段狮子石隧道

2 2013年，建成通车的丽攀高速公路攀枝花市境段

3 2013年11月19日，攀枝花机场路大修现场　　唐　辉 摄

4 2013年10月30日，省道310线红格至雅江桥段大修施工现场　　唐　辉 摄

5 2013年 1 月，在建中的丽攀高速公路倮果金沙江特大桥　　韩　勇 摄

6 2013年8月17日，倮果大桥桥面施工现场　　周小虎 摄

2013年4月19日，省交通运输厅厅长彭琳（前右二）调研泸州交通运输工作

2013年6月3日，建成通车的泸渝高速公路　　牟 科　摄

1 2
3
4 5

1 2013年8月30日，成自泸赤高速公路仰天窝段建成通车　　牟　科　摄

2 2013年5月启动的万得路安保工程

3 当选“四川十大最美丽乡村公路”第四名的泸州玄滩镇玉石路

4 2013年9月29日，泸—汉—台集装箱快班首航

5 2013年，在建中的泸州港集装箱二期平台

1 成都第二绕城高速公路广汉段建设场景

2 天星大道施工场景

3 广汉市村道公路

4 国道108线广汉至青白江段

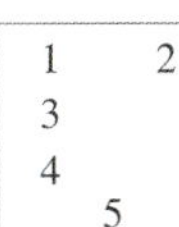

1 德阳中江县冯店镇新仓村跳蹬桥

2 德阳玉兴渡口新船

3 2013年3月30日，德阳首届“的士公交文化活动周”暨“的士之星”“公交之星”表彰会

4 2013年6月26日，德阳裕兴公交公司成立“裕兴公交志愿服务队”

5 2013年4月29日，德阳举行首批高级新能源公交车投运仪式

1 2013年4月1日，省交通运输厅厅长彭琳（前左二）在绵阳黄土镇方碑村调研农村公路规划及建设情况

2 辽宁援建的辽安大道　　焦 勇 摄

3 山东大道安昌场镇过境段　　母广华 摄

4 改造后的绵广高速公路绵阳连接线　　焦 勇 摄

5 改造提升后的磨（家）贾（家店）路　　焦 勇 摄

1
2 3
5 4
6 7

1 改造提升后的绵（阳）梓（潼）路　焦 勇 摄

2 建设中的黄土梁隧道引道上的桥梁　雷通全 摄

3 唐家山隧道　任国忠 摄

4 骡子岩隧道　任国忠 摄

5 便民公共自行车　任国忠 摄

6 智能公交站台　任国忠 摄

7 绵阳盐亭县新建的工业园区嫘祖大道

2013年5月14日，中共广元市委书记马华（前右一）在广元港红岩作业区施工现场调研

2013年2月20日，广元市市长王菲（中）在广南高速公路现场调研并了解广元连接线（万源至龙潭）设计方案

1	
2	3
4	5

1 国道108线广元段示范路

2 2013年12月29日，飞仙关嘉陵江大桥建成通车

3 2013年9月29日，国道108线陵江至宝轮改线工程开工现场

4 建设中的广陕广巴高速公路连接线南河大桥

5 2013年4月3日，省道105线风动岩公路灾害治理施工现场

遂宁交通
SUINING JIAOTONG

1 3

2 4 5

6

1 2013年4月8日，四川省政协副主席、秘书长高烽（前右一）、省交通运输厅副厅长张琪（前左一）调研遂宁交通运输建设情况

2 2013年4月10日，省交通运输厅厅长彭琳（前右）在遂宁市蓬溪县金桥新区调研遂广、遂西高速公路建设

3 2013年10月25日，中共遂宁市委常委、政法委书记刘德福（左三）现场办公解决遂西高速公路建设困难

4 2013年10月10日，遂西高速公路蓬溪赤城湖水库大桥桩基浇注达到设计高程

5 遂广高速公路遂宁金桥桥梁成品

6 绵遂高速公路遂宁涪江段

1 2013年3月7日，乐山市领导调研交通重点项目建设

2 2013年12月30日，乐自高速公路全线通车

3 2013年建成通车的乐自高速公路特大桥

1 2	3
4	5

1 2013年，乐山农村公路建设

2 2013年11月14日，全省海事跨区巡航执法行动在乐山启航

3 2013年4月20日，省道103线、306线峨眉过境段全线通车

4 2013年3月22日，乐山港，中国航海上风机施吊上船

5 2013年9月13日，第二次乌蒙山片区交通联席会议在乐山举行

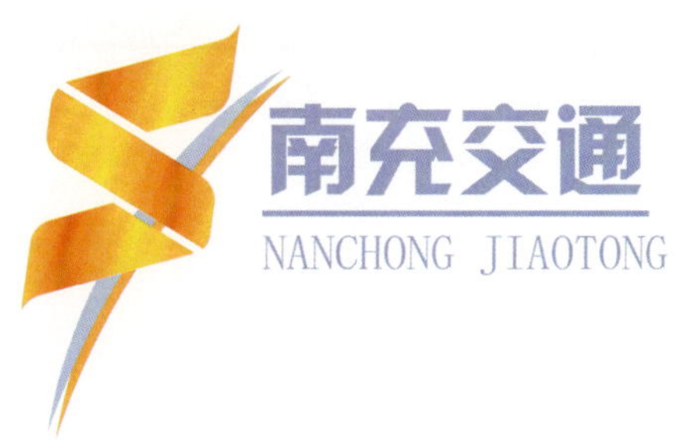
南充交通
NANCHONG JIAOTONG

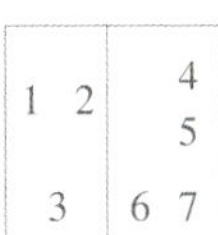

1 南充绕城高速公路二洞桥与成南高速公路互通立交

2 南充上中坝嘉陵江大桥

3 南充嘉陵江四桥远景

4 南充港都京作业区施工现场

5 新建的南充旅游码头

6 南充高坪区村道

7 南部县大坪至升钟库区农村客运招呼站

1	4
2	5
3	6 7 8

1 2013年4月19日，省交通运输厅厅长彭琳（前右二）调研宜(宾)屏（山）快速通道建设情况

2 2013年10月，中共宜宾市委书记王铭辉（前左二）现场听取宜叙高速公路长宁段项目建设情况

3 2013年，宜宾市交通运输局局长李仕华（前左三）检查长宁交通建设进展情况

4 2013年4月，宜宾港集装箱作业区现场

5 风景秀美的农村公路——宜宾高县胜天镇流米村路段

6 珙县巡场高架桥

7 2013年，宜宾公路养护部门对屏山路段隐患进行整治

8 2013年，宜宾交通青年突击队建设生态路

HDHM
四川宜宾港有限责任公司
YB1001 401
安全工作　人人有责

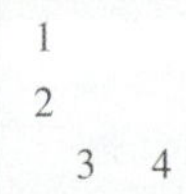

1 2013年12月28日，南大梁高速公路建成通车。图为渠县境91公里路段

2 2013年12月28日，巴达高速公路建成通车。图为达州境内魏家段　何其伦 摄

3 建设中的巴达高速公路平昌互通立交桥

4 2013年，达州城（口）万（源）快速通道万源境建设现场　何其伦 摄

	1	
2		3
4		5

1 万源农村公路　　何其伦 摄

2 渠县渠南乡通社道路　　何其伦 摄

3 2013年，公路养护职工恢复万源二段安保设施　　何其伦 摄

4 2013年，达州更新投用出租车和公交车　　何其伦　米　斌 摄

5 2013年6月，开江县运输保障小组义务接送高考学生　　何其伦 摄

2013年9月9日，中共广安市委书记侯晓春（左二）调研巴（中）广（安）渝（重庆）高速公路建设情况

2013年2月8日，中共广安市委副书记、市长罗增斌（右五）调研广（安）华（蓥）大道建设情况

1 2013年，建设中的巴广渝高速公路广安段伏龙大桥

2 2013年，建设中的巴广渝高速公路广安段渠江特大桥

3 2013年，建设中的花（桥）罗（渡）一级公路枣（山）彭（家）段唐家沟大桥

4 2013年，邻水县复盛乡新建成的农村公路

5 2013年，广安区大安镇新建成的农村公路

6 2013年3月，岳池县北城乡三元桥村修建农村公路施工场景

7 邻水县滑滩渡口

1 2013年12月6日—8日，省交通运输厅副厅长周道平（前左二）调研巴中公路管养工作

2 2013年1月29日，省交通运输厅副厅长鲜雄（左三）看望平昌县养路职工

3 2013年12月28日，巴达高速公路建成通车。图为巴中境内段

4 2013年11月26日，巴中南阳大桥全面建成

5 2013年5月31日，陇桥互通立交桥建成通车

6 2013年8月21日,巴中至万源高速公路BOT项目投资人招标开标仪式在成都举行

7 2013年，巴中农村公路建设现场

8 2013年，巴中市加强交通法规宣传

巴中至万源高速公路BOT项目投资人招标开标会议

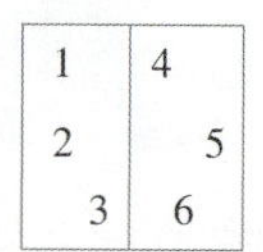

1 雅乐高速公路雅安段

2 雅康高速公路对岩立交效果图

3 雅康高速公路金竹山隧道出口效果图

4 国道318线雨城多营段

5 省道210线雅安境内段

6 国道108线汉源段

1
2　3
4

1 2013年2月20日，省交通运输厅厅长彭琳（中）、副厅长张晓燕（前右一）调研遂资眉高速公路眉山段建设情况

2 2013年2月19日，中共眉山市委书记李静（右二）调研干线公路岷东大道岷东新区段工程建设情况

3 2013年8月6日，洪雅至峨眉山旅游公路连接洪雅至瓦屋山和峨眉山的大峨眉国际旅游西环线开工建设

4 2013年7月9日，中共眉山市委副书记、市长宋朝华（前左二）调研眉山至青神快速通道东坡段工程建设情况

1	2
3	4
5	6

1 2013年，建设中的遂资眉高速公路眉山段控制性工程跨岷江特大桥

2 2013年，建设中的干线公路天府仁寿大道

3 2013年，岷江二桥改建工程桥面铺装

4 2013年，省道106线眉州大道加宽工程东段建设现场

5 2013年4月28日，洪雅柳江至野鸡坪景区旅游公路建成通车

6 2013年3月5日，眉山市交通运输局志愿者服务支队成立并参加“美丽心灵、文明眉山”主题志愿服务活动启动仪式

1
2

1 2013年4月17日，省交通运输厅厅长彭琳（右一）率副厅长张晓燕（左一）、副厅长张琪（左二）调研遂资眉高速公路建设情况

2 2013年6月5日，遂资眉高速公路遂资段建成通车

1	2
	3
	4

1 安岳岳新乡通村公路

2 内遂高速公路建成通车。图为资阳路段

3 2013年，成（都）安（岳）渝（重庆）高速公路资阳段施工现场

4 三岔湖环湖快速通道建成通车

阿坝交通
ABA JIAOTONG

1	4 5 6
2 3	7

1 都汶高速公路庙子坪大桥
2 国道213线茂县境内段
3 国道213线、国道317线汶川县过境路
4 国道317线鹧鸪山隧道
5 省道301线阿坝境内段
6 红原客运站
7 省道301线阿坝境内段

甘孜交通
GANZI JIAOTONG

AIR CHINA

1 2 3 4	5 6 7 8 9 10

1 2013年9月15日，中共甘孜州委书记胡昌升（左）在稻城亚丁机场通航之际接受记者采访

2 2013年4月10日，甘孜州副州长汪洋（前右二）调研瓦丹路

3 民用机场中海拔（4 410米）最高的稻城亚丁机场航站楼

4 国道318线东海路剪子弯山段

5 建成通车的东俄洛至炉霍连接线三期道孚段

6 东俄洛至炉霍连接线三期葛卡段

7 省道217线理君路

8 甘孜公路

9 理塘至稻城亚丁公路

10 榆（林）至磨（西）公路通往燕子沟景区一段

凉山交通
LIANGSHAN JIAOTONG

1	3
	4
2	5

1 雅西高速公路曹古段

2 西攀高速公路小高山段

3 小高山施工现场

4 国道108线会理段

5 鱼鲊大桥吊装T梁作业场景

1 2 4 3 5 6

1 2013年7月，内江市公交集团荣获四川省民营企业文化建设先进单位称号

2 2013年7月，内江市公交集团荣获促进“两个健康”工作先进企业称号

3 2013年8月，内江市公交集团向中共中央统战部副部长全哲洙（主席台）汇报工作情况

4 2013年，内江高速公路玉王庙立交桥施工现场　　范世杰　摄

5 2013年，内江市路政管理支队直属一大队执法人员在内遂高速公路进行路政检查

6 内遂高速公路沱江特大桥